Im Feuer der Taube

Zum 900. Geburtstag
von
Hildegard von Bingen

Hildegard von Bingen

Im Feuer der Taube
Die Briefe

Erste vollständige Ausgabe

Übersetzt und herausgegeben
von
Walburga Storch OSB

Pattloch Verlag

Vollständige Übersetzung der lateinischen textkritischen Edition
Hildegardis Epistolarium, Pars I, II
In: Corpus Christianorum
Continuatio Mediaevalis 91, 91 A
Edd. Lieven van Acker
Turnholti: Brepols, 1991 und 1993
Pars III (Unveröffentlichtes Manuskript)

Die Deutsche Bibliothek – CIP-Einheitsaufnahme

Hildegardis <Bingensis>:
Im Feuer der Taube : die Briefe / Hildegard von Bingen. Übers.
und hrsg. von Walburga Storch. – 1. vollst. Ausg. –
Augsburg : Pattloch, 1997
ISBN 3-629-00885-2

Pattloch Verlag, Augsburg
© Weltbild Verlag GmbH, 1997
Umschlaggestaltung: Atelier Höpfner-Thoma, München
unter Verwendung der Bildtafel 1 (Hildegard mit Schreiber)
des Codex Latinus 1942 der Biblioteca Statale di Lucca,
© Bischöfliches Dom- und Diözesanmuseum, Mainz.
Satz: Uhl + Massopust, Aalen
Druck und Bindung: Grafischer Großbetrieb Pößneck
Printed in Germany

ISBN 3-629-00885-2

INHALT

Vorwort
7

Einleitung
11

Die Briefe

Briefe an Päpste, Bischöfe
und andere geistliche Personen
17

Briefe an Kaiser, Könige
und andere weltliche Personen
503

Briefe an unbenannte Personen
543

Briefe zu verschiedenen Themen
557

Anhang
607

VORWORT

Viel ist in den letzten Jahren über Hildegard von Bingen gesagt und geschrieben worden, und eine Flut von Hildegard-Literatur wird zum 900-jährigen Jubiläum der großen deutschen Frau (1098–1179) der interessierten Leserschaft zur Auswahl geboten. In ihrem großen Briefwerk aber soll sie nun selbst – in wortgetreuer Übersetzung der lateinischen Texte – zu Wort kommen.

Lange Zeit galt der umfangreiche Briefwechsel Hildegards als ein weitgehend ungehobener Schatz. Von den insgesamt 390 – in verschiedenen Handschriften überlieferten Briefen – war ein Großteil unbekannt. Erst die jüngere Forschung förderte das weitgespannte Netz von Beziehungen zu Tage, das die Äbtissin und Gründerin der Klöster Rupertsberg und Eibingen mit ungezählten Persönlichkeiten ihrer Zeit pflegte. Ihre Korrespondez gewährt – im Gegensatz zu ihren großen kosmologisch-theologischen Werken – unmittelbaren Einblick in ihre Persönlichkeit und ihr Denken und ist darüberhinaus ein anschauliches Zeitdokument. In klarer, unverblümter Sprache stellt diese bedeutende Frau des Mittelalters eine unerbittliche Diagnose der inneren Verfaßtheit ihrer Briefpartner und spart auch nicht mit Kritik am Zeitgeschehen.

Insbesondere in den zahlreichen Anfrageschreiben an das „Orakel Gottes" spiegelt sich auch die Faszination wider, die von Hildegard auf ihre Zeitgenossen ausging. Im Briefstil des 12. Jahrhunderts, den besonders ihr glühender Verehrer und späterer Sekretär Wibert von Gembloux hervorragend beherrscht, wird immer wieder die freudige Erinnerung an eine persönliche Begegnung wachgerufen oder eine solche mit eindringlichen Worten erfleht. Die Anrede wirkt für uns Nachgeborene oft etwas stereotyp oder gekünstelt. Häufig wird Hildegard z. B. als die Meisterin der Schwestern vom St. Rupertsberg bezeichnet, aber auch mit der Klugen Jungfrau, die mit brennender Lampe der Einladung zum königlichen Hochzeitsmahl folgt, verglichen. Und von den ihr besonders vertrauten Menschen wird sie einfach als geliebte und verehrte Mutter betrachtet, der man vertrauensvoll sein Herz eröffnen kann. Freimütig gesteht man ihr sein Versagen, seine Fehler und seine Schuld ein, oder fragt um ihren Rat, wie man ein besseres Leben beginnen könne. Vor allem aber fleht so mancher bedrängte Mensch um ihre Fürbitte bei Gott. Wenn sich das Verlangen, einmal persönlich – von Mund zu Mund – mit der Heiligen sprechen zu können und ihr von der göttlichen Schau leuchtendes Antlitz zu sehen, nicht erfüllen läßt, so wird sie inständig um eine schriftliche Antwort mit Trostworten, aber auch – wenn nötig – mit Ermahnungen und Tadel ersucht.

Da sich der Briefwechsel Hildegards über 33 Jahre erstreckt, läßt sich an diesen schriftlichen Dialogen mit ihren vielen Adressaten der Reifungsprozeß, dem auch diese starke Persönlichkeit unter mancherlei Heimsuchungen unterworfen war, erkennen. Die kleine zitternde Feder im Schatten wird „im Feuer der Taube" zur lodernden Fackel, welche die ganze Welt erleuchtet und in Brand steckt.

Die inzwischen vorliegende textkritische Edition der Briefe in drei Bänden, die dieser Ausgabe zugrundeliegt, enthält nun – im Unterschied zu früheren Ausgaben und Übersetzungen – auch alle bisher unedierten oder gekürzten Briefe ohne Ausnahme. Unter Aufbietung seiner letzten Kräfte hat der Herausgeber Lieven van Acker noch das Manuskript für den dritten, bisher nicht veröffentlichten Band erarbeitet, so daß ich diesen dankenswerterweise in meine Übersetzung einbeziehen konnte.

Die drei Briefbände der textkritischen Edition gliedern sich in acht verschiedene Briefgruppen. Die erste Gruppe (1–45R) enthält den Briefwechsel Hildegards mit Päpsten (chronologisch geordnet), Erzbischöfen und Bischöfen (alphabetisch nach ihrem Sitz verzeichnet). Ausnahmen davon bilden: Bernhard von Clairvaux – weil diese Korrespondenz als Beginn und Bestätigung des öffentlichen Wirkens Hildegards gilt; ferner zwei Kardinäle, die im Namen Papst Eugens III. auftraten; Dekan Philipp von Heinsberg, der später Erzbischof von Köln wurde; Probst Arnold von Köln als künftiger Trierer Erzbischof; die Mainzer Prälaten – in Stellvertretung von Erzbischof Christian I., der damals gerade in Rom weilte; und schließlich der berühmte Pariser Magister Odo von Soissons, später Kardinal-Bischof von Tusculum. Die zweite Briefgruppe (46–250R) besteht aus der Korrespondenz Hildegards mit anderen geistlichen Personen, alpha-

betisch nach Orten (Albon-Zwiefalten) angeordnet. Die dritte Gruppe
(251–310) enthält den Briefwechsel mit hierarchisch angeordneten geistlichen Persön-lichkeiten ohne Ortsbezeichnung, zuweilen auch ohne
Namen. Die Korrespondenz mit adeligen Laien bildet die vierte Gruppe
(311–331). Als fünfte Gruppe (332–343) folgen weltliche Personen mit
Ortsangabe, alphabetisch geordnet. Zur sechsten Gruppe (344–356)
gehören Laien ohne Ortsangabe. Die Briefe der siebten Gruppe (357–373)
sind an ungewisse nicht näher benannte Adressaten gerichtet. Die achte
Gruppe (374–390) schließlich enthält Texte ohne typischen Briefcharak-
ter (z. B. eine Predigt gegen die Irrlehre der Katharer, usw.). Dazu zählen
auch liedartige Texte in den Briefen.

Diese Gruppen wurden für die vorliegende Ausgabe in vier Haupt-
gruppen zusammengefaßt, und zwar in die Briefe an geistliche (1–310),
weltliche (311–356) und unbenannte (357–373) Personen sowie Briefe zu
verschiedenen Themen (374–390). Die Rückschreiben (Responsum) innerhalb des Briefwechsels sind jeweils mit einem „R" gekennzeichnet.

Außer den nach der alten Vulgata übersetzten, aber nach der modernen Einheitsübersetzung gezählten Schriftversen sind auch einige
Zitate aus der Regula Benedicti (RB) in der Verszählung nach Basi-
lius Steidle OSB angeführt. Offenkundige Fehler in den Handschriften wurden in der Übersetzung korrigiert, Lücken sinngemäß ergänzt.
Bei etwas freierer Übersetzung in eine zeitgemäße sprachliche Form ist
der prägnante lateinische Ausdruck in Klammern hinzugefügt.

Mein Dank gilt vor allem dem verehrten verstorbenen Dr. Lieven
van Acker und seiner guten Gattin, die ihn getreulich bei seinem Werk
unterstützt hat und unserer Abtei großzügigerweise das kostbare Manuskript überließ. Auch für vielfältige mitschwesterliche Hilfe habe ich
zu danken. Das Register unserer Sr. Cäcilia Bonn mit den wichtigsten
inhaltlichen Schwerpunkten der Briefe Hildegards gab mir wertvolle
Anregungen für die Einführung.

Für mich selbst war die nicht immer leichte, doch sehr reizvolle
Übersetzung des gesamten Briefwerks der Schutzpatronin unsers Klosters und ersten Mutter und Äbtissin unserer benediktinischen Gemeinschaft eine große Bereicherung. Und ich fühle mich ihr nach
den 45 Jahren meines Ordenslebens in der rheinischen Abtei St. Hildegard mehr denn je verbunden in der Liebe zur Natur, zur lateinischen
Liturgie, die unser Leben – zusammen mit der Regula Benedicti –

prägt, und nicht zuletzt in der Freude am Gesang zu Gottes Ehre und Verherrlichung im Herzen unserer Mutter Kirche. Gern würde ich noch die Erhebung Hildegards zur Kirchenlehrerin erleben, wie sie Katharina von Siena und Teresa von Avila schon zuteil wurde, um unsere große Patronin offiziell als „Ecclesia sanctae lumen" – als Leuchte der heiligen Kirche verehren und anrufen zu dürfen.

Abtei St. Hildegard
Rüdesheim/Eibingen
Am Fest des Patrons von Europa, St. Benedikt, 1997

Sr. Walburga Storch OSB

Einführung

Ein Weiser soll einmal geäußert haben, daß ihm wichtiger sei, was jemand Schönes, Wahres und Gutes gesagt habe, als zu wissen, von wem dieser oder jener Ausspruch stamme. Trotzdem möchte ich doch wenigstens kurz auf das Leben der großen mittelalterlichen Heiligen eingehen, die uns – als Sprachrohr Gottes von der göttlichen Weisheit inspiriert – nicht nur in ihren großen theologischen Werken, sondern auch in ihren Briefen eine so bedeutsame, zeitlose Botschaft übermittelt hat.

Hildegard von Bingen erblickte im Jahr 1098 in Bermersheim bei Alzey in Rheinhessen als zehntes und jüngstes Kind des Edelmanns Hildebert und seiner Frau Mechtild das Licht der Welt. Von Kindheit an war das stets kränkelnde Mädchen mit einer besonderen Sehergabe begnadet, und seine gottesfürchtigen Eltern übergaben es – als ihren Zehnten an Gott – bereits mit acht Jahren zur Erziehung in die Obhut einer vornehmen jungen Frau, Jutta von Spanheim. Diese lebte als Klausnerin im Anschluß an ein Benediktinerkloster auf dem Disibodenberg und hatte ihr Leben Gott und seinem Dienst geweiht. Sie nahm sich mütterlich um Hildegard an und führte sie in das klösterliche Leben nach der Regel des Mönchsvaters Benedikt ein.

Bald weitete sich die stille Klause zu einem kleinen Frauenkloster aus, und Hildegard legte dort die ewigen Gelübde ab, die sie für immer an Gott und die schwesterliche Gemeinschaft banden. Als Jutta nach einem heiligmäßigen Leben stirbt, wird Hildegard einstimmig zu ihrer Nachfolgerin als Äbtissin gewählt. Im Jahr 1141 erfährt die Seherin ihre erste große Vision, in der sie von Gott beauftragt wird, aufzuzeichnen, was sie „im Schatten des Lebendigen Lichts" gesehen und gehört hat. So entsteht in zehnjähriger, mühsamer Arbeit ihr Erstlingswerk „Scivias" – Wisse die Wege.

Unsicher und voller Zweifel an Gottes Auftrag wendet sich Hildegard in einem Brief ratsuchend an Bernhard von Clairvaux (um 1090–1153), der durch seine flammenden Kreuzzugspredigten von sich reden macht. Dieser erkennt ihr Charisma als echt und erreicht auf der Trierer Synode von 1147/48 die Anerkennung ihrer Prophetengabe durch Papst Eugen III. Von da an tritt Hildegard ans Licht der Öffentlichkeit.

Da das Kloster am Disibodenberg für die anwachsende Gemeinschaft allmählich zu eng wird, übersiedelt Hildegard – nach der schwer erkämpften Unabhängigkeit vom Mönchskloster – auf Geheiß Gottes mit ihrem Schwesternkonvent auf den Rupertsberg bei Bingen. Im Jahr 1165 gründet sie auf der anderen Rheinseite in Eibingen ein Tochterkloster.

Zwei weitere große Visionsschriften, zwei natur- und heilkundliche Werke und mehrere kleinere Schriften entstehen im Laufe der Jahre. Dazu unternimmt die schwache, aber sendungsbewußte Frau beschwerliche Predigtreisen und pflegt einen regen Briefwechsel mit hohen kirchlichen und weltlichen Persönlichkeiten und Ratsuchenden jeden Standes. Körperliche Leiden, seelische Prüfungen und manche Enttäuschung bleiben ihr nicht erspart. Ungebrochen aber bleibt die Kraft ihres Geistes. Den Tag ihres Heimgangs (17. September 1179) hatte sie auf göttliche Offenbarung vorausgesagt.

Nie wurde Hildegard von Bingen offiziell heiliggesprochen, aber stets als Heilige verehrt. Wie schon zu Lebzeiten ereigneten sich auf ihre vertrauensvolle Anrufung hin auch nach ihrem Tod Wunder der Bekehrung und Heilung. Der Reliquienschrein mit ihren Gebeinen befindet sich in der Eibinger Pfarrkirche, und ihr geistiges Erbe bewahren die Benediktinerinnen der um die Jahrhundertwende neu errichteten Abtei St.Hildegard inmitten der Weinberge oberhalb des Ortes.

In ihren Briefen, die – wie sie selbst immer wieder betont – ebenso auf göttliche Inspiration zurückgehen wie ihre großen Visionsschriften, tritt Hildegard nicht nur als „Posaune Gottes" mit prophetischer Mahnung auf, sondern sie zeigt sich auch als erfahrene Seelsorgerin und Therapeutin, die – intuitiv und geisterfüllt zugleich – weiß, was in einem Menschen steckt und vorgeht. Unter allen inhaltlichen Schwerpunkten ihrer vielseitigen Korrespondenz aber nimmt das Thema „Schöpfung" den größten Raum ein. Steht doch der Mensch nicht nur mit dem Schöpfer und der ganzen Kreatur in engster Verbindung, sondern trägt als Krone der Schöpfung das ganze Universum in sich. So dienen Hildegard die Elemente und alle Geschöpfe als Gleichnis für den Menschen, seinen inneren Zustand und seine konkreten Erfahrungen.

Schwarze Wolken verdunkeln sein Gemüt und ziehen sich drohend über ihm zusammen, Wirbelstürme der Leidenschaft oder der Versuchung reißen ihn mit. Lichte Wolken tragen seine himmlische Sehnsucht empor und ein sanfter Windhauch erfrischt und belebt ihn. In einem Gleichnis gibt sie einem unsteten Menschen, der sich nach einer Ermahnung von ihr ausstreckt, zu verstehen, daß die Ehrfurcht vor der Schöpfung einen Menschen, der nicht viel Gutes getan hat, dennoch zu einem guten Diener Gottes macht. „Du hast Sonne, Mond und Sterne in Ehren gehalten und geliebt, und die Ermahnung des Heiligen Geistes hat dich erschüttert und zum Guten bekehrt; und schließlich hast du Gott in Reue angerufen. Nun umarme Gott mit deinem guten Willen und halte Ihn fest, und so wirst du ewig leben", antwortet ihm Hildegard, die tief in sein Herz schaut.

Berge und Täler versinnbildlichen für Hildegard das Verhältnis von Vorgesetzten und Untergebenen. Und den Pflug der Zucht, der den steinigen Boden aufreißt und umwendet und die weiche Erde durchfurcht, damit sie willig den Samen aufnimmt und Frucht bringt, empfiehlt Hildegard den für ihre Brüder oder Schwestern verantwortlichen Oberen zu eifrigem, unermüdlichem Gebrauch. Dornen, Disteln und Unkraut müssen radikal entfernt werden, damit sie die nützlichen Pflanzen nicht ersticken.

In paradiesischen Gärten blühen die Rosen und Lilien der Jungfräulichkeit, gedeihen würzige Kräuter der Tugenden und reifen vielerlei Früchte der Heiligkeit. Mit Vorliebe führt Hildegard die Texte des Hohenliedes an, in dem die gottverbundene Seele als die einfältige Taube bezeichnet wird, die sich in den Mauerspalten verbirgt und empfiehlt u.a. einer Regensburger Äbtissin, sie in Herzensreinheit, Mäßigung, Beständigkeit und Geduld nachzuahmen. An anderer Stelle wird die Treue der Turteltaube hervorgehoben, die nach dem Verlust ihres Partners keinen anderen mehr wählt.

Der Teufel als Gegenspieler Gottes aber erscheint meistens als die alte Schlange, die den Menschen im Paradies zum Ungehorsam gegen Gottes Gebot verführte. Abt Bernhard von Clairvaux vergleicht Hildegard jedoch mit einem Adler, der furchtlos in die Sonne blickt.

Die jungfräuliche Gottesmutter Maria wird als das grünende Reis, kostbarer Edelstein und Morgenröte vor der aufgehenden Sonne – Christus – besungen. Sie, die unter dem Kreuz bei ihm ausharrt, ist auch das Urbild der Kirche, die Spaltungen und viele Verfolgungen zu erdulden hat. Als demütige Magd des Herrn ist Maria das Vorbild aller nach Vollkommenheit strebenden Menschen.

Der Demut, dieser unbesiegbaren Tugend, widmet der Ordensvater Be-

13

nedikt das längste Kapitel seiner Regel. Auch Hildegard bekennt sich in ihren Briefen oft zu ihr. In der Beschreibung ihrer Visionen betont sie ihre Schwäche und Unwürdigkeit und bezeichnet sich als die kleine Feder, die zu Boden sinken würde, wenn nicht ein starker Wind sie trüge.

Den Gehorsam jedoch betrachtet Hildegard – wie der heilige Benedikt – als die stärkste Waffe im geistlichen Kampf, und ermuntert ihre Adressaten zum heiligen Kriegsdienst als tapfere Soldaten Christi. Auch die von Gott verliehenen Tugendkräfte – bezeichnenderweise stets als schöne Frauengestalten in symbolischen Gewändern dargestellt – spielen eine große Rolle in ihren Briefen. Sie klopfen an die Tür des Herzens und begehren Einlaß. Den Menschen, der sich mit ihnen einläßt, befähigen sie in der Kraft Gottes zu guten Werken, ohne die der Glaube nichts fruchtet.

Hildegard beschreibt, wie die Engel – als Boten und Vermittler zwischen Himmel und Erde, zwischen Gott und den Menschen – deren Gebete und gute Werke zu Gottes Thron emportragen, wo sie sich zur Verherrlichung Gottes mit ihrem Lobpreis vereinen. Der Stolz und die Anmaßung des ersten Engels, der Gott gleichen wollte, und sein tiefer Sturz dienen dagegen als abschreckendes Beispiel für alle, die der Versuchung des Hochmuts erliegen und mehr erstreben, als sie erreichen können, und so – falls sie sich nicht bekehren und bessern – der ewigen Verdammnis anheimfallen. Eine andere Versuchung kann darin bestehen, vor seiner Einforderung davonzulaufen und anderswo ein leichteres Leben zu suchen. Hildegard hat tiefen Einblick in die Herzen der Menschen und erkennt mit der ihr geschenkten Gabe weiser Unterscheidung, ob sie ermutigen oder streng ermahnen muß, ob sie Trost spenden oder Strafe androhen soll. Unerschrocken redet sie dem Trierer und Kölner Klerus und den Mainzer Prälaten ins Gewissen und weist so manche Ordensgemeinschaft ganz offen zurecht.

Angesichts eigener Angefochtenheit und Gebrechlichkeit aber ist ihr Reden und Handeln auch stets von Barmherzigkeit bestimmt. Sie wird nicht müde, die geistlichen Väter und Mütter zum Erbarmen mit den Verfehlungen und Unvollkommenheiten ihrer Söhne und Töchter aufzufordern. Wie oft führt sie die Parabel vom Verlorenen Sohn an, die ja eigentlich als Gleichnis vom Barmherzigen Vater betrachtet werden müßte! Und den Seelenhirten stellt sie viele Male die Perikope vom Guten Hirten vor Augen, der das verirrte Schäflein voller Erbarmen und Mitleid auf seine Schultern nimmt und zur Herde zurückträgt. Bei allem Sinn und Kampf für die Gerechtigkeit empfiehlt sie den Vorgesetzten eindringlich das Beispiel des Barmherzigen Samariters, der die Wunden des unter die Räuber Gefallenen reinigt und salbt und ihn zur Herberge bringt, d.h. in die Gemeinschaft der Gläubigen zurückholt. Und sie kennt die Unruhe und Unbeständigkeit des menschlichen Geistes, der ruhelos umherschweift und sich doch nach einem kontemplativen geistlichen Leben sehnt; oftmals gemahnt sie an die Beständigkeit, das erste benediktinische Gelübde.

Größten Wert legt Hildegard von Bingen in ihren Briefen auf die aufrichtige Reue des schuldiggewordenen Menschen. Im Blick auf Gott unter Tränen und Seufzen liegt das Heilmittel für seine Verwundungen. Berührt ihn Gott, wird ihm die Gnade der Umkehr zuteil; denn Er will ja das Heil des Menschen und liebt den reuigen Sünder mehr als zuvor. Hat Hildegard einen ihrer Adressaten auch scharf zurechtgewiesen und ermahnt, so ermutigt sie ihn doch gern am Schluß ihres Briefes mit der tröstlichen Versicherung: Gott will dich, er ist dir zugetan; du bist von Gott bejaht.

In ihren Freundschaftsbriefen erleben wir Hildegards ganz persönliche schwesterliche und mütterliche Zuwendung. Mit Elisabeth von Schönau, steht sie – trotz mancher Verschiedenheit – in einem innigen Vertrauensverhältnis und ermahnt sie liebevoll zum Maßhalten in der Askese. Auch sie selbst übt sich in der Diskretion, die der heilige Benedikt im 64. Kapitel seiner Regel dem Abt als Mutter der Tugenden so sehr ans Herz legt, damit gelte, was die Starken möchten, und wovor die Schwachen nicht zurückschrecken.

Abt Manegold von Hirsau erhält innerhalb von neun Jahren nicht weniger als 15 Briefe von Hildegard, in denen sie ihm getreulich übermittelt, was sie über ihn und sein Kloster im Lebendigen Licht geschaut hat. Und wie liebevoll nimmt sie sich um die kranke Sibylle jenseits der Alpen an! Sie empfiehlt ihr nicht nur, im Wirbelsturm ihrer Krankheit auf Gott zu vertrauen, sondern unterweist sie, wie sie mit gläubig ausgesprochenen Worten im Namen Gottes Heilung von ihrem Leiden finden kann. Ihr schwer verwundetes Mutterherz aber zeigt sich in der Korrespondenz mit Erzbischof Hartwig von Bremen und seiner Schwester, ihrer geliebten geistlichen Tochter Richardis, die sich gegen ihren Willen auf Betreiben ihrer Angehörigen zur Äbtissin von Bassum machen läßt und Hildegard verläßt. Aber sie weiß auch großmütig zu verzeihen, als Hartwig ihr den Tod seiner Schwester melden muß, die ihren Weggang bereut und nach der Heimkehr in ihr Kloster verlangt hatte.

In ihren langen traktatartigen Briefen an einzelne Stände und klösterliche Gemeinschaften bringt Hildegard meistens die ganze Heilsgeschichte zur Sprache, die ja in die Weltgeschichte eingebettet ist, vom Schöpfungsakt über den Sündenfall im Paradies, die große Sintflut und die Menschwerdung – ihr Lieblingsthema – bis zum himmlischen Jerusalem, wo der Pilgerweg der Menschheit in Gottes Herrlichkeit einmündet.

Die großen Gestalten der Patriarchen und Propheten sind für sie bewunderungswürdige und höchst nachahmenswerte Vorbilder und Schicksalsgefährten, auf die sie nicht genug hinweisen kann, da ja das Alte Testament der Schatten des Neuen ist und den Bund Gottes mit den Menschen bezeugt, während im Neuen Testament die Verheißungen des Alten in Erfüllung gehen. Aus der Schar der Apostel bevorzugt Hildegard vor allem den Lieblingsjünger des Herrn Johannes, der das Wort Gottes als Licht der Welt verkündet, und den Völkerapostel Paulus, der an sich erfährt, wie Gott seine Kraft in den Schwachen zur Vollendung kommen läßt, und – im Gegensatz zu Hildegard, die ihre Visionen stets mit hellwachen Sinnen erfährt – in Verzückung bis zum siebten Himmel entrückt wird.

Wie am ersten Schöpfungstag der Heilige Geist über den Wassern schwebte, bevor Gott sein erstes „Fiat" sprach, und die von ihm inspirierte Heilige Schrift mit dem Ruf seiner geliebten Braut nach seinem Kommen endet, so steht auch Hildegards Leben und Werk ganz unter der Führung des Gottesgeistes. Und man könnte das Wort Gregors des Großen auf sie anwenden, der über den heiligen Benedikt sagte, er sei vom Geist aller Gerechten erfüllt gewesen. So ist es auch eine wunderbare Fügung, daß am Ende des Briefwechsels die beiden herrlichen Liedtexte stehen, die an den Heiligen Geist gerichtet sind. Der letzte Vers wendet sich bittend an den Tröster- und Feuergeist: „Nun sammle uns alle gnädig bei dir, und führe uns auf den rechten Weg."

Im Hildegard-Jubiläumsjahr, das zur Vorbereitung auf den Beginn des dritten Jahrtausends seit Christi Geburt unter dem besonderen Zeichen des Heiligen Geistes steht, stärke das kostbare Vermächtnis der großen Heiligen unsere Hoffnung und Zuversicht auf dem Pilgerweg zum ewigen Leben.

Briefe an Päpste, Bischöfe und andere geistliche Personen

1 Hildegard an Abt Bernhard von Clairvaux

O verehrungswürdiger Vater B<ernhard>, wunderbar stehst du da, aus Gottes Kraft, hochangesehen. Furchterregend bist du für die sträfliche Torheit dieser Welt. Mit dem Banner des heiligen Kreuzes nimmst du voll erhabenen Eifers in brennender Liebe zum Gottessohn die Menschen gefangen, damit sie im christlichen Heer gegen die Wut der Heiden Krieg führen. Ich bitte dich beim lebendigen Gott, höre meine Fragen an.

Vater, ich bin gar sehr beunruhigt wegen dieser Schau, die sich mir im Geist als ein Mysterium erschloß. Nie schaute ich sie mit den äußeren, fleischlichen Augen. Ich, erbärmlich und mehr als erbärmlich in meinem Sein als Frau, schaute von meiner Kindheit an große Wunderdinge; meine Zunge könnte sie nicht aussprechen, wenn nicht Gottes Geist mich belehrte, damit ich glaube.

Vertrauenswürdiger und milder Vater, antworte in deiner Güte mir, deiner unwürdigen Dienerin. Von Kindheit an lebte ich nie in Sicherheit, nicht eine einzige Stunde. Bei deiner Vaterliebe und Weisheit forsche in deiner Seele, wie dich der Heilige Geist belehrt und schenke deiner Magd Trost aus deinem Herzen.

Ich begreife nämlich im Text den inneren Sinn der Auslegung des Psalters, des Evangeliums und der anderen Bücher, der mir durch diese Schau gezeigt wird. Wie eine verzehrende Flamme rührt sie mir an Herz und Seele und lehrt mich diese Tiefen der Auslegung. Doch Schriften in deutscher Sprache lehrt sie mich nicht; sie kenne ich nicht. Ich verstehe nur einfältig zu lesen, weiß aber den Text nicht zu gliedern. So antworte mir: Was hältst du von all dem? Ich bin ja ein Mensch, der nicht in einer Schule über die äußere Materie unterrichtet wurde. Nur innen in meiner Seele bin ich unterwiesen. Deshalb spreche ich gleichsam zweifelnd.

Aber da ich von deiner Weisheit und Vaterliebe höre, bin ich getröstet. Denn keinem Menschen wagte ich es zu sagen – es gibt nämlich, wie ich die Leute reden hörte, unter den Menschen viele Meinungsverschiedenheiten – nur einem Mönch <Volmar>, den ich geprüft und in seinem klösterlichen Wandel bewährt gefunden habe. Ihm habe ich alle meine Geheimnisse offenbart und er hat mich mit der Gewißheit getröstet, sie seien erhaben und ehrfurchtgebietend.

Um der Liebe Gottes willen begehre ich, Vater, daß du mich tröstest. Dann werde ich Gewißheit haben. Ich sah dich vor mehr als zwei Jahren in dieser Schau als einen Menschen, der in die Sonne blickt und sich nicht fürchtet, sondern sehr kühn ist. Und ich habe geweint, weil ich so sehr erröte und so zaghaft bin. Gütiger Vater, mildester, ich bin in deine Seele hineingelegt, damit du mir durch dein Wort enthüllst, ob du willst, daß ich dies offen sage oder Schweigen bewahren soll. Denn große Drangsal erdulde ich in dieser Schau, inwieweit ich das, was ich gesehen und gehört habe, sagen soll. Ja, bisweilen werde ich – weil ich schweige – von dieser Schau mit schweren Krankheiten aufs Lager niedergeworfen, so daß ich mich nicht aufrichten kann.

Trauernd klage ich deshalb vor dir: Ich bin so wankelmütig in meiner Natur wie ein leicht beweglicher Kelterbaum. Er stammt aus der Wurzel, die auf Teufelseinfluß in Adam entsprang, so daß dieser auf die fremde Erde verbannt wurde. Nun aber erhebe ich mich und eile zu dir. Ich sage dir: Du bist nicht wankelmütig, sondern du richtest ständig den Baum empor und bist Sieger in deiner Seele. Und du richtest nicht allein dich selbst, sondern die Welt zum Heil auf. Du bist auch der Adler, der in die Sonne blickt.

Ich bitte dich bei der Hoheit des Vaters, bei seinem wunderbaren Wort und bei der süßen Tränengabe der Zerknirschung, dem Geist der Wahrheit, und bei dem heiligen Schall, von dem die ganze Schöpfung ertönt, bei Ihm, dem Wort, aus dem die Welt entstanden ist, bei der Erhabenheit des Vaters, der in zarter Zeugungskraft das Wort in den Schoß der Jungfrau sandte. Aus ihr sog es das Fleisch wie die Wabe ringsum den Honig umbaut. Und dieser Schall, die Kraft des Vaters, ergieße sich in dein Herz und richte deine Seele auf, daß du nicht bei den Worten dieses Menschen da teilnahmslos erlahmst, da du doch alles bei Gott, beim Menschen oder im Geheimnis selbst suchst, bis du durch die Öffnung deiner Seele so weit vordringst, daß du dies alles in Gott erkennst. Leb wohl, trage Kraft in deiner Seele und sei in Gott stark im Kampf.

1R Abt Bernhard von Clairvaux an Hildegard

Der in Christus geliebten Tochter Hildegard <entbietet> Bruder Bernhard, genannt Abt von Clairvaux, wenn es etwas vermag, das Gebet eines Sünders.

Da du von unserer Wenigkeit weit anders zu denken scheinst, als unser Gewissen sich selbst einschätzt, so glauben wir, daß dies einzig deiner Demut zuzuschreiben ist. Doch habe ich keineswegs übersehen, deinen lieben Brief zu beantworten, obwohl die Menge der Geschäfte mich zwingt, es kürzer zu tun, als ich gern möchte.

Wir freuen uns mit dir über die Gnade Gottes, die in dir ist. Und was uns angeht, so ermahnen und beschwören wir dich, sie als Gnade zu erachten und ihr mit der ganzen Liebeskraft der Demut und Hingabe zu entsprechen. Du weißt ja, daß „Gott den Stolzen widersteht, den Demütigen aber Gnade schenkt" (Jak 4,6; 1 Petr 5,5). Was können wir übrigens noch lehren oder wozu ermahnen, wo schon eine innere Unterweisung besteht und eine Salbung über alles belehrt? Vielmehr bitten und verlangen wir inständig, daß du unser bei Gott gedenkst und auch derer, die uns in geistlicher Gemeinschaft im Herrn verbunden sind.

2 Hildegard an Papst Eugen

O milder Vater, ich armseliges Gebilde habe dir dies in wahrer Schau geschrieben, im geheimnisvollen Hauch, so wie Gott es mich lehren wollte.

O ruhmreicher Vater, auf Grund deines Namens kamst du in unser Land wie Gott es vorherbestimmt hat und nahmst Einsicht in die Schriften der wahren Gesichte wie das Lebendige Licht sie mich gelehrt hat. Du hörtest sie und nahmst sie liebend in dein Herz auf. Nun ist dieser Teil der Schrift beendet. Doch dieses Licht hat mich nicht verlassen, sondern brennt in meiner Seele wie ich es von Kindheit an erfahren habe. Daher sende ich dir jetzt diesen Brief auf die wahrhaftige Ermahnung Gottes hin. Und meine Seele ersehnt, daß das Licht vom Licht in dir leuchte, dir reine

Augen schenke und deinen Geist wach für dieses Schriftwerk mache, damit deine Seele, wie es Gott gefällt, dafür gekrönt werde. Denn viele irdisch gesinnte Kluge verwerfen es in der verborgenen Gesinnung ihres Geistes, weil es von einem armen Gebilde stammt, das aus einer Rippe erbaut und nicht von Philosophen belehrt worden ist.

Du also, Vater der Pilger, höre den, der ist: Ein mächtiger König thronte in seinem Palast. Hohe Säulen standen vor ihm, mit goldenen Bändern umwunden und mit vielen Perlen und kostbaren Steinen herrlich geziert. Diesem König aber gefiel es, eine kleine Feder zu berühren, daß sie wunderbar emporfliege. Und ein starker Wind trug sie, damit sie nicht sinke.

Nun spricht wiederum Er zu dir, der das lebendige Licht ist, das in der Höhe und im Abgrund leuchtet und sich auch nicht in der Verborgenheit hörender Herzen versteckt: Bestätige diese Schrift, damit sie denen zu Gehör gebracht werde, die für mich empfänglich sind. Laß sie grünen und ihren Saft angenehm schmecken; mach sie zur Wurzel, die sich verzweigt, zum wehenden Blatt gegen den Teufel und du wirst leben in Ewigkeit. Hüte dich, diese göttlichen Geheimnisse zu verachten. Denn sie sind notwendig in einer Notlage, die verborgen ist und noch nicht offen zutage tritt. Lieblicher Duft erfülle dich; und ermüde nicht auf dem rechten Weg.

3 Hildegard an Papst Eugen

Der nicht schweigt, spricht dies wegen der Schwachheit derer, die blind zum Sehen, taub zum Hören und stumm zum Sprechen sind, wenn ihnen zu nächtlicher Stunde todbringende Fallstricke nach Räuberart gelegt werden. Was sagt er? Das Schwert blitzt und kreist, es tötet die, die bösen Sinnes sind.

O du funkelnde Brustwehr kraft deines Amtes, ursprüngliche Wurzel der neuen Vermählung Christi <mit der Kirche>, du bist zweigeteilt. Einerseits ward deine Seele in der geheimnisvollen Blüte erneuert, die eine Gefährtin der Jungfräulichkeit <im Mönchtum> ist. Andererseits bist du ein Zweig der Kirche. Höre auf den, dessen Wort scharf <wie ein Schwert> ist. Wie ein Sturzbach ergießt er sich und sagt dir: Entferne nicht die Sehkraft vom Auge und trenne nicht das Licht vom Licht, sondern halte dich auf dem eindeutigen Weg, damit du nicht der Anklage verfällst wegen der Seelen, die in dein Herz gelegt sind. Laß nicht zu, daß sie durch die Gewalt der tafelnden Prälaten im Pfuhl des Verderbens versinken.

Ein Edelstein liegt auf dem Weg. Da kommt ein Bär, sieht, wie schön er ist, streckt seine Tatze aus und will ihn aufheben und an seine Brust drücken. Doch plötzlich stößt ein Adler hernieder, packt den Edelstein, birgt ihn unter den Schutz seiner Flügel und trägt ihn zum Hof des Königspalastes. Nun blitzt der Edelstein hell vor dem Angesicht des Königs auf und dieser gewinnt ihn sehr lieb. Aus Liebe zu diesem Edelstein schenkt der König dem Adler goldene Schuhe und lobt ihn sehr wegen seiner Heldentat <probitas>.

Du nun, der du als Stellvertreter Christi Wächter auf dem Lehrstuhl der Kirche bist, wähle dir den besseren Teil. Sei wie der Adler, der den Bären überwindet und schmücke in den dir anvertrauten Seelen den Raum der Kirche, damit du in goldenen Schuhen zu Höherem aufsteigst und dich dem Gegner entziehst.

4 Papst Eugen an Hildegard

Bischof Eugen, Knecht der Knechte Gottes, <entbietet> der in Christus geliebten Tochter, der Vorsteherin von St. Rupert, Gruß und apostolischen Segen.

Wir freuen uns, Tochter, und frohlocken im Herrn, weil dein ehrenvoller Ruf sich so weit und breit erstreckt, daß du für viele „ein Wohlgeruch des Lebens für das Leben" (2 Kor 2,16) wirst und die Schar der Gläubigen zu deinem Lob ausruft: „Wer ist die, die da aus der Wüste gleich einer Rauchsäule von Gewürzkräutern aufsteigt" (Hld 3,6)? Wir sind daher überzeugt, daß deine Seele so sehr vom Feuer der göttlichen Liebe entzündet wird, daß du keines Ansporns zum guten Handeln bedarfst. Deshalb erachten wir es als überflüssig, dir noch viele ermahnende Worte zu sagen und deinen Geist, der sich hinlänglich auf die göttliche Kraft stützt, überdies mit ermunternden Worten zu bestärken.

Weil aber ein Feuer bei Luftzug höher aufflammt und ein schnelles Pferd durch Sporen zum Laufen angespornt wird, halten wir es doch für gut, deiner Frömmigkeit vor Augen zu halten – damit es nämlich deinem Gedächtnis nicht entschwinde –, daß nicht dem Anfänger, sondern dem Vollender Palme und Ruhm gebühren wie der Herr sagt: „Dem Sieger werde ich vom Baum des Lebens zu essen geben, der in der Mitte des Paradieses steht" (Offb 2,7).

Bedenke also, Tochter, daß die alte Schlange, die den ersten Menschen aus dem Paradies vertrieb, danach trachtet, die Großen, wie Job, zu Fall zu bringen. Und nachdem sie Judas verschlungen hat, strebt sie nach der Vollmacht, die Apostel zu sieben. Und weil du weißt, daß viele berufen, wenige aber auserwählt sind, so reihe dich unter die Zahl der wenigen Erwählten ein, harre so bis zum Ende im heiligen Wandel aus und unterweise die deiner Leitung anvertrauten Schwestern derart in heilsamen Werken, daß du unter dem Beistand des Herrn gemeinsam mit ihnen zu jener Freude gelangst, „die kein Auge gesehen, kein Ohr gehört und die in keines Menschen Herz gedrungen ist" (1 Kor 2,9).

Was übrigens deine an uns gerichtete Bitte betrifft, so haben wir unserm verehrungswürdigen Bruder, dem Erzbischof Heinrich von Mainz die Weisung gegeben: Entweder soll die Regel von jener Schwester, die du ihm überlassen hast, an dem ihr angewiesenen Ort beobachtet werden, oder er schicke sie unter die Leitung deiner Zucht zurück; dies wird dir unser ausgefertigtes Schriftstück noch genauer bekanntgeben.

5 Hildegard an Papst Eugen

Das lebendige Auge sieht und spricht: Es wacht derjenige, der jedes Geschöpf versteht und beurteilt und sie auch alle <zum Leben> erweckt. Die Täler klagen laut über die Berge, und die Berge fallen über die Täler her. Wieso? Die Untergebenen sind der Unterweisung über die Gottesfurcht beraubt, und daher reizt sie die Wut, die Gipfel der Berge zu erklimmen und die Prälaten anzuklagen. Und ihre Verwegenheit beschuldigt sie nicht ihrer eigenen Taten. Sie sagen vielmehr: Ich bin so brauchbar, daß ich als Prälat tauge. Und das Tun der Prälaten betrachten sie unwillig, weil sie sich über ihre Vorrangstellung entrüsten. Denn die Untergebenen sind bereits schwarze Wolken, ihre Hüften sind nicht gegürtet, sondern sie verschleudern allen herkömmlichen Grundbesitz und sagen, er sei wertlos. Und das tun sie, weil sie vom Neid vergiftet sind.

Ein armer Mann, dessen Kleider zerrissen sind, ist sehr töricht, wenn er immer schaut, welche Farbe das Kleid eines andern hat, und seines nicht vom Schmutz reinigt. Die Berge jedoch übersehen den Zugang zum Weg der Wahrheit, und ihre Wege sind nicht für den Flug zum Myrrhenberg gerüstet. Daher sind sie von verschiedenem Gewölk verdunkelte Sterne. Der Mond steht unbeweglich da, die Sterne schreien, weil der Mond vergeht. Die Sonne bedrängt ihn und sie, denn keiner von ihnen leuchtet, sondern ein Sturm bringt sie durcheinander.

Deshalb, o du großer, nach Christus benannter Hirte, spende den Bergen Licht und <zeige> den Tälern die Rute. Gib den Meistern und den untergebenen Jüngern Gebote, den mit Öl gesalbten Bergen Gerechtigkeit und den Tälern die Verpflichtung zum mit Wohlgeruch vermischten Gehorsam. Ebne ihre Wege, damit sie der Sonne der Gerechtigkeit nicht unnütz erscheinen. Laß deine Augen klar sein, damit du überallhin siehst. Deinen Geist bewässere der klare Quell, damit du mit der Sonne strahlst und das Lamm nachahmst.

Das armselige Gebilde zittert, daß es mit tönenden Worten zu so einem großen Lehrer spricht. Doch, o milder Vater, dies sagt der Hochbetagte <antiquus vir>, der herrliche Kämpfer; deshalb höre: Vom höchsten Richter ergeht der Auftrag an dich, die bedrückenden gottlosen Tyrannen auszureißen und sie von dir wegzuschleudern, daß sie nicht zum großen Hohn als deine Verbündeten dastehen.

Sei aber barmherzig bei allgemeinen und persönlichen Nöten. Denn Gott verwirft die Verwundeten nicht und verachtet nicht die Schmerzen derer, die vor Ihm zittern.

Daher, o Hirt der Schafe, höre diese Worte über den gegenwärtigen, von vielen schwer bedrängten Bischof: Das Licht spricht: Die verborgenen Gedanken Gottes kennen das Urteil über einen jeden nach seinem Verdienst. Doch viele Menschen bestehen in ihrem Eifer und in schändlicher Gewohnheit auf einer Untersuchung. Doch sie kennen mein Urteil nicht. Deshalb lügen sie bei ihrer Beurteilung maßlos wie „beutegierige Wölfe" (Ez 22,27).

Verdient auch jeglicher Mensch, für seine Vergehen verurteilt zu werden, so gefällt es mir doch nicht, daß der Mensch ein Urteil nach seiner Willkür für sich haben möchte. Und das will ich nicht. Du aber entscheide diese Rechtssache gemäß der innersten mütterlichen Barmherzigkeit Gottes, der einen Bettler und Bedürftigen nicht abweist, weil Er Erbarmen mehr liebt als Opfer. Die Bösen wollen dagegen die Schwärze mit ihrer Schändlichkeit abwaschen, doch sie sind selbst befleckt und liegen betäubt in der Grube. Richte sie auf und hilf dem Geringen.

6 Hildegard an Papst Eugen

O Hirt der Völker, höre, damit du ewig lebst!

Das Lebendige Licht sprach zu mir: Sag dem waghalsigen Volk, das auf eitlen Irrwegen in Schrecken geriet: Ein Herr hatte eine marmorne Stadt. Jäger kamen und sahen sich diese Stadt an. Sie wollten ihre rechte Lebensordnung zerstören, die in jener Blüte erschien, die ein jungfräuliches Herz ermöglichte <invenit>. Da erschien gegen Osten plötzlich ein großer, hoher Berg; er war sehr ansehnlich aus geglätteten Steinen gefügt. Darauf stand ein großes Gebäude, aus Holz und gewöhnlichen Bausteinen errichtet. Da kamen viele Bächlein, die genau von Osten in dieses Gebäude flossen. In dem Gebäude war jedoch ein starker Geruch von gutem Wein, der aber mit Wasser vermischt war. Und viel Volk drang in das Gebäude ein und ging gebückt in ihm umher. Doch andere <Menschen>, die im Tal vor dem erwähnten Berg standen, strebten auf jene zu, die in dem Gebäude gebückt umhergingen. Und siehe, da stand nördlich über dem Berg noch ein anderes marmornes Bauwerk, wie ein großer Turm aus einem einzigen glänzendweißen Stein. In diesem hing ein mit bestem Balsam gefülltes Gefäß und funkelte wie Feuer. Auf sein Pflaster floß viel Öl aus. Inzwischen kam aber aus dem Norden ein Wind, der den Balsam und jenes Öl in Bewegung setzte. Da kamen viele von dem Volk in dieses Bauwerk. Sie wurden mit Öl besprengt und mit dem Balsam auf der Stirn bezeichnet. Und eine Stimme ertönte vom Himmel und sprach: Das sind die Besiegelten. Und die auf diese Weise bezeichnet wurden, konnten das Siegel nicht abwaschen, sondern blieben so besiegelt. So müssen auch die in Christus Wiedergeborenen ihre Tauf<gnade> bewahren. Die aber bezeichnet waren, gingen nicht zu denen über, die nicht besiegelt waren, und schlossen sich ihnen nicht an. Denn wenn sie das tun würden, würde man sie töricht und unnütz nennen. Die aber nicht bezeichnet waren, gingen zu den Besiegelten über, schlossen sich ihrer Gemeinschaft an und erwählten sich dadurch den besten Teil. So vermehrt sich auch der Glanz eines Sternes in einer Wolke, und die Gestalt der Frau wird von der Jungfräulichkeit gekrönt. Und ein großer Mann, mit einem goldenen Gürtel gegürtet, stand über diesen Gebäuden. Er legte den rechten Unterarm auf das marmorne Gebäude und den linken auf das andere Bauwerk.

Das ist im Hinblick auf die beiden Arten des kirchlichen Standes zu verstehen. Der allmächtige Vater stellte nämlich einen edlen, von den weltlichen Angelegenheiten abgesonderten Stand auf, der in seiner Abgeschiedenheit gewaltig vor Gott brannte. Einige Hinterlistige verachten ihn jedoch und wollen seine rechtschaffene Lebensordnung zerstören, die im Sohn Gottes offen in Erscheinung trat. Doch der durch viele gerechte Handlungen geglättete Berg der Gerechtigkeit steigt am Ursprung der Wahrheit empor. Auf ihm erhebt sich jene dienliche Einrichtung, die zu Gott strebt und doch den Menschen beisteht, indem sie ihnen förderliches Licht spendet. So fließt ihm viel Unterweisung aus der Kraft der Wahrheit zu, und der Duft der rechtgläubigen Schriften. Das schütten jedoch manche von ihnen nach allen Seiten verständnislos weg. Deshalb gehen auch viele Menschen in ihm <dem Gebäude> in Bosheit gekrümmt umher, so daß auch andere, die auf Irdisches aus sind, ihre Schändlichkeit nachahmen. Doch auf dem Berg erhebt sich der erwähnte gerechte Stand, der im Verborgenen vor Gott in seiner Unversehrtheit glüht, um dem Teufel zu widerstehen. Er besitzt in Gott den besten Teil, und weist durch sein Beispiel auf die Barmherzigkeit hin. Dennoch stören oft viele vom Teufel ausgesandte Versuchungen jenen besten Teil und sogar die Barmherzigkeit. Viele Menschen jedoch gehen zu diesem Stand über und erlangen wahre Barmherzigkeit, wenn sie für sich den besten Teil erwählen. Daher nennt man sie auch vor Gott Besiegelte. Und die das Siegel dieses Standes empfangen, harren starkmütig unter ihm aus, wie auch unter ihrer Tauf<gnade>. Deswegen steigen sie nicht in der sozialen Ordnung zu denen hinunter, die dieses Siegel nicht tragen, damit sie nicht unnütze Toren werden. Und die das Zeichen dieses Standes nicht besitzen, steigen zu diesem Stand empor und erfahren so die Vermehrung ihrer Güter. Das zeigt auch jener mit goldenem Gürtel Gegürtete an, der beweist, daß Er Gott und Mensch ist, d. h. beide – diese und jene – mit seinem starken Arm regiert. Diese schützt er, damit sie kraftvoll in ihm brennen, indem sie das

Weltliche verwerfen. Und mit dem Arm seiner Milde bedeckt er jene, so daß sie unter dem göttlichen Schutz brauchbar seien, wenn sie ihren Nächsten das nützliche Licht der Wahrheit spenden.

Nun unterscheide du, Vater der Völker, ganz genau die Worte, die der höchste Richter wegen der Not der Irrenden an dich richtet, denn der Stolz will die Demut unterdrücken. Das darf nicht sein, wie es auch unpassend wäre, wenn der Mond mit der Sonne wettkämpfen wollte, weil er möchte, daß sein Glanz dem Glanz der Sonne gleicht.

7 Hildegard an die Kardinäle Bernhard und Gregor

Der Wasserquell ruft euch, seinen Nachahmern, zu: Durch mich, den Lebendigen, der scharf <wie ein Schwert> ist, unterdrückt die bösen Nachsteller und diebischen Späher, die – in Sünde verstrickt – zu Blei werden, und vom Norden mit der Bosheit des Teufels besprengt, sich in übergroßer Ungerechtigkeit feindselig nach dem Leben der Prälaten ausstrecken. Vertreibt sie aus dem Hirtenamt, das unter der Strafe des Hundetragens steht <von unverschämten Menschen Pein erduldet>. Und obgleich manche Prälaten von einem unbeständigen Leben umdunkelt sind, ist es doch unzulässig, wegen gewisser Untergebener gewisse Prälaten abzusetzen.

Untersucht sie also mit ganz lauterem Blick, damit eure Ehre nicht verlorengeht, die mit ihrem Ruf jenen berührt, der auf all seinen Wegen in all seinen Werkzeugen geradlinig und gerecht war und ist. Er hat sie von Ewigkeit her vorausgesehen; Er, der die Waisen und Armen nicht verachtet, reinige eure Augen, weil ihr im Vergleich zu den Tälern mit schmutziger Zisterne ein Berg von Myrrhe und Weihrauch seid. Hört also auf den, der stets mit lebendigen Augen wacht, der nicht der Stürme überdrüssig wird, die ein Anteil am Becher jener sind, die Götzenbildern gleichen, als ob sie durch ihr Glück Götter seien. Ihr aber, die ihr im Königspalast Macht und Ansehen eines großen Berges haben wollt, gebt jetzt der Gerechtigkeit des Höchsten Raum, zu seiner Ehre. Das ziemt sich für euch wegen eures berühmten Namens.

Blickt also auf den feurigen Spender, der den Menschen die gute Einsicht einflößt. Welcher Mensch jedoch kann jene Stimme übertönen, die sich dröhnend über die Himmel erhob, den Abgrund überwand und ihn mit dem Mantel mütterlichen Grüns schmückte? Und was für Windesflügel können mit ihrer Schnelligkeit diese Stimme überholen? Kann diese Stimme nicht eine kleine Feder so zum Fliegen bringen, daß sich kein Schwert gegen diese Feder erheben kann?

Nun aber, ihr Nachahmer des Allerhöchsten, dies ruft euch der lebendige Quell zu. Denn eurer Würde entspricht es nicht, die Augen Blinder zu haben, euch nach Schlangenart fortzubewegen, zu rauben und zu stehlen und den Altar Gottes zu plündern. Und warum tut ihr das? Weil ihr es aber tut, könnt ihr die Schuhriemen des Herrenleibes nicht lösen. Daher nehmt euch in Zucht.

8 Hildegard an Papst Anastasius

O du vortrefflich kampfgerüstete Persönlichkeit, Fels des Lehramts der herrlich geschmückten Stadt, die zur Vermählung mit Christus bestimmt ist, höre den, der ohne Anfang lebt und nicht in Erschöpfung ermattet.

O Mensch, das Auge deiner Erkenntnis ist zu matt geworden, um die stolzen Prahlereien der Menschen, die unter deine Obhut gestellt sind, zu zügeln. Warum rufst du die Schiffbrüchigen nicht zurück? Sie können sich ohne Hilfe nicht von ihren schweren Stürzen erheben. Und warum schneidest du die Wurzel des Bösen nicht ab? Sie erstickt die guten und nützlichen Kräuter, die angenehm duften und süß schmecken. Du vernachlässigst die Königstochter, nämlich die Gerechtigkeit, die der Himmel liebend umfängt, und die dir anvertraut worden war. Du läßt nämlich zu, daß diese Königstochter zu Boden geworfen wird. Denn die feindselige Sittenrohheit jener Menschen, die wie Hunde bellen, und wie Hühner, die zuweilen nachts zu gackern versuchen, alberne Töne von sich geben, zerfetzt ihr Diadem und ihr schönes Gewand. Sie sind Heuchler, die mit ihren Worten falschen Frieden zur Schau tragen, doch im Innern ihres Herzens mit den Zähnen knirschen, wie ein Hund, der seine bekannten Freunde mit dem Schwanz anwedelt, doch einen tüchtigen Soldaten, der dem königlichen Haus nützlich ist, mit seinen Zähnen beißt. Warum duldest du schlechte Gewohnheiten an den Menschen, die in der Finsternis des Unverstands leben und alles Schädliche an sich ziehen, wie eine Henne, die nachts schreit, sich selbst Schrecken einjagt? Wer so handelt, wurzelt nicht im Guten.

Höre also, o Mensch, jenen, der die scharfe Unterscheidung sehr liebt. Er selbst hat ja ein mächtiges Werkzeug des richtigen Handelns eingesetzt, damit es gegen das Böse kämpfe. Das tust du aber nicht, wenn du das Böse nicht ausreißt, welches das Gute ersticken möchte. Du läßt vielmehr zu, daß sich das Böse stolz erhebt, und das tust du aus Furcht vor denen, die in böser Hinterlist nachts auf der Lauer liegen. Sie lieben das Blutgeld mehr als die schöne Königstochter, die Gerechtigkeit.

Alle Werke aber, die Gott gewirkt hat, sind strahlend hell. Höre, o Mensch. Der himmlische Vater rief nämlich vor Erstehung der Welt mit Donnerstimme in seiner Verborgenheit: O mein Sohn! Und die Weltkugel entstand, weil sie den Schall vom Vater vernahm, während die verschiedenen Arten der Geschöpfe noch im Dunkel verborgen lagen. Bei der Schriftstelle aber: „Und Gott sprach: Es werde" (Gen 1,3), traten alle verschiedenen Gattungen der Geschöpfe ins Dasein. So wurden alle Geschöpfe durch das Wort und um des Wortes des Vaters willen durch den Willen des Vaters geschaffen.

Gott aber sieht und weiß alles im voraus. Doch das Böse kann weder bei der Erhebung noch beim Fall irgendetwas aus sich tun, erschaffen oder bewirken, weil es nichts ist. Man hält es nur für eine trügerische Wahl und eine verderbliche Ansicht, so daß ein Mensch schlecht handelt, wenn er tut, was täuscht und verderblich ist.

Gott aber sandte seinen Sohn in die Welt, damit der Teufel, der das Böse kennt und umarmt und dem Menschen Böses anriet, von ihm überwunden werde, und der Mensch, der durch das Böse verlorengegangen war, gerettet werde. Daher verabscheut Gott die verkehrten Taten, nämlich Unzucht, Mord, Raub, Aufruhr, Tyrannei und Heuchelei der bösen Menschen. Denn durch seinen Sohn, der die Beute des höllischen Tyrannen völlig auseinanderstreute, hat er sie zertreten.

Deshalb verachtest du, Mensch, der auf dem Papstthron sitzt, Gott, wenn du das Böse umarmst, so daß du es nicht verwirfst, sondern es küßt, da du es schweigend in den schlechten Menschen duldest. Und daher gerät die ganze Erde durch die Vielzahl der Irrlehren in Verwirrung, weil der Mensch liebt, was Gott vernichtet hat.

Und du, o Rom, liegst wie in den letzten Zügen. Du wirst so in Verwirrung gebracht werden, daß die Kraft deiner Füße, auf denen du bisher gestanden hast, erschlafft. Du liebst nämlich die Königstochter, die Gerechtigkeit, nicht mit glühender Liebe, sondern wie schlaftrunken, so daß du sie von dir wegtreibst. Deshalb will sie auch vor dir fliehen, wenn du sie nicht zurückrufst.

Trotzdem aber werden dir die großen Berge noch weiter die starken Zähne ihrer Hilfe bieten, dich aufrichten und dich mit dem kräftigen Holz großer Bäume stützen, so daß deine ganze Ehre, d. h. die Würde der Vermählung mit Christus, nicht völlig vernichtet wird. Vielmehr besitzt du noch einige Hilfstruppen als Rüstung, bis der Schnee der üblichen feindseligen Spötteleien fällt, die viel Torheit entsenden. Hüte dich also, dich mit dem Brauch der Heiden einzulassen, damit du nicht zu Fall kommst.

Höre also den, der lebt und nicht aus dem Weg geräumt werden wird. Die Welt befindet sich jetzt in Ausschweifung, danach in Trauer, und dann unter Schrecken, so daß die Menschen sich nichts daraus machen, getötet zu werden. Bei all dem sind bald Zeiten der Leichtfertigkeit, bald der Zerknirschung, und zuweilen Zeiten mit blitzender und donnernder Ungerechtigkeit. Denn das Auge stiehlt, die Nase wittert und der Mund tötet. Das Herz aber bringt Rettung, wenn das Morgenrot wie der Glanz des beginnenden Sonnenaufgangs sichtbar wird. Was jedoch in neuem Verlangen und neuem Eifer folgt, ist unsagbar.

Jener aber, der ohne Minderung groß ist, hat jetzt ein kleines Zelt berührt, damit es Wunder schaue, eine unbekannte Schrift schaffe und eine unbekannte Sprache erklingen lasse. Und man sagte ihm: Was du in der dir von oben offenbarten Sprache nicht in der gebräuchlichen menschlichen Ausdrucksweise vorbringen kannst – denn dieser Sprachgebrauch wurde dir nicht geschenkt – soll der, welcher eine Feile hat, nicht versäumen, zu der für die Menschen geeigneten Redeweise zu glätten.

Du aber, Mensch, der als sichtbarer Hirt bestellt ist, erhebe dich, laufe rascher zur Gerechtigkeit, damit du vor dem großen Arzt nicht beschuldigt wirst, daß du seine Herde nicht vom Schmutz gereinigt und mit Öl gesalbt hast. Wo der Wille aber keine Vergehen kennt, und der Mensch das Begehrte nicht an sich reißt, dort verfällt der Mensch gar keinem ergründlichen Gericht, sondern die Schuld dieser Unwissenheit wird durch Geißeln getilgt.

Daher, o Mensch, steh fest auf dem rechten Weg, und Gott wird dich retten. In die Hürde des Segens und der Auserwählung wird Er dich zurückführen, und du wirst ewig leben.

9 Hildegard an Papst Hadrian

Der den Lebenden das Leben schenkt, spricht: O Mensch, du wirst die schreckliche Grausamkeit der Löwinnen und die starke Kraft der Leoparden erdulden und aushalten, und Schiffbruch beim Beutemachen erleiden. Denn all dem bist du preisgegeben beim Ansturm der Bittsteller. Du hast aber einen einsichtigen Verstand gegenüber den rohen Sitten der Menschen. Durch deine leidenschaftliche Erregung darüber wirst du die Rennpferde an der Mähne im Zaum halten, die nicht aufhören, plündernd des Wegs zu ziehen. Trotzdem aber neigst du dich zuweilen, indem du gegen dich selbst streitest, gleichsam zur Rechtschaffenheit gewisser Menschen, wenn du die Särge mancher auf dem Schlachtfeld Gefallener <ver>birgst. Daher wirst du harte Kampfgefechte erleiden, doch du wirst die sterblichen Überreste jener vernichten, die durch ihre Widerspenstigkeit in die Grube fallen. Du hast aber trotzdem den Charakter eines starken Schlüssels, der nicht gern in Gestalt eines Rubins zum Fest der ungesäuerten Brote geht.

Suche also in deinem Herzen Rettung aus den Wassern, damit du nicht in einen Strudel gerätst, sondern mild und ruhig bleibst gegenüber der Krankheit und Verwundung derer, die durch verschiedene quälende Wunden außer Fassung gerieten. Ahme darin deinen Erlöser nach, der dich zurückgekauft hat. Und Gott wird dich nicht verlassen, sondern du wirst in seinem Licht <das Licht> schauen.

10 Hildegard an Papst Alexander

O höchste und ruhmreiche Persönlichkeit, du bist vor allem vom Wort Gottes bestellt, durch das jedes Geschöpf nach seiner Art vernunftbegabt oder vernunftlos geschaffen wurde. Dir hat dieses Wort die Schlüssel des Himmelreiches, d.h. die Vollmacht, zu binden und zu lösen, durch das Gewand seiner Menschheit zugestanden.

Erhabener Vater, du bist auch der Ursprung aller geistlichen Personen, die in der Kirche die Posaune der Gerechtigkeit ertönen lassen. Sie strahlt im buntgewirkten Gewand, während sie einander durch die Nachahmung des Lebens der Heiligen ein gutes Beispiel geben. Und wenn sie etwas Gutes getan haben, schreiben sie es Gott und nicht sich selbst zu. Sie freuen sich über ihre Nachahmer im Guten und folgen den früheren Heiligen, die ihr Fleisch bezwangen und sich mit dem offensichtlichen Sieg der himmlischen Heerschar im Kampf gegen die Laster des Teufels bestärkten. In uneigennützigem Verlangen schauten sie wie die Engel auf Gott.

So ahme auch du, o milder Vater, den gütigen Vater nach, der den reumütig zu ihm zurückkehrenden Sohn freudig aufnahm und seinetwegen das gemästete Kalb schlachtete und <den barmherzigen Samariter>, der die Wunden des von Räubern Verletzten in der Dämmerung <caligine confusa> mit Wein wusch. Er stellt die harte Zurechtweisung und das gütige Erbarmen dar. Sei auch der Morgenstern, der dem Tageslicht voraneilt, in der Kirche, die im verschwommenen Dunkel der Spaltung des Lichts der göttlichen Gerechtigkeit entbehrt. Weise also auch du im Eifer Gottes zurecht und salbe die Reuigen mit dem Öl der Barmherzigkeit, weil Gott Erbarmen mehr liebt als Opfer.

Nun beuge ich und meine Schwestern, o milder Vater, unsere Knie vor deiner väterlichen Güte und bitten: Würdige dich, die Not des armseligen Gebildes zu berücksichtigen. Wir sind jetzt sehr betrübt darüber, daß der Abt vom Berg des heiligen Disibod und seine Brüder gegen die Privilegien und unsere Wahl, die wir immer vornahmen, Einspruch erheben. Wir müssen jedoch stets sehr umsichtig Vorsorge für sie treffen, damit sie uns nicht irgendwann genommen wird. Denn wenn man uns die gottesfürchtigen und frommen Männer verweigerte, wie wir sie suchen, würde das geistliche Ordensleben bei uns ganz zugrundegehen.

Deshalb, mein Gebieter, hilf uns um Gottes willen, daß wir entweder unsere Wahl durchsetzen, oder – soweit es möglich ist – in Freiheit andere suchen und erhalten, die für uns Sorge tragen wie es Gott gefällt.

Nun bitten wir dich nochmals, gütiger Vater, unsere Bitte und auch diese unsere Boten nicht zu mißachten, die – von unserm treuen Freund ermuntert – auf dem Weg zu dir bei uns einkehrten. Tu, was sie bei dir zu erlangen suchen, damit du am Ende dieses Lebens, das sich bereits dem Abend zuneigt, zum unvergänglichen Licht gelangst und die süße Stimme des Herrn hörst: „Wohlan, du guter und getreuer Knecht, weil du über weniges getreu gewesen bist, will ich dich über vieles stellen. Geh ein in die Freude deines Herrn" (Mt 25,21; 25,23). Neige also deine gütigen Ohren unserm Flehen und sei uns und ihnen heller Tag, damit wir gemeinsam dem Herrn wegen deiner gewährten Freigebigkeit freudig danken, auf daß auch du dich stets der ewigen Seligkeit erfreust.

10R Papst Alexander an Wezelin, Propst von St. Andreas

Alexander, Diener der Diener Gottes, <entbietet> seinem geliebten Sohn, dem Probst von St. Andreas in Köln, Gruß und apostolischen Segen.

Von Seiten unserer in Christus geliebten Tochter Hildegard, Priorin von St. Rupertsberg in Bingen, und den Schwestern an diesem Ort erfuhren wir folgendes und möchten es dich wissen lassen: Sie hatten sich, wie gewohnt, einen Magister und Propst aus dem Kloster des heiligen Disibod gewählt. Doch der Abt dieses Klosters wollte der getroffenen Wahl eines Mönchs aus seinem Kloster nicht zustimmen, sondern weigerte sich bis jetzt, ihnen diese Person zu überlassen. Weil es jedoch angebracht ist, eifrig für das Seelenheil der erwähnten Schwestern zu sorgen, erteilen wir durch ein apostolisches Schreiben deinem Unterscheidungsvermögen den Auftrag, beide Parteien, wenn du darum ersucht wirst, vorzuladen und nach sorgfältiger Einsichtnahme in die beiderseitigen Interessen an der Wahl eines Propstes, die Angelegenheit gerecht zu entscheiden. Sollten die genannten Schwestern keinen Propst aus jenem Kloster erhalten können, so bewirke, daß sie wenigstens einen geeigneten aus einem anderen Kloster bekommen.

11 Hildegard an Hartwig, den Erzbischof von Bremen

Der dich am ersten Tag schaute und dir Augen zum Sehen mit dem Flügelschlag jedweder Kreatur verlieh und den Menschen zum Spiegel der Fülle all seiner Wunder schuf, so daß das Wissen Gottes in ihm aufleuchtet wie geschrieben steht: Denn „ihr seid Götter und Söhne des Höchsten alle" (Ps 82,6), Er blicke auf dich und lenke dich nach seinem Willen.

Der Mensch berührt Gott, der weder Anfang noch Ende hat, wenn die Vernunft im Menschen Gott nachahmt, weil auch das Wissen um Gut und Böse Gott offenbart. Das ist der Kreislauf der Ewigkeit.

Gott selbst bewirkt auch, daß du jenes Böse fliehst, das am ersten Tag begann, dem der gute Wille fehlt und das Gott ständig widerspricht. Er schaffe in dir auch Fenster, die im himmlischen Jerusalem leuchten, d.h. schöne Bauwerke an Tugenden. Und Er lasse dich in der Umarmung der Liebe Gottes dahinfliegen wie jener von Gott Erfüllte sprach: „Wer sind diese, die wie Wolken dahinfliegen und wie Tauben zu ihren Fenstern" (Jes 60,8)?

Und abermals: Ich armselige Frau sah in dir das Licht der Erlösung. Erfülle nun die Gebote Gottes, welche die Gnade Gottes dir gibt und die der Heilige Geist dich lehrt.

12 Hildegard an Erzbischof Hartwig von Bremen

O lobwürdige Persönlichkeit, die für die Menschen unentbehrlich ist, du stehst in der Amtsnachfolge des Allerhöchsten, die der bischöfliche Dienst darstellt. Dein Auge schaue daher auf Gott, dein Sinn erkenne seine Gerechtigkeit und dein Herz glühe in Gottesliebe, so daß deine Seele nicht ermatte. Halte vielmehr fest am großen Eifer, den Turm des himmlischen Jerusalem zu errichten. Und Gott gebe dir eine Helferin, nämlich die liebreiche Mutter der Barmherzigkeit. Sei ein heller Stern, der in der nächtlichen Finsternis den verdorbenen Menschen leuchtet und ein schneller Hirsch, der zum Quell des lebendigen Wassers eilt. Bedenke, daß in dieser Zeit viele Hirten blind und lahm sind, todbringendes Geld an sich raffen und die Gerechtigkeit Gottes ersticken.

O Teurer, deine Seele ist mir sehr liebenswert wegen deines Adels. Jetzt höre mich, da ich unter Tränen und Drangsal zu deinen Füßen hingestreckt liege. Denn meine Seele ist sehr betrübt, weil ein gewisser schrecklicher Mensch meinen und meiner Schwestern und Freunde Rat und Wunsch bezüglich unserer geliebten Tochter Richardis mißachtet und sie nach seinem verwegenen Vorhaben aus unserem Kloster entführt hat. Der allwissende Gott weiß ja, wo Hirtensorge dienlich ist. Deshalb soll der gläubige Mensch nicht herumlaufen und auf ein Vorsteheramt sinnen. Verlangt er in ruhelosem Geist danach, Meister zu sein, und gelüstet es ihn mehr nach Macht, als daß er auf Gottes Willen blickt, ist er in seiner Stellung ein räuberischer Wolf und seine Seele sucht niemals gläubig geistliche Dinge. Vielmehr herrscht dort Simonie.

Daher hatte es unser Abt nicht nötig, eine heiligmäßige Seele in ihrer Verblendung und Unwissenheit zur Bekleidung dieses Amtes in so großer Unbesonnenheit und geistiger Blindheit zu bestimmen. Hätte sich unsere Tochter ruhig verhalten, würde sie Gott für die gewünschte Ehrenstellung bereiten.

Daher beschwöre ich dich, der du nach der Ordnung des Melchisedech auf dem Bischofsstuhl sitzt , und bitte dich bei dem, der sein Leben für dich hingab und bei seiner edlen Mutter: Schicke meine geliebte Tochter wieder zu mir zurück – denn ich übergehe Gottes Wahl nicht und widerspreche ihr nicht, wo immer sie auch stattfinden mag – so daß Gott dir den Segen gebe, den Isaak seinem Sohn Jakob gab, und dich mit dem Segen segne, den Er Abraham wegen seines Gehorsams durch den Engel spendete.

Höre mich nun und verwirf meine Worte nicht wie deine Mutter, deine Schwester und Graf Hermann sie verworfen haben. Ich tue dir kein Unrecht ohne den Willen Gottes und das Seelenheil deiner Schwester, sondern bitte, daß ich durch sie getröstet werde und sie durch mich. Ich widerspreche nicht der Anordnung Gottes.

Gott schenke dir Segen vom Tau des Himmels und alle Engelchöre mögen dich loben, wenn du auf mich, die Dienerin Gottes, hörst und den Willen Gottes in dieser Angelegenheit erfüllst.

13 Erzbischof Hartwig von Bremen an Hildegard

Hildegard, der Meisterin der Schwestern von St. Rupert, <entbietet> H<artwig>, Erzbischof von Bremen und Bruder der Äbtissin Richardis, in Christus, an Stelle seiner Schwester und darüber hinaus, Gehorsam.

Ich melde dir, daß unsere Schwester, die meine, allerdings auch deine – meine leibliche und deine geistliche –, den Weg allen Fleisches angetreten hat und die Würde, die ich ihr verschafft hatte, geringgeschätzt hat. Während ich zum irdischen König ging, hat sie ihrem Herrn, dem König des Himmels, gehorcht, heilig und fromm gebeichtet und wurde nach der Beichte mit dem heiligen Öl gesalbt. Als sie alles in christlicher Gesinnung empfangen hatte, verlangte sie aus ganzem Herzen unter Tränen nach deinem Kloster zurück. Sie empfahl sich dem Herrn durch seine Mutter und den heiligen Johannes, bekannte sich durch ein dreimaliges Kreuzzeichen zur Dreieinigkeit und ist in vollkommenem Glauben an Gott, in Hoffnung und Liebe – dessen sind wir sicher – am 29. Oktober gestorben.

Ich bitte dich also – wenn ich dessen würdig bin – so viel ich vermag, liebe sie so sehr wie sie dich geliebt hat. Und scheint sie sich mit etwas verfehlt zu haben, was nicht auf sie zurückging, sondern auf mich, so beachte wenigstens ihre Tränen, die sie um die Rückkehr in ihr Kloster vergossen hat; dessen waren viele Zeugen. Hätte der Tod sie nicht daran gehindert, wäre sie sofort nach erhaltener Erlaubnis zu dir zurückgekehrt. Weil sie aber der Tod davon abhielt, will ich an ihrer Stelle kommen, so Gott will, das sollst du wissen. Doch Gott, der Vergelter alles Guten, möge dir jetzt und künftig ganz nach deinem Wunsch vergelten, was du allein ihr von allen und vor allen Verwandten und Freunden Gutes erwiesen hast. Dafür hat sie Gott und mir gedankt. Deinen Schwestern sage für all ihre Beweise des Wohlwollens Dank.

13R Hildegard an Erzbischof Hartwig von Bremen

O was für ein großes Wunder ist die Rettung der Seelen, auf die Gott so geschaut hat, daß sein Ruhm in ihnen nicht verdunkelt wird! Doch Gott handelt an ihnen wie ein starker Kämpfer, der eifert, von niemandem überwunden zu werden und seinem Sieg Bestand zu verleihen.

Höre nun, o Teurer! So geschah es an meiner Tochter Richardis, die ich sowohl Tochter als auch meine Mutter nenne, weil meine Seele von Liebe zu ihr erfüllt war. Denn das lebendige Licht lehrte mich in einer überwältigenden Schau, sie zu lieben.

Höre! Gott nahm sie so eifersüchtig in Besitz, daß die Lust der Welt sie nicht umgarnen konnte. Sie kämpfte vielmehr ständig gegen sie an, obgleich sie wie eine Blume an Schönheit, Anmut und Harmonie dieser Welt erschien. Doch als sie noch im Leibe lebte, hörte ich von ihr in einer wahren Schau sagen: „O Jungfräulichkeit, du stehst im königlichen Brautgemach" (Ordo Virtutum). Durch das jungfräuliche Reis hat sie nämlich Anteil am heiligen Ordensstand. Darüber freuen sich die Töchter Sions. Die alte Schlange aber wollte sie trotzdem durch ihre hohe leibliche Abkunft der herrlichen Würde abspenstig machen. Doch der höchste Richter zog diese meine Tochter an sich und entzog ihr allen menschlichen Ruhm. Daher ist meine Seele in Bezug auf sie sehr zuversichtlich, obwohl die Welt ihre Schönheit und Klugheit liebte, solange sie auf Erden weilte. Doch Gott liebte sie mehr. Darum wollte Gott seine Geliebte nicht dem feindlichen Liebhaber, d.h. der Welt überlassen.

Jetzt erfülle du, o teurer H<artwig>, der du die Stelle Christi einnimmst, den Herzenswunsch deiner Schwester wie es die Verpflichtung zum Gehorsam erfordert. Und wie sie stets um dich besorgt war, so sei du es jetzt für ihre Seele und verrichte die guten Werke, nach denen sie trachtete. Darum verbanne auch ich aus meinem Herzen den Schmerz, den du mir durch diese meine Tochter zugefügt hast. Gott gewähre dir auf die Fürsprache der Heiligen den Tau seiner Gnade und selige Vergeltung in der zukünftigen Welt.

14 Erzbischof Arnold von Köln <?> an Hildegard

Arnold, durch die Gnade Gottes Erzbischof von Köln, <wünscht> Hildegard, der brennenden Leuchte im Haus des Herrn auf dem St. Rupertsberg, sie möge unter dem Schutz des himmlischen Gottes weilen.

Wenn es Euch wohlergeht und alles, was Euch betrifft, vom Herrn gelenkt wird, freuen wir uns mit Euch. Doch auch uns geht es dank Eurer Verdienste gut. Weil wir aber gar nicht, wie wir es uns schon lange vorgenommen haben, kurz zu Euch kommen konnten, vertrauen wir uns Euch an, soweit wir es jetzt vermögen, legen unsere Hände in die Euren, verbinden Glauben mit Glauben und übergeben uns Euch ganz.

Habt ferner keine Bedenken, uns das Buch, das Ihr – vom göttlichen Geist inspiriert – selbst geschrieben habt, da jede andere Gelegenheit dazu fehlt und wir es weder entbehren können noch wollen, durch den Überbringer dieses Briefes zu senden, sei es unvorbereitet oder nicht. Wir wollen damit Gott nicht versuchen, sondern verlangen darin seine Wundertaten zu schauen.

14R Hildegard an den Kölner <?> Erzbischof Arnold

Nun also, o Hirt deines Volkes, habe ich armselige Frau dir, wie erbeten, die Aufzeichnungen dieser wahren Vision gesendet. Sie enthalten nichts von menschlichem Geist und meinem eigenen Wollen, sondern was das unvergängliche Licht durch seine Gestaltung und in diesen Worten offenbaren wollte, wie es ihm gefiel. Denn nicht einmal das, was ich dir jetzt schreibe, ist von meinem Geist, noch nach irgendeinem menschlichen Ermessen, sondern auf himmlische Offenbarung hin verfaßt.

15 Dekan Philipp und der Klerus von Köln an Hildegard

Philipp, – obwohl unwürdig – Domdekan und der ganze Kölner Klerus, <wünschen> der ehrwürdigen Hildegard von St. Rupert in Bingen, die eifrig nach dem Teil, den Maria erwählte, trachtet, sie möge Gott ebenso jetzt in Herzensreinheit wie im künftigen Leben von Angesicht zu Angesicht schauen.

Weil wir Eure mütterliche Güte lieben, lassen wir Euch wissen: Nachdem Ihr uns kürzlich verlassen hattet, als Ihr auf göttliche Weisung zu uns gekommen wart und uns hier, wie Gott es Euch eingegeben, Worte des Lebens dargelegt habt, waren wir höchst erstaunt, daß Gott in einem so gebrechlichen Gefäß, im so schwachen menschlichen Geschlecht solche Wunder seiner Geheimnisse wirkt.

Doch „der Geist weht, wo Er will" (Joh 3,8). Denn weil aus vielen kennzeichnenden Umständen ersichtlich wurde, daß Er sich in Euerm Herzen einen Ihm wohlgefallenden Wohnsitz erwählte, treten auch wir mit Recht bewundernd wie zu einem lebendigen Tempel Gottes an Euch heran, um unsere Bitten vorzubringen und flehen Euer Herz wie ein wahres Orakel

Gottes um wahrhaftige Antworten an. Wir bitten Eure Seligkeit aufs Inständigste, unsere Wünsche Gott noch eifriger anzuempfehlen, weil sie das Heil der Seelen betreffen. Und wenn Euer Gott anhängender Geist – wie gewohnt – etwas über uns in einer wahren Schau voraussieht, so sorgt für eine briefliche Mitteilung.

Wir bitten ebenfalls, das uns früher mündlich Gesagte auch schriftlich niederzulegen und zu übersenden. Da wir nämlich fleischlichen Begierden frönen, geben wir das Geistige, von dem wir nur selten etwas sehen und hören, leicht aus Nachlässigkeit der Vergessenheit preis.

Lebt wohl, Geliebte, und Er sei mit Euch, den Ihr von ganzem Herzen liebt.

15R(?) Hildegard an die Hirten der Kirche

„Der war, der ist und der kommen wird" (Offb 1,4), sagt zu den Hirten der Kirche: Der war, wollte die Schöpfung schaffen, so daß Er das Zeugnis der Zeugnisse in sich selbst besaß, indem Er all seine Werke tat wie Er wollte. Der ist, schuf alle Kreatur und zeigte in all seinen Werken das Zeugnis der Zeugnisse, so daß ein jedes eine sichtbare Gestalt annahm. Der kommen wird, wird alles reinigen und es schließlich in anderer Form wiedererstehen lassen. Er wird alle Runzeln der Zeiten und Verhältnisse tilgen und alles zusammen immer neu bleiben lassen und nach der Läuterung das Unbekannte offenbaren. Von Ihm geht ein Wind aus, der so spricht: Ich baute das Firmament mit all seiner Ausstattung; es fehlt ihm an keiner Kraft; es besitzt nämlich gleichsam Augen zum Sehen, Ohren zum Hören, eine Nase zum Riechen und einen Mund zum Kosten. Denn die Sonne ist gleichsam das Licht seiner Augen, der Wind aber das Gehör seiner Ohren, die Luft sein Duft; der Tau ist sein Geschmack, da er Grünkraft ausschwitzt wie der Hauch des Mundes. Und der Mond gibt das Zeitmaß an und weist die Menschen auf das Wissen hin. Die Sterne jedoch sind gleichsam vernunftbegabt. Sie sind es, weil sie eine Kreisbahn haben; so umfaßt auch die Vernunft vieles. Die vier Angeln des Erdkreises habe ich ebenfalls mit Feuer, Wolke und Wasser befestigt und so alle Enden der Erde wie mit Adern verbunden. Aus Feuer und Wasser goß ich Steine wie Knochen und als Mark legte ich Erde aus Feuchtigkeit und Grünkraft hinein. Die Abgründe habe ich wie Füße, die den Körper tragen, angelegt und ausgebreitet. Zu ihrer Sicherung sind sie mit Wasserdampf umgeben. So ist alles angelegt, daß es nicht vergeht. Wenn eine Wolke kein Wasser und Feuer enthielte, wäre sie kein festes Gefüge; und wenn die Erde keine Feuchtigkeit und Grünkraft hätte, wäre sie wie Asche. Und empfingen die übrigen Leuchten kein Licht vom Feuer der Sonne, würden sie nicht durch die Gewässer hindurchschimmern, sondern unsichtbar sein.

Das sind auch die Elemente, aus denen der Mensch besteht. Er kennt sie durch Berührung, Kuß und Umarmung, während sie ihm dienen; durch Berühren nämlich, weil der Mensch in ihnen wohnt, durch Küssen, weil er mit ihnen Weisheit besitzt, durch Umarmen, weil er mit ihnen namhafte Macht ausübt. Doch hätte der Mensch keine beliebige Fähigkeit, wenn diese nicht mit ihm zusammenwirkten. So sind sie mit dem Menschen und der Mensch mit ihnen <verbunden>.

O liebe Söhne <filioli>, die ihr meine Herden unter der gegenwärtigen Unterweisung der Stimme des Herrn weidet, warum errötet ihr nicht, da alle Geschöpfe die Gebote, die sie von ihrem Meister erhielten, nicht vernachlässigen, sondern erfüllen? Ich habe euch wie die Sonne und die übrigen Leuchten bestellt, damit ihr den Menschen durch das Feuer der Lehre leuchtet, strahlend von gutem Ruf, damit ihr die Herzen erglühen laßt.

Das tat ich im ersten Weltzeitalter. Ich erwählte nämlich Abel, liebte Noach und gab Mose die Aufstellung des Gesetzes ein. Auch setzte ich die Propheten als meine vielgeliebten Freunde ein. Daher stellte auch Abel im voraus das Priestertum dar, Noach das oberste Lehramt, Mose die königliche Botschaft und die Propheten viele Ämter. Doch hat Abel auch wie der Mond seinen Schein entsendet, weil er in seiner Opfergabe die Zeit des Gehorsams anzeigte; und Noach wie die Sonne, weil er das Bauwerk des Gehorsams vollendete; und Mose wie die mächtigen Planeten, als er durch den Gehorsam das Gesetz erlangte; und die Propheten harrten wie die vier Angeln, die die Enden der Erde tragen, starkmütig aus, als sie den Erdkreis wegen der gegenwärtigen Bosheit anklagten und dadurch auch Gott offenbarten.

Eure Zungen aber sind stumm angesichts der lauten Stimme der tönenden Trompete des Herrn. Sie lieben nicht die heilige Vernunft, die wie die Sterne eine kreisförmige Umlaufbahn hat. Die Trompete des Herrn ist die Gerechtigkeit Gottes, über die ihr mit großem Eifer in Heiligkeit nachsinnen solltet, indem ihr sie auch nach amtlicher Vorschrift und im Gehorsam mit heiliger Unterscheidung zu gelegener Zeit den Volksscharen wiederholt und sie ihnen nicht zu heftig einbläut.

Doch das unterlaßt ihr aus euerm leichtfertigen Eigenwillen. Deshalb fehlt es dem Firmament der göttlichen Gerechtigkeit bei eurer Predigt an Leuchten wie wenn die Sterne nicht scheinen. Ihr seid nämlich Nacht, die Finsternis aushaucht und gleichsam ein faules Volk, das aus Widerwillen nicht im Licht wandelt. Wie sich vielmehr eine nackte Schlange in einer Höhle verbirgt, so laßt ihr euch mit Abscheulichkeiten wie gemeines Vieh ein.

Ach, ach! Ihr solltet sein wie geschrieben steht: „Der Berg Sion, auf dem du Wohnung genommen hast" (Ps 74,2). Zu himmlischen Menschen gesegnet und besiegelt, solltet ihr nämlich eine Wohnung sein, die von Myrrhe und Weihrauch duftet und in der Gott weilt. Doch das seid ihr nicht, sondern schnell seid ihr wie ausgelassene Kinder, die nämlich nicht über ihr Heil zu reden wissen. Ihr tut vielmehr, was immer euer Fleisch fordert. Daher heißt es über euch: „Erhebe deine Hände zur Beendigung ihres Hochmuts; wieviel Böses tat der Feind im Heiligtum" (Ps 74,3). Denn die Macht Gottes wird euern in Bosheit erhobenen Nacken niederdrücken und zunichtemachen, was wie vom Windhauch aufgebläht ist, da ihr weder Gott kennt, noch einen Menschen fürchtet und die Bosheit nicht verachtet, um ihre Beendigung in euch zu wünschen. Ihr seht nämlich weder Gott noch möchtet ihr ihn sehen, sondern ihr blickt auf eure Werke und beurteilt sie selbst, indem ihr nach euerm Belieben tut und laßt, was ihr wollt. O wie groß ist die Bosheit und Abneigung, daß der Mensch weder um Gottes willen noch wegen eines Menschen einen guten Lebenswandel führen will, sondern daß er Ehre ohne Mühe erstrebt und ewigen Lohn ohne Entsagung und nur scheinheilig prahlend laut verkünden möchte, was der Teufel sprach: Ich bin gut und heilig. – Doch ist es keineswegs so.

Was sagt ihr nun? Ihr habt keine Augen, wenn eure Werke den Menschen nicht im Feuer des Heiligen Geistes leuchten und wenn ihr ihnen nicht gute Beispiele wiederholt. Daher fehlt dem Firmament der göttlichen Gerechtigkeit in euch das Licht der Sonne und der Luft das Bauwerk der Tugenden voll süßen Dufts. Deshalb heißt es: „Sie haben Augen und sehen nicht, Nasen und riechen nicht" (Ps 114,5–6). Wie nämlich die Winde wehen und den ganzen Erdkreis erfüllen, so solltet ihr mit eurer Lehre für das ganze Volk rasche Winde sein wie gesagt wurde: „Über die ganze Erde hin erging ihr Schall" (Ps 19,5). Ihr aber seid schon von jedem flüchtigen weltlichen Gerede erschöpft. So erweist ihr euch bald als Krieger, bald als Diener und bald als Possenreißer; doch durch euer geschwätziges Getue verscheucht ihr nur gelegentlich Sommerfliegen.

Auch durch die Unterweisung in den Schriften, die vom Feuer des Heiligen Geistes geschaffen sind, solltet ihr Eckpfeiler der Kirche sein und sie stützen wie die Angeln, die die Erde tragen. Aber ihr seid niedergestreckt und kein Halt für die Kirche, sondern flieht in die Höhlen eurer Lust und wegen eures ekelhaften Reichtums, der Habsucht und der übrigen Nichtigkeiten unterrichtet ihr eure Untergebenen nicht und laßt sie auch nicht bei euch Belehrung suchen, indem ihr sagt: Wir können nicht alles schaffen. Ihr solltet sie nämlich mit den Gesetzesvorschriften bekanntmachen und sie zügeln, damit keiner von ihnen aus Schwäche gleichsam aus innerster Überzeugung <per medullam> tut, was er für sich auserwählt. So ist die Erde auch mit Feuchtigkeit und Grünkraft durchwirkt und zusammengehalten, damit sie nicht aus Asche bestehe. Euretwegen aber werden sie wie Asche verstreut und tun bei jedem Anlaß, was sie wollen.

Ihr solltet nämlich eine Feuersäule sein, ihnen vorangehen und ihnen predigen, gute Werke vor ihnen tun und sagen: „Nehmt Zucht an, damit der Herr nicht zürnt und ihr vom rechten Weg abkommt und zugrundegeht" (Ps 2,12). Denn das Gesetz des Herrn ist um der Liebe und Furcht willen voller Zucht und deshalb muß sich jede Natur, d.h. die geistige und fleischliche, auf dem rechten Weg üben, damit der Schöpfer denen, die Er geschaffen hat, nicht droht, weil sie nicht auf seinen Wegen wandeln.

Ihr aber täuscht euch selbst, wenn ihr sagt: Wir können weder diese noch jene überwinden. – Würdet ihr jedoch in der von Gott verliehenen Vernunft eure Untergebenen wirklich zurechtweisen, wagten sie es nicht, der Wahrheit zu widerstehen, sondern würden, soweit sie es vermögen, eure Worte für wahr erklären. Doch weil ihr das nicht tut, sagt man von euch: „Sie sind verwirrt und wanken wie ein Betrunkener und all ihre Weisheit ist dahin" (Ps 107,27). Ihr seid nämlich verwirrt, weil ihr nicht auf das Gute in euch achtet, um einen guten Lebenswandel zu führen. Ihr schwankt auch in großer Unsicherheit, weil eure Taten euch kein rechtes Echo bringen, als ob ihr nicht wüßtet, was ihr tut, wenn ihr vollbringt, was die Wahl eures Herzens und des Eigenwillens begehrt. Daher wurde die Weisheit, die ihr überall in Schrift und Lehre gesucht habt, vom Brunnenschacht eures Eigenwillens verschluckt. Was ihr nämlich durch Berühren und Kosten kennengelernt habt, vollführtet ihr voller Begierde in der Üppigkeit eures Fleisches wie ein Kind, das in seiner Kindheit nicht weiß, was es tut.

Deshalb sagt man nochmals zu euch: Ihr führt keinen sittlichen Lebenswandel in rechter Beständigkeit unter dem Volk wie die Füße den übrigen Körper tragen, indem ihr euch mit Schriftworten umgürtet wie ein Abgrund, der von allen Seiten mit Wasserdunst umgeben ist. Vielmehr sagt ihr: Wir haben gar keine Zeit zum Reden und jetzt nicht einmal Zeit zum Zuhören wie es in früheren Zeiten war. – Ich aber sage: Abel jedoch ließ seine Opfergabe wegen des Hasses seines Bruders nicht im Stich, sondern brachte sie dem Herrn dar, obgleich er deshalb getötet wurde. Noach vergoß viel Schweiß, als ihn das schreckliche Gericht, nämlich die Ertränkung der Geschöpfe ängstigte. Denn er fürchtete den Tod sehr, als er über der Wolke stand. Als das einige andere Menschen sahen, sagten sie: Was tut dieser Tor? Das Unheil <ventus> wird ihn vernichten. Doch er führte dennoch aus, was Gott ihm geboten hatte. Auch Mose erlitt als Gesetzgeber sehr schmerzliche Härte und Grobheit von seinen Brüdern und Nachbarn, doch trotzdem ließ er nicht vom Gesetz, sondern erfüllte die Gebote Gottes. Auch wurden die Propheten von ungläubigen Menschen wie von raublustigen Wölfen getötet, als sie Gott gehorchten.

Ihr aber wollt nicht für kurze geziemende Zeit Unrecht von den Menschen ertragen und lest daher unzählige, endlose Qualen in euerm Schoß zusammen. Ihr müßtet Tag sein und seid Nacht. Denn ihr werdet entweder Nacht oder Tag sein. Wählt, auf welcher Seite ihr stehen wollt. Ihr seid nämlich am Firmament der Gerechtigkeit und des göttlichen Gesetzes nicht Sonne, Mond und Sterne, sondern Finsternis, in der ihr wie Tote liegt.

Deshalb spricht über euch der Teufel zu sich selbst: In diesen da finde ich einen Festschmaus <escas epulantium> und Tischgesellschaft ganz nach meinem Wunsch. Doch auch Augen, Ohren und mein Leib sind voll von ihrem Geifer und meine Brust von ihren Lastern. Denn sie wollen sich nicht mit ihrem Gott bemühen, sondern halten ihn gleichsam für nichtig. Deswegen beginne ich mit ihnen zu streiten und scherzhaft mit ihnen zu spielen, weil ich sie nicht arbeitend auf dem Acker ihres Herrn antreffe wie es ihnen ihr Herr befiehlt. Ihr jedoch, o meine Jünger und Untertanen, geltet vor dem Volk als viel zuchtvoller als sie. Und weil ihr so seid, erhebt euch über sie und entzieht ihnen allen Reichtum und alle Ehre; und wenn sie völlig ausgeraubt sind, erwürgt sie.

So spricht der Teufel bei sich und wird es nach dem Urteil Gottes auch an vielen so vollstrecken. Doch ich, „der ich bin" (Ex 3,14), sage zu den auf mich Hörenden: Zur Zeit, da dies geschehen wird, wird durch ein bestimmtes Volk über euch pflichtvergessene Übertreter der Ruin kommen. Er wird euch überall verfolgen, eure Werke nicht verhüllen, sondern sie offenlegen und von euch sagen: Diese da sind Skorpione mit schlangengleichen Sitten und Taten. Doch werdet ihr auch gleichsam im Eifer des Herrn verwünscht: „Der Weg der Gottlosen führt ins Verderben" (Ps 1,6). Denn sie werden in ihrer Bosheit über eure Wege lachen und spotten.

Doch das Volk, das so handelt, wird – vom Teufel verführt und gesandt – kommen, sich ganz heiligmäßig gebärden und sich den größeren weltlichen Fürsten anschließen. Und es wird zu ihnen über euch folgendes sprechen: Warum behaltet ihr diese bei euch und duldet, daß sie mit euch leben? Sie besudeln ja die ganze Erde mit ihrer schändlichen Bosheit!

Das Volk aber, das so über euch spricht, geht in einem schwarzen Gewand mit Kapuze einher, ist schlicht tonsuriert und zeigt sich den Menschen in seinem ganzen Benehmen freundlich und friedlich. Es liebt auch die Habsucht nicht, besitzt kein Geld und übt im Verborgenen eine so große Enthaltsamkeit, daß man kaum einen von ihnen tadeln könnte. Denn der Teufel ist bei diesen Menschen und zeigt sich ihnen unter seinem verborgengehaltenen Glanz wie er bei der Erschaffung der Welt vor dem Fall war. Er gibt sich ein wenig wie die Propheten und sagt: Das Volk äußert zum Scherz, daß ich ihm wie tollwütige Tiere und wie Fliegen erscheine. Doch jetzt will ich auf den Flügeln des Windes unter Blitz und Donner dahinfahren und sie auf alle Art so beeinflussen, daß sie all meine Wünsche erfüllen. Und so werde ich an diesen Menschen ähnliche Zeichen tun wie der allmächtige Gott.

Der Teufel bewirkt das nämlich durch Geister der Luft, die wegen der bösen Taten der Menschen im Blasen der Winde und der Luft manche in so großer Zahl umschwirren wie Fliegen und Flöhe, die in begierigem Eifer in Schwärmen angreifen. Denn er wird diese Menschen so beeinflussen, daß er ihnen die Keuschheit nicht nimmt und zuläßt, daß sie enthaltsam sind, während sie die Keuschheit gar nicht besitzen wollen. Daher sind sie nicht in Frauen verliebt, sondern fliehen sie. Und so werden sie sich den Menschen wie ganz sittenrein zeigen und spöttisch sagen: Die andern, die vor uns keusch leben wollten, dörrten sich aus wie gebratener Fisch. Uns aber wagt keine Befleckung des Fleisches und der Begierde anzutasten, weil wir heilig sind und vom Heiligen Geist erfüllt.

Ach, die irrenden Menschen, die es jetzt gibt, wissen nicht, was sie tun, wie auch jene, die uns in früheren Zeiten vorangingen. Denn andere Menschen, die zu dieser Zeit im katholischen Glauben irren, werden diese fürchten und ihnen in sklavischer Untertänigkeit dienen und sie nachahmen, soweit sie es vermögen. Und wenn sie auf diese Weise den Lauf ihres Irrtums vollendet haben, werden sie die Lehrer und Weisen, die dann beim katholischen Glauben verblieben sind, überall verfolgen und vertreiben; doch nicht alle, denn einige von ihnen sind äußerst starke Streiter in der Gerechtigkeit Gottes. Aber auch einige Gemeinschaften von Heiligen, die einen heiligmäßigen Lebenswandel führen, können sie nicht erschüttern. Daher geben sie den Fürsten und Reichen den Rat, die Lehrer, Weisen und Kleriker mit Knütteln und Spießen in Schach zu halten, damit sie Gerechte werden. Und an manchen wird man das ausführen; andere – davon in Schrecken versetzt – werden wanken.

Sie aber werden zu Beginn ihres verführerischen Irrtums zu den Frauen sprechen: Ihr dürft nicht bei uns bleiben; aber weil ihr keine rechten Lehrer habt, gehorcht uns, und was wir euch sagen und befehlen, das tut und ihr werdet gerettet. – Und auf diese Weise ziehen sie die Frauen an sich und führen sie zu ihrem Irrtum. Daher sagen sie auch im Hochmut des aufgeblasenen Geistes: Wir haben alle besiegt.

Doch ich, „der ich bin" (Ex 3,14), spreche: So wird die Bosheit, die die Bosheit wegschafft, über euch gebracht wie geschrieben steht: „Er verbarg sich in der Finsternis; rings um sein Zelt sind dunkle, wasserschwere Wolken" (Ps 18,12). Denn Gott wird eure bösen Taten, die ohne Licht sind, zur Strafe bestimmen, in der Er sich – ohne euch zu helfen – verbirgt. Keiner wird nämlich über euch das Recht anrufen, sondern alle werden sagen, daß ihr böse seid. Denn vom Himmel kommen Gesetz und Lehre, in denen Er bei euch wohnen würde, wenn ihr ein Schmuck der Tugenden und ein Garten der Wonne wäret.

Doch ihr seid ein schlechtes Beispiel im Herzen der Menschen, da kein Rinnsal guten Rufes von euch ausgeht. So habt ihr keine Speise zur Nahrung und kein Kleid zum Bedecken hinsichtlich der Seele, sondern ungerechte Werke ohne das Gut der Erkenntnis. Daher wird eure Würde verlorengehen und die Krone von euerm Haupt fallen. So ruft die Ungerechtigkeit Gerechtigkeit hervor und erforscht und untersucht alle Ärgernisse wie geschrieben steht: „Es ist unvermeidlich, daß Ärgernisse entstehen. Wehe dem Menschen aber, durch den Ärgernisse kommen" (Mt 18,7). Es ist nämlich nötig, daß die bösen Taten der Menschen durch Drangsale und Zerknirschung gesühnt werden. Trotzdem werden auch jene mit vielen Leiden überhäuft, die andern in ihrer Gottlosigkeit Unglück bringen. Diese ungläubigen und vom Teufel verführten Menschen werden eure Ruten sein, um euch zu züchtigen, weil ihr Gott nicht aufrichtig verehrt. Sie werden euch so lange quälen, bis all eure Ungerechtigkeit und Bosheit gesühnt ist.

Diese Verführer aber sind nicht jene, die vor dem Jüngsten Tag kommen sollen, wenn der Teufel in die Höhe aufsteigt wie er auch anfangs gegen Gott zu streiten begann, sondern sie sind ihr vorauseilender Same. Doch wenn man sie so bei den verkehrten Handlungen des Baal<skultes> und anderen Schlechtigkeiten angetroffen hat, werden dennoch Fürsten und angesehene Leute gegen sie angehen und sie wie tollwütige Wölfe töten, wo immer sie sie finden. Dann wird die Morgenröte der Gerechtigkeit aufgehen und eure letzten Dinge werden besser als die ersten sein. Ihr werdet die ganze Vergangenheit gottesfürchtig betrachten und wie reines Gold funkeln und lange Zeit so bleiben.

Und dann werden sich viele Menschen wundern, daß dieser Milde ein so heftiges Unwetter voranging. Die Menschen jedoch, die vor dieser Zeit lebten, erduldeten viele und heftige Kämpfe gegen die Willensregungen in ihrem gefährdeten Leib, aus denen sie sich nicht befreien konnten. Zu eurer Zeit aber werdet ihr wegen eurer Eigenwilligkeiten und eurer ungeordneten Lebensweise beunruhigende Kämpfe <auszufechten> haben, in denen ihr zunichte gemacht werdet.

Wer immer also diesen Gefahren entgehen will, hüte sich davor, daß seine Augen sich derart verdunkeln, daß er sich in den Netzen dieser Mühsale verfängt. Doch ein jeder möge ihnen – insoweit er es vermag – durch gute Werke und die Zuflucht zum guten Willen entfliehen und Gott wird ihm seine Hilfe verschaffen.

Ich Furchtsame und Armselige aber wurde zwei Jahre lang sehr bestürmt, dies vor Magistern, Doktoren und den übrigen Gelehrten an einigen größeren Orten, wo sie sich niedergelassen haben, persönlich vorzutragen. Doch weil die Kirche gespalten war, entzog ich mich dieser Predigt.

16 Erzbischof Philipp von Köln an Hildegard

Philipp, durch Gottes Gnade Erzbischof von Köln, <wünscht> der geliebten, vom göttlichen Hauch wunderbar erfüllten Schwester Hildegard, sie
möge den im Himmel glorreich schauen, dessen Umarmungen sie ständig
hingegeben sein möchte.

Obwohl die örtliche Entfernung die Gnade des gegenseitigen Anblicks
und des ersehnten Gesprächs raubt, hält Seelenverwandtschaft dennoch
fest zusammen, was die Liebe Christi verbunden hat. Daher kommt es,
heißersehnte Mutter, daß – als sich dieses Jahr die Gelegenheit, vorbeizu-
kommen und die Gnade, dich zu sehen, bot – die Krankheit und Schwäche
deines Leibes mein und vieler dich in Christus liebender Landsleute Herz
in Aufregung versetzte und erschütterte; wünschten wir doch stets für
dein Leben Wohlbefinden und ewiges wahres Heil.

Wir beschlossen also und hielten es für angemessen, uns zu erkundi-
gen, uns deines Zustands zu vergewissern und vor allem, dir zu melden
und bekanntzugeben, daß uns der Wirbel und Ansturm der irdischen
Dinge täglich so beunruhigt, daß wir nicht einmal versuchen, die Augen
des Geistes zum Himmlischen zu erheben. Doch weil viele umsichtig in
Erfahrung brachten, daß du von einer göttlichen Gnadengabe erfüllt bist,
über die sich die Gemeinschaft der Gläubigen in der Kirche freut, beglück-
wünschen auch wir uns nach dem Maß unserer Unterscheidungsgabe, daß
wir einen unter der Hülle des Fleisches lebenden Menschen kennen, der
nach dem Wort des Apostels im Himmel wandelt. Mit einer solchen Gabe
also beschenkt, mögest du gleichsam als eine, die die kostbare Perle gefunden hat, im Geheimnis Gottes das Erbetene erforschen und uns Worte der
Ermahnung schicken wie Gott sie dir verleiht. Denn es bewahrheitet sich:
In <verborgener> Weisheit und in einem versteckten Schatz liegt kein
Nutzen. Lebe wohl!

16R Hildegard an den Kölner Erzbischof Philipp

Im mystischen Hauch einer wahren Schau sah und hörte ich folgende Worte: Ja, die feurige Liebe, die Gott ist, spricht zu dir: Ein Stern, der unterhalb der Sonne leuchtet, was für einen Ruf kann er seinerseits beanspruchen? Er wird nämlich hell <lucida> genannt, weil er durch die Sonne mehr als die andern Sterne bestrahlt wird. Doch wie würde es sich für diesen Stern schicken, sein Licht so zu verbergen, daß er weniger als die andern kleineren Sterne leuchtet? Täte er das, so würde er nicht seinen rühmlichen Ruf besitzen, sondern unsichtbar genannt werden, weil man, obwohl er hell hieß, sein Licht trotzdem nicht sah. Auch ein Soldat, der ohne Waffenrüstung zum Kampf antritt, wird sicherlich von seinen Feinden niedergemacht, weil er seinen Leib mit keinem Panzer geschützt, sich keinen Helm aufs Haupt gesetzt und sich mit keinem Schild bedeckt hatte. Deshalb wird er auch zu seiner großen Beschämung gefangengenommen.

Du aber, der du wegen des Bischofsamtes ein heller Stern genannt wirst und unter dem Namen eines Hohenpriesters leuchtest, sollst dein Licht, das die Worte der Gerechtigkeit sind, vor deinen Untergebenen nicht verbergen. Du sagst nämlich oft in deinem Herzen: Erschreckte ich die mir Untergebenen mit Worten, würde ich ihnen lästig fallen, weil ich sie nicht zu überzeugen vermag. Könnte ich doch nur, indem ich schweige, ihre Freundschaft bewahren! – Also ist es unvorteilhaft für dich, so zu reden und zu handeln. Was aber? Schüchtere sie nicht durch furchterregende Worte ein, indem du sie wegen der bischöflichen Würde und dem Adel deiner Person wie ein Habicht vereinnahmst und traktiere sie nicht wie ein Knüttel mit Drohreden. Vermenge die Worte der Gerechtigkeit vielmehr mit Barmherzigkeit und salbe sie mit der Furcht Gottes, indem du ihnen vor Augen stellst wie gefährlich die Ungerechtigkeit für ihre Seele und ihr Glück ist. Gewiß, sicherlich, bestimmt werden sie auf diese Weise auf dich hören.

Geselle dich ihnen nicht durch einen schmutzigen, unbeständigen Lebenswandel bei und schaue nicht darauf, ob jemandem etwas gefällt oder mißfällt. Handelst du nämlich so, wirst du vor Gott und den Menschen geringer als die übrigen erscheinen. Denn so etwas geziemt sich nicht für deine Person. Bedenke auch, daß reine Tiere, die wiederkäuen, abmagern würden, wenn man ihrem Futter Schweinefraß, durch den diese fett werden, beimengte. So würdest auch du dich beflecken, wenn du dich dem schmutzigen Lebenswandel und der Gemeinschaft der Sünder anschließen würdest. Darüber würden sich die Frevler freuen, die Vollkommenen aber würden verstört sagen: Ach, ach, weh, weh, was haben wir für einen Bischof! Er leuchtet uns nicht auf dem rechten Weg der Gerechtigkeit voran.

Dein Volk aber tadle wegen des verderblichen Unglaubens und bringe es davon ab, damit du nicht ohne den Schild des Glaubens bist und zeige ihm den Weg der Gerechtigkeit in der Heiligen Schrift. Setze auf dein Haupt den Helm der Hoffnung und lege auf deinen Nacken den Schild der wahren Verteidigung, damit du in allen Bedrängnissen und Gefahren – soweit du es vermagst – ein Verteidiger der Kirche wirst. Auch das Licht der Wahrheit halte so fest, daß du als erprobter Streiter im Kriegsdienst für mich, der ich die wahre Liebe bin, auftrittst und auf der schiffbrüchigen Welt und in den harten ungerechten Kriegen tapfer und stark bist, damit du als heller Stern in ewiger Glückseligkeit erstrahlst.

Nun, o Vater, der du das Hirtenamt innehast, verwirf nicht die Armseligkeit des Menschen, der dir dies schreibt; denn das habe ich nicht mir gemäß oder zugunsten eines anderen Menschen diktiert oder ausgesprochen, sondern es so geschrieben wie ich es in wahrer Schau mit wachem Geist und Leib gesehen und gehört habe. Denn du hast geboten, dir etwas zu schreiben.

17 Hildegard an Erzbischof Philipp von Köln

O du, der du die Würde innehast, die von Gott und nicht von Menschen stammt, weil Gott, der der Lenker aller ist, Menschen gewährt, seine Stelle zu vertreten, sei du deshalb auch besorgt darum wie du Christi Stellvertreter bist.

In einer Schau sah ich nämlich wie die Sonne in ihrer brennenden Glut auf Kot voller Würmer schien. Diese lebten vor Freude über die Wärme auf, aber schließlich konnten sie die Gluthitze überhaupt nicht ertragen, brachten sich in Sicherheit und versteckten sich. Und jener Kot verbreitete großen Gestank. Ich sah auch, daß die Sonne auf einen Garten schien, in dem Rosen, Lilien und alle Arten von Gewürzpflanzen wuchsen. Dort blühten durch die Sonnenwärme Blumen und Gewürzpflanzen, breiteten ihre Wurzeln aus und dufteten überaus süß, so daß viele Menschen, von diesem angenehmen Duft erfüllt, über diesen Garten Freude empfanden wie über das Paradies. Und ich hörte aus der Höhe eine Stimme zu dir sagen: Stelle dir vor Augen, o Mensch, ob du es vorziehen würdest, im erwähnten Garten der Wonne zu weilen, oder im stinkenden Kot bei den Würmern zu liegen. Oder würde ein hoher, mit schönen Türmen geschmückter Tempel, aus dessen Fenstern Taubenaugen blicken, oder ein strohgedecktes Häuschen, in dem ein Bauer mit seiner Familie kaum Platz findet, dir vorteilhafter vorkommen?

Der Kot mit den Würmern aber ist die erste Wurzel der Erbsünde, die aus dem Plan der alten Schlange hervorging. Die jungfräuliche Natur hat sie erstickt, als Gottes Sohn aus der Jungfrau Maria geboren wurde. In Ihm erwuchs der Garten aller Tugenden, den auch die Persönlichkeiten der Bischöfe nachahmen sollen. Ihnen kommt es auch zu, den himmlischen Tempel durch die erhabene Lehre des Bischofsamtes zu ersteigen wie auch die Taube mit ihren Augen in die Höhe blickt. Und sie dürfen nicht mit Habichtsaugen, d.h. nicht nach den Gewohnheiten der Welt handeln, die ja Wunden zufügen, die sie nicht mit Öl salbten.

Schüttle auch die groben Sitten der Habsucht ab, nämlich mehr zu sammeln, als du besitzen sollst; denn die Habsucht ist immer arm und bedürftig, hat aber nicht die Freude des Bedürftigen, dem das Seine genügt. Zerstreue also die Habsucht wie Stroh und zertritt sie, denn sie vernichtet alle vornehmen Sitten wie die Motte ein Kleid zugrunderichtet. Weil sie immer bettelt, ist sie auch wie ein kleines Bauernhaus, das keinen Platz hat, um vornehme Sitten zu pflegen. Neben diesem Häuschen liegst du wie ein Erdhügel, den Würmer unterwühlen. Das bezeichnet die vielen Bischöfe, die die Menschenherzen durch die rechte Lehre aufrichten sollten und ihr Sinnen auf ihre Schätze richten, aber nicht auf die Worte bedacht sind, die sie andern sagen, oder an denen sie sich selbst stärken sollten.

O Vater, ich sage dir in Wahrheit, daß ich diese Worte in einer wahren Schau gesehen und gehört habe und sie auf dein Geheiß und deine Bitte hin aufgeschrieben habe. Wundere dich also nicht darüber, sondern erwäge dein ganzes Leben von deiner Kindheit bis jetzt. Ändere auch deinen

Ruf <nomen>, d.h. werde ein Lamm statt eines Wolfes, denn der Wolf raubt gern ein Lamm. Und sei der Verlorene Sohn beim Festmahl, der mit seinem Sündenbekenntnis zu seinem Vater eilt und spricht: „Vater, ich habe gesündigt gegen den Himmel und gegen dich" (Lk 15,18; 15,21). Alle Engelchöre freuten sich über ihn und staunten, daß Gott ihm nach seinen schlimmen Sünden eine so große Gnade gewährte. Daher geselle dich den Blumen und Gewürzkräutern zu, damit das Volk sich über deinen süßen Duft freue, weil es einen tugendhaften und tauglichen Hirten hat und damit du auch verdienst, die Stimme des Herrn zu vernehmen: „Wohlan, du guter und getreuer Knecht, geh ein in die Freude deines Herrn" (Mt 25,21).

18 Erzbischof Heinrich von Mainz an Hildegard

Heinrich, durch Gottes Gnade Erzbischof auf dem Mainzer Stuhl, <entbietet> Hildegard, der geliebten Meisterin vom Berg des heiligen Bekenners Rupert, seine Gunst in väterlicher Zuneigung.

Da wir viel Gutes und erstaunliche Wunderdinge von dir hören, ist es unserer Trägheit zuzuschreiben, daß wir dich nicht so oft aufsuchen, als wir könnten. Doch durch viele Geschäfte verhindert, vermögen wir kaum einmal und nur schwerfällig, unsere Seele zu dem, was ewig ist, zu erheben.

Um aber zu unserer eigentlichen Absicht zu kommen: Wir setzen dich in Kenntnis davon, daß einige Ordensleute als Boten eines uns bekannten adeligen Klosters zu uns gekommen sind. Sie baten uns inständig, ihnen eine Schwester, die sie erbitten – sie führt bei dir ein klösterliches Leben – gemäß ihrer Wahl als Äbtissin zu überlassen. Dies tragen auch wir dir sowohl kraft der Autorität unseres geistlichen Amtes, als auch kraft unserer Vaterschaft auf und zwar erlegen wir es dir gebieterisch auf, daß du sie augenblicklich den Bittenden und Begehrenden zu ihrer Leitung stellst. Tust du das, so wirst du unsere Gunst, die du bisher erfahren hast, noch mehr verspüren; wenn nicht, so werden wir es dir erneut noch energischer anbefehlen und nicht nachgeben, bis du unsere diesbezüglichen Vorschriften in diese Tat umsetzt.

18R Hildegard an den Mainzer Erzbischof Heinrich

Der klare Quell, der nicht trügerisch ist, sondern gerecht, spricht: Die Gründe, die für die Bevollmächtigung dieser jungen Frau angeführt wurden, sind vor Gott wertlos, denn ich, der Erhabene, Unermeßliche und Umkreisende, der ich das hereinbrechende Licht bin, habe sie nicht geschaffen und gewählt, sondern sie ergaben sich aus der nachsichtigen <conivente> Verwegenheit unwissender Gemüter. Alle Gläubigen sollen es mit empfänglichen Ohren des Herzens vernehmen, nicht mit den äußerlich hörenden Ohren wie das Vieh, das den Klang vernimmt, aber nicht das Wort. Der Geist Gottes spricht in seinem Eifer: O Hirten, klagt und trauert in dieser Zeit, weil ihr nicht wißt, was ihr tut, wenn ihr die von Gott geschaffenen Ämter für ein Vermögen und wegen der Torheit schlechter Menschen, die Gott nicht fürchten, verleiht. Deshalb darf man euern Lästerungen, böswilligen Worten und Drohreden kein Gehör schenken. Eure in solchem Hochmut erhobenen Ruten werden nicht im Namen Gottes gezückt, sondern zur Bestrafung eures vermessenen schändlichen Eigenwillens.

19 Hildegard an den Mainzer Erzbischof Heinrich

„Der ist" (Ex 3,14; Offb 1,4), spricht: Ich sage dir, der du viele Untersuchungen unterläßt: Der Himmel hat sich aufgetan für die Rache des Herrn und jetzt sind die Fallstricke für die Gegner gelegt. Du aber erhebe dich, denn kurz <bemessen> sind deine Tage. Bedenke, daß Nebukadnezzar zu

Fall kam und seine Krone verlorenging. Und viele andere sind gefallen, die
sich verwegen gegen den Himmel erhoben haben. Ach du Asche<nstaub>,
warum schämst du dich nicht, dich in der Höhe auszubreiten, da du im
Moder liegen müßtest? Nun aber sollen die Wahnsinnigen erröten. Du
aber steh auf, lasse den Fluch hinter dir und fliehe vor ihm.

20 Erzbischof Arnold von Mainz an Hildegard

Arnold, durch Gottes Gnade Erzbischof auf dem Mainzer Stuhl, <entbie-
tet> Hildegard, der gottgeweihten Jungfrau und Meisterin auf dem Berg
des seligen Bekenners Rupert, seine Gunst in väterlicher Liebe.

Wir wissen, daß „der Geist weht, wo er will" (Joh 3,8) und jedem seine
Gaben „zuteilt, wie er will" (1 Kor 12,11). Das sagen wir jedoch ohne Zögern von dir. Denn ist es erstaunlich, daß dich jener durch seine Inspiration belehrt, der einst Bauern und Maulbeerfeigenzüchter als Propheten
eingesetzt hat und eine Eselin menschliche Worte sprechen ließ? Wir dürfen und können also die Gaben Gottes nicht zurückweisen. Wir bitten aber
deine Liebe, daß du uns mit deinen Bitten beim Herrn zu Hilfe eilen mögest, damit wir unsere Tage wenigstens in Gottesfurcht und Liebe zu unserm Schöpfer verbringen, so daß wir – im Guten vollendet – verdienen,
für immer das Leben ewiger Glückseligkeit zu besitzen.

20R Hildegard an Erzbischof Arnold von Mainz

O Vater, das Lebendige Licht gab mir folgende Worte an dich: Warum verbirgst du dein Gesicht vor mir, als wärest du ganz verwirrt vor Zorn wegen
der geheimnisvollen Worte, die ich nicht aus mir spreche, sondern so, wie

ich sie im lebendigen Licht schaue? Oft wird mir also das gezeigt, was mein Geist nicht begehrt und auch nicht, wonach ich willentlich suche. Vielmehr sehe ich es oft gezwungenermaßen. Doch flehe ich Gott an, daß dir seine Hilfe nicht gleichsam zur Verbannung diene und deine Seele der reinen Erkenntnis hingegeben sei, so daß du in den Spiegel der Erlösung blickst. Und du wirst ewig leben.

Doch auch das hellstrahlende Licht der Gnade Gottes werde dir niemals genommen; vielmehr beschütze dich die Barmherzigkeit Gottes, so daß dich der alte Nachsteller nicht täusche. Jetzt aber weide sich dein Auge an Gott <in Deo vivat> und die Grünkraft deiner Seele verdorre nicht. Das lebendige Licht spricht zu dir: Warum erstarkst du nicht in Gottesfurcht? Und warum eiferst du, als ob du Weizen siebst, um überlegen fallen zu lassen, was dir zuwider ist? Ich will das aber nicht. Erhebe dich also zu Gott, denn die Zeit wird schnell kommen.

21 Hildegard an Erzbischof Konrad von Mainz

Folgende Worte schaute und hörte ich im wahren Licht: Der Tag ruft den Tag und gebietet dem Unheil Einhalt wie geschrieben steht: „Ein Tag überbringt dem andern die Botschaft und eine Nacht gibt der andern Kunde" (Ps 19,2). Denn Gott ist vernünftig und alle Gerechtigkeit liegt in Gott. Alles Gute und Gerechte im Menschen und in allen Geschöpfen ging von Ihm aus. Und sein Werk besteht völlig in Ihm wie geschrieben steht: „Durch Ihn ist alles geschaffen" (Joh 1,3). Der Tag wäre nicht strahlend hell, wenn er keine Kunde besäße, nämlich die Finsternis, die den Vorzug des Tages sichtbar macht. So offenbaren auch Bosheit und Gottlosigkeit des Teufels Gott, weil alle Gottlosigkeit und alles Kriegsgetümmel Ihm nicht widerstehen können. Gott hat das Böse nicht geschaffen, sondern war ihm wie seinem Fußschemel überlegen, denn „ohne Ihn ist nichts geworden" (Joh 1,3).

Jetzt, o Sohn Gottes, stehst du unter dem Anruf des Tages. Ergreife also den Schild des Glaubens und halte die überaus herrliche Gerechtigkeit

Gottes sorgsam in deinem Herzen umfangen wie eine liebe Freundin an deiner Brust. Fliehe bei all deinen Werken vor der Finsternis der Ungerechtigkeit – denn Gott ist wahrhaftig – damit du der erwählte Erbe bist und nicht der Sohn der Hure, d.h. der Ungerechtigkeit.

Umgürte dich aber auch mit dem Gürtel der Gerechtigkeit und bezähme deine Lenden aus Liebe zur ewigen Glückseligkeit. Unter dem Anruf des Tages höre auch nicht auf diejenigen, die Gott verachten und seine Werke für unrichtig erklären wie es heißt: „Entreiße meine Seele dem Schwert und der Gewalt des Hundes, <diese> meine einzige, Gott" (Ps 22,21). So wirst du dem auf die böswilligen Menschen herabfallenden Schwert und den unaufrichtigen Worten derer, die Gott wie ein Hund anbellen <contradicunt>, entgehen. Nun aber belehre dich Gott, damit du ein getreuer Diener bist und im ewigen Leben weilst.

22 Erzbischof Konrad von Mainz an Hildegard

K<onrad>, durch Gottes Gnade Erzbischof auf dem Mainzer Stuhl, <entbietet> Hildegard, der geliebten Meisterin der Schwestern von St. Rupert in Bingen, seine treue Gunst in väterlicher wie in kindlicher Zuneigung.

Von vielen Geschäften abgehalten, schreiben wir dir nur kurz, während wir doch „mit weitgewordenem Herzen" (vgl. RB Prol.) und ganzer Willensanstrengung zu deiner heiligen Liebe eilen. Und weil wir erkennen, daß du vom göttlichen Geist inspiriert bist, sehnen wir uns nach deinen ermutigenden Worten. Während wir nämlich versuchen, äußerlich dem irdischen Reich zu dienen, vernachlässigen wir innerlich den himmlischen König. Wir empfehlen uns daher deinen und den bei dir weilenden Schwestern Gebeten, damit wir so von ihnen unterstützt, mit der gütigen Hilfe Gottes den Stürmen und Unruhen dieser Zeit, die uns sehr zusetzen, entrissen werden.

Ihr aber sollt sichere Gewißheit haben, daß wir euch in allen euern Nöten beistehen und in allem nützlich sein werden wie Gott es gewährt.

22R Hildegard an den Mainzer
Erzbischof Konrad

Eine geheimnisvolle Schau spricht zu dir: O du erhabene Persönlichkeit, du bist an Christi Statt von Ihm eingesetzt wie alle Gewalt von Gott stammt. Keiner aber fand sich, der Gott gleicht. Er ist nämlich der Vater aller, weil alles aus Ihm hervorgeht und Er es deshalb regiert und beim priesterlichen Dienst der <eigentliche> Priester ist, da Er durch das reine Opfer – die Menschwerdung – den Menschen befreit hat. Er ist nämlich Priester durch jenen Schwur, der geschrieben steht: „Der Herr schwor und es wird Ihn nicht gereuen; du bist Priester auf ewig nach der Ordnung des Melchisedek" (Ps 110,4). Allerdings hatte Gott bei sich beschlossen, Mensch zu werden ohne alle Sündenbefleckung, ohne der Wiedergutmachung durch Buße zu bedürfen und ohne die Vermengung und Teilung, die im sündigen Menschen ist, damit Er so das Böse besiege wie es bei Melchisedek angedeutet ist.

Du aber, o Mensch, der du jetzt am Tage lebst, bemühe dich, bevor die Nacht hereinbricht, da du nicht mehr wirken kannst, dein Volk in wahrer Vollmacht die Gebote Gottes zu lehren, es in aufrichtiger Gerechtigkeit zu regieren wie es Gott regiert und es mit großem Eifer barmherzig zu behandeln, denn Gott selbst hat es erlöst. Auf solche Weise ist Leitung, Herrschaft und Gewalt von Gott. Doch „mache dir auch mit dem ungerechten Mammon durch Erbarmen Freunde, damit sie dich, wenn es mit dir zu Ende geht, in die ewigen Wohnungen aufnehmen" (Lk 16,9).

Jetzt, o Vater und Meister nächst Christus, höre, was das armselige Gebilde dir über das wahre Licht schreibt, damit du allen, die in Drangsalen zu dir flüchten, Hilfe gewähren kannst. Um der Freude willen, die du ihnen vermittelst, nehme man dich in die unvergängliche Freude der <himmlischen> Zelte auf, damit du auch in der immerwährenden Seligkeit, für die dich Gott erschuf, ewig lebst. Amen.

23 Hildegard an die Mainzer Prälaten

Bei einer Schau, wie sie meiner Seele vor meiner Geburt vom Schöpfergott eingeprägt wurde, wurde ich genötigt, folgendes bezüglich der Beschränkung, zu der uns unsere Oberen verpflichteten, zu schreiben. Es handelt sich um einen Verstorbenen, der, von seinem Priester begleitet, ohne Rechtsverletzung bei uns begraben wurde. Als unsere Oberen wenige Tage nach seiner Beisetzung befahlen, ihn von unserm Friedhof zu entfernen, ergriff mich nicht geringer Schrecken darüber. Wie gewohnt, blickte ich zum wahren Licht auf und sah mit wachen Augen in meiner Seele folgendes: Wenn auf ihren Befehl der Leichnam des Toten weggeschafft würde, drohte durch diese Entfernung unserm Ort eine ungeheure Gefahr; wie eine große Finsternis würde uns eine dunkle Wolke, wie sie vor Sturm und Donnerschlägen heraufzuziehen pflegt, umlagern.

Deshalb nehmen wir es uns nicht heraus, den Leichnam dieses Verstorbenen, der ja gebeichtet, die Ölung und die Kommunion empfangen hatte und ohne Widerspruch begraben worden war, herauszunehmen, noch uns mit dem Rat und Befehl derer, die uns das rieten oder vorschrieben, zufriedenzugeben. Wir schätzen den Rat erfahrener Menschen oder das Gebot unserer Prälaten durchaus nicht gering ein, sondern wir wollten nicht als solche gelten, die den Sakramenten Christi, mit denen der Mann noch lebend gestärkt worden war, in weiblicher Erregung Gewalt antun. Um uns aber nicht ganz ungehorsam zu erweisen, haben wir bis jetzt auf ihr Interdikt hin mit dem Gesang des Gotteslobes ausgesetzt und uns der Teilnahme am Herrenleib, den wir ungefähr jeden Monat zu empfangen pflegen, enthalten.

Als ich und alle meine Schwestern darüber von großer Erbitterung heimgesucht wurden und unter namenloser Traurigkeit litten, hörte ich endlich – von der schweren Last erdrückt – in einer Schau folgende Worte: Um menschlicher Worte willen auf die Sakramente des <mit der menschlichen Natur> bekleideten Wortes Gottes zu verzichten, das euer Heil ist und jungfräulich aus der Jungfrau Maria geboren wurde, ist nicht förderlich für euch. Ihr müßt vielmehr bei euern Prälaten, die euch diese Beschränkung auferlegt haben, um Erlaubnis nachsuchen. Denn seitdem Adam aus dem lichten Land des Paradieses in die Verbannung dieser Welt vertrieben wurde, ist die Empfängnis aller Menschen durch die Schuld der ersten Übertretung entweiht worden. Daher ist es notwendig, daß nach dem unerforschlichen Ratschluß Gottes aus der menschlichen Natur ein Mensch ohne den verderblichen Einfluß jeglicher Verwundung geboren werde. Durch ihn sollten alle zum Leben Vorherbestimmten von allen Befleckungen gereinigt werden. Damit Er immer zu ihrem Schutz in ihnen und sie in Ihm blieben, sollten sie durch den Empfang seines Leibes geheiligt werden. Wer sich aber – wie Adam – den Geboten Gottes gegenüber ungehorsam erweist und Ihn ganz vergißt, der muß vom Empfang seines Leibes ausgeschlossen werden, so wie er sich durch Ungehorsam von Ihm abgewandt hat, bis er – durch Buße geläutert – von den Oberen wieder die Erlaubnis erhält, sich mit dem Leib des Herrn in der Kommunion zu vereinigen. Wer aber weiß, daß er sich weder bewußt noch willentlich in solch einer Beschränkung befindet, soll zuversichtlich zum Empfang des lebensspendenden Sakraments hinzutreten, um vom Blut des unbefleckten Lammes gereinigt zu werden, das sich im Gehorsam gegenüber dem Vater auf dem Altar des Kreuzes opfern ließ, um allen das Heil wiederzubringen.

In derselben Vision hörte ich auch, ich hätte mir dadurch Schuld zugezogen, daß ich mich nicht in aller Demut und Ergebenheit zu meinen Oberen begeben habe, um sie um die Erlaubnis zum Kommunizieren zu ersuchen, zumal wir uns ja durch die Überführung dieses Toten keine Schuld zugezogen hätten. Er sei nämlich – ordnungsgemäß als Christ versehen – von seinem Priester unter dem Geleit von ganz Bingen bei uns begraben worden, ohne daß irgend jemand Einspruch erhoben habe.

Und so hat es mir Gott auferlegt, euch, unsern Herrn Prälaten, zu verkünden. Ich schaute auch etwas über den bis jetzt im Gehorsam gegen euch unterlassenen Gesang des Göttlichen Offiziums. Wir verrichteten es nur in leiser Rezitation. Und ich hörte eine Stimme, die vom lebendigen Licht ausging, über die verschiedenen Arten des <Gottes>lobes, von denen David im Psalm spricht: „Lobt ihn im Schall der Posaunen, lobt ihn mit Harfe und Zither" usw. bis: „Alles was Odem hat, lobe den Herrn" (Ps 151,3–6). Mit diesen Worten werden wir durch äußere Dinge über innere belehrt, nämlich, wie wir entsprechend der materiellen Gestaltung der Instrumente und ihrer Beschaffenheit die Obliegenheiten unseres inneren Menschen am besten auf das Lob des Schöpfers ausrichten und gestalten sollen. Wenn wir eifrig darauf bedacht sind, erinnern wir uns daran, wie der Mensch nach der Sprache des lebendigen Geistes forschte. Adam hatte sie durch Unge-

horsam verloren. Im Stande der Unschuld – vor der Übertretung – nahm
er in nicht geringem Maß am Lobgesang der Engel teil, den diese kraft
ihrer geistigen Natur besitzen. Vom Geist, der Gott ist, werden sie Geister genannt. Adam hatte die Ähnlichkeit mit den Stimmen der Engel, die
er im Paradies besaß, verloren und ist über dem Wissen, mit dem er vor
der Sünde begabt war, eingeschlafen so wie ein vom Schlaf erwachen-
der Mensch nichts mehr oder nur Unbestimmtes von dem weiß, was
er im Traum gesehen hat. Als er von der Einflüsterung des Teufels getäuscht wurde und sich gegen den Willen seines Schöpfers auflehnte,
wurde er zur Strafe für seine Sünde in die Finsternis innerer Unwissenheit
gehüllt.

Gott aber, der die Seelen der Auserwählten mit dem Licht der Wahrheit
erfüllt und für die frühere Glückseligkeit aufbewahrt, gelangte zu diesem
seinem Ratschluß: Er wollte die Herzen möglichst vieler durch die Eingießung des prophetischen Geistes erneuern, damit sie durch seine Erleuchtung etwas von jenem Wissen zurückgewännen, das Adam vor der
Bestrafung seiner Übertretung besessen hatte.

Damit sie sich aber auch an die süße Erfahrung des Lobpreises erinner-
ten, deren sich Adam vor seinem Fall mit den Engeln in Gott erfreute und
nicht <nur> seines hiesigen Exils gedächten; und damit auch sie dazu angeregt würden, erstellten die heiligen Propheten – von demselben Geist,
den sie empfangen hatten, belehrt – nicht nur Psalmen und Lieder zum
Singen, um die Andacht der Zuhörer zu entflammen, sondern auch verschiedene Musikinstrumente zur klangvollen Begleitung. Das geschah mit
Rücksicht darauf, daß die Hörer sowohl durch Gestalt und Beschaffenheit
dieser Instrumente, als auch durch den Sinn der Worte, die dazu vorgetra-
gen wurden, wie schon gesagt, äußerlich ermuntert und angeregt, über
den Inhalt belehrt würden.

In der Nachahmung derer, d.h. der heiligen Propheten, haben gelehrte,
weise und kunstfertige Männer selbst einige Musikinstrumente erfunden,
um nach Herzenslust singen zu können. Und die Melodie stellten sie an
Hand der Fingergelenke, die sich durch Krümmen beugen, dar in Erinnerung daran, daß Adam vom Finger Gottes, dem Heiligen Geist, gebildet
wurde. Seine Stimme hatte vor seiner Verfehlung einen lieblichen Klang
voller Harmonie in aller Tonkunst. Und wäre er im ursprünglichen Zustand verblieben,hätte die Schwäche des sterblichen Menschens die Kraft
und Klangfülle dieser Stimme gar nicht zu ertragen vermocht.

Als aber sein Verführer, der Teufel, hörte, daß der Mensch aus göttlicher Eingebung heraus zu singen begonnen hatte und dadurch wieder dazu überging, die lieblichen Gesänge des himmlischen Vaterlands zu pflegen, erkannte er, daß seine verschlagenen Listen nichts ausrichten würden. Darüber erschrak er so, daß es ihn nicht wenig beunruhigte. Seitdem bemüht er sich ständig, vielerlei Erfindungen seiner Bosheit auszuhecken und herauszufinden, um nicht nur aus den Herzen der Menschen durch böse Einflüsterungen, unreine Gedanken oder ablenkende Geschäftigkeit, sondern auch – wo er nur kann – aus dem Mund der Kirche durch Streitereien, Ärgernisse oder ungerechte Unterdrückung, das Bekenntnis des schönen, wohlklingenden Gotteslobes und der geistlichen Lobgesänge zu verbannen oder es unablässig zu stören.

Deshalb müßt ihr und alle Vorsteher euch um größte Wachsamkeit bemühen. Bevor ihr den Mund einer Gemeinschaft, die das Lob Gottes singt, durch einen Urteilsspruch verschließt oder ihnen die Verwaltung und den Empfang der heiligen Sakramente verbietet, müßt ihr die Beweggründe für diese Maßnahme sorgfältig prüfen und erörtern. Und ihr müßt darauf bedacht sein, euch dabei vom Eifer der Gerechtigkeit Gottes und nicht von Unwillen, unrechter Gemütserregung oder Rachegelüsten leiten zu lassen. Auch müßt ihr euch stets davor hüten, bei eurer Rechtsprechung vom Satan überlistet zu werden, der den Menschen der himmlischen Harmonie und den Wonnen des Paradieses entzogen hat.

Bedenkt also: Wie der Leib Christi vom Heiligen Geist aus der unversehrten Jungfrau Maria gezeugt wurde, so wurde auch der Gesang des <Gottes>lobes durch den Heiligen Geist als Widerhall der himmlischen Harmonie in der Kirche verwurzelt. Der Leib jedoch ist das Gewand der Seele, die eine laute Stimme besitzt; und deshalb kommt es dem Leib zu, Gott durch die Stimme mit der Seele zusammen zu lobsingen. Daher gebietet auch der prophetische Geist bezeichnenderweise, Gott mit schallenden und jubilierenden Zimbeln und den übrigen Musikinstrumenten, die Weise und Gelehrte erfunden haben, zu loben.

Und weil der Mensch beim Anhören eines Liedes oft tief Atem holt und aufseufzt, wenn er sich an die ursprüngliche himmlische Harmonie erinnert, erwägt der Prophet feinfühlig das unergründliche Wesen des Geistes im Wissen darum, daß die Seele von Harmonie erfüllt ist <symphonialis est>, und ermuntert uns im Psalm dazu, den Herrn mit Zitherspiel zu loben und Ihm mit der zehnsaitigen Harfe zu psallieren. Er möchte mit der tiefer klingenden Zither auf die Zucht des Leibes, mit der heller tönenden Harfe auf das Streben des Geistes und mit den zehn Saiten auf die Erfüllung des Gesetzes hinweisen.

Wer also der Kirche bezüglich der Gesänge des Gotteslobes ohne bestimmten gewichtigen Grund Schweigen auferlegt und Gott ungerechterweise der Ihm geziemenden Verherrlichung auf Erden beraubt, dem wird die Gemeinschaft mit dem Lob der Engel im Himmel entzogen, „wenn er sich nicht durch wahre Buße und demütige Genugtuung bessert" (vgl. RB Kap. 5,19). Deshalb sollen sich diejenigen, welche die Schlüssel des Himmels verwalten, streng hüten, ihnen zu öffnen, was zu verschließen ist und zu schließen, was zu öffnen ist. Denn das härteste Gericht wird über die Vorsteher ergehen, wenn sie – wie der Apostel sagt – ihr Amt nicht sorgfältig verwalten.

Und ich hörte eine Stimme sagen: Wer hat den Himmel erschaffen? Gott. Wer erschließt seinen Gläubigen den Himmel? Gott. Wer ist Ihm gleich? Niemand. Und darum, o ihr Gläubigen, darf Ihm keiner Widerstand leisten oder Ihm entgegentreten, damit Er euch mit seiner Stärke nicht überfalle und ihr keinen Helfer zur Verfügung habt, der euch bei seinem Gericht beschützt. Diese Zeit ist eine weibische Zeit, denn die Gerechtigkeit Gottes ist schwach. Doch die Kraft der göttlichen Gerechtigkeit läßt es sich etwas kosten <exsudat> und erhebt sich als Kämpferin gegen die Ungerechtigkeit, bis diese besiegt zu Fall kommt.

24 Hildegard an den Mainzer Erzbischof Christian

O gütigster Vater und Herr, der du an der Stelle Jesu Christi als Hirt über die Schafe der Kirche gestellt bist! Wir sagen Gott dem Höchsten und deiner väterlichen Liebe demütig Dank, daß du den Brief unserer Wenigkeit mitleidig aufgenommen und dich in deinem Erbarmen herabgelassen hast, für uns Bedrängte und Geängstigte ein Schreiben an unsere Prälaten nach Mainz zu schicken. <Wir danken> auch für die liebevollen Worte in gewohnter Milde, durch die wir von Hermann, dem Herrn Dekan der Kirche zu den heiligen Aposteln in Köln, so getröstet und erfreut wurden, daß wir in all unserer Drangsal und Angst zuversichtlich zu dir, wie Kinder zu ihrem geliebten Vater, unsere Zuflucht nehmen.

Deshalb, o gütiger Herr, werfen wir, deine traurig in Trübsal und Not sitzenden Dienerinnen, uns dir demütig zu Füßen und eröffnen dir unter Tränen in lauterer Wahrheit die Ursache unseres unerträglichen Schmerzes, im Vertrauen, daß die feurige Liebe, die Gott ist, dir eingibt, dich zu würdigen, mit väterlicher Liebe unsere klagende Stimme, mit der wir in unserer Bedrängnis zu dir rufen, barmherzig zu erhören.

O milder Vater! Als unsere Mainzer Prälaten befahlen, den jungen Verstorbenen, der – wie ich dir im vorigen Brief berichtet habe – vor seinem Tod vom Bann gelöst, mit allen Sakramenten des christlichen Glaubens gestärkt und bei uns begraben worden war, von unserm Friedhof zu entfernen oder uns des Gottesdienstes zu enthalten, blickte ich – wie gewohnt – zum wahren Licht auf. In ihm hat Gott mir geboten, niemals freiwillig der Entfernung dessen zuzustimmen, den Er selbst aus dem Schoß der Kirche aufgenommen habe, da er für die Herrlichkeit der Erlösten bestimmt sei. Uns würde nämlich die Finsternis einer großen Gefahr daraus erwachsen, weil es gegen den Willen seiner Wahrheit sei. Hätte die Furcht vor dem allmächtigen Gott mich nicht gehindert, hätte ich ihnen demütig gehorcht und jedem, der in deinem Namen, unser Herr und Beschützer, die Entfernung jenes Toten befohlen hätte, würde ich bereitwillig die Wahrung des Kirchenrechts zugestanden haben, wenn er noch exkommuniziert gewesen wäre.

Als wir uns aber einige Zeit nicht ohne großen Schmerz und Trauer gefügt hatten, begab ich mich – in einer wahren Schau meiner Seele vom höchsten Richter, dessen Gebot ich mich nicht zu widersetzen wagte, von der Last einer äußerst schweren Krankheit bezwungen – zu unsern Prälaten nach Mainz. Und wie Er mir geboten hatte, legte ich die Worte, die ich im wahren Licht geschaut hatte, schriftlich vor, damit sie darin den Willen Gottes in dieser Angelegenheit erkennen möchten. Ich bat auch die damals Anwesenden unter bitteren Tränen um Verzeihung und flehte sie weinend kniefällig um Erbarmen an. Doch weil ihre Augen so blind geworden waren, daß sie keinen barmherzigen Blick auf mich zu werfen vermochten, verließ ich sie tränenüberströmt.

Da aber viele Menschen von Mitleid mit uns ergriffen waren, uns jedoch bei bestem Willen nicht helfen konnten, ging dein treuer Freund, nämlich der Kölner Erzbischof, nach Mainz zu ihnen. Und ein von einem Ritter begleiteter Soldat wollte durch hinreichende Zeugen beweisen, daß er selbst und der erwähnte Verstorbene zu dessen Lebzeiten, da sie zusammen dieselben Verfehlungen begangen hatten, auch zusammen, am gleichen Ort, zur selben Stunde und von demselben Priester vom Bann gelöst worden wären. Der Priester, der sie losgesprochen hatte, war ebenfalls zugegen. Als der Bischof von ihnen den wahren Sachverhalt erfahren hatte, erreichte er – deine Zustimmung vorausgesetzt – die Erlaubnis für die ruhige und friedliche Feier des Gottesdienstes bis zu deiner Rückkehr. Als wir aber das größte Vertrauen auf deine Barmherzigkeit, liebreicher Herr, setzten, erhielten wir durch die gleichen unserer Prälaten nach ihrer Rückkehr aus Rom von der Synode dein schriftliches Interdikt bezüglich des Gottesdienstes. Du hättest es – wie ich es deiner väterlichen Liebe zutraue – niemals erlassen, wenn du den wahren Sachverhalt erkannt hättest. So befinden wir uns, milder Vater, durch deine eigene persönliche Verordnung mit weit größerem Schmerz und <vermehrter> Trauer in der früheren Beschränkung.

Daher wurde mir in der Schau meiner Seele, bei der du mich nie durch irgendein diesbezügliches Wort in Verwirrung gestürzt hast, geboten, mit Herz und Mund zu sagen: Besser ist es für mich, in die Hände der Menschen zu fallen, als das Gesetz meines Gottes zu verlassen.

Also beschwöre ich dich, milder Vater, bei der Liebe des Heiligen Geistes, um der Liebe des ewigen Vaters willen, der für das Heil des Menschen sein Wort in zarter Zeugungskraft in den Schoß der Jungfrau gesandt hat, du wollest die Tränen deiner schmerzerfüllten, weinenden Töchter nicht verachten. Wir erdulden aus Gottesfurcht die Bedrängnisse und Nöte dieser ungerechten Bindung. Der Heilige Geist gebe dir ein, dich so von Erbarmen mit uns rühren zu lassen, daß auch du am Ende deines Lebens dafür Barmherzigkeit erlangst.

24R Erzbischof Christian von Mainz
an Hildegard

Christian, durch Gottes Gnade Erzbischof des Mainzer Stuhls, <wünscht> der ehrwürdigen, in Christus geliebten Herrin Hildegard und allen mit ihr Gott dienenden Bräuten Christi, von Tugend zu Tugend aufzusteigen und den Gott der Götter in Sion zu schauen.

Wenn wir auch der staunenswerten und lobwürdigen Macht Gottes und der Milde unseres Erlösers gar nicht gewachsen, ja völlig unwürdig sind, weihen wir doch im Vertrauen darauf, daß deine eifrige Fürbitte, teuerste Herrin in Christus, uns würdig mache, Ihm, von dem „jede gute Gabe und jedes vollkommene Geschenk herabkommt, nämlich vom Vater der Lichter" (Jak 1,17), die Danksagung. Er hatte an deiner Seele mit Recht Wohlgefallen und hat sie mit seinem wahren, unermeßlichen Licht erleuchtet. Seine zuvorkommende und begleitende Gnade gewährte deiner heiligen Hingabe, mit Maria zu Füßen des Herrn zu sitzen und sich den Visionen des himmlischen Jerusalem zu widmen.

Diese offenkundigen Anzeichen für deinen heiligen Wandel und die bewundernswerten Zeugnisse der Wahrheit verpflichten unsere Seele, deinen Befehlen, um nicht zu sagen deinen Bitten, so daß wir mit Recht zu allem, von dem wir nur wissen, daß es deinen heiligen Wünschen naheliegt, die Absicht unseres Herzens hinneigen müssen. Wir hoffen und setzen – nächst Gott – auf deine Heiligkeit die größte Zuversicht, daß wir durch den Wohlgeruch deiner heiligen Gebete die zuvorkommende und begleitende Gnade Gottes erlangen und diese unsere so sündige Seele auf die Fürsprache deiner Heiligkeit schließlich die wohltuende Güte ihres Schöpfers erfahre.

Daher kommt es, daß wir mit der Bedrängnis und Heimsuchung, die dein heiligmäßiger Konvent mit dir zusammen wegen der Unterbrechung des göttlichen Dienstes erduldet, um so innigeres Mitleid empfinden, je augenscheinlicher wir eure Unschuld in dieser Hinsicht zu ermessen vermögen. Es stand aber für die Kirche wirklich fest, daß der bei euerm Gotteshaus begrabene Tote sich zu seinen Lebzeiten das Urteil seiner Exkommunikation zugezogen hatte. Während die Kirche seiner Absolution noch nicht sicher war, war es für euch höchst gefährlich, den Einspruch des Klerus abzubiegen und das Ärgernis vor der Kirche zu verheimlichen, um sich den Bestimmungen der heiligen Väter nicht entziehen zu müssen, bis durch ein angemessenes Zeugnis rechtschaffener Männer seine Absolution vor der Kirche erwiesen wäre.

Deshalb haben wir natürlich von ganzem Herzen Mitleid mit euerm Kummer. Wir richteten an die Kirche von Mainz ein Schreiben, das folgendes beinhaltet: Wenn ihr durch eine wahrheitsgemäße Erklärung erprobter Männer von der Absolution des besagten Verstorbenen unterrichtet werdet, bestimmen wir, daß der Gottesdienst bei euch gefeiert werden soll. Wir bitten Eure Heiligkeit inständig und flehentlich: Haben wir euch aus Schuld oder Unwissenheit Ungelegenheiten bereitet, entzieht dem um Verzeihung Flehenden nicht das Erbarmen und laßt Euch herab, den Vater der Erbarmungen für uns anzuflehen, uns gesund und unversehrt zu euch und der Mainzer Kirche zurückzuführen, zur Ehre Gottes und eurer Gemeinschaft und zum Heil unserer Seele. Der Herr erhalte Euch Gesundheit und Heiligkeit.

25 Erzbischof Eberhard von Salzburg an Hildegard

E<berhard>, durch Gottes Gnade, obwohl unwürdig, Diener und Erzbischof der Kirche von Salzburg, <wünscht> der Schwester und Meisterin von St. Rupert in Bingen, Hildegard, was immer das Gebet eines Sünders vermag. Und nach dem Sieg über dieses Fleisch möge sie mit den Klugen Jungfrauen zu den Umarmungen des himmlischen Bräutigams gelangen.

Ich ins Tal der Tränen gestellter Sünder, von vielen Wirbeln und Stürmen der Welt erschöpft, habe innerlich Ängste, äußerlich Kämpfe erlitten. Inständig verlange ich von deiner Liebe, daß du dich herablassest, für mich Gebete zu verströmen, damit die göttliche Barmherzigkeit über mir das Herz ihrer Liebe erschließe und mich sanft aller Bedrängnis entreiße. Denn der Kaiser versucht, uns wegen des Schismas, das jetzt in der Kirche herrscht, Gewalt anzutun.

Deine Liebe, Gottes würdige Jungfrau, muß sich nämlich erinnern: Als ich in der Residenz des Kaisers bei Mainz weilte, habe ich mich angelegentlich in deine heiligen Gebete empfohlen, damit ich in meinem Lebenswandel im Herrn auf deine Fürbitte Fortschritte mache und ihn glücklich vollende. Deshalb hast du meiner Wenigkeit auch versprochen, es dich nach Empfang meines Briefes nicht verdrießen zu lassen, mir zu schreiben, was der Herr dir zu offenbaren geruhte. Die Einlösung dieses Versprechens fordert nun meine Wenigkeit von deiner Heiligkeit ein.

Lebe wohl, Jungfrau Gottes, und gedenke meiner. Was immer es auch ist, was du mir antwortest, setze es unter ein Siegel <der Verschwiegenheit>.

25R Hildegard an Erzbischof Eberhard von Salzburg

O du Würdenträger, der den Sohn des lebendigen Gottes vertritt, ich sehe jetzt deinen Zustand! Er gleicht zwei Mauern, die gleicham mit einem Eckstein verbunden sind. Die eine erscheint wie eine helle Wolke, die andere ist ein wenig beschattet, doch derart, daß sich weder jene Helligkeit mit diesem Schatten vermischt, noch der Schatten mit der Helligkeit. Diese Mauern sind deine Bemühungen, die durch deinen Geist verbunden sind. Denn einerseits eilen deine Absicht und dein Seufzen atemlos in Helligkeit auf engem Weg zu Gott, andererseits erstreckt sich der Umfang deiner Mühen ein wenig im Schatten auf das dir unterstellte Volk. Doch die Heiligkeit deiner Absicht hast du gleichsam als Hausgenossen, den Schatten der weltlichen Mühsal betrachtest du wie etwas dir Fremdes. Du erlaubst nicht, daß sie sich vermischen und daher ermüdet dein Geist häufig. Denn dein Streben nach Gott und deine Bemühung um das Volk hältst du nicht für ein und dasselbe. Aber trotzdem eilst du in guter Absicht atemlos zum Himmlischen und wenn du in Gott für das Volk sorgst, können sie zu einem Verdienst vereint werden. So hat auch Christus dem Himmlischen angehangen und neigte sich dennoch zum Volk herab wie geschrieben steht: „Ihr seid Götter und alle Söhne des Höchsten" (Ps 82,6), d.h. Götter bezüglich des Himmlischen und Söhne hinsichtlich der Sorge für das Volk.

Du Vater also durchtränke deine Mühen mit dem Quell der Weisheit, aus dem zwei Töchter schöpften, die mit königlichen Gewändern bekleidet sind, nämlich Liebe und Gehorsam. Denn die Weisheit hat alles mit Liebe geordnet, indem sie viele Bächlein hervorbrachte wie sie sagt: „Allein umschritt ich den Kreis des Himmels" (Sir 24,8) und weil Gott dem Menschen durch den Gehorsam ein Gebot gab. Das Gewand der Liebe aber besteht darin, daß sie im engelgleichen Stand das Antlitz Gottes schaut; das Gewand des Gehorsams jedoch ist die Bekleidung mit der Menschheit des Herrn.

Diese Mädchen klopfen an deine Tür und die Liebe spricht zu dir: Ich möchte bei dir bleiben und wünsche, daß du mich auf dein Ruhebett legst und mir in liebender Freundschaft zugetan bist. Denn wenn du Wunden barmherzig berührst und reinigst, liege ich auf deinem Bett und wenn du einfältigen und rechtschaffenen Menschen in Gott mit Wohlwollen begegnest, bin ich in liebender Freundschaft dein eigen.

Doch auch der Gehorsam spricht zu dir: Ich bleibe bei dir wegen der Bindung ans Gesetz und die Gebote Gottes. Halte mich also eifrig mit starker Kraft fest, nicht wie einen Gutsverwalter, sondern wie eine inniggeliebte Freundin. Denn bei der Taufe hast du begonnen, mich aufzunehmen, und bei manchem Fortschritt hast du mich festgehalten, da du dich in der Unterwerfung übtest und den Geboten Gottes als Amtsträger gehorchtest. Die Liebe ist nämlich meine Quelle und aus ihr ging ich hervor.

Und nochmals spricht die Weisheit, o Vater, zu dir: Sei wie ein Hausvater, der gelassen die Torheit seiner Söhne anhört, aber doch seine Klugheit nicht aufgibt. So verbinde auch ich Himmlisches und Irdisches zum Wohl des Volkes zur Einheit. Berühre und reinige also die Wunden, lasse die Einfältigen und Rechtschaffenen nicht los und freue dich mit Gottes Hilfe über beides.

Nun, o Vater, sehe ich armseliges Gebilde, daß dein Wille die Tür zu den Tugendkräften wählt, die sich dir zeigen wird, so daß du mit diesen Tugenden die Mühle beim Tod deines Leibes auffüllen wirst. „Der ist" (Ex 3,14; Offb 1,4) und alles erforscht, bewahrt die Seele und deinen Leib in seinem Heil.

26 Erzbischof Hillin von Trier an Hildegard

Hillin, durch die Gnade Gottes demütiger Diener, Knecht und – obwohl unwürdig – Erzbischof von Trier, <wünscht> der geliebten Schwester Hildegard, sie möge dem Lamm, ihrem Bräutigam, folgen wohin immer es geht.

Weil es der Weisheit Gottes, die „das Schwache in der Welt erwählt, um das Starke zu beschämen" (1 Kor 1,27), gefallen hat, sich in deiner Jungfräulichkeit eine angenehme Wohnung zu erwählen, hat sie das Licht ihrer Gnade im Geist des Rates und eines umfassenden Wissens freigebig auf dich ausgegossen. Durch diesen Erguß des Lichtes wollte sie – wie ich glaube – durch deine Vermittlung, ehrwürdige und in aufrichtiger Liebe zu umfangende Mutter, auch den Geist anderer zu besserem und dem Heil nahekommenderem Streben anregen und erleuchten.

Es bleibt dir also <zu tun>, geliebte Jungfrau Christi, die Ranken des wahren Weinstocks, unter dessen Schatten du ruhst und dessen Frucht deinem Gaumen süß und willkommen ist – die Ranken des wahren Weinstocks meine ich – weit hinein in dieses stürmische Meer auszubreiten und den süßen Geschmack des himmlischen Trankes, der dich berauscht, zum Gewinn der Seelen bereitwilliger überallhin zu leiten. Was du umsonst empfangen hast, gib umsonst weiter, damit du nicht etwa beschuldigt wirst, du wolltest die zum Nutzen der Nächsten entzündete Leuchte unter dem Scheffel verbergen.

So bitte ich dich, heilige Mutter, mit allen, die zum Hafen deiner Tröstung ihre Zuflucht nehmen, auf die Hoffnung gestützt, mein Verlangen überreich erfüllt zu sehen; ja ich bitte und beschwöre dein mütterliches Herz in reiner Liebe: Laß ein paar Tropfen aus jenem Weinkeller des Königs, dessen Überfülle dich schon in diesem Leben wundersam trunken macht, durch den Überbringer dieses Schreibens brieflich auf mich Sünder träufeln, sowohl um dessentwillen, der dir diese Fähigkeit verliehen hat, als auch zur Bestätigung der erfahrenen Wahrheit, die ein ungewisses Gerücht über die dir vom Himmel eingegossene Gnade gewissen Ohren zuträgt. Jener aber, der das gute Werk in dir begonnen hat, möge es im Leben der Lebenden vollenden.

26R Hildegard an Erzbischof Hillin von Trier

Die Weisheit läßt sich hören und spricht: Jetzt ist eine elende Zeit weibischen Charakters. Oh, oh, Adam war ein ungewöhnliches Zeugnis für alle Gerechtigkeit und die Wurzel jeglichen Menschensamens. Danach erhob sich in seinem Geschlecht ein männlicher Geist, der sich zu drei Gruppen entwickelte wie ein Baum, der sich in drei Äste verzweigt. Die erste Gruppe verhielt sich folgendermaßen: Die Söhne Adams wählten unter ihren Möglichkeiten. In der zweiten aber erhoben sich die Menschen zu verwegenem Menschenmord. In der dritten jedoch taten sie hinsichtlich der Götzenbilder und anderer Irrtümer, was sie wollten.

Jetzt ist dieser Baum verdorrt, so daß die Welt von vielen Gefahren heimgesucht ist. Diese Zeit betrifft nämlich den Moment, wo die erste Frau dem ersten Mann Anlaß zur Verführung war. Dennoch besitzt der Mann größere Kräfte, als die Frau sie aufbringen kann. Die Frau aber ist eine Quelle der Weisheit und Ursache vollkommener Freude. Diese Anlagen bringt der Mann zur Vollendung.

Ach, ach! Diese Zeit ist weder kalt noch warm, sondern elend. Danach wird eine Zeit kommen, die in großen Gefahren, Furcht, Ungerechtigkeit und durch den Trotz der Männer männliche Kräfte hervorbringen wird. Dann wird der Irrtum umherschweifender Verirrungen wehen wie die vier Winde, die in großen Gefahren ihr Gerücht ausstreuen.

Jetzt aber, o Hirte, höre! Die Gerechtigkeit Gottes erhält dich, denn die göttliche Gnade hat dich nicht umsonst eingesetzt. Doch wenn du gute Werke zu tun beginnst, ermüdest du schnell. Wenn du gar zu einer Versammlung <symphonia> gerufen wirst und dich zum Beten anschickst, fühlst du dich sogleich trocken.

Ach, ach, der du an Christi Stelle stehst, höre wiederum! Ein König hielt eine Stadt hoch in Ehren. Er vertraute sie drei Männern aus seinem Gefolge an, daß sie für sie sorgen und sie behüten. Dem ersten übergab er den Turm, dem zweiten die Grundfläche der Stadt, dem dritten ihre Mauer mit den Bollwerken. Wird die Stadtmauer angegriffen und ihr Grund geplündert, so hüte du doch ihren Turm und verhalte dich so, daß nicht die ganze Stadt zerstört und dem Erdboden gleichgemacht wird.

Das Bild der Taube belehrt dich und dem Wort Gottes mangelt es in dir nicht an Erkenntnis. Wache jetzt also und weise mit eisernem Stab in die Schranken. Lehre und salbe die Wunden der dir Anvertrauten und du wirst leben in Ewigkeit.

27 Erzbischof Arnold von Trier an Hildegard

Arnold, durch Gottes Gnade bescheidener Erwählter der Kirche von Trier, <entbietet> seiner in Christus geliebten Verwandten Hildegard von St. Rupert Heil und Liebe von dem, der das Heil und die Liebe ist.

Die Freundschaft unter Verwandten ist himmlisch, weil das Alter ihr nicht hinderlich, sondern förderlich ist. Wo sie aufrichtig ist, kennt sie keinen Stillstand, sie wächst vielmehr täglich ein wenig und macht Fortschritte. Da wir uns aber von Jugend an mit den Armen wahrer Liebe umfangen halten, wundern wir uns, weshalb Ihr einen Schmeichler mehr als einen aufrichtigen Freund liebt, da der Prophet sagt: „Das Öl eines Sünders soll mein Haupt nicht salben" (Ps 141,5). Unsern Mitbruder, den Propst von St. Andreas, halten wir nämlich für einen Schmeichler Euch gegenüber, wir aber möchten als wahrer Freund gelten.

Weil wir jedoch wissen, daß unsere Beförderung Euch Anlaß zur Freude gibt, halten wir es für angebracht, Eurer Liebe zu melden, daß wir dank der Gnade Gottes glücklich heimgekehrt sind. Doch weil einen nichts beglücken kann, was man selbst als Buße ansieht, bekennen wir vor Gott und Euch, daß die Würde, zu der wir gegen unsern Willen – Gott sei Zeuge – berufen wurden, uns nie verlockt, niemals geschmeichelt hat wie es vorkommt. Und zwar daher, weil unser Unverstand und unsere Gebrechlichkeit ihr Ungenügen beweinen und ihre Schwäche beklagen. Weil wir jedoch nicht wissen, wem wir die Berufung zu solch einem Amt verdanken, beängstigt uns das sehr. Wüßten wir, daß sie von Gott kommt, würden wir darauf vertrauen, daß Er, der das gute Werk in uns begonnen hat, es auch vollendet, da wir uns vor Augen halten, daß wir mehr durch den Notstand, als durch unser Verdienst zum Priesteramt gelangten.

Wir wissen auch, daß „Gott an seiner heiligen Stätte" (Ps 68,6) bei Euch Heil gewirkt und sein Volk durch die Befreiung einer Besessenen barmherzig heimgesucht hat. Teilt uns daher schriftlich mit, auf welche

Weise die Besessene befreit wurde. Und wenn Ihr häufig das wahre Licht schaut, so gebt uns öfter Anteil an der heilbringenden Gnade durch einen Brief von Euch. Wir bitten auch inständig, nach dem Vorbild des Mose fürbittend Eure Hände zum Fels der Zuflucht für uns zu erheben, während wir im Jammertal dieser Welt gegen Amalech kämpfen.

Da dieses Schreiben in Gegenwart unseres getreuen und geliebten Abts von St. Eucharius überarbeitet wurde, hat er uns geholfen und unsere Worte mit seiner Süßigkeit gewürzt. Die Übermittlung Eures Antwortschreibens durch ihn ist uns also erwünscht.

27R Hildegard an Erzbischof Arnold von Trier

O, du bist ein von Gott gepflanzter Baum wie Paulus sagt: „Alle Gewalt stammt von Gott" (Röm 13,1). Weil alle Gewalt nach dem höchsten Meister durch die Anrufung seines Namens bemächtigt ist, besitzt durch sie der Baum die Lebenskraft seines Ehrennamens. Was aber ohne Gott besteht und was verkehrt handelt, sei dir fern, damit du nicht an Hochmut erkrankst und mit dem ersten Engel, dem Satan, zu Fall kommst, der als Gegner Gottes heimlich einen Ehrenplatz rauben wollte. Viele reißen ihn wunschgemäß an sich und kümmern sich nicht darum, auf welche Weise er ihnen verschafft wird. Das gilt nichts vor Gott, denn „ohne Ihn ist nichts geschaffen" (Joh 1,3) und so tötet Gott alles, was Ihn nicht berührt.

Sei also darum besorgt, durch die Gebote Gottes, die wie Blätter am Baum wachsen, dem Volk Zeugnis zu geben, soweit du es mit seiner Gnade vermagst. Denn viele Anfechtungen unter deiner Bürde – wie die Armut – hindern dich, weil Reichtum und viel Geld das Himmlische nicht lieben. Deshalb reißt Gott den Menschen vom Eigenwillen los, damit er nach dem himmlischen Vaterland seufze. So ziemt es sich, daß der Arme den Armen liebt und der Reiche den Reichen anerkennt. Denn die Weisheit gibt dem Armen einen Fingerring und verweigert dem Reichen Ohrringe.

Was dein Priesteramt betrifft, merke dir: „Deine Gerechtigkeit verbarg ich nicht in meinem Herzen, deine Wahrheit und dein Heil verkündete ich" (Ps 40,11). Das heißt: Gottes Gerechtigkeit verbirgt sich nicht, sondern sie verbreitet ihre Wege und schämt sich nicht, sie zu laufen. Sie versteckt auch nicht die Wunden, indem sie das Böse dem Guten vorzieht, wie die Ungerechtigkeit die Existenz des Lebens und der Hölle verkündet, und daß man nach beiden Seiten laufen müsse. Mit dieser Täuschung quält sich die Gerechtigkeit nicht ab und küßt nicht unter vielen Worten die Ungerechtigkeit, sondern mißachtet sie völlig. Die Wahrheit lobt ebenfalls nicht die ohne Gott vollbrachten Werke, sondern sie bereitet sich wie ein erprobter Streiter zum Kampf, um sie zu widerlegen.

Nun sei dir die Gerechtigkeit ein Schild; und lege ihre Wahrheit wie einen Panzer an, so daß du gut gerüstet vor Gott stehst und dich nicht im Bund mit der Eitelkeit fahnenflüchtig zeigst. Und lerne, an der Brust der Gerechtigkeit zu saugen. Lerne auch, die Sündenwunden mit barmherzig <bemessener> Buße zu heilen wie der himmlische Arzt es euch als heilsames Beispiel zur Rettung des Volkes hinterließ.

Denn du bist durch die Unterweisung seines Namens in der Lage eines lebenskräftigen, glücklichen Mannes, der nicht auf den gottlosen Teufel achtet, der deshalb gottlos genannt wird, weil er kein Gut geliebt hat. Hüte dich, mit Geldschätzen zu prahlen; es endet schlimm, denn sie versiegen genauso nach dreißig Jahren wie nach einem. Frohlocke vielmehr auf dem Sionsberg, wo die Hilfe des Allerhöchsten immer und ewig währt und „alles, was Odem hat, den Herrn lobt" (Ps 151,6).

Du sollst auch ein elfenbeinerner Berg sein, von dem beim rechtmäßigen Gericht der Gerechtigkeit tödliche Pfeile gegen deine Gegner schwirren. Eile auch wie ein Steinbock zum Gipfel des Gesetzes und der Gerechtigkeit Gottes, damit du nicht durch Unbeständigkeit wehrlos zu Fall kommst und sich deine Kinder von der Seite der Kirche erheben und von dir die Speise der Gerechtigkeit fordern. Darum studiere die rechte Lehre, um sie zu sättigen.

Ich aber habe, wie du geboten, zum wahren Licht aufgeschaut und konnte kaum einen Beginn guter Werke erblicken. Doch jetzt widme dich eifriger guten Taten, damit ich später dank der Gnade Gottes mehr schreiben kann. Und sei ein treuer Freund deiner Seele, damit du in Ewigkeit lebst.

Mit der Besessenen jedoch, nach der Ihr fragt, haben wir viel Verwunderliches erlebt; das können wir jetzt nicht brieflich berichten. Doch wir erkannten, daß das Einwirken des Teufels von Tag zu Tag bis zu seinem Entweichen abnahm und diese Frau von der Quälerei des Teufels befreit wurde. Es befiel sie zwar eine Krankheit, die sie vorher nicht an sich erfahren hatte, doch jetzt hat sie sowohl die leiblichen als auch die geistigen Kräfte wiedererlangt und ist völlig gesund.

28 Hildegard an Erzbischof Arnold von Trier

O Diener Gottes, du lebst in vertrauter Freundschaft mit Ihm. Achte auf den Tag, der beim ersten Morgenrot klar anbricht und so heiter bleibt bis zum Abend, ohne von Wirbelwind oder Sturm verdüstert zu sein. Hebt er aber hell an und erweist sich später als stürmisch und gefährlich, lobt man ihn nicht um seines Beginns willen, sondern die Menschen empfinden ihn als unangenehm. Hüte dich auch, dir das Gute in deiner Gesinnung und Tat beizumessen, als ob es von dir stamme. Schreibe es vielmehr Gott zu. Von Ihm gehen alle Tugendkräfte wie Funken vom Feuer aus. Und gedenke, daß du Asche bist und zur Asche zurückkehren wirst und erweise Gott die schuldige Ehre um seiner Gaben willen, die du in dir erkennst. Wer nämlich das Gute, das er in sich erkennt, sich selbst zuschreibt, gleicht einem Heiden, der das Werk seiner Hände anbetet und verehrt.

Deshalb, teurer Sohn Gottes, umgürte dich mit aufrichtiger Demut, schleudere den eitlen Ruhm von dir und du gleichst dem hellen Tag, der von keinem Unwetter verdüstert wird und der gute Anfang wird sich in dir auch durch ein gutes Ende vollenden. Und so gleichst du nicht dem Tag, der klar beginnt, doch im Unwetter endet. Das Feuer des Heiligen Geistes erlösche nie in dir, so daß du glücklich ausharrst unter seinem Geheimnis und zur höchsten Glückseligkeit gelangst.

Jetzt, o Diener Gottes, empfehle ich deinen Gebeten mit der ganzen Hingabe meines Herzens meinen geliebten Sohn, den Abt von St. Eucharius, der mich trotz meiner Unwürdigkeit Mutter nennt. Bitte den allmächtigen Gott für ihn, Er möge dem edlen Wunsch seines Herzens zu gutem Erfolg verhelfen und ihn im gegenwärtigen Leben so werden lassen, daß er verdient, zu den Freuden des ewigen Lebens zu gelangen. Auch ich will, soweit ich es mit der Hilfe meines Gottes vermag, gern Fürbitte leisten und beschwöre dich bei der Liebe Gottes, du wollest auch meiner beim Herrn gedenken.

29 Propst Arnold von St. Andreas in Köln(?) an Hildegard

Hildegard, der vielgeliebten Herrin und Mutter <wünscht> A<rnold>, unverdienterweise Propst von St. Andreas in Köln, ständiges Wohlergehen.

Wieviele innere und äußere Versuchungen meine Seele ängstigen, weißt du, vielgeliebte Herrin, sowohl von meinen persönlichen Äußerungen, als auch durch die göttliche Schau. Weil ich aber jetzt erlahme und in mir nicht gewahre, inwieweit ich zu Gott fortschreite, schrieb ich dir, meine Herrin, und bin bereit, zu tun, was immer du mir entweder auf göttliche Offenbarung oder durch deinen weisen Rat vorschreibst. Ich beschwöre dich, übe keine Schonung, verheimliche nichts und verhehle meine Ungerechtigkeit nicht. Wie wenig ich auch immer für meine arme Seele fürchte, zittere ich doch davor, ganz in die Tiefe zu versinken. Deshalb tritt ein und bete für meine arme Seele.

Lebe wohl in Christus, geliebte Mutter! Der Herr sei mit dir und all den Deinen.

30 Hildegard an Bischof Eberhard von Bamberg

Ein Mann stand bei Tagesanbruch auf und pflanzte einen Weinberg. Danach untersuchte er aus vielen Gründen andere Methoden <vias> und so war es aus mit dem Eifer.

Jetzt, Hausvater, schau auf deine heimatlose Tochter G<ertrud>. Sie wurde aus ihrem Land weggerufen und verließ wie Abraham ihre Heimat. Alles, was sie besaß, gab sie nämlich hin und kaufte die Perle. Nun aber wird ihr Vorsatz von großer Besorgnis erstickt wie eine Traube in der Kelter. Hilf ihr also, soviel du kannst, aus Liebe zu dem, der vor dem Anfang war und alles aus Barmherzigkeit vollbrachte, damit der Weinberg in dieser Tochter nicht zerstört wird.

31 Bischof Eberhard von Bamberg an Hildegard

Eberhard, durch Gottes Gnade – obwohl unwürdig – Bischof der Bamberger Kirche, <entbietet> Hildegard, der ehrwürdigen Schwester und Meisterin von St. Rupert, den Dienst ergebener Liebe und <wünscht ihr> den Lohn ewiger Glückseligkeit.

Unter der Gunst der himmlischen Gnade ertönt das Lob deiner Heiligkeit ringsum lieblich in den Ohren der Völker, so daß wir in Wahrheit sagen können: „Wir sind Christi Wohlgeruch für Gott" (2 Kor 2,15). Da aber „der Herr vom Himmel auf die Menschenkinder herniederblickt, um zu sehen" (Ps 14,2), ob jemand einsichtig ist oder vielleicht den in dir Wohnenden sucht, eilen wir, da wir die Begeisterung über deinen guten Ruf wahrgenommen haben, dem Herrn, der in dir verehrt und befragt wird, von ganzem Herzen entgegen. Was du nämlich vielen gewährt hast, wirst du mir allein nicht verweigern. Als wir nämlich vom kaiserlichen Hof aus bei dir vorbeikamen, haben wir, weil du vom Heiligen Geist erfüllt bist, folgendes deiner Liebe zur Auslegung übergeben: Im Vater herrscht Ewigkeit, im Sohn Gleichheit und im Heiligen Geist die Verbindung von Ewigkeit und Gleichheit. – Das möchten wir jetzt gemäß der an dich ergangenen Offenbarung Gottes dargelegt sehen.

Der Herr sei mit dir, damit auch wir auf deine Fürbitte Hilfe erfahren.

31R Hildegard an Bischof Eberhard von Bamberg

„Der ist" (Ex 3,14; Offb 1,4) und dem nichts verborgen ist, spricht: O Hirt, verdorre nicht beim Verströmen des süßen Balsamdufts, der die Stärkung ist, die man törichten Gemütern gewähren muß, denen die Brust des mütterlichen Erbarmens zum Saugen fehlt. Wer sie nicht hat, verschmachtet. Reiche also den Deinen die Leuchte des Königs, damit sie sich nicht aus Trotz zerstreuen. Steh auf und lebe im Licht!

Jetzt aber, o Vater, habe ich armseliges Gebilde nach dem wahren Licht Ausschau gehalten und übermittle dir hiermit, was ich dabei in einer wahren Schau über die von dir erbetene Auslegung gesehen und gehört habe. Ich habe es nicht mit meinen eigenen Worten dargelegt, sondern mit denen des wahren Lichts, das nie irgendein Abnehmen kennt.

Im Vater herrscht Ewigkeit. Das verhält sich so: Der Ewigkeit des Vaters darf man weder etwas abschneiden noch hinzufügen, weil die Ewigkeit gleich einem Rad bleibt, das weder Anfang noch Ende besitzt. So ist beim Vater Ewigkeit vor aller Schöpfung, weil Er immer und stets Ewigkeit war. Und was ist Ewigkeit? Gott. Ewigkeit ist aber nur Ewigkeit in vollkommenem Leben. Daher lebt Gott in Ewigkeit. Das Leben jedoch geht nicht aus der Sterblichkeit hervor, sondern das Leben ist im Leben. Ein Baum blüht nämlich nur aus der Grünkraft, kein Stein ist ohne Feuchtigkeit und kein Geschöpf ohne seine Kraft. Auch ist die lebendige Ewigkeit selbst nicht ohne Blüte.

Auf welche Weise? Das Wort des Vaters brachte nach seinem Auftrag die ganze Schöpfung hervor. Und so ist der Vater in seiner gewaltigen Kraft nicht untätig. Gott wird deshalb Vater genannt, weil alles aus Ihm erwächst. Daher herrscht auch im Vater Ewigkeit, weil Er vor dem Anfang Vater war und ewig vor dem Beginn der aufblitzenden Werke, die alle in ewigem Vorherwissen sichtbar wurden. Das Wesen des Vaters aber ist nicht wie das menschliche Wesen: bald ungewiß, bald vergangen oder zukünftig, bald neu oder alt, sondern was im Vater ist, bleibt immer beständig.

Der Vater ist Klarheit und diese Klarheit hat einen Glanz und dieser Glanz besitzt Feuer. Und sie sind eins. Wer immer das nicht im Glauben besitzt, sieht Gott nicht, weil er Wesentliches von Ihm abtrennen will. Denn Gott ist unteilbar. Auch wenn der Mensch die von Gott geschaffenen Werke aufteilt, sind sie nicht mehr im vollen Besitz ihres Wesens wie früher.

Die Klarheit ist die Vaterschaft, aus der alles hervorgeht und die alles umgibt, weil es aus ihrer Kraft stammt. Dieselbe Kraft hat nämlich den Menschen geschaffen und den Lebensodem in ihn gesandt. Doch auch der Mensch trägt durch dieselbe Kraft die Fähigkeit zum Wirken in sich. Wie? Fleischliches geht aus dem Fleisch hervor und Gutes durch den guten Ruf dessen, was gut ist. Und durch das gute Beispiel vermehrt es sich in einem anderen Menschen. Das geschieht fleischlich und geistig im Menschen, weil eins aus dem andern kommt. Der Mensch liebt seine Werke nämlich sehr, weil sie aus seiner Erkenntnis in die Tat umgesetzt werden. So will auch Gott, daß sich seine Kraft an allen Geschlechtern zeigt, denn sie sind sein Werk.

Und der Glanz bringt Augen <am Himmel = Sonne und Mond> hervor. Und dieser Glanz ist der Sohn, der diese Augen schuf, als Er sprach: „Es werde" (Gen 1). Da erschien alles körperlich im lebendigen Auge. Und das Feuer, das Gott ist, durchdringt diese beiden Benennungen, denn es wäre unmöglich, daß die Klarheit des Glanzes entbehrte. Und wenn ihnen das Feuer fehlte, würde die Klarheit nicht leuchten, noch der Glanz aufblitzen. Im Feuer sind nämlich Flamme und Licht verborgen, sonst wäre es kein Feuer.

Im Sohn ist Gleichheit. Wieso? Alle Geschöpfe waren vor der Zeit im Vater, Er plante sie bei sich und danach setzte sie der Sohn ins Werk. Wie? Wie beim Menschen; er trägt das Wissen für ein großes Werk in sich, das er später ins Wort bringt, so daß es unter gutem Zuspruch vonstatten geht.

Der Vater ordnet nämlich an, der Sohn aber wirkt. Denn der Vater hat alles bei sich geplant und der Sohn hat es ins Werk gesetzt. Und Er ist „Licht vom Licht" <vgl. Credo>, vor langer Zeit in Ewigkeit, die am Anfang war. Und dieses ist der Sohn, der aus dem Vater aufstrahlt und durch den alle Geschöpfe erschaffen sind. Und der Sohn legte das Gewand wegen des Menschen an, den Er aus Lehm gebildet hatte. Vorher war es nicht körperlich in Erscheinung getreten. So sah Gott all seine Werke wie Licht vor sich und als Er „Es werde" (Gen 1) sprach, zog alles nach seiner Art ein Gewand an. Da neigte sich Gott zu seinem Werk hernieder und so bleibt im Sohn Gottes auch in dieser Hinsicht die Gleichheit mit dem Menschen bestehen, weil Er die Menschheit anzog, wie auch die Werke Gottes ihren Leib anzogen. Gott wußte nämlich die Werke, die Er vollbrachte, voraus; deshalb neigte Er sich in der Niedrigkeit der Menschheit zum Menschen herab. Denn die Gottheit ist so vollkommen, daß sie nichts am Menschen verschonen würde, was gegen das Gute kämpft, wenn sie nicht die Menschheit angelegt hätte. Denn „alles ist durch Ihn geschaffen und ohne Ihn ist nichts geworden" (Joh 1,3). Alle sichtbaren, berührbaren und zu genießenden Dinge sind durch Ihn geschaffen und sie alle hat Er für irgendein Bedürfnis des Menschen vorgesehen, nämlich gewisse zur liebenden Umarmung, manche zur Abschreckung, einige zur Erfahrung, etliche zur Erziehung oder zur Vorsicht vor irgendetwas.

Und „ohne Ihn ist nichts geworden" (Joh 1,3). Dieses Nichts ist der Stolz. Dieser ist nämlich die Einbildung, die auf sich blickt und auf niemanden vertraut. Denn er will, was Gott nicht will, und schätzt stets, was er selbst bestimmt hat. Er ist finster, weil er das Licht der Wahrheit verschmäht hat und begann, was er nicht vollenden konnte. Deshalb ist er nichts, weil er von Gott weder geschaffen noch gemacht ist. Er begann im ersten Engel, als er seinen Glanz betrachtete, sich etwas darauf einbildete und nicht erkannte, von wem der Glanz stammte, sondern bei sich sprach: Ich will der Herr sein und ich dulde keinen andern. So wich der Glanz von ihm, er verlor ihn und wurde der Fürst der Hölle.

Da gab Gott seinem andern Sohn dessen Herrlichkeit. Dieser wurde in so gewaltiger Kraft geschaffen, daß alle Geschöpfe ihm zur Seite stehen und auch mit so großer Stärke ausgerüstet sind, daß er jene Herrlichkeit niemals verliert. Durch dieselbe Lästerung, mit der der Teufel Gott ablehnte, begehrte die Torheit im Menschen, Gott an Ehre gleich, d.h. Gott zu sein. Dennoch verlor er jene Liebe, die Gott ist, wie er erkannte, nicht. Daher ist der Teufel von Natur aus völlig finster, weil er nicht wollte, daß Gott Klarheit ist. Adam aber bejahte die Klarheit Gottes, doch verlangte er danach, sie mit Ihm gemeinsam zu besitzen. Deshalb ist er vollkommen bezüglich seiner Anlage, weil noch etwas in ihm leuchtet. Aber trotzdem ist er voll vieler Erbärmlichkeiten.

Im Heiligen Geist herrscht die Verbindung von Ewigkeit und Gleichheit. Der Heilige Geist ist Feuer, und zwar kein löschbares Feuer, das bald aufzulodern scheint, bald erlischt. Denn der Heilige Geist durchströmt und verbindet Ewigkeit und Gleichheit so, daß sie eins sind wie der Mensch eine Garbe bindet. Würde die Garbe nämlich nicht gebunden, wäre es keine Garbe, sondern fiele auseinander; und wie ein Schmied zwei Stücke Erz im Feuer zusammenschweißt, so daß ein gewandtes, von allen Seiten funkelndes Schwert daraus entsteht. Der Heilige Geist macht die Ewigkeit sichtbar und entflammt die Gleichheit, so daß sie eins sind. Der Heilige Geist ist Feuer und Leben in der Ewigkeit und in dieser Gleichheit, weil Gott lebt. Die Sonne ist nämlich strahlend, ihr Licht brennt und in ihr glüht ein Feuer, das die ganze Welt erleuchtet. Und sie erscheint als ein einziges Ganzes. Doch jedes Ding, in dem keine Kraft ist, ist tot wie ein vom Baum abgesägter Ast dürr ist, weil er keine Grünkraft besitzt.

Der Heilige Geist ist nämlich Festigung und Belebung. Denn die Ewigkeit wäre ohne den Heiligen Geist keine Ewigkeit. Auch die Gleichheit wäre ohne den Heiligen Geist keine Gleichheit. Und der Heilige Geist ist in beiden und eins in der Gottheit, d.h. Gott ist ein einziger.

Auch die Vernunft besitzt drei Kräfte, d.s. Schall, Wort und Hauch. Der Sohn ist im Vater wie das Wort im Schall und der Heilige Geist ist in beiden wie der Hauch im Schall und im Wort. Und diese drei Personen sind – wie gesagt – ein Gott. Im Vater herrscht Ewigkeit, weil niemand vor Ihm war und die Ewigkeit nicht begonnen hat wie die Werke Gottes einen Anfang haben. Im Sohn herrscht aber Gleichheit, weil der Sohn sich nie vom Vater getrennt hat, noch der Vater des Sohnes entbehrte. Im Heiligen Geist aber besteht die Verbindung, weil der Sohn immer beim Vater blieb und der Vater beim Sohn. Denn der Heilige Geist ist in ihnen feuriges Leben und sie sind eins.

Und es steht geschrieben: „Der Geist des Herrn erfüllte den Erdkreis" (Weish 1,7). Das heißt: Alle sichtbaren und unsichtbaren Geschöpfe entbehren nicht des geistigen Lebens und diejenigen, die der Mensch nicht kennt, untersucht sein Verstand, bis er sie erkennt. Denn aus der Grünkraft gehen Blüten und aus den Blüten die Früchte der Bäume hervor. Auch die Wolken haben ihre Bahn. Ebenso funkeln Mond und Sterne feurig, die Bäume bringen durch die Grünkraft Blüten hervor, das Wasser ist klar, verursacht unglückliche Überschwemmung und es entstehen Bäche. Auch hat die Erde Nässe und Feuchtigkeit.

Denn alle Geschöpfe besitzen sichtbare und unsichtbare <Eigenschaften>. Das Sichtbare ist schwach und das Unsichtbare stark und lebenskräftig. Dies sucht der Verstand des Menschen zu erkennen, weil er es nicht sieht. Es sind die kraftvollen Werke des Heiligen Geistes.

„Und das, was alles zusammenhält" (Weish 1,7). Was ist das? Der Mensch hält alles zusammen. Wie? Im Herrschen, Verfügen und Gebieten. Das verlieh ihm Gott nächst sich selbst.

„Er hat Kenntnis von jedem Wort" (Weish 1,7). Das ist die Vernunft, die in der Stimme erklingt. Die Stimme ist der Leib, die Vernunft die Seele, die Wärme der Luft das Feuer. Und sie sind eins. Wenn man daher die Vernunft im Reden und Schaffen durch die Stimme vernimmt, werden alle ihre Werke ausgeführt. Und daher steht es ihr zu Gebote, zu erschaffen, denn wie sie gebietet, so wird es geschehen. Deshalb sind Gottes Werke nicht vergeblich.

Hätte nämlich jemand ein Gefäß voll Geld, würde er darüber große Freude empfinden. Wäre aber nichts im Gefäß, würde er es als ganz unbedeutend einschätzen. In allen schlechten Handlungen liegt Vergeblichkeit. Sie fliehen nämlich vor dem Feuer des Heiligen Geistes. Da stellt sich bei ihnen auf die Einflüsterung des Teufels die Lust an der Sünde ein. Erkennt der Mensch aber, daß seine bösen Taten als nichtig zu erachten sind und wendet sich doch endlich von ihnen ab, gleicht er dem Verlorenen Sohn, der sich später in seinem Hunger an das Brot seines Vaters erinnerte und sprach: „Vater, ich habe gegen den Himmel und vor dir gesündigt" (Lk 15,18). Gegen den Himmel, weil ich als vernünftiges Wesen himmlisch bin; und vor dir, weil ich weiß, daß du Gott bist. Dann weist er den Teufel zurück und erwählt aufs neue seinen Herrn.

Daher werden alle teuflischen Laster zuschanden und alle himmlischen Harmonien geraten in Staunen, weil sie das, was sie früher für wertlosen Lehm hielten, jetzt als höchst nützliche Wolkensäule erblicken. Was sie als wertlos ansahen, wählen sie jetzt als das Vortrefflichere, denn alle Laster des Teufels sind zu nichts zu gebrauchen. An ihnen ist durch die schlechten Taten kein Nutzen, sondern in guten Werken schaffen sie Nutzbringendes. Das sind die Werke des Heiligen Geistes.

Jetzt, o Hirt und Vater der Völker, lasse Gott dich zu jenem Licht gelangen, wo du Einsicht in die wahre Glückseligkeit erhältst.

32 Erzbischof Heinrich von Beauvais an Hildegard

Heinrich, von Gottes Gnade, <doch> nur dem Namen nach Bischof von Beauvais, <entbietet> Hildegard, der geliebten Meisterin der Schwestern auf dem St. Rupertsberg zu Bingen, was das Gebet eines Sünders in zerknirschter und gedemütigter Gesinnung vermag.

„Gepriesen sei Gott, der dich mit allem geistlichen Segen gesegnet hat" (Eph 1,3), so daß beim Duft der Salbe, mit der dich Gott durch die Salbung seiner Barmherzigkeit gesalbt hat, die Frömmigkeit vieler in weit entfernten Gegenden der Welt auch durch dich gefördert wird.

Denn die sichtliche Huld Gottes dir gegenüber ist mir sündigem und von den Stürmen dieser Welt niedergedrücktem Menschen ein großer Trost, obwohl ich körperlich, aber nicht geistig, sehr weit von dir entfernt bin. Wir vertrauen nämlich ohne Zweifel darauf, daß kraft deiner Verdienste und Bitten das Erbarmen Christi sich auf alle erstreckt, die gläubig nach deiner Gebetsunterstützung verlangen.

Wir beschwören dich also – im Mißtrauen gegen unser eigenes Gewissen und ohne Zuversicht, durch unsere Taten das Heil zu erlangen – aus der Ferne bei der Liebe des Heiligen Geistes, uns durch deine Gebete vom Herrn den Nachlaß unserer Sünden zu erflehen. Außerdem verdrieße es deine Liebe nicht, uns einen noch so kleinen Trost oder eine für unser Heil notwendige Ermahnung zu schicken. Er aber, der alles vermag und dem kein Gedanke verborgen bleibt, würdige sich, nach seinem Wohlgefallen auf deine Bitten hin die Sehnsucht unseres Herzens zu befriedigen.

32R Hildegard an Bischof Heinrich von Beauvais

Das Lebendige Licht offenbarte mir folgendes und sprach: Sage jenem Menschen: Ich sah etwas wie die schöne Gestalt einer Tugendkraft. Es war die reine Erkenntnis. Ihr Antlitz war sehr hell, ihre Augen wie Hyazinth, ihre Kleidung wie ein seidener Mantel. Auf ihren Schultern trug sie ein bischöfliches Pallium, das einem Sardis ähnelte. Diese rief die hübscheste Freundin des Königs, die Liebe, herbei und sagte: Komm mit mir. – Und sie kamen, klopften beide an die Tür deines Herzens und sprachen: Wir wollen bei dir wohnen. Hüte dich, uns Widerstand zu leisten, sondern sei stark, um den Lastern, den weltlichen Streitfragen und jenen wechselnden Stürmen, die wie böser Rauch emporwirbeln und wie Gewitterregen dahinfliegen, zu widerstehen. Das sind die unruhigen Menschenherzen im Zorn und ähnlichem anderem.

Schweige nicht aus Überdruß. Deine Stimme ertöne vielmehr bei den kirchlichen Feiern wie eine Posaune und deine Augen seien rein in Erkenntnis, so daß du nicht zu träg bist, dich vom ungeziemenden Staub deiner Bürde zu reinigen. Denn du bist voller Tautropfen der Nächte. Und der Stolz hat dich überredet und gesagt: Wasch dich nicht ab. Doch das wollen wir nicht; wir möchten aber, daß du alles Trübe von dir abwischst und dich nicht vor den vielen Einschüchterungsversuchen deiner Feinde, die weder recht noch gut über dich reden, fürchtest.

O Kämpfer, behalte uns bei dir, gewähre uns Wohnstätte in deinem Herzen, und wir werden dich mit uns zum Palast des Königs führen.

33 Hildegard an Bischof Gero von Halberstadt

In einer wahren Schau sah und hörte ich folgende Worte, die die Weisheit zur Erforschung des Volkes wegen der Beliebtheit und um der Verdienste jenes Gerechten willen, der unter den Seligen und Gerechten denen, die heilig sind, hinzugezählt wurde, gesprochen hat. Und die Weisheit sagt von ihm: Durch die vier Elemente sollen sich die Winde erheben und was mit lauten Gebetsrufen voraneilte, sollen sie mit dem Lob des Volkes zusammenklingen lassen. Denn wenn Gerechte die schmerzliche Pilgerschaft hinter sich gebracht haben und zur Seligkeit gelangt sind, in denen man keinen Beweis für lasterhafte Vergehen durch Unglauben und Spott gegen Gott und seine Gerechtigkeit fand, muß man gerechterweise die Gnade Gottes in ihnen preisen. Denn dieser Gerechte verfügte über Seufzer, die durch das spiegelgleiche Auge der Cherubim zum Thron Gottes emporstiegen.

34 Bischof Amalrich von Jerusalem(?) an Hildegard

A<malrich>, durch Gottes Gnade und Anordnung Diener und untauglicher Bischof der Jerusalemer <Gemeinde>, <entbietet> Hildegard, der geliebten Tochter und Meisterin vom Berg des heiligen Rupert in Bingen, nämlich in der Mainzer Diözese, sein ganz demütiges Gebet und Heil in Christus.

Von vielen, die aus weit entfernten Ländern unsere Gegend besuchten und ihre Knie am Grab des Herrn beugten, erfuhren wir viele Male, daß Gottes Kraft durch dich und in dir wirkt. Dafür bringen wir Ihm, so gut wir können, demütig unermüdliche Danksagung dar.

Schon lange erging daher unser Wort an dich, geliebte Tochter, doch weil bis jetzt ein Vermittler fehlte, wurde unser Verlangen völlig vereitelt. Jetzt aber, da sich – allerdings nach geraumer Zeit – eine Gelegenheit bot, halten wir es für passend, dich und all deine Schwestern, die dir – wie ich höre – in Christus unterstellt sind, anzusprechen. Von daher würden wir es als geziemend erachten, wenn uns vor allzu großen Nöten, die uns ständig bedrücken, irgendwelche angenehmen Worte zur Verfügung stünden – wir werden nämlich einerseits von Nachstellungen böser Geister, andererseits vom Schwert der Heiden bekämpft – dich als Braut Christi, die stets eifrig auf Christi Geheimnisse bedacht ist, zu rühmen. Doch ist es nicht nötig, mit menschlichen Lobreden die auszuzeichnen, der die göttliche Gnade gewährt hat, sich dem Lob der Engel anzuschließen. Und wir preisen jene glücklich, die Tag für Tag gewürdigt werden, bei deinen Ansprachen anwesend zu sein und sich zu sättigen. Wir nennen sie freilich nicht ungeziemend glücklich, da sie – auf das Abbild des göttlichen Glanzes gestützt – den Siegespreis für den Wettlauf ihrer Verdienste täglich vom Herrn zu erlangen suchen. Glücklich, ja überglücklich, denen um der himmlischen Belohnung willen alles Irdische wertlos wird. Was den andern Sterblichen in diesem Leben süß, erfreulich und vortrefflich erscheint, verachten, zertreten sie und schätzen es gering. Seht die wahren Töchter Israels, an denen kein Makel gefunden wurde, in denen die Welt nichts, was sie liebt, besitzt. „Sie folgen auch zweifellos dem Lamm, wohin es geht" (Offb 14,4).

Jetzt aber, o Tochter, wollen wir zu dir zurückkehren, demütig nach dem dir vom Himmel verliehenen Trost verlangen und uns deinem und aller deiner Schwestern Gebet empfehlen, damit ihr liebevoll für uns in den Stürmen der irdischen Sorgen Schwankenden bei dem eintretet, dessen Brautgemach ihr nach dem Ende dieses Lebens betreten möchtet. Der Herr bewirke, o Teure, daß du „die Güter Jerusalems alle Tage deines Lebens schaust" (Ps 128,5).

35 Bischof Hermann von Konstanz an Hildegard

Hermann, durch Gottes Gnade, obwohl untauglich und unwürdig, Bischof der Kirche zu Konstanz, <wünscht> Hildegard, der Braut Christi vom Kloster des heiligen Rupert in Bingen, Wachstum an wirksamer Liebe und einen glücklichen Verlauf des zeitlichen und ewigen Lebens <utriusque vite>.

Der weit und breit ausgestreute Ruf deiner Weisheit, der mir von manchen wahrhaftigen Menschen zugetragen wurde, hat in mir das Verlangen geweckt, mir aus ferner Gegend deinen Trost und deine Unterstützung zu verschaffen und mich deiner Fürbitte anzuvertrauen. Es ist nämlich bedrückend, wenn jemand, der das Steuer seines eigenen Lebens nicht zu halten vermag, Richter über das Leben anderer ist.

Deshalb flehe ich deine Liebe in aufrichtiger Ergebenheit an, mir beim Herrn mit deinen Gebeten zu Hilfe zu eilen und mich mit einem Antwortschreiben zu bestärken. Denn sowohl mein Eigenwille als auch irdische Sorge ziehen mich auf jede Art und Weise beinahe vom Dienst Gottes ab.

35R Hildegard an Bischof Hermann von Konstanz

Das ganz gerechte Licht spricht: Beschuldige, o Mensch, deinen Geist, der den Plan der altehrwürdigen Prälaten durchlöchert, die die wetterwendische Gesinnung der Eitelkeiten nicht berührt hat. O Mensch, wie schätzt du dich ein, daß du dich nicht schämst, durch den Geschmack an deinem Tun im Finstern zu wandeln? Denn jene Enthüllung, die nichts Verborgenes kennt, offenbart durch das lebendige Auge, daß der <gespannte> Bogen des Eifers Gottes die Verwegenheit der Menschen bedroht. Warum siehst du nicht, wo „der Mammon der Ungerechtigkeit" (Lk 16,9) steckt,

mit dem du dich entschuldigst? Viele Tagelöhner kommen mit ihren Angelegenheiten und suchen den engen und schmalen Weg. Du aber setzt
deine Lippen nach der Gewohnheit deines Herzens zu großsprecherischer
Aufgeblasenheit in Bewegung und versetzt sie in Entrüstung.

Wende dich daher von der Finsternis zu den rechten Wegen und erhelle die Gesinnung deines Herzens, damit der Vater aller nicht zu dir sage:
Warum erklimmst du töricht eine Säule, die du nicht errichtet hast? –
Denn der Tag verfinstert sich für den, der unterwegs nicht auf rechte Art
und Weise handelt. Davor hüte dich! Erhebe dich also eilends und gehe gerade Wege, bevor die Sonne für dich untergeht und deine Tage zu Ende
gehen.

36 Hildegard an Bischof Hermann
von Konstanz

Das Lebendige Licht, das Wunder offenbart, spricht: Der du das Amt des
Vaters innehast und als Hirt die Seelen leitest, strecke deinen Arm aus,
damit der Feind kein Unkraut auf deinem Acker aussät.

Sorge also für den Garten, den die Gabe Gottes <der Hl. Geist> gepflanzt hat, und sei auf der Hut, daß seine Gewürzkräuter nicht verdorren.
Schneide vielmehr das Faule von ihnen ab und wirf es weg; es erstickt ihre
brauchbaren Teile <utilitatem>. So bringe sie zum Grünen. Wenn nämlich
die Sonne ihre Strahlen verbirgt, verliert auch die Welt ihre Freude.

Und ich sage: Verdüstere deinen Garten nicht mit verdrießlichem
Schweigen, sondern tadle mit <weiser> Unterscheidung im wahren Licht,
was zu tadeln ist. Erleuchte deinen Tempel auch mit Wohlwollen, entzünde Feuer in deinem Rauchfaß und lege Myrrhe darauf, damit sein Rauch
zum Palast des lebendigen Gottes emporsteigt. Und du wirst leben in
Ewigkeit.

37 Bischof Heinrich von Lüttich an Hildegard

H<einrich>, durch Gottes Gnade Bischof von Lüttich, <wünscht> der Dienerin Christi von St. Rupert in Bingen, Hildegard, sie möge dem König der Könige unablässig dienen und den Siegespreis der ewigen Seligkeit erlangen.

Da ich geistig und leiblich völlig in Aufruhr geraten bin <fluctuatione constitutus>, beschloß ich, dir zu schreiben, weil ich allzusehr der Güte Gottes bedarf. Ich kann nicht leugnen, daß ich sie durch unzählige Fehler beleidigt und erzürnt habe. Weil ich, geliebte Schwester, weiß, daß Gott wirklich mit dir ist, ermuntere und bitte ich daher deine Heiligkeit durch sein Erbarmen, mir, dem völlig Haltlosen, der zu dir Zuflucht nimmt, die Hand zu reichen. Du sollst nämlich Sorge dafür tragen, auf fromme Fürbitten bedacht zu sein, um die Nachlässigkeit von mir fernzuhalten und mir, was immer dir vom unvergänglichen lebendigen Licht geoffenbart wird, zu berichten, um mich aus meiner Schläfrigkeit aufzuscheuchen.

Der gütige Gott gewähre, daß ich durch deine Schriften zuverlässigen Trost von dir empfange und unter dem Schutzmantel deiner Fürbitte zur letzten Bleibe der ewigen Ruhe gelange.

37R Hildegard an Bischof Heinrich
von Lüttich

Das Lebendige Licht spricht: Die Wege der Heiligen Schrift führen zu einem hohen Berg, wo Blumen und kostbare Gewürzkräuter wachsen, ein angenehmer Wind weht, der ihnen starken Duft entlockt und wo Rosen und Lilien einen herrlichen Anblick bieten. Dieser Berg war wegen der Schatten der noch bestehenden trüben Atmosphäre nicht zu sehen, weil auch der Sohn des Höchsten die Welt noch nicht erleuchtet hatte. Da trat Er als Sonne aus der Morgenröte hervor und erhellte diesen Berg und alle

Völker sahen seine Gewürzkräuter. Und der Tag wurde herrlich und ein liebliches Summen begann.

Doch jetzt, o Hirten, muß man klagen und trauern, daß zu unserer Zeit dieser Berg von ganz dunklem Nebel bedeckt ist, so daß sich sein guter Duft nicht verbreitet. Du aber, o H<einrich>, sei ein guter Hirte von edler Gesinnung. Und wie der Adler in die Sonne blickt, so bedenke und achte darauf, wie du die Trägen und Entfremdeten <peregrinos> ins Vaterland zurückrufen und diesem Berg etwas Licht bringen kannst, damit deine Seele lebe und du vom höchsten Richter jenes willkommene Wort vernimmst: „Wohlan, guter und getreuer Knecht" (Mt 25,21; 25,23). Deine Seele blitze davon auf wie ein Krieger im Kampf strahlt, wenn seine Kameraden sich mit ihm freuen, weil er Sieger geworden ist.

Daher, o Führer des Volkes, kämpfe für den guten Sieg, weise so die Irrenden zurecht, reinige die schönen Perlen von Schmutz und bereite sie für den höchsten König. Und so lechze dein Herz im guten Eifer danach, diese Perlen zu jenem Berg zurückzuholen, wie die Gabe Gottes sie ursprünglich geschaffen hat. Nun behüte dich Gott und befreie deine Seele von der ewigen Strafe.

38 Daniel<?>, Bischof von Prag, an Hildegard

Daniel, durch Gottes Gnade unnützer Diener und – wenn auch unwürdig – Bischof von Prag, <entbietet> der Braut Christi und Meisterin von St. Rupert in Bingen, Hildegard, in aller Ergebenheit das kleine, wie auch immer beschaffene Geschenk seiner Gebete.

Den Herrn unsern Gott, verherrlichen wir mit Lobpreis. Von seinem Geist erleuchtet, kommst du tröstend und aufrichtend den Bedrängnissen sehr vieler Menschen zu Hilfe und bringst in den Herzen vieler unter Mitwirkung dieses Geistes die reiche Frucht des guten Werkes hervor, wie wir ebenfalls über weite Entfernungen hinweg über dich berichtet bekamen.

Daher soll deine Heiligkeit wissen, daß wir von großem Verlangen erfüllt sind, dich zu sehen und uns an einem Gespräch mit dir zu erfreuen. Doch daran hindert uns die große örtliche Entfernung <difficultas locorum>. Weil wir aber vernommen haben, daß deine Liebe den Bedrängnissen vieler zu Hilfe eilte, flehen wir – von diesem Vertrauen beseelt – deine Liebe an, uns in den beunruhigenden irdischen Nöten mit deinen Gebeten zu Hilfe zu kommen und gute Ratschläge zu erteilen, weil wir dein Andenken immer im Herzen trugen, seit wir von deinem Ruhm und der dir von Christus gewährten Gnade gehört haben. Wir wünschen sehr, daß diese Gnade, die vom wahren Licht stammt, immer bei dir bleibe.

38R Hildegard an den Prager Erzbischof Daniel

Die Stimme des Lebens und des Heils spricht: Was bedeutet es, daß der Mensch ißt und nicht wissen will, was für eine Traube das ist, die nach der Vertilgung des Volkes, als Gott die Erde reinigte und siebte und ihr eine andere Gestalt gab, über die der erste Mensch spotten würde, auf andere Weise aus der Erde ausschwitzte? Das heißt, daß der Mensch leichtfertig ist durch die Unbeständigkeit seines Charakters und in lichtvollen und dunklen Zeiten. Zuweilen richtet sich der Mensch im Glück ein wenig auf, zuweilen gerät er etwas in Gefahr. In beiden Fällen schaut der Mensch nicht auf den liebenden Umgang <amplexus> mit der Königstochter, d.h. der Wahrheit und Gerechtigkeit, sondern entfernt die Krone von ihrem Haupt, wenn der Hirte flieht und die Kirche Christi nicht verteidigt. Er ergreift nicht tapfer seine Waffen, sondern benimmt sich spielerisch wie ein übermütiger Knabe, der sich um nichts sorgt. Ein Mensch, der so handelt, möchte nach eigenem Wunsch essen und leben, so wie die menschliche Natur Nahrung fordert. Er sieht nicht mit scharfen Augen, wo die Unterscheidung liegt, die aus der Weisheit träufelte, die mit dieser Traube gemeint ist. Als Adam nämlich am Beginn der Welt des Gehorsams spottete, vergingen die Zeitalter bis zur Wasserflut, da Gott die Erde von furchtbarer Ungerechtigkeit reinigte und eine andere Kraft verlieh. Noach brachte an den Weinstöcken den edelsten Sproß des Gehorsams hervor, vor dem Adam wie ein übermütiger Knabe in seiner einfältigen Gesinnung floh. Doch unter Noach brachte die Erde die Kraft der Traube hervor und auch nach ihm erhob sich die Weisheit bei der Erlösung.

Jetzt, o Mensch, der du in deinem Verhalten auf vielerlei Straßen umherschweifst und nicht in heißem Verlangen nach einem Heilmittel für dich und den andern Ausschau hältst, steh auf, schaue in rechter Maßhaltung in die Sonne und fliehe nicht vor dem Licht, indem du es durch harte Ungerechtigkeit herabsetzt, damit du dich nicht schämen mußt, wenn der höchste Richter deinen <Geld>beutel auf deine Werke hin untersucht. Und du wirst in Ewigkeit leben.

39 Odo von Soissons an Hildegard(?)

V. <Udo?>, ein geknicktes Schilfrohr aus Soissons, ein Abbild des Bösen und Speise des Teufels, an die heilige Hildegard, die Freundin Gottes und Braut Christi.

Es steht geschrieben: „Ohne Schutz schmiegen sie sich an den Felsen" (Ijob 24,8). Doch in unserer Zeit sind – o Schmerz! – die Felsen vom Weg weggenommen, die sich dem Weg der Bosheit entgegenstellen, die Berge wichen, die über die Sünder fallen, die Hügel, die die Verbannten Christi bedecken sollen. Die schändlichen Taten der Menschen liegen nackt vor Gott da und haben in ihrem Lauf die Mitte erreicht. Und weil niemand vermittelt, stoßen sie um die Wette an den Stein des Anstoßes und den Felsen des Ärgernisses.

Infolgedessen und dadurch, meine Herrin, stoße ich Verzweifelter täglich an diesen Felsen und nehme mir heraus, zerknirscht und gebrochen noch auf die Barmherzigkeit Gottes zu hoffen. Daher beschwöre ich Euch durch diese Barmherzigkeit Gottes, mich nicht aufzugeben, da ich mich auf Euch stütze und mich nicht zu verachten um dessentwillen, der sich würdigte, um unseretwillen verachtet zu werden. Ich flehe Euch bei dem Preis des Blutes Jesu Christi, Eures geliebten Bräutigams, an, das vom Kreuz herabfließt und durch das Er sich Euch anverlobt und Euch als Braut angenommen hat, neigt den vorliegenden Worten, die über mich berichten, liebevoll Eure Ohren. Erkundigt Euch, Herrin, in inständiger Bitte bei diesem Euerm Bräutigam, was es zu bedeuten hat, daß Er es verschmäht, mich, der ich so oft aus den Tiefen der Bosheit zu Ihm schreie, dem schlammigen Pfuhl zu entreißen, ob ich weiter auf Vergebung hoffen darf und ob Er mir einen betrübten Geist und ein zerknirschtes Herz schenken will.

Vertraue einem Brief an, was übermittelt werden soll. Lebe wohl! Wieder und wieder wiederhole ich dasselbe; ich beschwöre Euch bei Christus, unterlaßt es nicht!

39R Hildegard an Odo von Soissons

In einer wahren Schau der Geheimnisse Gottes schreibe ich, gleichermaßen sehend, hörend und verstehend: Du aber, o Mensch, gleichst einer Wolke, die vorantreibt und zurückweicht. Sie ist beiderseits ein wenig leuchtend und dennoch wird die Sonne öfter von ihr verfinstert, so daß man länger warten muß, bis sie scheint. Und es steht geschrieben: „Denn sieh, die sich von dir entfernen, werden zugrunde gehen" (Ps 73,27). Sie haben das Tageslicht der guten Erkenntnis, doch sie blicken auf eine fremdartige Erweckung aus der Untauglichkeit und die Unbeständigkeit der Finsternis, die keine vernünftige Hilfe sucht, sondern erfolglos ist, dürr wird und keine Lebenskraft in Gott besitzt.

Als Adam nämlich voll heiliger Unschuld aufstrahlte, wurde er bei einer Übertretung ertappt, so daß er durch das Übertreten der Gebote Gottes zugrunde ging, als das Diadem der Unschuld, d.h. der überaus schönen Königstochter, ihm genommen wurde.

Nun richte deinen Geist wieder auf das Gute und schau auf den Springquell. Forsche nicht nach verschiedenen Dingen in einem fremden Haus, denn alles, was nicht nützlich ist, verdorrt, weil es nicht von Gott stammt. Dein Geist sei lauter in Gott und hungrig nach der Gerechtigkeit Gottes und dem rechten Weg und Gott wird dich annehmen.

Daher sollen dir die Arbeiten, die du um Gottes willen begonnen hast und durchführst, genügen. Doch richte deinen Geist und deine Gedanken, soviel du vermagst, auf Gott. Auch ich will meine Gebete stets für dich vor Gott ausgießen.

40 Odo von Soissons an Hildegard (?)

Der Herrin und bevorzugten Jungfrau Christi Hildegard <entbietet> V.
<Udo?>, dem Namen und dem Stand nach ein unwürdiger Magister von
Paris, sein Gebet und alles, was für eine Persönlichkeit von so großer Heiligkeit und Berühmtheit angemessen erscheint.

Weil du, Herrin, dich zur Magd Christi gemacht hast, hat Er dich über
dich selbst hinausgehoben. Zum Teil glaubt man, daß Er dir die Geheimnisse des jungfräulichen Brautgemachs enthüllt habe, während du noch im
Fleische weilst, und hält dich für eine von jenen, von denen man singt: Der
König hat mich in sein Brautgemach hineingeführt. Doch weil eine prophetische, gläubige Seele seufzend spricht: „Mein Geheimnis gehört mir,
mein Geheimnis gehört mir" (Jes 24,16) und der König Ezechias, der dem
Gesandten der Babylonier die Gewürzkammern und Tempelschätze zugänglich machte, Gott dadurch schwer beleidigte, sind diejenigen selig <zu
nennen>, die uns Sünder so weit übertreffen, daß sie Himmlisches erforschen und bei ihren Wegen den Geist der Unterscheidung von denen erwarten, die mehr durch Anfechtung als durch Offenbarung mit Gottes
Gnade erfolgreich wirkten und später auch bei den Menschen lernen, was
sie von ihren Visionen verkünden oder verschweigen sollen. Indem Gott
nämlich so über ihre Gabe verfügt, setzen sie demütig manches unter ein
Siegel und verkünden nichts, was die apostolische und kirchliche Unterweisung erschüttern könnte.

Darauf achte, du kluge Frau, denn: „Ein gottesfürchtiges Weib wird gepriesen" (Spr 31,30). Man sagt, daß du zum Himmel erhoben wirst und
vieles schaust und ausführlich schriftlich veröffentlichst, sowie Melodien
für einen ungewöhnlichen Gesang schaffst, da du doch nichts davon gelernt hast.

Darüber wundern wir uns keineswegs, weil das deine Lauterkeit und
Heiligkeit nicht übertrifft, ohne die ein Mensch derartiges nicht empfängt.
Wir können aber verstehen: Was immer dort <droben> über die Heiligen
offenbar wird, bestätigt den Ruhm; was hienieden von ihnen bewirkt wird,
fordert eine Art von Verdemütigung.

Wir aber – obgleich weit von dir entfernt – erbitten im Vertrauen auf
dich von dir folgendes: Es behaupten nämlich viele fest, daß Vaterschaft

und Gottheit nicht gleichbedeutend mit Gott seien. Schiebe es nicht auf, uns darzulegen, was du darüber in himmlischen <Gesichten> erfährst und übermittle es uns. Deine Liebe lebe wohl!

40R Hildegard an Odo von Soissons

Ich armseliges Gebilde sage im würzigen Duft des erhabenen Berges: Die Sonne läßt sich mit ihrem Licht herab und bescheint viele verschiedene ungeziemende Orte. Und so besitzt du, o Magister, bei deiner Lehrtätigkeit viele Rinnsale der Heiligen Schrift, die du zuweilen andern – Großen und Kleinen – zuteilst. Doch ich zittere sehr wegen der bescheidenen Ausdrucksweise, über die ich verfüge.

Nun höre! Ein König saß auf seinem Thron und stellte hohe, sehr schöne Säulen mit kostbaren Ornamenten vor sich auf, die über dem elfenbeinernen Schmuckwerk angebracht waren. Sie trugen sehr würdevoll sämtliche königlichen Gewänder und zeigten sie von allen Seiten. Da gefiel es dem König, eine kleine Feder vom Boden aufzuheben und er gebot ihr, so zu fliegen, wie er, der König, es wollte. Eine Feder aber fliegt nicht von selbst, sondern die Luft trägt sie. So bin ich nicht mit menschlicher Gelehrsamkeit oder starken Kräften erfüllt, auch strotze ich nicht vor körperlicher Gesundheit, sondern ich halte mich an den Beistand Gottes.

Und ich sage dir: Von einem gewissen Mann, der von Gelehrsamkeit triefte und mich befragte, hörte ich, die Vaterschaft des himmlischen Vaters und die Gottheit Gottes nicht <gleichbedeutend mit> Gott seien. Und er bat meine Wenigkeit, ich möchte in dieser Frage sehr aufmerksam auf das wahre Licht blicken. Und ich schaute und erfuhr, indem ich auf das wahre Licht sah und nicht von mir aus in mir selbst <eine Antwort> suchte, daß Gott Vaterschaft und Gottheit ist. Denn der Mensch hat nicht die Vollmacht, von Gott zu sprechen wie von der menschlichen Natur des Menschen und wie von der Farbe eines von Menschenhand geschaffenen Werkes.

Das Lebendige Licht spricht also in einem geheimnisvollen Wort der Weisheit: Gott ist vollkommen, ganz und ohne zeitlichen Beginn und kann deshalb nicht – wie der Mensch – zerredet werden. Denn Gott ist das

Ganze und kein anderer. Daher kann man nichts von Ihm losreißen oder Ihm etwas hinzufügen. Auch die Vaterschaft und Gottheit ist nämlich Er, „der ist" (Ex 3,14; Offb 4,8) wie der Ausspruch besagt: „Ich bin, der ich bin" (Ex 3,14). Und „der ist" (Ex 3,14; Offb 4,8), besitzt die Fülle. Auf welche Weise? Im Tun, Schaffen und Vollenden.

Wer nämlich sagt, Vaterschaft und Gottheit ist nicht Gott, der meint einen Punkt ohne Kreis; und wenn er einen Punkt ohne Kreis haben will, leugnet er den, der ewig ist. Und wer immer leugnet, daß Vaterschaft und Gottheit Gott sind, leugnet Gott, weil er will, daß in Gott irgendwie ein leerer Raum sei. Das stimmt nicht. Gott ist vielmehr ganz ausgefüllt und was in Gott vorhanden ist, ist Gott.

Gott kann nämlich nicht wie ein Mensch erforscht und durchgesiebt werden, weil es in Gott nichts gibt, was nicht Gott ist. Und weil das Geschöpf einen Anfang besitzt, erfindet die menschliche Vernunft für Gott Bezeichnungen wie sie selbst eine Fülle von speziellen Namen für sich kennt.

Nun, o Mensch, vernimm nochmals das armselige Gebilde, das im Geist zu dir spricht: Gott will, daß du die rechten Wege gehst und Ihm unterworfen seist, damit du auch ein lebendiger Stein am Eckstein bist. Und du wirst nicht am Baum des Lebens zugrundegehen.

41 Bischof Gunther von Speyer an Hildegard

Gunther, durch die Gnade Gottes Diener und Bischof der Kirche von Speyer, <wünscht> Hildegard, der geliebten Meisterin vom Berg des heiligen Rupert in Bingen, ewiges Heil in Christus.

Wir sagen der göttlichen Güte Dank, daß du für Nahe und Ferne ein Wohlgeruch bist und allen, die dich befragen, ein Trost vom Heiligen Geist. Daher versichere ich deiner Liebe, daß wir freudigen Herzens das Ansehen und den Nutzen deiner Gemeinschaft gewahren. Wir werden gern alles tun, um auf jede Weise unsern Wunsch nach der Förderung dieser deiner Gemeinschaft verwirklichen zu können. Wir bitten deine Heiligkeit aber inständig, um unserer Liebe willen bei Gott für uns einzutreten und Ihn durch dein Beten versöhnlich zu stimmen. Du sollst auch ohne

Zweifel wissen, daß es dir nicht an Ansehen und Belohnung fehlen wird, wenn Gott uns am Leben erhält. Denn es ist billig, daß du uns mit deinen Gebeten unterstützt wie auch wir uns deiner Not annehmen. Wir verlangen auch nach einem Antwortschreiben von dir an uns.

41R Hildegard an Bischof Gunther von Speyer

Das Licht der himmlischen Eingebung sagt zu dir, o Mensch: Entziehe dich nicht durch gewohnheitsmäßig schlechte Handlungen der Ermahnung des Heiligen Geistes, die in dir aufsteigt. Gott sucht nämlich in dir, was einst seine Aufmerksamkeit auf die Heimholung des verlorenen Schafes lenkte, als Er die Vergehen der Menschen tilgte und der alte Betrüger zuschanden wurde, da ihn der stärkste Kämpfer überwand. Gott schaut durch Fenster nach dir aus, weil Er gütig und barmherzig ist. Darüber spotte kein Mensch aus irgendeiner Einbildung seiner Absicht.

Höre: Entziehe dich nicht dem Prozeß der Ermahnung Gottes, damit Gott dich nicht mit seinen Geißeln züchtige. Denn Gott will in seinem Eifer diesen verderblichen Anlaß beseitigen, daß seine Freunde Ihn durch ihre Genossen mit ihrer Prahlerei verspotten. Deshalb zückt Er den Bogen seiner Mahnung, um zu zeigen, daß Ihm niemand widerstehen kann. O Mensch, der du von großem Dunkel eingehüllt bist, erhebe dich jetzt schnell vom Sturz und baue im Himmlischen, so daß die Finsteren und Beschmutzten über deine Erhöhung erröten, wenn du dich aus dem Dunkel, in dem du jetzt liegst, erhebst. Wegen deiner Werke lebt deine Seele kaum noch, es sei denn, du erblickst das andere Leben wie in einem Spiegelbild. Diese Absicht strahlt in dir wie das Licht des Morgenrots auf.

Dein Geist sieht und durchforscht sich sehr qualvoll, wenn die üppige Natur dich mit versteckten Begierden peinigt. Diesem Strudel suche zu entrinnen. Höre Mensch: Ein Mann besaß einen Boden, der große Kraft in sich zeigte. Wenn der Pflug ihn umwandte, trieb jeder in ihn gesäte Same viele Keime. Da gefiel es dem Mann, auf diesem Boden einen Gewürzgarten anzulegen, damit süßduftende Kräuter als Heilmittel für Wunden und Verletzungen in ihm wüchsen. Und der Boden wurde besser als zuvor.

Nun wähle du, o Mensch, was dir von diesen beiden Aspekten nützlicher ist. Das Fundament des himmlischen Jerusalem wurde zuerst aus jenen Steinen gelegt, die durch tiefes Herabfallen verletzt und von Lasterwunden befleckt waren, danach aber ihre Vergehen unter Reue erstickten. Dieses Fundament legte der Baumeister zuerst mit rauhen und ungeglätteten Steinen und diese Steine tragen die ganze Stadt Gottes. Fliehe daher die Ausschweifung in dieser Welt beim Schiffbruch der Unreinheit und gleiche einem Sardis und Topas. Schnell wie ein Hirsch schlürfe mit der Zunge aus dem reinsten Quell. Und du wirst ewig leben.

42 Hildegard an Bischof Gottfried von Utrecht

Das heitere Licht spricht: Das Gesetz erzeugt Leben, die Finsternis Spaltungen und die Nachtzeit Betrübnis. Ein Mensch, „der das Leben besitzen möchte" <vgl. RB Prol. 15>, darf nicht gespalten sein. Auf welche Weise? Als ob es Gott nicht gäbe, d.h. ohne zu Ihm aufzuseufzen, sich zu Ihm hingezogen zu fühlen und Ihm zu sagen: Du hast mich geschaffen.

Wer das jedoch tut, sucht gleichwohl zuweilen einen Kreis, d.h. die Gunst der Welt. Und wer wird sie ihm schenken? Niemand; es sei denn, daß zuweilen ein glücklicher Zeitabschnitt anbricht – weil Gott den Menschen erschaffen hat – der auf einmal vergeht, weil er an Gott zweifelt. Doch zur Nachtzeit schickt es sich, betrübt zu sein. Denn wenn sich der Mensch aus eigenem Verlangen und auf seinen eigenen Wunsch – schwarz wie die Nacht – in Sünden verstrickt, umgibt er sich oft mit Betrübnis, weil er keine Hoffnung auf Freude an seinem Tun hat.

Daher, o Streiter Christi, unterwirf dich dem Gesetz, soweit du es zu verstehen vermagst, und halte nach den Vorschriften des göttlichen Gesetzes die Zuchtrute in deiner Hand, so daß du in Ewigkeit lebst. Und so fliehe vor den nächtlichen Unwettern, denn so will es Gott. Und blicke auf jene Lebewesen, die überall Augen haben, so daß du bei all deinen Unternehmungen auf Gott schaust, um ein geliebter Sohn Gottes zu heißen.

43 Bischof Gottfried von Utrecht an Hildegard

Gottfried, durch die Huld der göttlichen Gnade Bischof von Utrecht, seiner einzigartigen, besonders erwählten Schwester Hildegard, Meisterin der Schwestern von St. Rupert, Heil von dem, der Jakob das Heil verleiht.

Geliebte Schwester, sobald ich begann, dich in der Liebe Christi zu lieben, konnte die Erinnerung an dich – süßer als Honig und Wabe – niemals meinem Gedächtnis entschwinden. Die Kraft Gottes, die in dir wohnt, durch dich wirkt und dich vor den übrigen jenem Bräutigam vertraut macht, der die, die auf Ihn hoffen, für immer rettet, zwingt mich zur Liebe dir gegenüber. Und weil die Liebe in dein Herz ausgegossen ist, bitte ich dich bei der Liebe, mit der du alle überschüttest, du möchtest dich mit aller Umsicht und Anstrengung bemühen, Gott für mich anzuflehen, daß ich verdiene, in dieser Zeit von der Last meiner Sünden erleichtert zu werden. Der Herr führe dich dorthin, wo selige Ewigkeit, ewige Glückseligkeit, angenehme Ruhe und Wonne ohne Ende herrscht. Wie ein Dürstender nach der Quelle, so sehne ich mich nach deiner Antwort.

43R Hildegard an Bischof Gottfried von Utrecht

O du Würdenträger <persona> bist von Gott ergriffen und berufen, Ihm gemäß zu wirken, indem du Ihn nachahmst. Denn Gott erbaut, leitet und salbt alles.

Der allmächtige Gott hat nämlich durch sein Wort die Welt erschaffen.

Er lenkt sie auch und heiligt alles im Wasser, indem Er die Sünden der Menschen abwäscht. Denn Gott hat alle Geschöpfe erschaffen und geleitet und stattete den Menschen mit allen Kreaturen aus wie ein Schmied seine Gefäße im Feuer verschönert. Doch dann neigte sich der herrliche Tag durch den Ungehorsam beim Fall Adams zur finsteren Nacht und deshalb lebten die Menschen in Sünden und Vergessenheit, als ob Gott nicht existiere. Da überschwemmte Gott die ganze Erde mit einer Wasserflut wegen der verbrecherischen Sünden der Menschen, und so entstanden Gerechte <sancti>, Gesetz und Propheten. Schließlich jedoch kam der Sohn Gottes, für den es sich nicht ziemte, in einer fruchtlosen Zeit zu erscheinen, in der Er keine Gerechtigkeit fände. So wurde auch der Mensch nicht geschaffen, bevor ihn alle Kreatur offenbarte. Doch der Gottessohn kam, um die ganze Welt durch den Gehorsam, das Salböl der Taufe und die Buße zu erlösen.

Du Hirte, sieh dich nun vor, daß du nicht im Kindesalter, das Gott nicht kennt, lebst, sondern wandle in der Zeit der Gerechten und Heiligen und der Offenbarung der Propheten. Ergreife bei deinen Werken die Gerechtigkeit wie auch Gott alles vorhersah, bevor Er es ins Werk setzte. Ihm gemäß leite dein Volk. Gewähre deinem Volk aber auch an Christi Stelle Hilfe und sei nicht wie eine Trompete, die erschallt, aber nichts bewirkt. Sei vielmehr ein Wohlgeruch der Tugenden, damit du ewig lebst und sprich: „Ich will dich erheben, mein Gott und König und deinen Namen preisen immerdar in alle Ewigkeit" (Ps 145,1). Wenn du nämlich begreifst, daß du auf dem Bischofsstuhl sitzt, lobe Gott auf allen deinen Wegen, erhebe Ihn in guten Werken, wiederhole dem Volk immer wieder ohne Überdruß seine Gebote, küsse Ihn im Glauben und umarme Ihn in guten Taten. Und zeige in rechtschaffenem Wandel, daß Er dein Gott ist, und verherrliche Ihn bei deinen Urteilen als gerechten König, indem du dein Volk richtig leitest, es mit Erbarmen salbst und kein sträfliches Vergehen hinter dir her ziehst, d.h. für die Gerechtigkeit kein Geschenk annimmst. Und rufe seinen Namen an, damit du bei all diesen Dingen Gottesfurcht bewahrst, denn Er ist König. Und so handle alle Tage deines Lebens, solange du auf dieser Welt lebst, damit du danach in der unendlichen Welt auf ewig lebst.

44 Adelbert, Bischof von Verdun (?) an Hildegard

Adelbert, durch Gottes Gnade, wenn auch unwürdig, Diener und Bischof der Kirche von Verdun, <wünscht> Hildegard, seiner geliebten Mutter vom Berg des heiligen Rupert, die Freude der göttlichen Schau gegenwärtiger und ewiger Dinge.

„Gepriesen sei die Herrlichkeit des Herrn, ausgehend von seiner heiligen Wohnung" (Ez 3,12), die dich von deinem zarten Kindesalter an für sich als Dienerin erworben hat. Ich aber – als ob ein Blinder dem Sehenden den Weg zeigen wollte – rede deiner Liebe zu, diese Gnade in Demut zu erkennen, indem du die Prophezeiung jenes Bileam im Alten Testament beachtest, der – mag er auch die letzten Worte gegen das Volk Gottes gerichtet haben – doch durch seine Schau berühmt ist, als er sprach: „Er sinkt hin und so öffnen sich seine Augen" (Num 24,4). Gewiß bezeichnet er damit die Demut beim Schauen. Auch der Völkerapostel sagt: „Damit ich mich nicht wegen der Größe meiner Offenbarungen überhebe" (2 Kor 12,7) usw. Das möge Euch mehr aus meiner vertraulichen Zuneigung heraus gesagt sein als in anmaßender Belehrung.

Nun aber sollt Ihr wissen, daß ich z. Zt. nicht zu Euch kommen kann, wenn ich auch in der Nähe bin. Doch fordere ich Euch als treue Schutzherrin in meinen Widerwärtigkeiten durch Eure Gebete ein und beanspruche Hilfe durch die Fürbitte der Schwestern Eurer Gemeinschaft von Dienerinnen Gottes. Lange verdiente ich nicht, ein Schreiben von Euch zu empfangen. Bitte laßt es mich wenigstens jetzt verdienen.

45 Bischof Cunrad von Worms an Hildegard

Cunrad, durch Gottes Gnade, wenn auch unwürdig, Bischof der Wormser Kirche, <entbietet> Hildegard, der geliebten Schwester vom Berg des heiligen Rupert, mit einem – ach so unbedeutenden – Gebetserweis, die zu allem bereite, liebevolle Ergebenheit.

Wir danken Gott, der dich als hellstrahlende Lampe auf einen goldenen Leuchter gesetzt hat und sein herrliches <claritatem> Licht durch dich weit und breit in seinem Haus leuchten ließ. Deshalb, Schwester und vielgeliebte Tochter, bitten wir inständig, daß die Gemütsverdüsterungen, die uns wegen des hereinbrechenden Wirbelwindes der Bedrängnisse und der Überflutung mit abwegigen Gedanken niederdrücken, durch die Strahlen, mit denen dich die Sonne der Gerechtigkeit, wie wir zweifellos glauben, erleuchtet, vertrieben werden. Es wäre freilich nötig, deiner Heiligkeit noch vieles mitzuteilen, wenn dem nicht weitausholende Worte zur Erklärung für dich entgegenstünden. Wir sprechen jedoch durch den Mund <viva voce> des anwesenden Überbringers persönlich mit dir und erflehen von ganzem Herzen deine ermunternde Antwort.

45R Hildegard an den Wormser Bischof Cunrad

Du bist eine Persönlichkeit, die auf dem Lehrstuhl Christi sitzt und trägst einen eisernen Stab zur Leitung deiner Schafe in der Hand. Blicke jedoch auf die Sonne der Gerechtigkeit und auf die vielen Sterne, welche die Arten der Tugenden darstellen, so daß es dir nicht an Lebensspeise mangelt. Ein Hirte ist nämlich gut, wenn seine guten Werke stets blühen und er seine Schafe auf der richtigen Grünfläche weidet. Das verleihe dir jener, der am ersten <Schöpfungs>tag die Stimme ertönen ließ und die ganze Schöpfung durch sein Wort hervorbrachte. Am Jüngsten Tag wird er die Trompete blasen und so alle Menschenkinder erwecken.

Denn manche gerecht lebende Menschen sind ein Zelt Gottes, weil Gott in ihnen wohnt. Der Mensch ist nämlich ein Bauwerk Gottes, in dem Er Wohnung nimmt, weil Er eine feurige Seele in ihn einsenkte, die mit der Vernunft weite Flüge unternimmt wie eine Mauer den Raum eines Hauses umfaßt. Doch auch, wer durch die Gebote Gottes in seinen Werken gerechtfertigt ist, wenn er das Gesetz Gottes nicht vernachlässigt hat, erbaut das himmlische Jerusalem. Wer aber seinem Fleisch gemäß handelt und nicht nach dem Geist, fällt vom heiligen Bau ab. Wer jedoch mit seinen Eigenwilligkeiten bricht, schmückt das himmlische Bauwerk mit Perlen, Edelsteinen und bestem Gold.

Du verhalte dich also so, daß du zum Edelstein wirst und am höchsten Punkt Jerusalems als Schmuck dienst <orneris>.

46 Hildegard an Abt Wolfard (Albon)

Das klare Licht schenkt Worte zum Überdenken und spricht: O Mensch, im Gedanken an den Sohn Gottes hast du Vertrauen. Dennoch zögerst du, jenes Brot zu brechen, das du selbst essen willst, weil dein Verstand es dir diktiert. Wie und warum machst du die Runde, sondierst die verschiedenen Dinge und spähst von allen Seiten, wo das Wesen dieser heiligen Handlung <cerimonia> zu finden ist? Warum tust du das? Gott baut auf jedweder gut und recht wirkenden Ursache auf. Erhebe dich also zum Licht und du wirst ewig leben. Denn Gott besitzt ein Brandopfer für sich in seinem Werkzeug. Selig, wer Gott stets in all seinen Situationen festhält; der Teufel wird ihn niemals täuschen. Lebe also, o Mensch, und sei siegreich in der verdüsterten Welt.

47 Hildegard an Prior Friedrich (Albon)

„Der ist" (Ex 3,14; Offb 1,4), spricht: Ein König erblickte eine Leiter, die von einem aufziehenden Gewitter verfinstert wurde. Da strahlte die Sonne auf und zerriß jene Finsternis. Das gefiel dem König und er sagte: Diese tückische Leiter wird man leid, denn bald ragt sie steil empor, bald hüllt sie sich in Dunkel.

So ist auch dein Herz, o Mensch. Am Tag deiner Gewissenserforschung steigst du froh zu mir hinauf, bei schädlicher, ungesunder Witterung wiederum überläßt du dich der Fallsucht, als ob man nicht die Ursache des Heils ergründen müßte. Unmöglich ist es, daß Asche unbeweglich bleibt. Schau auf mich und suche stets die Salbe der Heilkunst bei Tage und im

Wirbelsturm und du wirst ewig leben. Befolge das unverfälschte Gesetz, fliehe die Unentschiedenheit und Gott wird dich retten.

48 Der Mönch Gottfried an Hildegard (Alpirsbach)

Der erhabenen Herrin und wahrhaft seligen, mit dem Geist der göttlichen Schau ausgestatteten Hildegard, <entbietet> der geringste Mönch des heiligen Benedikt und – obwohl unwürdig – Priester G<ottfried>, den Dienst ergebenen Gehorsams, mit aller demütigen Unterwerfung.

„Die dem Herrn vertrauen, werden die Wahrheit verstehen. Die Getreuen werden bei Ihm in Liebe verbleiben; denn Gnade und Frieden wird den Erwählten Gottes zuteil" (Weish 3,9). Ich erkannte, daß diese hochheiligen Worte, die vom Mund der himmlischen Weisheit ausgingen, sich in vielfältiger Beziehung an dir bewahrheiten werden und glaube, daß sie sich erfüllt haben. Was ich nämlich durch den Heiligen Geist bezeugt finde, halte ich ganz getreu fest, daß nämlich bei Gott kein Ding unmöglich ist. Daher zweifelte ich nicht, daß das Gerücht, das mir durch allgemeines Gerede bekannt wurde, wahr ist, obwohl ich deine heiligen Offenbarungen nicht erlebte. Ich weiß deshalb wirklich, daß du, weil du dein Vertrauen auf den Herrn gesetzt hast, seine Wahrheit verstanden hast und weil du getreu in Liebe bei Ihm verblieben bist, die Gabe göttlicher Offenbarung und den Geist himmlischen Trostes empfangen und den Frieden der Auserwählten gewonnen hast.

Jetzt aber, da das Erbarmen des allmächtigen Gottes an dir größer als an den anderen Sterblichen erfunden wurde, bitte ich demütig – nicht um auf die Probe zu stellen, noch hochmütig, sondern einfältig durch dich nur um die Gnade Gottes flehend –, sei eingedenk jener Stimme des Herrn: Verachtet nicht eins von diesen Kleinen. Erwäge also, meinen kleinmütigen Brief nicht zu verachten, sondern erhöre bitte um der Liebe Christi willen gütig meine Bitten, bei Gott wegen meiner Verfehlungen einzutreten und durch deine heilige Fürbitte mein Leben aufzurichten. Würdige dich, mir in deinem zurechtweisenden Brief meine Nachlässigkeiten vorzuhalten. Die Zurechtweisung deiner zärtlichen Liebe ist mir nämlich sehr erwünscht. Ich erachte mich des so liebevollen Geschenks deiner Post zwar unwürdig, sehne mich aber nach dem Empfang des Lohns für meine Gläubigkeit. Ich glaube nämlich, daß dir durch den Heiligen Geist, durch den du alles Vergangene, Gegenwärtige und Zukünftige genau erkennst, auch die Geheimnisse meines Herzens offenbar sind. Ich sähe wahrhaftig keinen angenehmeren Tag für mich, als persönlich zu dir zu kommen. Ich würde es nämlich vorziehen, auf bloßen Füßen zu laufen, nur um deine Worte zu hören und es wäre mir allzu erfreulich und wünschenswert, zu verdienen, entweder deine erhabenen Visionen oder einen Brief von deiner Seligkeit zu empfangen.

Der allmächtige Gott wolle dich durch die Kraft seines Sohnes, unseres Herrn Jesus Christus und durch die Mitwirkung des Heiligen Geistes noch lange unversehrt erhalten, um seine heilige Kirche zurechtzuweisen.

48R Hildegard an den Mönch Gottfried (Alpirsbach)

Das Lebendige Licht spricht: O Mensch, von mir gehen Bäche für die Grünkraft deines Geistes aus. Doch trotzdem ist dein Geist gefesselt, aber auch scharfsinnig beim wechselnden Lebenswandel in der Finsternis des entfesselten Sturms. Und deine geheimen Gedanken täuschen dich zuweilen in deinem Geist und manchmal berührt dich der Geschmack an deinem Tun. Das Antlitz deiner Sehnsüchte aber schaut nach mir aus um der Freude des Aufstiegs willen, die du bei deinem Handeln noch nicht erreichen kannst. Sehr gut ist das Verlangen, das auf der Höhe süßen Wohlgeruchs einen Turm errichtet. Daher freuen sich die Engel Gottes über die Taten des Geschöpfes von Gottes Finger <Hl. Geist>, die Gott kosten und mit der Speise sündiger Bosheit brechen.

Jetzt sei du, o Soldat, stark im Kampf, solange du in deinem Leib lebst, weil der Feind nicht müde wird und der Kampf nicht nachläßt. Deine Werke sind so beschaffen, daß sich der milde Vater über dich freut, sein Wort deine Seele verklärt und der feurige Liebhaber dir das Öl des Heils und die Grünkraft der Blüte der Weisheit eingießt.

49 Die Äbtissin an Hildegard (Altena)

Der in Christus geliebten und verehrungswürdigen Herrin und Mutter Hildegard, ihrer lieben und vertrauten Freundin, wünscht die – wenngleich unverdienterweise – Äbtissin N. von Altena, eine mit Maria zu den Füßen Jesu sitzende, bußfertige Sünderin, sie möge ihren Geliebten schauen wie Er ist.

Ich gratuliere Eurer Seligkeit, geliebteste aller Frauen. Wie man nach der augenscheinlichen Wonne beurteilen kann, habt Ihr, den Eure Seele liebt, soweit es Sterblichen möglich ist, gefunden und genießt nun mit Ihm im geheimen Herzensgemach eine glückselige Zeit der Muße. Ihr habt gekostet und gesehen, „wie süß der Herr ist" (Ps 34,9).

Und weil ich denke, daß es sich so verhält, muß ich es gleichmütig tragen, daß Ihr es schon so lange Zeit versäumt, mich, die ich Euch so ergeben bin, mit einem Brief von Euch zu besuchen. Ich glaube nämlich, wenn Ihr nur einen Augenblick das Auge des Geistes vom Anblick Eures Geliebten abwenden und einen Schritt aus der Wohnung Eurer Ruhe tun könntet, würdet Ihr es sicher nicht unterlassen, mich öfter durch Euern Boten mit einer Nachricht über Euer Befinden zu erfreuen, der Euch auch über mein Ergehen berichten würde.

Sollte es mir jedoch nicht geschenkt werden, Euer geliebtes Angesicht weiterhin in diesem Leben zu sehen – was ich nicht ohne Tränen zu sagen vermag – so freue ich mich doch immer Euretwegen, da ich mich ja entschieden habe, Euch wie meine eigene Seele zu lieben. Deshalb werde ich Euch mit dem Auge des Gebetes schauen, bis wir dorthin gelangen, wo wir auch einander ewig sehen und unsern Geliebten von Angesicht zu Angesicht in seiner Schönheit zu betrachten verdienen.

49R Hildegard an die Äbtissin (Altena)

O du, die du eine Lehrmeisterin beim Aufblitzen des Springquells bist, d.h. an Christi Stelle, höre: „Siehe, gesiegt hat der Löwe vom Stamm Juda, die Wurzel Davids" (Offb 5,5). Der Sohn nämlich ist als Glanz der Gottheit wie eine Wurzel. Denn Er brüllt wie ein Löwe, als Er die Nachahmer des ersten Engels bei seinem Sturz in die Hölle wirft, so daß Er dort alle Ungerechtigkeit, die mit den Zähnen knirscht, von sich treibt und auf diese Weise eine starke Wurzel ist. Alle aber, die Ihn gläubig bekennen und mit einem guten Werk berühren, zieht Er an sich und deshalb besiegt Er alles wie ein Löwe. Höre nun meine Ermahnung an dich.

50 Äbtissin Sophia an Hildegard (Altwick<Oudwijk>)

Äbtissin S<ophia>, die einzige dieses Namens des Klosters Altwick in Utrecht, <wünscht> Hildegard, die sie in seliger Erinnerung hat, sie möge den Chor betreten, der vom Licht der Lichter erleuchtet ist.

Weil kein Mensch den weltlichen Begierden entsagen und mit aller Anstrengung dem himmlischen Vaterland entgegeneilen kann, wenn es ihm nicht mit Christi Beistand von oben geschenkt worden ist, drängt es mich, Eurer Güte mitzuteilen, was ich auf den Antrieb Gottes und die Mitwirkung der Gnade seines Geistes in meinem Herzen empfangen habe. Unser Herr, der nicht will, daß eines seiner Schafe in die Irre laufe, sondern wie ein guter Hirt alle auf den Weg des ewigen Heils zurückrufen möchte, gab meinem Herzen – wie ich glaube – ein, die Last der Leitung, an der ich schwer trage, hinter mir zu lassen und mich in die Einsamkeit einer kleinen Zelle einzuschließen. Der Entschluß zu diesem Vorhaben liegt daher bei mir, doch das Können und Vollbringen steht in der Macht unseres Herrn. Weil ich also weiß, daß bei Gott Euer Verdienst so viel gilt, daß Ihr auf Offenbarung des Heiligen Geistes zu erkennen vermögt, was dem

Menschen zu tun förderlich ist, flehe ich Eure Güte unter demütigen Bitten an, Ihr möchtet den Herrn für mich befragen, ob Ihm mein klösterlicher Wandel gefällt, damit mich nicht später der Ausspruch Gregors brandmarkt, der sagt: „Es wäre besser für sie gewesen, den Weg der Wahrheit nicht gekannt zu haben, als nach der Erkenntnis von ihm zum Schlechteren abgewichen zu sein" (Pastoralregel 3,34).

Lebt nun wohl im Herrn, und Eure Güte versage mir nicht, mich durch den Überbringer dieses Briefes schriftlich auf das Verlangte hinzuweisen, und was immer Euch darüber der Gnade Gottes durch den Heiligen Geist zu offenbaren gefiel.

50R Hildegard an Äbtissin Sophia (Altwick)

In der wahren Schau der Geheimnisse Gottes vernimm folgende Worte: O Tochter, hervorgegangen aus der Seite des Mannes und beim Bauwerk Gottes geformte Gestalt, warum härmst du dich ab, so daß dein Geist wechselhaft wie Wolken, die ein Sturm umhertreibt, dahineilt, so daß er bald wie Licht leuchtet und sich plötzlich wieder verfinstert? So ist dein Geist beschaffen durch die lärmenden Gewohnheiten derer, die nicht vor Gott leuchten. Doch du sagst: Ich will Ruhe haben und einen Ort suchen, wo mein Herz ein Nest findet, so daß auch meine Seele dort zur Ruhe kommt.

O Tochter, vor Gott taugt es nicht, daß du deine Bürde abwirfst und die Herde Gottes im Stich läßt, da du das Licht besitzt, um ihr zu leuchten, so daß du sie hinaus auf die Weide führen kannst. Jetzt aber nimm dich zusammen, damit dein Herz nicht durch diese angenehme <Aussicht> entbrennt, die dir in diesem wechselhaften irdischen Leben sehr schadet. Du jedoch lebe, weil die Gnade Gottes dich will. Hüte dich also, dich ihr durch das Abschweifen deines Geistes zu entziehen. Gott stehe dir bei, in reiner Erkenntnis zu wachen.

51 Die Mönche an Hildegard (Amorbach)

Hildegard, der Meisterin von St. Rupert in Bingen, <wünschen> O., C. und V., Sünder, und nur dem Namen nach Priester, und die ganze Gemeinschaft der Brüder, die im Kloster des heiligen N. zu Amorbach leben, sie möge mit hellbrennender Lampe zur ewigen Hochzeit eingehen.

Das Lebendige Licht, das alles Gute schafft, und mit dem jede lebenskräftige Seele, die für die Zehnzahl bestimmt ist, mitwirken soll, wird – wenn diese sich auch als rein erweist – dennoch den Seligen unterschiedlich mitgeteilt, je nach der Gesinnung des Empfängers. Denn wie die obersten Chöre (organa) des Königshofes um so glühender entflammt werden, je näher und gleichsam unmittelbarer sie den Quell der Heiligkeit betrachten, strahlen die niedrigeren Scharen der Engel um so unterschiedlicher und schwächer von jenem ursprünglichen Licht wider, je entfernter sie von diesem Ursprung sind. So werden die mit einem Leib umgebenen Geister, wenn sie auch für das Leben bestimmt sind, teils überreich, teils spärlicher vom Einfall des immer von der Majestät ausgehenden Glanzes bestrahlt und mit sehr unterschiedlicher Beweglichkeit emporgehoben, um jenen seligen Ursprung zu erreichen. Es gibt nämlich gewisse Seelen, die so von diesem Meer der Herrlichkeit <claritatis> verschlungen werden, daß sie nichts anderes zu sehen und wahrzunehmen scheinen, als die Gegenwart jenes Lichtes, das alles für sie belebt. Durch ihren Glanz, von dem sie öfter geblendet werden, werden auch die übrigen Seelen, die noch von irdischer Dunkelheit beschwert sind, dem Gefäß dieser Herrlichkeit <claritatis> angeglichen und lernen sich dadurch selbst genauer kennen.

Weil du also, ehrwürdige Mutter, näher zu diesem Licht emporgestiegen bist, möge der Glanz, der aus deinem Herzen hervorbricht, unser Gewissen erleuchten, so daß sich unsere Dunkelheit bald durch Strahlen der Ermunterung, bald der Ermahnung oder der Zurechtweisung verringere. Denn weil die Bosheit überhandnahm und die Liebe erkaltete, erleiden wir durch das römische Schisma die Finsternis des Irrtums, und weil durch das Hindernis der Ungerechtigkeiten die Sonne der Gerechtigkeit verdunkelt wurde, wich der Mond – d. h. die Kirche – auf vielerlei Weise vom Ursprung der Religion ab. Weil aber die Worte Christi nicht vergehen, sondern bestehen bleiben, bezeugt Er selbst: „Siehe, ich bin bei euch bis ans Ende der

Welt" (Mt 28,20). Obwohl schon fast der ganze Erdkreis in die Finsternis des Irrtums eingehüllt ist, strahlt in Euch ein gewisser Strahl der einstigen Gnade wider, damit nicht das ganze Geschlecht verlorengehe. Der Mönchsorden verwaist nämlich, der Stand der Kleriker hinkt, und auch der Nonnenorden strauchelt. Und während die Geistlichen auf diese Weise das religiöse <Ordens>Leben aufgeben, vernachlässigen die Laien das ihnen vom Herrn aufgestellte Gesetz gänzlich. Denn unter den übrigen Übeltaten, mit denen sie Gott der Vergessenheit anheimgeben, verlassen sie die rechtmäßigen Gattinnen und verbinden sich nach ihren Gelüsten mit fremden. Sie begehen Morde und glauben, sie würden dadurch berühmt. Und ein jeder betrachtet sich gleichsam als zaghaft, wenn er ohne diese Befleckung erscheint. Deshalb sind die Priester, die rufen und die Wahrheit mit Tadel verkünden müßten, nun zum Schweigen gezwungen.

Jetzt richte du, o ehrwürdige Mutter, die du, wie wir in deinen Schriften lesen, sooft Mahnungen an die Geistlichen gerichtet hast, sie auf unsere inständige Bitte auch an die Laien. Denn es ist nötig, daß diejenigen häufig streng und laut getadelt werden, die kaum geruhen, irgendwelchen Tadel zu ertragen. Wir hoffen nämlich, daß sie deinen Worten aufmerksamer als unsern Worten ihr Herz neigen, weil sie glauben und wissen, daß du auf göttliche Schau und ein Geheiß hin sprichst, während sie uns öfter in vielen Übertretungen wanken sehen. Lebewohl!

52 Meisterin Tengswich an Hildegard (Andernach)

Hildegard, der Meisterin der Bräute Christi, <wünscht> Tengswich, Meisterin der Andernacher Schwestern genannt, sie möge dereinst den höchsten himmlischen Geistwesen im Himmel zugesellt werden.

Das rühmliche Gerücht vom Ruf Eurer Heiligkeit hat sich eilends verbreitet. Wunderbare und staunenswerte Dinge sind uns zu Ohren gekommen. Das hat unserer Wenigkeit die Erhabenheit Eurer vollkommenen Gottesverehrung und Eurer einzigartigen Lebensweise überaus empfehlenswert gemacht. Wir haben nämlich durch das Zeugnis vieler Menschen erfahren, daß Euch von Gott durch einen Engel vieles über die himmlischen Geheimnisse, was für die meisten Sterblichen schwer zu begreifen ist, zum Aufschreiben offenbart wird, und daß Ihr nicht von menschlicher Überlegung, sondern von ihm belehrt und angeleitet werdet, was immer Ihr auch zu tun habt.

Auch etwas anderes Ungewöhnliches über Euern Brauch kam uns zu Ohren, nämlich, daß Eure jungen Frauen <virgines> an Festtagen beim Psalmengesang mit losen Haaren in der Kirche stehen. Als Schmuck tragen sie glänzendweiße Seidenschleier, die so lang sind, daß sie den Boden <superficiem terrae> berühren; auch haben sie golddurchwirkte Kränze auf dem Haupt, in die beiderseits und hinten Kreuze eingeflochten sind, vorn aber geziemend ein Bild des Lammes eingeprägt ist. Dazu sollen ihre Finger mit goldenen Ringen geschmückt sein, obgleich doch der erste Hirte der Kirche dergleichen in seinem Brief verbietet, wenn er mahnend sagt: „Die Frauen sollen sich bescheiden benehmen und sich nicht mit gekräuseltem Haar, Gold, Perlen oder einem kostbaren Gewand zieren" (1 Tim 2,9). Außerdem – das erscheint uns nicht weniger wundersam als dies alles – würden nur Frauen aus angesehenem und adeligem Geschlecht in Eure Gemeinschaft aufgenommen, den Nichtadeligen und weniger Begüterten verwehrt Ihr weithin die Aufnahme bei Euch. Darüber sind wir sehr bestürzt und von der Ungewißheit großen Zweifels verunsichert, wenn wir schweigend im Geist erwägen, daß der Herr in der Urkirche bescheidene und arme Fischer erwählt hat, und der heilige Petrus damals den zum Glauben bekehrten Heidenvölkern gesagt hat: „Ich habe wirklich erfahren, daß bei Gott kein Ansehen der Person gilt" (Apg 10,34). Wir erinnern uns außerdem an die Worte des Apostels an die Korinther: „Nicht viele Mächtige, nicht viele Vornehme, sondern das Niedrige und Verächtliche dieser Welt hat Gott erwählt" (1 Kor 1,26–28). Alle Anweisungen der früheren Väter nämlich, von denen alle, die im geistlichen Stand leben, bestens unterrichtet sein sollen, haben wir – so gut wir können – genau durchforscht und nichts derartiges in ihnen gefunden.

Denn eine so große Neuerung in Eurer Lebensweise übersteigt unseren dürftigen Maßstab unvergleichlich weit und versetzt uns in nicht geringe Verwunderung. Daher empfinden wir so Kleine in der geschuldeten Liebe innige Mitfreude mit Euern Fortschritten. Dennoch möchten wir in dieser Angelegenheit etwas Genaueres von Euch erfahren. Wir haben beschlossen, Eurer Heiligkeit unser kleines Schreiben zu schicken und beschwören

111

Euch demütig und ergeben, Eure Würde möge es nicht verschmähen, uns bald mitzuteilen, welche Autorität diesen klösterlichen Brauch rechtfertigt. Lebt wohl und gedenkt unsrer in Euern Gebeten.

52R Hildegard an die Schwesterngemeinschaft (Andernach)

Der lebendige Quell spricht: Die Frau halte sich in ihrer Kammer verborgen und benehme sich sehr zurückhaltend, denn die Schlange hat ihr heftige Versuchungen zu entsetzlicher Ausschweifung eingeflüstert. Wieso? Die Gestalt der Frau blitzte und strahlte ursprünglich als sich die erste Wurzel bildete, in der jedes Geschöpf verborgen ruht. Auf welche Weise? In doppelter Hinsicht: Einerseits erfährt sie sich als Werk des Fingers Gottes, andererseits von himmlischer Schönheit.

O was für ein wunderbares Geschöpf <res> bist du! In der Sonne hast du ein Fundament gelegt und von dort die Welt besiegt. Daher der Ausspruch des Apostels Paulus, der in die höchsten Himmel schwebte und auf der Erde schwieg, so daß er das Verborgene nicht preisgab. Die Frau, die sich der Herrschaft ihres Gatten unterordnet und ihm durch die erste Rippe verbunden ist, muß große Ehrfurcht besitzen, so daß sie das herrliche, dem Mann gehörige Gefäß nicht unter einer ungehörigen Beziehung, die ihr nicht zukommt, darbieten oder enthüllen darf. So verhalten sie sich nach dem Wort, das der Herrscher der Erde – dem Teufel zum Hohn – gesprochen hat: „Was Gott verbunden hat, soll der Mensch nicht trennen" (Mt 19,6).

Höre: Die Erde bringt <sudat> das Grün des Grases hervor, bis der Winter sie überkommt. Und der Winter nimmt ihr die Schönheit ihrer Zierde und sie bedeckt die grünende Pracht und kann sich von nun an nicht mehr so darstellen, als ob sie niemals verwelkt wäre, weil der Winter sie hinweggerafft hat. Daher soll sich <auch> die Frau nicht wegen ihres Haares überheben und sich schmücken oder sich mit einem auffallenden Diadem und irgendeinem Goldschmuck hervortun, außer auf Wunsch des Mannes, um ihm im rechten Maß zu gefallen.

Das betrifft die Jungfrau nicht. Sie steht vielmehr in der Einfalt und Unversehrtheit des schönen Paradieses da, das niemals welk erscheinen wird, sondern immer in der vollen Grünkraft der Blüte am Reis bleibt. Der Jungfrau ist es nicht geboten, ihr üppiges Haar zu bedecken, sondern sie verhüllt sich freiwillig in größter Demut, weil der Mensch die Schönheit seiner Seele verbirgt, damit sie kein Habicht durch Hochmut raubt.

Die Jungfrauen sind im Heiligen Geist der Frömmigkeit und im Morgenrot der Jungfräulichkeit vermählt. Daher ziemt es sich für sie, wie ein Gott geweihtes Brandopfer vor den Hohenpriester zu treten. Deshalb steht es der Jungfrau um der Freiheit und der Offenbarung im mystischen Hauch des Fingers Gottes willen gut an, ein glänzendweißes Gewand anzulegen, als deutlichen Hinweis auf die Vermählung mit Christus. Sie soll erkennen, daß sich ihr Geist festigt, wenn er sich in die Unversehrtheit einfügt, und auch erwägen, wer der ist, dem sie vermählt ist, wie geschrieben steht: „Sie tragen seinen Namen und den Namen seines Vaters auf ihrer Stirn geschrieben" (Offb 14,1); und auch: „Sie folgen dem Lamm, wohin immer es geht" (Offb 14,4).

Gott kommt es zu, jede Person zu untersuchen und zu erforschen, so daß der geringere Stand sich nicht über den höheren erhebe, wie es der Satan und der erste Mensch taten, die höher fliegen wollten, als sie gestellt worden sind. Und welcher Mensch sammelt seine ganze Herde in einem einzigen Stall, nämlich Ochsen, Esel, Schafe, Böcke, ohne daß sie aneinandergeraten? Daher gebe es auch einen Unterschied, daß nicht verschiedene Menschen zu einer Herde vereint, durch stolze Überheblichkeit und durch entehrenden Unterschied auseinandergesprengt werden. Vor allem darf die sittliche Würde nicht zerbrochen werden, wenn sie sich gegenseitig in Haß zerfleischen, indem der höhere Stand über den niedrigeren herfällt, und der niedrigere sich über den höheren erhebt. Denn Gott beurteilt das Volk auf Erden wie auch im Himmel, d. h. wie Er auch Engel, Erzengel, Throne, Herrschaften, Cherubim und Seraphim unterscheidet. Sie alle werden von Gott geliebt und tragen doch nicht die gleichen Namen. Der Stolz liebt Fürsten und Adelige als erhabene Persönlichkeiten; andererseits haßt er sie, wenn sie ihn aus dem Wege räumen. Auch steht geschrieben: „Gott verwirft die Mächtigen nicht, weil Er selbst mächtig ist" (Ijob 36,5). Er liebt aber nicht die Personen, sondern die Werke, die an Ihm Geschmack finden, wie der Gottessohn sagt: „Meine Speise ist es, den Willen meines Vaters zu tun" (Joh 4,34). Wo Demut ist, da hält Christus immer Gastmahl

<epulat>. Und deshalb müssen die Menschen von Ihm unterschiedlich behandelt werden, die mehr eitle Ehre als Demut erstreben, wenn sie sehen, was höher als sie steht. Auch muß man „ein räudiges Schaf beseitigen, damit nicht die ganze Herde angesteckt wird" (vgl. RB 28,8).

Gott flößt den Menschen die rechte Einsicht ein, damit ihr Name nicht ausgetilgt werde. Es ist nämlich gut, wenn der Mensch keinen Berg in Angriff nimmt, den er nicht von der Stelle bewegen kann, sondern im Tal verweilt und allmählich lernt, was er begreifen kann.

Dies ist vom Lebendigen Licht gesprochen und nicht von einem Menschen. Wer hört, sehe, und glaube, woher es stammt.

53 Der Kanoniker Ulrich an Hildegard (Augsburg)

Der Herrin Hildegard, ganz erfüllt von Frömmigkeit, Weisheit, Zucht und guten Sitten, kurz gesagt, von jeder Tugend des inneren und äußeren <utriusque> Menschen, <wünscht> jener in allen Dingen Ihrige U<lrich>, sie möge zur sechsten Stunde mit Martha arbeiten, zur siebten erquickt werden und zur achten sich mit Maria freuen.

Wie ich mich so lange dem Anblick und dem Gespräch mit Eurer Liebenswürdigkeit, die mir angenehmer als aller Honiggeschmack ist, geliebte Herrin, entziehen und es aufschieben konnte, Euch wenigstens mit kleinen Briefen aufzusuchen, darüber kann ich mich nicht genug wundern und schreibe es ganz der Trägheit meiner Wenigkeit zu. Auch fürchte ich sehr, Eure Güte durch meine derartige Plumpheit beleidigt zu haben, was ferne sei; und mit Recht, denn Ihr habt den, der Euch vorher weder durch die Stimme, noch der Gestalt, dem Gesicht oder dem Ruf nach bekannt war, beim ersten Kommen – was in der Tat sehr schwierig ist – aus Gefälligkeit ganz gütig empfangen, und habt Euch gewürdigt, ihn gleich – das schätze ich hoch ein – durch eine mit Euch gewährte Unterredung zu erquicken.

Da es mir wirklich leid tut, werdet Ihr es verzeihen. Mein Geist war nämlich stets <numquam non> bereit, doch die Gelegenheit fehlte. Ich

verspreche daher, wenn ich wirklich etwas versprechen kann, mich schleunigst zu bessern, wenn Gott mir die Möglichkeit schenkt. Inzwischen aber
geruht, in Euern Gebeten vor Gott meiner, eines so erbarmungswürdigen
Sünders, eingedenk zu sein.

53R Hildegard an den Kanoniker Ulrich <Augsburg>

Der das Leben ist, hielt mir folgende Worte entgegen und sprach zu mir:
Mensch, du gleichst einem Gewässer, das vom Sturm aufgewühlt wird und
danach wieder ruhig bleibt. Der Sieg spricht zu dir: Ich würde gern in dich
eingehen, doch du schlägst mich, wenn du das Angesicht deines Herzens
verbirgst, so daß du unschlüssig bist und keine zuverlässigen Flügel besitzt; daher befindest du dich nicht in der Umarmung der Weltverachtung.
  O Krieger, schnell wird dir die Auferstehung zufallen, wenn du den
Aschenstaub von dir abschüttelst und sagst: Kann ich nicht in der Sonne
stehen, will ich mich doch wenigstens vom schmutzigen Staub befreien
und mein Gewand nach dem unbeständigen Lebenswandel dieser Welt abwaschen. Dann wird dir die Taube Salbe spenden und deine Wunde reinigen. Erhebe dich jetzt und lebe in Ewigkeit.

54 Hildegard an Propst Andreas (Averbode)

Das geheime Licht spricht: Du bist gleichsam vom Sturm eingeschüchtert
und schlummerst unter dem Baum der Grünkraft deines Geistes. Doch ein
Mensch, der im Innern seines Herzens Grünkraft besitzt, baut in der Höhe
an einer Mauer. Ein Hirt aber, der eine Herde weidet und innerlich über
keine Hilfe für die Nöte seiner Herde verfügt, sondern ermattet flieht, dem

wird die Hirtensorge nichts nützen. Er verhält sich daher einem Schaf gleich und nicht wie ein Hirte.

Du, Mensch, bist wie ein im Wasser Treibender, der sich kaum vor dem Versinken rettet. Du schaust ja überall auf Klugheit, doch trotzdem fehlt es dir an Kräften, nicht aber am Willen. Daher erreicht dich auch der Strahl der Gnade Gottes.

55 Der Abt an Hildegard (Averbode)

Der mit heiligen Tugenden bekränzten, berühmten Magd Christi von Bingen, Hildegard, <wünscht> N., der unbedeutende und unwürdige Vorsteher der Brüder von Averbode, sie möge für den Eifer im guten Vorsatz mit dem täglichen Denar des Evangeliums belohnt werden.

Ich höre nicht auf, Gott unendlich zu danken, der Eure erhabene Person wie eine brennende und strahlende Lampe nicht mit einem Scheffel bedeckt, sondern auf einen Leuchter gestellt hat und nicht davon abließ, Eure ehrwürdige Heiligkeit mit himmlischer Heimsuchung und der Gnade des Heiligen Geistes zu schützen und zu trösten. Er sprengte auch den Ruhm Eures guten Rufes nicht nur im deutschen Gebiet, sondern auch in unserer und in anderen Gegenden der Welt weit und breit wie seinen Wohlgeruch aus. So könnt Ihr mit Recht mit dem Apostel sagen: „Wir sind allerorts Christi Wohlgeruch für Gott" (2 Kor 2,15). Auch wir gratulieren zu solch einem hohen Gipfel Eurer Frömmigkeit und fühlen uns gedrängt, zu sagen: „Wie schön bist du, Fürstentochter voller Wonne! Wir wollen frohlocken und uns über dich freuen, mehr als des Weines deiner <Mutter>brust eingedenk" (Hld 7,6; 7,1; 1,3). Darin zeigen wir uns schwach und wollen es nicht wahrhaben. Manche Starke und Kräftige aber genießen gemäß der Euch von Gott verliehenen Weisheit eine feste Nahrung und können untadelig sagen: „Deine Lippen träufeln beste Myrrhe" (Hld 5,13) und: „Eine träufelnde Honigwabe sind deine Lippen" (Hld 4,11), o von Gott geliebte Braut. Als auf dem Berg liegende Stadt könnt Ihr nicht verborgen bleiben, weil Gott Euch als unbewegliche, unerschütterliche Säule inmitten der Kirche aufgestellt hat, damit sein durch den Preis seines Blutes erlöstes Volk unter den Mühsalen und Gefahren dieser Welt durch

Euch lerne, was es erstreben, und wovor es sich hüten muß. Vom Beispiel Eurer Tugenden belehrt, soll es von Tag zu Tag fortschreiten und von Tugend zu Tugend ohne Säumen <non segniter> aufsteigen, um den höchsten Gott <Deum deorum> in Sion schauen zu können.

Im Vertrauen auf den Schutzmantel Eurer Fürbitte werde mir wenigstens geschenkt, der ersten Strafe entgangen zu sein, wenn ich auch nicht würdig bin, die Krone der Mühen zu empfangen. Ich empfehle mich also inständig Euern Bitten, weil ich die Güte Gottes oft durch große Sünden beleidigt habe. Lebewohl, geliebte Herrin, und flehe für mich Unwürdigen den Herrn an. Sende mir einen Gruß mit dir von Gott geschenkten Worten.

55R Hildegard an den Abt (Averbode)

Die Wurfgeschosse, die aus Unglauben und der Beleidigung mit bösen Worten stammen, gleichen einem gefährlichen Sturm, der plötzlich im Herzen des Menschen entsteht. Und hierbei findet der Ansturm des ersten Engels statt, mit dem er Gott verachtete. Oft sehe ich aber an einem glücklichen Menschen, den Gott sehr liebt, daß ihm diese Qualen entgegentreten, weil der Feind sein Glück erkennt und ihn mit diesem Ansturm überwältigen will, damit er mit ihm falle. Doch er vermag nicht, ihn dem Schoß Gottes zu entreißen. Dennoch begegnen ihm von den Elementen zugefügte Angst und Not, jedoch in gemäßigter Form, weil Gott ihn behütet. Wie aber die Kirche die Wiedergeburt eines neuen Sprößlings im Blut Christi empfangen hat, so war es nötig und geziemend, die Gabe des Heiligen Geistes, nämlich das Wasser, mit dem Blut Christi zu verbinden, weil im Blut jedes Menschen auch Verwesung steckt.

56 Hildegard an den Abt
(Bamberg, St. Michael)

Zu feuriger Ermahnung ist bestimmt, was dein Volk mit lebhafter Stimme zu hören bekommen soll. Es wird vom Stein aus dem Wildbach in der Verborgenheit der Geheimnisse Gottes geschöpft. Doch dich sehe ich in deinem Streben manchmal wie rötlich schimmerndes Morgenrot, das jedoch zuweilen Mühsal und Bedrängnis mit sich selbst und anderen hat. So bist du davon derart mitgenommen, als ob du nicht wüßtest, was du tun kannst.

Nun aber höre, wie dich der edle Hausvater ermahnt: Wache eifrig und erhebe dich im Licht, damit du am Tage seinen Stab ehrenwert trägst. Denn wenn der äußere Mensch unter der Geißel Gottes manchmal ermattet, erhebt sich der innere um so stärker aus der gewaltigen Kraft, die dich im kreisenden Rad seiner Gnade erhalten will.

57 Hildegard an den Abt
(Bamberg, St. Michael)

Im hellen Licht hörte ich folgende Worte: Weisheit und Unterscheidung sprachen zueinander: Wen sollen wir uns als Helferin suchen? – Und sie antworteten einander: Die Maßhaltung. Doch auch die Barmherzigkeit wird den Menschen mit unserer Unterstützung das Heil verkünden. – Und so ließen sie sich nieder. Dann sprach die Weisheit: Was sollen wir tun, da unter den Menschenkindern Kriege über Kriege geführt werden? – Und die Unterscheidung erwiderte: Wenn sich die Menschenkinder auf den Straßen entgegentreten, so daß sie sich töten wollen, dann blende ihre Augen mit der Sonne, und ich mit einer Wolke. Und wir wollen ihnen erklären, daß Gott sie in engelgleicher Lebensweise erschaffen hat, und ferner nach seinem Ebenbild <post se> leiblich. Warum nur sollten sie ihre

Seelen erwürgen, wenn sie so großen Wert besitzen? Und gib du ihnen einen Schild von der Sonne, und ich eiserne Armspangen und andere Waffenrüstung von der Wolke, von solchem Gewicht, daß sie sich nicht mehr rühren können. – Dann sprach auch die Maßhaltung: Und ich will vor ihnen auf dem Weg ein Netz ausspannen! Wollen sie unrechte Wege gehen, werden sie vom Netz daran gehindert und vermögen es nicht. – Doch die Barmherzigkeit sagte: Ich will verkünden, daß die Weisheit Himmel und Erde erschaffen hat, und daß die Unterscheidung zum schönen Anblick alles Sichtbaren und Erkennbaren alles gut verteilt, und die Maßhaltung Süßes und Herbes in eine gute Speise verwandelt hat, so daß man es essen und schlucken kann. Ich besitze aber auch ein gewandtes Schwert, mit dem ich alles Rauhe, mit dem sich die Menschen verletzen, entferne, und alles Hügelige, das sie nicht übersteigen können, so ebne, daß Kleine und Große, Starke und Schwache es zu durchschreiten und zu ertragen vermögen.

Nun, o du liebender und besorgter Vater, verstehe diese dir genannten Beweggründe und zeige deinen Söhnen eifrig die himmlischen Urteile und Rechtfertigungen Gottes in Barmherzigkeit und großer <Gottes>furcht. Haben sie selbst die Kämpfe der Missetaten begonnen und wollen sie sie auf den Straßen ihres Eigenwillens austragen, dann blende die Augen ihrer Absicht mit der Sonne der Gerechtigkeit und verdunkle sie mit der Wolke der Zucht, auch wenn sie sich wegen der Schwere ihrer Sünden kaum helfen können. Doch auch das Netz der Zurechtweisung breite vor ihnen aus und zwinge sie, den rechten Weg einzuschlagen. Denn Gott hat Himmel und Erde in großer Herrlichkeit erstellt und Angenehmes und Hartes so gemischt, daß sie es ertragen können. Ahme auch die Barmherzigkeit nach, die alles so ebnet, daß es überwunden werden kann. Doch unterscheide auch die Lebensalter und beachte die zarte Konstitution deiner Söhne nach dem Wort Gottes, wenn Er sagt: „Barmherzigkeit will ich, und nicht Opfer" (Mt 9,13; 12,7), wie auch der Apostel sagt: „Sie brauchen Milch, und nicht feste Speise" (Hebr 5,12). Salbe sie auch mit Öl, damit sie nicht aus Verbitterung ermatten und aus Unwissenheit irren.

Nun also, o teurer Sohn Gottes, sorge dafür, daß dein Tempel von Wohlwollen leuchte, damit dein Geist sich nicht wechselhaft wie die Wolken gleichsam in rastlosen Kämpfen ergeht, sondern verankere dein Herz im reinsten Quell und umfange Ihn mit zarter Liebe.

58 Hildegard an Prior Dimon (Bamberg, St. Michael)

In einer wahren Schau sah und hörte ich folgende Worte: Das Leben schaut und überwindet den Tod wie der kleine Knabe David Goliath besiegte. Und einen Berg erblickt man in der Höhe, und das Tal liegt da und läßt mitunter in seiner Grünkraft Blumen sprießen. Doch bringt es viel mehr Unkraut, Dornen und Disteln hervor.

Nun, du Mensch, verstehe! In einem Haus saßen zwei Männer; einer davon war Soldat, der andere Sklave. Zu diesem Haus kamen zwei schöne, verständige Mädchen, klopften an die Tür und sagten zu diesen Männern: Wir hörten in fernen Gegenden ein ungutes Gerücht über euch, nämlich, daß ihr den König über vieles ausgefragt und gegen ihn geredet habt. Und der König sagte von euch: Wer sind diese Lumpen <squalidi> da? Und wer bin ich? – Hört nun also unsern Rat, der euch zum Sieg verhilft. Ich, die Demut, habe in der Menschwerdung des Gottessohnes das Leben geschaut und den Tod zertreten. Die Werke des Gehorsams aber sind der Berg, das Wohlwollen ist das Tal mit den Blumen; oft überwuchern es viele anstürmende Laster mit Disteln und Dornen. Und im Haus deines Herzens, o Mensch, sitzen ein Soldat – der Gehorsam – und ein Sklave – der Stolz – und an die Tür deines Herzens klopfen Liebe und Gehorsam, so daß du nicht ganz tust, was dir an Bösem möglich ist.

Jetzt aber entscheide dich für den Sieg des Soldaten über den Sklaven, damit die Schönheit des Gehorsams nicht unter die Füße des Sklaven gerät, weil der Stolz sagt: Es ist unmöglich, die Fesseln zu zerreißen, mit denen ich die Menschen binde. – Erwidere ihm im Hören auf die Liebe, die zu dir spricht: Ich thronte unversehrt im Himmel und küßte die Erde. Und der Stolz verschwor sich gegen mich und wollte über die Gestirne hinausfliegen. Doch ich schleuderte ihn in den Abgrund. Nun aber zertritt mit mir den Sklaven und stehe fest in mir, der Liebe, o Sohn! Halte die Demut als Herrin umfangen, und du wirst niemals zuschanden werden noch „des Todes sterben" (Gen 2,17).

59 Hildegard an den Mönchskonvent (Bamberg, St. Michael)

Im klaren Quell schaute ich und hörte folgende Worte: Ein Mann kam in seinen Garten, um zu sehen, ob die Blumen dort blühten und Kräuter da wuchsen. Und er sprach: „Ich stieg in den Nußgarten hinunter, um nach den Obstbäumen in den Tälern zu sehen und zu schauen, ob die Weinberge geblüht und die Granatäpfelbäume Sprossen getrieben hätten" (Hld 6,10). „Kehre um, kehre um, Sulamit, kehre um, kehre um, damit wir dich anschauen" (Hld 6,12)!

Das bedeutet: Der Sohn Gottes stieg aus dem Herzen des Vaters herab, und in der Bitternis der menschlichen Natur zog Er Fleisch an. Und in dieser Bitterkeit ertrug Er ohne Sünde viele Schmerzen; und so schaute Er die Obstbäume in den Tälern an, als die Weissagung an Ihm in Erfüllung ging. Danach fiel Tau vom Himmel und die Apostel sprossen auf, als sie das Gebot Gottes hörten und erfüllten, wie es heißt: Geht in die ganze Welt und predigt. Und da schaute Er, ob die Weinberge geblüht hätten. Dann beschien auch die glühende Sonne einige, die aus Liebe zu Gott ihr Blut vergossen, so daß sie Märtyrer wurden. So sproßten unter ihnen Granatäpfel. Und auf diese Weise bekehrten sie sich zu einem anderen Leben, als sie es vom ersten Adam empfingen, und es erschien ein anderes, neues Menschengeschlecht, das es vor der Geburt dieses Menschen nicht gab, als dem Menschengeschlecht gesagt wurde: „Kehre um, kehre um, Sulamit" (Hld 6,12)! Und so entstand in der Kirche gleichsam in himmlischer Harmonie aller Schmuck, nämlich die Heerscharen der Engel, als wieder gesagt wurde: „Kehr um, kehr um, wir möchten dich anschauen" (Hld 6,12)! Denn alle himmlischen Tugendkräfte bewunderten das Angesicht der Kirche, die in der Jungfräulichkeit deutlich sah, in den Zöllnern und Sündern scharf hörte und in wahrer Witwenschaft gesprochen hat. Auf welche Weise? Als Gott geboren wurde, öffneten sich die Augen der Kirche in der jungfräulichen Natur, beim Anruf der Sünder und Büßer hörte sie mit scharfem Ohr hin, und in wahrer Witwenschaft rief sie laut die Worte, wie sie geschrieben stehen: „Viele Wasser konnten die Liebe nicht löschen, noch Ströme sie überfluten" (Hld 8,7), weil die jungfräulichen Blüten den

Kreis des brennenden Rades in der fleischlichen Veranlagung verlassen haben, indem sie nach dem Beispiel des Lammes in der Jungfräulichkeit wandelten und die Pracht, den Reichtum und die irdischen Interessen dieser Welt hinter sich ließen. Und alle diese Dinge <genera> konnten wie die Arten der vielen Wasser die Liebe in ihnen nicht löschen. Deshalb steht auch geschrieben: „Und dein Herz wird sich weiten, wenn der Reichtum des Meeres dir zufällt und die Schätze der Völker zu dir kommen. Zahllose Kamele werden dich bedecken, Dromedare von Midian und Efa" (Jes 60,5–6).

O Jerusalem, es wird eine große Erweiterung in deinem Herzen stattfinden wegen der zahllosen Kostbarkeiten, wenn sich die so starke Kraft unter der Sonne der Jungfräulichkeit in dir ausbreitet, wie das Meer die anderen Gewässer übertrifft, und wenn das gewöhnliche Volk – mit großen Vergehen und Übertretungen, der Ausgelassenheit und den Fehltritten nach Art <junger> Dromedare wie ein Kamel belastet – in wahrer Trennung durch das Schwert des Wortes Gottes die Welt verläßt.

Nun hört also und versteht, o vielgeliebte Söhne Jerusalems, die ihr unter dieser Berufung lebt und wie Tauben in den Mauerhöhlen sitzt, mit dem Gewand Christi bekleidet. Als Er die Menschheit anlegte, nahm Er an, was Er vorher nicht besaß und blieb doch in der Gottheit. Wandelt nach seinem Vorbild. Er sprach: „Nicht wie ich will, sondern wie du willst, Vater" (Mt 26,39) . So tragt ihr die goldene Fessel des Gehorsams. Seid jetzt also seine Nachahmer im Abbild des Meisters. Denn wie ein Mensch im Spiegel sein Antlitz sieht, so schaut ihr in euerm Meister das Angesicht Gottes. Lobt ihn und sagt: Herr und Meister, dem Beispiel, das du uns gegeben hast, wollen wir folgen.

Seht ihr etwa nicht und denkt ihr nicht an den gefallenen Engel, der seinem Meister seine Ehre nicht zugestehen wollte, sondern sich über Ihn erhob? Doch die Hand des Meisters schleuderte ihn in den Abgrund. Hütet euch also jetzt, von der gleichen Strafe betroffen zu werden, wenn ihr nicht richtig hinseht und ungerecht über euern Meister urteilt. Wenn euch aber euer Meister in Erregung Rutenschläge androht, erniedrigt euch vor ihm und sagt zu ihm in demütiger Ergebung: Vater, Vater, das können wir nicht ertragen; deshalb bitten wir, uns zu verschonen. – Und dann sucht sogleich mit gesenktem Haupt in Demut den Rat anderer Meister. Das tut aber sehr vornehm und selbstbeherrscht, damit ihr nicht vor dem höchsten Meister angeklagt werdet.

O geliebte Söhne, seht nun, wie eifrig ihr anfänglich wart, als ihr eingepflanzt wurdet, und hütet euch, einander zu verführen. Gott aber rechne euch der goldenen Zahl zu, und die glühende Sonne des Heiligen Geistes pflanze euch in allen Tugenden <bona> ein.

60 Der Abt an Hildegard (Bamberg, St. Michael)

Der Braut des höchsten Königs und Meisterin der Schwestern von St. Rupert, Frau Hildegard, <entbietet> B., unverdienterweise Abt von St. Michael in Bamberg, was er an Gebet und Ergebenheit nur immer vermag.

Wir hören, daß Ihr von Liebe zu dem, der uns durch sein eigenes Blut erlöst hat, glüht. Wir flehen Ihn auch auf unsere bescheidene Weise inständig an, daß Er die Euch gewährten Gaben für immer bewahre. Mit großem Herzensverlangen aber sehnen wir uns nach Eurer Anwesenheit. Bisher konnten wir das jedoch – von Sündenfesseln behindert – nicht erlangen. Durch den also, den Ihr liebt, bitten wir Eure Milde dringlichst, das Erbarmen des Herrn für mich zu erflehen, damit Er seine Geißel der Barmherzigkeit, mit der Er mich berührt hat und täglich berührt, gnädig so mäßigt, daß ich verdiene, hier das Heil und künftig Erbarmen und Gnade zu finden.

Wenn sich – wie ich hoffe – die göttliche Vorherbestimmung demnächst herabgelassen hat, mich aus dieser Finsternis abzuberufen, möchte ich, daß meine Seele Euern Händen und Fürbitten anvertraut werde. Schickt uns aber durch den anwesenden Boten ein Trostschreiben von Euch.

61 Die Äbtissin an Hildegard (Bamberg, St. Theodor und St. Maria)

Der liebenswerten Herrin und Mutter Hildegard, verehrungswürdig durch Heiligkeit und Ansehen, <entbietet> L., des Namens einer Äbtissin von Bamberg allerdings unwürdig, mit allen ihr von Gott Anvertrauten, was das treuergebene und wiederholte Gebet der Geringen vermag.

Wir freuen uns mit Eurer Seligkeit in Christus – soweit wir auf unsere Weise dazu imstande sind – daß der Herr, der Euch im voraus kannte und für sich erwählte, Euch in unserer Zeit mit dem Geist der Prophetie erleuchtet und erfüllt hat. Uns hat Christus also besonders damit beglückt, daß Er Euch nicht nur dazu aus dem Frauengeschlecht vorgesehen und bestimmt hat; Er erleuchtete vielmehr viele mit seiner Gnade durch Unterweisung. Darum bringen wir Ihm für Euch den allergrößten Dank dar und flehen mit demütiger Bitte, daß Er gütig vollende, was Er in Euch begonnern hat, bis Er es in die Ewigkeit überführt.

Wir bitten daher inständig, Ihr möchtet geruhen, uns in die Gemeinschaft Eurer Schwestern aufzunehmen, Euerm heiligen Konvent angelegentlich zu empfehlen und mit Euern brieflichen Mahnungen zu bestärken. Eure Liebe lebe wohl.

61R Hildegard an die Äbtissin (Bamberg, St. Theodor und St. Maria)

O Mutter! Ein Mann, der einen im Vollertrag stehenden Acker besitzt und ihn nicht umgräbt und nutzt, verfehlt sich, weil er nicht für den Gewinn des Hausvaters arbeitet. Wer hat denn Ochs und Esel erschaffen? Gott schuf sie nämlich zum Dienst des Menschen. Warum aber arbeitet der Mensch nicht zum eigenen Nutzen, da er ganz das Werk Gottes ist, und Gott ihn nicht vergebens erschaffen hat? Denn Gott hat den Menschen dem Firmament ähnlich gemacht, das Sonne, Mond und Sterne trägt, damit sie der ganzen Schöpfung leuchten und die Zeitabschnitte anzeigen. Würde das alles aber eine schwarze Wolke bedecken, würde die Kreatur ihr Ende befürchten.

Du, Tochter Gottes, erkenne, daß du dieser Acker bist. Denn wegen deiner Güte hat dich das Volk ins Herz geschlossen, so daß es deine Worte und Handlungen begreifen kann. Darum fliehe nicht vor der Mühe mit ihm und verfehle dich nicht wegen eitlen Müßiggangs, denn oft wächst während des Müßigseins Unkraut. Halte dir auch den Hinweis auf das Firmament vor Augen, damit du das Licht der Vernunft nicht wegen der schwarzen Bosheit verbirgst, wenn der Teufel dich täuscht, als ob du kaum noch am Leben seist. Unter allen Umständen halte deine Töchter in strenger Zucht. Wie nämlich ein Knabe Angst vor Rutenstreichen hat, so müssen sich auch alle vor dem Lehrer fürchten. Habe keine Angst, wenn du davon heimgesucht wirst, sondern mehre dadurch deinen Lohn im ewigen Leben, so daß sich in dir das Wehen des Heiligen Geistes ausbreitet.

62 Die Nonne Gertrud an Hildegard (Bamberg, St. Theodor und St. Maria)

Ihrer so gewinnenden Mutter in Christus, Hildegard, <wünscht> ihre bekannte und wirklich ganz ihre <tota sua> G<ertrud>, „was kein Auge gesehen und kein Ohr gehört hat, noch in ein Menschenherz gedrungen ist" (1 Kor 2,9).

Was ich einer so einzigartig gleichsam in Christus vielgeliebten Mutter schreiben oder sagen soll, weiß ich überhaupt nicht, weil die Kraft der Liebe selbst mir alle Redefertigkeit geraubt hat. Ja sogar auch der Wein der Trauer, mit dem mich deine gottgewollte <divina> Abwesenheit berauscht hat, schmetterte mich derart nieder, daß er in mir nicht nur Abneigung gegen das Sprechen, sondern auch vor dem <Weiter>leben erzeugte. Ich würde es nämlich als besser für mich erachten, dich niemals gesehen zu haben und dich nie mir gegenüber so gütig und mütterlichen Herzens erfahren zu haben, als dich – durch so eine große örtliche Entfernung getrennt – unaufhörlich wie eine Verlorene zu betrauern.

Ich hoffe jedoch in meinem Gott – in meinem deshalb, weil ich nichts Teureres besitze als Ihn – Er möge niemals zulassen, daß ich die niedrige Bestimmung dieses Leibes aufgebe, bevor Er mich mit deinem lieblichen Anblick und mit süßer Unterhaltung mit dir erfreut hat. Kommt es aber infolge meiner Sünden nicht dazu, wird Er trotzdem – wie ich es seiner Güte zutraue – meine Hoffnung nicht enttäuschen und mir gewähren, dich dort zu sehen, wo wir niemals seine Anschauung entbehren.

Wozu noch mehr? Ich bitte dich also, erlesene Mutter, den für mich anzuflehen, in dessen Umarmungen du dich ständig befindest und unter dessen Schatten du wie ein junges Maultier zum Schutz vor Versuchungen und Verfehlungen ruhst, daß Er sich mir, da ich noch umherirre und Ihn suche, – doch ach! – keineswegs finde – deutlich zum Finden zeige. Und Er lasse mich irgendeinmal unter dem Schatten dessen, nach dem ich verlange, sitzen. Lebewohl!

62R Hildegard an die Nonne Gertrud (Bamberg, St. Theodor und St. Maria)

O Tochter Gottes, in reiner Glaubenserkenntnis höre auf die zu dir gesprochenen Worte: „Die Stimme der Turteltaube ließ sich in unserm Land hören" (Hld 2,12). Das gilt vom Sohn Gottes, der gegen das Naturgesetz aus dem unberührten Land des Fleisches der Jungfrau Maria geboren wurde. Die Blüten aller Tugenden und Schmuck in allen Farben kamen zum Vorschein, die in sich den süßen Duft der Tugenden trugen. Der Garten dieser Tugenden erstand nämlich im Verlorenen Sohn, der – in sich gegangen – mit dem Bekenntnis seiner Sünden zu seinem Vater, nämlich zum allmächtigen Gott eilte. Dieser nahm ihn mit dem Kuß der Menschheit seines Sohnes auf.

Und dann vernimmt man die Stimme der Turteltaube, wenn wir aus Liebe zu Gott die Welt mit unserm Willen verlassen, wie auch die Turteltaube – im Unterschied zu den übrigen Vögeln – allein bleibt, wenn sie ihren Gefährten verloren hat. So hast auch du, geliebte Tochter, gehandelt, als du den Prunk dieser Welt verlassen hast. O wie schön waren deine Sandalen, Königstochter, als du aus Liebe zu Gott den engen und schmalen Weg des geistlichen Lebens angetreten hast. Freue dich deshalb, o Tochter Sion, denn inmitten deines Herzens wohnt der Heilige Geist! Erwäge also, daß dein Tröster dich „wie eine Lilie unter Dornen" (Hld 2,2) gesetzt hat, als du im Besitz von Pracht und Reichtum dieser Welt, die der Gottessohn Dornen nannte, das geistliche Leben erwählt hast. Wie eine Rose von Jericho schimmertest du auch rötlich in den Leiden deiner Bekehrung.

Jetzt aber freue ich mich über dich, weil in dir vollendet ist, was ich von dir hörte und ersehnte; und du freue dich mit mir. Ich hege aber den aufrichtigen Wunsch, daß du eine mit kostbaren Edelsteinen und Perlen geschmückte Mauer vor dem Angesicht Gottes wirst, und in den Lobgesang aller himmlischen Heerscharen einstimmst. „Freue dich also und frohlocke" (Klgl 4,21) in deinem Gott, denn du wirst in Ewigkeit leben.

63 Hildegard an die Schwesterngemeinschaft (Bamberg, St. Theodor und St. Maria)

Gutes, Böses und auch Widerspruch befinden sich im Vorherwissen Gottes. Gott hat das Gute vollbracht, das Böse vernichtet und den Widerspruch getadelt. Bei euch aber finde sich der gute Anteil an der Glückseligkeit, die Gott besitzt, weil ihr den weltlichen Pomp mit Füßen getreten habt. Deshalb gebt auch die schlimme Gottvergessenheit auf. Vielmehr herrsche bei euch ständig jener Sommer, der Rosen, Lilien und verschiedene Gewürzpflanzen des Heiligen Geistes aufgehen läßt, so daß kein Unkraut unter euch wächst wie wüste Sitten, die zu Stolz und Eitelkeit neigen.

Und nun bleibt in jener Umarmung, die von Tugend zu Tugend fortschreitet, so daß euch der Bräutigam mit Freuden aufnimmt, wenn ihr an seine Tür klopft.

64 Hildegard an die Äbtissin Richardis (Bassum)

Tochter, höre mich, deine Mutter, die zu dir im Geiste spricht: Schmerz steigt auf. Der Schmerz tötet das große Zutrauen und den Trost, den ich an einem Menschen besaß. – Von nun an will ich sagen: „Besser ist es, auf den Herrn zu hoffen, als auf Fürsten Hoffnung zu setzen" (Ps 117,9). Das heißt, der Mensch soll auf den erhabenen Lebendigen blicken, ohne irgendwelche Überschattung der Liebe und des gebrechlichen Vertrauens, das die nebelhafte Feuchtigkeit der Erde für kurze Zeit hat. Ein Mensch, der so auf Gott schaut, heftet sein Auge wie der Adler auf die Sonne. Und darum soll der Mensch sich nicht nach einer hochgestellten Persönlichkeit richten, die vergeht wie eine Blüte abfällt. Das habe ich aus Liebe zu einem edlen Menschen außer acht gelassen.

Nun sage ich dir: Sooft ich auf diese Weise sündigte, wies mich Gott durch irgendwelche Ängste oder Schmerzen auf diese Sünde hin. So geschah es, wie du selbst weißt, auch jetzt um deinetwillen.

Und nochmals sage ich: Weh mir Mutter, weh mir! Warum hast du, Tochter, mich wie eine Waise zurückgelassen? Ich habe den Adel deiner Sitten, die Weisheit und Keuschheit, deine Seele und dein ganzes Leben geliebt, so daß viele sagten: Was tust du?

Nun sollen alle mit mir klagen, die Schmerz erleiden, der meinem Schmerz gleicht, die aus Gottesliebe solche Liebe im Herzen und in ihrem Gemüt zu einem Menschen trugen, wie ich sie dir gegenüber hegte. Er wurde ihnen in einem Augenblick entrissen, wie auch du mir abwendig gemacht wurdest. Doch der Engel Gottes gehe dir voran, es beschütze dich der Sohn Gottes, und seine Mutter behüte dich. Gedenke deiner unglücklichen Mutter Hildegard, damit dein Glück nicht versiege.

65 Hildegard an einen Mönch (Bischofsberg)

Der Geheimnisse kennt, spricht: Dein Geist gleicht durch die Unruhe deines Herzens einem Windhauch, wie wenn einmal die Sonne scheint und einmal ein Unwetter aufzieht. Doch gebe es in dir keinen Raub am Brandopfer, weil Gott es dir schenken wird, wenn Er will. Hüte dich aber, vor der Gnade Gottes die Flucht zu ergreifen, denn sie will dich nicht verloren geben.

66 Der Propst an Hildegard (Bonn)

Hildegard, der Braut Christi und äußerst erfahrenen Meisterin der Schwestern von St. Rupert in Bingen, <entbietet> H., der unwürdige Propst von Bonn, in aller Ergebenheit seine Unterwürfigkeit.

Wenn der allein mächtige, allein gute, allein gütige, allein barmherzige Herr geruht, der Stimme irgendeines Sünders – wie ich fest glaube – das Ohr seiner Majestät zu neigen, so klopft das unaufhörliche Rufen meines Herzens und Mundes für Euch an. Ich rufe nämlich Gott, der alle Geheimnisse kennt, als Zeugen an: Sobald ich durch ein übermitteltes Gerücht von Eurer Güte erfuhr, die ich später an Euch selbst erprobt habe, neigte ich mich ganz Eurer Liebe zu. Ich beschloß auch, Euch an allem, was ich von da an bis jetzt an Gutem gesagt oder getan habe, teilnehmen zu lassen, wenn Ihr es gestattet. Dasselbe erhoffe ich daher von Euch und verlange es gleichsam gewissermaßen als Verpflichtung, mehr aber um der Liebe Gottes und Eurer Güte willen.

Schließlich könnten weder Feuer noch Eisen, Wasser oder das Vorhandensein irgendeiner anderen Furcht oder Gefahr, ja nicht einmal der Tod selbst, die reine Liebe meiner Seele zu Euch mit etwas bedrohen oder irgendwie zurückdrängen. Lebt wohl!

66R Hildegard an den Propst (Bonn)

O Mensch, der du die Welt liebst und nach ihr verlangst, du gleichst in der Beherrschung deines Temperaments einer Witterung, die selten heiter <pura> und auch nicht sehr gefährlich ist.

Das verhält sich folgendermaßen: Du bist oft bei deinen Beziehungen der Tröstung abgeneigt, und zuweilen bedrückt dich Überdruß und Traurigkeit und manchmal Zweifel in all deinen Situationen. Erhebe dich deshalb, rufe den Gott Israels an und sprich: „Prüfe mich, Herr, und stelle mich auf die Probe, durchglühe meine Nieren und mein Herz" (Ps 26,2). Das heißt: Prüfe mich, Herr, durch Glauben und Hoffnung, damit mir der Glaube ein Auge zum Sehen sei und die Hoffnung ein Spiegel des Lebens. Stelle mich wie Abraham auf die Probe bezüglich eines uneigennützigen Gehorsams, damit ich gegen meinen Willen handle, so daß ich meinen Willen um deinetwillen aufgebe und in deine Gebote eindringe, um dein lieber Freund zu werden. Und dadurch durchglühe meine Nieren, die von den Sünden, in denen ich empfangen wurde, überquellen. Bewirke, daß sie mich nicht verführen, weil ich gegen mich handle, sondern, daß ich immer im Feuer des Heiligen Geistes brenne und von Tat zu Tag deine Gerechtigkeit ersehne, um von Tugend zu Tugend aufzusteigen.

Doch dabei gleicht dein Geist, o Mensch, einer Wolke, die keinen Hagel und Regen bringt, sondern von der Sonne zerteilt wird. Denn weil du vor leichtfertigen Worten und Sitten sicher bist, hast du keine Wolke mit Hagel wie Zorn, und keinen Streit wie Regen. Vielmehr hinkst du mit guten Werken hinter der Sehnsucht nach dem Himmlischen her. Und wegen dieser deiner Sehnsucht reinige dich gottesfürchtig durch ein gutes Werk, küsse auf diese Weise Gott und sprich: „Neige, Herr, dein Ohr und erhöre mich, denn ich bin ohnmächtig und arm" (Ps 86,1). Wenn du nämlich gute Werke tust, indem du Gott mit einem Kuß der Liebe berührst, wird Er sogleich sein Ohr deinem Verlangen und Gebet neigen und es erfüllen. So tönt auch das Wort durch das Gehör, denn du bist sehr ohnmächtig, weil du der Hilfe bedarfst, und auch sehr arm, weil es dir an der Ausführung des Guten fehlt. Doch das möge Gott in dir vollenden.

67 Hildegard an den Priester Berthold (Bonn)

Gott sieht alle Lebewesen und die vollkommenen Werke seines Fingers <Hl. Geist> vorher, und Er hat sie in seiner Herrlichkeit geschaffen. Doch in mancher Beziehung auf sie möge Gott dir Klarheit eingießen, damit du bei den verschiedenen Wirbelwinden die Finsternis fliehst.

Der Mensch aber, der deine Freundschaft genießt, ist in der Torheit der Seele wie in kindlicher Unwissenheit erschlafft, so daß er zeitweise eine Ermahnung hört, zu anderer Zeit wieder davon abläßt, auf sie zu hören. Du also, der du an Christi Stelle stehst, sieh für ihn zur Ermahnung die Rute des Tadels vor, weil seine Tage ohne die Grünkraft sicherer Hoffnung kraftlos <aridi> sind. Nun lebe in Ewigkeit, und sei in deinem Geist ein Spiegel der Wahrheit.

68 Abt Geldolf an Hildegard (Brauweiler)

Hildegard, der ehrwürdigen Herrin und Mutter und von ganzem Herzen hochzuschätzenden <amplectende> Braut Christi und Tochter des höchsten Königs, <entbieten> G<eldof>, der – wie auch immer beschaffene – Vorsteher des Klosters Brauweiler mit seinen Brüdern, die im Tal der Tränen sitzen, so gut sie es vermögen, im Gebet auf jegliche Art den ergebenen Dienst der Liebe.

Obwohl Ihr uns, liebreichste Herrin, von Angesicht unbekannt seid, seid Ihr doch durch den Ruf Eurer Tugenden bei uns berühmt. Und sind wir auch dem Leibe nach abwesend, so sind wir Euch im Geist ständig gegenwärtig, und wie die Zuneigung unserer Liebe zu Euch beschaffen ist, weiß der Herr der Erkenntnis. Und so vernahm man in unserm Land das durch eine Festpredigt verbreitete Wort, das vom Herrn über Euch erging, der „Großes an Euch getan hat; Er ist mächtig, und heilig ist sein Name" (Lk 1,49). Doch auch mit welchen und wie großen Wundertaten der Quell des lebendigen Lichts in Euch aufleuchtet, weiß bereits Klerus und Volk, und der Ausgang der Dinge bezeugt es. Denn in Euch strahlt kein menschliches, sondern ein göttliches Werk auf, indem die Gnade vorangeht und die Gabe überwiegt, die nicht menschliche Vernunft verleiht, sondern die aus dem klaren Quell hervorgeht.

Doch wozu halten wir uns auf? Man müßte lieber weinen als reden. Eure liebreiche Heiligkeit, o gütige Herrin, schreibe es also nicht der Verwegenheit zu, daß wir einfältigen Herzens, doch von allzugroßer Not angetrieben, uns herausnehmen, Euch den Grund unserer Bedrängnis zu eröffnen. Wir zweifeln nämlich nicht daran, von Euch einen guten Rat zu empfangen.

Eine vornehme, seit einigen Jahren von einem bösen Geist besessene Frau kam nämlich – an der Hand der Freunde geführt – zu uns, um mit Hilfe des seligen Nikolaus, unter dessen Patronat wir stehen, vom bedrohlichen Feind befreit zu werden. Doch die List und Bosheit des so schlauen und bösen Feindes führte so viele – nahezu tausend – Menschen in Irrtum und Zweifel, so daß wir einen riesigen Schaden für die heilige Kirche fürchten. Denn wir alle haben uns mit der Volksmenge auf vielerlei Weise schon drei Monate lang um die Befreiung dieser Frau bemüht, aber – wir können es nicht ohne Betrübnis sagen – infolge unserer Sünden nichts erreicht.

All unsere Hoffnung setzen wir nun – nächst Gott – auf Euch. Eines Tages eröffnete uns schließlich jener beschworene Dämon, daß die besessene Frau durch die Kraft Eurer Kontemplation und die Macht der göttlichen Offenbarung zu befreien sei. Beabsichtigt Gott nicht etwas Großes mit ihrer Befreiung? Auf jeden Fall. So wird sich die freigiebige Güte unseres Erlösers würdigen, die Anstrengung unsereres Unternehmens und der Betrübnis, aber auch der Freude und des Jubels durch Euch ganz zu vollenden, so daß aller Irrtum und Unglaube der Menschen zunichte gemacht, und die besessene Dienerin Gottes befreit wird, damit wir mit dem Propheten sprechen können: „Vom Herrn ist das bewirkt, und es ist wunderbar in unsern Augen" (Ps 118,23); und: „Die Schlinge ist zerrissen, und wir sind befreit" (Ps 124,7).

Was immer Euch der Herr darüber eingibt oder in einer Vision offenbart: Wir bitten Eure Heiligkeit inständig und demütig, sich zu befleißen, es uns in einem Brief anzuzeigen. Lebt wohl.

68R Hildegard an Abt Geldolf (Brauweiler)

Da ich durch die Geißeln Gottes von langer und schwerer Krankheit gelähmt bin, vermag ich kaum, ein wenig auf Eure Bitte zu antworten. Folgendes sage ich nicht aus mir, sondern von dem her, der ist.

Es gibt verschiedene Arten von bösen Geistern. Der Dämon aber, nach dem Ihr euch erkundigt, besitzt die Künste, die den Charakterfehlern der Menschen ähneln. Deshalb hält er sich gern bei den Menschen auf und kümmert sich darum auch wenig um das Kreuz des Herrn, die Heiligenreliquien und was sonst zum Dienst Gottes gehört, verspottet es und fürchtet sich nicht sehr davor. Zwar liebt er es nicht, verheimlicht aber, daß er es meidet wie irgendein dummer, gleichgültiger Mensch die von Weisen gegen ihn vorgebrachten Worte und Drohungen geringschätzt. Deshalb treibt man ihn auch schwieriger als einen andern Dämon aus. Er wird nämlich nur durch Fasten, Geißeln, Gebet und Almosen, und auf den Befehl Gottes selbst ausgetrieben.

Hört also nun nicht die Antwort eines Menschen, sondern dessen, der lebt: Wählt sieben Priester „von gutem Leumund, die das „Lebensverdienst" (vgl. RB 21,1; 4) empfiehlt, aus, im Namen und nach der Ordnung Abels, Noes, Abrahams, Melchisedechs, Jakobs und Aarons, die dem lebendigen Gott Opfer darbrachten; den siebten im Namen Christi, der sich selbst Gott dem Vater am Kreuz dargebracht hat. Und sie sollen Fasten, Geißelung, Beten, Almosen und Meßfeiern vorausschicken und in demütiger Gesinnung im priesterlichen Gewand mit Stola an die Leidende herantreten und sie umringen. Ein jeder von ihnen trage einen Stab in der Hand, nach der Art des Stabes, mit dem Mose Ägypten, das Rote Meer und den Felsen auf Gottes Geheiß schlug, damit Gott – wie Er dort durch einen Stab Wunderzeichen tat – so auch hier sich durch die Austreibung des bösen Feindes mit Stäben verherrliche. Als Hinweis auf die sieben Gaben des Heiligen Geistes aber sollen es sieben Priester sein, damit „der Geist Gottes, der am Anfang über den Wassern schwebte" (Gen 1,2) und der „den Lebensodem ins Angesicht des Menschen hauchte" (Gen 2,7), den unreinen Geist aus dem geplagten Menschen herausblase.

Und der erste – unter dem Namen Abel – spreche, den Stab in der Hand haltend: Höre, böser und törichter Geist, der du in diesem Menschen wohnst, vernimm diese Worte, die von keinem Menschen erdacht, sondern von dem, der ist und lebt, geoffenbart sind usw.

69 Abt Geldolf und die Mönche an Hildegard (Brauweiler)

Der ehrwürdigen, allen Dankes würdigen Herrin Hildegard <wünscht> der unwürdige Abt von Brauweiler mit seinen Brüdern, daß sie lebe, voranschreite, die Welt unter ihren Füßen habe, und was immer man einer Dienerin Christi Vorzüglicheres wünschen kann.

Daß der Herr auf Euch blickte und Euch seine Gnade eingoß, weiß schon die ganze Welt. Was wir Euch aber bis jetzt nur durch unsere Boten und schriftlich wegen der Not der von einem bösen Geist besessenen Frau berichtet haben, wiederholen wir jetzt schließlich als Hilferuf durch sie persönlich, die in großer Hoffnung zu Euch geschickt wurde, und fügen ergeben Bitten an Bitten, damit Ihr ihr gegenüber geistig um so geneigter seid, je näher sie Euch leiblich ist.

Denn der Dämon hatte auf die Beschwörung gemäß Eures, vom Heiligen Geist diktierten Briefes, den Ihr uns sandtet, das besessene Gefäß für eine knappe Stunde verlassen. Doch ach – wir wissen nicht, aus welcher Absicht Gottes – er kehrte zurück und drang von neuem in das verlassene Gefäß ein und quält es jetzt ärger als zuvor. Als wir ihn wiederum beschworen und ihm mutig zusetzten, erwiderte er schließlich, daß er das besessene Gefäß nur in Eurer Anwesenheit verlassen wolle. Deshalb schicken wir sie selbst zu Eurer Heiligkeit, damit der Herr durch Euch vollbringe, was wir infolge unserer Sünden nicht verdient haben, und durch die Austreibung jenes alten Feindes in Euch der verherrlicht werde, der über alle Macht besitzt. Geliebte Mutter <materna dilectio> lebt wohl!

70 Die fünf Äbte an Hildegard (Burgund <Bellevaux, Cherlieux, Clairefontaine, La-Charité, Bithaine>)

Die Äbte B. von Bellevaux, G. von Cherlieux, A. von Clairefontaine, R. von La-Charité und G. von Bithaine <wünschen> der auserwählten Braut Christi, Hildegard, sie möge unter der Gnade Gottes blühen und lobsingen.

Gott, dem Spender aller Gnadengaben, statten wir mit einem Herzen voller Freude Dank ab, weil Er es nicht verschmäht, in unserer Zeit die früheren Wundertaten seiner Herablassung zu wiederholen. Daraus ersehen wir leicht, daß wir keineswegs um seine Verheißungen gebracht werden, mit denen Er einst die Seinen getröstet hat, als Er sprach: „Seht, ich bin bei euch bis ans Ende der Welt"(Mt 28,20). Werden wir dieser Verheißungen auch als unwürdig erfunden, erkennen wir doch, daß durch sie unter der Mitwirkung des Heiligen Geistes derart in das Zwerchfell <praecordia> Eures Herzens geblasen wurde, daß – bei aller Unerfahrenheit im Verfassen von Büchern und in vielen andern wunderbaren Taten – denen, die auch über die heutigen Dinge staunen sollen, eine himmlische Melodie wunderbar entgegenweht, und den Sterblichen durch Euch offenbar wird, was ihnen früher unbekannt war.

Und ist das erstaunlich? Denn schon, ja jetzt schon, führte Er Euch als wahre <vera> und unbefleckte Braut Christi, die sich auf ihren Geliebten stützt, dessen Linke unter Euerm Haupt ruht und dessen Rechte Euch umfängt, in sein Gemach und erschloß Euch in erhabener Weise seine Geheimnisse. Inständig wünschen wir Euch, daß der Herr Euch darin bestärke und bitten ganz demütig, Ihr möchtet dafür sorgen, uns Mitteilung davon zu machen, wenn Euch von Gott etwas über unsern Zustand offenbart wird.

Doch diese Frau, die Überbringerin dieses Briefes, ist eine Adelige und die Gattin eines überaus liebenswerten Mannes. Sie kommt in großer Frömmigkeit demütig und zu Fuß zu dir, obwohl sie zu Pferd und mit großem Gefolge reisen könnte. Der Grund ihres Kommens ist folgender: Schon lange ist sie unfruchtbar, obwohl sie zuerst Kinder geboren hatte.

135

Als diese aber gestorben waren, und sie keine weiteren <Kinder> gebar, gerieten sie und ihr Gatte in tiefe Betrübnis. Daher rührt es, daß sie zu dir, der Magd und Vertrauten Christi ihre Zuflucht nimmt. Sie hegt die Zuversicht, du werdest durch deine Verdienste und Gebete bei Gott erreichen, daß sie noch schwanger zu werden vermag und die gesegnete Frucht ihres Leibes durch die Zeugung eines Nachkommen Christus darbieten kann. Deshalb ersuchen wir dich auf ihre und ihres Gatten Bitte, du wollest in diesem Anliegen für sie bei Gott eintreten, daß sie das Ersehnte zu erlangen verdienen.

70R Hildegard an die fünf Äbte (Burgund)

O ihr Würdenträger <persone>, die ihr durch die Gnade Gottes vom Herrn zur Hirtensorge berufen seid, vernehmt den ersten Anruf an Adam, als Gott zu ihm sprach: „Wo bist du"? (Gen 3,9), da er sich im Ungehorsam als Übertreter erwies. Damals war ihm auch sein Name wie ein in Dunkel gehülltes Land, und Gott gab ihm ein Kleid im Wissen darum, daß Er um seinetwillen das Gewand der Menschheit anlegen würde. Mit derselben deutlichen Stimme der Barmherzigkeit rief Er ihn auch zurück, als der in die Fremde gezogene Sohn sich seiner wieder bewußt wurde, da er sagte: „Wieviele Tagelöhner im Hause meines Vaters haben Überfluß an Brot, ich aber gehe hier vor Hunger zugrunde" (Lk 15,17). Und sein Vater nahm ihn freudig auf.

Jetzt ziemt es sich für euch Lehrer, mit dem ursprünglichen Auge der Herrlichkeit <claritatis> zu erkennen, daß Gott den Adam auf eine andere Weise zurückrief, nämlich durch den Kuß der menschlichen Natur beim gemästeten Kalb; und Er sprach: Der Mensch war durch Ungehorsam zugrunde gegangen, doch ich will ihn durch Reue zurückführen.

Steigt aber auch auf einen hohen Berg, schlagt im Tal Zelte auf und bleibt lange darin. Wenn ihr nämlich in die Höhe schaut, ersteigt ihr – Gott folgend – den Berg. Dann schaut auch in die Tiefe der Demut, denn der Gottessohn trug in seiner Menschennatur den ganzen Menschen; und bei all euern Werken achtet – bei euch selbst und bei andern – auf die Demut und verharrt lange in ihr.

Hütet euch also, daß euer Herz nicht einem schwarzen Berg gleiche, wo auf feurigen Kohlen durch die Schmiedekunst Erz entsteht. Das sind die wüsten Sitten aus schlimmer Gewohnheit. Bald sind es Pläne, bald Wünsche, bald Taten die nutzlos sind, keine Heiligkeit hervorrufen, sondern mutwillig verletzen. Davor flieht, ihr Streiter Gottes, schaut auf das Licht, von dem ihr ein wenig erfahren habt <gustastis>, und erhebt euch eilends zur Heiligkeit, denn ihr wißt nicht, wann ihr den Tod erleidet.

Gott gab dem Menschen nämlich Vernunft. Denn durch das Wort Gottes ist der Mensch vernunftbegabt. Das vernunftlose Geschöpf aber ist wie ein Schall. So hat Gott alle Kreaturen im Menschen erschaffen. Der Vernunft jedoch gab Er zwei Flügel; der rechte Flügel bezeichnet die Erkenntnis des Guten, der linke aber die Erkenntnis des Bösen. Damit ist der Mensch gleichsam beflügelt. Auch ist der Mensch wie Tag und wie Nacht. Wenn jedoch der Tag die Nacht im Menschen überwältigt, wird der Mensch ein guter Streiter genannt, weil er in kriegerischer Tapferkeit das Böse besiegt. Daher, ihr Söhne Gottes, leistet Christus am Tage Kriegsdienst und flieht in Seelenruhe den Dunst, der den Tag verhüllt. Auch die nächtlichen Nachstellungen, die eigenwillig dem Herzen in Redseligkeit Luft machen, meidet, und seid Tag, der frühmorgens vom fallenden Tau benetzt wird und sich später zu angenehmer Temperatur mildert. So sollt ihr alles unterscheiden und prüfen und richtig für das sorgen, was für euch und die andern gut ist.

Wohnt in lauterer Einfalt in Taubenhöhlen, damit ihr die Stimme des Jubels und des Heils in den Zelten der Gerechten besitzt. Denn Gott hat der Vernunft die kräftige Stimme des Lebensodems eingesenkt, d.h. eine frohlockende Stimme, die in der Erkenntnis des Guten Gott im Glauben schaut und erkennt. Und dieser Ton erklingt auf wohltönender Posaune bei den gutgemeinten Werken. Denn dieser Ton schließt die Liebe in sich, so daß er auch durch die Demut die Sanftmütigen sammelt und in Barmherzigkeit Wunden salbt. Die Liebe entströmt auch dem Wasserfall des Heiligen Geistes, d.h. dem Frieden der Güte Gottes. Die Demut bereitet auch einen Garten mit allen fruchttragenden Bäumen der Gnade Gottes, die alle Grünkraft der Gaben Gottes umfaßt. Die Barmherzigkeit aber schwitzt Balsam aus für alle Nöte, die sich beim Menschen einstellen. Diese Stimme der Liebe ertönt ebenfalls im Zusammenklang mit allem Lobpreis des Heils. Sie selbst erschallt auch durch die Demut in der Höhe, wo sie Gott schaut und siegreich gegen den Stolz kämpft. Denn diese Stimme ruft durch die Barmherzigkeit mit tränenerstickter und <doch> lieblicher Stimme, weil sie die Armen und Lahmen um sich sammelt und so um den Beistand des Heiligen Geistes bittet, um das alles in guten Werken zu vollenden. Sie ertönt nämlich in den Zelten, wo die Heiligen durch die Bauwerke aufblitzen, die sie sich in dieser Welt errichtet haben.

Ihr aber, o Söhne Gottes, vereint euch mit der Stimme der Guten am Aufenthaltsort der Gerechten, und Gott wird euch aufnehmen, weil Er euch will, und ihr werdet in Ewigkeit leben.

Was aber eure Bitte angeht, die Frau möge mit Gottes Hilfe fruchtbar werden, so steht das in Gottes Willen und Macht, denn Er weiß, wann Er Nachkommen gewährt und wann Er sie <hinweg>nimmt. Er urteilt nämlich nicht nach menschlicher Vorstellung, sondern nach innerem Urteil. Ich freilich werde Gott auf euer Ersuchen hin für sie bitten. Er aber tue, was Er hierauf gütig und barmherzig beschlossen hat, daß es geschehe.

71 Hildegard an den Abt (Busendorf)

Das Licht im Licht spricht zu dir: Sei ein guter Knecht und wache in uneigennützigem Verlangen. Ahme den Adler nach, der lieber in die Sonne als in die dunklen Schatten blickt. Schwinde nicht im Erschlaffen der edlen Bemühung dahin, sondern halte mit tapferem Herzen den Pflug in der Hand und weide deine Herde so ruhig, wie du es mit Gott zusammen vermagst. Fliege <curre> rüstig mit dem ins Licht schauenden Adler, damit du nicht von Widerwillen gepackt wirst. Fliehe auch die Schwärze der Pflichtvergessenheit bezüglich der Beurteilung Gottes auf Grund des guten Willens. Gott will dich nämlich am Ziel <cimiterio> seiner Heiligung haben. Nun lebe auf ewig.

72 Der Abt an Hildegard (Busendorf)

W., durch die Gnade Gottes, wenn auch unwürdig, Abt von Busendorf, <wünscht> der in seiner größten Hochachtung stehenden und Gott geweihten Jungfrau Hildegard, was das Beglückendste im ewigen Leben ist.

Weil die Gnade Gottes dich allen in den Stürmen der Bedrängnisse zu dir Zuflucht Nehmenden als heilbringenden Hafen geschenkt hat, zögern auch wir Gefährdete nicht, unsere Hände flehend nach dir auszustrecken.

Daher wollen wir dir – durch den vorliegenden Brief verbürgt – mitteilen, daß unsere Gemeinschaft, die aus Gottes Barmherzigkeit viele Jahre hoch in Ansehen stand, infolge unserer Sünden von einem abscheulichen Gerücht mit Schande beschmutzt worden war. Denn einige von uns hören nicht auf, auf die Einflüsterung des Teufels, der die Guten stets befeindet, als Anstifter der Bösen unser Haus, uns und den ganzen Konvent, soviel sie können, zu stören und zu belästigen. Um alles zusammenzufassen: Ihr zügelloser Hochmut bewirkte, daß alle sagen, all unsere verborgenen Sünden seien nunmehr in Erscheinung getreten.

Eine derart bedrückende Last bringen wir um der Erleichterung willen zu dir und flehen demütig, uns darüber irgendein tröstendes Wort zu schreiben. Und vor allem bitten wir inständig, du mögest uns durch deine Fürbitte mit Gott und den Menschen wieder versöhnen. Lebe wohl.

72R Hildegard an den Abt (Busendorf)

In einer Vision, wie sie meine Seele häufig in wachem Zustand schaut, erblicke ich an deinem <Wohn>ort einen Sturm wie in einer abwechselnd rötlich schimmernden, einer schwarzen und einer trüben Wolke. Und dieser Ort wird heftig erschüttert.

Indessen sehe ich in deiner Seele drei Farben: Die erste als Schwarz der Bosheit und des Zorns, die zweite als Dunst des Geschmacks an Unnützem, die dritte gleichsam als rötliches Morgenrot der Gutwilligkeit und des zu Gott eilenden Seufzens. Ein herrliches Licht aber schaue ich in manchen

Menschen von deiner Schar zu Gott aufsteigen, und deshalb unterstützt Gott diesen Ort mit seiner Hilfe.

Du aber, erfahrener Hirte, sieh auf jenen Acker, der von Gott mit reicher Frucht gesegnet ist, und über den ein schwarzer Nebel kommt, der ihn sehr schädigt und seine Frucht schlechter als die frühere macht. Das ist der Widerwillen und die Bosheit im Herzen dessen, der das Gute kennt und tun kann, doch in doppelter Hinsicht – nämlich aus Widerwillen und Bosheit – seinen Geist beansprucht und so am guten Tun gehindert wird.

Sohn Gottes, fliehe davor, und arbeite im Feuer des Heiligen Geistes auf dem fruchtbaren Acker, bevor jener Tag kommt, an dem du nicht mehr zu wirken vermagst.

73 Hildegard an die Schwesterngemeinschaft (Clusin, St. Georg)

Ich fand den Willen Gottes <erfüllt> im Opfer dieser Gemeinschaft, sowohl bezüglich des Ortes, als auch der Gestaltung. Und diese Menschen besaßen Flügel des Glücks und der Seligkeit. – Doch jetzt überkam sie unheilvolles Schlangengift. Und ich hörte die Ermahnung des Heiligen Geistes zu ihrer Warnung und Zurechtweisung, wie geschrieben steht: „Geht in die Ortschaft, die vor euch liegt, und ihr werdet gleich eine angebundene Eselin mit ihrem Füllen finden. Bindet sie los und bringt sie zu mir. Und wenn euch jemand anspricht, erwidert, daß der Herr ihrer bedürfe, und sofort wird er sie ziehen lassen" (Mt 21,2–3). Dagegen heißt es an anderer Stelle: „Wahrlich, ich sage euch: Ich kenne euch nicht" (Mt 25,12).

Ach, wehe dem Spott und o weh dem Irrtum derer, die behaupten möchten, daß der Widerspruch der Zwietracht nicht schlimm sei, der sich gegen den Himmel erhob und in die Hölle stürzte, so daß er alle Elemente aufwühlte und zerstörte. O Blüten des Reises, hört, was geschrieben steht: „Freue dich, Unfruchtbare, die nicht gebiert; brich in Jubelrufe aus, die du nicht in Wehen liegst, denn viele Kinder hat die Verlassene, mehr als die Verheiratete" (Gal 4,27). Und vernehmt dagegen, was gesagt wird: „Erhebe dich, werde hell, Jerusalem, denn dein Licht ist gekommen, und die Herrlichkeit des Herrn ging über dir auf" (Jes 60,1).

Und daher flieht das unheilvolle Schlangengift, denn es ziemt sich nicht für euern Vorsatz, mit dem ihr Gott umarmt habt, in Eitelkeit zu wandeln und in Gift zu sprossen. – Jetzt werde euch Heil zuteil im Horn des Heils, durch das David zur Menschheit des Erlösers emporstieg. Diese mahnte ihn, so daß er zur Reue über seine Sünden umkehrte. Eilt nun schnell zu mir und bringt mir ein Opferkalb dar.

74 Abt Kuno an Hildegard (Disibodenberg)

Kuno, unwürdigerweise Abt vom Disibodenberg, <entbietet> Hildegard, seiner Herrin und geliebten Mutter von St. Rupertsberg, das wenige, was ihm kraft der Gnade Gottes zur Verfügung steht.

Weil ich durch verschiedene Beschäftigungen hier verhindert war, habe ich es eine Zeitlang unterlassen, Euch aufzusuchen, zu grüßen und anzusprechen. Jetzt nutze ich in einem günstigen Augenblick die Möglichkeit, mich um so angelegentlicher in Eure Fürbitte zu empfehlen, je mehr ich leider feststellen muß, daß ich mich eher an vermehrte Fehlerhaftigkeit, als an irgendeinen Fortschritt in der Gerechtigkeit gewöhnt habe.

Doch weil Eure Heiligkeit in dem, der nicht täuscht und nicht getäuscht wird, sehr viele geheimnisvolle Dinge im Geist schaut, bitte ich: Wenn Gott Euch etwas über unsern Patron, den heiligen Disibod, offenbart, tut es mir kund, damit ich es nicht aufschiebe, ihm aus diesem Anlaß mit meinen Brüdern frommen Lobpreis darzubringen.

Da ich jedoch überhaupt nicht imstande bin, die in mir wohnende Nachlässigkeit aus eigener Kraft abzuschütteln, erbitte ich ergebenen Herzens Euer Gebet, wie auch das der andern Töchter Gottes, die mit Euch das klösterliche Leben führen. Und ich empfehle in euer aller Fürbitte nicht nur meine unbedeutende Person, sondern auch die mir anvertrauten Brüder und unser Kloster, wie ich es auch öfter mündlich <viva voce> zu tun pflege, wenn ich bei Euch bin.

74R Hildegard an Abt Kuno (Disibodenberg)

O welch große Torheit steckt in dem Menschen, der sich selbst nicht zurechtweist, sondern untersucht, was in der Brust des andern wohnt, und die Schuld, die er darin findet, nicht wie einen ungestümen Wasserfall eindämmt. Wer so handelt, vernehme diese Antwort vom Herrn: O Mensch, warum schläfst du beim Klang des Geschmacks an guten Werken, die vor Gott wie eine Symphonie ertönen? Und warum erteilst du dem leichtfertigen Übermut durch die Erforschung deiner Herzenswohnung nicht eine Absage? Du schlägst mich vielmehr auf die Backen, wenn du meine Glieder mit ihren Wunden zurückweist, weil du nicht auf mich blickst, wie ich das irrende Schaf zur Herde zurücktrage. Und deshalb wirst du dich über das Haus deines Herzens und die Stadt, die ich gebaut und im Blut des Lammes gereinigt habe, vor mir zu verantworten haben. Und warum scheust du dich nicht, den Menschen zu zerbrechen, den du nicht geschaffen hast? Du salbst ihn nicht, da du ihn weder verteidigst noch verbirgst, sondern ihn allzusehr zurechtweist. Jetzt ist für dich die Zeit des Verscheidens gekommen; doch Gott, der dich geschaffen, will dich nicht verlorengeben. Das begreife also!

Weil du aber, o Vater, gebeten hast, dir zu schreiben, ob ich etwas über den heiligen Disibod, unter dessen Patronat du stehst, geschaut und erkannt hätte: Ich hörte, sah und erkannte folgendes in einer geistigen Schau über ihn in dieser Weise:

Antiphon vom heiligen Disibod

O staunenswertes Wunder:
Es tritt hervor aus der Verborgenheit,
hoch aufgerichtet, eine würdige Gestalt,
wenn der Lebendige, Erhabene
Geheimnisvolles kündet.

Am Ende wirst du dich daher erheben,
o Disibod; es eil'n herbei
die Edelsten der <Völker>stämme aller Welt,
sobald du auferstanden bist.

Responsorium vom heiligen Disibod

O Grünkraft du des Fingers Gottes,
durch die Gott eine Pflanzung schuf,
die in der Höhe widerstrahlt
wie eine aufgestellte Säule!

Ruhmreich bist du nach Gottes Plan.

Und du, o hoher Felsenberg,
wirst nie zerstört nach Gottes Urteil.
Du ragst jedoch von weither auf wie ein gebannter <Ort>.
Doch kein Bewaffneter besitzt die Macht,
dich zu erobern.

Ruhmreich bist du nach Gottes Plan.

Dem Vater, Sohn und Heiligen Geist sei Ehre!
Ruhmreich bist du nach Gottes Plan.

Sequenz vom heiligen Disibod

O Bischof du der wahren Stadt!
Im Tempel des Ecksteins steigst du empor zum Himmel,
auf Erden verworfen um Gottes willen.

Dem Samen der Welt entfremdet,
hast du ersehnt, verbannt zu sein
aus Liebe zu Christus.

O Berg des verschlossenen Geistes,
beständig hast du dem Spiegel der Taube
dein schönes Antlitz gezeigt.

Du hast dich versteckt in Verborgenheit,
berauscht vom Wohlduft der Blumen.
Durch die Gitter des Heiligtums
leuchtest für Gott du hervor.

O Gipfel über der Himmelspforte,
die Welt gabst du preis für das geistige Leben.
Dein Preis besteht immer im Herrn,
du hehrer Bekenner.

Der lebendige Quell hat durch helles Licht
die klaren Bäche in deinem Geist
auf den Weg des Heiles geleitet.

Du hoher Turm vor des Höchsten Altar,
du hast dieses Turmes Spitze
mit duftigem Rauch umwölkt.

In deinem Lichte, o Disibod,
hast du zum Vorbild für reinen Klang
des herrlichen Lobgesangs Strophen
in zweiseitigem Chor geschaffen,
mit Hilfe des Menschensohns.

Du stehst auf der Höhe und schämst dich nicht
vor dem lebendigen Gott.
Und du erquickst mit belebendem Tau,
die dieses Gotteslob singen.

O süßes Leben, o seliges Beharren!
In unserem heiligen Disibod
schufst du für immer ein glorreiches Licht
in der himmlischen <Stadt> Jerusalem.

Lob sei nun Gott!
In Gestalt eines edlen Mönches
hat Er kraftvoll gewirkt.
Die Himmelsbürger mögen sich freuen mit denen,
die ihm auf diese Art gleichen !

Du aber, o Vater, hast dies von mir armseligem Gebilde erbeten. Handle so vor Gottes Angesicht, daß – wenn die Zeit in dieser Welt für dich abgelaufen ist – deine Lebenstage glücklich in die Ewigkeit übergehen, so daß du bei der Erlösung der Gerechten in Erscheinung trittst.

75 Hildegard an den Abt (Disibodenberg)

O Vater in Person! O wie gerne sage ich das, damit du tatsächlich ein Vater seist! Komm an den Ort, wo Gott dir den Stab seiner Stellvertretung verliehen hat. Und einige aus der Schar deiner Brüder knirschten über mich wie über einen Unglücksraben <nigerrimam avem> und wie über ein schreckliches Untier, und sie spannten ihren Bogen gegen mich, damit ich vor ihnen fliehe. Doch ich weiß wirklich, daß Gott mich wegen seiner Geheimnisse von diesem Ort entfernt hat; denn meine Seele wäre durch seine Worte und Wunder so erschüttert worden, daß ich vor der Zeit gestorben wäre, wenn ich dort geblieben wäre.

Nun werde denen, die mich dort treuergeben aufgenommen haben, Heil und Segen zuteil. Denen aber, die da den Kopf über mich schüttelten, gewähre Gott seine Gnade nach seiner Barmherzigkeit.

Weh, weh, o meine Mutter, in jammernswerter Verdrießlichkeit hast du mich aufgenommen!

76 Abt Helenger an Hildegard (Disibodenberg)

Seiner geliebten Mutter Hildegard, mehr ins Herz zu schließen, als alle Kostbarkeit, <wünscht> ihr Sohn H<elenger> – ach, nicht tatsächlich, sondern nur dem Namen nach – Vorsteher der Herde des heiligen Disibod, was besser ist, als jedes zeitliche Gut.

Während die ganze Welt mit einem wahren Lobgesang verkündet, daß Ihr mit der Freude <iubilo> des Heiligen Geistes beschenkt seid, habe ich mich bisher – da ich doch der Erste hätte sein sollen, auch andere zu Eurer Seligkeit einzuladen – in trägem Müßiggang verborgen gehalten. Doch jetzt endlich von <Ehr>furcht und Liebe ergriffen, halte ich es für unumgänglich, Euch mit diesen Worten zu grüßen.

Ich strebe nämlich mehr danach, denen „vorzustehen, für die ich nützlich sein müßte" (vgl. RB 64,8), indem ich das Meine suche, nicht das Ihrige. Doch trotzdem habe ich bis jetzt – wenn auch lau – des Tages Last und Hitze im Weinberg des Herrn getragen und beschlossen, mit Gottes Hilfe auszuharren, bis ich einmal den Denar empfange. Jetzt aber, meine Mutter, ist mir bei der Hochzeit des Herrn der geistliche Wein ganz ausgegangen, weil der Eifer für das monastische Ordensleben fast erloschen ist. Denn weder die Mutter Jesu ist dabei, noch Jesus selbst; auch seine Jünger sind nicht eingeladen. Daher gehen alle Widerwärtigkeiten <diversa> auf uns los.

Deshalb ist es nicht nötig, Euch mit weitschweifigem Gerede hinzuhalten, zumal ich des Predigens und der Wissenschaft unkundig bin. Ich weiß, meine Mutter, ich weiß, daß an mir „von der Sohle bis zum Scheitel" (Ijob 2,7) nichts Gutes ist. Richtet daher ein Trostschreiben an meine Niedrigkeit, damit das Buch des Lebens in Sion Euern Namen enthalte. Lebt wohl!

76R Hildegard an Abt Helenger (Disibodenberg)

In einer von Gott stammenden geistigen Schau vernahm ich folgende Worte: Es ist sehr nötig für einen Menschen, der danach verlangt, seine Seele in ihren Sehnsüchten zu entdecken, die bösen Werke des Fleisches zu ertöten und die selige Einsicht zu besitzen, wie er leben soll; nämlich so, daß seine Seele Herrin und sein Fleisch Magd ist, wie der Psalmist sagt: „Selig der Mensch, den du, Herr, unterweist und über das Gesetz belehrst" (Ps 94,12). Und wer ist dieser Mensch? Derjenige, der seinen Leib wie eine Magd und seine Seele wie eine überaus geliebte Herrin behandelt. Denn sogar wer in seiner Gottlosigkeit wild wie ein Bär ist und diese Wildheit ablegt und zur Sonne der Gerechtigkeit eilt, die gütig und mild ist, der ist Gott wohlgefällig, so daß Gott ihn über seine Gebote stellt und ihm einen eisernen Stab in die Hand gibt, um seine Schafe über den Myrrhenberg zu belehren.

Nun höre und lerne, dich im Innewerden deiner Seele dafür zu schämen, daß du dich manchmal nach Art eines Bären verhältst, der oft insgeheim in seinem Herzen murrt, und zuweilen auch wie ein Esel, so daß du nicht fürsorglich bei deinen Pflichten bist, sondern verdrießlich und auch in gewissen anderen Dingen ungeschickt. Und deshalb führst du manchmal die Bosheit des Bären nicht in Gottlosigkeit aus. Ebenso hast du die Gewohnheiten manchen Geflügels, das weder zur höheren, noch zur untersten <Stufe> gehört, so daß die höhere es überflügelt und die untere ihm nicht schaden kann.

Auf ein solches Verhalten erwidert der edle Hausvater: Ach, ach, diese Unbeständigkeit deines Charakters mag ich nicht. Dein Herz murrt über meine Gerechtigkeit, so daß du nach keiner rechten Antwort auf sie suchst, sondern ein gewisses Murren in dir birgst, wie ein Bär brummt. Hast du aber gute Einsicht in dir, dann betest du eine kleine Weile, wirst aber dann bald wieder überdrüssig, so daß du dein Gebet nicht vollendest. Du gehst vielmehr gern den Weg, der deinem Leib zusagt <sapit> und trennst dich nicht ganz von ihm. Doch manchmal steigt auch dein Verlangen bei einer Aufgabe, die in irgendeiner Hinsicht nicht vollkommen heilig ausgeführt wird, sondern gleichsam nur bei der gläubigen Meinung verharrt <iacens>, zu mir auf. Trotzdem habe ich solche Menschen von unbeständigem Charakter zuweilen erwählt, um in der Sprache ihrer Einsicht zu hören, was sie innerlich erwägen. Doch dabei erwiesen sie sich als untauglich und kamen zu Fall. Jetzt aber spotte dein Herz nicht über das Werk, das Gott tut, weil du nicht weißt, wann Er dich mit seinem Schwert trifft.

Ich armseliges Gebilde aber sehe in dir ein äußerst unheilvolles Feuer gegen uns entfacht; doch vergiß es über der guten Einsicht, damit die Gnade Gottes und sein Segen in deiner Amtszeit nicht von dir weichen. Liebe also die Gerechtigkeit Gottes, damit du von Gott geliebt wirst, und vertraue gläubig auf seine Wundertaten, um die ewigen Belohnungen zu erhalten.

77 Abt Helenger an Hildegard (Disibodenberg)

H<elenger>, durch Gottes Gnade Diener auf dem Berg des heiligen Disibod und – zwar unwürdig – Verwalter der Herde des Herrn, <wünscht> mit der ganzen Gemeinschaft seiner Brüder der ehrwürdigen Mutter, Frau Hildegard von St. Rupert, die – wie wir ganz sicher wissen – über die Fassungskraft des menschlichen Geistes hinaus vom Strahl des göttlichen Glanzes vollkommen erleuchtet ist, sie möge von den Gaben des siebenfältigen Heiligen Geistes überströmen und den Dürstenden aus diesem Quell um Gotteslohn einen Becher reichen.

Weil wir, geliebte Mutter, erkannt haben, daß Eure Heiligkeit kürzlich auf den Antrieb und das Geheiß des Tröstergeistes des allmächtigen Gottes, „der will, daß alle Menschen gerettet werden und zur Erkenntnis der Wahrheit gelangen" (1 Tim 2,4), zu uns gekommen ist, sagen wir Ihm, dem Tröster, unaufhörlich – soweit wir können, obwohl wir es nur unangemessen vermögen – Dank. Denn, wie wir aufrichtig eingestehen, haben wir die Glut und Berührung seiner Erleuchtung unter uns und in uns verspürt, als wir alle den Zündstoff sämtlichen Hasses und der Feindschaft, der sich bereits jahrelang festgesetzt hatte, in einmütiger Übereinstimmung von uns geworfen und uns in der Einheit wahrer Liebe – gleichsam eins an Leib und Seele – vollzählig zusammengefunden haben.

Darum klopfen wir unter inständigem Flehen bei der Liebe Eurer Heiligkeit an. Im Blick auf den Euch durch göttliche Gnade zuteilgewordenen Lichtglanz, durch den Eurer Liebe das Unzugängliche, und den übrigen Sterblichen das Verborgene durch die Augen Eures Herzens erschlossen wird, möchtet Ihr uns kundtun – wie es Eure Pflicht und Schuldigkeit ist, weil Ihr mit Euern Schwestern von uns zwar körperlich, aber nicht geistig, wie wir aufrichtig hoffen und wissen, geschieden seid – ob wir wirklich in der wahren Liebe, die der Beginn alles Guten ist, zusammenkamen, oder ob sich bei uns noch die Quelle irgendeiner Uneinigkeit verbirgt. Doch auch andere wichtigere Dinge – um von kleineren Verfehlungen zu schweigen – die Ihr als den Augen der göttlichen Majestät zuwider erkannt habt, möchtet Ihr uns schriftlich aufzeigen.

Außerdem klopfen wir einmütigen Sinnes – gelegen oder ungelegen – an die Tür Eurer Liebe wegen der Beschreibung der Taten und Tugenden, wie auch des Lebens unseres und auch Eures Patrons, des heiligen Disibod, in dessen Haus Ihr von der Wiege an erzogen wurdet. Wir liegen Eurer Güte eindringlich in den Ohren und verlangen unermüdlich unter inständig vorgebrachten Bitten, daß auch das Andenken an Eure Seligkeit beim Lob dieses unseres Vaters festgehalten werde, wenn Ihr uns mitteilt, was Gott Euch über ihn offenbart hat.

Der allmächtige Vater des ewigen Erbarmens entflamme das Herz Eurer Liebe mit dem Licht seines Glanzes und reiche den eifrig danach Verlangenden einen Becher zur Erquickung.

77R Hildegard an Abt Helenger (Disibodenberg)

Als die Geschöpfe auf Gottes Geheiß ins Dasein traten, kamen sehr viele Sterne, die damals in großer Zahl leuchteten, mit dem, der ein Lichtträger <Luzifer> war, zu Fall. Und diesen Stürzenden war die Nacht des Todes bereitet. Doch die Planeten, d.h. die gerechten Engel, die eine Feuerflamme sind, harrten bei Gott aus und dienten dem unauslöschlichen Feuer, das Leben ist. Das Feuer jedoch besitzt eine Flamme, die der Wind in Bewegung setzt, so daß diese Flamme brennend erscheint. Ebenso ist in der Stimme das Wort, und man hört das Wort. Und das Feuer hat eine Flamme und ist Lob für Gott; und der Wind setzt die Flamme in Bewegung und ist Lob für Gott; und in der Stimme ist das Wort und ist Lob für Gott; und man hört das Wort, und es ist Lob für Gott. Deshalb ist auch die ganze Schöpfung Lob Gottes.

Wer nicht fürchtet, liebt nicht, und wer nicht lobt, betätigt sich nicht. Und die Furcht ist Feuer, und die Liebe breitet sich wie eine Flamme aus. Und so ist die Schöpfung Lob, und der Mensch Werk. Gäbe es aber keine Schöpfung, könnte der Mensch nicht wirken. Doch die Kreatur trat auf Gottes Geheiß ins Dasein, und Gott faßte den Plan, den Menschen zu seinem Bild und Gleichnis zu machen.

Denn als die fallenden Sterne Gott nicht lobten noch von seinen Werken erzählten, wurde für sie die Nacht des Todes bestimmt, weil sie das Leben geringschätzten und die Werke Gottes ablehnten. Deshalb wurden sie auch für nichtig erachtet. Dann faßte Gott bei sich den großen Ratschluß, daß kein Widerstand der Untergehenden seine Stärke überwinden sollte, und Er sah vorher, daß Er in der weiblichen Natur ein so beschaffenes Werk erstellen würde, daß es weder Engel, Mensch, noch irgendein anderes Geschöpf vernichten könnte. Da Gott nämlich den Menschen geformt hatte, machten sich die fallenden Engel in betrügerischer Absicht an den Menschen heran, wie auch sie selbst Betrüger waren, und so wurde der Mensch sterblich.

Dann ersah sich Gott in Abel Gestirne, die bei Ihm ausharrten, d. h. das Lob der Engel und Menschen, und legte in ihm das Fundament für den priesterlichen Dienst und seinen Tempel. Deswegen tötete diesen auch der Tod leiblich. Aber von Abel bis Noe schlummerten alle Menschenkinder wie Säuglinge bezüglich der rechten Erkenntnis. Noe jedoch erbaute auf Gottes Geheiß eine Arche, mit der Gott anzeigte, daß Er den Menschen für die Aufgabe, Ihn wie Engel zu loben, bewahrt hatte. Abraham aber hatte ein großes Werk des Gehorsams vollbracht. Dieser verwundete den Nacken der alten Schlange durch die Beschneidung, durch die sie Gott in Verwirrung brachte. Denn sie hatte dem Menschen den Ehebruch eingegeben, den die Jungfrau zertrat, als sie das Einhorn <Christus> in ihrem Schoß ruhen ließ, das nach dem alten Ratschluß im Schoß der Jungfrau

Fleisch annahm. Mose schrieb auch das Gesetz, das der Gehorsam in der Abtötung des Fleisches aufzeigte, durch die der Verführer, der es verletzte, beschämt, und seiner Hinterlist, mit der er den Menschen im Hochmut getäuscht hatte, durch die leibliche Abtötung der Gläubigen ein Ende bereitet wurde.

Doch auch Abraham und Mose waren wie zwei Gestirne der Menschwerdung des Gottessohnes, wie auch die Gestirne einer Feuerflamme gleichen. Abraham nämlich sah Christus voraus, Mose aber wirkte durch Geschöpfe, indem er Ochsen, Schafe und Böcke opferte und in der Darbringung des Fleisches von Geschöpfen die Hingabe des Gottessohnes andeutete. Das wurde verdeutlicht, als die Jungfrau das Einhorn <Christus> empfing, und Gott dementsprechend einen elfenbeinernen Turm errichtete, der das reine jungfräuliche Werk darstellt. In ihm wurde die Ausführung des großen Ratschlusses vollendet, nämlich, daß Gott Mensch wird <est>. Denn weil die Frau, nachdem sie das Wort der Schlange gehört hatte, die ganze Welt verfinsterte, ging der Tod in sie ein. Und sie wurde schwach wie ein Kind, und die ganze Schöpfung zog sich aus ihrer Schwäche an Kraft und Würde Gebrechlichkeit zu.

Doch Gott gründete auf sie seinen großen Ratschluß, d.h. so große Wundertaten, die weder Engel, Mensch, noch alle Geschöpfe begreifen können, nämlich daß die Jungfrau im Licht der Sonne des alten Ratschlusses den Fall der Frau zum Guten wandte. Und das tat Gott zur Beschämung des Teufels, der die Frau getäuscht hatte, ohne zu wissen, was sich in ihr ereignen sollte, wie er auch Gott nicht richtig erkannte. Daher wurde all sein Glück zu Grabe getragen <ab omni felicitate sepultus est>.

Gott nahm nämlich durch sein Gebot die Geschöpfe in Pflicht; sie sollten dem Menschen zuvorkommen, um ihm zu dienen. Darauf schuf Er den Menschen und trug ihm Werke auf, so daß – wenn er das Gute wähle – Gott ihm helfe, oder – wenn er dem Bösen zustimme – ihm der Teufel vom Norden nachstelle. Denn der Mensch ist durch zwei Flügel, nämlich dem Wissen um Gut und Böse, vernunftbegabt. Das Wort aber besteht nicht ohne Stimme, noch ist die Stimme etwas Vernünftiges ohne Wort. Die Stimme hört man manchmal und erkennt nichts Vernünftiges in ihr; das Wort jedoch verkündet alles Nützliche und Unnütze mit der Stimme. So ist auch die Vernunft nicht ohne Erkenntnis, wie der Mensch nicht ohne Eingeweide besteht. Aber man muß sagen, wie der Mensch sich zu betätigen beginnt. Zuerst saugt er nämlich Milch, dann eignet er sich begierig zarte Nahrung an; im dritten <Lebens>alter ißt er mit Hilfe der Zähne und wählt bewußt aus, was er will, und sieht von dem ab, was er nicht mag; und dann ist er im jugendlichen Alter. Danach eilt er dem Greisenalter zu, so daß sein Mark von allem Wissen voll ist. Und er erfährt sich nicht <mehr> als Säugling und wie in den beiden vorhergehenden Lebensaltern, sondern er ist mit einem verwandelten Dasein vertraut, so daß er die Wahrheit erkennt.

So gab es zur Zeit der Sintflut Milch, bei Noach aber zarte Nahrung und bei Abraham feste Speisen <dentium comestio> und Auswahl an Nahrung. Doch bei Mose endeten alle kindlichen Verhaltensweisen, als er durch die Opferung eines fleischlichen Geschöpfes die Wahrheit vorher verkündete und den Gottessohn berührte, in dem alles Frühere sein Ende fand und zu Besserem gewandelt wurde, da dieser als Mann im Vollalter Weisheit und Wahrheit lehrte.

Im Mädchenalter steckt jedoch zuweilen Ungebundenheit, wenn es in eitlem Übermut dahineilt. Und handelt es sich um eine Jungfrau, zeigt sich das oft an den Bewegungen und Gewohnheiten, wie es auch viele Anzeichen nicht verbergen können, wenn es keine Jungfrau ist. Blickt eine Jungfrau nämlich zum Himmel auf, so daß sie wirklich die Welt verläßt, ahmt sie Gottes Sohn nach und richtet ihre Aufmerksamkeit auf Gott, der der Schlange erklärte, daß ihr Kopf von einer Frau zermalmt werden sollte. Denn ihr Anfang war schlecht, und die Jungfrau, nämlich jene, die den Gottessohn gebar, mußte ihn zertreten.

Denn auch beim Sohn Gottes begann durch die Bußtaufe <aqua recuperationis> ein neues Zeitalter. Er zog auch zwei Gestirne an sich, die seine Menschwerdung verherrlichten, d. h. die Jungfrauen und Mönche, die sich vor seiner Geburt nicht zeigten, sondern bei seiner Geburt aufgingen und auf Ihn hinwiesen wie der Morgenstern auf die Sonne. Daher strahlten reichlicher als früher Zeichen und Wunder auf, weil Er durch seine Menschheit die Erde berührte. Und was früher die Stimme der Propheten verkündete, das bewirkte jetzt der Sohn Gottes vollkommener durch sich selbst, wie geschrieben steht: „Schöner ist seine Gestalt als aller Menschenkinder" (Ps 45,3). Und wie der verborgene Gottessohn verborgenerweise auf die Welt kam, so zog Er auch eine andersartige Natur an sich; und deshalb verlassen Menschen die Welt und ihre Pracht. Doch wie ein Stern ihn frommen Menschen anzeigte, und die ganze Welt von diesen Menschen erhellt wurde, so zierten die Kirche früher Jungfrauen und

Mönche, und alle Menschen sprachen über sie wie von Engeln. So hatte auch der Prophet über sie verkündet: „Wer sind diese, die wie Wolken dahinfliegen, und wie Tauben zu ihren Mauerspalten" (Jes 60,8)? Und aus demselben Geist heraus hieß es auch: „Seht, die Jungfrau wird empfangen und einen Sohn gebären, und Emmanuel wird sein Name sein" (Jes 7,14).

So wurde der Sohn Gottes unter allen Geschöpfen allmählich durch Zeichen geoffenbart, denn die Weisheit überstürzt sich nicht, sondern trifft umsichtig Vorsorge, daß bei all ihren Anordnungen kein Fehler unterlaufe. Der törichte Mensch handelt nicht so; was ihm plötzlich einfällt, das tut er unvermutet. Und so erkennt man sein Tun oft nicht recht, wie es auch beim ersten Engel geschah, der von seiner anerkannten Würde augenblicklich in den finstern Pfuhl stürzte. Dort verlor er seinen ganzen Glanz und gab sich selbst dem bösen unauslöschlichen Feuer preis.

Dem besagten Planeten mit seinen Ankündigungen aber wurde Zulauf in großer Hochachtung und Ehrfurcht vor seiner Bahn zuteil, bis zur Zeit eines gewissen Tyrannen, der mit dem Plan der alten Schlange zu liebäugeln <osculari> begann. Und dann kam eine weibische Zeit, die fast dem ersten Fall glich, so daß alle Gerechtigkeit gemäß der Gebrechlichkeit der Frau Einbuße erlitt. Und auf solch eine Weise wird die Hälfte davon vergehen; doch ein Elefant<= Christus?> wird unter großen Leiden Gerechtigkeit herbeirufen und bewirken, daß eine andere Zeit anbricht. So wird ein nutzbringendes Zeitalter mit heldenhaften Kämpfen und Gerechtigkeit kommen.

Nun ist aber dies alles zur Ermahnung des Volkes an diesem Ort gesagt, d. h. wie seine Gottesverehrung begann, wie es jetzt damit steht und wie es künftig sein wird. Diese Stätte nämlich entstand durch die glühende Sonne in so großer Kraft der geistlichen Menschen, als wenn sie für diese Welt tot wären, und überdies in solcher Einfalt, daß man den Laien, die man nicht mit der Liebe zur vollkommenen Betrachtung <ad plenitudinem inspectoris> Gottes gewinnen konnte, nicht nach eines jeden Veranlagung entgegenkam, sondern unbeugsam auf der Strenge seines Ordenslebens bestand. Anfänglich waren sie nämlich wie Feuer und umgingen die Flamme nicht. Sie verhielten sich streng gegenüber anderen Menschen, weil sie wie Adler zum Himmel blickten. Danach eilten sie zum besseren Teil und liefen wie der Hirsch zum Wasserquell, indem sie von Tugend zu Tugend aufstiegen. Und sie strahlten im Licht der Liebe zu Gott und den Menschen; und weil sie in Gottesliebe glühten, waren sie der Ruhm Gottes im Volk, wie ein Gestirn eine Feuerflamme ist.

Darum erwähnten sie viele Menschen lobend als Edelsteine wie Topas, Smaragd, Saphir und Hyazinth, weil sie sich für den besseren Teil entschieden hatten, von Tugend zu Tugend aufstiegen und ihre Liebe sich auf das Volk ausdehnte. Und weil sie in einem tätigen Leben mit Gastfreundschaft und Almosen alle und den Berg Sion im Blick hatten, wurden sie von allen Töchter Sions genannt. Doch auch im Gehorsam bei der Abtötung des Fleisches wirkten sie mit Abraham zusammen, und unter dem süßen Duft der Regel verließen sie mit Mose die Pracht der Welt und machten sich um der Demut der Fleischwerdung Christi willen mit der Welt gemein.

Doch später erhob sich eine fahle Wolke des eitlen Ruhms und des Hochmuts über das Feuer ihrer guten Werke, wie eine Wolke die Sonne verdunkelt, so daß man sie kaum sehen kann. Und daher kamen manche Stürme über sie und streckten sie nieder. Doch ein wenig erhoben sie sich wieder, nämlich insoweit, daß man wegen der fahlen Wolke des eitlen Ruhms und des Hochmuts das Feuer, das die Zucht und die gute Lebensweise der Regel darstellt, gerade noch wahrnahm.

Daher wandten sie sich auch sowohl den geistlichen, als auch den weltlichen Verhaltensweisen zu, und das beinahe bis heute. Aber sie beugen sich nur bis zu den Knien, weil sie in beiderlei Hinsicht der Ordnung der Weisheit entbehren. Der Himmel ist nämlich mit Fug und Recht zum Lobpreis bestimmt, und die Erde ist einfach zum Wirken der Gerechtigkeit geschaffen. Himmel und Erde sind wie Seele und Leib, und die Erde verlangt nach dem, was nicht lobt. Und zwischen diesen beiden gibt es auf diese Weise Kampf, obwohl sie Werkzeuge Gottes sind. Der Leib erstrebt nämlich wegen des Geschmacks am Fleischlichen die Sünde, die Seele jedoch verhindert das überall; und dennoch sind sie ein einziges Werkzeug Gottes.

Doch die, an welche sich diese Rede wendet, behaupten, der Prunk der Welt und ihre augenblickliche Lebensweise seien dasselbe. Doch das ist nicht weise. Sie möchten nämlich, daß es so sei, doch so kann es durchaus nicht sein. Daher beugen sie sich bis zu den Knien, wie sich die Samariter verneigten, die das Gesetz ablehnten und einen fremden Gott anbeteten. Daher sind sie durch diese Taten wie von einer fahlen Wolke verfinstert, so daß die glühende Sonne der guten Beobachtung <intentionis> der Regel an ihnen nicht in Erscheinung tritt. Und darum fallen schwere Stürme von Kränkungen über sie her, denn sie sind die Knechte derer, über die sie wegen des Gehorsams Gott gegenüber in Würde herrschen sollten. Doch sie dienen ihnen, weil jene die brennende Sonne in ihnen nicht wahrnehmen. Denn der Mensch ist ein Geschöpf und wirkt Werke. Die Tugenden aber sind Lobpreis, und der Mensch wirkt sie im Heiligen Geist zur Rechten. Zur Linken aber gelangt er mit der teuflischen Kohorte zum Norden.

Hört also: Die Schande, die die Feindin der Tugenden ist, geht auf einem Fuß unter euch umher, der einem Bocksfuß ähnelt, wenn ihr euch bis zu den Knien verbeugt. Doch beachtet den erfahrenen Krieger und ahmt ihn nach. Wenn er vor seinen Feinden auf die Knie fällt, verteidigt er sich trotzdem mit dem Schwert, und so steht er lobenswerterweise immer wieder mit neuerlangter Kraft auf. Bemüht euch also, eure Feinde mit dem Schwert zu töten. Denn euer Schwert ist der Gehorsam und die Vorschriften der Regel, eure Feinde aber Ungehorsam und Vernachlässigung der Regelvorschriften, Stolz und Vergessen eurer Bekehrung. Auf diese Weise haben sie euch besiegt, so daß ihr sogar kaum über die Knie hinaus standhaltet.

Aber dennoch ist noch nicht die Zeit der Bedrückung und Vernichtung, d. h. jener Belastung gekommen, mit der eine Traube in der Kelter gepreßt wird. Es ist jetzt aber doch eine sehr gleichgültige <vilissimum> Zeit. Schaut daher auf frühere Zeiten, erwägt, wie schön <in quali honore> sie waren, und verteidigt euch vor euern Feinden; und Gott weigert sich nicht, euch beizustehen. Irgendwann kommt nämlich die Zeit der guten Absicht und des rechtschaffenen Wandels, und sie wird das erste Morgenrot erblicken. Und wer aus Liebe zu Gott die Welt verläßt, wird zu Gott eilen und so im Guten beharrlich sein. Und dann wird sich das Volk im Heiligen Geist laut über sie äußern: „Die Stimme der Turteltaube vernahm man in unserm Land" (Hld 2,12), d. h. die Stimme der Eremiten und Pilger auf dieser Welt. Sie schauen so starkmütig zum Himmel, daß sie den engen Weg, der zum Himmel führt, gehen wollen. Und wenn dies alles vorüber und vergangen ist, was förderlich oder ungünstig war, schauen sie, wie sie dem grausamen Habicht entgehen können, so wie eine Taube vor ihm flieht, wenn sie ihn im Wasserspiegel erblickt.

Hört nun nochmals: Unter euch gibt es trotzdem ein strahlendes, feuriges Licht, doch ist es noch etwas wechselhaft. Es leuchtet zwar im guten Willen, ist in der Tat glühend in der Furcht des Herrn, jedoch ein wenig töricht verteilt. Hütet euch vor der boshaften Abscheulichkeit, die Gott und den Menschen zuwider, und sogar das Herz des Teufels ist. Denn mit denen, die sich in diesen Sünden befinden, schleudert der Teufel mit seiner ganzen Willenskraft Speere.

Ich elendes und armseliges Geschöpf sah und hörte also in mystischer Schau, durch die mich Gott von Kindheit an belehrt hat, diese Worte während schwerer Erkrankungen und erhielt den Befehl, sie mündlich in euerm Kloster vorzutragen. Ihr aber verwerft und verachtet sie nicht, damit ihr nicht auf der Erde <aus>sterbt. Doch der Heilige Geist möge sein Bauwerk in euch vollenden und euch zu einem guten Ende gelangen lassen; denn euer Kloster steht unter jenem Segen, mit dem euch der Herr aus dem übrigen Volk zu seinem Dienst gesammelt hat. So handelte Er auch am Anfang, als Er immer einige Menschen für sich als Erbe aufsparte. Hütet euch auch vor der Schande, daß sie nicht auf beiden Füßen unter euch umgehe. Wenn das nämlich geschieht, tötet euch Gott in gefährlicher Vergeltung. So etwas ist euch bis jetzt noch nicht zugestoßen. Und deshalb hat Er euch auch in all euern Gefahren verteidigt. Doch wenn ihr ganz und gar euern Eigenwillen ausführt, als ob sich Gott bei euch nicht blicken lasse, wird euch großer Schaden zustoßen, und das euch vorhergesagte Unglück wird eintreffen.

78 Prior Adelbert an Hildegard (Disibodenberg)

Hildegard, der von der Gnade des Heiligen Geistes wahrhaftig Erfüllten, <wünscht> A<delbert>, unwürdiger Mönch und Prior auf dem Berg des heiligen Disibod, mit den Brüdern dieses Klosters, sie möge von Tugend zu Tugend aufsteigen und den Gott der Götter auf Sion schauen.

Da Ihr Eure Mahnworte in entfernte Gegenden sendet und möglichst viele mit dem Verlangen nach dem rechten Weg beseelt, wundern wir uns, da wir Euch beinahe von der Wiege an kennen und Ihr viele Jahre bei uns verbracht habt, warum Ihr uns Dürstenden die Aussagen der himmlischen Visionen vorenthaltet.

Wir wissen nämlich, wie Ihr bei uns erzogen und unterrichtet wurdet, und wie Ihr das Ordensleben geführt habt. Ihr habt Euch keiner anderen als Frauenarbeit gewidmet und wurdet mit keinen andern Büchern, als dem einfachen Psalterium vertrautgemacht. Klaglos habt Ihr einen guten und heiligen Wandel geliebt. Doch die Güte Gottes hat Euch, wie sie wollte, mit himmlischem Tau benetzt und Euch die Größe ihrer Geheimnisse erschlossen. Obgleich wir uns darüber mit Euch freuen müßten, hat Gott Euch uns gegen unsern Willen entrissen und unter andere Menschen versetzt. Warum Er das tat, können wir weder ergründen noch wissen; wir erdulden es nur wohl oder übel und sehr bestürzt. Wir hofften nämlich, das Heil unseres Klosters beruhe auf Euch, doch Gott fügte es anders, als wir wollten. Jetzt aber, da wir dem Willen Gottes nicht widerstehen können, geben wir Ihm nach und freuen uns mit Euch, weil Ihr vieles, bisher nicht Erkanntes und Unerhörtes auf göttliche Offenbarung hin kundtut und das bisher Unerschlossene erschließt. Denn voll des Heiligen Geistes, schreibt Ihr viel, was Ihr nicht von Menschen gelernt habt und was heilige und gelehrte Männer bewundern.

Deshalb, obwohl wir weit entfernt davon sind, Heilige zu sein, weil wir uns als Sünder erweisen, bitten wir flehentlich, Ihr möchtet unser – sowohl um der Ehre Gottes willen, als auch wegen unserer alten, wohlbegründeten Freundschaft – eingedenk sein und uns Worte des Trostes spenden. Kommt uns bei Gott zu Hilfe, so daß Gott sich herabläßt, was unter uns weniger <vorhanden> ist, auf den Verdienst Eurer Fürbitten hin bei uns zu ergänzen. Lebt wohl!

78R Hildegard an die Mönchsgemeinschaft (Disibodenberg)

In wahrer Schau hörte ich eine Stimme, die folgendermaßen gegen das Unrecht sprach, das sowohl geistliche Menschen als auch Laien gegen die Gerechtigkeit begehen. Sie sagte: O Gerechtigkeit, du bist eine Pilgerin und Fremde in der Stadt derer, die für ihre eigenwillige Amtsführung Gleichnisse ersinnen und auswählen, und sich nicht nach deinen Geheimnissen und deiner Freundschaft, purpurbekleidete Freundin des Königs, sehnen. Daher rufst du wegen dieses Loses, auf dem keine Gerechtigkeit ruht, betrübt aus: Ich schäme mich so sehr, daß ich mein Gesicht unter meinem Mantel verberge, damit mich diejenigen, die mir auflauern, nicht sehen. – Doch diese sagen: Was immer von uns kommt, nützt allen. Deshalb, o Gerechtigkeit, ereiferst du dich so sehr, daß schuldig gesprochen wird, wer dir widersteht.

Und nochmals sagst du betrübt: Woher bin ich gekommen? Aus dem Schoß des Vaters. Und alle Länder sind bei mir versammelt. Doch auch als die Größe der Völker und alle Grundsätze der Geschlechter festgelegt wurden, war ich dabei. Und so wurden auf mir Wolkensäulen errichtet. Jetzt aber sind diejenigen meiner überdrüssig, die in der ersten Wurzel aus mir hervorgegangen sind. Daher seufze ich, bevor ich über sie ärgerlich bin, über die Unwissenheit der Menschen. Wie überbordendes Wasser ist mein Stöhnen <rugitus> beim starken Getöse der vielen tobenden Wasser wegen der Menge törichter Menschen mit ihrem geschwätzigen Gehaben und ihrem häßlichen Lärmen. Ach, ach, ihr Adler! Ihr seid durch das Feuer des Heiligen Geistes und das Wasser der Wiedererlangung <der Taufunschuld> in mich übergegangen wie in funkelnde Morgenröte und blitzendes Edelgestein. Nun schlaft ihr und seid wie dumme Tiere, die bald vorwärts, bald rückwärts laufen und unterwegs durcheinandergeraten.

Doch sah ich im mystischen Hauch auch folgendes über den hiesigen Berg der Gottessöhne: Ich schaute einen sehr hohen Berg. Auf seinem Gipfel thronte ein großer Mann; in seinen beiden Händen hielt er das gleichsam auf eine Tafel geschriebene Gesetz Gottes, wie man es auch von Mose liest. Und zu Füßen dieses Mannes war eine von der geistigen Beschneidung umringte Schar von Menschen, die alle diese Gesetzesvorschriften freudig aufatmend annahmen und ausriefen: Wann, o Herr, unser Gott, kommen wir zu dir? Wir wollen dir gern gehorchen. – Trotzdem wirbelten sie manchmal durcheinander, und es gab zuweilen viele Vergehen unter ihnen, die sie jedoch unter vielen Tränen bei der Besprengung mit dem Blut Christi abwuschen. Denn als der Mensch in so großer Schuld versunken war, daß er sich nicht aus eigener Kraft <viriditate> aus ihr erheben konnte, sprach Gott: Ich selbst will den Menschen aufrichten und von neuem in herzlichem Erbarmen einpflanzen, so daß, wer nicht selbst dem Schlund <visceribus> des Teufels entrinnen konnte, durch die Beichte <in speculo confessionis> zur Ruhe kommt. Ich Armselige aber erblickte – obwohl ich viele Verfehlungen an ihnen sah – keinen Hochmut bei ihnen, der hartnäckig auf die Sünder Steine wirft und sie verachtet.

Doch zu ihren Füßen schaute ich eine andere Menschenschar. Sie waren von einer schneeweißen Wolke umgeben, hatten ein schönes Antlitz und blickten zum Himmel. Dennoch wurden sie zuweilen übermütig wie fette Stiere und suchten viele unnütze Dinge zu erfahren. Wenn sie zum Himmel schauten, spannten sie ihre Bogen und sandten Pfeile gegen den Himmel. Auch mit Bleiknüppeln schlugen sie auf ihn ein. Und so „vergingen sie sich mit ihrem Mund gegen den Himmel, und ihre Zunge erging sich auf der Erde" (Ps 73,9). Daher kam Donner über sie, Hagel fiel auf sie herab, und viele Nebel hüllten sie ein. Und sie murrten, warum solches Ungemach sie bedränge. Da gab ihnen die Gnade Gottes folgende Antwort: Ich habe euch zu großer Glückseligkeit zusammengebracht, doch in eurer Verwegenheit verwerft ihr mich, wenn ihr fragt, was euch zustoßen, was für eine Predigt euch gewinnen kann oder welche Hügel und Bäume euch zu erschlagen vermöchten. So haben auch die Kinder Israels Gott verachtet, als Er durch den Segen Abrahams das <Füll>horn der Segnungen über sie emporhob und sie aus Freude über ihre Schönheit auf seinen Schoß nahm. Doch sie murrten zu ihrem Schaden, widerstanden Gott verwegen und versäumten die Heiligung durch Christi vergossenes Blut. Da wich der Segen über ihnen zurück und entschwand, da sie sich dem Untergang des Todes zuwandten. Und Gott schuf aus ihren Schlacht- und Brandopfern eine andere Gottesstadt <civitatem Ecclesiae>, bis alle Zisternenwasser ins Tal der schwarzen Nebel abgeleitet werden. Und dann werden sich alle Adler im kreisenden Rad zu einem Schwarm vereinigen, denn früher standen sie unter dem Segen Gottes.

Doch noch eine weitere Menschenschar sah ich zu ihren Füßen. Vor ihren Augen hing ein Widder in goldfarbenen Dornen; unter Duft von Weihrauch und Myrrhe erblickten sie ihn mit leuchtendem Angesicht. Und den Händen des großen Mannes, der auf dem Berggipfel thronte, entströmten Rinnsale auf ihre Brust. Und sie riefen mit lauter Stimme zum Schoß der Weisheit empor: Gott hat uns einst zu vielen Opfern versammelt, doch wir haben uns gegen viele Verpflichtungen verfehlt. Deshalb wurden wir an die Kelter gestellt und sprechen mit dem Propheten: „Die Kelter habe ich allein getreten, und keines der Völker ist bei mir" (Jes 63,3). Und weiter: Als das Netz im Meer ausgeworfen wurde und alle Arten Fische einfing, lasen sie die guten Fische in Gefäße. So erwählt auch die Gnade Gottes jene zur Herrlichkeit, die demütigen Herzens, fromm und gottesfürchtig und nicht auf Raub bedacht sind.

Jetzt aber möge euch der erste Anruf, der euch zum Lob Gottes zusammenführte, von Grund auf tauglich machen wie die Ersten, die innerhalb der Mauern des Gotteshauses geweiht worden sind. Du aber, o Berg, höre auf die Mahnungen Gottes: Gott hat dich wie den Sionsberg dazu bestimmt, Ihm das Opfer des Lobes darzubringen. Bekehre dich also jetzt zu deinem Gott, und sei ein Leuchter des Königs, so daß du dich gegenüber deiner ersten Wurzel nicht zu schämen brauchst, so wie dich die Rechte des Herrn gepflanzt hat.

79 Hildegard an einen Mönch (Disibodenberg)

Deine Rede <os> ist himmlisch und dein Geist blüht unter traurigen Umständen <cum nube>. Deshalb möge deine Wurzel ausschlagen <ascendat>. Und so bete den Herrn, deinen Gott an, lege einen Panzer an und kämpfe gegen die tobenden Laster, indem du die Ungebundenheit fliehst und die Habsucht nicht umfängst. Gott aber, den du heimlich anrufst, wird dich in seiner Liebe aufnehmen.

80 Der Mönch Morardus an Hildegard (Disibodenberg)

Der geliebten und in Christus besonders ehrwürdigen Mutter und Herrin Hildegard <entbietet> der Mönch und unwürdige Priester Morardus das Wenige, was vorhanden ist.

Wenn es zu rühmen gilt, ja, weil man sich sogar im Herrn rühmen darf, gebührt es sich, daß auch ich mich nicht selbst, sondern im Herrn beglückwünsche, der mir Unwürdigem eine solche Gnade der Freundschaft mit Eurer Heiligkeit gewährt hat, wie sie meine Niedrigkeit weder zu verdienen, noch zu erhoffen wagte. Daher sage ich zuerst dem göttlichen Erbarmen, und dann Eurer Herablassung aus tiefstem Herzen Dank, daß Ihr mich bei meiner Anwesenheit so gütig behandelt, und während meiner Abwesenheit eines Grußes für würdig erachtet habt. Ich befehle Euerm Wohlwollen an, Eure Mitschwestern und meine Herrinnen an meiner Stelle zu grüßen und zu ermuntern, den mir versprochenen Trost der schwesterlichen Fürbitte nicht aus dem Gedächtnis zu verlieren. Denn auch ich tat auf jede Weise und tue – soweit der Herr es erlaubt – was ich ihnen – Gott ist mein Zeuge – versprochen habe. Ich hoffe auch, daß ich – wenn das Leben ausreicht – nicht aufhören werde, für Euch alle darum zu flehen, daß die Gnade Gottes, die Euch so weit zuvorkommt, euch immer begleite und den Satan unter Euern Füßen zermalme, so daß meine Wenigkeit das Heil, das ich nicht verdiene, auf Eure Bitten zu erlangen vermag. Im übrigen, sorgt gelegentlich dafür, mir das mit Euch vertraulicher Besprochene schriftlich zu bestätigen. Lebt stets wohl im Herrn.

80R Hildegard an den Mönch Morardus (Disibodenberg)

Lieber Sohn, höre folgendes Gleichnis, das ich in wahrer Schau gesehen habe: Eine adelige schöne Herrin hatte ein goldverziertes Gemach und wählte häufig zwei Mädchen von vornehmem Aussehen aus, um es mit ihr zu bewohnen. Eine große Schar aber, die diese Herrin sah, lobte ihre Erscheinung und wollte bei ihr wohnen. Sie sprach zu ihnen: Ich will euch Geschenke geben, die euch gefallen, denn weder mir noch euch würde es nützen, beisammen zu sein. Denn ich möchte meinen Adel und meine Schönheit nicht Füchsen, Hunden und zum Spott preisgeben. – Doch ein runzliges Weib mit rotem und bösem Gesicht wollte der edlen Herrin gleichen und entrüstete sich über deren Adel und Schönheit. Dieses runzlige Weib spaziert über die Berge, läuft in der Gegend und an allen Orten herum, und sucht Lob und Ehre. Und niemand zollt sie ihr, sondern alle sagen: Diese Ruhelose und Zuchtlose stammt vom Teufel und muß von allen verstoßen werden.

Ferner sammelte eine Händlerin von jedem <Kunst>gewerbe, was für die Augen schön anzusehen ist, und bemühte sich, diese unbekannten und wunderbaren Dinge den Menschen vor Augen und zu Gehör zu bringen. Dann aber setzte sie einen schönen und überaus reinen Kristall dem Feuer der Sonne aus. Er wurde von der Sonne derart entflammt, daß er allem <allen> Licht spendete. So besaß sie ihre Kunstgegenstände mit Besonnenheit <in moderatione>.

Jetzt, mein Sohn, achte auf die erste Frau und ihre Mädchen, doch bemühe dich sehr, dem runzligen Weib zu entgehen. Die Händlerin aber behalte bei dir. Die erste Frau ist nämlich die Liebe <caritas> mit ihren Mädchen, d.h. Wohlwollen und Freigebigkeit. Doch das runzlige Weib mit dem roten, bösen Gesicht ist die Weltliebe <amor saecularis>, in der sich ausschweifende Menschen in schändlicher Lust miteinander einlassen. Die Händlerin aber ist die Philosophie, die alle Künste eingeführt hat, und die den Kristall, d.h. den Glauben fand, durch den man zu Gott gelangt.

Ich vertraue auf Gott, daß du mit ihnen Anteil erhältst, denn in dem feurigen Kristall hast du Gott die Gaben des Leidens und der Auferstehung des Herrn dargebracht.

81 Hildegard an Abt Ruthard (Eberbach)

„Der ist" (Ex 3,14), spricht: Das helle Licht sieht die Stätte und das für eine jede Gemeinschaft, die eine Aufgabe in seinem Dienst besitzt, bestimmte Mahl. Sie teilt erquickende Speise im rechten Maß aus, damit es den ihr treu Ergebenen nicht an geistiger Freude fehle. Der Hirt und Verwalter der Herde muß den Geistesstarken ein Schwert reichen, angenehmen Charakteren die Pfeile im Köcher zeigen und dem für Wohlwollen Empfänglichen wohlriechende Heilmittel zuteilen. Doch böse Tyrannen tragen mörderische Peitschen. Ein erprobter Streiter kämpft ohne Widerwillen gegenüber Spott. Und eine freundliche Gesinnung findet Genüge an guter gemeinsamer Arbeit, und die Tischsitten sind schlicht, mit allen Tugenden umgürtet, so daß man Hunger verspürt, die Gerechtigkeit zu verwirklichen. Wilde Kumpane aber, und diejenigen, die sich der edlen Mutter Barmherzigkeit entfremdet haben, erwürgen die einfältigen Schafe, die sich in den

Vorhöfen des Königspalastes befinden. Weh, weh! Die so mörderisch wüten, entfremden sich dem Haus des Königs, wenn sie nicht Buße tun, weil sie die Schafe des Herrn zerstreuen.

Du aber, o Hirte, begegne dem Elend der Armen mit freundlichem Gesicht. Sie sind kleinmütig und vermögen nicht, den Pflug der Zucht zu ergreifen. Die Guten und Bereitwilligen jedoch seien für dich eine harmonische Musik des Heiligen Geistes. Und hüte dich, bei Tageslicht träge zu werden. Dein Verstand wache vielmehr und töne nicht doppelzüngig, damit du innerlich nichts anderes sagst, als was du äußerlich hören läßt. Die dies tun, verbergen <obnubilant> ihr Gesicht in der Finsternis. Wenn sie aber dann vor Angst zittern, weil ihr Herz nicht enthält, was sie auf dem Antlitz zeigen, werden sie – von Reue ergriffen – der Treulosigkeit entrissen.

Dir aber, o Mensch, wird Erquickung beim Gürten deiner Lenden zuteil werden, wenn du aufrichtiges Verlangen in deinen Händen hältst und die Schätze des wahren Vermögens nicht verachtest. Die Erde schläft für dich, weil der Schiffbruch der Welt dich nicht trifft. Am Ende deiner Lebenszeit wird Gott dich aufwecken. Er hat dich zu großer Würde bestimmt. O guter Knecht, du wirst Ihn loben, und Er wird dich für ewig retten.

82 Abt Eberhard(?) an Hildegard (Eberbach)

Der von Gott und den Menschen geliebten, ehrwürdigen Herrin und Mutter Hildegard in Bingen <entbietet> Bruder E., der allerdings unwürdige Abt von Eberbach, das wenige, was vorhanden ist.

Wir loben und preisen für Euch Christus, unsern Erlöser, der auf die vor Ihm Erzitternden herabblickt und als Mächtiger die Demütigen erhebt. Er tat auch Großes an Euch, weil Er mächtig ist. Er erwählte sich – wie wir selbst hörten und sahen – das Heiligtum Eures Herzens zur Wohnung und offenbarte Euch göttliches Wissen, das Unbekannte und Verborgene seiner Weisheit, indem Er Euch in sein Gemach zu den Rosenblüten und Lilien der Täler führte, zu den blühenden Gefilden der ewigen Berge.

Seine Linke ruht unter Euerm Haupt und seine Rechte umfängt Euch, so
daß Ihr wirklich sagen könnt: „Mein Geliebter gehört mir, und ich Ihm"
(Hld 2,16). Bei all dem ist Euer Name ausgegossenes Salböl. Und deshalb
liebten Euch die Mädchen, und wir laufen im Duft Eurer Salben und bitten den Herrn, Er möge Euch die Gaben der Natur und die Geschenke
seiner Gnade gnädig bewahren, zu seiner Ehre und Euch als Krone, uns zur
Freude und vielen zum Vorbild.

Wir bitten und verlangen auch unter demütigem Flehen, Ihr möchtet
Euch würdigen, auch unsrer eingedenk zu sein und beim Kommen Eures
Bräutigams Ihm unsere Wenigkeit zu empfehlen, damit wir verdienen, –
wie wir uns über den Ruf Eurer Heiligkeit freuen und froh sind – so auch
über Eure Fürsprache Freude und Jubel zu empfinden. Wenn Ihr geruht,
uns etwas bezüglich unseres Dienstes zu gebieten, nehmen wir es freudig
an. Wir werden auch handeln wie bisher, und sind bereit, uns jedem Euerm
frommen Wunsch zu unterwerfen.

83 Der Mönchskonvent an Hildegard (Eberbach)

Die arme Herde der Brüder in Eberbach <wünscht> Hildegard, die sich der
Herr zur Dienerin und Mitwisserin vieler seiner Geheimnisse erwählt hat,
sie möge zu den Klugen Jungfrauen zählen, die mit der wahren Leuchte
und brennender Lampe mit dem Bräutigam der gläubigen Seelen und der
Himmelsbürger glücklich zur Hochzeit eingehen. Der Geist des Herrn hat
diejenigen, die Er für sich erwählt und vorherbestimmt hat, niemals im
Stich gelassen, sondern förderte in väterlicher Milde ihren Vorsatz <cogi-
tatum>. So erkor Er sich Euch glückliche und gesegnete Seele zum Werkzeug und Gefäß seiner Auserwählung.

Geliebte im Herrn, wir müssen Eurer mütterlichen Mahnung gehorchen, weil die Wahrheit des Herrn durch Euch spricht. Wir nehmen Eure
Ermahnungen gern auf und ersuchen Euch unter demütigem Bitten: Ver-
hehlt uns nicht, was bei uns der Besserung bedarf. Bemüht Euch vielmehr,
es uns beizubringen, wie es dem Herrn, der Euch viele Geheimnisse er-

schließt, gefällt. Der Engel des Rates und der Stärke, der immer bei Euch ist, erhalte und bewahre Euch gesund und unversehrt.

83R Hildegard an den Mönchskonvent (Eberbach)

Die Geheimnisse Gottes gebieten mir, im Schatten der Schau Gottes folgendes zu sagen: Ihr seid auf einen sehr hohen Berg gestiegen und wolltet ins Tal schauen. Inzwischen brach ein heftiges Gewitter herein. Wehe, wehe der Trägheit, die in Euern Lenden wohnt, wie der erfahrene Knecht David spricht: „Den ganzen Tag ging ich betrübt einher, weil meine Lenden voller Täuschungen sind und keine Gesundheit in meinem Fleisch ist" (Ps 38,7–8). Und daher sind eure Augen matt vor Not <inopia>.

Hütet euch also, jene Glückseligkeit, die nach der Vorherbestimmung Gottes unter euch zu herrschen scheint, durch allzu verwegene Kämpfe hinter euch zu werfen. Denn obgleich Gott das Angesicht des ersten Engels wie einen kostbaren, blitzenden Edelstein geschaffen hatte, verfiel dieser in Verwegenheit. Deshalb ging seine Herrlichkeit <gloria> in ihm verloren, weil er nichts Gutes ersehnte. Und Gott verpflanzte seinen Glanz in einen anderen Weinberg. Und da Gott nichts mit dem Bösen gemein hat, seht euch vor, daß die besondere Gnade Gottes nicht auf Betreiben der alten Schlange von euch weiche. Denn sie freut sich insgeheim und sagt: Ich verschaffe mir meinen Willen mit Zwietracht unter den geistlichen Menschen, und verkehre mit ihnen erhobenen Hauptes <erecto collo>.

Daher widersteht dem Teufel, damit das Licht der Herrlichkeit <claritatis> nicht für euch erlischt, wie es ihm seines Hochmuts wegen entzogen wurde. Diejenigen nämlich, die zuweilen fallen und sich wieder erheben, werden das Erbe der Gnade nicht verlieren. Sie biegen sich vielmehr im Wirbelsturm der Strafe Gottes; und Gott pflanzt dann doch von neuem <reedificat> bei ihnen die Wurzel des ursprünglichen Beginns des Opfers <aus> der Kraft Gottes.

Und ich sage euch, die ihr eine Pflanzung Gottes seid: Über eure Stätte äußern sich die göttlichen Geheimnisse folgendermaßen: Niemals werde

ich dich zerstören, wenn du mir nicht in gottloser Verwegenheit, die keine
Läuterung wünscht, widerstehst. So zeigt es auch – wie schon gesagt – die
Verwegenheit der teuflischen List auf. Doch das Lebendige Licht segnet
dich mit dem Segen Abrahams.

84 Der Prior an Hildegard (Eberbach)

Der von Gott geliebten und von Gott erwählten ehrwürdigen Herrin Hildegard <wünschen> Prior A. und die ganze Brüdergemeinschaft, sie möge
im Brautgemach des höchsten Königs ewige Wonne genießen.

Nachdem wir oft vom süß duftenden Ruf Eurer Gottes würdigen Heiligkeit gehört hatten, frohlockten wir Träge und Unwürdige in unsagbarer
Freude des Geistes darüber, daß die Gnade und das Erbarmen Gottes Euch
so große wunderbare Gaben seiner Freigebigkeit verliehen hat.

Es ist uns sonnenklar <luce clarius>, daß der Herr Euch durch die Menschen, die Ihn lieben, liebt, denn Ihr seid so würdig, so anmutig, so liebenswert und so ehrwürdig für alle, in denen Er wohnt, daß niemand
daran zweifelt, daß Er in Euch ist und bei Euch bleibt. Wenn Euch aber so
große Tugendverdienste verliehen sind, so zweifeln wir nicht, daß Euch
auch die Gaben der Frömmigkeit innewohnen und ein Herz gütiger Liebe
und liebevollen Mitleids nicht fehlt.

Daher flehen wir die Freigebigkeit Eurer Güte demütig an, – weil der
Herr zum Rückkauf und zur Erlösung der Sünder aus dem Fleisch der seligen und immerwährenden Jungfrau Maria geboren wurde – Euch aus
Liebe zu unserm allmächtigen Herrn, unserm Schöpfer und Erlöser, zu
würdigen, sich unsrer zu erbarmen und uns Eurer Fürbitte teilhaftig zu
machen. Außerdem bitten wir auch inständig, Ihr möchtet nicht zögern,
uns den Brief, den Ihr – wie wir vernahmen – über die Laien und unwissenden Menschen, die sich zum geistlichen Wandel bekehrt haben (wir
nennen sie Konversen), im Heiligen Geist geschrieben habt, gütig zu übersenden, damit wir in ihm die wunderbaren Werke Gottes und seinen Willen erkennen, und sie – soweit wir es vermögen – mit gutgemeinten Werken begleiten und vollenden. Lebt wohl.

84R Hildegard an den Prior (Eberbach)

Als ich Armselige mehr als zwei Jahre auf dem Krankenbett lag, sah ich folgendes und hörte eine Stimme vom Himmel, die zu mir sprach:

Schreibe den geistlichen Menschen, die Gott in seinem Vorherwissen und in Wundern der Weissagung – wie es Ihm gefiel – im vorhinein kannte, was du siehst und hörst. Beginne so: Gott bezeichnete manche Tugendwerke, die Er in seinen Heiligen und Erwählten wirkte, durch die vier Lebewesen der Mysterien Gottes. Er offenbarte nämlich dem Menschen durch diese Lebewesen und durch die übrigen Wunder seine verborgenen Geheimnisse. So zeigte Er auch dem Propheten Ezechiel und seinem geliebten Johannes durch diese Lebewesen, daß Er die geistlichen Menschen aus dem übrigen Volk aussondern und sammeln wollte. Johannes nämlich sagte: „Mitten vor dem Thronsitz und rings um den Thronsitz sind vier Lebewesen, vorn und hinten voller Augen" (Offb 4,6). Das bedeutet: In der Kraft der Macht Gottes, der Gott und Mensch ist, und auf jeder Seite, nach der sich seine Macht erstreckt, sollen sich Gläubige befinden, die von <der Lehre der> Evangelisten erfüllt sind, die Gebote Gottes erwägen <ruminantes> und auf die vollkommene Beobachtung der Tugenden bedacht sind, damit sie sehen, woher sie stammen, und auch erkennen, was sie sein werden. Gott ist nämlich Feuer, und seine Engel verkünden den Menschen oft seine Wunder und die erstaunlichen Taten seiner Herrschaft <throni sui>. Sie sind glühende Geister, die vor seinem Angesicht leuchten, und sie brennen derart in der Liebe, daß sie nichts anderes wollen, als was Er will.

Von ihnen heißt es: „Du machst deine Engel zu Geistwesen, und deine Diener zur Feuerflamme" (Ps 104,4). Das heißt: Allmächtiger, du bist jener, der seine Boten, d. h. die zum Heil der Menschen von dir Gesandten, Geistwesen sein läßt, wenn sie von ihrem Auftrag ausruhen und im unvergänglichen Leben vor seinem Angesicht verweilen; und andererseits läßt du die Geistwesen deine Boten sein, wenn sie zur Erfüllung deiner Gebote Botschafter werden. Die Engel sind nämlich Boten, weil sie jede Eingebung jenes Hauches, den Gott in den Menschen sandte, Gott melden. Auf diese Weise sind sie um der Menschen willen Dienende, weil sie ihre Werke sammeln und beurteilen, und wegen der Taten der Menschen, die durch den Geist gewirkt werden, nennt man sie auch Geister und Engel, da sie immer wieder vom himmlischen Lenker zur Ausführung seiner Gerichte gesandt werden. Doch deine Diener, die überall im Dienst deines Willens stehen, machst du zur Feuerflamme, wenn sie in deiner Liebe brennen. In dieser Liebe wiederum dienen sie dir mit unermüdlichem Lob und werden seines nicht überdrüssig.

Denn die Diener Gottes, die immer sein Antlitz betrachten, blitzen stets wie eine Flamme, und in diesem Aufleuchten sehen sie seine Wunder und erkennen sie mit Staunen und Lobpreis an. Deshalb sind sie auch eine Feuerflamme und brennen durch Gott, der Feuer ist. Durch keinen andern können sie entfacht oder ausgelöscht werden, sondern sie brennen unauslöschlich in Liebe zu Ihm und bewundern mit neuen Lobgesängen seine Wundertaten. Und darin stehen sie Ihm wiederum zu Diensten, weil Er sie selbst – mit dem Mantel der Menschheit angetan – zum Staunen über seine Wunder veranlaßt. Denn Gott hat sich mit dem Mantel seiner Stärke umgürtet, durch den Er den Menschen zum Spiegel seines Ruhms und seiner Wunder bestellt hat, damit der Mensch gegen den Teufel kämpfe, ihn überwinde, und so immer im göttlichen Lob verharre.

Auf dieselbe Weise macht Gott auch diejenigen, die seine Boten sind und den Kindern der Kirche die Worte des Heils verkünden, zu Geistwesen, wenn Er ihnen gebietet, ihrem Fleisch zu widerstehen und dem Geist zu dienen. Wenn sie so aus ganzem Herzen geistlich geworden sind, bestimmt Er sie dann wiederum dazu, seinem Volk seine Gebote umso zuverlässiger mitzuteilen. Er läßt auch jene, die sich Tag und Nacht in seinem Dienst mühen, in seiner Liebe brennen, und so eine Feuerflamme sein. Und wenn sie derart Feuer geworden sind, können sie sich wiederum ohne Überdruß in seinem Dienst abmühen <insudare>. Gott hatte nämlich in seinem Vorherwissen beschlossen, seine Wunder und Geheimnisse, die unter den Engeln geschehen, auch zeichenhaft an Menschen zu wirken. Darum ließ Er auch Engel zu Menschen sprechen, wie es bei Abraham und bei Jakob geschah, und wie auch Bileams Eselin gesprochen hat.

Denn Er verhüllt die Engel-Geister, die Ihm dienen und seine Schönheit loben und ehren, mit seinen Geheimnissen wie mit einem Gewand, und deshalb nennt man sie auch Feuerflamme. Und mit diesen feurigen Dienern, die in die Geheimnisse Gottes wie in ein Gewand gehüllt sind, werden die Einsiedler bezeichnet. Sie leben in Selbstverleugnung, als ob sie keine Menschen wären, und fliehen die Gemeinschaft der Menschen. Gott wirkt nämlich durch sein Werk, das der Mensch ist, große Wundertaten. Er hat sie in den Engelwesen vorherbestimmt, und sie funkeln vor Ihm in Lobpreis und wundersamer Schönheit.

Doch wie schon gesagt wurde, zeigen sich „rings um den Thronsitz vier Lebewesen, vorn und hinten voller Augen" (Offb 4,6). Das sind alle heiligen Werke, die Gott in jenen Menschen wirkt, die auf Ihn und seinen Thron blicken. Durch den Glauben sind sie Ostwind, durch die Hoffnung Südwind und durch die Erinnerung an den Fall, der dem Urvater zustieß, Westwind. Sie sind gleichsam nach hinten gewandt und richten in Voraussicht die Augen nach vorn gen Norden, damit sie der kämpferische Nordwind nicht mit der Fallsucht des Hochmuts und der glühenden Flamme der Unzucht umbringt. Mit den Augen, die sie überall besitzen, müssen sie daher zu Gott eilen, damit ihr Glaube nicht erlösche und sie nicht vom Licht getrennt werden und sich dem Norden so weit nähern, daß sie vom ewigen Tod erwürgt werden. Das spielt sich also „rings um den Thronsitz" (Offb 4,6) ab, denn der Osten, Süden und Westen zeigen Gott, doch der Norden ist ganz von Ihm besiegt und Ihm wie sein Fußschemel unterstellt.

Und dann steht geschrieben: Und „das erste Lebewesen gleicht einem Löwen, das zweite Lebewesen gleicht einem jungen Stier, das dritte Lebewesen hat ein Gesicht wie ein Mensch, und das vierte Lebewesen gleicht einem fliegenden Adler" (Offb 4,7). Das heißt: Dieses erste Lebewesen bezeichnet die Menschen im Mönchsgewand <cucullatos>, die sich zuerst mit Löwenkraft ganz von der Welt trennen; daher gleichen sie auch jenen Feurigen, die mit den Geheimnissen Gottes wie mit einem Gewand umhüllt sind und das Angesicht Gottes immer schauen. Ihre Tracht stammt nämlich nicht von der Welt, sondern wunderbarerweise von Gott. So hat es Gott für jene angeordnet, die es zum ersten Mal durch Hinweis und Belehrung bekanntmachten. Denn die Kukulle deutet auf die Engelwesen, die auf das Angesicht Gottes blicken, und auf keinen andern hin. Ihre Weite zielt auf die Ähnlichkeit mit einer Wolke, weil auch die Engel viele Male auf Wolken erscheinen, und weil Adams Gewand der Unschuld ebenfalls wie eine leuchtende Wolke war. Diese Menschen bedecken daher ihr Haupt mit einer Kapuze, um weder nach links noch nach rechts abzuweichen und unter dem Antrieb des Geistes geradewegs vor sich hin zu schreiten, den Blick immer auf Gott gerichtet, damit sie den guten Werken nicht den Rücken kehren.

Das alles soll in dem Gehorsam geschehen, den der Menschensohn an sich selber aufzeigte, so daß die Vorschriften der Meister in Gottesfurcht beobachtet werden. Und wie ein Mensch beim Donnerschlag Angst hat, umzukommen, so soll er auch die Sünden fürchten. Wie nämlich der Löwe die übrigen Tiere an Stärke übertrifft, so übertreffen diese in gewaltiger göttlicher Kraft die übrigen Menschen, denn obgleich sie Menschen sind, leben sie nicht wie Menschen.

Wenn nämlich ein Mensch durch die Absage an die Welt sich selbst Gott darbringt, überführt er die Welt, daß sie ihm in jeder Hinsicht schädlich <inutilis> ist. Und so erhebt er seinen Geist, wie Daniel sagt: „Ich schaute in einem nächtlichen Gesicht, und siehe: Mit den Wolken des Himmels erschien der Menschensohn und gelangte bis zu dem Hochbetagten" (Dan 7,13). Das heißt: Weil ich meinen Geist zum Himmlischen erhob, erblickte ich bei der Betrachtung vieler Widerwärtigkeiten, daß alle himmlischen und göttlichen Wunder, die Er in den Engelwesen gewirkt hat, Gott durch seinen Sohn in den Menschen andeuten wollte. Und so gelangte der Sohn bis zu dem Hochbetagten, weil der Sohn Gottes Gott und Mensch ist, und so Gott und Mensch ein Gott sind. Gott ist nämlich Mensch, und dieser Mensch ist Gott. Doch auch die guten Werke der Menschen und das Lob der Engel verbinden sich und sind eins in Gott.

Diesen Menschen im Mönchsgewand gesellt sich auch die Schar der Jungfrauen zu, die auf einen Mann mit Liebe und Reichtum und auf die ganze Welt verzichten. Wie nämlich eine Jungfrau dem Reichtum dieser Welt entzogen sein muß, um nicht an der Brust der Lust dieser Welt zu saugen, so muß auch die Schar derer, die das Mönchsgewand tragen, in Weltentsagung <a mundo relicta> leben, um nicht irdische Geschäfte mit ihr zu betreiben. Und wie die Jungfrau auf einen Mann verzichtet hat, so daß sie nicht unter seiner Fürsorge und Gewalt steht, sondern gleichsam unabhängig von ihm ist, so soll auch der Mönch in Weltentsagung ihr nicht unterjocht sein, sondern unabhängig von ihr bleiben. Die Jungfräulichkeit bezeichnet auch die Sonne, die die ganze Welt erleuchtet, weil Gott sich mit der Jungfräulichkeit verbunden hat. Sie brachte im Verzicht auf einen Mann den hervor, den der Strahl der Gottheit durchdrang und der auch alles regiert. Denn der König, der alles regiert, ist Gott, und die Jungfräulichkeit wurde mit Ihm verbunden, als der Gottmensch von der Jungfrau geboren wurde. So „stand die Königin zu seiner Rechten, in ein goldverziertes, vielfarbiges Gewand gekleidet" (Ps 45,10). Denn die Jungfräulichkeit leistet dem Teufel Widerstand und steht der Kraft der Gottheit zur Seite in einem strahlenden Werk, überall von vielen verschiedenen Tugenden umgeben. Die Gottheit hat sich ja mit der Jungfräulichkeit vermählt, als der erste Engel zur linken Seite fiel, und erwählte sich dann in Adam auch das Volk der Erlösung, das Er seine Rechte nannte. Von diesem Volk ausgehend, verband er sich mit der Jungfräulichkeit, die ein gewaltiges Werk hervorbrachte, weil – wie Gott alles durch sein Wort geschaffen hat – so auch die Jungfräulichkeit durch die Glut der heiligen Gottheit den Sohn Gottes hervorbrachte. So ist die Jungfräulichkeit nicht ohne Fruchtbarkeit; denn die Jungfrau gebar den Gottmenschen, durch den alles existiert. Auf diese Weise jedoch sind alle Tugenden des Alten und Neuen Testaments, die Gott in seinen Heiligen gewirkt hat, wie ein goldverziertes Gewand vergoldet, und die Jungfrau wird sich diese ungehindert erwerben, weil keine Bindung an einen Mann sie fesselt.

Auch das Rad, das Ezechiel sah, deutete die Jungfräulichkeit an, weil die Jungfräulichkeit vor der Fleischwerdung des Gottessohnes unter dem Gesetz vorgebildet wurde. Nach seiner Fleischwerdung aber wirkte sie auf wunderbare Weise viele Wunder, weil Gott durch sie alle Schuld tilgte und einer jeden Einrichtung die rechte Ordnung gab. Die Jungfräulichkeit erträgt ja das Alte und erwartet das Neue, und sie ist Wurzel und Fundament alles Guten, weil sie immer und ewig bei dem war, der ohne Anfang und Ende ist. Denn die menschliche Natur, die wegen der Sünden verdorben war, lebte durch sie bei der Erlösung wieder auf, als sie durch eine andersartige Natur den Menschen die Sünden nahm.

Das zweite Lebewesen jedoch, das einem Stier gleicht, weist auf diejenigen hin, die im geistlichen Gewand zum heiligen Opfer hinzutreten, d. h. die rings um den Weinberg des Herrn Sabaoth graben und den Acker der Gebote Gottes überall durch Pflügen umwenden; und ebenfalls auf die, welche Engel des Herrn der Heerscharen genannt werden, und sich deshalb auch mit dem Gürtel der Keuschheit umgürten sollen, damit sie nicht in der Nichtigkeit der fleischlichen Begierden wandeln, sondern tatkräftig den Acker mit dem Pflug umwenden. Sie sollen sich auch die Beschneidung der Nüchternheit auferlegen, denn durch sie werden die Sünden der Menschen abgewaschen, und das soll in Barmherzigkeit geschehen, weil sie in sich selbst Sünden wahrnehmen.

Diese beiden erwähnten Gattungen also, d. h. die Menschen, die durch Löwe und Stier bezeichnet werden, ziehen gewissermaßen eine andere Menschengattung an, die sie selbst Konversen nennen. Die meisten bekehren sich in ihrer Lebensweise nicht wirklich zu Gott, weil sie mehr den

Widerspruch, als das rechte Handeln lieben und ihre Arbeiten mit unbesonnenem Gerede verrichten, indem sie so von ihren Vorgesetzten sprechen: Wer und was sind diese da? Und was sind wir gewesen, oder was sind wir? Und weil sie so handeln, gleichen sie den Pseudopropheten, da sie nicht richtig beurteilen, wie Gott sein Volk zusammengestellt hat.

Ihr also, die ihr Gott fürchtet, hört den Geist des Herrn zu euch sprechen: Entfernt diese erwähnten Übel von euch, und reinigt euch vor den Tagen jener Bedrängnisse, wenn Gottes und eure Feinde euch verscheuchen und an die rechte Stelle der Demut und Armut versetzen, damit ihr euch von nun an nicht mehr so breitmacht, wie ihr es bis jetzt getan habt. So hat auch Gott das alte gewohnte Gesetz in ein geistliches Leben verwandelt und jede frühere Einrichtung zu größerem Nutzen geläutert. Ursprünglich ließ Gott nämlich Adam das Land bestellen, Abel opfern und Noe bauen. Das geschah bis zum Hohenpriestertum, das bei der Fleischwerdung Christi entstand. Zuerst stellte es Abraham durch die Beschneidung und Mose durch die Gesetzgebung dar. Doch dies alles vollendete später der Sohn Gottes in seiner Menschheit, und daher ist das auch bezüglich des Menschen zu verstehen. Denn nach dem Fall Adams hat Gott sowohl in den Menschen als auch in den Engeln seine Ordnung gut vorausbezeichnet.

Es würde sich nämlich durchaus nicht ziemen, daß ein Priester die Aufgaben eines Bauern, und ein Jünger die Pflichten eines Meisters wahrnimmt. Denn der Bauer muß den Priester, und der Jünger den Meister in Gottesfurcht und demütiger Geduld nachahmen. Den allmächtigen Gott erkennt man nämlich an seinen Werken, so wie Er an Adam zu wirken begann, dem Er auftrug, den Boden zu bebauen und Menschen zu zeugen, weil Gott auch selbst alles geschaffen hat; und wie Er durch das Opfer Abels andeutete, daß sein Sohn zur Erlösung des Volkes geopfert werden mußte; und durch Noe, der die Arche baute, daß in der geistlichen Gemeinschaft Meister zu bestellen sind.

Jetzt, ihr Meister, weist die erwähnten Menschen in euerm Orden, d. h. die Konversen, zurecht und tadelt sie, weil der größte Teil von ihnen weder tagsüber noch nachts mit etwas beschäftigt ist. Denn sie dienen weder Gott noch der Welt auf vollkommene Weise. Schreckt sie aus ihrer Unwissenheit auf, wie ein guter Apotheker <pigmentarius> seinen Garten von Unkraut säubert. Unter euch selbst jedoch sorgt für die entsprechende Ordnung, und seid recht einsichtig, damit ihr nicht ungerecht urteilt. Es wäre nämlich unpassend, wenn Löwe, Stier, Mensch und Adler sich gegenseitig ihre Bedeutung streitig machten. Vielmehr soll jeder von ihnen dem andern Gerechtigkeit in Gestalt der Wahrheit erweisen. Denn die Sonne erleuchtet mit Mond und Sternen die ganze Welt vollständig und bestimmungsgemäß. Daher können auch diese, die vom Menschensohn dazu bestimmt sind, für Menschen zu sorgen, in demütigem Gehorsam heilen, salben und das Tauf<wasser> segnen. Denn jeder Priester, der von Gott gesalbt und zum Priester ernannt wurde, kann nach gerechter Beurteilung die Sündenwunden salben und heilen, weil er diese Aufgabe von Gott erhält; und daher soll er nicht versäumen, sie zu erfüllen.

Und ich armselige und ungebildete Frau sah ein wildes Tier, dessen Gesicht und Vorderfüße einem Bären glichen. Der übrige Körper ähnelte einem Rind, mit Ausnahme der Hinterfüße, die wie Eselsfüße aussahen; und ein Schwanz fehlte. Es trug jedoch drei Hörner auf dem Kopf; zwei davon neben den Ohren glichen Ochsenhörnern, das dritte aber mitten auf der Stirn ähnelte dem Horn eines Steinbocks. Das Gesicht dieses wilden Tieres jedoch war nach Osten, sein Hinterteil aber nach Westen gewandt.

Das ist so zu verstehen: Dieses wilde Tier, dessen Gesicht und Vorderfüße einem Bären gleichen, weist auf gewisse Menschen hin, die heimlich raubtierartige Gewohnheiten haben. Sie bringen zwar sanfte Worte hervor, doch zeigen sie am Beispiel ihres Wandels – statt geradeaus vor sich hinzuschreiten – die Verwegenheit und Verhärtung der Verkehrtheit. Ihr übriger Leib behält die Ähnlichkeit mit einem Rind, ausgenommen die Hinterfüße, die wie Eselsfüße aussehen; und ein Schwanz fehlt, weil diese Menschen vorgeben, das Joch Gottes wie ein Ochse zu tragen, obgleich an Hand folgender Beispiele die Gewohnheiten eines Esels, der unter der Last fällt, an ihnen sichtbar werden. Und sie zeigen, daß ihnen der Schwanz fehlt, weil es ihnen daran gebricht, <zu tun>, was der Herr gebietet, <d. h.> die Opfergabe mit dem Schwanzstück darzubringen. Sie führen nämlich das Gute, das sie in Demut und Armut begonnen haben, nicht bis zum Ziel der Seligkeit durch.

Daß das wilde Tier aber drei Hörner am Kopf trägt, von denen zwei neben den Ohren Ochsenhörnern gleichen, bezeichnet drei Lebensweisen in ursprünglicher Zusammengehörigkeit. So stellen zwei davon das Abbild der auf dem Acker des Herrn Arbeitenden und dem Wort des Herrn Gehör Schenkenden dar; das dritte jedoch, mitten auf der Stirn, ähnelt dem Horn eines Steinbocks, denn es macht in der Kraft des Selbstvertrauens die

geistlichen Menschen sichtbar, die sich – schmutzstarrend wie ein Steinbock – bemühen, jene Höhe, auf der sie keineswegs bleiben können, zu ersteigen. Denn auf dieser Höhe verachten sie die übrigen geistlichen Menschen, wie die Pharisäer die Zöllner, und schätzen sie wie Unnütze gering.
Auch verbünden sie sich aus gewissen Gründen mit Höhergestellten der
Umgebung, damit sie durch sie besser und hervorragender als die beiden
andern Hörner erscheinen, und so auch die Höhe der Heiligkeit vor den
andern zu ersteigen scheinen. Denn sie geben sich auch mit weltlichen
Sorgen ab und greifen nach vielfältigem Reichtum, als ob sie die ganze
Erde mit ihren Bemühungen umkehrten. Und dadurch erwerben sie
größeren Reichtum, als sie sollten. Das tun sie auch ähnlich wie der Jüngling, dem der Sohn Gottes sagte, er solle, was immer er besäße, verkaufen
und den Armen geben. Und er ging traurig weg, weil er sowohl den Reichtum der Welt, als auch das ewige Leben besitzen wollte, was schwerlich geschehen konnte. Diese Menschen wollen nämlich Himmel und Erde zugleich haben, was unmöglich ist, denn sie können beim Erwerb und Besitz
des Reichtums nicht ohne stolze Erhebung und ohne eigenes Begehren bestehen, wie es auch unmöglich wäre, daß ein auf dem Gipfel eines Berges
stehender Mensch – vom Sturm heftigen Windes geschüttelt – nicht um-
fällt. Sie besitzen auch nicht jene Furcht und Liebe, wie sie ein Armer hat,
der seine Hand um Unterstützung und für ein Almosen ausstreckt. Sie
hüllen sich vielmehr in die Dummheit eines Esels, der sich mit schweren
Bürden beladen läßt, bis er unter dieser Last erliegt. Sie wollen nämlich das
Joch des geistlichen Lebens und die Sorge der Welt tragen, können jedoch
darunter nicht bestehen und fallen deshalb wie ein Esel. Daher ist das Gesicht dieses wilden Tieres nach Osten, sein Hinterteil aber nach Westen gewandt, weil sie – während sie eine geistliche Lebensweise zu beobachten
scheinen – auch der weltlichen anhängen. Darin ahmen sie die verworfenen Engel nach, die in ihrem Selbstvertrauen aus der himmlischen Herrlichkeit stürzten.

Und das dritte Tier mit einem menschlichen Gesicht bezeichnet diejenigen weltlichen Menschen, die ihre Arbeiten in der Sorge für Leib und
Seele tun, und dennoch in guter Absicht zu Gott emporsteigen, als ob sie
mit Flügeln flögen, weil jedwedes gute Verlangen aus dem Herzen des Gerechten wie ein Sonnenstrahl ausgesandt wird, und sie so wie beflügelt erscheinen. Doch beeilen sie sich auch, die Vorschriften des Gesetzes und des
Priesters zu beachten und lassen sich dazu bewegen, in Barmherzigkeit Al-

mosen zu spenden. Sie untersuchen die Erde, wie sie sich auf ihr vermehren können, und glauben bezüglich der Erzeugung von Nachkommen,
dem Staub der Erde zu gleichen. Sie nennen sich Sünder, und haben so im
weltlichen Leben mehr Pein, als Lust an fleischlicher Freude. So kommen
sie zu ihren Meistern, den Priestern, mit traurigem Gesicht <faciem suam
mutantes>, mit dem sie die Sünde verkostet haben, und bekennen durch
die Gnade des Heiligen Geistes in Reue ihre Sünden. Und so erneuern sie
sich, wie geschrieben steht: „Du wirst das Angesicht der Erde erneuern"
(Ps 104,30). Das heißt: O Gott, in einem neuen Geist erneuerst du den Willen des Menschen, der nach der Sünde trachtete, so daß du ihn vom bösen
Eifer zum guten Verlangen bekehrst. Denn durch Büßer wirst du das Antlitz der Erde erneuern, wenn der Mensch spürt und weiß, daß er so in Sünden verwickelt ist, daß er sich nicht der Vergehen enthalten kann, damit er
nicht sündige, und sich dennoch durch Reue der Erneuerung zuwendet.
Wenn der Mensch nämlich nicht sündigte, würde er sich nicht erneuern.

Manche erneuern sich auch auf andere Weise, nämlich wenn sie die
Sünden wegen der Qual der Buße fliehen, so daß sie nicht danach trachten,
zu sündigen. Und manche auf andere Art, wenn sie Sünden, die sie in sich
verspüren und tun könnten, aus Liebe zu den Tugenden meiden. Daher
empfangen sie so ebenfalls die Erneuerung durch den Heiligen Geist.
Denn wenn die Erde zur Zeit des Grünens nicht unterläßt, Frucht zu bringen, und wie sie in der Dürrezeit gelb und trocken wird, und dann wieder
zu ihrem Grün zurückkehrt, so bestimmte auch Gott den Menschen dazu,
sich durch seine Werke innerlich zu erneuern. Die Heilige Schrift muß
man nämlich richtig auf alle Handlungen des Menschen anwenden, wie
auch aus einem Gewässer viele Wasser abgeleitet werden, und Gott auch
die Wasser auf den ganzen Erdkreis verteilt hat.

Auch diese Weltmenschen schauen immer prüfend auf sich selbst und
erwägen, was sie sind, wie sie leben, und auf welche Weise sie sich von den
Sünden trennen. Und während sie so in Gottesfurcht leben, weilen sie im
Irdischen und geben das Himmlische nicht auf. Denn sie bringen sich
selbst Gott dar, wenn sie Ihn anbeten. Daher blitzen sie wie der Mond,
wenn sie aus tiefstem Herzen zu Ihm aufseufzen. Und wenn sie wie der
Mond an Sünden abnehmen, erheben sie sich sofort durch Buße. So er-
steht auch der Mond nach seinem Abnehmen wieder durch die Sonne. Sie
schlafen auch „inmitten der Hürde mit versilberten Taubenflügeln" (Ps
68,14), weil sie dort, um nicht zu sündigen, mitten unter den <hoch>flie-

genden Lehrmeistern schlummern, da sie in der Einfalt reiner Erkenntnis sind. Und das tun sie, wenn sie sich von den bisherigen Sünden abwenden und vom Sündigen ausruhen, wie ein Vogel den Kopf zum Ruhen mitten unter seine Flügel neigt. Sie lieben nämlich das Himmlische und bekennen ihre Sünden bezüglich irdischer Dinge in Reue. Daher „sind auch die Toten selig, die im Herrn sterben" (Offb 14,13), denn während sie nach dem Gesetz weltlich leben – o was für ein großes Wunder geschieht in ihnen, daß sie durch ein solches Leben und das Aufgeben der Sünde wegen der Bitterkeit der Reue Menschen bleiben! Doch auch folgendermaßen werden sie dem Lebewesen mit einem menschlichen Gesicht gleichen: Wenn sie nämlich auf Erden Sünden begehen, setzen sie ihnen die Buße entgegen und werden ihnen fremd, wie auch die Natur der Tiere der Menschennatur fremd ist. Daher erscheinen sie im Wissen um gute Werke versilbert, weil sie den einfältigen Charakter eines Kindes, das von der Sünde nichts weiß, besitzen, wenn sie die Sünde weder umfangen noch nähren wollen. Wenn sie sich bemühen, in dieser Einfalt zu funkeln, dann zeigt sich „ihr Rücken<gefieder> goldschimmernd" (Ps 68,14), weil ihre Kehrseite, auf der sie früher sehr sündigten, als sie gewohnt waren, zu sündigen, jetzt zurückgeworfen ist, und sie in Gottesfurcht Weisheit aufweisen, denn sie strahlen in guten Taten vergoldet wider.

Das vierte Lebewesen jedoch, das einem fliegenden Adler gleicht, weist auf manche Menschen hin, die sich der Sünden enthalten. Sie erheben sich aus den erwähnten weltlichen Verhältnissen zur Enthaltsamkeit. So geschah es bei Maria Magdalena, die alle ihre Sünden abwarf, sie für Kot erachtete und so den besten Teil erwählte. Sie thront nun mit im Morgenrot der Heiligkeit. Doch im Alten Testament ließen viele aus Überdruß an dieser Welt das Sündigen, und viele enthielten sich auch aus Liebe zur Gerechtigkeit der Sünden. Jetzt aber werden sie in der neuen Sonne, nämlich in Christus Jesus, Enthaltsame genannt, da sie sich in der Einfalt eines Kindes, das keine Sünden kennt, befinden, wenn sie die Sünden zurückweisen und nicht kennen wollen. Denn von zwei Seiten steigen sie zum Himmlischen empor, weil sie in guter Absicht und mit heiligem Verlangen vor den übrigen, die die Welt früher nicht kannten, lieben, was droben ist. Wie ein Adler, der höher als die andern Vögel emporgelangt, fliegen sie in die Höhe und wenden sich so dem Glanz des ewigen Lebens zu, daß sie sich an ihm nicht ersättigen können, und durch die Glut der wahren Sonne, was sie früher – in Sünden verwickelt – getan haben, mit Füßen treten.

Auch erwägen sie in der gewaltigen Kraft der Heiligkeit, wieviele Schmerzen und wie schwere Bürden in den Sünden liegen, die sie früher liebkosend berührt hatten, und töten sie jetzt in sich ab wie einen todbringenden Kadaver. Ihren Leib fesseln und bestrafen sie wie ein getötetes Schaf. Und so schauen sie in die glühende Sonne, werfen das Irdische, das sie früher gekannt hatten, hinter sich, indem sie es als Staub erachten, verwerfen in brennender Gottesliebe die Furcht vor der Hölle und vertrauen darauf, zum Ausharren in Glaube und Hoffnung bestimmt zu sein.

Das tun sie auf die Weise, wie Jesaia sagt: „Die Seraphim verbargen mit zwei Flügeln ihr Antlitz" (Jes 6,2). Diese Flügel bezeichnen Glauben und Hoffnung. Denn die Gläubigen sehen Gott im Glauben und ersehnen durch die Hoffnung ewigen Lohn. Und „mit zwei Flügeln verhüllten sie ihre Füße" (Jes 6,2). Das weist auf die Empfindsamkeit und Einsicht hin, mit der diese Menschen die Blöße ihrer Sünden bedecken, um nicht die fleischlichen Begierden des eigenen Willens auszuführen. Doch „flogen sie auch mit den beiden andern" (Jes 6,2); das zeigt die Gottes- und Nächstenliebe an. Denn wenn sie Gott über alles lieben, stehen sie ihrem Nächsten in seiner Not bei und schweben so in der Kraft Gottes über allem, wenn sie das Irdische übersteigen und alles, was sich auf die Sünden bezieht, sorgfältig untersuchen, inwieweit sie sich durch Enthalten von Sünden hart hernehmen müssen.

Und so schmücken sie auch mit ganzem Verlangen mit den kostbaren Edelsteinen der guten Werke das himmlische Jerusalem. Auch in frohgemutem Lebenswandel nach den Geboten Gottes schlafen sie nicht, sondern ertönen stets in neuem Verlangen der Seele wie eine schallende Trompete. Das sind die glühenden Seufzer, welche die in nächtlicher Dunkelheit in Sünden Geborenen zu Gott entsenden, wenn sie Ihn in Furcht und Liebe erkennen und sagen, daß Er heilig ist, der alles erschaffen hat; daß Er heilig ist, der niemals sterblich war, und daß Er heilig ist, der die Hölle sprengte und seine Erwählten aus ihr herausführte. Selig sind nämlich die Menschen durch gutes Tun, und sie werden nie aufhören, Gott zu loben. Und wenn sie aufhören, zu wirken, werden sie dennoch am Ende ihres Lebens vom Lob ihres Schöpfers nicht ablassen.

Ich armseliges Geschöpf aber, von meiner Kindheit an schwach und krank, wurde durch eine geheimnisvolle wahre Schau zu dieser Schrift genötigt. Schwerkrank im Bett liegend, habe ich sie auf Gottes Geheiß und mit seiner Hilfe aufgeschrieben, um sie den Prälaten und Lehrmeistern, die zum Dienst Gottes bestimmt sind, vorzulegen, damit sie in ihr wie in einem Spiegel betrachten, wer und wie sie sind. Sie sollen sie auch denen zeigen und erschließen, die ihnen im Gehorsam unterstellt sind. Und ich hörte eine Stimme vom Himmel sprechen: Niemand verachte diese Worte, damit nicht die Strafe Gottes über ihn komme, wenn er sie geringachtet.

85 Abt Adam an Hildegard (Ebrach)

Seiner vielgeliebten Herrin und Mutter Hildegard, Meisterin der Schwestern von St. Rupert in Bingen, <entbietet> Bruder Adam, der – allerdings unwürdige – Abt von Ebrach, das wenige, was vorhanden ist.

Sobald ich Kenntnis von Euerm Ruf erhielt, empfand ich eine überaus große Freude. Gott hat meine Freude vermehrt, als Er Euch in seinem gütigen und wunderbaren Willen herschickte, damit man in unserm Land Euer Angesicht schaue und Eure Stimme höre. Und mir gewährte Er – was ich kaum erhoffen konnte – eine Unterredung zwischen uns. Ich vertraue darauf, daß Ihr nicht vergeßt, worüber ich mich, wie gesagt, beunruhige. Weil unterschiedliche Menschen verschieden empfinden, die einen dies, die andern das, so „sei Gott gepriesen" (Gen 14,20; Ps 66,20; u.a.), wenn es gut und heilsam nach dem Urteil des Herrn ist; wenn es eine Gefahr bedeutet, bittet Gott, daß Er mir Gutes und das Heil der Seele gewähre, und alle Gefahr fernhalte.

Jetzt aber schicke ich einen Brief und unsern Boten in Eurer Angelegenheit zu unserm kaiserlichen Herrn und hoffe, Ihr werdet mit der Gnade Gottes erhört. Und sobald Ihr nur unseres Dienstes bedürft, werden wir bereit sein, Euch zu dienen.

Wir bitten auch inständig, Ihr möchtet geruhen, für uns zu beten – wir sind nämlich wegen der Sorge um unsere Brüder wirklich beunruhigt –, daß die Gnade des Heiligen Geistes, die durch den Geist der Prophetie viele Wunder in Euch bewirkt, auch uns heimsuchen <inspiciat> und schützen möge. Wir bitten auch, Ihr möchtet Euch würdigen, uns schriftlich zu trösten und zu bestärken.

85R/A Hildegard an Abt Adam (Ebrach)

<I>n einer wahren Schau des Geistes sah ich wachen Leibes etwas wie ein ganz hübsches Mädchen. Es erstrahlte von so großem Glanz des herrlichen Antlitzes, daß ich es nicht vollständig betrachten konnte. Und es trug einen Mantel weißer wie Schnee und klarer als die Sterne. Auch war es mit Schuhwerk wie von reinstem Gold angetan. Es hielt aber Sonne und Mond in der rechten Hand und umfaßte sie liebevoll. Auf seiner Brust war auch noch eine Elfenbeintafel, auf der eine saphirfarbene Menschengestalt erschien. Und die ganze Schöpfung nannte dieses Mädchen Herrin. Doch auch es selbst sprach zu der Gestalt, die auf seiner Brust erschien: „Bei dir liegt der Ursprung am Tage deiner Kraft im Glanz der Heiligen; aus dem Schoß habe ich dich vor dem Morgenstern gezeugt" (Ps 110,3).

Und ich hörte eine Stimme zu mir sagen: Das Mädchen, das du siehst, ist die Liebe, die in der Ewigkeit eine Wohnstatt hat. Denn als Gott die Welt erschaffen wollte, neigte Er sich in zärtlicher Liebe herab und sorgte für alles Notwendige vor, wie ein Vater seinem Sohn das Erbe bereitet. Und so ordnete Er in glühendem Eifer alle seine Werke. Da erkannte die Schöpfung in diesen Gestalten und ihren Formen ihren Schöpfer, denn die Liebe war demgemäß der Quell dieser Schöpfung, als Gott sprach: „Es werde, und es ward" (Gen 1,3), weil die ganze Schöpfung gleichsam in einem Augenblick von ihr hervorgebracht wurde.

Es <das Mädchen> erstrahlt von so großem Glanz des herrlichen Antlitzes, daß du es nicht vollständig betrachten kannst, weil es in so reiner Erkenntnis die Furcht des Herrn darstellt, daß der sterbliche Mensch sie nicht zu erschöpfen vermag. Und es trägt einen Mantel weißer als Schnee und klarer als die Sterne, weil es ohne Heuchelei alles in strahlendweißer Unschuld mit helleuchtenden Werken in den Heiligen zusammenfaßt. Auch ist es mit Schuhwerk wie von reinstem Gold angetan, weil es Wege geht, die zum besten Teil der göttlichen Erwählung gehören. Es hält aber Sonne und Mond in der rechten Hand und umfaßt sie liebevoll, weil die Rechte Gottes alle Geschöpfe umfaßt und sich überdies auf Völker, Reiche und alle Guten erstreckt. Deshalb steht auch geschrieben: „Der Herr sprach zu meinem Herrn: Setze dich zu meiner Rechten" (Ps 110,1). Auch ist auf seiner Brust eine Elfenbeintafel, weil in Gottes Wissen das Land der

Unversehrtheit in der Jungfrau Maria ständig in Blüte stand, so daß in ihr eine saphirfarbene Menschengestalt erscheint. Denn der Sohn Gottes ging <effulsit> in der Liebe aus dem Altehrwürdigen <antiqus dierum> hervor.

Und die ganze Schöpfung nennt dieses Mädchen Herrin, weil sie aus ihr hervorging. Denn sie war das Erste und erschuf alles. So zeigt auch die Gestalt auf ihrer Brust, daß Gott sich um des Menschen willen mit der Menschheit bekleidet hat. Als nämlich die ganze Schöpfung nach der Anordnung Gottes vervollständigt war, wie Er selbst sagte: „Wachst und mehrt euch und erfüllt die Erde" (Gen 1,28), stieg die Glut der wahren Sonne wie Tau in den Schoß der Jungfrau herab und bildete aus ihrem Fleisch einen Menschen, wie sie auch Adam aus dem Lehm der Erde zu Fleisch und Blut geformt hatte. Und die Jungfrau gebar ihn in Unversehrtheit.

Doch war es nicht geziemend, daß es der Liebe an Flügeln fehle. Denn als das Geschöpf anfänglich umherirrte <circuivit>, so daß es bei Bedrängnis fliegen wollte und zu Fall kam, hoben es die Schwingen der Liebe empor. Das war die heilige Demut. Als nämlich Adam ein schreckliches Ansinnen niederstreckte, erkannte die Gottheit genau, daß er durch den Fall nicht völlig zugrunde gehen, sondern sie ihn durch die heilige Menschheit retten würde. Das waren Flügel von großer Macht, denn die Demut hob den verlorengegangenen Menschen empor, was die Menschheit des Erlösers bewirkte. Die Liebe hat nämlich den Menschen geschaffen, die Demut ihn erlöst. Die Hoffnung aber ist gleichsam das Auge der Liebe, die Liebe zum Himmlischen ihr Herz und die Enthaltsamkeit ihr Band. Der Glaube jedoch ist wie das Auge der Demut, der Gehorsam wie ihr Herz und die Verachtung des Bösen ihr Band. Die Liebe lebte in der Ewigkeit, und am Anfang aller Heiligkeit brachte sie alle Geschöpfe ohne Vermischung mit Bösem hervor. Sie zeugte auch Adam und Eva aus der reinen Beschaffenheit der Erde. Und wie diese beiden alle Menschenkinder zeugten, so bringen auch diese beiden Tugendkräfte alle übrigen Tugenden hervor.

Jetzt jedoch klopfen die Tugenden an deine Tür, o Mensch, zu dem ich das sage, und sprechen: Oh, das Zelt dieses Mannes, der am Morgen bei uns weilt, ist schon erschöpft. Und die Liebe sagt zu dir: O getreuer Freund, wir wollen nicht, daß du dich deiner Amtsverpflichtung entziehst. Denn als Gott alle Geschöpfe unter dem Himmelsrund verbreiten wollte, umfingen wir alle seine Werke und wirkten mit Ihm. Doch der Mensch kam zu Fall. Wir weinten mit ihm und verließen ihn nicht, obwohl er uns Backenstreiche versetzte.

Und die Demut spricht dich besonders an: Wehe, wehe, unter welch großen Schmerzen habe ich den Menschen ertragen. Du aber sagst: Ich will die Flucht ergreifen. Doch sollst du die Last in den Weinberg tragen, und du bleibst stehen und willst nicht gehen, sondern hüllst dich in Überdruß und erwägst einen anderen Weg. So wird ein Gefährte von uns sicher nicht handeln. Wenn das Volk dich aber liebt, plage dich mit ihm. Stößt es jedoch unheilvolles Gebrüll <rugitum venti> beim beunruhigenden Streit zwischen den unterschiedlichen Charakteren der Menschen aus, blicke auf mich, und ich werde dir im Rad meiner mächtigen Flügel beistehen.

Samson verlor durch die Torheit einer Frau seine überaus starke Kraft. Hüte dich also, daß dir nicht dergleichen widerfährt, wenn du aus Überdruß eine zustimmende Antwort erteilst. Auch die Ehre Salomons wurde durch die Torheit von Frauen vernichtet. Achte ebenfalls sorgfältig darauf, daß im Widerstreit deiner Gedanken die Grünkraft, die du von Gott hast, nicht verdorrt. Hüte vielmehr den Schmuck aus Gold und kostbarem Edelstein, die Liebe und Demut in dir besitzen. Gib auch Gott die Ehre wegen der Armspangen, die dir die Weisheit verliehen hat und um derentwillen dir das Volk zuläuft, und plage dich mit dem Volk. Und so wirst du an der Sonne bleiben.

85R/B Hildegard an Abt Adam (Ebrach)

„Der ist" (Ex 3,14; Offb 1,4) spricht: Die Sonne scheint und sendet ihre Strahlen aus. Ein Mann aber, ein Freund der Sonne, besaß einen Garten, in dem er sehr eifrig viele wohlriechende Gewürze und zahlreiche Blumen pflanzen wollte. Und die Sonne schickte im Feuer ihrer Strahlen Wärme über diese Gewürzkräuter und Blumen, und Tau und Regen gaben ihnen Feuchtigkeit zum Grünen. Da kam von Norden eine gewundene Gestalt mit schwarzen Haaren und furchterregendem Gesicht, und von Osten trat ein überaus schöner Jüngling mit hellem Haar und vollem, liebenswürdigen Gesicht hervor. Sie kamen zu diesem Garten. Und die gewundene Gestalt sprach zu diesem Jüngling: Woher kommst du? – Er antwortete: Ich komme vom Osten zum Garten dieses klugen Mannes, weil ich sehr danach verlangt habe, zu ihm zu gelangen. – Und jene gewundene Gestalt sagte: Höre mich! Ein gefährlicher Sturm, Hagel, Feuer und Verderben werden über jenen Garten kommen und ihn verdorren lassen. Doch der Jüngling erwiderte: Nicht so, nicht so wird es sein, weil ich das nicht will; ich werde vielmehr einen ganz reinen Quell hervorströmen lassen und jenen Garten bewässern. – Und die gewundene Gestalt antwortete: Ha, ha, das ist so wahrscheinlich, wie wenn eine Heuschrecke einen harten Stein durchbohren würde. – Und so brachte jene Gestalt in ihrer List den Winter über den Garten und wollte seine Gewürzkräuter und Blumen verdorren lassen. Doch der besagte Jüngling widmete sich seinem Zitherspiel und nahm es nicht wahr. Als er es dann gesehen hatte, rief er mit lauter Stimme nach der Sonne, sie möge im Zeichen des Stieres kommen und doch endlich das Grün des Sommers über jenen Garten bringen. Und so ergriff er ein silbernes Horn und ein Hirschhorn und streckte damit jene gewundene Gestalt zu Boden. Und danach sagte er zu dem Mann, dem der erwähnte Garten gehörte: Von nun an vertraue nicht mehr so leichtsinnig auf dich, ohne deinen Garten mit einer so starken Mauer zu umgeben, daß ihn die pechschwarzen Sturmvögel nicht austrocknen.

Jetzt verstehe, du, o Vater, der du durch höchste Berufung an der Stelle Christi stehst, diese zu dir gesprochenen Worte. Höre also: Die Gnade Gottes leuchtet nämlich wie die Sonne und teilt ihre Gaben zuweilen folgendermaßen aus: Erstens in Form von Weisheit, zweitens von Grünkraft, drittens von Feuchtigkeit. Aber die Weisheit unterliegt einem schwerfälligen Naturell, die Grünkraft jedoch unterzieht sich großen Mühen, und die Feuchtigkeit wandelt sich in herbe Bitternis. Doch du, Mann, Freund der Gnade Gottes, besitzt einen Garten von Menschen <populi>, in dem du eifrig an Christi Stelle viele gute Wünsche und viele gute Werke pflanzen möchtest. Und die Gnade Gottes sendet über diese Wünsche und Werke in Kraft ihrer Gaben die Wirksamkeit des guten Willens aus und läßt sie durch Tau und Regen aus dem Quell des lebendigen Wassers grünen. Aber vom Teufel gehen Laster in ruhelosem eitlem Ruhm und in mutwilligem Tumult aus, die der rechtmäßigen Leitung Widerstand leisten; von Gott aber kommen Tugenden, die das Irdische verachten und sich aus Liebe ganz bereitwillig unterwerfen, und gelangen zu diesen Menschen. Und die Laster befragen die Tugenden, wozu sie gekommen seien. Doch diese antworten, daß sie von Gott zum Volk des Freundes Gottes gekommen seien, weil sie großes Verlangen trügen, in ihm ein Lobopfer zu schaffen. Und als die Laster diese Worte hören, sagen sie: Über dieses Volk wird großes Verderben, Zorn und Ausforschen mit vieler Beunruhigung hereinbrechen, so daß es im Dienst Gottes ermüdet. – Und die Tugenden erwidern: So wird es nicht ausgehen, weil wir im Guten nicht nachlassen werden. Vielmehr wird ein lebendiger Quell entspringen und mit seiner Barmherzigkeit dieses Volk verteidigen. – Und die Laster des Teufels sagen laut auflachend, das sei so gut möglich, wie daß die dem Fleisch anhaftende Gebrechlichkeit ohne Runzeln zu bestehen vermöge. Da bringen die Laster durch ihre Täuschungen über dieses Volk den kalten Nebel der Unwissenheit, so daß seine guten Wünsche und guten Werke nun erschöpft sind, so oft es auf sich selber vertraut. Doch die Tugenden, die in ihren Lobgesängen Gott ihren Dienst erweisen, lassen das nach gerechtem Urteil Gottes zu, so daß die Menschen einsehen, was sie sind. Wenn sie in demütigem Tugend<streben> in sich gehen, halten diese Tugenden mit großem, umsichtigem Eifer die Gnade Gottes fest, damit sie ihrem Geist das Leiden Christi einprägen, auf daß sie jenes Volk auf diese Weise zum ursprünglichen Gotteslob veranlassen. Und indem sie so auf die Gottheit und Menschheit des Gottessohnes achten, strecken sie jene Laster vernichtend zu Boden. Und sie sprechen zu dem, dem dieses Volk untersteht: Nach dieser Ermahnung vertraue nicht auf die eigenen Kräfte, sondern sorge dafür, zur Gnade Gottes Zuflucht zu nehmen, so daß du die Deinen derart auf jede Weise beschützt und mahnst, daß die teuflische Nachstellung sie nicht durch verschiedene Laster um der Nachlässigkeit willen zugrunderichtet.

Doch auch du, Vater, höre uns: Wie der Morgenstern mit seinem Licht dem Morgenrot zuvorkommt, so gewähre du uns Hilfe durch den Liebeskuß, den Gott dir gab. Und Gott wird dir das Leben schenken, das Er am ersten Tag vor sich sah.

86 Hildegard an Abt Adam (Ebrach)

Das Lebendige Licht spricht folgendermaßen bezüglich seiner Wunder: Die erste Wurzel erschien am Tag und blühte an allen Zweigen; sie schuf zwei Wege: Der eine war voller Bauwerke, in denen Adler und andere Vögel

wohnten; der andere aber war von einem großen Willen <optio> erfüllt.
Auf ihm liefen Riesen, die gegen jene Adler und die übrigen Vögel kämpf-
ten, ihnen jedoch nichts anhaben konnten. Dann trat die Sonne hervor. Sie
hatte goldene Schilde an ihrem ausgestreckten Arm und kämpfte gegen
jene Riesen. Denn der Sturz des ersten Engels hatte zum Verlust des Lebens geführt <a vita ceciderat>, und danach fehlte <nach> dem Fall Adams
das Licht des Paradieses, und Adam wandelte mit all seinen Nachkommen
unter dem Einfluß des Teufels. Doch die Sonne strahlte in einem Topas
und einem Saphir auf, d. h. in Erbarmen und Liebe, die das fleischgeworde-
ne Wort hervorbrachte. Die Sonne jedoch leuchtete genau so, wie sie am
Anfang erschienen war, und blieb so, weil auf sie kein Schatten von Veränderlichkeit fiel, wie es beim ersten Engel, bei Adam und bei der Einflüsterung des Teufels geschehen war. Und deshalb hieß es: „Du bist Priester auf
ewig nach der Ordnung des Melchisedek" (Ps 110,4). Unter dem Topas ist
nämlich die Barmherzigkeit, unter dem Saphir die Liebe zu verstehen.
Diese Tugenden hat jener Priester um des Menschen willen wie ein prie-
sterliches Gewand angelegt.

Jetzt aber soll sich deine Seele, o Vater, der du diesen Priester vertrittst,
wie das Wasser verströmen, das durch den Stab des Mose aus dem Felsen
floß, so daß deine Worte den ungläubigen Herzen den Trank des Heiles
bieten, und das Tageslicht, das in deiner Seele leuchtet, durch die große
Zahl der Tugenden zunehme. Ich sehe dich aber in deiner Seele beunruhigt
auf dem Weg, der zu Gott führt. Doch wenn dein Geist wegen deiner und
anderer Nöte in Verwirrung gerät, dann wird dich die Taube <der Heilige
Geist> ganz erfüllen, und dich vor dem Angesicht Gottes zu einem einfachen Turm machen. O Verwalter, um der Sorge willen, die du für uns
trugst, sah und erkannte ich dies über die Barmherzigkeit, und deswegen
möge dich die Gnade des Heiligen Geistes schützen.

87 Ein Mönch <Sekretär?> an Hildegard (Ebrach)

Seiner Herrin und Mutter Hildegard, einem äußerst fruchtbaren <beatissima> Ölbaum Christi, <wünscht> N., ein Sünder und unbrauchbarer Mönch aus dem Zisterzienserorden, für den Herrn zu leben und im Herrn zu sterben.

Eure Liebe soll wissen, daß ich Euch deshalb sehr wenige Briefe gesandt habe, weil ich nichts Eurer Heiligkeit genügend Geziemendes ersinnen konnte. Und mit bebender Seele nahm ich es mir auch kaum heraus, einer solch großen Persönlichkeit irgendetwas zu schreiben. Vielmehr hielt ich mich dessen auch nicht würdig. Wenn ich es – dank Eurer Gunst – trotzdem wage, empfehle ich mich beim Herzen Jesu Christi – obgleich verachtenswert – kniefällig zitternd Euern Gebeten an, inwieweit ich es mit Hilfe der Gnade für das Maß meiner Trägheit vermag. Ich werde Eurer und Eurer Familie in Christus sehr gern eingedenk sein. Und bin ich auch dem Leibe nach abwesend, im Herzen und in der Liebe – Gott ist mein Zeuge – bin ich bei Euch.

Nun also bewahrt mich in Euerm Andenken und empfehlt mich – wie ich auf Euch vertraue – unablässig Christus und der heiligen Maria. Und trachtet danach, mich auf göttliche Offenbarung mit Euern tröstenden Worten zu ermutigen. Die Gnade des Heiligen Geistes sei mit Euch.

87R/A Hildegard an den Sekretär (Ebrach)

Das geheimnisvolle Licht spricht: Ein Boden, der fruchtbar zum Keimen ist, bringt viele Früchte hervor, doch mischen sich sehr oft Lolch und anderes Unkraut darunter. Aber gelegentlich steigt ein gewisser milder Wind über dieser Erde auf, der eine solche Kraft besitzt, daß er das Unkraut schwächt und doch die nützlichen Früchte nicht schädigt.

Höre nun: Manche Menschen, die in ihrer reich ausgestatteten <in pin-

guedine> Natur zu allem gegeignet sind, mischen dieser vollkommenen Erkenntnis durch die Begierde des Fleisches oft manche unbrauchbaren Werke bei. Doch die Mahnung der Gnade Gottes ermuntert sie irgendwann, – entweder in der Herzenszerknirschung oder durch die Trauer über die Ohnmacht des kranken Leibes und ähnliches – das Böse zu meiden und gute Werke zu tun.

Das erkenne als an dich gerichtet. Gott übergieße dich also mit dem Tau des Himmels, und du wirst auf ewig leben.

87R/B Hildegard an den Sekretär (Ebrach)

Ich sehe, daß Gott sein Angesicht nicht vor dir verbirgt, sondern Er züchtigt dich mit seinen Geißeln, wie es Ihm gefällt. Desgleichen schaue ich, daß in deine Seele und in den Genuß <gaudium> deines Leibes ein großes Licht der Tröstung Gottes kommen wird, wenn Er es will. Gott aber lebt in deinem Zelt, und seine Gnade ist in ihm nicht verdunkelt.

Du wirst in Ewigkeit leben und vor Gott in deiner Seele lobwürdig sein, wenn du auch daran zweifelst; denn ein siegreicher Mann ist für seinen Herrn liebenswert.

88 Hildegard an den Almosenverteiler (Ebrach)

Dein Geist betet und deine Sehnsüchte glühen vor Durst nach der Gerechtigkeit Gottes, und du sagst: Wo bin ich, wohin soll ich gehen? – Du suchst jedoch mit klagender Stimme ein Heilmittel in deinen Sünden, und deine Seele wird unter Zweifel und Zittern von einer Blähung <per sufflatum> wegen des Gerichts Gottes gefoltert. Und du sprichst nicht freudig: Gott wird mich in seiner großen Barmherzigkeit aufnehmen.

So <geht es> aber nicht. Glaube vielmehr, vertraue und hoffe, weil Gott

dich liebt und bejaht <vult>; und Er wird dich aufnehmen. Reinige dich jedoch in Bekenntnis und Buße, und du wirst ewig leben.

89 Hildegard an den Mönch Rüdiger (Ebrach)

Die klare Offenbarung sagt in einer wahren Schau: O Sohn Gottes, in deiner Geschöpflichkeit als Mensch und bei der Glaubwürdigkeit deiner
guten Werke beachte, daß deine Fähigkeit nur in und durch Gott besteht.
Gott weiß alles und verleiht keinem Menschen das Wissen vollständig,
sondern nur wie Er voraussieht, daß es zweckmäßig ist. Denn kein Mensch
versteht bei einer Prophetie – weder durch göttliche Inspiration noch
durch Weisheit – alles; und er spricht nur soviel aus, als Gott ihm in einem
Wunder zeigen will.

Jenes Licht aber, das ich in wahrer Schau in deiner Seele erblickte, bedeutet, daß du ein Sohn der Erlösung bist. Dennoch lebst du unter großer
Mühsal, zuweilen in Erschöpfung und Ohnmacht des Fleisches, in vielerlei
Gedanken, die in dir bald zum Himmel eilen, bald sich in irdischen Angelegenheiten ergehen, oder dir zuweilen bei einer wunderbaren Offenbarung durch eitlen Ruhm entgegentreten, wie geschrieben steht: „Der Herr
kennt die Gedanken der Menschen <und weiß>, daß sie eitel sind" (Ps
94,11). Hüte dich also, daß du über deine Gedanken und Träume vermessen eine Untersuchung anstellst, wie lange du auf dieser Reise am Leben
bleibst, auf der du das Ende findest. Denn Gott hat mir keine weiteren Zeichen über Papst Eugen gezeigt. Trotzdem sehe ich dich stark gefesselt, und
davon mußt du in diesem Leben befreit werden. Gott hat mir auch nicht
die Länge oder Kürze der Lebenstage jenes Bruders gezeigt, über den du
mich befragst, weder nach Jahren, noch nach Umständen. Dennoch bleibt
ihm eine Zeitspanne, die noch nicht zu Ende geht. Er soll jedoch tapfer laufen; er ist nämlich ziemlich lau und nicht wenig erschöpft von fleischlichen
Interessen, und er geht in seinen Gedanken ein wenig auf Irrwegen. Das
soll er einem Priester im Bekenntnis offenbaren.

Ich schaute auch bezüglich des Leibes Christi, daß jene Kraft, die in den
Schoß der Jungfrau hinabstieg, so daß das Wort Gottes wahrhaft Fleisch
wurde, bis heute anhält, wie geschrieben steht: „Mein Sohn bist du, ich

habe dich heute gezeugt" (Ps 2,7). Und dieselbe Kraft wird von der Zeit an, da das Wort Gottes in der Jungfrau Fleisch wurde, bis zum Jüngsten Tag weiterbestehen. Ich schaute auch, daß diese Kraft über dem Altar in Feuer und schimmernder Morgenröte erscheint. Und Er, der im Schoß der Jungfrau Fleisch und Blut bildete, macht jetzt auch auf dem Altar aus Brot und Wein auf diese Weise Fleisch und Blut.

Jetzt aber sehe ich dich bei der Erhebung deiner Hände dem Wechsel der Wolken ähnlich wegen der vielen verschiedenen Gedanken, so daß du manchmal zweifelst. Nun laß das und sieh, wer jener ist, der auf dem Altar seine Werke wirkt. Und wer könnte diese Wundertaten vollständig erklären? Wenn du so einfältig denkst, schaue ich dich rein wie die Sonne, und dein Opfer ist Gott wohlgefällig. Und Er wird deine Seele befreien.

90 Hildegard an einen Mönch (Ebrach)

Gott hat dich in doppelter Hinsicht vorausgeschaut und im voraus gekannt, nämlich einerseits bezüglich des Wankelmuts und andererseits hinsichtlich der vollkommenen Liebe. Doch bezüglich des Wankelmuts wird dein Schmerz ein wenig abnehmen, und trotzdem wird dir in diesem Leben die Wegstrecke des Kummers nicht fehlen. Hinsichtlich der Liebe aber wirst du in den Augen der Menschen etwas besitzen, weshalb dich die Menschen nicht verwerfen, sondern lieben werden. Und Gott bejaht <vult> deine Seele.

91 Abt Adelbert an Hildegard (Ellwangen)

Hildegard, der geliebten Braut Christi, <wünscht> A<delbert>, nur dem Namen nach Abt von Ellwangen, nach dem Tal der Tränen die Freude der Himmelsbürger.

Gern entbieten wir Eurer Seligkeit den geschuldeten Gruß aus so weiter Entfernung und umarmen liebend in Euch die Großtaten Gottes. Er machte Euch stark durch die Heiligkeit eines reineren Lebens und führte Euch durch den Geist der Prophetie über alle menschliche Vorstellung hinaus darin ein, das Gegenwärtige zu berühren, das Vergangene zu überdenken und das Zukünftige vorauszuschauen, so daß Ihr – durch die unerhörte göttliche Gabe doppelt ausgezeichnet – für die Menschen dieser Zeit wirklich bewundernswert und verehrungswürdig seid. Die aufgehende Sonne <oriens> hat uns nämlich heimgesucht und der schon zugrundegehenden Welt ihre Hand untergehalten. Sie ließ inmitten der Nebel der bösen Welt in unserm Zeitalter eine derart bedeutende Frau glückverheißend aufleuchten. Wir freuen uns, auf ihre Vermittlung die Verzeihung der Sünden, ein Hilfsmittel in der Not und Trost in den Schmerzen zu erlangen, und das Geheimnis der göttlichen Fügung zu erkennen.

Unser Gewissen klagt uns aber an, wir erschrecken vor der Schuld, die Sünden beschuldigen uns. Innerlich sind wir beunruhigt, äußerlich gefährdet. Nie sind wir sicher, von allen Seiten umlärmt uns der Feind. Von rechts stellt uns ein tückischer Freund nach, von links greift ein grimmiger Feind an.

Darüber und über anderes, worüber unsere Boten Euch, Mutter, befragen sollen, holt den Rat des göttlichen Weisheitsspruches <oraculum> ein, und schreibt uns, heilige Mutter, was wir von der Barmherzigkeit Gottes zu erwarten haben.

91R Hildegard an Abt Adelbert (Ellwangen)

Er, der sieht und keinem Wechsel unterliegt, sagt: Du Mensch hast noch keine Flügel zum Fliegen, die Stürme aushalten und die sich zur rechten Beherrschung der Luft eignen, sondern du bist nur wie eine Säule an der Straße und stehst ohne Unterstützung durch ein Gebäude und ohne Treppenaufgang da, so daß du vom Schmutz der Straße bespritzt wirst. Denn du bist milde und hast kein geschärftes Auge zur Zurechtweisung, um die schlechten und bösen Sitten der Menschen zu rügen. Doch trotzdem erkennt die Gnade Gottes, daß du dich nicht in Herzenshärte verschlossen hast, sondern nur in der Erschlaffung <nach> der Ausschweifung schläfst, so daß du nicht wachsam auf Gott achtest.

189

Behandle deinen Herrn also nicht wie einen Verwalter, sondern schau in Redlichkeit auf Ihn wie ein tapfer kämpfender Soldat, der mit Schild und Helm ausgerüstet ist. Jetzt herrschen nämlich Zeiten der Gottvergessenheit und der Ermüdung im Kampf für Christus. Doch es geht ein lügenhaftes Gerede wechselnder Prahlereien um, als ob man Gott sähe, doch man kennt Ihn nicht.

Wo ist also ein Mensch, der auf dem rechten Weg wandelt? Es gibt wenige. Doch „der ist" (Ex 3,14; Offb 1,4), spricht: Kein Mensch kann durch einen Ausbruch der Geschwätzigkeit das Schwert meiner Vergeltung plötzlich aus der Scheide ziehen, bevor die Zeit meines Willens zur Vergeltung kommt. Du aber, o Mensch, erhebe dich, laß deine Seele durch mich hell werden, so daß du wachsam suchst, wo du mich findest. Und du wirst leben.

92 Hildegard an Abt Adelbert (Ellwangen)

Trag standhaft auf dem rechten Weg deine Last und halte – soweit du kannst – deine Schafe zusammen. Das ist besser für dich, als in entfernte Gegenden zu pilgern, denn Gott hat an allen Orten die gleiche Macht, entsprechend den Werken der Menschen. Bewahre mit der Hilfe Gottes deinen Geist vor dem Umherschweifen, wie der Tag auch manchmal in heiterer Sonne und manchmal im Sturm voranschreitet. Dein Geist ist nämlich zuweilen von solcher Heiligkeit, daß du sie nicht aufrechterhalten kannst, zuweilen auch in Ermüdung und dergleichen anderen <Zuständen>.

Nun aber erhebe dich im hellsten Sonnenlicht und in der rechten Glut, weil Gott dich bejaht <vult>, obgleich du sein Opfer – auf welche Weise auch immer – einschränkst. Er hat dich nämlich gleichsam zu seinem Auge bestimmt; und darum entferne dich nicht von Ihm.

93 Der Vorsteher an Hildegard (Erfurt)

Der Herrin und geliebten Braut Christi, Hildegard, <entbietet> A., wenn auch unwürdig, Vorsteher von Erfurt, die Zuneigung ergebenen Gebets und Gehorsams.

Wir hören nicht auf, für Eure lang und weit bekannte Heiligkeit, die möglichst viele mit einem so liebenswürdigen brieflichen Gruß anspricht, Danksagung aufsteigen zu lassen. Denn wir verlangen sehnsüchtig danach, Euch zu sehen und irgendwann mit Euren so gütigen Trostworten beglückt zu werden. Und wir bitten und wünschen aus tiefstem Herzen – auf Eure persönliche Anwesenheit <vultus vestri presentia> brennend – durch Euch erfreut zu werden. Die göttliche Milde also, die ein so heiliges und großartiges Werk in Euch begonnen hat, möge es herrlich vollenden und uns dieser Eurer Güte auf Euer beständiges Gebet hin teilhaftig machen.

Jetzt aber empfehlen wir den Überbringer dieses Briefes, nämlich unsern Freund, der aus Liebe zu Gott und Eurer Frömmigkeit die Reise zu Euch unternimmt, Eurer so treuen Liebe. Gütig von Euch empfangen, verdiene er, die Worte des Heiligen Geistes, der durch Euern Mund spricht, von Euch zu vernehmen.

94 Die Äbtissin an Hildegard (Erfurt, St. Cyriacus)

Hildegard, dem Spiegel der Heiligkeit, <wünscht> N., die unwürdige Äbtissin der Mägde Christi, die auf dem Berg des hl. Cyriacus in Erfurt leben, sie möge die Freuden der ewigen Klarheit genießen.

Rühmlich spricht man von dir, Dienerin Gottes. Daher bitte ich dich, mir, die ich unter der Last der Sünden ächze, die Hände der Fürbitte zu reichen, indem du deinen Geliebten nachahmst, der die Hände nach dem Aussätzigen ausstreckte. Ich erkannte nämlich, daß „du mit dem Öl der

Freude vor all deinen Gefährtinnen gesalbt bist" (Ps 45,8). Deshalb beschwöre ich dich unter kniefälligem Bitten: Leide mit mir in meinem Elend, wenn du jenes Himmlische und Ewige verstehst und das Allerheiligste betrittst, indem du deinen und meinen Bräutigam für mich Armselige anflehst und meine Vergehen mit seiner Gnade aussöhnst. Wie könntest du, Geliebte Christi, Liebe besitzen, wenn du dich weigertest, mit den Schwächen anderer mitzuleiden? Ich und die mir anvertrauten Schwestern seien also deiner Heiligkeit empfohlen. Und bete, daß unser Fuß sich auf dem rechten Weg hält, damit wir ausschreiten und den Tag der vollkommenen Freude erreichen. Rufe den an, der uns „unter dem Geheimnis seines Antlitzes vor der Beunruhigung der Menschen birgt" (Ps 31,21), daß Er sich herbeilasse, „uns in seinem Zelt vor dem Gezänk der Zungen zu bewahren" (Ps 31,21). Und Er schenke das Wollen und Vermögen dessen, was Er befiehlt, „der in Ewigkeit die Treue bewahrt" (Ps 146,7).

Wir haben also Eurer Heiligkeit ausführlich unsere schwesterliche Gesinnung angedeutet und flehen inständig, Gewißheit über Eure Fürbitte zu erhalten. Der Ruhm Eurer Heiligkeit lebe, blühe und wirke!

94R Hildegard an die Äbtissin
(Erfurt, St. Cyriacus)

O Tochter Gottes, du bist von der Liebe Christi umgeben, aber dennoch bist du unter der Bitternis deines Leibes von Kämpfen beeinträchtigt <constricta> und nimmst den Kampf auf, indem du dem Teufel widersagst. Und ich sehe den Bau deiner Gemeinschaft, in der du lebst, Gott wohlgefällig. Auch erhebt er sich kraftvoll zum besseren Teil und wird durch den guten Wandel höher aufgebaut, als er errichtet worden ist. Deine Seele aber frohlocke in Gott und bleibe ergeben in Ihm.

Doch trotzdem verstehst du es nicht noch kannst dir vorstellen, die Stricke der Gefangenen zu zerreißen, die auf dem unwegsamen Pfad der Verspottung gehen. Wieso?

Ein Mann schaute zu einem hohen Turm hin, ob er nicht ins Wanken gerate, konnte es aber trotzdem nicht verhindern und erhob ein unablässiges Klagegeschrei: O weh, o weh! So wurde er zum Gespött der Leute, die sagten: Was nützt es dir, wenn du immer gegen diejenigen kämpfst, die dich nicht mögen? – Blicke vielmehr auf den hohen Berg und zu dem hin, der dir in aufmerksamer Liebe antworten will: Meine Tochter, meine Tochter, was willst du? Alles, was du für deine Seele verlangst, werde ich erfüllen. Laß nun ab von der Unruhe deines Herzens und gönne dir Ruhe. Denn ich schaue im wahren Licht, daß dies deiner Seele Nutzen bringen wird. Doch treffe Vorkehrung, Sorge für dein Land zu tragen und es nicht zu verderben, so daß das Grün der Kräuter und der Wohlduft der Tugenden – vom Pflug der Arbeit hart mitgenommen – nicht gedeihen kann. Oft sehe ich, wenn der Mensch durch übermäßige Enthaltung seinen Leib schädigt, daß sich Überdruß in ihm erhebt; und mit dem Überdruß lassen sich mehr Laster ein, als wenn er ihn richtig nähren würde.

Doch weil eine wohlwollende und liebevolle <caritatis> Seele in dir grundgelegt ist, gib acht, daß du nicht oftmals das ins Auge faßt, was dem Fleisch Wunden zuzufügen gebietet. Vielmehr gewähre den Deinen ordnungsgemäß festgesetzte Zeiten für die Salben des Heils, damit du in Ewigkeit lebst. Ich sehe deine Seele wunderbar in reinem Licht funkeln.

95 Hildegard an die Novizenmeisterin (Erlesbüren)

O glückliche Seele, du bist die Leiter der himmlischen Sehnsucht hinaufgestiegen, indem du das Reich Gottes gemäß seiner Weisung „Suchet zuerst das Reich Gottes, usw." (Mt 6,33) suchtest. Als du dich nämlich zuerst dem Dienst Gottes unterzogst, wurde dir die himmlische Sehnsucht geschenkt, durch die du nach den Wohnungen im Himmel trachten solltest. Doch die Stürme der Laster des betrügerischen Teufels kamen dir entgegen, konnten dich jedoch nicht von dieser Sehnsucht abbringen.

Deshalb, du Tochter Gottes, handle wie jene, die im Schiff sind und auf den Steuermann schauen, damit er sie in glücklicher Fahrt zum Hafen bringe. Gott aber wird dir alles, was zum Heil deiner Seele dient, geben, wenn du kraft des heiligen Wandels am Gehorsam nach der Regel des heiligen Benedikt, so gut du kannst, festhältst. Der Steuermann aber weist auf die Lehre des heiligen Benedikt hin, in der dieser durch den Heiligen Geist die Vorschriften für ein heiliges Leben verbreitete. Sammle auch du durch sie die Töchter Gottes um dich, die dir durch sein Lehramt anvertraut sind. Trage unter ihnen auch Elisabeth, die Tochter Gottes, mit glühender Liebe in deinem Herzen, so daß du sie immer mit der Milch der Tröstung nährst. Hüte auch dich selbst vor dem schädlichen Wind „eitler Ruhmsucht" (vgl. RB 49,9) und des Eigenwillens, der dem Menschen viel Schaden zufügt. Und das tu in aufrichtiger Demut, weil „die Demut immer emporsteigt" (vgl. RB 7,7), denn sie hält sich für die geringste. Die eitle Ruhmsucht aber sinkt immer herab, weil sie aus sich selbst bestehen will.

Jetzt aber umgürte dich der Heilige Geist mit dem Gurt der Heiligkeit, damit du im himmlischen Jerusalem Wohnungen zur ewigen Rast baust.

96 Hildegard an den Mönch Friedrich (Esrum)

Folgende Worte vernahm ich durch die Weisheit: Die Sonne strahlt und schwarze Wolken verfinstern sie. Warum? Weil sie nicht beständig stillsteht, sondern oft vom gefährlichen Wehen der Winde verdrängt wird <movetur>. Trotzdem aber beruhigt sich <attenuatur> die Atmosphäre wieder zum großen Gewinn, und so scheint die Sonne wieder.

So ist es mit dem Geist des Menschen. Wieso? Wenn die göttlichen Tugendkräfte zum Tempel hinaufsteigen, d.h. in das Herz des Menschen, dann kommt oftmals eine Horde von Lastern durch die Täuschung des Teufels, und sie schaffen Finsternis in jenem Tempel. Können etwa Nacht und Sturm die Sonne so behindern, daß sie nie scheint? Nein! So ist die geheiligte Seele in große Gefahren versetzt und ermattet unter den erwähnten Wechselfällen. Doch die guten Werke werden in ihr nicht versiegen, sondern sie bemüht sich, zu guten Werken emporzusteigen. Deshalb, o teurer Sohn, fürchte dich nicht, denn Gott will deine Seele als Lobopfer durch ein Widderopfer. Doch wirst du auch ein reiner Stein im Tempel Gottes sein.

Bei den erwähnten Heimsuchungen denke auch an deinen Bruder Rudolf, der in deiner Vaterstadt große Unannehmlichkeiten erduldet. Hüte dich, ihn zu hindern, an jenem Ort zu bleiben, an dem er jetzt ist. Denn du sollst unzweifelhaft wissen, daß seine Seele von abwechselnden Erschöpfungszuständen umwölkt werden wird, wenn du ihn von diesem Ort wegholst. Du aber lebe und laß dein Talent für deinen Herrn wachsen.

97 Ein Vorsteher an Hildegard (Flonheim)

Der heiligen, in Christus zu verehrenden Mutter, Frau Hildegard von Bingen, <entbietet> H., der freilich unwürdige Vorsteher von Flonheim, sehr ergeben Gebet und Dienstbereitschaft.

Gott, der die Herzen prüft, weiß, wie gern ich Eure Heiligkeit mit Diensten ehren würde, wenn ich nach göttlicher Verfügung Gelegenheit und Möglichkeit erhielte. Indessen sei Euch bitte daher meine Ergebenheit willkommen. Und wie ich längst mündlich gebeten habe, bittet für mich beim Herrn, daß Er Euch offenbare, wie es um mich steht, damit ich für das Gute danksagen, für das Böse aber mit würdigen Früchten der Buße Gott Genugtuung leisten darf, bevor ich sterbe. Was immer aber Gott Euch über mich eröffnet, wollet mir brieflich anzeigen, und laßt mich Eurer Fürbitte empfohlen sein. Ich hätte Euch vertraulicher und ausführlicher geschrieben, wenn mich nicht körperliche Schwäche gehindert hätte.

98 Der Vorsteher an Hildegard (Frankfurt)

Seiner in Christus geliebten Herrin Hildegard <wünscht> G., nur dem Namen nach Vorsteher in Frankfurt, die Arbeit Marthas und den Trost Marias.

„Sehnsüchtig verlangte ich danach" (Lk 22,15), Euch persönlich zu sehen, doch weil uns verschiedene Aufgaben hinderten, schenkte uns Gott jetzt wenigstens eine Gelegenheit, Euch brieflich zu umarmen und zu grüßen. Wir möchten Euch auch nicht verheimlichen, daß Euer Geschlecht, Eure Persönlichkeit, und zugleich mit dem Gruß Ihr <selbst> mit größter Aufmerksamkeit umfangen und geehrt werdet, und wir Gott für Euch nach unserm Vermögen Tag und Nacht anrufen.

Wir bitten daher Eure Güte, Ihr möchtet mich, einen Sünder, der göttlichen Majestät in Erinnerung rufen. Lebt wohl, solange es im Himmel „heute" heißt.

98R Hildegard an den Vorsteher (Frankfurt)

In einer wahren Schau sah und hörte ich folgende Worte: Das erste Tageslicht schimmert, danach macht sich das Morgenrot bemerkbar und gerät mitunter auch zwischen sehr veränderliche Wolken. Und so erhebt sich der Nordwind gewaltig ächzend, weil die erste Tageszeit ohne Sturmböen schön war.

Daher, o Mensch, der du das Wissen von Gut und Böse hast, sieh dich vor, welches Verhalten und welche deiner Werke von deiner Kindheit an vor Gott bestehen <können>, damit der Eifer Gottes dich nicht trifft, und deine Seele, wenn sie deinen Leib verläßt, sagt: O weh mir! Wohin werde ich wandern, wohin gehen? oder: Was für Tage erlebe ich, und wie sind die Werke beschaffen, die mich berühren? Diejenigen nämlich, die mir die Mühle meines Leibes verschafft hat. – Hüte dich auch, zu erzittern, wenn die Himmelsbürger dir sagen: Schau, wie Gott ist! – Nun lebe in Ewigkeit.

99 Hildegard an Äbtissin Adelheid (Gandersheim)

Das helle Licht spricht zu dir: Der Tag übertrifft die Nacht, und die Nacht redet Weisheit. Wieso? Beim Schauen und Hören prüft das Tageslicht, worüber man sich freuen und fröhlich sein kann, und die Nacht bringt viele Wünsche nach vielerlei nützlichen Dingen mit sich. Doch zuweilen geht auch ein Sturm voraus, und später erscheint ein klarer Tag.

Du, Tochter Gottes, lebtest im Frühlicht und wurdest in der Kelter zertreten, doch danach wandeltest du auf weiten Wegen. Nun gib acht, daß du die guten Wege nicht verläßt, weil Gott dich bejaht <vult> und dich kennt, so daß Er dir schnell hilft, wenn du auf Ihn blickst. Wenn du aber die Eitelkeit der Welt berührst, eilt Er umsonst zu dir. So wähle also zwischen beidem, was gut für dich ist, denn wenn du Gott mit offenen Augen und Ohren <videndo et audiendo> anrufst, wird Er dich nicht verlassen.

Gott möge dir helfen, daß der Tag in dir aufstrahlt und die Nacht von dir weicht, damit du ein Edelstein an Tugenden wirst. Und so wirst du in Ewigkeit leben.

100 Äbtissin Adelheid an Hildegard (Gandersheim)

Adelheid, unwürdige Äbtissin der Gemeinschaft von Gandersheim, <wünscht> Hildegard, der geliebten Mutter von St. Rupert, der Braut des freien Jerusalems, die Küsse des Bräutigams.

Ein guter Baum, den man an seiner Frucht erkennt, darf keineswegs in Vergessenheit geraten; weil er süße Frucht gebracht hat, verdiente er die wohltuende <dulcem> Liebe der Guten. Daher wird man mit Recht denjenigen für niedriger halten als ein unvernünftiges Tier, der etwas sehr Wohltuendes wenig schätzt. Deshalb verliere ich dich, Taube Christi – nicht betört, sondern weiten und reinen Herzens – nicht aus dem Sinn, wie Gutes nichts Schlechtes, Licht keine Finsternis, Süßes nichts Bitteres hervorruft. Daher sollst du auch oft meiner gedenken, denn es stimmt, daß ich mit dir in Liebe und inniger Ergebenheit freundschaftlich verbunden bin. Ich möchte also nicht, daß die Blüte der ehemaligen Erziehung in deinem Herzen verdorrt, die einst zwischen mir und dir erblühte, als du mich liebevoll erzogen hast. Bei dieser Liebe und der Wertschätzung deines geliebten Bräutigams beschwöre ich dich und flehe dich an: Laß für mich und meine Herde und die mir mit deiner Erlaubnis anvertraute Stätte deine

Gebete und Bitten zu Gott aufsteigen und empfiehl uns der Fürbitte all deiner Schwestern. Auch bitte ich, du möchtest die schwesterliche Gemeinschaft zwischen meinen und deinen Schwestern, die ja auch die meinen sind, beibehalten. Und wenn jemand von euch bei uns vorbeikommen sollte und du etwas anderes wünschst, teile es uns um Christi willen brieflich mit. Ich aber werde zu gelegener Zeit, wenn es Gott gefällt, nicht zögern, zu euch zu kommen, damit wir miteinander von Mund zu Mund sprechen und Hand in Hand, was gut ist, wirken. So werde unsere einstige Gemeinschaft gefestigt, und Gott – die Liebe – bestärke sie.

„Die du in den Gärten weilst, horche" (Hld 8,13), und grüße all deine Hausgenossinnen, nämlich meine Schwestern, herzlichst von mir, und erfreue mich mit einem Empfehlungsschreiben <litteris commendaticiis>.

101 (100R ?) Hildegard an Äbtissin Adelheid (Gandersheim)

O Tochter Gottes, dein Herz ist mit großer Besorgnis bezüglich der beiden Wege <zur Wahl> beschäftigt. Du verzehrst dich nämlich in einer gewissen Sorge, als ob du beinahe an deinem Leben verzweifeln würdest. Wenn du zuweilen über den Berg zuversichtlichen Glaubens zu Gott hinansteigst, befragst du Ihn, als ob du in dieser Ungewißheit nicht wüßtest, was du tun sollst. Wandle du vielmehr im Tageslicht deines Glücks, indem du in reinem Glauben gute Werke tust, und gib Gott, was Ihm gebührt <suum est>. Denn du siehst die Sonne; das ist die Auszeichnung, die Gott dir noch nicht entziehen wird. Und wie den Mond in der Nacht, besitze die Welt mit Seufzen und in der Furcht vor dem Gesetz Gottes. Auf beide Weisen also sollst du Gott dienen, weil Er dein Opfer will und weil Er gute Werke in deinem Leben von dir fordert, bevor du stirbst.

Das Licht der Gnade Gottes hülle dich ein. Er salbe dich mit der Salbung seiner Barmherzigkeit, mit der Er David gesalbt hat, als dieser bei seinem Sündenbekenntnis Gott schaute. Mit der Salbung der Lebenskraft <viriditatis> des Heiligen Geistes möge Er dich nämlich salben, und Er wirke in dir gute und heilige Werke durch jene Hingabe, mit der die wahren Anbeter Gott verehren. Nun halte die Gebote Gottes, und du wirst ewig leben.

102 Der Mönch Wibert an Hildegard (Gembloux)

Der verdienstvollen und berühmten Dienerin Christi, Hildegard, deren Namen ich mit Ehrfurcht aussprechen muß, <wünsche ich,> Wibert, der geringste der Brüder von Gembloux, sie möge vom Bräutigam der Jungfrauen die Krone der Herrlichkeit in der ewigen Glückseligkeit empfangen.

Wenn wir, zu denen deine Schriften gelangen, die ungewöhnlichen und in fast allen vergangenen Jahrhunderten unbekannten Gaben des Heiligen Geistes, die dir, o ehrwürdige Mutter, geschenkt wurden, betrachten, sagen wir dem Urheber dieser Gaben kraft dieser Gaben Dank. Verdienen wir es unserer Sünden wegen zwar nicht, sie unmittelbar zu empfangen, laben wir uns doch oft durch dich daran, der sie wie einem reinen Gefäß eingegossen wurden, wenn du von ihnen überströmst und träufelst. Der Fluß deiner Rede <ubera> mundet uns wirklich besser als Wein und ist wie kostbares, duftendes Salböl. Wenn du aus dem Weinhaus der Betrachtung, in das dich der ewige König häufig wie eine Braut hineinführt, wieder zurückkehrst und uns durch deine Schriften Anteil an deinen heiligen Visionen gibst, die du in den Armen <amplexus> deines Bräutigams enthüllten Antlitzes schaust, ziehst du uns, die wir freudig im Duft deiner Salben dahineilen, dir nach. Welcher Leser deiner Visionen oder ihrer Auslegungen würde sich nicht an ihnen erfreuen wie an vielerlei Reichtum, verkosten, wie süß deine gesunde katholische Lehre ist, und sicher sogleich über dich in den Ruf ausbrechen: „Eine honigtropfende Wabe sind deine Lippen, Honig und Milch birgt deine Zunge" (Hld 4,11). „Du duftest wie das Paradies von Granatäpfeln und von den Früchten der Obstbäume" (Hld 4,13).

Ja wirklich, heilige Mutter, aus deinem Leib fließen nach der Verheißung des Herrn für uns Ströme lebendigen Wassers, denn du bist zur

Freude der Gottesstadt, welche die Kirche ist, in ihr zum Quell der Gärten geworden, ein Brunnen lebendiger Wasser, die in schnellem Lauf vom Libanon kommen. Ja, vom Libanon, weil sie nicht dir, sondern durch dich für uns dem Libanon entströmen, dem schneebedeckten Berg aller Tugendkräfte, den der Vater nicht nur über alle Hügel, sondern über die höchsten Berggipfel erhoben hat; dem gesegneten, fruchtbaren Berg. Er hört auch nicht auf, dich unter den übrigen Bergen, „von denen uns Hilfe kommt" (Ps 121,1), mit der Flut höherer Segnungen zu bewässern.

Denn nächst jener <Maria>, durch deren Geburt wir alles Heil erlangt haben, ist deine Gnade einzigartig unter den Frauen. Denn wenn man auch in der Schrift manche Lieder oder prophetische Worte von Mirjam, der Schwester Aarons und Moses, von Debora und Judit findet, scheinst du uns – ich möchte es maßvoll ausdrücken – mit viel größerer Fülle des Geistes betaut und im Hinblick auf die Visionen und Offenbarungen der Geheimnisse des Herrn den größten Propheten ebenbürtig zu sein. O wie bewundernswert und unaufhörlich zu preisen ist die Liebe des gütigen Erlösers gegenüber dem Menschengeschlecht! Er hat durch das gleiche Geschlecht, durch das der Tod eingedrungen war, in seiner Mutter das Leben erneuert, und durch die gleiche Hand, die uns den todbringenden Trank des Verderbens gereicht hatte, wird uns in dir durch heilsame Belehrung das Heilmittel der Wiederherstellung zuteil.

Nicht anmaßend, sondern ehrfürchtig möchte ich dich zur Vorsicht und Beharrlichkeit im Heiligkeitsstreben mahnen – du bedarfst nämlich nicht des Fortschritts, da du schon den Gipfel der Heiligkeit erstiegen hast. – Gedenke, Mutter, daß du deinen Schatz noch in einem zerbrechlichen Gefäß trägst, und beherzige, daß nicht Weiden oder Schilfrohr, die sich bei einer leichten Berührung neigen, sondern zuweilen die größten alten Bäume von Stürmen entwurzelt werden. Sieh David, betrachte Petrus, und „strebe nicht hoch hinaus, sondern fürchte dich" (Röm 11,20). Je größer du bist, um so mehr demütige dich bei allem, nicht damit die Gnade, die du <noch> nicht besitzt, sondern die Gnade, die du hast, dir bis zum Ende unversehrt erhalten bleibt. Wisse also, daß ein Weg voller Fallstricke und Stolpersteine niemals gefahrlos ist, und gehe vorsichtig, bis du ans Ziel gelangst. Fühle dich niemals sicher, bevor die Rechenschaft, die du über die dir anvertrauten Talente vor dem Gläubiger geben mußt, abgelegt ist, und rühme dich nicht des Empfangenen, als wäre es dein Eigentum, denn es steht geschrieben: „Wer sich rühmt, rühme sich des Herrn" (1 Kor 1,31).

Und wenn du auch die Stärke oder böse Kraft, wie sie in der Schrift Lenden und Nabel des Leviatan zugeschrieben wird, nicht mehr fürchten brauchst, weil du das Haupt des Bösen, d. h. vornehmlich die Überredung zur Zügellosigkeit, mit dem Fuß der Keuschheit zertreten hast, rufe dir dennoch ein Wort aus der Geheimen Offenbarung des Johannes in Erinnerung, daß der Schwanz des Drachen nicht nur den Erdboden aufwühlt, sondern auch den dritten Teil der Himmelsgestirne mit sich fortreißt. Auch von gewissen Pferden, liest man da, wird nicht nur mit dem Maul, sondern auch mit dem Schweif Schaden angerichtet werden. Denn „ihre Schweife, sagt er, gleichen Schlangen, und damit fügen sie Schaden zu" (Offb 9,19).

Und ich fürchte nicht – obwohl ich solche Reden führe – daß du mich der Überheblichkeit beschuldigst; bald, weil ich beabsichtige, dich nicht aus Unbesonnenheit zu belehren, sondern aus treuer Ergebenheit dir gegenüber, bald, weil ich gern die Gelegenheit wahrnehme, mich länger mit dir zu unterhalten.

Soweit, was dich betrifft. Was mich übrigens angeht, so bin ich in tiefem Schlamm versunken <infixus>, meine Wunden faulen und eitern vor Unverstand. Bei der Milde des allmächtigen Gottes bitte ich, du mögest mich zu deinen Vertrauten rechnen und es nicht verschmähen, stets dessen zu gedenken, der deiner eingedenk ist. Ich erhebe meine Hände in reiner Gesinnung zum Gebet und flehe die unermeßliche Güte des liebenden Erlösers an, mir ohne Aufschub Vergebung für das begangene Böse, Wiedergutmachung für das gegenwärtige und Schutz vor dem künftigen zu gewähren. Weil ich ein echter <vero> Mönch bin, und sich mir keine Gelegenheit oder Möglichkeit bietet, zu dir zu reisen, um mit dir von Mund zu Mund über das zu sprechen, was ich so gern von dir wissen möchte, bitte ich, du wollest deine Aufmerksamkeit auf das richten, was ich dir durch die Überbringerin dieses Briefes vertraulich mitteile. Für diese und meine übrigen Nöte flehe ich um die Offenbarung des Geistes zu meinem Nutzen. Zögere nicht, mir zu zeigen, was ich darüber hinaus noch tun soll. Bitte betrachte die schriftliche Beantwortung meiner Fragen nicht als Belästigung. Ich, und viele mit mir, möchten nämlich gern wissen, ob folgendes Gerücht, das über dich umgeht, stimmt, obwohl man mich nicht leicht davon überzeugen kann: Entgleiten deine Visionen deinem Gedächtnis, wenn sie auf dein Geheiß und nach deiner Anweisung schriftlich von Sekretären aufgezeichnet wurden, so daß du dich gar nicht mehr an das

Gesagte erinnerst? Wir möchten auch gerne erfahren, ob du diese Visionen in lateinischer Sprache diktierst, oder ob du sie deutsch aussprichst und ein anderer sie ins Lateinische überträgt? Trotzdem sind wir begierig, auch das zu wissen: Hast du schreiben gelernt und die Heilige Schrift durch eifriges Lesen kennengelernt? Oder war allein die göttliche Salbung deine Lehrmeisterin? Sie belehrt ja, wen sie will, über alles.

Weil ich jetzt leider dein Antlitz, meine Herrin, nicht schauen darf, das – wie ich glaube – das Licht widerspiegelt, so laß mich wenigstens in einem Brief „deine Stimme hören – denn süß klingt mir deine Stimme" (Hld 2,14) – damit ich auf diese Weise eine Erinnerung an dich habe, durch die mir die Gestalt deiner Heiligkeit wie in einem Spiegel aufleuchtet, der ein Bild reflektiert. So prägt sich meinem Herzen – je öfter, desto inniger – das Andenken an dich ein.

Der Herr würdige sich, dein Leben der Heiligkeit, ehrwürdige Mutter, zur Ehre und zum Nutzen seiner Kirche noch recht lange unversehrt zu bewahren. Amen.

Es grüßen dich der Herr Abt und unser Prior mit der ganzen ihnen anvertrauten Gemeinschaft von Gembloux, meiner Mutter. Sie flehen Gott um dein Heil an und bitten inständig, auch du möchtest das gleiche für sie tun. Ganz herzlich grüße besonders ich dich, der dir diesen Brief geschrieben hat, und unser geliebter Bruder, der mein Diktat entgegennahm, auch ein Wibert.

Es grüßen dich die geliebten und dir persönlich bekannten Verehrer Siger von Wavra und der Soldat Nikolaus, der junge Mann von Niel, den du mit ihm in der Fastenzeit gesehen hast, als er dich besuchte. Es grüßen dich Bruder Franco, der Rekluse, ein in Christus erprobter Sohn unserer Kirche, und Bruder Robert, krank am Leib, doch stark im Geist, der auf dem sogenannten Wibertusberg darniederliegt. Es grüßen dich Herr Emmo, der Pfarrer unserer Gemeinde, und ein gewisser anderer, von mir geschätzter junger Mann. Sein Name, und was ich dir über ihn berichten möchte, wird dir von der uns teuren Büßerin vertraulich mitgeteilt werden.

Sie alle würden gern besondere und persönliche Bitten in den sie bedrängenden Nöten deiner Heiligkeit ans Herz legen, wenn sie irgendwie von Mund zu Mund mit dir sprechen könnten. Aber das würde einer langen Darlegung bedürfen. Weil das vorerst nicht möglich ist, bitte du für die einzelnen Gott, der alles weiß und vermag, und bestürme Ihn, daß Er ihnen in diesen Nöten – vor allem in den sehr gefahrvollen – als gütiger Helfer zur rechten Zeit seine Hife gewähre, so wie Er es für uns förderlich erachtet. Er gewähre uns in all dem Beistand, außerdem die Vergebung der Sünden, Besserung des Lebens und die ewige Freude. Das alles schenke mir und ihnen, für die ich dich anflehe, in seiner Güte und auf deine Bitten Er selbst, der über alles gepriesene Gott. Amen.

103 Der Mönch Wibert an Hildegard (Gembloux)

Der in Christus sehr verehrten Mutter und Herrin Hildegard <wünscht> Wibert, der geringste von Gottes Dienern, sie möge vom kommenden Bräutigam unter den Klugen Jungfrauen mit brennender <ornata> Lampe angetroffen werden.

Als wir kürzlich durch Schwester Ida einen Brief zu deiner Seligkeit geschickt hatten, erwarteten ich und deine in unserer Gegend ansässigen Freunde gespannt und voller Hoffnung Antworten deiner Herablassung auf das, was wir erfragt hatten. Als sie aber zu uns zurückkehrte, erfuhren wir durch ihren Bericht, daß unsere Hoffnung zwar nicht gänzlich enttäuscht, jedoch um des Zuwachses an Freude und Trost willen hingehalten werde. Sie erzählte nämlich, daß du unsern brieflichen Gruß dankbar entgegengenommen und eifrig zugehört hättest, als er dir auf deinen Wunsch mehrmals zusammenhängend vorgelesen wurde. Doch die Beantwortung einiger meiner kleinen Fragen, die ich dir brieflich oder mündlich durch diese Überbringerin zur Lösung anvertraute, hättest du aufgeschoben, bis Gott sich auf flehentliches Bitten herablasse, zu offenbaren, was darauf zu antworten sei. Sie wies uns auch darauf hin, daß du auf einige dieser kleinen Fragen leicht sofort hättest antworten können, doch um derer willen, die du nicht auf dein Urteil festlegen möchtest, hättest du auf die vorliegenden jetzt nicht zurückschreiben wollen. Vielmehr hättest du angeordnet, daß wir nach dem Fest der Aufnahme der immerwährenden Jungfrau <in den Himmel> auf deinen Bescheid hin einen zuverlässigen Boten senden möchten, und du uns Auskunft über beides zusammen schicken werdest.

Als wir das gehört hatten, waren wir zwar ein wenig traurig wegen der Verzögerung; doch wegen der reicheren Frucht der Freude, die uns die besagte Frau von der Antwort deiner Heiligkeit versprach, brachen wir in Jubel aus und statteten der Göttlichen Vorsehung wie auch deiner Güte demütig Dank ab. Unterdessen stand das erwähnte Fest vor der Tür. Während wir eifrig suchten, wen wir zu dir, ehrwürdige liebe <Mutter> senden könnten, und wegen der arbeitsreichen Erntezeit kaum jemand zu finden war, faßte plötzlich Herr Siger von Wavra, ein Adeliger, der vornehmste deiner zu uns gehörenden Freunde, unvermutet den Entschluß, seinen Plan zu ändern, obgleich er das vorher abgelehnt hatte. Er sandte uns einen seiner Dienstboten und meldete, er selbst wolle am Tag der Aufnahme von Christi Mutter den Weg zu dir antreten, und – wenn ich dir schreiben wolle – meinen Brief überbringen. Ich dankte für das Wohlwollen des gütigen Freundes und besonders Gott, nach dessen Ratschluß mir unentgeltlich zukam, was ich eben erst mühevoll und aufwendig zu erlangen suchte.

Und sogleich an der Vigil des oft erwähnten Festes begann ich diesen vorliegenden Brief an dich zu schreiben, und bitte sehr, du möchtest dich herablassen, uns jetzt die im ersten Schreiben vergessenen Fragen zugleich mit den in diesem gestellten zu beantworten; nämlich, ob du deine Visionen als Traum im Schlaf, oder wach in Verzückung schaust, und ob du deine Jungfrauen auf göttliche Offenbarung hin oder als Schmuck Kränze tragen läßt, und wozu sich dadurch ein Unterschied, der – wie wir hörten – unter ihnen besteht, einschleicht. Bedeutet ferner der Titel eines deiner Bücher, nämlich „Scivias", „die Wege kennen", oder kann er besser etwas anders übersetzt werden? Und hast du noch einige andere Bücher geschrieben? Beim Glauben, den du Gott schuldest, sei angefleht, dich nicht zu weigern, mir das mit den andern Fragen, die ich im vorhergehenden Brief gestellt habe, zu erklären.

Deine bei uns weilenden Freunde lassen dich durch mich grüßen. Nichtsdestoweniger bitten sie dich in diesem wie im vorhergehenden Brief darum, dich herabzulassen, bei Gott für ihre Nöte Fürsprache einzulegen. Besonders jedoch bitte und beschwöre ich dich im Namen und bei der Liebe Jesu Christi, für mich, deinen unbedeutenden Diener, Gebete und Bitten zu verdoppeln, damit die Barmherzigkeit Gottes sich mir gegenüber um so großzügiger erweise, je ungehorsamer ich seinen Geboten und – untauglich geworden – Ihm umso mehr verpflichtet bin. Ich folge nämlich der sinnlichen Begierde und lebe insofern wie ein Tier. Das Priesteramt und das Mönchsgewand trage ich ohne die einem Priester geziemende Reinheit, klösterlichen Gehorsam und Demut, und ziehe mir ein strengeres Urteil zu. Beim Chorgebet oder beim heiligen Altardienst gebe ich mich meistens mit bösen und schädlichen Gedanken ab, stets aber mit unnützen. Ich besitze keine rechte Ehrfurcht vor der so nahen Majestät Gottes und der Anwesenheit <aspectus> seiner Engel. Inmitten der Feinde, vor allem der geistigen, und an den gefährdetsten Platz gestellt, nehme ich mir heraus, so nachlässig und lau zu sein und schicke mich nicht an, zu widerstehen oder wenigstens zu den Waffen zu greifen. Zehntausend Talente schulde ich, und fühle mich dennoch so unbekümmert sicher. Weder die Rechenschaft, die ich dem Richter darüber geben muß, noch Fesseln und Kerker des Gerichtsvollziehers, die sich die Nachlässigen zuziehen, schrecken mich ab.

Daher bitte ich um das Erbarmen des allmächtigen Gottes, daß Er mich – von heilsamer Furcht erfüllt – antreibe, diese und so viele große Gefahren für mich zu erkennen, und die erkannten wirklich zu fürchten. Er befreie mich von dem verderblich süßen Paktieren mit meinem Fleisch und dem jetzigen Leben, in das sich ein wenig bittere Medizin gemischt hat. Er lasse mich – wenn auch gezwungen und getrieben – bei Ihm Zuflucht suchen, und nehme den Flüchtling in den offenen Schoß der Vergebung auf. Auch bete ich, daß Er meinen Freund, den ich dir im vorigen Brief anempfahl, ohne seinen Namen zu nennen, ebenfalls von der irdischen Ehrsucht <ambitu terrenorum> abbringe und ihn durch die Gnade des Heiligen Geistes entflamme, nach dem Himmlischen zu trachten.

Lebe wohl in Christus, verehrte Mutter.

103R Hildegard an den Mönch Wibert (Gembloux)

Folgende Worte sage ich nicht aus mir und nicht von einem andern Menschen, sondern ich spreche sie aus, wie ich sie in der himmlischen Schau empfangen habe. O Diener Gottes, durch den Spiegel des Glaubens, in dem

du Gott erkennst und auf Ihn achtest, und, o Sohn Gottes, durch die Erschaffung als Mensch, in den Gott seine Wunder gelegt und sie besiegelt
hat! Denn wie ein Spiegel, in dem man alles sieht, auf seinen Untersatz gestellt wird, so wird die vernunftbegabte Seele dem Leib wie einem irdenen
Gefäß eingesenkt, damit er durch sie lebe und gelenkt werde, und die Seele
im Glauben das Himmlische betrachte. Höre, was das unvergängliche Licht
spricht:

Der Mensch ist himmlisch und irdisch, und zwar himmlisch durch das
Wissen der vernunftbegabten Seele um das Gute, und durch das Wissen
um das Böse gebrechlich und finster; und je mehr er sich bezüglich des
Guten zu erkennen sucht, desto mehr liebt er Gott. Denn wenn er sein Gesicht im Spiegel verschmutzt und mit Staub bedeckt sieht, bemüht er sich,
es zu reinigen und abzutrocknen. So seufzt er auch, wenn er einsieht, daß
er gesündigt und sich in verschiedene Eitelkeiten verstrickt hat, denn infolge der Erkenntnis des Guten weiß er sich befleckt und klagt mit dem
Psalmisten, indem er spricht: „Du unglückliche Tochter Babylons" (Ps
137,8)! Das bedeutet: Die menschliche Begierlichkeit geriet durch den
Auswurf der Schlange in Unordnung. Sie ist allerdings arm und bedürftig,
weil ihr im spiegelhaften Erkennen der ehrenhafte Ruf fehlt, da sie die
Herrlichkeit des ewigen Lebens, die sie in der Erkenntnis des Guten verkostet, von Gott nicht zu erwerben sucht und ersehnt. Selig aber ist derjenige, der daran festhält, daß er aus Gott lebt und dessen Erkenntnis ihn lehrt,
daß Gott ihn erschaffen und erlöst hat. Um der Freiheit willen, durch die
ihn Gott befreit hat, vernichtet er die schlechte Gewöhnung an die Sünden
und wirft alles Elend und alle Armseligkeit, die er inmitten des himmlischen Reichtums behält, an den Felsen, der die Stütze der Glückseligkeit
ist. Denn wenn der Mensch weiß, daß er häßliche Fäulnis an sich hat und
überhaupt nicht vermag, sich vom Geschmack an der Sünde zu enthalten,
dann beschmutzen ihn „kohlschwarze Vögel" völlig. Doch dann vertraue
er kraft seiner vernunftbegabten Seele, die er weder sieht noch erkennt,
gläubig auf Gott. Wenn der Mensch auch weiß, daß er so beschaffen und
zur Unsterblichkeit <infinita vita> bestimmt ist, kann er sich doch nicht
vom häufigen Sündigen zurückhalten.

Und deshalb: O wie wunderbar – und kläglich – ist die Stimme, weil
Gott solch tönerne Gefäße zuweilen durch seine Wunder unter die Sterne
versetzt, obgleich sie von den Sünden nicht lassen können, soweit die
Gnade Gottes sie nicht davor bewahrt. Petrus nämlich, der eifrig ver-

sprach, den Sohn Gottes niemals zu verleugnen, war nicht sicher <davor>. So auch viele andere Heilige nicht, die an Sünden zu Fall kamen, doch später trotzdem tauglicher und vollkommener wurden, als sie gewesen wären, wenn sie nicht gefallen wären.

O getreuer Knecht, ich armselige Frau sage dir nochmals in einer wahren Schau folgende Worte: Gefiele es Gott, meinen Leib wie meine Seele in dieser Schau emporzuheben, würde doch nicht die Furcht aus meinem Geist und Herzen weichen, denn ich weiß, daß ich <auch> ein Mensch bin, obwohl ich von Kindheit an eingeschlossen lebe. Viele Weise aber wurden von Wundern so überschüttet, daß sie viele Geheimnisse kundtaten, doch um des „eitlen Ruhmes" (vgl. RB 49,9) willen schrieben sie sich diese selbst zu, und deshalb kamen sie zu Fall. Diejenigen aber, die beim Aufstieg der Seele die Weisheit aus Gott schöpften und sich für ein Nichts erachteten, wurden zu Säulen des Himmels. So geschah es auch bei Paulus, der den andern Jüngern bei der Verkündigung voranschritt und sich dennoch gleichsam als Nichts erachtete. Auch der Evangelist Johannes war von Sanftmut und Demut erfüllt. Deshalb erfuhr er <hauriebat> viel über die Gottheit.

Und weshalb sollte ich mich nicht als armselig erfahren? Gott wirkt, wo Er will, zum Ruhm seines Namens, und nicht zur Ehre eines erdgebundenen Menschens. Ich zittere zwar immer vor Furcht, weil ich keine Sicherheit über irgendeine Fähigkeit in mir erfahre. Doch ich strecke meine Hände nach Gott aus, um wie eine Feder, die ohne jede Schwerkraft im Wind treibt, von Ihm getragen zu werden. Und was ich sehe, kann ich nur unvollkommen verstehen, solange ich im Dienst des Leibes stehe und eine unsichtbare Seele habe, denn bezüglich dieser beiden versagt der Mensch.

Von meiner Kindheit an aber, als meine Knochen, Nerven und Adern noch nicht erstarkt waren, bis heute, erfreue ich mich stets dieser Schau in meiner Seele, da ich doch schon mehr als siebzig Jahre bin. Mein Geist jedoch steigt, je nachdem, wie Gott es will, in dieser Schau bis zur Höhe des Firmaments empor und erhebt sich in die verschiedenen Luftregionen. Und sie erstreckt sich auf verschiedenartige Menschen, mögen sie auch weit entfernt von mir in fernen Gegenden und Orten sein. Und weil ich das auf solche Weise schaue, erblicke ich es auch gemäß der Veränderlichkeit der Wolken und der anderen Kreaturen. Dies aber höre ich weder mit leiblichen Ohren, noch in der Phantasie meines Herzens, und empfange es auch nicht durch die Vermittlung meiner fünf Sinne, sondern nur in meiner Seele, mit offenen äußeren Augen, so daß ich dabei niemals den Erschöpfungszustand einer Ekstase erleide. Vielmehr sehe ich es wach, Tag und Nacht. Und beständig werde ich von Krankheiten gelähmt und bin derart von großen Schmerzen gefesselt, daß sie mich zu Tode zu bringen drohen. Doch hat Gott mich bis jetzt erhalten.

Das Licht, das ich also sehe, ist nicht räumlich, sondern viel strahlender als eine Wolke, die die Sonne trägt, und ich vermag seine Höhe, Länge und Breite nicht zu ermessen. Und es wird mir als Schatten des Lebendigen Lichts bezeichnet. Und wie Sonne, Mond und Sterne im Wasser erscheinen, so strahlen Schriften, Worte, Tugenden und manche Werke der Menschen – in ihm dargestellt – für mich wider.

Was immer ich jedoch in dieser Schau gesehen oder erfahren haben mag, behalte ich lange Zeit im Gedächtnis, so daß ich mich erinnere, weil ich das einmal gesehen oder gehört habe. Und ich sehe, höre und weiß es gleichzeitig, und lerne gleichsam in einem Augenblick das, was ich weiß. Was ich aber nicht sehe, das weiß ich nicht, weil ich ungebildet bin. Und was ich schreibe, das sehe und höre ich in einer Schau und gebrauche <pono> keine anderen Worte, als diejenigen, die ich höre. Und ich spreche sie in ungefeiltem Latein aus, wie ich sie in der Schau höre, weil ich ja in dieser Schau nicht schreiben gelehrt werde, wie die Philosophen schreiben. Die Worte, die ich in dieser Schau sehe und höre, sind nicht wie Worte, die aus Menschenmund ertönen, sondern wie eine blitzende Flamme und wie eine Wolke, die in klarer Luft dahinzieht. Die Gestalt dieses Lichts vermag ich überhaupt nicht zu erkennen, wie ich auch den Sonnenball nicht ganz anschauen kann.

Und in demselben Licht erblicke ich zuweilen – nicht oft – ein anderes Licht, das mir als Lebendiges Licht bezeichnet wird. Allerdings bin ich noch viel weniger imstande, auszusagen, wie ich es sehe, als beim vorhergehenden, und doch wird mitunter, während ich es schaue, alle Traurigkeit und aller Schmerz aus meiner Erinnerung genommen, so daß ich mich dann wie ein einfaches Mädchen verhalte und nicht wie eine ältere Frau.

Doch wegen einer chronischen Krankheit, an der ich leide, empfinde ich manchmal Widerwillen, über die Worte und Visionen, die mir dort gezeigt werden, zu sprechen. Denn wenn meine Seele sie verkostet und schaut, verändert sich mein Zustand, wie oben gesagt. Ich übergebe allen Schmerz und alle Bedrängnis der Vergessenheit, und was ich dann in dieser Schau sehe und höre, schöpft meine Seele wie aus einem Quell; doch bleibt dieser trotzdem voll und unerschöpflich.

Meiner Seele jedoch fehlt es zu keiner Stunde an dem erwähnten Licht, das Schatten des Lebendigen Lichtes genannt wird, und ich sehe es, als ob ich in einer leuchtenden Wolke das Firmament ohne Gestirne erblickte. Und in ihm sehe ich, was ich gewöhnlich sage und was ich den Anfragenden gemäß dem Aufblitzen des Lebendigen Lichts antworte.

In einer Schau sah ich auch, daß das erste Buch meiner Visionen „Scivias" genannt werden sollte, weil es auf dem Weg des Lebendigen Lichts hervorgebracht wurde, und nicht von einer anderen Lehre. Über die Kränze aber schaute ich, daß alle kirchlichen Stände deutliche Hinweise auf die himmlische Herrlichkeit tragen, die Jungfräulichkeit jedoch – außer einem schwarzen Schleier und dem Zeichen des Kreuzes – kein deutliches Zeichen besitzt. Daher sah ich, daß auch das ein Zeichen für die Jungfräulichkeit ist, nämlich, daß das Haupt der Jungfrau mit einem weißen Schleier bedeckt würde, wegen des schneeweißen Gewandes, das der Mensch im Paradies besaß und verloren hatte; und auf ihrem Haupt einen Reif <rota> aus drei Farben, die miteinander eine einzige <Farbe> bildeten – das bezeichnet die Heilige Dreifaltigkeit – dem sich vier Reifen anschließen; einer davon trägt vorn ein Lamm Gottes, rechts einen Cherubim und links einen Engel, hinten aber einen Menschen. Und das alles deutet <pendent> auf die Dreifaltigkeit. Dieses gegebene Zeichen wird Gott segnen, weil Er den ersten Menschen mit dem Glanz der Herrlichkeit bekleidet hatte. Und im Buch „Scivias" ist das ausführlich enthalten. Ich schrieb das Buch „Scivias" und die andern Bücher also in einer wahren Schau nieder und arbeite noch an diesem Werk. Auf zweierlei Weise – nämlich hinsichtlich des Leibes und der Seele – kenne ich mich selbst nicht und erachte mich gleichsam als Nichts. Und ich strecke mich nach dem lebendigen Gott aus und überlasse Ihm all das, damit Er, der weder Anfang noch Ende hat, mich bei all dem vor dem Bösen bewahre. Daher bitte auch du, der du nach diesen Worten verlangst, mit all denen, die sie gläubig hören möchten, für mich, nämlich, daß ich im Dienst Gottes glücklich ausharre.

Doch auch du, Sohn Gottes, der du Ihn im Glauben suchst und von Ihm verlangst, daß Er dich rette, achte auf den Adler, der mit seinen beiden Flügeln zur Wolke fliegt. Wird er jedoch an einem verletzt, läßt er sich auf die Erde nieder und kann sich nicht erheben, wenn er auch gern auffliegen würde. So fliegt auch der Mensch mit zwei geistigen <rationalitatis> Flügeln, d. h. mit der Erkenntnis des Guten und des Bösen. Der rechte Flügel ist die Erkenntnis des Guten, und der linke die Erkenntnis des Bösen; und die Erkenntnis des Bösen dient dem Wissen um das Gute. Und die Erkenntnis des Guten wird durch die Erkenntnis des Bösen geschärft und geleitet, und so wird sie durch sie in allem weise.

Jetzt aber, o geliebter Sohn Gottes, hebe Gott die Flügel deiner Erkenntnis zu den rechten Wegen empor, so daß du – wenn du einmal in Gedanken an die Sünde rührst, weil du von Natur aus so geschaffen bist <sic natus>, daß du nicht ohne Sünde sein kannst – dennoch niemals zustimmst, sie zu begehen. Eine überaus herrliche <celestis> Harmonie erklingt aus einem Menschen, der so handelt, für Gott und lobt Ihn, weil der zu Asche gewordene Mensch Gott so sehr liebt, daß er um seinetwillen sich selbst völlig geringachtet, sich nicht schont und sich von sündigem Tun zurückhält. O erprobter Streiter, bestehe auf diese Weise diesen Kampf, damit du in himmlischer Harmonie leben kannst, und Gott zu dir spreche: Du gehörst zu den Söhnen Israels, weil du mit den Augen des Geistes im Eifer der himmlischen Sehnsucht nach dem hohen Berg Ausschau hältst. – Doch auch alle, die in deinem mir übersandten Brief angeführt sind, mögen durch den Heiligen Geist geleitet und im Buch des Lebens eingetragen werden.

Auch du, getreuer Diener Gottes, wetteifere mit Herrn Siger und ermahne ihn, nicht von rechts nach links abzuweichen. Wenn sich aber jemand seinem Vorsatz widersetzt, möge er tapfer – mit dem Panzer des Glaubens und dem Helm des himmlischen Verlangens angetan – seinen Weg verfolgen. Doch soll er auch erwägen, daß der erste Mensch, als er mehr der Stimme seiner Frau als der Stimme Gottes gehorchte, durch seine Anmaßung zugrunde ging, weil er ihr zustimmte. Wenn also das Maß ihrer Bedrängnis so groß ist, daß es ihre Kräfte zu übersteigen scheint, sollen sie daran denken, daß geschrieben steht: „Getreu ist Gott. Er wird nicht zulassen, daß ihr über euer Vermögen hinaus versucht werdet, sondern mit der Versuchung auch den Ausgang schaffen, damit ihr standhalten könnt" (1 Kor 10,13). Von der freudigen Erwartung dieser gütigen Verheißung bestärkt, möge er mit seiner Gattin zu einem einmütigen Beschluß gelangen, und der nützlichere Rat, ob ihn der Mann oder die Frau gibt, sei verpflichtend. Sie mögen sich auch hüten, daß nicht die ursprüngliche Täuschung bei ihnen stattfinde, nämlich, daß der Mann die Frau anklagt, und umgekehrt die Frau den Mann. Vielmehr sollen sie alles dies nach dem Willen Gottes ausführen. Der heilige Feuergeist aber entzünde ihre Herzen so, daß sie nie von ihm abweichen.

104 Der Mönch Wibert an Hildegard (Gembloux)

Dir, meiner Herrin und Mutter H<ildegard>, die ich immer mit aufrichtiger Zuneigung umfange, <wünsche> ich, dein W<ibert>, von Gott unserm Heil beständige Gesundheit an Leib und Seele.

In den ersten Briefen, die ich an deine Seligkeit zu richten wagte, legte ich dir einige Fragen vor und vertraute dir manches an. Ich sehnte mich nach einer Antwort darauf, denn – wie ich berichtete – habe ich gar keine Aussicht, einmal zu dir zu kommen. Das hätte ich jedoch niemals so klar und ohne schöne Bemäntelung vorgebracht, wenn ich damals schon irgendeinen Plan oder eine Überlegung gehegt hätte, dich zu treffen, damit mich meine Worte nicht des Kleinmuts oder des Mißtrauens beschuldigen. Denn ich weiß es und bin dessen sicher: Was bei den Menschen unmöglich ist, ist für Gott möglich. Ihm steht sogleich, wenn Er es will, das Können zu Gebote.

Daher brachte ich die erwähnten Worte nur zögernd vor, nicht als ob ich dem göttlichen Beistand mißtraute, der oft auch für Unverständige sorgt, sondern in der Ungewißheit, ob es gut für mich sei, diesen Weg zu versuchen. Vielfache Erfahrung lehrte mich nämlich, daß Gott oft in seiner gütigen Verfügung dem Ungestüm meiner törichten Willensregungen, die auf Schlechtes zielten, begegnete und es dämpfte. Dagegen aber entflammte Er die Trägheit meines darniederliegenden Geistes durch etliche Bestätigungen. Während ich auf etwas anderes hinarbeitete, rief Er mich zu Nützlicherem zurück. Verehrte Mutter, ich bekenne voller Jubel und Begeisterung, daß mir das durch Seine Gnade und deine Verdienste zuteil wurde. Denn als ich gedachte, nichts von dir zu begehren oder wenigstens darauf bedacht zu sein, da bot Er, der in seiner überströmenden Gnade alle Verdienste und Wünsche der demütig Bittenden übertrifft, und manchmal hinzufügt, was das Gebet nicht voraussetzt, eine günstige Gelegenheit und auch die Möglichkeit zu einem Besuch bei dir. Er weiß – wie ich glaube – daß es mir förderlich ist, und hat mir sowohl den Wunsch eingegeben, als auch mein Verlangen entfacht.

So höre in Kürze, wie das zuging. Durch unsern gemeinsamen Freund,

211

Herrn Siger, einen Mann aus vornehmem Geschlecht, doch noch angesehener durch seine offensichtliche Hingabe an Gott, hatte ich dir unsern zweiten Brief geschickt. Nach seiner Rückkehr von deiner Heiligkeit hielt er es kaum eine Nacht aus. Schon beim Morgengrauen schickte er mir sofort durch seinen Hausknecht ein Reitpferd und bat mich zu sich. Als ich ihn aber zu der Stunde nicht antraf, empfing ich dein mir so willkommenes Antwortschreiben, das du mir durch ihn zugedacht hattest, von seiner Gattin <socia thori> Elisabeth, einer glühenden Gottesverehrerin, mit ehrerbietigem Glückwunsch. Sie vermutete, was zutraf, daß etwas Verehrungswürdiges und Wunderbares darin enthalten sei. Um mein hin- und herschwankendes Gefühl darzulegen, <muß ich gestehen>: Ich fürchtete sehr, daß durch deinen Mund Gottes Zorn – über meine Fehler erzürnt – augenblicklich etwas Schlimmes gegen mich aussprechen oder mir in Zukunft androhen würde. So wagte ich deine Antwort erst nach vorangegangenem Gebet zu lesen.

Daher betrat ich die dem Haus zunächstliegende Kirche, legte den Briefbogen auf den Altar, fiel auf die Knie und bat den Heiligen Geist, mich würdig zu machen, ihn zu lesen. Er sollte mein stumpfes Herz hellhörig machen, um zu erfassen, was ich las, und wenn als Folge meiner Sünden eine Gefahr drohe, auf die Fürbitte der Heiligen einen Ausweg aus dem Verderben zeigen. Dann nahm ich ihn wieder an mich und las ihn schweigend zwei- bis dreimal, wie verzückt vor Bewunderung deiner Aussagen und fast in Ekstase; es ging nämlich über meine Kräfte, was gesagt wurde, und schien mehr die Stimme des Geistes oder die Sprache der Engel als Menschensprache zu sein. Aus innerstem Herzen pries ich den Vater der Lichter, der aus der Finsternis Licht aufstrahlen ließ. Er erfüllte deine Seele mit so großem Glanz, daß du – wie du in deinem Brief genau unterscheidest – von einem zweifachen unaussprechlichen und unbegrenzbaren Licht durchflutet wirst; von dem einen stets, d. h. ohne Unterbrechung und Wechsel, von dem andern in gewissen Phasen. Denn das Licht des göttlichen Antlitzes ist über dir als besondere Auszeichnung unter den Frauen unserer Zeit zu sehen, um heilsame Freude in dein Herz zu ergießen.

Wirklich, meine Herrin, einzigartig ist zumindest in dieser Hinsicht dein Ruhm! Denn mit Ausnahme der Erhabenheit derer, aus der die Sonne der Gerechtigkeit hervorging, die im Glanz der Heiligen aus dem Schoß des Vaters vor dem Morgenstern gezeugt wurde – man nannte sie wegen dieser Würde Pforte des ewigen Lichts und helleuchtender Meeresstern –

außer von dieser, wiederhole ich, hörte man seit Menschengedenken nicht, daß in irgendeiner anderen Frau das weibliche Geschlecht, von dem die Finsternis des Todes ausging, mit dem Privileg einer größeren Gnade ausgezeichnet und mit so großem Ruhm überschüttet wurde.

Nichtsdestoweniger stattete ich dem freigebigen Erlöser auch für eine andere Gnadengabe, die dir vom Himmel zukam, Dank ab. Er hat so große Anmut über deine Lippen ausgegossen, daß das Feld der Kirche, in einigen Gegenden – vom Tau deines Wortes und deiner Lehre getränkt – seine Freude äußert, sprießt und mit entsprechender Frucht antwortet, wenn der Herr gütig Segen spendet. Für diesen wilkommenen Regen preise sie den Namen dessen, der auch deinen Namen so groß gemacht hat, daß es dir an Lob aus dem Munde der Menschen nicht fehlt.

Schließlich habe ich mich für deine Liebenswürdigkeit <dulcedo> dankbar erwiesen, indem ich dich Gott anempfahl. Wie aus deinen Worten hervorging, hast du gemäß meines Herzenswunsches die Güte, mir Unwürdigem unverdienterweise unter deinen besonderen Freunden einen Vorzugsplatz zuzuweisen. Du hast mir sogar das Heiligtum deines erleuchteten Herzens erschlossen und mich mit der Art und Weise deiner Offenbarungen – wie sie von den Lesern deiner Schriften eingeschätzt werden – bekanntgemacht, eingehender, als irgendeinen andern bisher.

Doch sicherlich hast du meine Bitte und deine Großzügigkeit auf deiner unbestechlichen Waage abgewogen und gerecht beurteilt, um mit dem Auge der Liebe den Raum der Liebe zu erweitern. Zur Teilnahme an deinem Jubel wolltest du in dieses beglückende Geheimnis nicht einen Neugierigen, sondern einen Freund deiner Freude einlassen, damit an mir in Erfüllung gehe: Dem Anklopfenden wird aufgetan. Sollte mein Herz nicht im Herrn frohlocken und der Mund mit Jubel erfüllt sein, sollten meine Lippen sich nicht freuen, wenn ich die mir persönlich zugesandten Worte im Herzen erwäge, mit dem Mund ausspreche und mit den Lippen verkünde, die nicht von dir oder irgendeinem Menschen kommen, sondern die du nur in himmlischer Schau erfahren hast?

Kehrte ich mittlerweile von meiner Bewunderung für dich zur Betrachtung meiner selbst zurück, brannte ich nicht wenig vor Scham, und von Furcht erschüttert bebte mein Herz. Während ich mir einerseits meiner Schwäche und meines unbeständigen Charakters bewußt war, hörte man andererseits öffentlich beim Vorlesen deine Worte, mit denen du mich als Diener und Sohn Gottes oder als erprobten Streiter erwähnst. Der allmächtige Gott schone dich, ehrwürdige Mutter: Was tatest du mir Unnützem und Trägen an? Sieh also zu, aus welchem Geist heraus du das ausgesprochen hast. Denn wo zeigt sich Derartiges bei mir? Wenn irgendein anderer als du das über mich gesagt hätte, würde ich es als Lüge und Schmeichelei ansehen, und es wäre mir unerträglich. Nun aber wage ich nicht, deinen Worten, die – wie du versicherst – himmlischen Ursprungs sind, zu widersprechen. Zwischen dem, was ich über mich höre und dem, was ich empfinde, erleide ich keine geringe Zerreißprobe. Weil ich jedoch nicht glauben will und kann, daß du lügst, so „geschehe mir" – wie es auch um mich stehen mag – „nach deinem Wort" (Lk 1,38), nämlich, daß ich mit der Hilfe Gottes durch eifriges Dienen ein Diener, durch fromme Nachahmung ein Sohn werde. Und wenn das Leben des Menschen auf Erden ein Kriegsdienst ist, will ich von meiner Schwachheit genesen und kriegstüchtig sein, und gegen die Laster und die Dämonen, die sie hervorrufen, tapfer kämpfen, um ein erprobter Streiter Gottes zu werden. Und damit mir in der Auseinandersetzung auch deine Hilfe nicht fehle, bitte den, der das Stolze von weitem erkennt und das Demütige im Himmel und auf Erden aus der Nähe anblickt, daß Er mein Herz weder durch Schwierigkeiten scheitern, noch durch ein glückliches Geschick hochmütig werden lasse. Meine Augen sollen sich nicht erheben, um sich in zu großen und wunderbaren Dingen zu ergehen. Er möge mich vielmehr demütig und ganz arm im Geiste machen und vor seinen Worten erzittern lassen, damit Er mich mit den Sanftmütigen der Erde durch seinen erbarmenden Blick gnädig heimrufe.

Als sich inzwischen der Tag zum Abend neigte, kehrte Herr Siger heim. Er lächelte liebenswürdig und gelassen und entledigte sich seines Auftrags, mich von dir zu grüßen. Und als er erfuhr, daß ich deinen Brief schon erhalten hätte, sagte er: Mache ihn mir bitte auf Französisch verständlich, damit ich nicht einem Esel gleiche, der Wein schleppt und nichts davon verkostet. – Und als er unnachgiebig auf dieser Forderung bestand, gelang es mir mit Mühe und Not, ihn bis morgen zu vertrösten, denn es war schon Abend. Als ich mich dieser schwierigen Aufgabe nach dem Maß <meiner Möglichkeiten> wunschgemäß vor vielen Klerikern und Laien zu entledigen suchte, ergriff alle ein Staunen. Sie wunderten sich und dankten der Weisheit und dem Geist, der durch sein Werkzeug, nämlich durch deinen Mund sprach. Danach verlangten mir andere Persönlichkeiten verschiedenen Standes und Alters dieselbe schwierige Übersetzungsaufgabe ab, obwohl ich mich weigerte, zwangen sie mich dazu. Überflüssig zu erwähnen, wie begierig sie deinen Brief hörten, abschrieben und lasen, mit welchen Lobsprüchen sie ihn rühmten, nicht nur einzelne Leser, sondern mehrere Gemeinden!

Da war ein vielgenannter, sehr gelehrter Mann, Herr Robertus, ehemals Abt von Königstal. Als man ihm diesen Brief vorlas, saß er schweigend da, nickte immer wieder mit dem Kopf und war so angetan, daß er kaum das Ende erwartete, um impulsiv und dennoch mit Würde zu bezeugen, daß dies nichts anderes, als die Worte des Heiligen Geistes seien, die er gehört hätte. Ich glaube nicht, sagte er, daß die Kraft und Erhabenheit einiger Worte dieses Briefes den größten derzeitigen Magistern Frankreichs vergleichbar wären, und zeichneten sie sich auch durch noch so große Geistesschärfe aus, es sei denn durch die Offenbarung desselben Geistes, aus dem sie gesprochen sind. Jene aber plärren lauthals aus ihren verdorrten Herzen, ermüden mit wissenschaftlichen Fragen und Wortgefechten und begreifen nicht, worüber sie sprechen oder was sie behaupten. Sie und andere verstricken sich unheilvoll in umständlichen Streitreden. Diese selige Frau aber wird – wie ich höre – beständig durch die Geißel der Krankheit geläutert und zu ihrer Bewahrung in Zucht genommen. Sanft und demütig von Herzen betrachtet sie in der Einfalt ihres reinen Herzens das einzig Notwendige, nämlich die Herrlichkeit der Dreifaltigkeit. Aus dieser innerlichen Fülle schöpft sie, was sie nach außen verströmt, um den Durst der Dürstenden zu stillen.

Und übereinstimmend damit äußert sich ein gewisser anderer <Wibert selbst?>: Es ist nicht neu und ungewöhnlich, daß der Heilige Geist die Seelen der Menschen mit verschiedenen Gnadengaben verherrlicht, da der Apostel sagt: „Ein jeder hat seine besondere Gabe von Gott, der eine diese, der andere jene" (1 Kor 7,7); und an anderer Stelle: „Die Gnaden sind verschieden, doch der Heilige Geist teilt dem Einzelnen zu, wie Er will" (1 Kor 12,11). Doch wie unter den früheren Gaben schließlich ein neues Zeichen der Heiligung hervortrat, von dem feierlich verkündet wird:

„Er beschenkte heute die Apostel Christi
mit der ungewohnten Gabe, die von jeher unerhört",

nämlich, daß plötzlich feurige Zungen herunterfuhren, sich auf die Einzelnen niedersenkten, und in ihrem Mund alle Arten von Sprachen entstanden, so glaube ich zweifellos, daß es eine neue Art von Erleuchtung ist, die diese Frau <domina> auszeichnet. Sie empfängt, was ihr offenbart wird, nicht auf die Art anderer, die Göttliches wahrnehmen, schlafend, im Traum oder in Ekstase, sondern wunderbarerweise wachend – wie sie selbst behauptet – von einem sozusagen beständigen Licht umstrahlt, das ihr als Schatten des Lebendigen Lichts bezeichnet wird, immer ihrer selbst mächtig und frei über sich verfügend. Wenn sie auch einiges Rätselhafte wahrnimmt, so doch das meiste in reiner Erkenntnis, frei von mystischen Vorstellungen, wie es in Wahrheit ist. Daher läßt sie sich in keiner Weise verwirren, um nicht von der Beschauung der inneren Dinge durch den Anblick der äußeren abgehalten zu werden.

Auch das übertrifft in ihr die Erleuchtung der ersten besten <Mystiker>: Die Worte, die sie in der Schau vernimmt, erzeugen in ihr – während sie unter ihnen erglüht und leuchtet – eine Doppelwirkung des Feuers. Und in jenem Licht, das sie von Kindheit an für immer umstrahlte, erfreut sich bis jetzt ihre emporgehobene und ausgeweitete Seele der Einsicht in die göttlichen Schriften, wenn sie auch nicht alle, so doch gewisse Werke der Menschen, obgleich sie weit von ihr entfernt sind, erblickt. Dagegen bezeugt der heilige Gregor, daß der Geist der Prophetie den Geist der Propheten nicht ständig erleuchte. Das bekräftigt er mit zwei Schriftzeugnissen. Erstens: Als David von Nathan Auskunft über den Tempelbau erbittet, stimmt dieser bald zu, bald wehrt er ab. Das hätte er aber nicht getan, wenn der Geist ständig zugegen gewesen wäre. Zweitens sagt Elisäus über die Sunamiterin zu Giezi: „Laß sie und hindere sie nicht; ihre Seele ist voll Bitternis, und der Herr hat es mir verborgen und mir nicht angezeigt" (4 Kön 4,27). Und weil ein Abgrund den andern bei der Erhabenheit der göttlichen Offenbarungen anruft, ereignet sich in ihr noch etwas neues, das all diese Erleuchtungen übertrifft. Wenn sie – wie sie selbst bezeugt – in das Geheimnis des lebendigen Lichts – allerdings selten – eingeht, scheint sie sich selbst ganz zu verwandeln, nach dem Wort: „Deine Jugendkraft wird sich wie ein Adler erneuern" (Ps 103,5). Sie fühlt sich wieder wie ein junges Mädchen und vergißt völlig alles, was ihr widerfährt, nämlich Krankheit, Trauer, Schmerz, und auch das kraftlos gewordene Alter, das sich schon zum Greisenalter neigt. Von der für uns unaussprechlichen oder nicht begreifbaren, unsern Sinn übersteigenden, ihr aber wohlbekannten Süßigkeit der himmlischen Harmonie hingerissen, ruht jedoch ihr Geist sorglos in Frieden, während ihr Leib wacht.

Daher kommt es, daß sie vom Klang der inneren Harmonie zum gewöhnlichen Leben zurückkehrt und sich an den lieblichen Weisen der Stimmen, die sie in der Harmonie des Geistes kennenlernte und die in ihr widerhallen, freut. Sie denkt dann an Gott und begeht unter weiteren derartigen Gedanken einen Festtag. Und diese Melodien unterlegt sie mit Texten zum Lobe Gottes und zur Ehre der Heiligen, bereichert sie durch die Begleitung mit den gebräuchlichen Instrumenten und läßt sie öffentlich in der Kirche singen. Wer hat jemals ähnliches von irgendeiner Frau gehört?

Der Freien Künste unkundig, ohne Schreibkenntnisse, d.h. ohne den Unterschied oder die Endungen der Fälle, der Formen, des Geschlechts, der Zahl, der Steigerung und dergleichen unterscheiden zu können, tritt sie durch eine so große Lehrautorität hervor und besitzt eine so tiefe Einsicht in die Schrift, daß sie – wie man vom heiligen Martinus liest – schnell und leicht diesbezügliche Fragen löst und im öffentlichen Gespräch überzeugend und lebhaft erscheint, immer bereit, über jedwede Angelegenheit Rechenschaft abzulegen, wenn man sie über etwas befragt. Und sie tut das für gewöhnlich nicht unredlich und leichtfertig, sondern wenn sie eine Antwort zur Hand hat, teilt sie dem Fragesteller ohne Verzug und Hochmut mit, was ihr eingegeben wurde, Ist das nicht der Fall, erfleht sie von dem, der die Geheimnisse offenbart, nach entsprechendem Aufschub und in demütiger Hingabe für sich eine Erleuchtung über das, was ihr unklar ist oder was sie nicht weiß. Und wenn sie von der Freigebigkeit dessen, der seinen Geist wehen läßt, wann, wo und wieviel Er will, empfing, worum sie bat, teilt sie den Fragestellern ruhig, ohne Mißgunst und Sträuben die Fülle des ihr gewährten Segens mit.

Das erhellt uns deutlich die Aussage des heiligen Gregor: „Die Gabe des Heiligen Geistes ist an kein Gesetz gebunden" (vgl. Dial. I,1). In der Tat mit Recht. Denn während sie sich nicht durch die Liebe zu einem andern von dem Einen trennen, noch durch ein Gesetz binden oder durch das Eheband der Herrschaft eines Mannes unterwerfen läßt, bewahrt sie – zur Freiheit des Geistes berufen – ihrem Einzigen, dem sie sich anvertraut hat, und dem sie – heilig an Leib und Geist – zu gefallen verlangt, die Treue und übertrifft die anderen Frauen, die an den Lasten des Ehelebens tragen.

Der Apostel erlaubt nicht, daß eine Frau in der Kirche lehrt. Diese Frau aber – durch den Empfang des Heiligen Geistes von diesem Los befreit und durch Seine Leitung belehrt – lernte durch die Einsicht in die Weisheit aus eigener Erfahrung, was geschrieben steht: „Selig der Mensch, den du Herr, unterweist und über dein Gesetz belehrst" (Ps 94,12). Und so läßt sie – unerfahren im Reden, doch nicht an Einsicht – in ihrer gesunden Lehre, mit der sie viele unterrichtet, für die Ungebildeten die Milch der Tröstung, und für die Stärkeren den Wein der Zurechtweisung gleichsam aus zwei Brüsten reichlich fließen. Doch obwohl sie die innere Salbung als Meisterin über alles belehrt und ihr befiehlt – wie man es in ihren Schriften findet – das, was sie ihr im Verborgenen eingibt, zuversichtlich öffentlich zur Belehrung der Zuhörer zu verkünden, ist sie sich trotzdem ihres Geschlechts und ihrer besonderen Bestimmung bewußt, und vor allem des erwähnten Verbots. Sie gehorcht dem Geist und widerspricht nicht dem Apostel, den der Geist sendet. Bücher und Predigten stimmen in allem mit dem katholischen Glauben überein, wenn sie die Gemeinde lehrt, doch sie spricht in der Kirche nicht nach Art derer, die das Volk laut anzuschreien pflegen.

Ebenso gebietet der Apostel den Frauen, das Haupt zu verschleiern, sowohl wegen der Würde und Zucht, als auch um des anvertrauten großen Geheimnisses und der geschuldeten Unterwerfung willen. Diese Frau aber ist nicht ohne Schleier, bedeckt sich jedoch nicht mit dem der Verheirateten. Sie setzt sich sehr erhaben über die Herabsetzung der Frau hinweg und nimmt nicht <nur> mit jedem Beliebigen, sondern mit bedeutenden Männern den Vergleich auf. Enthülltem Antlitzes schaut sie die Herrlichkeit des Herrn und wird gleichsam von Herrlichkeit zu Herrlichkeit vom Geist des Herrn in dasselbe Bild umgestaltet. Wie treffend: Von Herrlichkeit zu Herrlichkeit! Denn ihre beständig leuchtende Seele wird ständig von einem Licht, das ihr als Schatten des lebendigen Lichts bezeichnet wird, in gewisser abwechselnder lieblicher Aufeinanderfolge in das Licht des Lebens selbst versetzt. Darum sagt sie voll Freude zu Gott: „Du erfüllst mich mit Freude vor deinem Angesicht" (Ps 16,11) und: „Das Licht deines Angesichts, Herr, ist über mir aufgeleuchtet, denn bei dir ist der Quell des Lebens, und in deinem Licht schaue ich das Licht" (Ps 4,7). Wenn sie durch diese Erleuchtung mit dem Lebendigen Licht erfüllt ist (wie man aus ihren Briefen ersieht, geschieht das nur selten), geht auf wunderbare Weise eine völlige Veränderung mit ihr vor. Die sie näher kennen, bezeugen, daß sie aus dieser Verwandlung geistige und körperliche Kraft gewinnt, aus der man sie dann leben sieht. Offensichtlich fließt zur Stunde jener Feuerstrom in sie ein, von dem wir singen: „Plötzlich kam ein Brausen vom Himmel und der herabfallende Geist erfüllte gleichsam das ganze Haus"

(Apg 2,2). Und wiederum: „Es kam ein göttliches Feuer, nicht verbrennend, sondern erleuchtend, nicht verzehrend, sondern strahlend, fand die Herzen der Jünger als reine Gefäße vor und verlieh ihnen Gnadengaben" (vgl. Responsorium vom Pfingstfest).

Dann nämlich wird sie heiteren Gemüts, ihr Antlitz glüht stärker, sie wird noch sensibler, bereitwilliger zum Reden und körperlich beweglicher. So gewinnt sie augenblicklich auf so wunderbare Weise Kraft, daß sie – während sie sonst nur von zwei Nonnen gestützt umhergehen kann – zum Staunen und zur Freude aller, die es sehen, frei und ohne das gewohnte Umschlagtuch einhergeht.

Doch was wundert es, wenn sie von der Majestät <Gottes>, deren Wink alles in Bewegung setzt, angetrieben wird, und ohne Aufschwung <impe­tus> sogar nicht einmal sein kann? Glaubst du nicht, man könnte ihr – wenn auch auf andere Weise – in den Mund legen, was jene über alle Frauen gesegnete Herrin, durch die das Menschengeschlecht über seine Wiederherstellung jubelte, sagte: Ihr Töchter Jerusalems, was staunt ihr über mich? Göttlich ist das Geheimnis, das ihr erkennt.

Noch etwas Wunderbares wird von ihr berichtet. Die Hausgenossen, die es öfter erlebten, versichern unter wahrheitsgetreuem Zeugnis: Wenn der göttliche Befehl an sie ergeht, etwas zu schreiben, die Gläubigen zu ermahnen oder in den Klöstern Korrekturen vorzunehmen, und – wenn nötig – weiter oder näher hinauszugehen, und sie zwar nicht aus Trägheit oder Hartnäckigkeit – was ferne sei – sondern aus weiblicher Scheu oder jungfräulicher Zurückhaltung zu gehorchen zögert, um nicht der Überheblichkeit oder Eigenwilligkeit beschuldigt zu werden, verdoppelt sich allsogleich die Heimsuchung der Krankheit. Und ein solches Zeichen geschieht an ihr, daß der Mund derer, die Böses sprechen, verschlossen wird. Denn sie wird plötzlich so völlig steif, daß ihr Körper nicht menschliches Fleisch, sondern unbeugsames Holz zu sein scheint. Und seine Starrheit löst sich nicht, bis sie das Befohlene ausführt.

Als er nach Verlesung deines Briefes die Hörer über dies und ähnliches begeistert sah, schilderte der nicht eifersüchtige sondern wohlwollende Verkünder deines Ruhms, ehrwürdige Mutter, die dir vom Himmel verliehene Gnade und machte sie noch glühender im Lobpreis Gottes und in der Bewunderung für dich. So waren sie also alle einer Meinung. Sie priesen in dir Gott, der immer wunderbar in seinen Heiligen wirkt. Durch seine Gabe und den Ruhm der Jungfräulichkeit strahlst du unversehrt inmitten des Ofens von Babylon. Und vom Quell des Lebens getränkt, strömst du süßen Honig und Dickmilch für uns Hungrige aus.

Von all dem aber, was in unserer Gegend über dich, heilige Mutter, von vielen so viel geredet wird, möge genügen, was ich hier erwähnt habe, um nicht das gebührende Maß zu überschreiten. Ich möchte nicht mit schmeichlerischen Worten, die nicht von Herzen kommen, deine Gunst gewinnen, damit du nicht – durch diese Lobsprüche belästigt und erschreckt – vor Unwillen gegen mich entbrennst. Um aber die Wahrheit zu bekennen: Es ist besser für dich, abgeschreckt als erfreut zu werden, da jedenfalls feststeht, daß ohne ein lobwürdiges Leben einen lobenswerten Namen haben zu wollen, sichere Verdammnis bedeutet. Schließlich sagt ja ein Mann, der im christlichen Wettstreit sehr tüchtig ist <Paulus>: „Ich glaube nicht, es ergriffen zu haben" (Phil 3,13). Und es steht auch geschrieben: „Ist der Mensch zum Ende gelangt, dann fängt er an" (Sir 18,6). Und weil nach dem Spruch eines Weisen wahres Menschenlob erhöht, falsches aber ein Vergehen ist, ergibt sich, daß niemand sich brüsten soll, sondern sich fürchte, obwohl er sich keiner Übeltat oder eines Vergehens bewußt ist. Und schreitet er irgendwie voran, wünsche er und eifere danach, mehr durch ein Werk zu gelten als durch den Namen. Er rühme sich nicht zu seinem Verderben selbst, sondern ganz im Herrn. Denn nicht wer sich selbst, sondern wen der Herr empfiehlt, der ist bewährt.

Lebe wohl in Christus, ehrwürdige Mutter, und gedenke meiner und aller, die deiner eingedenk sind, in deinen Gebeten.

105 Der Mönch Wibert an Hildegard (Gembloux)

Seiner heiligen Mutter und Herrin Hildegard <entbietet> Wibert mit der geschuldeten Ehrfurcht seine kindliche Unterwürfigkeit.

Als ich im Herbst von dir, heilige Frau, zurückkehrte, machte ich vor dem Heimweg in das Gemach meiner Gebärerin, nämlich der Gemeinschaft von Gembloux, einen Umweg über das Kloster Villers, um meine verehrten Brüder und Obern zu besuchen. Dort las ich wiederholt vor dem

Abt und den Brüdern den Brief vor, den du mir durch den edlen Mann Herrn Siger geschickt hattest. Ich berichtete über die Antworten, die du mir auf meine vielen Fragen in so kurz bemessener Zeit in der dir verliehenen Weisheit gegeben hattest, während ich Tag und Nacht begierig an deinem Mund hing. Da erfaßte sie ein so großes Verlangen, dich nach gewissen Dingen zu fragen, daß sie sofort alles, was das Herz eines jeden bewegte, in folgenden Fragen zusammenfaßten. Weil sie wissen, daß ich dein vertrauter Freund bin, übergaben sie sie mir mit diesem ganz kurzen Brief, damit ich sie dir zur Beantwortung <enodandas> zusende.

Die Brüder des Klosters Villers
an die Jungfrau und Dienerin Christi, Hildegard.

O heilige, von Gott und den Menschen geliebte Mutter! Liebenswert und anmutig stehst du vor uns. Gesegnet sei dein Andenken! Denn durch dich und in dir wirkte der Herr etwas Neues auf Erden. Durch eine neue Weise der Heiligung, nämlich nicht mit ungelehrten Worten menschlicher Weisheit, sondern durch die Belehrung des Heiligen Geistes, hat Er dich wunderbar erleuchtet und mit dem Geist der Einsicht erfüllt, um durch dich den Gläubigen das Geheimnisvolle und Verborgene seiner Weisheit zu erschließen. Ehrwürdige Mutter, zu deinen Füßen niedergeworfen <advoluti> bitten wir deine Heiligkeit inständig, du möchtest dich herablassen, den Bittstellern in der Liebe Christi die Geheimnisse der unterbreiteten Fragen nach dem Vermögen, das Er selbst dir verliehen hat, kundzutun, um uns, die wir in Finsternis und Todesschatten sitzen, das Heil erkennen zu lassen, und unsere Schritte auf den Weg des Friedens hinzulenken. Lebewohl!

Liebe, verehrte Mutter, ihrer Bitte schließe auch ich mich an. Ich, dein Knecht und Diener, beschwöre dich, ohne Aufschub zu beginnen, was mit mir nicht nur die erwähnten, sondern auch sehr viele weitere Brüder demütig erbitten. Rufe die Hilfe Gottes an und rüste dich zu dem für uns so wünschenswerten Werk. Die aufgewandte Mühe wird der ganzen Kirche zum Nutzen gereichen. Es bleibt deiner Unterscheidung überlassen, die leichteren, und einst schon von den Vätern erörterten Fragen herauszulassen und summarisch zu streifen; die dunklen aber und noch nicht klar formulierten, wie z. B. über die Seele und den Unterschied zwischen der Geburt des Sohnes und dem Hervorgang des Heiligen Geistes, und weiteres dieser Art, lange zu erwägen und zu überdenken, und auch zur Kenntnis der weniger Gebildeten <mediocrum> zu bringen. So mögen die Armen von den Gütern deines Hauses essen und satt werden. Und wenn du ihnen Veranlassung zum Lob gibst, werden sie zu deinem Verdienst den Herrn loben. Zum Ruhm des Namens dessen, der ein Denkmal für seine Wunder errichtet, und Speise denen gibt, die Ihn fürchten, spricht man von ihnen: „Sie aßen und wurden übersatt, und der Herr befriedigte ihre Begierde; sie wurden nicht um ihr Verlangen gebracht" (Ps 78, 29–30). Und nicht mit einem Mal zufrieden, bitte und beschwöre ich dich wieder und wieder, du möchtest beim Herrn in unermüdlichem Gebet um die Lösung einer jeden Frage anklopfen, bis dir Zutritt zu seinem Heiligtum gewährt wird und du sie bis zum letzten verstehst. Dann tritt mit leuchtendem Antlitz zu uns heraus und erhelle mit dem Licht der Offenbarungen Gottes die Finsternis unserer Unwissenheit.

Weil aber, wie der heilige Gregor bezeugt, heilige Propheten zuweilen aus dem großen Bedürfnis heraus weiszusagen, etwas aus ihrem Geist aussagen und man vermutet, sie sprächen dies aus dem Geist der Prophetie, mußt du dich gar sehr hüten, nicht machtvoll in der Gnade des Geistes zu sein, doch dabei wenig die Unterscheidung der Geister zu üben. Was immer deinem Geist <gut> scheint, schreibe nicht sofort dem Heiligen Geist zu, indem du sagst: Das habe ich im Geist gehört und gesehen, wenn nicht Er, der auch die Tiefen der Gottheit erforscht, dir eingibt, was zu sagen ist. Denn nach dem Ausspruch dessen, der sagte: „Der Herr hat es mir verborgen und mir nicht gezeigt" (4 Kön 4,27), ist es viel sicherer und und lobenswerter, in so dunklen und dem menschlichen Verstand fernliegenden Dingen demütig seine Unwissenheit zu bekennen, als etwas Neuartiges, das nicht erprobt ist, unbesonnen hinzuzufügen.

Damit ich dir aber durch mein vieles und wiederholtes Schreiben nicht lästig werde, sage mir – wenn du dich erinnerst, in einem deiner Werke einige Fragen schon beantwortet zu haben – wo man diese Antwort finden kann. Noch lieber wäre es mir, wenn du bereit wärst, hier vollständig abzuschreiben, was an der entsprechenden Stelle darüber steht.

Als ich kürzlich, d. h. nach dem Fest Mariä Reinigung, wiederum nach Villers kam, um deine Söhne Siger und Anselm, die sich im Kriegsdienst für Christus üben, aufzusuchen, bedrängten mich die Brüder ebenfalls sehr <und fragten>, ob ich dir denn die Fragen, über die wir verhandeln, immer noch nicht zugeleitet hätte? Als ich versuchte, mich mit dem Fehlen eines zuverlässigen Überbringers zu entschuldigen, wiesen sie meine Entschuldigung rundweg zurück und bezichtigten mich der Trägheit. Sie waren heftig aufgebracht gegen mich, weil ich es so lange aufgeschoben hätte. Mittlerweile kam während meines dortigen Aufenthalts der mir bekannte Kleriker vom Landgut Monasterias aus Jerusalem zurück. Er kehrte in dein Haus ein und händigte uns unverhofft deinen Brief aus. Der tröstete die erwähnten Novizen mit liebenwürdigen Worten, fügte aber die beklagenswerte Nachricht vom bitteren Schmerz, den deine Seele durch den Tod deines Propstes Herrn Volmar erfuhr, hinzu. Als wir das gelesen hatten, freuten wir uns zwar über die Güte und Aufmerksamkeit, mit der du dich eifrig um deine weit entfernten Freunde kümmerst, nahmen uns aber das Zerbrechen des Stabes, auf den du dich stützt, und die Beraubung vom Trost deines Hauses mit Seufzern des Mitleids zu Herzen. Wir taten jedoch und tun, was du uns geboten hast, begleiten den heimgegangenen Freund mit der frommen Feier von Messen und Gebeten, und bitten alle unsere Freunde und Bekannten, dasselbe zu tun.

Darauf kehrte ich ins Kloster von Gembloux zurück. Unerwarteterweise hörte ich erzählen, daß unser Herr Abt sich rüste, nach St. Quirin zu reisen, um dort zu beten, und vorhabe – falls sich eine Gelegenheit böte – auf dem Rückweg bei dir einzukehren. Diese Nachricht vernahm ich mit Freude und Jubel. Sofort beendete ich diesen Brief und beabsichtigte, ihn dir durch seine Reisegefährten zu schicken. Doch – obwohl ich nichts dergleichen erhoffte – wurde meiner Freude sozusagen die Krone aufgesetzt. Ich weiß nicht, aus welcher Eingebung es geschah: Ich selbst wurde zum Wegbegleiter ausersehen und glaube fest daran, daß ich ihn dir sicherlich persönlich – sozusagen von Hand zu Hand – beiläufig überreichen kann.

Jene Fragen aber, die die erwähnten ehrwürdigen Brüder mir für deine Heiligkeit zur Beantwortung übergeben, lauten folgendermaßen:

1. Wie soll man das verstehen, wenn man liest: „Der in Ewigkeit lebt, hat alles zugleich erschaffen" (Sir 18,1), da berichtet wird, daß Gott seine Werke auf sechs Tage verteilt hat?

2. Was bedeutet das, wenn geschrieben steht: „Gott schied die Wasser, die unter dem Firmament waren, von denen, die darüber waren" (Gen 1,7)? Soll man etwa glauben, daß über dem Firmament materielles Wasser ist?

223

3. Wie soll man <den Vers> verstehen: „Ein Quell kam aus der Erde hervor und tränkte die ganze Oberfläche des Bodens" (Gen 2,6)?

4. Bevor der erste Mensch sündigte, sah er Gott mit den leiblichen Augen; sehen wir Ihn wohl auch mit den leiblichen Augen, da wir nach dem Apostel bei der Auferstehung einen geistigen Leib empfangen?

5. Welcher Redeweise bediente sich Gott und in welcher Gestalt erschien Er dem ersten Menschen, als Er ihm das Gebot gab, und in welcher, als Er nach dem Sündenfall im Paradies umherging?

6. Was waren das für Augen, die den Stammeltern aufgetan wurden, da sie beide schon vor dem Sündenfall sahen, wo es heißt: „Die Frau sah den Baum" (Gen 3,6)?

7. Was bedeutet die Aussage Gottes: „Seht, Adam wurde wie einer von uns im Wissen um Gut und Böse" (Gen 3,22)?

8. Was bedeutet es, daß geschrieben steht: „Kain wird siebenfach gerächt, Lamech aber siebenundsiebzigmal" (Gen 4,24)?

9. Wenn wir glauben, daß Henoch und Elija leiblich ins irdische Paradies versetzt wurden, muß man da etwa annehmen, daß sie am Ort so großer Glückseligkeit leiblicher Nahrung und Kleidung bedurften?

10. In welcher Gegend der Erde müßte man glauben, daß sich das Paradies befindet?

11. Was bedeutet es, wenn der Herr zu Noach und seinen Söhnen sagt: „Über das Blut, von dem euer Leben abhängt, werde ich Rechenschaft von der Gewalt aller Tiere und der Hand des Menschen fordern" (Gen 9,5), und kurz danach: „Wer Menschenblut vergießt, dessen Blut wird vergossen" (Gen 9,6)?

12. Was für einen Leib hatten die Engel, die Abraham erschienen und denen er feinstes Weizenmehl, ein Kalb, Butter und Milch zum Mahl

vorsetzte? Die Engel haben einen leibhaftigen Körper wie die Menschen den ihren, und sind Lebewesen wie Menschen, jedoch unsterblich, was die Menschen noch nicht sind. Nun aber vertauschen sie diesen Leib und verändern ihn zu der Form und Gestalt, die sie wollen, wenn sie erscheinen möchten, indem sie ihn verdichten und festigen, soviel sie wollen. Da sie jedoch in der ihnen eigentümlichen Wirklichkeit wegen der Feinheit ihrer Natur unbetastbar und für unsere Blicke unberührbar sind, zumal sie wirklich aus einer einfachen geistigen Substanz bestehen, nehmen sie – wenn nötig – einen Leib an und legen ihn nach Erfüllung einer Aufgabe wieder ab, da er sich in die Materie, von der er genommen ist, auflösen muß.

13. Warum geboten Abraham und Jakob – dieser dem Knecht, jener dem Sohn – beim Schwur die Hände unter ihre Lenden zu legen?

14. Warum wollten die heiligen Patriarchen mit so großem Verlangen in der Doppelhöhle, die Abraham von den Söhnen Hets kaufte, begraben werden?

15. War es denn ein wirkliches Feuer, das Mose im Dornbusch erschien und den Dornbusch nicht verbrannte, oder das auf dem Berg Sinai erstrahlte, am Pfingsttag in Gestalt von Zungen auf die Jünger herabfiel, oder das über dem Haupt des Martinus, der das <Altars>sakrament feierte, in Erscheinung trat?

16. Was bedeutet die Aussage über die Bundeslade im Buch der Könige: „In der Lade befinden sich nur die Gesetzestafeln" (3 Kön 8,9)? Und im Hebräerbrief liest man: „Hinter dem Vorhang ist ein zweites Zelt, das das Allerheiligste genannt wird. Es enthält ein goldenes Rauchfaß und die allseits vergoldete Bundeslade. In ihr sind eine goldene Urne, die Manna und den Stab Aarons, der gegrünt hatte, und die Gesetzestafeln birgt" (Hebr 3,3–4).

17. Soll man wirklich glauben, daß Samuel <erweckt wurde>, als er von der Totenbeschwörerin herbeigerufen wurde? Was bedeutet die Aussage über Jonatan, daß „seine Augen hell wurden" (1 Kön 14,27), als er vom Honig gegessen hatte?

18. Was heißt es, wenn der Apostel sagt, er sei ins Paradies und bis in den dritten Himmel entrückt worden, und er wisse nicht, ob es im Leib oder außerhalb des Leibes geschah, oder ob er aus dem Leib herausgetreten sei, als die Seele dahin entrückt wurde, oder ob er im Leib verblieb und dorthin gelangt sei?

19. Was bedeutet sein Ausspruch: „Jede Sünde, die ein Mensch begeht, bleibt außerhalb des Leibes; wer aber Unzucht treibt, sündigt gegen den eigenen Leib" (1 Kor 6,18)?

20. Was heißt es, daß er sagt: „Wenn ich mit Menschen-und Engelszungen redete" (1 Kor 13,1)? Was sind Engelszungen?

21. Was sind Länge und Breite, Höhe und Tiefe, die die Epheser begreifen sollen?

22. Was bedeutet es, daß vom Herrn geschrieben steht: „Und Engel traten zu Ihm und dienten Ihm" (Mt 4,11)? Wodurch dienten sie Ihm oder was für einen Dienst erwiesen sie Ihm?

23. Als der Herr zwischen dem Tag der Auferstehung und dem Tag der Himmelfahrt nicht unter seinen Jüngern war, wo muß man glauben, daß Er sich befand?

24. Wenn man glaubt, daß dem Leib der kleinen Kinder im Schoß der Mutter eine neu erstandene, aus dem Nichts erschaffene Seele von der Vorsehung des Schöpfers eingesenkt wurde, auf welche Weise ziehen sie sich den Makel der Erbsünde zu, und welche Gerechtigkeit bestraft sie?

25. Was bedeutet es, wenn der Apostel sagt: „In Ihm leben wir, bewegen wir uns und sind wir" (Apg 17,28)? Was heißt seine Aussage: „Tag und Nacht befand ich mich in der Tiefe des Meeres" (2 Kor 11,25)? Was bedeutet sein Ausspruch: „Ich bin der Geringste der Apostel" (1 Kor 15,9), da er sich doch mehr als alle abmühte?

26. Der Herr sagt im Evangelium von sich selbst: „Ich ging aus Gott hervor und kam" (Joh 8,42); und über den Heiligen Geist: „Der Geist, der aus dem Vater hervorgeht" (Joh 15,26). Was für ein Unterschied ist zwischen dem Hervorgehen des Sohnes und dem Hervorgehen des Heiligen Geistes? Jener wird Sohn genannt, und das darf man nicht vom Heiligen Geist sagen. Wie unterscheidet man zwischen der Zeugung des Sohnes und dem Hervorgang des Heiligen Geistes, da es in beiden Fällen aus dem Vater geschieht?

27. Was haben die Gnade Gottes und die Entscheidungsfreiheit gemeinsam, und was ist ihnen eigen?

28. Wie ist zu verstehen, wenn gesagt wird: „Alles hast du nach Gewicht, Maß und Zahl geordnet" (Weish 11,21)?

29. Was und wie beschaffen ist jene Harmonie der Elemente, von der gesagt wird: „Die Elemente verwandeln sich unter sich, wie sich auf einer Harfe die Klangfarbe ändert" (Weish 19,17)? Bezieht sich das etwa auf den Ausspruch des Herrn: „Und wer läßt die Himmelsharmonie verstummen" (Ijob 38,37)? Wenn aus dem Herzen des Menschen häufig böse Gedanken hervorgehen, wie kann man wissen, was aus unserer Schlechtigkeit und Bosheit kommt, und was auf die Anstiftung der bösen Engel zurückzuführen ist?

30. Kann man denn mit den geistigen Augen Körperliches sehen und andererseits mit den leiblichen Augen Geistiges erkennen?

31. Ist das Feuer der Hölle leibhaftig oder unkörperlich? Wenn es aber – wie viele Gläubige meinen – leibhaftig ist, muß man da etwa glauben, es gehöre zu der Materie der vier Elemente?

32. Die Gleichnisse, die auf vielerlei Weise in den Evangelien erzählt werden – z. B. von dem, der unter die Räuber fiel, oder das vom König, der seinem Sohn die Hochzeit bereitete, und das von den zehn Jungfrauen, und andere – haben sie sich wirklich so zugetragen, oder werden sie uns lediglich als Gleichnisse vor Augen gestellt, um uns auf etwas anderes hinzuweisen?

33. Wenn sich Abraham und Lazarus nur mit der Seele am Ort der Erquickung, und der Reiche nur mit ihr in der Hölle befinden, wofür soll man dann den Schoß Abrahams und den Finger des Lazarus sowie die Zunge des Reichen halten?

34. Wie man in den Büchern des Bischofs Gregor von Tours findet, erscheint der heilige Martin soundsooft im Feuer. Was für ein besonderes Verdienst soll das anzeigen?

35. In welcher leiblichen Gestalt erschien der heilige Nikolaus dem Konstantin wie auch dem Präfekten – während die Matrosen wachten und schliefen – wenn nicht in seinem eigenen Leib? Und in welcher Art von Leib erschienen Petrus und Paulus und die übrigen Heiligen, deren irdischer Leib in der Erde begraben ist, als sie sich den Schlafenden oder Wachenden zeigten?

106 Der Mönch Wibert an Hildegard (Gembloux)

Die Freude, die mir – wie ich glaube – von Gott gewährt worden wäre, wenn ich dich in der Fastenzeit bei einer Reise zu dir für den Augenblick gesehen hätte und du mit unserm Abt hättest sprechen können, nahm mir – wie ich vermute – der Neid des Teufels. Denn als wir bis nach Köln gelangt waren, gaben wir es auf, unsere Reise fortzusetzen. Der Satan legte uns ein Hindernis in den Weg und vereitelte das Vorhaben des Abtes, zu dir zu eilen, durch die unguten Ratschläge seiner irdisch gesinnten Verwandten. Doch hoffe ich, daß mir die göttliche Gnade zu gelegenerer Zeit, wenn alle Hindernisse aus dem Weg geräumt sind, wiedererstattet wird, was mir zu meinem Schmerz geraubt wurde.

Inzwischen jedoch möchte ich noch allzugern wissen, was mit jenen Fragen geschehen ist, welche die Brüder von Villers durch mich zur Beantwortung zu dir sandten; sind sie zu dir gelangt, oder nicht? Ich vertraute sie meinem geliebten jungen Balduin an, daß er sie dir bringe, als ich von der Weiterreise abgehalten wurde. Sind sie angekommen, bitten wir alle, die wir uns deine Freunde nennen, inständig – im Geist zu deinen Füßen niedergeworfen – du möchtest nicht davor zurückschrecken, dich zuversichtlich auf das Meer ihrer Beantwortung zu begeben und die Segel dem Windhauch des Heiligen Geistes anzuvertrauen, um dich – auf solch einen Führer gestützt – ohne Schwierigkeit bald dem ruhigen Hafen zu nähern. Auch bitte ich, was diese Fragen betrifft: Schreibe sie zusammen mit dem Brief der Villarenser und dem unsrigen vor deine Antworten, damit sich eins aus dem andern ergibt und klarer einleuchtet.

Unsere Anliegen lernst du durch die Überbringerin dieses Briefes kennen. Laß uns auch die deinen durch sie wissen, damit wir mit der Betrübten trauern und mit der sich Freuenden frohlocken; denn Freunde müssen alles gemeinsam haben.

Lebe wohl in Christus und bete für uns.

106R Hildegard an den Mönch Wibert (Gembloux)

Die Liebe, die mit der Enthaltung von Sünden den Glauben begründet und die Reinheit kraft der Geduld auferbaut, gleicht einer Säule, die die vier Wände eines Hauses trägt. Die Liebe hatte nämlich einen ganz herrlichen Garten mit kostbaren Gewürzen und edlen Blumen – Rosen und Lilien – angelegt, an denen der wahre Salomon seine Augen zu weiden pflegte.

Dieser Garten bezeichnet die heiligen Tugenden, die „Gott, der die wahre Liebe ist" (1 Joh 4,8), am Reis Jesse, nämlich an Maria, bewirkt hat. Sie blühte in Keuschheit, und aus ihr ging die edelste Blume hervor. Von dieser Blume aber vernahm man „die Stimme der Turteltaube" (Hld 2,12), die zum jungfräulichen Leben einlud. Das deutet die Lilie an; ihrem Stengel entsprießen weiße Blüten von angenehm duftendem Wohlgeruch. So wird auch die Jungfräulichkeit wegen des wohlduftenden guten Rufs in der Welt geehrt. Auch die Einsiedler oder Mönche, die um Christi willen der Welt entsagt haben, sollen leben, ohne an den Verlockungen der Welt teilzuhaben, wie auch die Jungfrau nach ihrem Gelöbnis, ohne an einen

Mann zu denken, leben muß. Denn Jungfrauen und Mönche gehören gleicherweise den Engelchören an. Wie nämlich die Engel nichts anderes begehren, als das Angesicht Gottes zu schauen, so sollen auch sie, wenn sie aller irdischen Pracht entsagt haben, dem Lamm Gottes, d.h. Christus, als seine Kreuzträger folgen. Aus ihnen gehen um der wahren Weltverachtung willen rötliche Blüten des Herrenleidens hervor.

Nun wandle, o Sohn, der du ins Tal der wahren Demut gestellt bist, in seligem Frieden, ohne Hochmut, der einem abschüssigen Berg gleicht. Dieser bietet einen schwierigen und gleichsam unmöglichen Auf- und Abstieg. Auf dem höchsten Gipfel dieses ungemein gefährlichen und für die ihn Erklimmenden unersteigbaren Berges kann man kein Gebäude errichten. Ein Mensch nämlich, der höher zu steigen versucht als er kann, besitzt den Ruf der Heiligkeit ohne Sicherheit, weil er sich nur des Rufs ohne das Gebäude guter Werke in einer gewissermaßen eitlen Freude des Geistes rühmt.

Du herrlicher, von der Liebe gepflanzter Garten, beherzige es jedenfalls, und erwirb dir jede Tugend in wahrer Demut und Herzenseinfalt. Bist du auch unter Menschen verschiedenartiger Gesinnung gestellt, erkenne dennoch, wie langmütig und geduldig uns die Liebe Gottes erträgt. Fliehe auch die Unbeständigkeit des trägen Knechtes, der heute dem einen Herrn, morgen dem andern dient. Umgürte dich mutig mit dem Schwert des Wortes Gottes nach dem Vorbild der tapferen Krieger, die die Ruhestätte des wahren Salomon umgeben und bewachen. Auch die Aufrichtigkeit deines Herzens mit wachsamen Augen empfiehl immer wieder dem allmächtigen Gott, damit du in Gefahr <in dubio> nicht einschläfst. Und sei ein erprobter und geschätzter Kämpfer des wahren Salomon, den er wegen des Sieges im täglichen Kampf liebt und krönt.

Der Heilige Geist entzünde dich mit dem Feuer seiner Liebe, damit du Ihm unermüdlich in Liebe und Treue dienst, daß du ein lebendiger Stein im himmlischen Jerusalem zu werden verdienst.

Wegen der Fragen aber, die du mir zur Beantwortung gesandt hast, blickte ich zum wahren Licht auf und flehte, daß es mir vom Wasser des lebendigen Quells zu trinken gebe. Ich wollte einige Fragen schriftlich beantworten, obwohl ich bis jetzt mit einer Schwäche des Körpers geplagt bin und meine Tränen noch nicht zurückhalten kann, daß ich den Stab meines Trostes nicht <mehr> habe. Doch freue ich mich trotzdem sehr über das Los seiner Seele, weil ich seines Lohnes sicher bin. Wenn ich auch – wie ge-

sagt – des Trostes beraubt und mit der Ordnung der wirtschaftlichen Angelegenheiten unseres Klosters beschäftigt bin, arbeite ich dennoch – soviel ich mit Gottes Gnade vermag – daran, die vorgelegten Fragen zu
klären.

107 Wibert und die Mönche von Villers an Hildegard (Gembloux)

Der kontemplativen <speculativae> Dienerin Christi und geistlichen Mutter der Gläubigen, Hildegard, <wünschen> Bruder Wibert von Gembloux
und die Brüder und Söhne der Gemeinschaft von Villers, sie möge die
Palme unvergänglicher Herrlichkeit und die Krone <florem> im himmlischen Jerusalem erlangen.

Gepriesen sei Gott, heilige Mutter, der dir – wie wir glauben – einzig-
artige Herrlichkeit im Himmel verleihen wird und sich gewürdigt hat, dir
auf Erden mit besonderer Gnade zuvorzukommen, damit durch dich die
im Herrn Fortgeschrittenen zum Besseren ermutigt, die Sünder in der
Hoffnung auf Vergebung aufgerichtet, die Kleinmütigen getröstet und die
Unwissenden und Irrenden durch deine heiligen Ermahnungen belehrt
werden. Von der seligen Freude über diese Hoffnung beraten, schickten
wir deiner Heiligkeit Abhandlungen über verborgene mystische und bedeutsame Dinge und bitten inständig, daß du uns durch Antworten in die
ersehnte Erkenntnis der Wahrheit einführst. Bitte erfülle unsere Erwartung, indem du der Gewichtigkeit des Themas entsprichst, d. h. bei wichti-
gen Dingen das Nötige nicht unerwähnt läßt, und was zu sagen ist, im Interesse der Kürze nicht zu eilig übergehst. Denn so soll durch dich in der
Kirche Gottes bekannt werden, was die Welt bisher nicht wußte. Es wird
zum Ruhm Christi gereichen und ein ewiges Andenken an dich sein.
Damit du also in der kommenden Generation wie der Glanz des Firmaments aufleuchtest, öffne deinen Mund zur Verkündigung des Gesetzes
des Allerhöchsten, damit wir aus deiner Fülle empfangen und das Unbekannte und Verborgene der Weisheit Gottes erkennen und begreifen.

Das erbitten wir, die wir die Fragen gesammelt haben, und schütten unsere Bitten, zu den Füßen deiner Heiligkeit hingesunken, aus. Und mit uns <bitten> deine Söhne, die Brüder Anselm, Siger und Johannes, die du von Anfang an geliebt, umsorgt und mit heilsamen Ermahnungen herangebildet hast. Sie grüßen dich mit unserm geliebten Bruder Eustachius – er sieht dich zwar nicht mit leiblichen Augen, liebt dich aber sehr in Christus – und mit unserer ganzen Gemeinschaft in herzlicher Zuneigung und empfehlen sich mit vertrauensvoller Bitte in deine heiligen Gebete. Besonders inständig bitten sie darum, daß du das hervorragende, heilige und allen Segens würdige Werk fortsetzen und zu Ende führen mögest. Wie in einem Spiegel leuchte in ihm die Gnade deiner Heiligkeit auf, und das Neue der klaren Wahrheit werde sichtbar.

Wache daher auf, du kontemplative Seele, und mache dich mit aller Kraft ans Werk der Frömmigkeit zur Verherrlichung Gottes und zum Nutzen der Kirche. Steuere das mit deinen hervorragenden Verdiensten ausgerüstete Schifflein deines Geistes auf das große weite Meer hinaus, so daß wir – wenn die Segel deiner Beredsamkeit vom Heiligen Geist noch höher aufgerichtet und geschwellt sind – durch die machtvolle Lehre deiner Worte in heiterem Frieden und im Licht der Wahrheit dahinsegeln.

Über Platz und Lage für unsere Abtei sind wir noch unschlüssig und unsere Pläne schwanken. Wenn uns doch auf deine Bitten etwas darüber gezeigt würde, wie wir es mit dieser Streitfrage nach Gottes Willen halten sollen, damit sich unsere Wünsche mit deiner Entscheidung vereinen und unsere Anliegen zur Ruhe kommen!

Das von deiner Heiligkeit herausgegebene und uns übersandte Buch <Liber Vitae Meritorum> empfingen wir freudig. Wir lesen es eifrig, halten es hoch in Ehren und preisen den Spender aller Gnade. Wir sagen Ihm Dank für die Gaben, mit denen Er euch auf jede Weise stützt und zum Heil herausfordert. Was in diesem Buch gesagt wird, hat Er dir in seiner Güte zur Zurechtweisung der Leser und Hörer eingegeben.

Lebe wohl und höre nicht auf, uns das Erbarmen Gottes zu erflehen.

108 Wibert und die Mönche von Villers an Hildegard (Gembloux)

Der geliebten Braut Christi, Hildegard, <wünschen> Bruder Wibert von Gembloux und die Brüder und Söhne der Gemeinschaft von Villers, sie möge im Geist und in der Demut der Jungfrau-Mutter wandeln und in der Heiligkeit und Gerechtigkeit der seligen Jungfrauen die Zeit bis zu ihrer leiblichen Auflösung vollenden.

Wir preisen den Gott des Himmels, der unser Zeitalter nicht geringgeschätzt hat. Damit es unserer Generation nicht an einem Wunder der Tugend oder einem Beispiel der künftigen Verherrlichung fehle, hat Er die Finsternis der Welt durch das Aufleuchten deiner Berühmtheit gebannt. Der Heilige Geist hat dich nämlich durch die Art deiner Visionen, die Weise der Auslegungen und die Lauterkeit der Grundsätze, die in allem mit der katholischen Frömmigkeit übereinstimmen, wunderbar erleuchtet und durch dich den Kleinen das Unbekannte und Verborgene seiner Weisheit auf vielerlei Weise offenbart. Du von Gott Geliebte wurdest durch die Gnade Gottes ein Gefäß der Auserwählung, den Engeln willkommen, den Menschen unentbehrlich und <von ihnen> geliebt, um ihre Schritte auf den Weg des Lebens zu lenken und die Erhabenheit der ewigen Macht zu erkennen. Denn sie erkennen an, daß das weibliche Geschlecht durch deine hervorragenden heiligen Verdienste von Gott geehrt wird, wenn sie deinen Ruhm sehen, die Herrlichkeit einer gleichsam vom Vater Wiedergeborenen, voll Gnade und Wahrheit.

Sei also gegrüßt, nächst Maria voll der Gnade, der Herr ist mit dir, du bist gesegnet unter den Frauen, und gesegnet ist die Rede deines Mundes. Sie überliefert den Menschen die Geheimnisse des Unsichtbaren, vereint das Himmlische mit dem Irdischen und verbindet das Göttliche mit dem Menschlichen. Das glauben wir mit dem Herzen, bekennen es mit dem Mund: Du bist der Quell der Gärten, der Brunnen lebendiger Wasser, die in stürmischem Lauf vom Libanon kommen. Durch den also, durch dessen Gabe du so geworden bist, bitten wir dich flehentlich: Leite die Bäche deiner Lehre in den Abgrund unserer Fragen und reiche unserem Verlangen den Kelch des Lebens zum Trinken. Stille den Durst der Seelen mit nüchterner Trunkenheit. Deine Liebe soll wissen, daß deine aufmerksame Untersuchung bezüglich dieses Geheimnisses für uns tausendmal kostbarer ist als Gold und Silber.

Dein so geliebter Sohn, Bruder Siger, ist hier. Er hat auf deinen Rat hin den Ruhm der Welt in erstaunlicher Freiheit verachtet, und pilgert nun in einfältiger Gesinnung zum Quell deiner Tröstung. Durch ihn grüßt dich unsere Wenigkeit in der Liebe Christi, empfiehlt sich ergebenst deinen heiligen Gebeten und bittet voller Verlangen um die Rücksendung der Antworten auf die Fragen durch solch einen Boten. Die Hoffnung auf Aufschluß und die Erfüllung unserer Erwartung dauert in jubelnder Freude über die dir geschenkte Gnade fort. Denke jetzt mit Eifer an die Verherrlichung Christi und den Gewinn der ganzen Kirche, damit deine Antwort so hervorsprudelt, daß durch alle Zeiten Dank und Lob ertönt.

109 Der Mönch Wibert an Hildegard (Gembloux)

Seiner heiligen Mutter Hildegard <wünscht> Wibert ewiges Heil in Gott.

Das Schwert des Schmerzes, das meine Seele wegen deines bei uns bekanntgewordenen Todes durchbohrte, wurde bei der Rückkehr deiner Schwester Mathilde von deiner Seligkeit nach langer Verzögerung endlich weggenommen. Nach langer Verzögerung sage ich, denn man glaubte, daß sie, die vor dem Fest Allerheiligen den Weg zu dir angetreten hatte, nach der Aufenthaltsdauer schätzungsweise ungefähr in der Oktav des heiligen Martinus zurückkehren werde. Doch von irgendeinem Unglück aufgehalten, kam sie erst nach der Epiphanieoktav zurück. Weil man bei einer so großen Verzögerung annehmen konnte, sie sei erkrankt oder gewiß unterwegs gestorben, kehrte sie unverhofft heim. Sie berichtete, du seist von schwerer Krankheit genesen. Das nahmen meine Ohren mit Freude und Jubel auf, mein Herz wurde froh, und nach großer Traurigkeit löste sich meine Zunge <os> zu Worten der Danksagung. Das geschah nicht ohne Grund, denn ich wünsche und ersehne sehr, aus der Fülle mütterlichen Trostes noch lange getränkt und gespeist zu werden, wenn Gott mir gewogen ist.

Daher bitte ich dich, o Mutter und Herrin, solange du noch lebst und Weisheit besitzst <sapis>, vom begonnenen Werk der Beantwortung der Fragen nicht abzulassen und nicht aufzuhören, den gemeinsamen Herrn für meine unzähligen Übertretungen beständig zu bestürmen. Er weiß, in wie vielen Dingen ich mich verfehle, wie sehr ich seines Erbarmens und seiner Hilfe bedarf.

Den jungen Mann, den ich deiner Heiligkeit in meinem ersten Brief anempfohlen habe, empfehle ich dir nochmals dringender. Der Satan verlangte nämlich, ihn zu versuchen, und er unterlag. Lange im Sieb der Versuchung geworfelt, scheute er – o Schmerz! – nicht davor zurück, mit dem leichtsinnigen Herzen des jugendlichen Alters seinen Gelüsten zu folgen. Gedenke also jenes jungen Mannes, den der heilige Evangelist Johannes – nachdem er die Räuberei aufgegeben, Buße getan und für viele Übeltaten gesühnt hatte – in väterlicher Zuneigung für die Kirche wiedergewonnen, ja ihn sogar an die Spitze gestellt hat. Ich bitte und flehe auch eifrig für diesen Mann, daß Gott, der sagte, daß aus der Finsternis Licht aufleuchten werde, und der die Gefäße des Zorns und der Schmach, denen die Vernichtung angemessen ist, mit viel Geduld erträgt, dieses verlorene Gefäß zurückgewinne und den Schmutz abwasche, damit es in seinem Haus ein Gefäß der Erwählung und Gnade bleibe, und dieser junge Mann – auf göttliche Eingebung zerknirscht – künftig die schädlichen Vergnügungen zu meiden vermag. Im Hinblick auf ihn möchte ich – wenn es Gott gefiele, es mir durch dich anzuzeigen – viel <darüber>wissen, was ich tun soll. Denn wenn man vorher wüßte, daß er in der Herzensverhärtung, von der er festgehalten wird, verharrt, hätte ich Angst, mich dem Urteil Gottes zu widersetzen und das Heilige den Hunden zu geben, oder die Perlen des Wortes Gottes den Schweinen vorzuwerfen und für die Bearbeitung der verworfenen, mit Fluch bestraften Erde – was jedoch fern sei von ihm – zu sorgen. Wüßte ich aber, daß ihm Anteil am Los der Heiligen gewährt werden soll, würde ich auf schärferer und häufigerer Anwendung des Heilmittels der Ermahnung für seine vernachlässigten Wunden bestehen und bei Gott für ihn durch meine geistlichen Freunde viel inständiges Bitten aufwenden, daß er durch jenes Öl, unter desen Glanz das Joch modert, wenn es auf seine Fesseln ausgegossen wird, die Bindungen an die Gottlosigkeit, von denen er noch gehalten wird, lösen, und – zur Freiheit der Kinder Gottes zurückgewonnen – frohen Herzens singen würde: „Du, Herr, hast meine Fesseln zerrissen, dir will ich die Gabe des Lobes opfern" (Ps 116,16).

Außerdem gibt es noch zwei mir sehr liebenswerte Kleriker, nämlich den Magister Wilhelm von Namur, einen Mann von ehrenhaftem Wandel, und – damit man nicht glaubt, ich ließe mich von persönlicher Zuneigung täuschen – nicht nur für mich, sondern für alle, die ihn kennen, lieb und ehrenwert wegen seines vornehmen Charakters; und einen anderen mit Namen Bovo, der aus unserer Stadt Gembloux stammt, ein junger, sehr sanftmütiger Mann. Beide möge der Herr als Leuchte und Hilfe unseres oder eines anderen Hauses nach seinem Wohlgefallen vorzubereiten sich würdigen. Ihn möchte ich – während du Fürsprache einlegst – anflehen.

Meinem geliebten Robert, dem Schreiber dieses Briefes, laß es bitte auch nicht an deiner Gebetsunterstützung fehlen. Erst kürzlich hat er sich durch die Gnade Gottes und auf unsere Ermunterung hin von der Eitelkeit der Welt abgekehrt und müht sich schon unter der Fahne des Kriegsdienstes für Christus. Die väterliche Liebe des ewigen Königs begleite die Probezeit seines künftigen Soldaten mit Wohlwollen, und er schütze ihn vor allen Pfeilen, von denen die jungen Novizen durch den bösen Feind, den Teufel, gewöhnlich abgeschreckt werden. Er lenke ihn auf seiner beschwerlichen Fahrt durch das Segel des Glaubens und das günstige Wehen des Heiligen Geistes, das ihn begleitet, bis Er ihn – allen Gefahren enthoben – am ruhigen Ankerplatz des ersehnten Hafens der sicheren ewigen Seligkeit auf die Ablegung der Gelübde bereitet.

Es ist mir eine liebe Pflicht, den heiligen Konvent deiner Schwestern, die Gott unter deiner Obhut dienen, durch deinen Mund grüßen zu lassen. Veranlasse, daß er sowohl für mich, als auch für alles, was ich erwähnte, die Güte Christi anfleht. Vor allem möchten sie beten, daß der Heilige Geist die fleischlichen Gelüste von uns fernhalte und unsere Herzen, die noch so lahm und dunkel sind, aus Liebe zu Ihm sowohl von Eifer glühend als auch von Licht strahlend mache.

Diesen Brief und diejenigen, die ich, oder vielmehr die Villenser Brüder, dir bis jetzt zu verschiedener Zeit und in unterschiedlicher Form geschrieben und dir nach und nach übersandt haben, erbitte ich jetzt dringend zurück. Ich möchte nämlich alles – deine Briefe an mich und meine an dich – zu meinem Trost und zum Trost jener, die sie vielleicht lesen wollen, in einer Schrift sammeln und sie künftig bei mir aufbewahren, um sie zum Staunen über Gott und seine Gaben anzuregen. Lebe wohl in Christus mit all den Deinen.

109R Hildegard an den Mönch Wibert und die Mönche von Villers (Gembloux)

In der geistigen Schau meiner Seele sah und hörte ich folgende Worte: O Söhne der Liebe! Ihr seid vom unerschöpflichen sprudelnden Quell benetzt und von der unauslöschlichen Leuchte des Wortes Gottes entzündet. Damit ihr ohne Überdruß in reinem Glauben sucht, was Ihm angehört, und wünscht, es zu finden, müßt ihr diese Worte hören: „Er führte mich in den Weinkeller und ordnete in mir die Liebe. Stärkt mich mit Blumen, erquickt mich mit Äpfeln, denn ich bin krank vor Liebe" (Hld 2,4–5).

Das ist so zu verstehen: Gott hat das Gesetz des Alten Bundes in ähnlicher Weise eingesetzt, wie ein <Metall->Gießer aus Lehm nach seinem Wunsch künstlerisch die Form bildet, um danach das Werk, das er schaffen will, entsprechend aus Metall zu gestalten. Das Gesetz des Alten Bundes war nämlich das Schattenbild der edlen Blume, die Gott nach ewigem Ratschluß aus Maria, der Jungfrau, hervorgehen lassen wollte. Diese Blume aber ist der Sohn Gottes, die strahlende Sonne, die die ganze Welt erhellte und uns den besten Wein zu trinken gab, als wir durch das Gewand seiner Menschheit seine schöne Gestalt vermöge der Einsicht erkannten und in Weisheit die wahre Lehre des reinen Glaubens kennenlernten.

Und so ordnete Er in uns die Liebe. Die Liebe ist nämlich ein unauslöschliches Feuer, aus dem die Funken des wahren Glaubens sprühen. Sie brennen in den Herzen der Gläubigen, die durch die Liebe zu Gott zum Glauben entzündet werden. Sie könnten diesen niemals besitzen, wenn sie Ihn nicht zuerst von Herzen liebten. So verhält es sich auch mit der Ordnung der Liebe in euch.

Unter diesen Funken jedoch eilten die Märtyrer um des wahren Glaubens willen im Vergießen ihres Blutes zur Sehnsucht nach dem Himmel <ad celestia desideria>. Sie brannten in jenem unaussprechlichen Feuer der Liebe, und durch die Aussicht auf die Krone <floribus> des Martyriums gestärkt, gelangten sie zur ewigen Herrlichkeit. Diese Liebe nämlich erfüllte das Herz der meisten Gläubigen, die nach der Gerechtigkeit Gottes hungern und dürsten, mit den Funken des wahren Glaubens. Niemals können sie sich daran ersättigen, so wie auch die Engel von der beständi-

237

gen Schau des Angesichts Gottes nie gesättigt werden können; denn Gott ist die Liebe, die weder Anfang noch Ende hat. Diese glückseligen Menschen verlangen in der Tat immer nach Gott. Sie werden dabei von der zuversichtlichen Hoffnung auf die unzähligen Güter der ewigen Seligkeit wie von Äpfeln erquickt. Durch ihr Lebensopfer <cum martyrio> überwinden sie nämlich in sich den Geschmack am Irdischen, und achten Ihn, der durch den Genuß des Apfels beim Fall Adams in den Menschen einging, gering. Denn der lebendige Quell durchströmt sie so mit seiner Gnade, daß sie – der Lust des Fleisches erstorben – in nie abnehmendem Hunger und Durst nach Gerechtigkeit vor Liebe krank sind, bis sie im ewigen Leben mit Seiner großen Herrlichkeit glücklich gesättigt werden.

O Söhne Gottes, ihr seid mit dieser Liebe besiegelt, weil ihr in euerm Fleisch die Welt aus Liebe zur wahren Sonne, d.h. dem Gottessohn, verschmäht habt. Er erblühte aus dem Fleisch Mariens als wahrer Mensch und ordnete Seine Liebe in euch. Jetzt aber erleuchte euch das reinste Licht der wahren Sonne und lehre euch, bis zum seligen Ende so im heiligen Wandel auszuharren, daß ihr für ewig in der wahren Glückseligkeit lebt.

Ich armseliges und ungebildetes Geschöpf aber unterwerfe mich der Lehre eurer tiefen Weisheit. Um der vertrauensvollen Bitte eurer Liebe willen blickte ich zum wahren Licht auf und mühte mich mit Hilfe der Gnade Gottes um die Beantwortung eurer Fragen. Doch bin ich mit einer Schrift, die ich begonnen und nicht vollendet habe, noch in Anspruch genommen; und auch eine schwere Krankheit, die mich nach Gottes Willen schon lange quält, hat mich davon abgehalten. So habe ich erst vierzehn Antworten aufgeschrieben und will gern – soweit ich es mit Gottes Gnade vermag – an den weiteren arbeiten.

110 Die Äbtissin an Hildegard (Gerbstädt)

Der ehrwürdigen Frau Hildegard, einer brennenden und leuchtenden Lampe, <wünscht> R., durch Gottes Gnade – wenn auch unwürdig – Äbtissin in Gerbstädt, sie möge auf der Rennbahn so laufen, daß sie den ewigen Siegespreis erlangt.

Weil nach dem Zeugnis des Apostels jeder ein Glied des andern ist, müssen sich die einzelnen Kinder der Kirche freuen, daß der Ruf von Eurer Heiligkeit überallhin eilt und den Duft Eurer Tugenden in der ganzen Kirche verbreitet. Auch in unserer Gegend strömt er aus und ermuntert unsere Herzen nicht wenig, dem Urheber alles Guten Danksagung darzubringen. Daher bitte ich innigst – als Geringste der Gläubigen begierig, an Euern Verdiensten teilzuhaben – zu verdienen, in Eure beständigen Gebete eingeschlossen zu werden. Wenn Ihr diese Bitte erhört, verspreche ich Euch mein Gebet; mag es auch unwürdig sein, so ist es doch bereitwillig.

Außerdem bitte ich Eure Güte, liebenswürdige Herrin, mir etwas von Euern Worten zu übersenden, was bei aller Frömmigkeit stets dienlich ist, damit überdies unsere Erinnerung an Euch unter uns um so überströmender lebe, je mehr uns Eure Güte damit erfreut.

Lebt wohl.

110R Hildegard an die Äbtissin (Gerbstädt)

Du, Tochter Gottes, steige in den Nächten durch die vier Elemente auf, die am Tage alle Werke ausführen. Denn die Nacht bringt durch die Dunkelheit Traurigkeit, der Tag durch das Licht Freude hervor. Es steht nämlich geschrieben: „Ein Tag sagt dem andern die Kunde und eine Nacht der andern die Botschaft" (Ps 19,3).

Das ist so zu verstehen: Gott ist jener Tag, der sich nicht verfinstert und sich im Laufe der Zeit niemals verändert. Er erwählte sich den Tag, d. h. das helle Licht vom Licht, denn Er selber machte sein Geschöpf, nämlich den Menschen, mit allem, was ihm zu Diensten ist, vollkommen. Doch die Schlange kam und wehte die Frau mit einem Wort an. Und diese nahm es auf und neigte sich der Schlange zu. Und wie sie dies von der Schlange verkostet hatte, gab sie es gleichfalls ihrem Mann, weil der Mann alle Werke vollständig ausführt. Gott aber hatte nicht befohlen, daß das geschehe, vielmehr verführte die Schlange durch schmeichlerische und scherzhafte Worte die Frau. Auf solche Weise nämlich empfing die Schlange den Geschmack am Fleisch, und sie ist deshalb schlüpfrig, leichtsinnig und betrügerisch wie der Rat der Schlange. Denn die Schlange verbirgt unter ihrem Betrug einen Fluch für den Menschen; hätte sie ihm nämlich das Verderben gezeigt, hätte er ihrem Rat nicht zugestimmt. Und wie der Mensch das Wissen um Gut und Böse hat, so besitzt die Schlange List und Fluch. Doch nachher besaß der schnelle Hirsch und starke Löwe in seinem Brautgemach etwas, um es voneinder zu trennen. Gott erwählte sich nämlich einen jungfräulichen Grundstoff, in dem Er seinem Wort eine Menschennatur bereitete, denn die Jungfrau lernt nicht die Vermischung mit dem Geschmack am Sündhaften kennen, und so ist das Wort Gottes auf andere Weise Mensch geworden. So ist auch der Mensch Christus von einem Tag auf den andern erschienen und hat auf diese Weise die Schlange getäuscht, die den Menschen gelästert hatte. Christus, der Tag, hat nämlich alles Schädliche der Nacht überwunden, weil Er den Geschmack des Fleisches, den die Schlange verlockend in den Menschen legte, durch die Wiedergutmachung der Buße abwäscht und den Menschen auf die Weise entfremdet, daß Er ihn als sein Glied an sich zieht. Die Schlange verletzt auch oft viele Menschen mit ihrer List, unter der sie die Bosheit verbirgt, und macht sie unsicher, wie wenn sie Gott nicht kennen würden, so daß sie auch sie – ohne Glauben und Hoffnung – zerreißt. Viele aber kämpfen dagegen an und sagen: Mein Schöpfer wird mich nicht verlorengeben, wenn ich nicht wegen meiner Sünden zugrunde gehe. Dieser Kampf gleicht den Qualen der Märtyrer und dem Schmerz der Wunden Christi.

Die erste Frau aber war die oben erwähnte Nacht, und sie zeigte der Nacht, d. h. ihrem Mann, die Botschaft an. Du aber, Tochter Gottes, mach dich schön durch das Martyrium des guten Werkes, so daß deine Seele in Gott hell werde.

111 Prior Friedrich an Hildegard (Gottesthal)

Friedrich, durch die Gnade Gottes – wenn auch unwürdig – Prior in Gottesthal, <wünscht> Hildegard, der Christus geweihten Dienerin, sie möge „Segen vom Herrn empfangen, und Barmherzigkeit von Gott, ihrem Heil" (Ps 24,5).

Wir zollen Gott innigsten Dank, daß Ihr in Ihm stark seid, im Schmuck der Tugenden prangt und Euch mit aller herzlichen Zuneigung, zusammen mit den Euch anvertrauten Schwestern, auf den Geliebten aus dem Geliebten stützt. Denn wir vertrauen im Herrn darauf, daß Ihr bei Ihm unser gedenkt.

Ich bin jedoch durch viele Geschäfte verhindert, so daß ich nicht – wie geplant – einen Boten schickte. Daher bitte ich: Eure Liebe weigere sich nicht, jetzt durch diesen Boten Euer Versprechen einzulösen, um dadurch Lohn von Gott zu erlangen. Euch mit all Euern Schwestern flehe ich an, meiner bei Christus eingedenk zu sein.

111R Hildegard an Prior Friedrich (Gottesthal)

Jetzt sage ich dir: Ein Mann, der einen Weinberg oder einen steinigen Acker besitzt und zu sich spricht: Es ist mühsam, hier zu arbeiten – und sie daher aufgibt, ist ein verdrießlicher Arbeiter. Doch wenn die Zeit der Ernte kommt, wird sein Herr zu ihm sagen: Geh auf die Felder und suche die Frucht von den Blüten, die zuzeiten blühen und zuzeiten verdorren. – Doch er findet dort nichts.

Höre: Der Weinberg ist das priesterliche Amt. Wer aber die Rute zur Zurechtweisung für schwierige Menschen besitzt, der hat einen steinigen Acker. Wem das heftig zusetzt, der spricht zu sich: Jenes Leben ist ungewohnt, und dieses ist besser für mich. – Und so gibt er gleich auf, was er sich jetzt ausdenkt, wie eine Blüte, die welkt. Doch wenn du so etwas tun würdest, müßte dir das Gleiche gesagt werden wie dem Verwalter, der vor seinem Herrn wegen seiner Verwaltung verklagt wurde. Er dachte an seine Entlassung und schrieb einem jeden weniger auf <den Schuldschein>, als er schuldete. Darum sprach sein Herr zu ihm: „Die Kinder dieser Welt sind in ihrer Art klüger als die Kinder des Lichts" (Lk 16,8).

Der erste Engel kam zu Fall und wollte nicht in Reue aufseufzen, und erlaubte es auch anderen nicht. Der Priester aber erhebe und beeile sich, den andern zu helfen. Trage also Sorge dafür, und bleibe beim klügeren Teil mit den Kindern dieser Welt, denn wenn du nach den in dir umgehenden

Gedanken handeln würdest, würdest du in doppelter Weise versagen und dich in Reue erinnern, was du verlassen hattest. Du aber bleibe bei diesen Menschen und verlaß sie nicht, damit du in Ewigkeit lebst.

112 Der Abt an Hildegard (Haina <?>)

Hildegard, der von Gott geliebten ehrwürdigen Meisterin der Schwestern von St. Rupert in Bingen, <wünscht> W. – obwohl unwürdig – Vorsteher der Brüder in Haina, die Gabe der Wissenschaft und Weisheit und den Lohn für lebenslängliche Keuschheit <perpetua integritas>.

Sobald ich den Ruf von Eurer Heiligkeit vernahm, beeilte ich mich, ihr mit meinem Sendschreiben Verehrung zu erweisen. Doch weil ich ungewiß bin, ob es zu Euch gelangt ist, oder nicht, höre ich nicht auf, dem früheren neue hinzuzufügen und so oft zu schreiben, bis ich erfahre, daß sie Euch persönlich zugekommen sind. Und jetzt nehme ich in diesem Euch übersandten Schreiben als ganz Armer und Bedürftiger zu Eurer Gebetshilfe Zuflucht, weil ich nicht weiß, was ich außer dem Menschsein <figura hominis> von den Gaben des Allerhöchsten empfangen habe. Die Augen werden blind, die Ohren taub, die Zunge ist von Wortarmut gehemmt, durch das Versagen der Stimme und der Herzensfrömmigkeit verstumme ich beim Gotteslob; Schwerfälligkeit behindert das Begreifen, das Gedächtnis läßt nach und entleert sich. Durch Stolz wird der Geist aufgebläht, von Zorn entflammt, von Traurigkeit gelähmt, von Bitternis zu Fall gebracht und beständig von Kleinmut und Scham verwirrt.

Zu all diesen Übeln aber kommt noch eine schwere lästige Krankheit für mich hinzu. Wenn ich ihr nicht aus Barmherzigkeit Gottes entgehe, ist es für mich unvermeidlich, durch sie nach kurzer Zeit in Lebensgefahr zu geraten. Doch weil „Gott gütig und barmherzig ist" (Sir 2,13) und „den Willen derer tun wird, die Ihn fürchten" (Ps 145,19), begehre ich auf Eure Fürbitte, allen diesen leiblichen wie seelischen Übeln zu entrinnen; und wenn das Joch der Herrschaft meiner Feinde hinweggenommen ist – ihr Joch lastet nämlich sehr bedrückend auf mir –, daß Er mir irgendeine Seite seiner vielen Erbarmungen zuwende. Hat Er nicht auch für mich einen Segen aufbewahrt? Ich flehe Ihn immer wieder an, mich zu segnen. Auch bitte ich Eure Heiligkeit – wenn ich es überhaupt wage, zu bitten – mich über den künftigen Zustand meines Lebens zu unterrichten.

Dies alles aber von Euch zu verlangen, bewirkte auf diesem Wege die Anmaßung, weil ein allbekanntes Gerücht verbreitete, daß Euch dies alles möglich sei, durch den, der in Euch wohnt, Christus. Lebe wohl, Herrin! Gott würdige mich sowohl einer Antwort als auch Eurer Gebetshilfe. Denn ich empfehle mich – lebendig oder tot – Euern Gebeten.

112R(?) Hildegard an den Abt (Haina)

Das Lebendige Licht spricht: Der erste Beweggrund, den du in deinem Herzen trugst, erzeugte einen Redestrom <flumen>, der zweite Klarheit, der dritte aber, der sich auf die Hirtensorge bezieht, ist der beste, insofern deine Schafe deine Stimme hören.

Wenn sie dich nicht hören, gib das Vorsteheramt auf, doch so, daß du ordnungsgemäß Rechenschaft von deinem Talent ablegst. Denn wenn du unter deinen Brüdern nicht durch Leitung wirken kannst, sollst du ihnen durch Unterwerfung gleichen.

Doch sage ich dir: Du bist ermüdet durch den Überdruß an dem widersprüchlichen Wechsel der Bekehrung deines Herzens. Daher nützt es dir mehr, daß du Not um deine Brüder leidest, als daß du nur dich in der Unterwerfung zügelst. Lebe also im feurigen Geber <im Heiligen Geist>, und sei nicht wachen Sinns träge.

113 Die Mönche an Hildegard (Haina)

Hildegard, der keuschen Taube, die sich in den Felsenhöhlen verbirgt, <entbieten> die – leider <heu!> – beunruhigten Brüder in Haina ihre frommen Gebete, und was sich auf das ewige Heil bezieht.

Weil durch Gottes Gnade Euer Licht heilbringend vor den Menschen leuchtet, verherrlichen wir Euern Vater, der Euch zur brennenden Lampe für die Erleuchtung der Kirche gemacht hat. Und – obgleich wir Sünder sind – freuen wir uns herzlich mit Eurer Heiligkeit, durch die Ihr aus einzigartigem Vorrecht an der Liebe <amplexibus> Eures himmlischen Bräutigams festhaltet. Wir möchten auch Eurer Liebe nicht verheimlichen, daß wir Tag und Nacht ersehnen, Euch von Angesicht zu Angesicht zu sehen, beständig in unsern Gebeten Eurer gedenken und Euch – leiblich abwesend – zuweilen gleichsam im Geist umarmen.

Wir bitten Euch, die Ihr vollkommen seid <perfectionem vestram>, deshalb demütig, uns, die wir bettelnd am Wegrand stehen, Euerm Bräutigam, unter dessen Schatten Ihr sicher ruht, zu empfehlen, damit die Menge nicht, während Er vorübergeht, unser Rufen unterdrückt. Vielmehr möchten wir – von Eurer Fürbitte zum Herrn geführt – von der Blindheit unseres Herzens erleuchtet werden. Das sagen wir aber deshalb, damit Er dafür sorgt, den Streit, der – wie Ihr wißt – an unserer Stätte entstanden ist, auszurotten, wie Ihr es schon unter der Belehrung des Heiligen Geistes begonnen habt. Schickt uns darüber auch briefliche Mahnungen; denn wenn er nicht eilends ausgelöscht wird, ziehen wir uns eine große Gefahr für Leib und Seele zu.

Die Gnade des Heiligen Geistes, der Euch innerlich belehrt und Euch viele Geheimnisse kundtut, würdige sich, Euch das, wie es ihr gefällt, zu offenbaren. Lebt wohl.

113R Hildegard an die Mönche (Haina)

Ich armselige Frau, lange von heftiger Krankheit niedergedrückt, wurde von der wahren Weisheit gedrängt, diese ihre Worte der Gemeinschaft dieses Ortes zu verkünden. Und ich hörte, daß dieselbe Weisheit dieser Gemeinschaft ihr Werk vorlegte, nämlich wie sie Himmel und Erde im rechten Maß gegründet hatte, damit die Brüder dieses Klosters erkennen würden, auf welche Weise ihre Einrichtung ursprünglich errichtet worden war, und wie sie jetzt verlassen wäre.

Und sie sprach: „Den Himmelskreis durchzog ich" (Sir 24,8), seine Höhe und Tiefe legte ich so an, daß er nicht das rechte Maß übertrete, und die Ausdehnung des ganzen Erdkreises ordnete ich, daß er nicht in ungewohnter Weise sein Maß überschreite. Auch die Sonne schuf ich, daß sie am Tag leuchte und die Finsternis vertreibe <obtegeret>, und den Mond, daß er in der Nacht zusammen mit den Sternen leuchte.

In jenem Wort nämlich, das Gott sprach: „Es werde" (Gen 1), wurde das alles geschaffen, wie es auch jetzt noch besteht. Betrachtet euch also, ihr Mönche, darin wie in einem Spiegel, damit ihr ausharrt in dem, was ihr begonnen habt. Gott hat nämlich dem Menschen den Lebensodem eingehaucht, und so wurde er lebendig, Fleisch und Blut. Dann schenkte er ihm ferner die Gemeinschaft mit den Engeln im Loben und Dienen, und Er unterwarf ihm die übrige Schöpfung. Denn Gott hatte ihm das Licht der Ewigkeit gewährt. Doch jener, in all dieser Würde, horchte auf die Schlange <vermem>, und indem er so die Gebote Gottes übertrat, wurde er verblendet und ausgelöscht. Der Teufel freute sich innerlich und sagte: Gott, den ich im Himmel nicht überwinden konnte, habe ich in seinem Werk, nämlich im Menschen, besiegt, der ein anderer Gott ist. Der Teufel nannte nämlich den Menschen Gott, so wie er auch selbst Gott sein wollte. Doch Gott berechnete in seinem altehrwürdigen Ratschluß, den Er vor aller Zeit in sich trug, wie Er seinen Plan so einhalten könne, daß Ihm niemand darin zu widerstehen vermöge. Und Er verbarg diesen altehrwürdigen Ratschluß in sich, damit nicht alle Geschöpfe davon erführen. Daher kannte noch kennt ihn auch der Teufel nicht, und wird ihn bis zum Jüngsten Tag nicht kennen. Dann wird er in seiner großen Verwirrung etwas von diesem Plan spüren und erkennen, wodurch er gänzlich aus der Fassung gerät. Denn der Teufel glaubte, daß der Mensch unrettbar <inseperabiliter> verloren sei, so wie er es wollte. Die Menschen vergaßen in großem Unverstand aus Gottvergessenheit, daß sie Menschen sein sollten, und lebten unmenschlich, bis der altehrwürdige Ratschluß sich ein bestimmtes gerechtes <sanctificatum> Volk erwählte. Und Gott deutete die Enthaltsamkeit und die Jungfräulichkeit bei Abel an, der wegen seiner Gerechtigkeit zum Blutzeugen wurde und das tat, was sein Vater zu tun versäumte. Die gerechten Menschen aber erkannten sich als Menschen und lebten menschenwürdig. Aus ihnen erwuchs auch Noe, den Gott in der Arche rettete. Gott aber wollte die Ungerechtigkeit ertränken, öffnete den Schlund des Abgrunds und versenkte die meisten Geschöpfe im Wasser. Damals schwor Er bei sich selbst, daß Er keinesfalls mehr alles Fleisch im Wasser vernichten würde, und rief sich in Erinnerung, daß der Mensch durch das Wasser wiedergeboren und gerettet werden sollte.

Nach der Sintflut jedoch offenbarte Er den altehrwürdigen Ratschluß in vielen Wundern zur Beschämung des Teufels, der sich innerlich über die Tötung Abels freute und sprach: Sieh da, das Werk Gottes, das ich aus dem Paradies herausgeworfen habe, es liegt zerspalten auf der Erde. – Doch der gerechte Noe wirkte im Heiligen Geist und baute Gott einen Altar, durch den der altehrwürdige Ratschluß vorweg auf den Altar hinwies, den Johannes in der Offenbarung schaute und über dem die Gebete der Heiligen aufstiegen. Wenn nämlich der Mensch in Reue über die Sünden betet und nach Heil von Gott verlangt, wird er gerecht <sanctus> genannt.

Der altehrwürdige Ratschluß wirkte auch viele Zeichen an Abraham, der seine Heimat, seine Verwandtschaft und seinen eigenen Willen verließ, und auf das harte Gesetz – durch das der Tod zuschanden gemacht und die Bosheit der Schlange mit einer unheilbaren Wunde verletzt wurde – heiligmäßig einging, als er die Weisungen Gottes erfüllte. Das tat Adam nicht, der das Gebot Gottes übertrat und seinem Willen folgte.

Derselbe Ratschluß bestimmte auch die gesetzliche Reinigung bei Mose. Durch das Blut der Böcke und Stiere deutete er an, daß das unschuldige Lamm für die Menschen geopfert werden sollte. Denn der Sohn Gottes ging vom Herzen des Vaters aus, wurde von der Jungfrau geboren und erfüllte dies alles an sich selbst. Denn die Jungfräulichkeit entstand im Sohn Gottes. Sie durchdrang mit erhobenem Banner die Himmel, weil eben dieser Sohn der Jungfrau ganz unbefleckt, ganz heilig war, und durch Ihn der angesehene Stand der Jungfrauen erwuchs, den das alte Gesetz nicht gekannt hatte. Er war aber auch Priester, als Er sich selbst auf dem Altar des Kreuzes für die Menschen opferte. Ihm sind auch die Priester in ihrem priesterlichen Amt verbunden. Sie sollen die Engel nachahmen, die Boten Gottes sind. Die Engel nämlich zeigen Gott – wie sie es ihrem Dienst schulden – die Werke der Menschen wie eine Schrift. Das tun die Priester, wenn sie die Sünden der Menschen im Bußsakrament entgegennehmen und sie durch das gewährte Erbarmen Gott zeigen.

So handelte auch der „Verwalter, der bei seinem Herrn verklagt wurde, als hätte er seine Güter vergeudet, als er jeden Schuldner seines Herrn weniger aufschreiben ließ, als er schuldete" (Lk 16,1–8). Diesen Verwalter stellt auch die Synagoge dar, die keine Befreiung durch das Blut von Böcken und Stieren bringen konnte, aber auf die Hinopferung des unschuldigen Lammes hinwies, durch das sie ihrer Aufgabe beraubt zu werden fürchtete. Und sie sagte sich, daß sie die Härte des Gesetzes, das sie gebot, nicht ertragen könne: Wenn jemand dies oder jenes tut, soll er des Todes sterben – und schämte sich auch, daß sie hinausgeworfen wurde, so daß sie auf keine Bitte um Erbarmen wiederhergestellt werden konnte. Als sich viele von ihr durch den Sohn Gottes zur Nachsicht bekehrten, wurde sie für die Nachsicht mit Recht fast gelobt; denn wenn der Knecht durch Reue und Bekenntnis seinem Herrn Rückerstattung leistet, wird er von ihm sehr gelobt, weil er ihn sehr geliebt hat, so wie Maria Magdalena Christus liebte. Diese Schriftstelle betrifft die Barmherzigkeit der Priester. Darum sollen sie Christus nachahmen, die Keuschheit lieben und die Unzucht fliehen. Denn der Sohn Gottes litt am Kreuz, um die Ungerechten gerecht zu machen. Und Er zieht sie sogar an sich, wie es vom Verwalter berichtet wird.

Abel jedoch wurde für die Gerechtigkeit zum Blutzeugen. Nach dem Leiden des Gottessohnes aber erstand eine große Zahl von Märtyrern, die für den Glauben und sein Bekenntnis litten. Diese begleiteten auch andere Märtyrer, nämlich jene, die sich selbst im Kampf gegen die Sünden und Laster besiegen. Sie sind die Flügel der erwähnten Blutzeugen. Über die aber, die sie ungerecht verfolgen, ergießt sich die Strafe Gottes. Aber auch diejenigen, die die Jungfräulichkeit bedrängen und verfolgen, so daß sie ihr Leid zufügen, werden nicht der Strafe Gottes entgehen. Und daher geschieht es häufig, daß Vornehme nach dem Urteil Gottes unrühmlich und Reiche arm werden und vielen anderen Gefahren und Niederlagen unterworfen sind. Die aber das priesterliche Amt ungerechterweise mißachten und lästern, gleichen in ihrer Schuld Kain, der seinen Bruder tötete. Daher müssen sie durch seine Bestrafung in Schranken gewiesen und gestraft werden. Das priesterliche Amt stammt nämlich in seiner Leitung<sfunktion> von Gott dem Herrn.

Daher baute die Weisheit unter dem Volk dieser Gegend einen Turm, den sie mit Perlen, Topas und Saphir schmückte. Auf ihn stellte sie Wächter. Und neben ihm errichtete die Weisheit eine Kelter, die sie einigen Leuten übergab, die den Wein darin keltern sollten. Daneben baute sie auch ein Haus, in dem sie andere wohnen ließ. Sie sollten das verwalten, was zu ihren Feldern gehörte. Doch es entstand ein heftiger und unheilvoller Ansturm des Wahnsinns, so daß die Leute, welche die besagte Kelter hüteten, Pfeile gegen den Turm schossen und die andern, die im Hause wohnten, Felsblöcke gegen den Turm schleuderten. Darum warfen auch jene, die im Turm waren, Steine gegen sie.

Dieser Turm bezeichnet die Würde des Lehramtes. Er wird von Perlen geschmückt, das sind jenen, die von Jugend an in Unschuld lebten; und mit Topas ausgezeichnet, das sind jene, die den besten Teil erwählten und der Welt entsagten; und mit Saphir geziert, das sind jene, die aus Liebe zu Gott die Pracht der Welt und sich selbst verleugneten. Die Wächter in ihm sind natürlich diejenigen, die ihren Untergebenen zur Leitung vorstehen. Die Kelter aber weist auf den Dienst jener hin, die durch die Weihe gebunden, sich dem Dienst am Leiden Christi am Altar widmen und den Weinberg des Herrn Sabaoth pflegen und behüten. Das Haus jedoch bezeichnet die Obhut und Verpflichtung derer, die Laien sind und in der Welt leben, aber um Gottes willen die Welt und sich selbst verlassen und sich in den notwendigen irdischen Belangen abmühen, dennoch aber ein geistliches Leben beibehalten. Der Sturm aber kennzeichnet die Verwegenheit, mit der die, welche bei der Kelter bleiben, die Spitzfindigkeiten des Hochmuts auf ihre Prälaten loslassen. Durch sie richten auch die sich im Haus Befindlichen die Härte ihres Ungehorsams gegen sie . So werden die Prälaten gleichfalls zum Unrecht gereizt und erweisen sich durch zornige Worte hart gegenüber ihren Untergebenen.

Und für all diese ordnete die Weisheit einen Aufschub zur Besserung an, wie im Evangelium der Weinbergsbearbeiter seinen Herrn wegen des Feigenbaums ansprach: „Laß ihn, Herr, noch dieses Jahr, bis ich um ihn herum grabe und Dung einlege" (Lk 13,8). Um ihn herum graben bedeutet nämlich, daß der Mensch den Eigensinn seines Willens unterdrückt; sonst könnte er niemals gehorchen. Dung einlegen aber bedeutet, sich in Demut und Unterwerfung seinem geistlichen Vorsteher unterstellen. Wenn sich nämlich ein Mensch zum Gehorchen neigt, erachtet er alle fleischlichen Begierden und sich selbst als Dung.

Nun also sage ich armseliges und schwaches Gebilde euch, den erwähnten Brüdern dieser Stätte: Das unauslöschliche Feuer des Lebens möge in euch brennen und euch so mit seinem Licht erfüllen, daß ihr in ihm zu verharren vermögt, wie ihr es ehemals begonnen habt. Denn wenn die fruchtbare Zeit der Zurechtweisung und der Besserung unter euch anbricht, werden die Steine eures Turms den Glanz von früher zurückerhalten.

114 Der Vorsteher an Hildegard (Hameln)

Hildegard, dem Edelstein von Bingen, einer wahren Braut Christi und auch in der regulären Disziplin bewandert, <wünscht> H., ein unwürdiger Vorsteher nach der Augustinerregel in Hameln, sich des frommen Gebets nicht zu enthalten.

Nach einer langen Zeitspanne geistiger Liebe, und schließlich häufiger Krankheit meines Leibes, wünschte ich oft deine Gegenwart herbei. Denn du weißt, Tochter Christi, daß mein Körper, als ich dir einmal meine Aufwartung gemacht hatte, mit einer außergewöhnlichen Krankheit behaftet war, von der ich – da sie noch nicht weicht – Tag und Nacht nicht wenig gequält werde, als wenn die menschliche Schwäche gleichsam blindlings der göttlichen Strafe unterzogen würde. Ich weiß nicht, ob ich wegen der Zunahme an Verdiensten in Krankheit oder Versuchung verfiel. „Durch die Gnade Gottes bin ich, was ich bin" (1 Kor 15,10), weil ich nicht aufhöre, dem allmächtigen Gott in Nachtwachen und Fürbitte in verschiedenen Anliegen die Last meiner kleinen Mühe darzubringen.

Ich flehe dich an, du Heilige: Gebiete – wenn es erlaubt ist – der Mühsal ein Ende. Im Vertrauen auf gütige Unterstützung bitte ich dich, Mutter deiner Töchter, beim Erflehen der Hilfe des Herrn Vermittlerin zu sein. Ich ersuche dich um deine gütige Unterstützung und bitte, auf deine Gebete hin meinem Siechtum entrissen zu werden. „Viel vermag nämlich das beharrliche Gebet des Gerechten" (Jak 5,16). Ich Sünder aber, nicht wenig von der Krankheit des Leibes und der Seele gefährlich niedergedrückt, kann nicht viel zustande bringen.

Bitte laß mir die Schriften zur Einsichtnahme zusenden. Wenn welche über die Feier der göttlichen Geheimnisse vorhanden sind, laß sie schicken. Lebe wohl, meine Herrin, und bitte deinen Bräutigam für mich.

115 Abt Nikolaus an Hildegard
(Heilsbronn)

Der ehrwürdigen und in Christus vielgeliebten Mutter, Frau Hildegard
von St. Rupert, <wünscht> Bruder Nikolaus, genannt Abt von Heilsbronn,
alles, was glückbringender ist, als man wünschen, und erhabener, als man
erhoffen kann.

Ich habe die Gewißheit über Euch, daß Ihr Euch stets freut, allen zum
Nützlicheren zu verhelfen. Inbrünstig bitte ich, Ihr möchtet auch mich mit
der gewohnten Zuneigung beraten. Ich glaube, es ist Euch nicht verborgen,
warum ich Eure Heiligkeit so lange nicht aufgesucht habe, obwohl ich das
innig ersehnte. Was ich in der Tat nicht wirklich kann, tue ich im Geiste.
Ob sich das so verhält, dafür braucht es außer Euch keinen anderen
Zeugen.

Jetzt aber bitte ich flehentlich, suche und klopfe an, daß mir durch Euch
göttliche Tröstung geschenkt werde, nämlich, daß mich ein Brief von Euch
ermahne, und ich durch heilige Gebete dem Bösen entrissen werde. Denn
für Gott ist nichts unmöglich, und wir wissen, daß Er es Euch nicht verweigert. Lebt wohl.

115R Hildegard an Abt Nikolaus
(Heilsbronn)

Das wahre Licht im Licht spricht durch den Mund der Weisheit: Das alte
Gesetz gab die offiziellen Kampfzeichen <Götzenbilder?> auf und hatte
Überdruß am Hören des Wortes, und wollte sich auch nicht mühen. Und
so endete es. Dann erhob sich die Kirche unter dem Banner des Königs
und beobachtete dieses Gesetz mit ganz reinem Auge. Sie wurde nicht
überdrüssig, sondern bemühte sich willig. So handle auch du, erprobter
Kämpfer.

Und abermals: Wenn ein Krieger sein Heer ausrücken läßt und zuläßt, daß sein Banner wegen eines anderen gewöhnlichen Soldaten fällt, soll es ein anderer starker Mann hochheben und eifrig tragen. Deshalb liebt ihn sein Herr sehr und verleiht ihm eine große Auszeichnung. So wird es auch dir gehen, wenn du als Stellvertreter Christi dich eifrig mit Ihm mühst.

Dein Herz aber leuchtet <wie Morgenrot> in einer bestimmten guten Absicht vor Gott auf, doch ein gewisser etwas schädlicher Wirbelwind setzt dir zu, den jedoch der Heilige Geist von dir abwenden wird. Und du wirst leben.

116 Hildegard an Abt Nikolaus (?) (Heilsbronn)

Nun aber sind die Straßen mancher Städte schmutzig, das Schuhwerk der Menschen voller Moder, die Gerechtigkeit ist von Unrecht umwölkt und die Gesetzesvorschriften durch Übertretung der Gebote Gottes verletzt. Darum sollen die Hirten wehklagen und sich mit Asche bestreuen, denn die aufgestellten Stände der Kirche wollen nicht mehr wissen, was sie sind. Dem Kopf fehlen nämlich die Augen, und die Füße wissen keine Wege, weil die Schandtaten der überströmenden Ungerechtigkeit durch die Hand Gottes noch nicht vollständig gesühnt sind. Doch trotzdem wird dieses Böse in nicht zu langer Zeit beendet sein, und ein besseres Licht als das frühere wird leuchten.

Nun aber sind manche Menschen zweigeteilten Herzens, weil sie einerseits im Hochmut ihres eigenen Geistes alles wissen wollen, aber andererseits jene hassen, die auf dem rechten Weg gehen. Diesen setzt die ganz schlimme teuflische Horde, die das Herz des Bösen genannt wird, höchst grausam und schädlich zu. Und diese Art der bösen Geister wagt dem nicht zu widersprechen, was Gott bestimmt hat, sondern sie vereitelt jedwedes Vorhaben <causam>, so daß sie das, „was sie in Verdorbenheit wollen und erwählen, gut und heilig in Gott sein nennen" (vgl. RB 1,9). Und so führen sie das Volk zu großem Spott. Wie aber soll man dieser Art <von Geistern> entfliehen? Durch die Demut und Standhaftigkeit der Gläubigen wird sie zunichtegemacht.

251

117 Die Äbtissin an Hildegard (Herkenrode<?>)

Der vielgeliebten Herrin und in Christus hochgeschätzten Mutter
<wünscht> N., die allerdings unwürdige Äbtissin der Schwesterngemein-
schaft in N., den König der Herrlichkeit in seiner Schönheit zu schauen
und sich immerwährend mit Ihm zu freuen.

„Gepriesen sei Gott" (Gen 9,26; 14,20 u. a.), der sich würdigt, vorher
nie vernommene Mysterien seiner Geheimnisse unsern Zeiten durch dich
wunderbar kundzugeben, der unsern Glauben durch dich, o heilige Mutter, bestärkt, und seine heilige Kirche mit mehr als gewöhnlich aufblitzenden Wundertaten seiner Zeichen wie mit einer Art von Strahlen einer
neuen Sonne erleuchtet. O, wer hat dies jemals gehört? Wer sah solches?
Also laßt uns einzeln, laßt uns alle sprechen: „Gepriesen sei Gott" (Gen
9,26 u.a.)!

Leidenschaftlich begehre ich, das Antlitz Eurer Heiligkeit zu schauen
und göttliche Worte aus Euerm Mund zu vernehmen. Aber weil ich das
zur Zeit unter den gegenwärtigen Umständen nicht – leibhaftig zugegen –
auszuführen vermag, will ich dich immer im Herzen und im Geist schau-
en und dich stets lieben. Auch bitte ich deine Heiligkeit, o gütigste Mutter,
du wollest für mich Sünderin und für unsere Gemeinschaft, die dich mit
mir anfleht, bei Gott, der dich zweifellos erhört, eintreten. Du sollst auch
wissen, daß dein Andenken immer bei uns gesegnet, und um deinetwillen
der Name des Herrn gerühmt werden wird. Bitte für uns, gütigste Mutter
und Herrin!

Über dies alles hinaus bitten wir – bald um Gottes willen, bald wegen
der mütterlichen Zuneigung – du möchtest es nicht aufschieben, uns demnächst ein Schreiben mit deinem Trost zu senden. Christus, unser Herr,
würdige sich, uns in seinem Reich mit dir zu vereinen.

117R Hildegard an die Äbtissin (Herkenrode)

Sieh dich vor, daß dich nicht ein umherschweifender Geist der Unbeständigkeit erfaßt, in der die saphirfarbene Wolke nicht sichtbar werden kann und die auch oft das Licht der Sonne verhüllt. Verwende großen Eifer darauf, in der Beständigkeit festzustehen und nicht jegliche eitle und törichte Untersuchung anzustellen. Denn die das tun, fallen oft unvermerkt <decepti> von der Liebe zu Christus ab, wie auch die saphirfarbene Wolke vom umherschweifenden Geist der Unbeständigkeit verhüllt wird. Achte auf die Umarmung Christi und erbitte alles Gute von Ihm. Offenbare Ihm deine Werke, und Er wird dir die Seligkeit geben, denn ohne Ihn ist das Heil des Menschen nichtig. Denn Gnade und Heil erhält man nicht von einem Menschen, sondern durch Gott. Dann reichen auch die Heiligen Schriften, die aus dem göttlichen Quell fließen, den Menschen die Brüste zum Saugen.

Lerne also, diese Eitelkeit zu fliehen, die das Licht der Sonne verhüllt, d.h. den Menschen von Christus trennt. Und du wirst in Ewigkeit leben und von Christus gekrönt werden.

118 Hildegard an den Abt (Himmerod<?>)

O gütiger Vater! Über die verschiedenen Geschicke der Menschen und was mit ihnen geschehen wird, pflege ich nicht zu sprechen, da ich armselige, ungelehrte Frau nichts anderes wissen kann als das, was ich in der wahren Schau gelehrt werde. Daher werde ich auch gern für jene Frau beten, daß die Gnade Gottes in Leib und Seele herrsche und sie sich wahrhaft freuen kann, Gottes Erbe zu sein.

Ich aber hörte in meiner Seele in einer wahren Schau folgende Worte: Du, Mensch, hüte dich, höher hinaufzusteigen, als deine Möglichkeit reicht <sufferre potest>. Umarme vielmehr bei all deinen Unternehmungen die überaus süße Mutter der Tugenden, d.h. die weise Maßhaltung <discretio>, damit du bei allem von ihr geführt wirst und nicht fallen kannst. Ein Hirt nämlich, der den Stab der Zurechtweisung ohne Maßhaltung ergreift, gefällt Gott nicht und wird auch von seinen Schafen nicht geliebt, sondern eher gehaßt.

Guter Vater, führe deine Herde in Barmherzigkeit, indem du Gott nachahmst, der Barmherzigkeit lieber will als Brandopfer. Und mühe dich auch darum, daß alle deine Werke in wahrer Demut geschehen. In der die wahre Sonne, der Sohn Gottes, von der Himmelsburg des Vaters in den Schoß der Jungfau hinabstieg, daß du in Ewigkeit mit Ihm lebst.

119 Hildegard an die Mönchsgemeinschaft (Hirsau)

Das lebendige Licht spricht: O Schar, du ruderst in der schiffbrüchigen Welt. Warum siechst du durch leichtfertige Blindheit in Ohnmacht gegenüber den großen Gefahren übelriechender Bosheit dahin? Niemand entferne jetzt das Schwert von seiner Hüfte, denn gegenwärtig herrscht in der Welt eine Zeit der Ungerechtigkeit und man gibt den Gipfel des Sieges wegen der Angriffe des bösen Tyrannen auf. Daher erhebt euch und bewaffnet euch gegen die schrecklichen Wurfspieße, die in der Glut des Fleisches stecken, und gegen den Unflat des Teufels, und folgt den Spuren dessen, der sein verlorenes Schaf durch den Kuß seiner Menschheit zur Höhe zurücktrug. Er brachte es heim auf dem Arm seiner Macht unter dem lieblichen Wohlduft seiner Barmherzigkeit.

Nehmt also in herzlichem, mildem Erbarmen den Flüchtigen auf, der ob seines törichten Verhaltens trauert, und umarmt ihn mit aller Hingabe, erlaßt ihm die Schuld und bringt ihn in die Hürde eurer brüderlichen Gemeinschaft zurück.

Gott entzünde sein Licht in euch, damit ihr nicht im Licht der Wahrheit erlöscht.

120 Die Mönchsgemeinschaft an Hildegard (Hirsau)

Frau Hildegard, die zur Erbauung der Kirche erwählt wurde, <wünscht> die arme kleine Herde der Mönche von Hirsau, sie möge so von der Güte Gottes ausgestattet werden, daß sie die Kleinmütigen <humiles> Christi in der Bedrängnis zu trösten versteht.

Gepriesen sei die Herrlichkeit des Herrn, die von ihrem himmlischen Thron auf wunderbare und ungewohnte Weise Vorsorge traf, als sie durch Euch eine so große Leuchte ihrer Gnade für die Welt aufstrahlen lassen wollte. Daher frohlocken alle Kinder der Kirche, doch besonders wir geistlichen Menschen, die wir von einem neuen Licht der Freude erfüllt werden, wenn wir in der Trauer, die wir über den Verfall unseres Ordens erdulden, hoffen, von Euch mit göttlichem Trost erfreut zu werden.

Vernehmt daher mit wenigen Worten, was uns größten Kummer bereitet, was unser Herz überaus quält. Gott ist Zeuge: Wir verleumden unsern Herrn Abt in keiner Beziehung, obwohl wir darüber seufzen, daß er in vielen Dingen uns gegenüber seine väterlichen Milde vergißt, gewissen Vertrauten großzügig vergibt, und auch maßlos uneingeschränkte Gewalt allen gegenüber gebraucht. Weil wir nämlich erwägen, daß durch schwere falsche Anklagen und Verdächtigungen unser Ruf zugrunde gerichtet wird – besonders wegen der beklagenswerten Zwietracht, die unlängst unter uns entstanden ist und kürzlich nichtsdestoweniger zwischen unserm Abt selbst und dem Prior hervorgerufen wurde – beweinen wir, daß unser Orden der größten Verachtung der Laien anheimfällt.

Im Zweifel darüber, was wir tun sollen, bitten wir daher ganz demütig, daß uns auf Eure Fürbitte der Wille Gottes einigermaßen darüber aufleuchten möge. Wenn wir also verdienen, in einem Trostschreiben von Euch die Gewißheit zu erhalten, was das Wichtigste ist oder was Gott in dieser Lage wohlgefällt, wollen wir uns immer bemühen – nur das vermögen wir und wissen, daß es Eurer Liebe am willkommensten ist – für diese Wohltat den Lohn unseres Gebetes zu entrichten.

120R Hildegard an die Gemeinschaft der Mönche (Hirsau)

Das helle Licht spricht: O klagende Herde, geschmückt mit dem Zeichen der Bindung an den Gehorsam, sei standhaft in deinen Vorsätzen. Und deine Sehnsucht möge nach der Liebe Gottes verlangen. Bedenke also, wo Glück oder Unglück ist. Vernimm die Botschaft <mensuram> der Täler. Die Täler grünen und blühen zuweilen vom Tau des Himmels und der Glut der Sonne, und zuweilen trocknen sie aus und schwinden durch verschiedene Unwetter hin. Doch trotzdem vergesse ich diese Täler, die durch die unterschiedliche Witterung manchmal ihre Schönheit verlieren, durchaus nicht derart, als ob sie von nun an nicht wieder in ihrer Schönheit erstünden.

So will ich auch jenen Ort nicht vergessen, an dem du ausharrst, denn der Weisheit fehlt es nicht an Materie für die Heiligkeit, so wie sich dieser <Ort> anfänglich in Rechtschaffenheit gezeigt hat. Du aber sei eine im Sieg leuchtende Herde, zertrete die Laster, die dich in aufgewühlter Zeit zerrütten, und schäme dich nicht, daß du dich wegen schlechter Taten anklagen mußt. Denn Gott selbst salbt alle Wunden und reinigt sie durch Buße.

Doch das lebendige Auge nahm dennoch einen vergangenen Sachverhalt wahr, im Schmerz darüber, daß du durch den Trotz deiner höheren Prälaten erschüttert bist. Denn die Süßigkeit der mütterlichen Salbe, d.h. der Barmherzigkeit, wurde gewissen Schafen unter euch, die in Schuld darniederlagen, entzogen. Sie wurden hinsichtlich der Pein, die sie bei ihrer Reue empfanden, nicht gerecht beurteilt. Ein unzeitiger Regen dörrt nämlich die Erde aus. So flieht ein Mensch, der gesündigt hat, sogleich in die Verzweiflung, wenn er niemanden hat, der ihn salbt; und er verdorrt, weil keine Arznei für ihn da ist, die er vertragen kann.

Nun, liebe Söhne, hört die Stimme des lebendigen Lichts. Ergreift die Barmherzigkeit, die nicht aus euch entsprang, sondern von Gott kam. Darum entzieht sie jenen nicht, für die sie verwendet werden soll. Holt sie also wieder zur Gesundung ihrer Seele zurück.

121 Abt Manegold an Hildegard (Hirsau)

Seiner heiligen Herrin und Mutter Hildegard <entbietet> M<anegold>, der unwürdige Abt von Hirsau, Gebet und Gehorsam.

Ich hörte gerade, daß auch bei Cyrene einer gewissen Wasserader Wein entströmt <Philosophenschule>, und du, gute Mutter, bei den Alemannen eine <lebensspendende> Ader für Ein- und Ausgehende, ein Schoß der Gesichte <specierum> und gleichsam die Pupillen für das Universum zu sein scheinst. Du, meine Herrin, schöpfst nämlich, strömst aus und gießt es in Formen, und du erweist dich für die Tätigen als Kraft und Anstoß zur Beschauung. Deshalb fühle ich mich schon lange, und fühle mich <noch> angetrieben, dich zu lieben, zu verehren, zu bewundern, dir und den Deinen zu dienen, und bei allem Beten in Wort und Tat dir und den Deinen zu gehören, und – soweit es mir gestattet ist – auch in Gehorsamserweisen.

Ich bitte dich, meine Mutter und Herrin, gedenke meiner in deinen frommen Gebeten, liebe den dich ganz demütig Liebenden, erinnere dich wieder an den dich in Christus Verehrenden. Schicke mir – um Gottes willen gebeten – einen Brief.

122 Hildegard an Abt Manegold (Hirsau)

Den Topf, den ich sah, sehe ich jetzt kräftiger, als ich ihn früher erblickte. Und er wird niemals zu Boden fallen und nicht angeschlagen werden. Deine Einsicht, die das Auge der Seele ist, schaut auf Gott wie ein Kind auf den Vater, den es liebt. Denn du stehst auf einem leuchtenden Weg und schaust gegen Osten, doch ein schwarzer Nebel setzt dir zu. Er wird dich aber doch nicht überwältigen.

Die dir angebotene Gabe hätte dir im Licht gefallen; doch jene, die verhinderten, daß sie dir angeboten wurde, sind schwarz von ihrer Bosheit und knirschen wie ein Bär mit den Zähnen. Die Seele deines Abtes aber sehe ich ein wenig in seinem Gebein aufgelöst; aber trotzdem ist sie im Leib, in der Brust und in seinem Gehirn noch ruhelos. Nach seinem Ende sehe ich an diesem Ort einen starken Wirbelsturm, aber danach doch leuchtendes Licht.

123 Hildegard an Abt Manegold (Hirsau)

Milder Vater und Bruder in der Liebe Christi! Ich sehe einen Topf von so hellem Glanz umgeben, daß ich kaum sehen kann, ob es ein Topf ist. Aber ich schaue <darin> ein wenig bitter Schmeckendes, von Streit Zerbrochenes. Und danach kommt es in einen Wirbelsturm und ist dennoch für den Lohn Gottes vorherbestimmt.

Und trotzdem sehe ich diese große Last nicht unter der Ungnade Gottes. Vielmehr werden dir Menschen mit einem Charakter wie Bären und Panther, bisweilen auch wie Natterngift entgegentreten, und das Schwert Gottes wird sie töten. Aber du wirst dich dennoch unter ihnen wie ein erprobter Streiter erheben.

Jetzt ermahne ich dich, deinen Jüngern Zügel anzulegen; und laß sie nichts Böses gegen dich reden. Das wahre Licht spricht zu dir: Warum schlägst du die bösen Knechte nicht, die nach Art von Wölfen auf Raub gehen und dir insgeheim nachstellen wie eine stechende Spinne? Sei sehr wachsam, wie es zur Zeit der sittliche Zustand deiner Gemeinschaft <populi> erfordert.

O mildester Vater, ich armseliges Gebilde kann im Licht nicht schauen, daß du deines Amtes enthoben wirst. Denke daran, daß du ein irdischer Mensch bist und fürchte dich nicht zu sehr. Denn Gott sucht nicht stets Himmlisches in dir.

124 Hildegard an Abt Manegold (Hirsau)

Die Geheimnisse Gottes sprechen: Gott will, daß man den Himmel erwartet. – Wie? Ein Vater, der eine Herde zum Weiden übernommen hat, ist ein Himmel. Denn wie der Himmel alle Leuchten darbietet, so zeigt dieser

Vater seiner Herde die Gebote Gottes und darf nicht nachlässig dem Überdruß verfallen, damit sein Herr nicht zu ihm spreche: „Du böser Knecht" (Lk 19,22), warum verläßt du meine Schafe? – Vielmehr möge sein Herr zu ihm sagen: „Wohlan du guter Knecht" (Mt 25,21) und: Du sollst im Gedenken an mich die Schafe auf die Weide führen, solange die Herde nicht sagt: „Wir wollen nicht, daß dieser über uns herrscht" (Lk 19,14). – Wenn die Herde das sagt, dann muß man sie verlassen, wie auch Christus die ungläubigen Juden aufgegeben hat.

Jetzt aber wirst du, Mensch, auf ewig in Gott bleiben; und trage für alles rechte Vorsorge.

125 Hildegard an Abt Manegold (Hirsau)

O Vater, du warst der Meinung, in deinen Tagen müßte der Friede gesichert sein. Keineswegs! Wie wäre das in unserm Jahrhundert überhaupt möglich? Es sind dir jedoch helle Tage beschieden, d.h. daß die Nacht des Unglaubens, des Abfalls und der entsetzlichen Gesinnung den Tag nicht umwölkt. Denke also daran, daß Gott David erwählte, daß sein Reich nicht mit ihm unterging und er sein Leben <animam> nicht verlor, aber dennoch großen Schmerz und Mühsal erlitt. Doch trotzdem nannte Gott die Tage Davids nicht finster. Erkenne auch, daß Elia laut wehklagend ausrief, daß fast kein Mensch Gott im Morgenrot des Glaubens erkenne. Aber vernimm, was für eine Antwort er von Gott empfing.

So lautet sie <auch> für dich. Denn in deiner Schar sind viele Seelen, die wie leuchtendes Morgenrot funkeln, weil Gott sie sehr liebt. Und dasselbe geschieht in deiner Seele. Doch auch Adam wurde aus dem Paradies vertrieben, und keiner seiner Söhne sah danach das Paradies auf irdische Weise. Aber dennoch bereiten sich heilige, glücklich zu preisende Seelen das Paradies mit den Blüten ihrer Tugenden und verlangen sehnsüchtig nach himmlischen Dingen. Und solche sind in der Heerschar der Deinen hundert- und tausendmal mehr als in anderen, die im Gegensatz zu ihnen stehen. Und Gott sagte auch zum israelitischen Volk, Er werde ihnen ein Land geben, das von Milch und Honig fließt. Dennoch stürzten aus Gottes Zorn viele Blitze und Donner auf sie herab.

Nun sei gläubig und nicht ungläubig, denn kein Mensch besitzt gesicherten Frieden in diesem, sondern im ewigen Leben. Aber du lebst trotzig in mancher Bosheit <nigredo>. Schöne Jungfrauen pochen jedoch an die Tür deines Herzens; aber du antwortest ihnen nicht gleich, sondern sagst: Ich bin von so großer Schwierigkeit mit Widerwilligkeit, Grübeln und häufigen beunruhigenden Vorstellungen erdrückt, daß ich nicht bei euch bleiben kann. – Und die schönen Tugendkräfte sprechen zu dir: Bei deiner Erschaffung empfanden wir keinen Widerwillen, und in deinen Bedürfnissen haben wir dich nicht im Stich gelassen. Warum also gibst du uns so eine Antwort?

Nun umgürte dich mit heiliger Liebe, und sie wird deinem Herzen in ganz lauterer Demut einen Kuß geben.

126 Hildegard an Abt Manegold (Hirsau)

O Vater hinsichtlich der Amtswürde <in persona> und Bruder in der Liebe Gottes, vertreibe aus dem Auge deines Herzens den unruhigen Geist und entferne von dir und deiner Herde die Traurigkeit. Denn jetzt ist die Zeit der Kämpfe gegen die Lebensführung der Menschen, weil sie weder unter der Zucht noch unter der Strenge der Furcht des Herrn leben. Du jedoch fürchte dich nicht, denn du bist ein feuriges Gefäß des Heiligen Geistes. Ängstige dich nicht davor, zuweilen Bedrängnis und Not zu haben, denn der Sohn Gottes hat dasselbe erlitten.

Nun lebe in Ewigkeit, und der Heilige Geist wird dich nicht verlassen.

127 Hildegard an Abt Manegold (Hirsau)

Du lebst in der Gegenwart Gottes wie eine Rauchwolke von Myrrhe und Weihrauch, darum begehrt der Berg Sion, daß du eine Speise im Haus Jakob seist. Aber wenn jemand die Säule, die das ganze Haus stützt, wegnimmt, zerstört er das Haus. Darum spähe durch die sieben Fenster und beobachte, wann der Habicht kommt; und sieh dich vor, daß er dich nicht zerreißt.

Weide also deine Schafe mit milder Zurechtweisung, denn der Tag des Heils flieht nicht vor dir, und du wirst noch nicht zu Asche. Sei auch ein Spiegel des Lebens in den Augen der Taube.

128 Hildegard an Abt Manegold (Hirsau)

O Vater und mildester Bruder, ich schaue in dir irgendeine untaugliche Neigung zum Erschlaffen und Vergessen. Auch sehe ich, daß in deiner Seele und in deiner Herde das Feuer nicht kräftig brennt. Aber du sagst: Ich kann ihnen nicht widerstehen. – So nimmst du eine Geisteshaltung ein, als ob du schliefest.

So soll es nicht sein. Vielmehr strahlt in dir der Tag des Heils auf, weil Gott dir in allem beisteht, was du beginnst. Denn Er hat alle Geschöpfe hervorgebracht und ihnen bei sich einen Namen gegeben. Und der am Jüngsten Tag alles um sich sammelt, lasse das Feuer in dir aufs stärkste brennen.

129 Hildegard an Abt Manegold (Hirsau)

O liebevoller Vater, du bist ein Sohn der Mühsal dieser Welt, aber dennoch zieht dich Gott an sich. Jetzt ist die Zeit der Trübsal und Bedrängnisse und der vielen Irrwege unter den Menschenkindern. Und wir, die wir geistlich sein sollten, sind von den Bosheiten der Luftgeister umwölkt. Daher sehe ich selbst in deinem Kloster die Schlechtigkeit jetzt wie Blei, und doch ist das Licht von Gott her bei dir.

Aber die Weisheit spricht zu dir: Ziehe dich zurück und gehe für eine kleine Weile nicht weit von deinen Söhnen weg. Wirf aber trotzdem den Stab der Leitung <Abtsstab> nicht von dir, sondern behalte ihn in deiner Hand, wie ein Vater sich zeitweilig von seinem Sohn zurückzieht, wenn der Sohn ihm eine Beleidigung zufügt. Doch wenn dieser Sohn in Not gerät, holt er den Vater zurück und fleht ihn um Verzeihung an. Das alles hat sich jetzt bei dir eingestellt. Daher werden deine Söhne von den Prälaten und dem gewöhnlichen Volk in Verlegenheit gebracht, wenn sie zu ihnen sagen: Diese da wollten einen guten Mann und rechtschaffenen Lehrer nicht ertragen. – Deshalb werden deine beschämten Söhne dir später zustimmen, anklopfen und dich zurückrufen. Und von da an wirst du dich milder um sie mühen, als du es früher getan hattest. Und dies ist einer der Schläge, die Gott euch angekündigt hat; doch Er wird euch nicht verlassen.

Erstarke nun und sei ein unbeugsamer Kämpfer, und Gott wird dir beistehen.

130 Hildegard an Abt Manegold (Hirsau)

Ich schaue dein Kloster wie einen Turm, der zwei Fenster hat. Eines davon ist wie ein mit einer Wolke vermischter rötlicher Schimmer der Morgenröte, das andere wie Tageslicht. Doch dieser Turm ist von der Spitze bis zur Mitte sehr düster <nigra>. Diese Schwärze will die besagten Fenster verdunkeln, aber sie wird sie nicht beeinträchtigen <movere> können. Deine Seele aber sehe ich wie einen Tag, an dem morgens die Sonne scheint. Dennoch bringt dieser Tag oftmals Stürme, die jedoch nicht sehr gefährlich sind und bei denen zwischendurch die Sonne erscheint.

Ich sage dir nur diesen dunklen Spruch; später aber, wenn Gott will...

131 Hildegard an Abt Manegold (Hirsau)

Ich schaute auf die Weisheit, und folgende Worte hörte und sah ich: Es war ein Baum auf dem Libanon, über den der Winter auf seine Weise kam, so wie er alles auszutrocknen und dürr zu machen pflegt. Aber die Wurzel dieses Baumes war so fest in der Erde verankert, daß der Winter ihn nicht umwerfen konnte. Dennoch wurde sein Stamm etwas geschwärzt, seine Blätter aber verloren nicht die Grünkraft noch fielen sie ab.

Vater, verstehe dies jetzt als Zeichen für dich. Der Ort aber, nach dem du fragst, gleicht einem Tal, das neben einem Acker liegt, der zu kühl ist, um Frucht zu bringen, wenn er mit Samen besät wird; doch auf der Seite, wo oft die Sonne scheint, ist er trotzdem voller Pracht. Die Gnade Gottes verachtet ihn jedoch nicht, sondern er zählt zur Schar dessen, der die Kelter tritt <Christus>. Diese wird im Kreis herumgeschleudert, bis die Läuterung des Volkes im gegenwärtigen Irrtum beendet sein wird. Diese Menschen werden in nicht zu langer Zeit besser sein.

Auch die Seele, nach der du fragst, erhält nun großen Lohn mit den Heiligen. Doch früher hatte sie einen gewissen Fehler bei ihren Urteilen, den sie nicht so eingeschätzt hatte. Sie verlangte nach fremdem Gut, indem sie sich nicht wenig aneignete. Deshalb erlitt sie große Qualen. Wenn aber Menschen, die zur Heiligkeit bestimmt sind, die guten Werke nicht tun, die sie durch die göttliche Gnade kennen und begreifen, zeigt ihnen Gott die Wunderzeichen an seinen Heiligen nicht.

Und das Ende jenes Menschen, nach dem du dich erkundigst, ist noch nicht da; doch auch das deine zögert sich noch etwas hinaus. Der Mann aber, über den du mich befragst, hatte die wohlwollende Gesinnung, die zu Gott emporsteigt, und Gott liebte ihn.

Diese Worte der Weisheit habe ich armseliges Gebilde dir geschrieben. Nun ermahne ich dich, den traurigen Zustand nicht zu sehr zu fürchten, der am Stamm des erwähnten Baumes durch das schmutzige und gemeine Verhalten unsteter Menschen in Erscheinung tritt, noch von deiner guten Gewohnheit und deinen guten Werken abzuweichen, damit du in Ewigkeit lebst. Und dein Vater wird dich in Freude aufnehmen.

132 Hildegard an Abt Manegold (Hirsau)

O du Amtsträger, fliehe vor den Stürmen und Lastern, die zur Wechselhaftigkeit unreiner Lebensweise führen. Und behandle den Kapitän, der sein Schiff mit der Hand steuert, nicht wie einen Verwalter, den man zuweilen umarmt und zuweilen vergißt. Denn du betrachtest deinen Garten so, daß du dich freust, wenn das Gedeihen wie die Sonne aufblitzt, und daß du zürnst, wenn während zu vieler Unruhe Nebel aufsteigt. Doch habe in beiden Fällen Geduld, bis Gott dir zu Hilfe eilt.

Damit du aber in Bestürzung gerätst, mußte es geschehen, daß es bei Gastmählern ohne Aufsicht etliche Zwischenfälle gab. Aber ich sehe nicht, daß sie gefährlich wie ein Schiffbruch sind. Auch schaue ich dein Kloster nicht zerstört. Doch der feurige Entzünder <der Herzen> entzünde dein Herz.

133 Hildegard an Abt Manegold (Hirsau)

Liebevoller Vater und geliebter Bruder, die Gnade Gottes sieht dich voller Augen. Trotzdem ist dein Geist verwirrt. Du erträgst lange und häufiger neue Fehler. Daher schimmert auch dein Geist mitten im Wirbelsturm gleich der Morgenröte und wird in deiner Gemeinschaft einige junge Männer schwarz, andere ein wenig leuchtend und andere schmutzig sehen. Sie gleichen aber auch zum Teil einem Wirbelsturm, und sie alle einigen sich auf das eine. Und dennoch sind die meisten in deiner Gemeinschaft leuchtend wie Sterne, und andere gleichen dem Morgenrot.

Deshalb, milder Vater, halte die eiserne Rute mit Eifer in der Hand und lenke sie – wie du es am besten vermagst – mit der Hilfe Gottes, von der himmlischen Heerschar umgeben. Und die Gnade Gottes wird dich niemals verlassen. Und lebe in Ewigkeit.

134 Hildegard an Abt Manegold (Hirsau)

Mein Vater und von Gott erwählter Hirte, höre <etwas> über die <vor Eifer> glühende Herde deines Schafstalls. Ich schaue dich in hellem Licht und dein Kloster sehe ich rötlich schimmern, wie ich dir früher gesagt habe.

Nun lebe und sei vollkommen in der Grünkraft der göttlichen Tugendkräfte.

135 Hildegard an Abt Manegold <?> (Hirsau)

In deinen Werken und bei deiner Lebensweise schaue ich dich wie einen Baum, der in seinen Blättern viel Grünkraft hat, an dem jedoch ein Zweig welkt. Und die Elemente sagen: Um der Erzeugung deiner Grünkraft willen kommen wir zu dir, aber gewisse Stürme verletzen uns. – Das sind die Zweifel und Unbeständigkeiten, von denen du in deiner Lebensführung durch deine Anfechtungen herumgeschleudert wirst wie in einer Mühle.

Aber so soll es nicht sein. Schau auf das Erdreich, das vom Pflug umgewälzt, sorgfältig verteilt und mit schmutzigem Dünger bedeckt wird, damit es viel Frucht bringt. Die Geduld ist es, die Feuchtigkeit und Grünkraft in allen guten Werken schafft; ihr Zelt ist hart und rauh, aber sie verleiht großen Lohn und erschließt die Tür zum himmlischen Reich.

Jetzt ziehe sie an dich, und hüte dich gewissenhafter vor dem Hyazinth und Beryll, die unter einem Lichtstrahl nicht aufblitzen, und vor den Blüten, die keine Grünkraft an Tugenden haben und leicht abfallen. Sie lieben dich mehr wegen der Zwietracht des Ungehorsams als um der Buße willen.

Der Ort, an dem du wohnst, ist Gott wohlgefällig. Darum halte mit Kuß und Umarmung an der Geduld fest und entlasse sie nicht, denn du hast die Fähigkeit, die Wunden der Menschen zu reinigen. Durch sie bereitest du eine Leiter zum Himmel; und du wirst ewig leben.

136 Hildegard an Abt Manegold <?> (Hirsau)

Ein Sieger <victoria> begehrt nicht jene Dinge <zu kennen>, über die du mich befragst. Dennoch liegt diese fleischliche Vereinigung, über die du etwas zu erfahren suchst, mehr bei jenem Mann als bei der Frau; allerdings nicht so, daß ich dieses Werk in Sünden vollbringen sehe. In dir aber sehe ich den Wirbel der Leidenschaft, der jedoch ohne Anstrengung schwinden wird, wenn die Not überwunden ist.

137 Hildegard an den Kanoniker Lemfrid (Hördt)

Folgendes spricht jener, der den Menschen ein gutes und liebevolles Verständnis eingibt: Bei gläubigen Menschen findet sich der liebliche Duft der Gaben des Heiligen Geistes ein. Daher kann der Mensch an jedem Ort, an dem Heiligkeit vorhanden ist, in der schiffbrüchigen Welt zum Leben wiederhergestellt werden. Suche daher, du tapferer Streiter Christi, die Rettung deiner Seele an dem Ort, wo du bist, solange der lebendige Quell dort deine Seele durch liebliche Eingießung überflutet. Denn andere Orte, für die du dich in deiner Seele entschieden hast, werden in dir keine Sicherheit schaffen. Darum stehe fest an deinem Ort. Dort liebe die erste Gabe, die dir von oben verliehen wurde, als deine Seele im rechten Tun erneuert wurde. Denn es gereicht nicht zum Nutzen deiner Seele, daß du nach einer anderen Abwechslung verlangst. Meide vielmehr dieses Umherschweifen, damit dein Geist nicht vor Angst <in tremore> in Verwirrung gerate.

Nun verhalte dich so, daß du ein Freund Gottes wirst, und meide nicht die Ehrfurchtsbezeugungen <cerimonias> vor Gott. Und Gott wird dich retten.

138 Der Vorsteher an Hildegard (Hördt)

Hildegard, seiner glückseligen Herrin, und – wenn anders er zu sagen wagt – der teuersten Mutter, <entbietet> H., der allerdings unwürdige Vorsteher von Hördt und ergebenste Diener ihrer Heiligkeit, mit all den Seinen Unterwerfung, Gebet und treuergebenen Dienst.

Welche Danksagungen könnten wir, heilige Herrin und Mutter – Eurer

Güte angemessen – darbringen, da Ihr zum Besuch unseres Klosters weder auf die allzugroße Schwäche Eures Leibes achten wolltet, noch aus so großer Herzensgüte vor der beschwerlichen Reise zurückgeschreckt seid und bestrebt wart, uns wieder mit einem neuen Besuch zu erfreuen! Die Gnade des Heiligen Geistes kennt nämlich kein säumiges Mühen.

Ihr, geliebte auserwählte Braut des höchsten Königs, seid würdig, von der Güte des Bräutigams selbst die Verkündigung eines besonderen Lobs zu vernehmen: „Siehe – spricht Er – du bist schön, meine Freundin, ja du bist schön; du hast Taubenaugen" (Hld 1,14). Ihr, sage ich, duftet unter den Töchtern Jerusalems – mit vielerlei Tugendkränzen geschmückt – wie eine Lilie unter den Dornen als guter und süßer Wohlgeruch Christi und strahlt daher wie eine Himmelsleuchte in der Finsternis dieses Erdenlebens und in der Ordnung der Heiligkeit auf. Ihr teilt uns Sündern den Trost der Hoffnung mit, da Ihr uns so oft die Gnade Eures mütterlichen Besuchs anbietet. Denn wenn wir auch als Schicksalsgefährten des Zöllners im Evangelium nicht würdig sind, unsere Augen zum Himmel zu erheben, sind wir dennoch gleichsam Getröstete, wenn wir durch das Instrument Eures Mundes die Stimme dessen, der in Euch wohnt – Christus des Herrn – zu vernehmen verdienen.

Daher beugen wir in demütiger Danksagung unsere Knie vor Christus dem Herrn, der sich würdigt, uns Unwürdige durch Euch zu trösten. Auch Euch flehen wir demütig bittend an: Laßt Euch herab, vor Ihm, der Euch in das Gemach seiner Geheimnisse eingeführt hat, Gebete für uns auszuschütten. Dadurch würdige Er sich gütig, uns auf die Vermittlung Eurer Verdienste den Sünden und den Feinden zu entreißen und uns aus dem notvollen Schiffbruch dieser Welt mit Euch zusammen zum Hafen der ewigen Seligkeit und Sicherheit zu bringen.

Der Herr komme Euch mit liebreichen Segnungen zuvor, und der Vater allen Trostes erhöre die für uns Betende. Die Gemeinschaft der Heiligen, die mit Euch und unter Eurer Leitung unserm Herrn Jesus Christus treu dienen, grüßen wir demütig durch Euch und empfehlen uns flehentlich ihren Gebeten. Und ganz ergeben ersehnen wir Euer Antwortschreiben.

139 Der Abt an Hildegard (Ilbenstadt)

Seiner Herrin und Meisterin Hildegard <wünscht> der arme und bedürftige Bruder N. in Ilbenstadt, zusammen mit der ihm anvertrauten Herde, die Zulassung zur ewigen Gemeinschaft der Jungfrauen.

Mit vielen Briefen habe ich oft bei Euch angeklopft, vieles habe ich in mündlicher Bitte bei Euch vorgebracht; niemals <aber> konnte ich Euch den versprochenen Brief abnötigen. Hat es etwa – das zu glauben, ist unrecht – die niedere Herkunft meines Geschlechts nicht zugelassen, oder die Verachtung meiner Person, oder vielleicht – was glaubhafter sein kann – die fehlende Fürsprache von Verdiensten? „Den Weisen und den Toren bin ich verpflichtet" (Röm 1,14), sagt der Apostel; und die Wahrheit selbst spricht: „Laßt die Kleinen zu mir kommen" (Mk 10,14). Gibt es denn bei dir, Mutter, „ein Ansehen der Person" (vgl. RB 2,20)? Das sei ferne!

Jetzt aber erhöre mich Armen, der ich öfter – oder auch <nur> einmal – zu dir rufe, und flehe unsern Herrn für den Unglücklichen an, Er möge sich herablassen, den auf Ihn vertrauenden kleinen Diener, der von vielen verschiedenen Bedrängnissen und Nöten umringt ist, aufzurichten.

140 Die Vorsteherin an Hildegard (Ilbenstadt)

Ihrer Herrin Hildegard <wünscht> N., die unwürdige Vorsteherin der Dienerinnen Christi in Ilbenstadt, sie möge durch die himmlische Gabe, die sie innerlich verkostet hat, das höchste und vollkommene Gut gewinnen.

Gepriesen sei Jesus Christus, dessen Wohlgeruch Ihr für Gott allerorts seid; denn nicht mehr Balsamduft, sondern die Substanz des heiligen Salböls selbst floß auf Euch herab, dessen lieblicher Wohlgeruch Euern Namen für Herz und Ohr aller so versüßte, daß sie zugleich die Zeichen Eurer Demut und Leutseligkeit empfehlen und „Euern Vater im Himmel in Euch rühmen" (Mt 5,16).

Daher, gesegnete Mutter, verzeih, und ertrage nicht nur ein wenig Torheit von mir, sondern gestatte mir ein wenig meiner großen Torheit, damit ich vor dir den Schmerz meines Herzens offenbare. Und wenn du zugehört hast, tröste bitte deine Magd. Ich trage nämlich eine unerträgliche Last, weil mir aufgetragen ist, die Verkehrtheiten meiner Schwestern zu korrigieren, während ich manche Gefahren, die mich – wenn auch geringfügig – überall verfolgen, nicht abzuwenden vermag.

Wenn du daher hinausgehst, um den König Salomon in seiner Pracht zu sehen, sei dessen eingedenk, was ich aus ganzem Herzen von dir erbeten habe. Lebt wohl.

140R Hildegard an die Priorin (Ilbenstadt)

O Tochter Gottes, solange du die Möglichkeit hast, mühe dich unter den Töchtern Gottes, und deine Arbeit möge zu Gott rufen und beten. Aber beobachte trotzdem – im Kleinmut zu Gott aufseufzend – deine Regel.

Ein Mensch, der sich in der <bergenden> Höhle der Gerechtigkeit Gottes und auf engem Weg abmüht, aber dennoch dem Fehltritt Adams beistimmt und deshalb die Geißeln der Buße sucht, zweifle nicht daran, daß die Pforte des Himmels ihn nach den Geißeln der Buße empfangen wird.

Wer immer den Acker seines Leibes mit Unterscheidungsvermögen durchpflügt <lacerat>, dem schadet nicht ein plötzlich hereinbrechendes Ende, denn die Symphonie des Heiligen Geistes und die Freude des ewigen Lebens <laeta vita> werden ihn empfangen. Doch muß verhütet werden, daß ein Mensch seinen Leib durch zu starke Anstrengungen zugrunde richtet, vielmehr halte er mit <geisterfüllter> Vernunft die Sünden fern.

Tochter, sei eingedenk, daß du nicht das Vermögen besitzt, einen Menschen hervorzubringen. Darum bitte Gott gelassen, daß Er dir verleihe, ein besseres Leben zu führen. Und das wird Gott wohlgefälliger sein, als daß du Ihn in übermäßiger Traurigkeit anflehst. Gott mache dich zu einem Tempel des Lebens.

141 Hildegard an den Vorsteher Richard (Indersdorf)

„Der da ist" (Ex 3,14; Offb 1,4), zeigt mir folgendes und spricht: Sage zu diesem Menschen: O Mensch, ich schaue dich wie eine von Meisterhand erbaute Holzhütte, an deren Tür zwei Gestalten klopfen. Die eine ist voller Augen und hat dunkle Haare; sie heißt „Furcht Gottes". Und sie sagt dir: Ich will durch dich Schlachtopfer darbringen. Überlasse dich mir also, und ich werde dein Schlafgemach betreten und dir mit Most und Wohlgerüchen etwas bereiten, was dir schmeckt. O Streiter, hüte dich, zu träge zu sein, um mit deiner Herde zu laufen und sie mit wachsamem <vivente> Auge zur Rechtschaffenheit zu führen.

Die andere Gestalt aber – wie eine schimmernde Trompete in einer hellstrahlenden Wolke – hat gleichsam die Umrisse eines Menschen, und ihr Name ist „Stärke". Und sie spricht folgendermaßen zu dir: Heda, heda, heda, warum schläfst du in deiner Erkenntnis nach Art eines Bauern, der lieber untätig ist und nicht mit Panzer, Helm, Schwert und Speer kämpfen will? Ertöne also wie eine Trompete über tiefe Wasser hinweg und schweige nicht. Und ich will dir mit meinen Gefährten helfen. Und stehe auf der Mauer des Tempels. Fürchte dich nicht wegen der beunruhigenden Stürme, sondern vernimm, daß du eine Säule im Tempel des Königs bist. Fliehe auch die Doppelzüngigkeit, die die Seele verwundet; sprich vielmehr überall – der Sonne ähnlich – die Wahrheit. Und wir werden gern in dir unsere Wohnungen aufschlagen.

142 Ein Vorsteher an Hildegard (Indersdorf)

N., durch die Gunst der Gnade Gottes zum Vorsteher in Indersdorf ernannt, <wünscht> der Schwester und Meisterin auf dem Berg des heiligen Rupert, sie möge überreich am Geist der Stärke sein.

Die Aufopferung Eurer frommen Meinung hat die Herzen vieler – besonders der Gottgeweihten – beeindruckt und sozusagen mit der Süßigkeit heiliger Liebe erfüllt <dulcoravit>. Daher sagen wir für die Euch von Gott verliehene Gnade dem höchsten Spender aller Güter Dank, der einem weiblichen Herzen männliche Kraft einflößte; nicht nur zur Vermeidung von Schand- und Übeltaten, sondern auch zur Erteilung von notwendigen Ratschlägen, wie auch für Hilfeleistungen an Bedürftigen.

Weil wir aber zu Euern <viel>beanspruchten Ohren sprechen, wagen wir nicht, die Rede auszudehnen. Wir bitten daher Eure Milde, uns gütig den Beistand Eures Trostes zuzuwenden.

143 Hildegard an den Abt (Justusberg)

Der denen, die geben, Gaben verleiht und den Laufenden die Richtung weist, spricht: Verwehre deiner Herde nicht die geraden Wege. Wieso? Erlege denen, die harte Anstrengung auf dem Weg nicht ertragen können, ein leichteres Joch auf, das sie zu tragen vermögen. Ein Knabe kann nämlich keinem Jüngling gewachsen sein, noch ein Jüngling mit einem Greis oder ein Greis diesem gleichgestellt sein. Darum erlaube diesem Menschen, eine Last zu übernehmen, die er durchtragen kann. Gott aber flöße deiner Seele solche Beständigkeit ein, daß du unnütze Veränderungen meidest.

144 Abt Konrad an Hildegard (Kaisheim)

Konrad, wenn auch unwürdig, Abt von Kaisheim, <entbietet> der heiligen Frau Hildegard, Vorsteherin im Kloster des heiligen Rupert in Bingen, fromme Gebete mit demütigem Gehorsam.

Sobald ich, heilige Mutter, zum ersten Mal von den Zeichen deiner Tugenden und den besonderen dir von Gott verliehenen Gaben erfahren konnte, habe ich dich – obgleich dir persönlich unbekannt – dennoch mit ganzer Herzenszuneigung geliebt. Ich empfinde also Mitfreude mit deinem Ruhm, weil du den Geliebten, den deine Seele gesucht hat, zu finden verdientest und es nicht nötig hast, hinter den Herden deiner Gefährten herzuziehen. Denn der unter Lilien weidet, ruhte in deinem Zelt und erfüllte deinen Garten mit verschiedenen Genüssen in Fülle.

Trotzdem wundere ich mich, teure Herrin, warum du mir so Geringem, der sich in großer Herzensangst abmüht, das mütterlich liebende Herz <viscera pietatis> verschließt, und die kleine Gabe, die ich mehr aus Liebe als aus Anmaßung ersehne, so zögernd übersendest, da du doch gleichsam wie ein Bach vom Quell der Güte selbst hervorfließt und dein Wohlwollen auf alle, die durch dich von den Großtaten Gottes erfahren und hören möchten, ausgießt.

Ich flehe also ganz ergeben, du möchtest beim Bräutigam selbst, der im Gemach deines Herzens ruht und deinen Bitten gern das Ohr seiner Güte neigt, für mich eintreten und von Ihm erfragen – insoweit es dir offenbart wird – ob es mir dienlicher ist, die Last der Seelsorge abzuwerfen oder sie länger zu tragen. Sie drückt mich nämlich sehr, und ich vergesse mich selbst. Doch wenn ich hierauf eine Antwort von dir erhalte, werde ich erkennen, daß du erhört bist. Lebe wohl, von Gott Geliebte.

144R Hildegard an Abt Konrad (Kaisheim)

Das durchdringende Licht schaut und spricht: O Mensch, du bist farblos in der Unentschiedenheit deines Geistes, als ob du nicht stehen könntest. Und warum das? Ich sehe deine Werke, sie berühren mich nämlich. Doch du weißt um die Anerkennung der Empörer. Warum also schämst du dich, vor meinem Altar mein Heiligtum zu betrachten, um es wie einen Tempel zu schmücken, der lebendige Augen besitzt?

O welche Last, wenn der gute Hirt seine Lämmer auf seine Schultern hob! Wenn die Schafe nicht auf den rechten Wegen laufen, dann muß der gute Hirt sie mit besorgtem Herzen aufheben, zurechtweisen, salben und in guten Werken unterweisen. Wie nämlich die Hand am Arm wirkt und wie der Arm sich an der Schulter bewegt, so gibt der Hirt seinen Schafen durch die Hand der guten Werke Beispiele, mit der Hilfe des Armes ein Heilmittel und mit dem Festbinden am Kreuz die Befreiung von verschiedenen Lastern wie durch die Kraft der Schulter. Denn den wahren Büßern sind ihre Fehltritte nachzulassen. Der Teufel nämlich speit die Gewalttätigkeit seines Herzens, den Geschmack seines Schlundes und die lodernde Flamme seines schlangenartigen Mauls aus.

O Mensch, vernimm die schmerzliche Wehklage über das maßlose Vergehen, das in der Befleckung des Fleisches an der schönen Gestalt des Menschen besteht. O Jungfräulichkeit, beklage die <verlorene> Unversehrtheit deines ersten Ursprungs! Denn die Hand des höchsten Künstlers formte dich und setzte dich in den Garten der Wonne. Doch den Menschen verführte sein leidenschaftlicher Geist durch den eitlen Wunsch seines Willens nach dem hochmütigen Plan des gehässigen Verführers. Deshalb wurde er durch den Geschmack am Ungehorsam vertrieben. Und so sündigte sein Leib, da doch früher seine Seite von der heiligsten Gabe durchbrochen worden war <Erschaffung Evas>. Und nun ist seine Manneskraft <femur> beschmutzt und trieft von Gift. So berührte der Mensch den Geschmack des Schlangenschlundes, als er in seinen vergifteten Adern leidenschaftlich entbrannte. Daher beging er auch in schlangenhaftem Begehren, das die lodernde Flamme aus dem Schlund des Teufels ist, Unzucht. Diese Speise bereitete der Ungehorsam. Und weil Gott aus einer Rippe einen Menschen schuf, flüsterte der Teufel danach den Mord ein. So führte er alle seine Taten auf anderem Weg zur Aufdeckung der durch die Gewalttätigkeit seines Herzens übersprudelnden Sünden.

O Mensch, welch große Verbrechen vollbringst du, dem alten Verderber ähnlich! Wieso? Der schlimme Ankläger wurde nämlich rücklings zu Fall gebracht und von jeder Seligkeit abgeschnitten. Und da er rücklings verworfen wurde, dachte er sich in der Bosheit seines Herzens aus, den Menschen rücklings in die entgegengesetzte Sünde zu führen. So wandte sich der Mensch vom Gebilde der Rippe ab, weshalb auch die Erschaffung eines Menschen durch einen derartigen Samenerguß verlorenging. Darum trauere die Erde und erzittere der Himmel wegen solcher Verbrechen. Denn wenn der Mensch durch den Geschmack an seinem Werk sündigt, empfindet er dennoch – ohne daß er das Gebilde der Rippe aufgegeben hat – ein wenig, daß er ein Geschöpf Gottes ist. Doch diese hinterhältigen Vergehen gibt es bei keiner Erschaffung, so daß der Mensch, der sie begeht, sich nicht als Mensch erkennt. O Mensch, warum verachtest du es, ein Geschöpf Gottes zu sein? Ach, ach, o Mensch, Gott hat dich in großer Vorliebe <studio> erschaffen, doch du verwickelst dich in viele Vergehen. Aber

Gott führt dich durch seinen Sohn wieder zu sich zurück. Darum stehe durch Reue auf und eile schnell zu mir.

Jetzt, o Kämpfer, sei stark und gewappnet auf ebenen Wegen, und laß es grünen, wo Dürre herrscht. Und sorge dich um den Hüftgurt derer, die bei dir sind. Zügle dich durch gute Werke, damit dein Herz von der Sonne erleuchtet wird und du nicht müde wirst, auf dem rechten Weg den Kampf gegen dich aufzunehmen. Gib also die Hirtensorge nicht auf, denn ein Salbenhändler, der einen bewässerten und wohlduftenden Garten hat, sieht zu, daß sein Garten brauchbare Frucht bringt, um nicht mutlos zu werden.

145 Hildegard an Abt Konrad (Kaisheim)

Da dein Auge sieht und deine Erkenntnis wach ist, warum schläfst du wie ermüdet vom Umkreisen deiner Herde in rechter Fürsorge? Inspiziere eifrig in gütiger Fürsorge, damit du dein Talent nicht unfruchtbar vergräbst, denn es ist nicht gut für dich, jene Bindung, die dich verpflichtet, abzuwerfen, solange du zwei Augen oder ein Auge oder einen Teil eines lebendigen unter deiner Obhut hast. Wenn du aber kein lebendiges Auge unter den Deinen siehst, sondern stets <nur> Lahmheit, dann fliehe und entferne dich von der Verwaltung.

146 Ein Prälat an Hildegard (Kappenberg)

Seiner verehrten Herrin, der Jungfrau und Braut Christi Hildegard, <wünscht> Bruder N., Vorsteher der Diener Gottes in Kappenberg, den Lohn heiliger Jungfräulichkeit und des frommen Wandels, und die immerwährende Krone.

Der Ruf der Heiligkeit <religionis> und des Gott wohlgefälligen Wandels, der sich überall in der Kirche verbreitet hat, erfreut viele mehr als der Duft von Balsam und anderer Wohlgerüche. Auch wir als die Letzten – in den Klöstern gleichsam in unterirdischen Höhlen – begannen ihn schließlich wahrzunehmen. Daher beschloß ich, der Geringste aller – nur vom Verlangen beseelt, dem Duft zu folgen – zu Euch zu kommen. Doch behindert durch einen so heftigen Wirbelwind der Unwetter und Stürme, von dem die ganze Kirche jetzt geschüttelt und aufgewühlt wird, und zurückgehalten von der Angst um Hab und Gut und das Leben <corpus>, konnte ich nicht kommen.

Ich bitte jedoch durch den, der in Euch wohnt, Christus, Ihr möchtet den persönlichen Überbringer des Briefes, unsern geliebten Bruder, anhören, als wäre ich selbst gegenwärtig. Ich schickte ihn nämlich zu Euch, um den Geist Gottes, der in Euch wohnt, über den gegenwärtigen Zustand unserer Gemeinschaft zu befragen. Ihr werdet es ja nicht verschmähen, uns mitzuteilen, was Gottes ist und was von Liebe und Frömmigkeit zeugt, damit wir – von dem getröstet, der durch Euch viele tröstet – aufatmen.

Wir nehmen uns übriges nicht heraus, Eure Liebenswürdigkeit durch die ungebildete Redensweise zu erbittern, flehen Euch aber desto inständiger an, es Euch nicht verdrießen zu lassen, dem anwesenden Bruder Gewichtiges anzuzeigen und endlich ganz wenig auf dem untersten Rand <ungula> des Blattes zu antworten.

Mit allen Euch von Christus Anvertrauten lebt wohl in Christus und gedenkt um seinetwillen meiner bei Ihm.

146R Hildegard an den Prälaten (Kappenberg)

Ich sehe in dir teilweise Dunkelheit. Wieso? Weil dein Herz in jene Traurigkeit verwickelt ist, die vom Zweifel wie eine Mühle herumgeschleudert wird und spricht: Welches und wie beschaffen ist meine Lage?

Nun ist es förderlich für dich, den Tag zu betrachten, der am frühen Morgen in reinstem Morgenrot aufsteigt, doch nachher von wechselnder Witterung bedroht wird <circumdatur>. So ist auch dein Leben. Denn wenn es dir immer wohl erginge, würdest du dem Krebs gleichen, der nicht geradeaus läuft. Darum läßt Gott zu, daß man dir heftig zusetzt; denn den Sohn, den der Vater liebt, schlägt er auf diese Weise mit der Rute.

„Treue erhob sich von der Erde, und Gerechtigkeit blickte vom Himmel herab" (Ps 85,12). Das bedeutet: Alle Treue prüft Gott durch den Menschen, den Er aus dem Lehm der Erde formte. Erde, die hart und steinig ist, wird kaum vom Pflug aufgerissen, gute und weiche Erde jedoch bestellt man mit Freude. Und in beiden Fällen ist Gott treu. Einen harten und groben Menschen zähmt Er durch Mühsal, doch einen liebevollen und gutwilligen umarmt Er mit dem Kuß der Liebe; dieser vollbringt alle guten Werke gern. Und die Gnade Gottes, die alles Harte und Willige mit der Sonne der Gerechtigkeit durchstrahlt, hört alle, die unter dem Aufseufzen des Herzens zu Ihm rufen, da sie Ihn kennen. Denn wie Gott die Sonne bestellte, damit sie die ganze Welt erleuchte und keine Dunkelheit dulde, so weist die Macht Gottes durch ihre Gnade diese Härte zurück, damit sie dem nicht <mit Härte> vergelte, der Ihn anruft.

Darum fürchte deine Qualen nicht, denn ich schaue dein Kloster nicht zerstört; vielmehr wünscht Gott, daß du so an deine Last gebunden bleibst. Und die Schafe, die zu dir laufen wollen, sammle; die dich aber ablehnen, ertrage in Erbarmen, bis sie nach dir rufen. Und lebe in Ewigkeit.

147 Die Äbtissin an Hildegard (Kaufungen)

Der Herrin und Schwester Hildegard <wünscht> die Sünderin N., nur dem Namen nach Äbtissin in Kaufungen, sie möge die Leuchte der Wissenschaft nicht unter dem Scheffel des Stillschweigens verbergen.

Die unvermutete Eilfertigkeit dieses Boten kam mir zuvor, so daß ich Euch nichts Geglättetes wie einer Herrin und Mutter schreiben konnte, sondern mich vielmehr mit gewöhnlichen Worten ausdrücke, wie einer geliebten Schwester gegenüber. Nimm es also so an! Es wurde in aller Munde gerühmt, daß jene fliegende Buchrolle, die dem Propheten zu essen gegeben wurde, sich auch in deinem – nämlich einer Weisen – Mund niedergelassen habe. O wie kostbar ist dieser Schatz! Hüte dich also, ihn mit einem Toren zu verschlingen. „Laufe vielmehr umher, beeile dich, scheuche die Kirche auf" (Spr 6,3), ja sogar die Kirchenfürsten, denen in Petrus gesagt wird: Simon, „konntest du nicht eine Stunde mit mir wachen" (Mt 26,40)? Wir freuen uns nämlich, und zittern davor, daß du eine Zuchtrute vom Norden über die Bosheit wachen sahst; deshalb sehnen wir uns auch danach, ein Trostschreiben von dir zu erhalten.

Lebe wohl in Christus, und sei immer meiner eingedenk, wenn du Ihn anrufst, damit ich verdiene, der Gnade, die in dir ist, teilhaftig zu werden.

147R Hildegard an die Äbtissin (Kaufungen)

Im Heiligen Geist sage ich dir wahrhaftig: Bewahre deine Seele, damit sie nicht mit Ungerechtigkeit befleckt wird. Umgürte überdies deinen Leib mit der Gerechtigkeit Gottes. Tu das vor dem Tag deines Todes, denn später kannst du kein Heilmittel finden, soweit du es nicht durch die Gnade Gottes und wegen des Schmuckes mit guten Werken findest.

Wie ein Habicht umkreist dich nämlich dein Feind und prüft, wie er deine Seele verwunden kann. Hüte dich vor ihm durch den Eifer in guten Werken und die Enthaltung von Sünden, denn deine Lebenstage währen nicht mehr lange. Daher entzünde der Heilige Geist in dir sein Feuer, damit du dich dieser Worte erinnerst.

Darum sage ich dir nochmals folgendes Gleichnis: Die Bäume vertrocknen im Winter; im Sommer blühen sie und bringen ihre Früchte hervor. Nun achte in deinem Herzen darauf, wie lange du durch Untreue im geistlichen Leben im Winter lebst, und eile rasch durch die Bekehrung deiner Sitten zur Grünkraft des Heiligen Geistes, die ein Sommer ist. Auf diese Weise bringe Blüten der Tugenden hervor und sammle deine Garben so schnell wie möglich. Hüte dich jedoch inzwischen vor Sünden, denn wahrlich, ich sage dir: Wenn du die Gnade Gottes suchst, wird sie nicht vor dir fliehen.

148 Der Abt an Hildegard (Kempten)

Hildegard, der Braut Christi, doch einer Gott und den Menschen wohlgefälligen Magd, <entbietet> H., mir dem Namen nach Abt der Gemeinschaft von Kempten, ergebenen, mit ständiger Fürbitte verbundenen
Dienst.

„Gepriesen sei Gott" (Gen 14,20; Ps 66,20 u. a.), dessen „Geist weht, wo
Er will" (Joh 3,8), und der das Heiligtum Eures Herzens mit der Süßigkeit
himmlischer Harmonie so zu erfüllen und zu befruchten pflegte, daß Er
Euch überaus bewundernswert und verehrungswürdig für Männer wie
auch für Frauen machte. Schon nämlich – ja schon, sage ich – wurde der
Ruf von Eurer Heiligkeit weit und breit bekannt. Denn daß „Großes an
Euch getan hat, der mächtig ist" (Lk 1,49), nimmt man leicht wahr, und
daß Er auf Euch demütige Magd herabsah, wenn Er dafür sorgt, Euch
Unerhörtes für alle einzuträufeln, wird nicht bezweifelt. Schon hat Euch
jener himmlische König als Braut, ja auch als Tochter an der Hand haltend,
angenommen, nach Wunsch geleitet und in sein Gemach geführt, wo Ihr –
auf Euern Geliebten gestützt – seine Geheimnisse zu vernehmen und sie
den Sterblichen vortrefflich zu verkünden verdientet. Das ziemt sich für
Eure Heiligkeit, da Ihr – wie wir aus einem Bericht erfuhren, von der eigentlichen Wiege Eurer Kindheit an gehört habt: „Höre Tochter und sieh"
(Ps 45,11) usw; und wir <sagen>: „Was wir vernommen und erfahren
haben" (Ps 77,3) und folgendes: „Wie wir es gehört haben, so erfahren wir
es" (Ps 48,9).

Daß also derjenige, der in Euch begonnen hat, darin die Wirksamkeit
seiner Kraft zur Vollendung bringe, wünschen wir voll Verlangen <votis
omnibus>, und auch, daß Ihr daran denkt, für unsere Sünden zu beten.
Und wir verlangen ganz demütig, Ihr möchtet uns etwas von dem, was
Gott Euch über unsern und unserer Gemeinschaft Zustand offenbart hat,
mitteilen.

148R Hildegard an den Abt (Kempten)

O Mensch, „wende dich vom Bösen ab und tu Gutes" (Ps 37,27), denn dem Menschen ist es zu eigen, daß er immer im Geiste irrt und sich tausenderlei vornimmt, was er überhaupt nicht durchführt. So beachtete auch Adam nicht, was er tun sollte, und verlangte, Gott gleich zu sein. Trotzdem besaß er nicht die Bosheit, Gott Ehre und Macht zu neiden.

O Sohn Gottes, halte durch den Glauben jeden Ansturm von dir fern. Als Adam nämlich glaubte, sich zugleich an Gott und an Ehre und Macht freuen zu können, was eine große Einbildung war, wußte er trotzdem auch, daß Er Gott ist. So steht es jedem Menschen zu Gebot, zu wissen, daß er einen Gott hat, von dem er glaubt, daß Er sein Schöpfer und Erlöser ist, wie geschrieben steht: „Alle Völker, die du geschaffen hast, werden kommen und dich anbeten, und sie werden deinen Namen preisen" (Ps 86,9). Das heißt: Der Mensch, der zusammen mit der Kreatur erschaffen ist, weiß, daß er einen Gott hat. Und deshalb soll er in gutem Glauben leben, Gott eifrig suchen und anbeten und seinen Namen preisen. Jedwedem Menschen soll es nämlich angelegen sein, sich von dem Fehler abzuwenden, daran zu zweifeln, daß es Gott ist, der ihn erschaffen hat. Vielmehr soll er Ihn, der ihn erschaffen und erlöst hat, lieben, und in Ihm seinen Nächsten lieben, der ihm Gutes getan hat. Und er ahme nicht den Teufel nach, der seinen Schöpfer, welcher ihm viele Güter zugestanden hatte, haßte.

Der Teufel erkennt Gott nicht im Lieben, darum sucht er bei Ihm auch keine Erlösung. Er weiß vielmehr, daß Er über ihm steht. In dieser haßerfüllten Art aber lehnte Adam Gott nicht ab, doch in großer Eitelkeit suchte er Ihm zu gleichen. Und der Teufel fand in Adam nicht den Haß, mit dem er selbst Gott haßte, aber er täuschte ihn durch seinen Rat. Daher streift er mit tausend Ränken seiner sinnlichen Lust umher und sucht den, der an Gott zweifelt. Mit tausend Listen verwehrt er dem Menschen das Gute, so daß er – wenn der Mensch danach verlangt <anhelat>, Gutes zu tun – seine Pfeile auf ihn losläßt. Und wenn der Mensch aus ganzem Herzen Gott in Liebe zu umfangen wünscht, ereilt er ihn mit schädlicher Unlust, damit es nicht aufrichtig gegenüber Gott ist. Und sucht der Mensch die Lebenskräfte <viriditates> der Tugenden, sagt er ihm durch seine Einflüsterung, daß er nicht wisse, was er tut, und lehrt ihn, ein Gesetz nach seinem Eigenwillen aufzustellen, das er gut einsieht.

Dagegen gibt es einen Kampf, wie geschrieben steht: „Tausend Schilde hängen daran, die ganze Waffenrüstung der Helden" (Hld 4,4). Das heißt: Der erste Schild ist sicherlich das Bekenntnis der Sünden. Dieses besaß das Alte Testament nicht; darum war es auch blind. Und die Reue nach dem Bekenntnis der Sünden, wie sie der Gute Hirt lehrt, ist der Mantel für die Nacktheit des alten Gesetzes. Und so ist sein „Hals wie der Turm Davids" (Hld 4,4) in der Menschheit des Erlösers erhoben, an der „die ganze Waffenrüstung der Helden hängt" (Hld 4,4). Das sind diejenigen, die in der <ehelichen> Verbindung nach der Vorschrift des Gesetzes rechtschaffen leben, die Enthaltsamen und die Jungfrauen, die <wie Schilde> an diesem Turm hängen. Das alles hat das alte Gesetz angedeutet, und Christus durch seine Menschwerdung an sich selber aufgezeigt. Und nach seiner Himmelfahrt wird Er es durch seine Jünger und alle, die ihnen folgen, bis zum Jüngsten Tag erfüllen. Das sind die tausend Schilde, die an Ihm hängen. Mit ihnen wird der Krieg gegen die alte Schlange, die im ersten Menschen alle übrigen betrog, geführt, damit der Mensch – wenn er inmitten seiner Feinde steht – sich mit ihnen verteidige und überall kämpfe, daß er nicht von seinen Feinden getötet wird. So spricht der Bräutigam im Hohenlied zur Braut: „Mein Haupt ist voller Tau und meine Locken tropfen vom Regen der Nächte" (Hld 5,2). Das bedeutet: Durch Christus Jesus, der das Haupt aller ist, sind Menschen wie die Haare verbunden, die durch Fleischeslust <per dulcedinem carnis> voller Sünden und verbrecherischer Vergehen sind. Die Kirche gebiert sie von neuem und reinigt sie vom unreinen Gestank des Sündenstaubs durch Buße und Bekenntnis, wie auch die Locken ausgeschüttelt und von Tau und Tropfen befreit werden, und wie man Wolle vom Staub ausschüttelt und säubert.

So handle auch du, geliebter Sohn Gottes, weil du in Ewigkeit leben und ein Stein im himmlischen Jerusalem sein wirst. Darum mußt du auch eifrig geglättet werden.

149 Werner an Hildegard (Kirchheim-Bolanden)

Hildegard, der an Seele und Leib unbefleckten und von der Wiege an Gott geweihten Jungfrau, <wünscht> W<erner> von Kirchheim mit den übrigen Brüdern seiner Gemeinschaft, die in ihren Gemeinden Gott – wenn auch unwürdig – unter dem Schutz des seligen <N.> dienen, sie möge nach dem Vorbild Deboras die feindlichen Scharen unter Gottes Führung vernichten.

Weil der Duft Eurer Tugenden sich in nicht wenigen Landstrichen verbreitet hat, da die Gnade des Heiligen Geistes Euer reines Herz nicht nur dazu erleuchtete, Gutes zu tun, sondern auch Zukünftiges vorherzusagen und Himmlisches zu betrachten, hielten wir es – allerdings unverdient – für angemessen, uns Eurer Heiligkeit unter dem Vorwand der Freundschaft <fraternitatis> zu empfehlen. Und weil wir fest glauben, daß wir als geringste <Glieder> Christi dennoch mit Euch Glieder <am Leibe Christi> sein werden, sprechen wir die Zuversicht aus, daß Ihr den Bittenden nicht verweigern werdet, was sie in seinem Namen von Euch erflehen, wenn Ihr es gewähren könnt.

Wir bitten also Eure Güte, Mutter und Braut des Lammes, in Euern Gebeten, – der unseren gewiß, falls sie bei Gott etwas vermögen –, inständiger unsrer zu gedenken, wenn wir bei unsern Fürbitten uns stets Eurer erinnern.

Wir nehmen uns heraus, Euch mit noch einer Bitte anzugehen: Versäumt es nicht, was Ihr uns und möglichst vielen anderen in Kirchheim Anwesenden – vom Heiligen Geist belehrt – über die Nachlässigkeit der Priester beim Heiligen Opfer enthüllt habt, uns in mütterlicher Güte aufzuschreiben und zu übersenden, damit es nicht unserm Gedächtnis entfalle, sondern wir es eindringlich <attentius> stets vor Augen haben. Denn wenn wir mehr als nötig nach irdischen und weltlichen Dingen trachten <inhiamus>, schlagen wir so oft flüchtige <transitoria> Worte gleichgültig in den Wind.

Die mütterliche Liebe erweise sich stark in Euch.

149R Hildegard an Werner (Kirchheim-Bolanden)

Als ich im Jahre 1170 nach der Menschwerdung des Herrn lange Zeit auf dem Krankenbett lag, schaute ich – wach an Körper und Geist – eine überaus schöne Erscheinung, welche die Gestalt einer Frau besaß. Von auserlesener Anmut und liebenswerter Lieblichkeit war sie von solcher Schönheit, daß Menschengeist sie überhaupt nicht zu fassen vermöchte. Ihre Gestalt reichte von der Erde bis zum Himmel. Auch funkelte ihr Antlitz von höchstem Glanz. Mit ihren Augen blickte sie zum Himmel. Sie war auch mit einem strahlenden Gewand aus weißer Seide und mit einem Mantel bekleidet, der mit kostbaren Steinen, wie Smaragd und Saphir, und dazu mit kleinen und großen Perlen geschmückt war. An den Füßen trug sie Schuhe aus Onyx. Aber ihr Antlitz war mit Staub bestreut, ihr Gewand an der rechten Seite zerrissen. Auch hatte der Mantel seine erlesene Schönheit verloren. Und ihre Schuhe waren am oberen Teil schwarz geworden.

Und sie schrie mit lauter klagender Stimme zur Himmelshöhe hinauf und rief: Höre Himmel, daß mein Antlitz besudelt ist, und trauere, Erde, daß mein Kleid zerrissen ist. Erzittere, Abgrund, daß meine Schuhe schwarz geworden sind. „Die Füchse haben Höhlen und die Vögel des Himmels Nester" (Mt 8,20; Lk 9,58), ich aber habe keinen Helfer und Tröster, noch einen Stab, auf den ich mich lehnen und stützen könnte.

Und abermals sprach sie: Ich war im Herzen des Vaters verborgen, bis der Menschensohn, der in Jungfräulichkeit empfangen und geboren ist, sein Blut vergoß. Er hat sich sogar mit diesem Blut mit mir vermählt und mich mit einer Brautgabe ausgestattet <dotavit>, damit ich in der reinen einfachen Wiedergeburt aus dem Geist und dem Wasser die Verkrümmten und vom Geifer der Schlange Besudelten wiedergebäre.

Meine Ernährer aber, die Priester, die bewirken sollten, daß mein Antlitz wie das Morgenrot schimmert, mein Gewand aufleuchte wie ein Blitz, mein Mantel erstrahle wie kostbares Gestein und meine Schuhe hell erglänzen, haben mein Antlitz mit Staub bestreut, mein Gewand zerrissen, meinen Mantel dunkel und meine Schuhe schwarz gemacht. Und die mich am ganzen Körper <ubique> hätten schmücken sollen, haben mich all dessen beraubt. Denn mein Antlitz besudeln sie dadurch, daß sie den Leib und das Blut meines Sohnes mit großer Unreinheit ihrer ausschweifenden Sitten, mit großem Unflat der Hurerei und des Ehebruchs und mit schlimmer Beute der Habsucht beim Verkauf und Kauf aller möglichen ungeziemenden Dinge behandeln und empfangen. Und sie wälzen sie in so großem Schmutz herum, wie wenn man ein Kind in den Kot vor die Schweine legen würde. Wie nämlich der Mensch, als Gott ihn vom Lehm der Erde formte und ihm den Hauch des Lebens ins Angesicht hauchte, alsbald Fleisch und Blut wurde, so wandelt die gleiche Kraft Gottes die Opfergabe des Brotes, des Weins und des Wassers auf dem Altar bei den Worten des Priesters, der die Gottheit anruft, in das wahre Fleisch und Blut Christi, meines Bräutigams. Das kann jedoch der Mensch wegen der Blindheit, mit der er beim Fall Adams geblendet wurde, mit fleischlichen Augen nicht sehen.

Denn das Mal der Wunden meines Bräutigams bleibt frisch und offen, solange die Sündenwunden der Menschen offen sind. Eben diese Wunden Christi entweihen die Priester. Sie sollten mich strahlend rein machen und mir in Reinheit dienen, und sie laufen aus maßloser Habgier von Kirche zu Kirche umher. Auch mein Gewand zerreißen sie dadurch, daß sie das Gesetz übertreten und sich gegen das Evangelium und das Priestertum verfehlen. Und meinem Mantel rauben sie den Glanz, da sie die für sie aufgestellten Vorschriften in allem vernachlässigen. Und sie erfüllen sie weder durch Enthaltsamkeit, die wie ein Smaragd ist, noch durch Almosengeben wie ein Saphir und durch andere gute Werke, mit denen Gott wie mit verschiedenen Arten von Edelsteinen verherrlicht wird, durch guten Willen und die Ausführung eines Werkes. Vielmehr beschmutzen sie auch meine Schuhe am oberen Teil, weil sie weder gerade, d.h. harte und rauhe Wege der Gerechtigkeit kennen, noch ihren Untergebenen gute Beispiele geben, während ich doch an meinen Schuhsohlen – gleichsam in meiner Verborgenheit – den Glanz der Wahrheit trage. Die falschen Priester nämlich haben sich selbst getäuscht, denn sie wollen die Würde des priesterlichen Dienstes ohne vorherige Mühe haben. Das kann nicht sein, denn keinem wird das Verdienst ohne vorherige Anstrengung im Tun geschenkt. Wo aber die Gnade Gottes den Menschen berührt, dort läßt Er ihn tätig sein, damit er den Lohn empfange.

Daher wird der Himmel als Vergeltung verschiedene Plagen regnen, die für die Menschen schädlich sind, und die ganze Erde mit Nebel bedecken, so daß ihre Grünkraft verdorrt und ihre Pracht schwarz wird. Und auch der Abgrund wird erzittern, weil er durch die Vergeltung und den Schmerz mit Himmel und Erde in Aufruhr gerät. Denn die Fürsten und das unbesonnene Volk werden über euch, o Priester, herfallen, die ihr mich bis jetzt verachtet habt. Sie werden euch zu Boden strecken und in die Flucht schlagen, und euch eure Reichtümer wegnehmen, weil ihr die Zeit eures Dienstes nicht beobachtet habt. Und sie werden von euch sagen: Wir wollen diese Ehebrecher und Räuber, die mit allem Bösen erfüllt sind, aus der Kirche hinauswerfen. – Und mit dieser Tat wollen sie Gott einen Dienst erwiesen haben, denn sie sagen, daß die Kirche durch euch befleckt sei. Daher sagt die Schrift: „Warum toben die Heiden und sinnen die Völker auf vergebliche Pläne? Die Könige der Erde treten zusammen, die Fürsten haben sich verbündet" (Ps 2,1–2). Denn mit der Zulassung Gottes werden viele Heiden beginnen, mit ihren Urteilen über euch zu toben, und viele Völker werden vergeblich auf Pläne gegen euch sinnen, weil sie euern priesterlichen Dienst und eure Weihe für nichts erachten werden. Bei euerm Sturz werden ihnen die Könige der Erde zur Seite stehen, weil sie nach euern irdischen Gütern trachten, und die Fürsten, die über euch herrschen werden, stimmen in dem einen Plan überein, euch aus ihren abgegrenzten Gebieten zu jagen, denn ihr habt durch überaus schlimme Taten das unschuldige Lamm von euch vertrieben.

Und ich hörte eine Stimme vom Himmel sprechen: Dieses Bild bezeichnet die Kirche. Deshalb, o Mensch, der du das schaust und die klagenden Worte hörst, künde es den Priestern, die zur Leitung und Belehrung des Gottesvolkes bestimmt und bestellt sind. Ihnen wurde mit den Aposteln gesagt: „Gehet hin in alle Welt und verkündet das Evangelium der ganzen Schöpfung" (Mk 16,15). Denn als Gott den Menschen erschuf, prägte Er ihm die ganze Schöpfung ein, wie man Zeitraum und <Jahres>zahl eines ganzen Jahres auf ein kleines Stück Pergament zeichnet. Daher nannte Gott den Menschen „die ganze Schöpfung".

Und nochmals erblickte ich armselige Frau ein aus der Scheide gezogenes Schwert, das in der Luft schwebte. Die eine Schneide war gegen den Himmel, die andere gegen die Erde gekehrt. Dieses Schwert erstreckte sich über die Geistlichkeit, die einst der Prophet vorausgesehen hatte, als er voller Staunen rief: „Wer sind diese, die wie Wolken dahinfliegen und wie Tauben zu ihren Maueröffnungen" (Jes 60,8)? Denn diese Menschen sind von der Erde emporgehoben und vom gewöhnlichen Volk getrennt. Heilig sollen sie leben und in Taubeneinfalt wandeln und wirken. Jetzt sind sie in ihrem Charakter und ihren Werken schlecht. Und ich sah, daß das Schwert einige Stätten dieser geistlichen Menschen abbrach, wie einst Jerusalem nach dem Leiden des Herrn abgebrochen wurde. Doch schaute ich auch, daß Gott viele gottesfürchtige, reine und einfache Priester für sich bewahren wird, so wie er dem Elia antwortete, als Er sagte, Er wolle „siebentausend Mann in Israel übriglassen, die ihre Knie nicht vor Baal gebeugt hätten" (3 Kön 19,18).

Jetzt aber möge das unauslöschliche Feuer des Heiligen Geistes in Euch eindringen, damit Ihr Euch zum besseren Teil bekehrt.

150 Äbtissin Sophia an Hildegard (Kitzingen)

Hildegard, der außerordentlich verdienstvollen, mit den Saphiren der geistlichen Tugenden geschmückten Meisterin, <entbietet> Sophia, Äbtissin von Kitzingen genannt – was ihr aber wenig frommt – den unaufhörlichen Dienst des Gebets.

Da ich vom Vorrecht deiner Heiligkeit gehört habe, fliege ich mit ausgebreiteten Flügeln zum Schoß deiner Liebe herbei und möchte mich dir, die du verdient hast, vom wahren Licht zur Erleuchtung der Völker ans Licht gebracht zu werden, angesichts dieses Lichts anempfehlen.

Wer würde sich nämlich nicht an den Wohnungen <laribus> der Mutter Weisheit erfreuen? Wer nicht freiwillig der himmlischen Harmonie sein Ohr leihen? Oder wer wünschte nicht, das Instrument des Heiligen Geistes – zum Ertönen so vieler Tugenden vorherbestimmt und auf mystische Weise mit so vielen Wundern ziseliert – zu vernehmen? Mit Recht „drang ja dieser Schall über die ganze Erde" (Ps 19,5), dessen Wohlklang „der Geist, der vom Vater ausging" (Joh 15,26), würzte.

Rufe also laut, die du den Frieden weithin verkündest, und es werden alle Völker jenseits der Flüsse Äthiopiens zu dir kommen und die Gaben des Lobs darbringen. Denn auch ich laufe – wenn auch nicht wegen des Siegespreises, so doch wegen der Hoffnung – wie die übrigen zur Rennbahn. Denn nach dem Ausspruch des Apostels „liegt es nicht an dem, der will und läuft, sondern an Gottes Erbarmen" (Röm 9,16), wer an deinem heiligen Gebet einen Anteil erhält, den du allen aus der Verpflichtung zur Nächsten- und Gottesliebe heraus umsonst gewährst. Ich bringe mit mir eine edle Gefährtin herbei, d. h. eine liebenswerte Nonne, eine angenehme Schwester von den Vollkommensten, die mir der himmlische Vater im Geist gezeugt hat, und wünsche ihr nicht weniger als mir deine Bekanntschaft, ehrwürdige und allen Lobes würdige Mutter.

„Deine Stimme ertöne in meinen Ohren" (Hld 2,14); und lege mir bitte <petenti> auf göttliche Eingebung dar, was heilsamer ist – ob ich die Bürde, die ich trage, im Stich lassen, oder länger aushalten soll.

150R Hildegard an Äbtissin Sophia (Kitzingen)

O Sophia, in geheimnisvoller Schau sage ich dir: Deine Seele werde von Gott aufgerichtet, wenn sie Gott durch ehrliches Aufseufzen berührt. Gut ist es für dich, die Last deiner Mühe zu tragen, die du Gottes wegen auf dich genommen hast, vorausgesetzt, daß die Schafe unter deiner Leitung die Stimme Gottes hören wollen. Und wenn irgendein Funke unter ihnen aufflammt, so verlaß sie nicht, damit kein Räuber sie erbeutet.

Deine Seele werde hell in Gott, und deine Tage mögen brennen im feurigen Gebet <Hl. Geist>.

151 Hildegard an Äbtissin Sophia (Kitzingen)

Im wahren Licht schaute ich einen Feuerball, der in dir kreist. Und du wandelst den schmalen Pfad, auf dem du zur Sonne aufblickst. Trotzdem werden durch die Unstetigkeit deines Geistes im Wolkenwechsel Wirbelstür-

me über dich kommen. Und du schreist: Wann wird Gott mich befreien? –
Und Er antwortet dir: Ich will dich nicht verlassen, doch ich will, daß du das
Netz so anfaßt, daß es nicht zerreißt. Denn wenn du es losläßt, wendet es
sich in eine andere Bahn; das ist Gottes unwürdig <non decet>.

Nun freue dich in Gott und lebe in Ewigkeit, weil Gott dich liebt.

152 Hildegard an Schwester Rumunda (Kitzingen)

Das geheimnisvolle Licht spricht: Du bist erschöpft wie eine Verstoßene
aus dem Haus dessen, der dich geschaffen hat. Doch wirst du mit den Ab-
trünnigen zurückgerufen werden, und deshalb laß ab von deinen Sünden,
weil Gott dich nicht dem Untergang preisgegeben, sondern im verlorenen
Schaf gefunden hat, das zum Leben zurückgerufen wurde.

Warum zweifelst du, als ob du nicht gerettet seist? Suche also Gott in
der Not und dem Schmerz deines Herzens, und du wirst leben.

153 Der Vorsteher an Hildegard (Knechsteden)

H., der – wie auch immer beschaffene – Vorsteher von Gottes Gnaden in
Knechsteden, <wünscht> der ehrwürdigen Magd Christi H<ildegard>, sie
möge durch die Gnade des Heiligen Geistes erstarken und durch ein seliges Ende zur Vollendung gelangen.

Könnte es geschehen, daß ich anwesend wäre und mit Euch in Dialog
treten könnte, würde ich es unter allen Umständen wünschen. Denn wie es
um mich steht – was der Herr allein weiß – hätte ich Euch in einem aus-
führlichen Bericht dargelegt. Einzelheiten wollte ich um der Kürze willen
an dieser Stelle nicht anvertrauen.

Wir hörten, Geliebte, von der Gnade, die Euch der Vater der Lichter, von dem „jede gute Gabe und jedes vollkommene Geschenk von oben stammt" (Jak 1,17), zugeteilt hat. In großem Vertrauen darauf nämlich hielt ich es für nötig, daß die Freundlichkeit Eurer Liebe der gegenwärtigen Lage entspreche, und flehe noch inständiger, du möchtest nicht aufhören, die göttliche Güte mit frommen Bitten für meine Erbärmlichkeiten anzurufen. Ich weiß nämlich, daß ich sie in vielem beleidigt habe, und spüre, daß ich das nicht ungestraft getan habe.

Weil ich also auf die Gnade, die ich in Euch erkannte, eine größere Hoffnung setzte, erachtete ich es als nützlich, den Beistand Eurer erhörungswürdigen Bitten zu erflehen, und hoffe, von Euch irgendein Heilmittel des Trostes zu empfangen. Um Christi willen bitte ich, unterlaßt es nicht, dies durch Euer Schreiben zu tun, und laßt darin einfließen, auf welche Weise ich die Beleidigung der göttlichen Majestät besser <magis> sühnen kann. Lebt in Christus stets wohl.

153R Hildegard an den Vorsteher (Knechsteden)

In der mystischen Schau achtete ich auf deine geäußerte Bitte und hörte eine Stimme so zu dir sprechen: Ich vergleiche dich mit einem Baum, der im Sommer seine Früchte hervorbringt und dessen Ertrag von Stürmen und Nebeln ein wenig geschädigt wird. Und durch den Tau des Himmels und reine Luft erholt er sich wieder. Von dieser Art ist auch dein Geist. Wenn du nämlich Zuversicht auf etwas Gelingen setzt, und gleichsam Früchte hervorbringst, wirst du durch die Wechselhaftigkeit deines Charakters wie von einem Sturm hart mitgenommen, und sogar von denen, die unter deiner Verantwortung <onus> stehen, wie von Nebelschwaden beeinträchtigt.

Du aber seufze dann zu Gott auf und sprich: „Zu dir, Herr, erhebe ich meine Seele, mein Gott, auf dich vertraue ich; ich werde nicht erröten" (Ps 25,1–2). In dir ist nämlich der Hauch, den Gott unbegrenzt am Leben erhalten hat und dem Er die Flügel der Vernunft verlieh. Fliege also mit ihnen durch den Glauben und das gute Verlangen zu Gott, indem du zu Ihm deine Seele erhebst. Und erkenne Ihn, deinen Gott, in dessen <Vorher>wissen du existiert hast und von dem du den Anfang nahmst. Darum bitte Ihn, daß Er dich durch den Hauch seines Geistes seine Tugenden <bona> lehrt und dich von Widerwärtigkeiten befreit. Vertraue Ihm auch so, daß du dich nicht schämst, alle deine Taten vor Ihn zu bringen, und sprich zu Ihm, wie ein Sohn zu seinem Vater sagt,- wenn er sich verfehlt und zurechtgewiesen wird – er solle nicht vergessen, daß er sein <in ipso> Kind sei.

Ich aber werde Gott gern bitten, Er möge Euch durch seine Gnade vor übermäßig unruhigem Lebenswandel und anderen Vergehen und Euch begegnenden Gefahren schützen und davon befreien.

154 Der Vorsteher an Hildegard (Koblenz)

Der in Christus geliebten Hildegard <entbietet> S., Vorsteher der Brüder in Koblenz – obschon unverdienterweise – Heil im Herrn.

Weil du mich in all meiner Drangsal stets mit deinen Tröstungen erquickt hast, und alles schon erfüllt ist, was du mir vorhergesagt hast, bitte ich, daß du auch jetzt den barmherzigen Herrn in allem, was mich äußerlich und innerlich bedrückt, um Trost bittest. Und wenn du etwas über mich erkennst, besonders, ob ich mich erdreisten darf, vom gütigen Jesus irgendeine Hoffnung im zukünftigen Leben zu erwarten, melde es, o Geliebte und Teuere.

Übrigens sollst du wissen, daß ich mit möglichst inständigem Flehen den Herrn bitte, mich vor meinem Tod durch würdige Buße von meinen Sünden zu bekehren. Lebt wohl.

155 Abt Adalard an Hildegard
(Köln, St. Martin)

Der Gott liebenswerten Frau Hildegard <wünscht> A<dalard>, der wie
auch immer geartete Diener von St. Martin in Köln, nach der Reise des gegenwärtigen Lebens das Paradies von unvergänglicher Schönheit zu besitzen.

Herrin – eine Herrin, die, wie man wirklich glaubt, von Gott geliebt
und gesegnet ist – ich weiß, daß alles, was die göttliche Kraft durch Euch
wirkt, wirklich wahr und heilig ist. Und ich täusche mich nicht, daß Ihr –
was immer Ihr von Gott erbittet – zu erlangen vermögt, wie gläubige
Menschen behaupten, die das wirklich erfahren haben. Weil auch ich dessen gewiß bin, bitte ich Eure Heiligkeit, insoweit ich es wage, die Güte
Gottes für mich Sünder anzuflehen, daß sie sich herablasse, mir, der ich
allzusehr schwanke und mich mit Erbärmlichkeiten abmühe, einen beliebigen Trost zur Ermutigung zu gewähren. Unvermutet „ängstigte sich
nämlich mein Geist in mir, und mein Herz in mir ist beunruhigt" (Ps
143,4), über das, was ich, ach, als Folge meiner Sünden viele Jahre hindurch
und jetzt <noch> erleide. Und niemand außer Gott könnte es verstehen,
vor dessen „Augen alles nackt und offen daliegt" (Hebr 4,13). Und weil
nur Gott erkennen kann, was ich mir gegenüber empfinde – und es sicherlich für keinen Sterblichen glaubhaft wäre, wenn man es berichtete, weil er
hören würde, was über Erfahrung und Glaubhaftigkeit hinausgeht – flehe
ich bei der Gnade Eures Helfers <cooperatoris> und Beschützers, des Heiligen Geistes, Euer jetziger Abt möchte das, was immer Euch auf seine Offenbarung hin bekanntgegeben wird, oder was Er an Hoffnung für mich
aufzuzeigen geruht, vollständig und wahrheitsgetreu <sicut se res habet>
einem Brief anvertrauen und berichten. So hat er es selbst versprochen.

In Christus verehrungswürdige Herrin! Hätte ich doch persönlich zu
Eurer Heiligkeit kommen und – was ich für wünschenswert halten würde
– mit Euch von Angesicht zu Angesicht verhandeln können! Zweifellos
würde ich Euch Einzelheiten, die ich bis jetzt der Kenntnis aller verheimlicht habe <abscondi>, zur Deutung anvertrauen. Was also <ist zu tun>?
Ich weiß aus der Lehre der Heiligen Schrift und der Überlieferung des

christlichen Glaubens, daß kein lebender Mensch <in carne constituto> an der Barmherzigkeit Gottes verzweifeln darf. Von dieser Hoffnung geleitet, und vor allem, weil ich weiß, daß Gott offensichtlich mit Euch ist, nahm ich mir heraus, Euch in diesem Brief die Ursachen meines Elends zu unterbreiten. Und ich halte es nicht für ungewiß, durch Euch auf irgendeine Weise getröstet zu werden. Darum bitte ich gar sehr, wenn es möglich ist.

Euer Bräutigam Christus halte Euch beharrlich fest in seinen Armen <amplexibus>.

155R Hildegard an Abt Adalard
(Köln, St. Martin)

Aus dem lebendigen Licht hörte ich folgende Worte: Du gleichst einem Schmied, der viele Gefäße erzeugt und diese nicht im Feuer glänzend macht. Lerne daraus, daß deinen Werken nicht der Glanz der Liebe fehlen darf. Grabe vielmehr in der Unterscheidungsgabe um sie herum, damit jedes deiner Werke vernunftgemäß sei. Und das geschehe auch bei der Enthaltsamkeit und beim Gebet, und nach der guten Gewohnheit der Heiligen, die aus dem lebendigen Quell wie Bächlein flossen und den Menschen Nahrung gaben, die sie freudig genießen <deglutire> konnten. Erhält man nämlich Disteln statt Brot, kann man sie nicht essen. Ebenso erbauen auch Lehrer die Schüler nicht, wenn sie sie anschreien, sondern führen sie zum Irrtum. Der Lehrer muß nämlich die Worte seiner Lehre in mütterlicher Milde sieben, damit die Schüler freudig ihren Mund öffnen und sie hinabschlucken.

Eine Mühle mahlt ja das Korn und teilt es in verschiedene Bestandteile auf. So nahmen die Begründer der Kirche aus dem alten und neuen Gesetz Gesetzesvorschriften. Denn das alte Gesetz weist durch die Prophetie auf die Geburt Christi des Herrn hin; doch Christus selbst sandte sein Wort durch die Predigt in alle Welt. Die Mühle nämlich ist das alte Gesetz, das in Christus jedes Korn der Wahrheit hervorbrachte; und das reine Mehl, das vom ganzen Haufen ausgesiebt wird, ist die Jungfräulichkeit, welche die Grundlage <materia> allen geistlichen Lebens in der Kirche darstellt;

und sie zeugt die Nachkommen des Gehorsams. Darum sind auch gehorsame Söhne ein Kuß des Mundes Christi. Auch ein Meister soll die gehorsamen Jünger immer in Liebe umarmen und sie nicht stets mit verletzendem Zorn behandeln. Denn sie sind der Kuß Gottes und sollen mit Brot aus reinem Mehl genährt werden. Den ungehorsamen Söhnen aber soll man grobes Mehl, d.h. harten Tadel verabreichen. Denjenigen jedoch, die den Gehorsam gänzlich aufgeben, sind Schoten vorzusetzen, wie sie Tiere fressen, die keinen Verstand besitzen.

Du aber sei vorsichtig und halte die Erinnerung an die Heiligkeit derer fest, die das Manna aßen. Trinke aus den Bächen des lebendigen Wassers, sei friedfertig und habe Ehrfurcht vor Gott, damit du in seinem Garten aus der Grünkraft der andern guten Gewürzpflanzen blühst. Fliehe vor der Torheit derer, welche die Sonne, die sie sehen, verlassen und eine andere suchen, die sie weder sehen noch finden können. Fliehe auch die neuen Lehrmeister <pigmentarios>, die nach ihrem Eigenwillen Gesetze aufstellen wollen und es nicht vermögen.

Nun also beginne in dem „der ist", damit du in dem vollendet wirst, „der war und der kommen wird" (Joh 1,4). Vor zwei Wege bist du von Gott gestellt, so daß Er selbst dich durch das Wissen um das Gute ruft und dich vor dem Wissen um das Böse schützt. An diesen Wegen liegen die strahlenden Werke und die vielen Leiden der Bedrängnisse und Trübsale, wenn du dich mit den beiden Flügeln des Wissens um Gutes und Böses erhebst. Achte deshalb auch auf die drei Kräfte, die Gott dem Menschen verliehen hat, nämlich Einsicht, Empfindungsvermögen und Beweglichkeit des Leibes; dies alles ist Ihm bezüglich seiner Möglichkeit bekannt. Durch diese drei Kräfte und die genannten zwei Wege hat Gott dich in Besitz genommen <te habet>. Denn durch den Geist des Herrn siehst du mit der Einsicht, und durch den Leib spürst du das Böse im Empfindungsvermögen. Du kennst nämlich Gut und Böse und bist geistig und leiblich. Die Gnade Gottes ruft dich durch Ermahnen, und der Heilige Geist entzündet dich mit seinem Feuer, damit du Gott liebst und mit guten Werken zu Ihm aufsteigst.

Doch die Einflüsterung des Teufels entzieht dich zuweilen der Ermahnung Gottes und verhindert, daß du Gott liebst. Und durch seine Anstiftung <incendium> bringt er an den Tag, daß du ein Mensch bist. Und deshalb behauptet er, es sei dir unmöglich, mitunter etwas ungesehen <invisibilia> zu tun. Denn eine unheilvolle und böse Wechselhaftigkeit bläst die

Einflüsterung des Teufels an den Menschen heran, wenn er Gott leugnet. Wenn nämlich der Teufel leugnet, daß es Gott gibt, weiß er, daß er Betrug übt. Denn weil er um seine eigene Existenz weiß, weiß er auch um die Existenz Gottes. Er selbst aber hat an der Sünde bei der Entstehung von Menschen einen gewissen Anteil, durch den er viele am Fleisch verletzt. Wer nämlich in seinem Herzen behauptet, es gäbe Gott nicht, leugnet Himmel und Erde und alles Lebendige, was durch Gott und mit Gott ist, und seine eigene Existenz. Eine große Torheit aber ist es, wenn der Mensch, der sich kennt und um sich weiß, im Zweifel spricht: Ich existiere nicht, denn selbst ein kleines Stäubchen existiert nicht ohne Gott. Wenn der Mensch jedoch in einer gewissen Zweifelsucht seinen Leib besiegt, tötet er den Teufel auch in geistigen Bosheiten, und wird deshalb Lohn und Krone vor Gott und seinen Engeln und der ganzen himmlischen Heerschar empfangen.

Der Anhauch des Teufels trägt auch viel Unerlaubtes in den Menschen hinein, was das Wissen um das Gute sich zu nennen schämt. Sein Plan besteht darin, mit eitlem Ruhm an den Menschen heranzugehen, wie er es dort tat, wo er einen großen Zusammenbruch bewirkte <ruinam aedificavit>, durch den er das Rad der menschlichen Natur in reißende Drehung versetzte. Seine Anstiftung besteht auch darin, daß er den Menschen, von dem er weiß, daß er nach dem Bild Gottes geschaffen ist, zu unerlaubten Dingen herausfordert. Daher zeigt er ihm auch viel Unmögliches an den Geschöpfen. Er selbst aber hat keine Macht über sie. Deshalb flößt er den Menschen seine Überzeugung ein, damit der Mensch seine Bosheit – wie gewünscht – ausführe. Und so macht er den Weg nach dem Gesetz Gottes lächerlich, damit jeder Mensch sich gleichsam als Gott ein Gesetz nach seinem eigenen Willen aufstelle. Und das gefällt ihm sehr, denn er will, daß weder er noch ein anderer Gott unterstellt sei.

Du aber, o Sohn Gottes höre: Gott, der dich erschaffen hat, bejaht <vult> dich wegen des Sieges in seinem Kriegsdienst, so daß du in seinem allwissenden Auge erscheinst, denn Er wird dich nicht verlassen. Blicke also durch den Glauben auf die Sonne, damit du ein getreuer Knecht bist; und achte in der Nacht auf den Mond, wenn die Laster dich bedrängen wollen, so daß die Furcht des Herrn alles in dir durchdringe und du nicht verletzt wirst, sondern in Ewigkeit lebst.

156 Die Äbtissin an Hildegard (Köln, St. Agatha?)

Hildegard, der von der Gnade des göttlichen Lichts erleuchteten Meisterin von St. Rupert, <entbietet> die freilich unwürdige Äbtissin von Didenkirchen bei Bonn – als so Kleine der so Großen und als Unwürdige der Würdigen – inständiges Gebet und Beharrlichkeit in der geschuldeten Unterwürfigkeit.

Im Vertrauen auf Eure so große Güte und Demut sandte ich einen Boten mit diesem Brief zu Euch. Er ist zu dem Zweck abgefaßt, daß Ihr mir, geliebteste Mutter – wenn es erlaubt ist und die Augen Eurer Güte nicht verletzt – ein paar Mahnworte, die meine Seele erbauen und mir Vertrauen auf Gott einflößen sollen <praebeant>, in einem kurzen Antwortschreiben schickt. Ihr habt mir nämlich, als Ihr persönlich hier gewesen seid, zu gelegener Zeit dadurch eine Bestärkung in Aussicht gestellt.

Wenn ich auch außerdem nichts weiter zu erbitten wage, verwende ich doch die Bitten der Kananäerin, die dem Herrn im Evangelium antwortete und sagte, daß auch „die Hündlein von den Bissen, die vom Tisch ihrer Herren fielen, fressen würden" (Mt 15,27). In derselben gläubigen Frömmigkeit bitte ich Euch zum zweitenmal, mir sehr Begierigen von Euerm Tisch, d. h. von jener Schau, bei der Ihr oft viel Wunderbares seht, kurz zusammengefaßt etwas von dem Erwähnten vorzusetzen.

Erinnert Euch, daß ich Euch kürzlich aus diesem Grunde ein Pergamentstück übersandte. Gleichwohl bitten wir Gott – soweit es an uns liegt – flehentlich, Er möge das Gute, das Er in Euch begonnen hat, in unentgeltlicher Güte durch Beharrlichkeit <perseveranti fine> vollenden.

156R Hildegard an die Äbtissin (Köln, St. Agatha?)

Unruhig ist dein Geist wegen der lehmigen Stellen und der Sorge um die vielen Wasserläufe, die versiegen. Lehmige Stellen besitzen nämlich jene, die hart und versteinert sind und sich nicht von den Bächen der Lehre der Heiligen Schrift erweichen lassen. Doch du sagst dir innerlich: Wer und was bin ich, und wie kann ich so etwas aushalten?

Jetzt aber vernimm die Fabel vom weisen Mann: Jemand wollte ein Loch <cavernatum locum> graben. Doch als er mit einem Holz- und einem Eisen<werkzeug> grub, entflammte <evolavit> einem Stein, auf den er stieß, Feuer, so daß man diese Stelle auf keine Weise durchbohren konnte. Da machte er die Größe dieser Stelle kenntlich und bohrte dort mit großer Anstrengung trotzdem einige Löcher. Und dieser Mann sprach zu sich: Ich habe mich sehr abgeplagt, doch der nach mir kommt, wird leichtere Arbeit haben, denn er findet alles für sich bereit. – Natürlich wird dieser Mann vor seinem Herrn gelobt werden, denn sein Werk ist an Größe und Ausdauer viel nutzbringender als die Arbeit an lockerer Erde, die vom Pflug umgewendet wird. So wird ihn auch sein Herr für einen ganz starken Streiter erachten, der sein Heer bestens unterstützen kann. Und er wird ihn über die andern Bauern stellen, die zu gegebener Zeit den Ertrag abliefern. Denn wer immer sich zuerst mühte, übertrifft die Arbeit dessen, der ihm folgt. Der Schöpfer <faber> der Welt begann nämlich zuerst zu schaffen, und danach ließ er seine Diener in seinem Sinn arbeiten.

O Tochter Gottes, halte dein inneres Erdreich in Ordnung, damit es nicht ohne ergiebigen Ertrag für die Nachkommen austrocknet. Sammle dein Herz auf das Eine, und hefte es nicht auf die Maßlosigkeit einer unruhigen Lebensart, damit du deine Töchter nicht von dir verscheuchst. Gleiche auch du einer guten Erde, die oft mit entsprechendem Regen bewässert wird, damit sie gute und erfreuliche Gewächse hervorbringt. Auf welche Weise? Wenn nämlich ein Mensch seinen Leib maßvoll nährt, hat er einen sanftmütigen und frohen Charakter. Lebt er aber im Übermaß an Speisen und Gelagen, dann läßt er jedwedes schädliche Laster in sich wuchern. Wer dagegen durch maßlose Abstinenz seinen Leib aufreibt,

295

kommt immer zornig daher. Bei all dem sei eine gute Erde, insofern du deine Töchter tröstest, wenn sie weinen; und wenn sie sich im Zorn überheben, weise sie auf rechte Weise zurecht. Und sind sie aufgebracht, sollen sie durch dich der regulären Disziplin unterworfen sein. Die sich aber – ohne dich zu beachten <in oblivione> von dir abwenden, rufe mit überlieferten Aussprüchen und Worten des Evangeliums unter Hinzuziehung von weiteren zwei <Schwestern> zurück. Gehorchen sie dir dann nicht, sei du dem höchsten Meister gehorsam, eingedenk <des Patriarchen> Jakobs, der die beiden Söhne Josefs bei seinen Segenssprüchen vertauschte.

Nun betrachte also den Anfang deines guten Eifers, damit du einen von Zuversicht erfüllten Tod stirbst und ewige Belohnungen vom himmlischen Meister empfängst.

157 Die Äbtissin an Hildegard (Köln, St. Ursula)

Ihrer Herrin und Mutter Hildegard, die sich auf einem Turm Jerusalems aufhält, <entbietet> N., nur dem Namen nach Äbtissin an der Stätte der heiligen Jungfrauen in der Kirchengemeinde Köln, ganz ergebenes Gebet und die geschuldete Untertänigkeit.

Wie sehr ich Eurer Seligkeit gratuliere, vermag ich mit Worten nicht auszudrücken. Bin ich auch von Euch – was den leiblichen Anblick betrifft – getrennt, bin ich Euch doch trotzdem durch die innerliche Zuneigung der Liebe verpflichtet. Denn ich sehne mich danach, Euch zu sehen und Euch den Schmerz, den ich ohne allen menschlichen Trost in meinem Herzen trage, darzulegen. Euch aber, die Ihr von aller Liebe erfüllt seid, möchte ich an meiner Mutter Stelle wissen <habere>. Nach Gott habe ich meine Hoffnung ebenfalls auf Euch gesetzt und möchte von nun an von Euch getröstet und erfreut werden. Daher mögen Euch die Tränen rühren, und das Stöhnen der leidenden Tochter erschüttere Euch. Und gedenkt meiner und bittet Gott, der für uns arm geworden ist, daß Er sich würdige, mich von der ständigen Not <paupertas> zu befreien und wenigstens an den letzten Platz der ewigen Seligkeit zu versetzen.

Lebt wohl und grüßt die ganze Gemeinschaft meinerseits.

158 Der Dekan an Hildegard (Köln, St. Aposteln)

T., durch Gottes Gnade zum Dekan der Kirche von St. Apösteln, die sich in Köln befindet, ernannt, d. h. Magister der Scholaren, <entbietet> mit allen Brüdern dieser Gemeinschaft Frau Hildegard und allen, die auf dem Berg des heiligen Rupert Christus dienen, frommes Gebet im Herrn und Heil im wahren Retter.

Von dem Tag an, da uns bekannt wurde, daß Ihr unsere Schwester – ja sogar vertraute Tochter – Frau Sigewize in Eure beglückende Gemeinschaft aufgenommen habt, wurden nicht nur wir, sondern die ganze Stadt Köln durch den Gunsterweis Gottes mit Liebe zur Frömmigkeit entfacht. Daher kommt es offenbar, daß über alle Grenzen unseres Landes hinweg von allen der Ruf erschallt: „Siehe da, der Duft der Frauen von St. Rupert ist wie der Duft eines üppigen Ackers, den der Herr gesegnet hat" (Gen 27,27). Seid also vom Herrn gesegnet, die ihr auf Euerm bescheidenen, niedrigen und kleinen Berg die Werke der Liebe übt, die alle Bergeshöhen und die gesamte Weite unserer Täler nicht auszuüben – ich sage nicht vermochten – sondern versäumten.

Wir hörten nämlich jüngstens auf ein Gerücht hin, daß jener alte Feind durch Eure Gebete ausgetrieben wurde. Wenn das so ist, bitten wir inständig, uns die Weise und Reihenfolge der Austreibung anzuzeigen, damit wir uns mit Euch freuen und den Herrn zusammen mit Euch in ständiger Hingabe loben.

Auch Frau Sigewize selbst grüßen wir besonders, da wir sie näher kennen, verrichten immer wieder fromme Gebete in Christus und erhoffen sie auch von ihr. Lebe wohl.

158R Hildegard an den Dekan (Köln, St. Aposteln)

Gott schuf sein Werk, aber Er erstellte es nicht auf einmal. Adam nämlich starb, denn er vollendete seine Kreisbahn nicht. Vielmehr wurde er nach dem Mittag vermißt. Gott aber sandte seinen Hauch in die Propheten, damit sie die Wahrheit verkündeten. Und so sprach die Weisheit durch den Mund jener, die sie selbst dazu bestimmte, Wunder hervorzubringen. Die Apostel vollendeten das Werk Gottes im Heiligen Geist durch den Glauben. Und ihr Martyrium und das anderer Menschen zeigte, daß Gott existiert. Der Heilige Geist entflammte auch geisterfüllte Menschen, die mit sich ihr Geschlecht beenden <keine Nachkommen zeugen> und ein engelgleiches Ordensleben führen.

So gleicht das Wirken Gottes dem Tagesablauf. Denn alle <Genannten> brachten dasselbe zum Ausdruck, verkündeten es aber einzeln. Zu Beginn des Tages geht nämlich die Morgenröte der Sonne voraus, am Morgen strahlt der Sonnenschein, der zur dritten Stunde in seiner Glut zu brennen beginnt, in der Tagesmitte jedoch in seiner vollen Glut steht. Und um die neunte Stunde nimmt seine Hitze ab. Gegen Abend aber vergeht die Wärme der Sonne, die sie tagsüber besaß, und vor der Nacht verbirgt sie sich. So vollendet sich der Tag und ruht aus von allen seinen Werken. Wenn diese auf einmal vollendet würden, wären sie dem Menschen unerträglich <displicerent>. Darum also trägt Gott auch den Namen Herr der Heerscharen, weil ein jeglicher derartiger Ablauf einen vollständigen Dienst verrichtet. Auf die gleiche Weise wirkt Gott in allen seinen Werken.

So geschah es auch bei jener Frau, über die ihr mich befragt. Für sie brachten hohe und erhabenere <Persönlichkeiten>, Unbedeutende und Geringere mit Anstrengungen und Gebeten dasselbe zum Ausdruck, und sie verkündeten es einzeln, je nachdem sie der Heilige Geist diesen Dienst lehrte. Denn manche mühten sich um sie <die Besessene> durch Seufzer des Erbarmens, einige in Gebeten und Nachtwachen, etliche nahmen sogar Fasten und Züchtigung ihres Leibes auf sich. Viele gaben auch Almosen für sie, und eine große Zahl nahm sich ihrer mit Hilfe von jeglichem Guten, das sie zu tun vermochten, an. Und einige führten das in großem

Eifer ohne Widerwillen aus. Und auf diese Weise blickten alle zusammen für sie zu Gott auf, so wie auch der Tag seinen Lauf vollendet.

Nun aber laßt uns gemeinsam mit Lobpreis sprechen: Ehre sei dir, Herr. Der Segen Gottes und seine Gnade walte über euch und allen, die von Erbarmen über sie angerührt sind, denn der Herr selbst sagt: „Barmherzigkeit will ich, und nicht Opfer" (Mt 9,13; 12,7).

159 Äbtissin Hazzecha an Hildegard (Krauftal)

Hildegard, der fürsorglichen Verwalterin des himmlischen Hausvaters, <entbietet> H<azzecha>, die geringe und unwürdige Äbtissin von Krauftal, Verehrung als ihrer Mutter und kindliche Ergebenheit in der Liebe, die uns in Christus verbindet.

Nachdem ich durch Eure langersehnte Anwesenheit und Freundlichkeit mit Gottes Hilfe vom Kleinmut des Geistes und der früheren Unruhe befreit zu werden verdiente, kam ich eine Zeitlang zur Ruhe. Und da ich nicht bezweifle, daß Eure Worte nicht aus menschlicher Phantasie, sondern vom wahren Licht, das Euch mehr als andere Menschen erleuchtet hat, stammen, habe ich – was ich mir auf Euern Rat auszuführen vornahm – noch aufgeschoben.

Ich möchte Euch, Herrin und geliebte Schwester, wissen lassen, daß ich – wie ich Euch früher sehr zu sehen wünschte – auch jetzt nicht weniger danach verlange. Und da ich es nicht leiblich kann, hänge ich immer mit dem Herzen an Euch. Und weil es unbestreitbar ist, daß die Liebe in Euch, und Ihr in der Liebe bleibt, bitte ich Euch um ihretwillen: Schiebt es nicht auf, mir zu schreiben, was das lebendige Licht Euch durch seinen Geist an mir als tadelnswert oder besserungsbedürftig offenbart hat.

159R Hildegard an Äbtissin Hazzecha (Krauftal)

Der alles sieht, spricht: Du hast Augen zum Sehen und um überall herum-zuschauen. Wo du Schmutz siehst, wasche ihn ab, und was dürr ist, lasse grünen. Laß aber auch die Gewürzkräuter, die du hast, duften. Denn wenn du keine Augen hättest, könntest du dich entschuldigen. Nun aber hast du Augen. Warum blickst du mit ihnen nicht umher? Doch du führst in der Vernunft prahlerische Reden. Oft beurteilst du nämlich andere in Dingen, bei denen du nicht beurteilt werden möchtest. Doch trotzdem sagst du manchmal das, was du vorbringst, auf kluge Weise.

Achte also darauf, deine Last in rechter Weise zu tragen, und sammle das gute Werk im Beutel deines Herzens, damit du nicht verarmst <deficias>. Denn in einem einsamen Leben, nach dem du mit <leer> klingenden Worten verlangst, könntest du nicht zur Ruhe kommen wegen der wechselnden widersprüchlichen Gewohnheiten. Denn dann würden die letzten Dinge schlimmer werden als die ersten, und sogar so schwerwiegend, wie der Verlust eines Edelsteins es ist. Ahme vielmehr die Taube in der Reinheit nach; doch den erlesenen Weinberg pflege sorgfältig, um Gott mit ruhigem <recta> und reinem Antlitz zu betrachten.

160 Äbtissin Hazzecha an Hildegard (Krauftal)

Der liebreichen Frau Hildegard, von Gott mit der heiligen Gabe göttlicher und ganz wahrer Visionen erleuchtet, <wünscht> H<azzecha> von Krauftal, die einzige Äbtissin dieses Namens, überdies die überströmende Gabe der vollkommenen Liebe.

Eure Reden, meine Herrin, die aus dieser Eurer heiligen Seele von jener Erhabenheit Eurer Kontemplation wie vom Gipfel der ewigen Hügel in das so tiefe Tal der übrigen Seelen – wie Regen auf das Gras und wie Tropfen auf die Pflanzen – herabfließen, bewässern sie, überschütten sie und lassen sie sprossen als Gewächs ohne Dorn. Als lebendige Sprossen himmlischer Wünsche, die bis zum Thron der Herrlichkeit des allerhöchsten Gottes mit wunderbarem Duft vordringen, lassen sie sie keimen.

Also wünsche ich, Eure Magd, einen Brief Eurer Heiligkeit zu betrachten und vom Zuspruch Eurer süßen Tröstung wie vom Wehen eines leichten Lufthauchs neu belebt zu werden. Denn, meine Mutter und Herrin, all meine Hoffnung, Sicherheit, Zuflucht und Obhut hängt – nächst Gott – von Eurer Mütterlichkeit ab. Deshalb flüchte ich mich nur zu Euch und vertraue mich – nächst Christus – Euerm Rat und Beistand an.

Ich flehe also abermals kniefällig und bitte, Ihr möchtet Gott barmherzig für mich anflehen und mir gütig mitteilen – wie ich oben bat – was ich für meine vielen Vergehen tun soll, mit denen ich mich unter der Last der mir auferlegten Würde oder durch andere Übertretungen verfehle. Denn ich fürchte mich und habe große Angst, mir eine Beleidigung Gottes zuzuziehen. Lebt wohl.

160R Hildegard an Äbtissin Hazzecha (Krauftal)

In einer wahren Schau hörte ich folgende Worte, die du von mir in glühendem Verlangen nach einer dringend nötigen Ermahnung erbeten hast: Äußerst ruhmvolles Lob ist dort <zu spenden>, wo eine zuverlässige Amtsführung folgende Schlachtreihen hat: nämlich jene, die mit Schilden, Panzern und anderen Verteidigungsmitteln als Turmwächter bestellt ist, um gegen diejenigen zu kämpfen, die ihren Turm zerstören wollen; und auch jene, die ihre Stadt mit erfahrenen Kämpfern so sichert, daß ihre Mauern nicht von Feinden erobert, ihr Stadttor nicht verräterischen Spähern geöffnet wird, und diese nicht getötet werden. Diese Menschen sind selig <zu preisen>.

Die aber nicht so handeln, sind trauriger daran als Bauern, die selbst mit ihrem Vieh ihre Landgüter klug bewirtschaften, damit es ihnen nicht an Weideland fehlt. Von diesen kann man nicht sagen: „Wer ist jene, die aus der Wüste aufsteigt wie eine Rauchsäule, umwölkt vom Duft von Myrrhe und Weihrauch und allem Krämergewürz" (Hld 3,6)? Und auch nicht dies: „Wie schön sind deine Schritte in den Sandalen, Fürstentochter" (Hld 7,1)! Das bedeutet: Wer in der Verbannung dieser Welt – das ist unter Wüste zu verstehen – seinem Willen entsagt und mit all seinen Werken in Sehnsucht zu Gott emporsteigt – wie geschrieben steht: Weihrauch steigt zum Angesicht Gottes auf – wählt für sich die Abtötung des Fleisches. Daher wachsen in ihm vom Duft des Weihrauchs und der Abtötung des Fleisches alle Tugenden, an denen er sich nie ersättigt. Jenem, der so handelt, wird von den Himmelsbürgern, den Engeln und Heiligen, gesagt: „Wie schön sind deine Schritte, d. h. der Eifer, mit dem du in dieser Abtötung lebst, Fürstentochter! Doch nach dem Ausspruch <ab ore> des Propheten ist derjenige zu verwerfen, der weder kalt noch warm ist, weil er sich weder bezüglich des Irdischen, noch des Himmlischen überhaupt Mühe gibt. Ich vergleiche ihn vielmehr mit den Heuschrecken, die weder mit den Vögeln richtig fliegen, noch mit den Tieren auf dem Boden richtig laufen, sondern sich wie ein Kreisel, der schnell erlahmt, unnütz drehen <vadunt>.

O Tochter im Ruf der Heiligkeit <sacri nominis>, öffne deine Ohren und höre mit aufmerksamem Herzen die dir in folgender Gleichnisrede vorgelegten Bilder, d. h. wie groß der Ruhm beim höchsten Lob der Türme dieser so angelegten Stadt ist. Der Turm dieser Stadt ist die Liebe mit der Eintracht. Und warum wird sie Turm genannt? Weil vom höchsten Gott dieser Springquell entsprang, und alles Land umfloß. Denn Gott selbst hat alle Geschöpfe voller Liebe so ausgestattet <disposuit>, daß es ihnen an nichts mangelt. Lerne daraus, daß fromme Menschen, unter denen Liebe herrscht, keinen Mangel leiden, weil ihre Herzen von Sanftmut und Frieden wie von ausströmendem Balsamduft umgeben sind. Darum kann die alte Schlange sie auch nicht zerreißen. Denn wie Gestank sich von Balsamduft unterscheidet, so flieht der Teufel die Liebe und versteckt sich vor ihr in einer Höhle. Wo aber fromme Menschen, unter denen keine Liebe herrscht, im Namen des Herrn versammelt sind, gleichen sie einer Stadt, die keinen Turm besitzt, und schönen Häusern ohne stattliche Höhe. Daher werden sie bei dieser Unordnung des Gutes <pecunia> der Gerechtigkeit und Regel<treue> beraubt, weil sie keine festen Wohnsitze haben; und sie werden auch oft vernichtet. Denn wie ein Turm die Stadt schmückt und bewahrt, so alle Tugenden die Liebe. Die Kämpfer der Liebe, die auf dem Turm aufgestellt sind, sind Gehorsam, Glaube und Hoffnung. Der Gehorsam ist von einem Schild umschlossen, weil er immer untertänig ist. Der Glaube ist mit einem Panzer angetan, weil er alles Gute, das in Gott ist und das er niemals mit seinen Augen sieht, prüft. Die Hoffnung aber umfängt den Himmel mit all seiner Zier durch den Glauben. Der Glaube jedoch sieht durch den Gehorsam immer Gott; er handelt so, wie Er ihm befiehlt.

Denn „Gott ist die Liebe" (1 Joh 4,8), weil all sein Tun liebevoll ist. Aber durch die Demut stieg Er vom Himmel herab, um seine Gefangenen zu befreien, die die Liebe verließen, als sie Ihn nicht erkannten. Das tat Er durch seine menschliche Natur und hinterließ uns eben dieses Beispiel. Wieso? Wenn wir unsern Eigenwillen bei den Diensten an dieser Welt verlassen, wandeln wir in seinen Fußspuren. Versammeln wir uns aber in seinem Namen zu einer Herde – wie sich um den Adler die andern Vögel sammeln – ahmen wir Abraham nach, der sein Volk und sein Heimatland verließ und in einem fremden Land die Beschneidung nach Gottes Gebot vollzog.

Doch wenn wir den Geboten Gottes durch einen Menschen gehorchen, der uns gleich ist, werden wir uns unter den Segnungen Gottes wie die Sterne am Himmel vermehren, wie es Gott auch dem Abraham durch seinen Engel versprach, weil wir seiner Menschwerdung entsprechend nach einem fremden Land verlangen, indem wir uns selbst für nichts erachten und uns im geistlichen Leben mühen. Tun wir das, so sichern wir unsern Turm von allen Seiten mit bewährten Soldaten durch die Demut; und wir sind bewährte Streiter, wenn wir die Lust dieser Welt überwinden, die Zorneswut besiegen, unsere Armut aus Liebe zu Christus ertragen, und wenn wir den feindseligen, mörderischen Haß und Neid von uns werfen und andere uns gleichende Sünder nicht verachten, noch ungerechte Urteile über sie fällen, und nach keinem falschen Zeugnis über Gerechte und Unschuldige trachten.

Dies sind die erprobten Kämpfer, die unsere Stadt von allen Seiten bewachen, daß die Mauer der heiligen Regel und unseres geistlichen Wandels nicht von Feinden – nämlich von gehässigen und mißgünstigen Gesinnungen – durchbohrt wird, und das Tor des Friedens um der Auflehnung willen verschmäht wird. Denn wenn das geschieht, wird das Schloß unseres Tores aufgesperrt, und unsere Feinde laufen unbehelligt in unsere Stadt hinein. Und halten wir es nicht mit denen, die immer irrenden Herzens sind und sagen: Was menschliche Vernunft für uns aufstellt und auswählt, das wollen wir nicht, denn das, was wir selbst für uns aufstellen und wählen, ist nutzbringender und gerechtfertigter als jenes. – Das sind die Verräter, die unsere Stadt durch ihre Anschläge zerstören. Was uns nämlich von unsern alten heiligen Lehrmeistern als <Seelen>ärzten an Fasten, Nachtwachen, Gebet und anderen Tugendübungen angeordnet wurde, weisen sie zurück und erwählen ihren Eigenwillen statt Gott, der sie erschaffen hat.

O gottgeweihte Tochter, höre nun: Dein Turm ist ohne erfahrene Soldaten schutzlos <vacua>, und die Wächter deiner Stadt sind eingeschlafen. Und so sind sie – ganz besonders von ihrer Eigenwilligkeit – in die Wasserarmut geführt worden. Darum sind dein Turm und deine Stadt so ausgetrocknet, daß sie kaum bestehen können. Erhebe dich aus deinem Schlaf, denn deine Schiffstaue – die Lebensweise heiligen Wandels – sind noch nicht zerrissen. Doch in sehr törichter Denkart sinnst du auf die Beschäftigung mit Gerüchten, die dich betreffen. Das ist dir nicht zuträglich. Wie es aber in verlassenen Gehöften große, kleine und blinde Mäuse gibt, die an den Kleidern der Menschen nagen, so wird durch diese Gerüchte jeder heilige Wandel auseinandergerissen. Die größeren Mäuse sind die unruhigen Geister der Pflichtvergessenheit <impietatis>, die kleinen aber bezeichnen die Torheit, die bezüglich des Weges der Wahrheit zur Nacht gehört; die blinden jedoch die Eitelkeit dieser Welt, die blind ist für das Licht der Gerechtigkeit. Daher steht im Evangelium geschrieben: „Jedes Reich, das in sich gespalten ist, wird zerstört werden" (Lk 11,17). Nun sieh, durch welch große Liebesglut des Heiligen Geistes du geschaffen bist, weshalb Er nicht will, daß du seinen Beistand in dir entbehrst. Und achte vor allem aufmerksamen Herzens auf die Regel des heiligen Benedikt und anderer Meister, damit du nicht verlorengehst, sondern in Ewigkeit lebst.

Ihr aber, o all ihr Lehrmeister, seht euch vor, daß ihr nicht törichten Bauern gleicht, die sich freuen, wenn sie sehen, daß der Pflug von selbst geradeaus fährt. Wenn er aber krumm einherzieht, empfinden sie Widerwillen, ihn richtig umzuwenden. Und hütet euch auch, daß der Hausherr nicht zu euch sagt: Ihr seid mir unbrauchbar, denn ihr übt eure Verwaltung nicht richtig aus. Erwägt vielmehr sorgfältig, wessen die Untergebenen bedürfen und was ihnen schadet, und beschützt sie mit aller Umsicht.

161 Hildegard an Äbtissin Hazzecha (Krauftal)

O geliebte Tochter, ich sehe nicht, daß es dir und deinen beiden Freundinnen nützt, nach einem Leben im Wald, in einer Klause oder in Häusern von Heiligen zu verlangen, obwohl ihr mit dem Zeichen Christi besiegelt seid, unter dem ihr nach dem himmlischen Jerusalem trachtet. Denn wenn ihr euch größeren Mühen unterzieht, als ihr zu ertragen vermögt, werdet ihr – wie schon gesagt – durch die Täuschung des Teufels fallen.

Auch sage ich dir in der Liebe Christi, daß ich nicht über das Ende, über die Werke der Menschen, und auch nicht darüber, was ihnen bevorsteht, zu sprechen pflege. Ich rede und schreibe vielmehr dasjenige, worüber ich durch den Heiligen Geist – mag ich auch ungebildet sein – belehrt werde.

Auch jene, die du mir anempfohlen hast, vertraue ich gern bei meinen Gebeten der Gnade Gottes an. Ich selbst werde auch gern Gott für dich bitten, daß Er dich von allem, was nicht nützlich für dich ist, befreie und dich vor künftigen Übeln beschütze, damit du die Mühen heiliger Werke mit gewissenhafter Unterscheidung so vollbringst, daß du durch das reine Licht der Heiligkeit gestärkt und von der Glut wahrer Gottesliebe entzündet, zur höchsten Heiligkeit gelangst, in der du ewig leben mögest.

162 Hildegard an den Nonnenkonvent (Krauftal)

Die erste Pflanzung, die an der Stammwurzel Jesse erblühte, spricht zu dieser Gemeinschaft: „Jemand hatte einen Feigenbaum in seinem Weinberg gepflanzt" (Lk 13,16). Wie nämlich ein Segensspruch die Segensfülle eines edlen Sprößlings vermehrte, so hat Gott mit großem Eifer und mit seinem Segen einen geistlichen Sproß im Weinberg Sabaoth gepflanzt. Und dieser Sproß war lieblich und süß bei Beginn der Heiligkeit, und er wuchs durch einen guten Ruf wie ein Feigenblatt in die Breite. Aber der gute Ruf ohne Frucht würde nichts nützen, wenn die Baumfrucht sich nicht durch den Gehorsam schmackhaft erweisen würde. Denn der Feigenbaum muß eifrig überwacht werden, daß er nicht vertrocknet. Und anfangs ist seine Frucht bitter, und später süß.

So muß auch das geistliche Leben mit großem Eifer überwacht werden, damit nicht der Winter des Überdrusses es im Herzen des Menschen verdorren läßt. Anfangs ist es unter der Mühsal bitter, weil es Besitztum und die Lust des Fleisches und ähnliches fernhält. Doch die Weltverachtung ist sehr süß und angenehm, wenn eine heilige Seele sich auf die Heiligkeit einläßt. Nur muß man vorsorglich darauf bedacht sein, daß sie nicht austrocknet.

Doch der Mann, dem der genannte Baum gehörte, besaß auch eine Quelle, der viele Bäche entströmten. Und es kamen schaurige, pechschwarze, bitterböse Raubtiere, die verhindern wollten, daß diese Quelle fließe. Einige von ihnen nahmen Rohrstengel in ihr Maul, andere Schilfrohre und wieder andere Blasebälge, und sie bliesen Feuer gegen diese Quelle.

Nun aber, o <Schwestern>schar, brachte dich der Hochbetagte als Quelle hervor, der die Wasser der Heiligkeit entströmen. Aber die durch Verkehrtheit schaurigen und pechschwarzen, den Glanz der Unschuld fliehenden und bitterbösen Raubtiere geistlicher Lasterhaftigkeit kommen voller Bosheit und wollen dich zu Fall bringen, damit keine Heiligkeit von dir ausstrahle. Und manche nehmen Rohrstengel ins Maul ihres Vorhabens – wüste Sitten – , andere Schilfrohre – die Hohlheit der Unlust zu guten Werken –, wieder andere Blasebälge – die Aufgeblasenheit der Anmaßung – und blasen Feuer gegen dich, bis durch die großen Unannehmlichkeiten ein großes Geschwür in den Herzen entsteht, so daß sie das Leben in Gott für eine Pein halten. Und dies alles sind die schaurigen Raubtiere, die euch, o Töchter Jerusalems, zum Verdorren und zum Verzweifeln am Leben bringen wollen.

Doch der Hochbetagte, der den Feigenbaum gepflanzt hat, betrachtet die Früchte des Baumes in den verschiedenen Werken. In seiner Hand hält Er eine Rute, solange Er kraft der Verdienste heiliger Seelen, die Gott häufig umarmten, die Laster von euch entfernen und euch an seiner Hand halten will. Denn wenn die Vorschriften der heiligen Regel, des Gehorsams und der guten Gewohnheit, die von den altehrwürdigen Heiligen festgelegt wurden, in euch verdorren, spricht jener Mann zu dem Winzer, d. h. zu den Vorschriften der Zucht: „Siehe, schon drei Jahre komme ich hierher und suche Frucht an diesem Feigenbaum, finde aber keine" (Lk 13,7), wenn ich die Werke der Liebe, des Gehorsams und der glücklichen <bonae> Beharrlichkeit an ihm betrachte. Vielmehr rauscht er <nur> und nimmt die Nährstoffe <cibum vitae> nicht vollständig auf, wenn er keine Obstblüten – Tugenden – noch Blattgrün – heilige Werke – und keinen vollen Ertrag – keusche körperliche Züchtigung – hervorbringt. – Und der Hochbetagte spricht bezüglich seiner Zuchtrute: „Hau ihn also um, wozu auch nimmt er den Boden weg" (Lk 13,7)?, während er ihn mit seinen Geißeln züchtigt. Denn bei der ersten Pflanzung wurde eure Stätte geheiligt. Danach vereinsamte sie, da sie nicht mehr in Heiligkeit und Auserwählung an den mütterlichen Brüsten trinken will, und deshalb mit Drangsal und Ängsten gezüchtigt wird.

Dennoch wird sie nicht vertilgt werden. Denn Gott behält im Auge, daß Er seine erste Pflanzung sehr geliebt und im Hinblick auf sie heilige Werke in geheiligten Seelen geschaffen hat <aedificavit>. Deshalb wird Er sie unter der Ermahnung des Heiligen Geistes nicht verlassen, wie die Weisungen der Zucht sagen: „Herr, laß ihn nur noch dieses Jahr stehen, ich will um ihn herum aufgraben und Dünger einlegen" (Lk 13,8). Und Gott blickte auf das Blut seines Sohnes, wie geschrieben steht: „Fordere von mir, und ich werde dir die Völker zu deinem Erbe geben" (Ps 2,8), denn an dir habe ich mein Wohlgefallen. Und Er zieht diese Gemeinschaft durch Zucht, Strenge und Armut an sich, wie geschrieben steht: „Jerusalem, bekehre dich zum Herrn, deinem Gott" (Hos 14,2)! Und: „Erhebe dich, stehe auf hoher Warte und schau die Freude, die dir kommt von deinem Gott" (Bar 4,36; 5,5)! Schmücke dich mit Tugenden, denn Gott verlangt von dir das Opfer des Lobes. Er will dich erhalten, wie Er dich in der ersten Pflanzung erschaute. Und die Gaben des Heiligen Geistes werden nicht von dir weichen, vielmehr wirst du in Heiligkeit verharren.

163 Die Äbtissin an Hildegard (Lubolzberg?)

Hildegard, der Braut Christi auf dem St. Rupertsberg, <entbietet> N., die unbedeutende Oberin der Schwestern zu Lubolzberg, fromme Fürbitte in Christus.

Mit welch großem Verlangen ich lange ersehnte und <noch> ersehne, dein Angesicht zu schauen und mich des Gesprächs mit dir zu erfreuen, weiß Gott, der Erforscher von Herz und Nieren. Niemals jedoch konnte ich – da mich meine Sünden hinderten – zur Erfüllung meines Verlangens gelangen. Weil ich aber oft erfuhr, daß viele durch deine Briefe Trost empfangen haben, denen es doch nicht glückte, dein Angesicht zu schauen, habe auch ich Sünderin es gewagt, in derselben Hoffnung durch dieses Briefchen einen Rat von dir zu erbitten, sofern die Milde Gottes beschließt, meine Bedrängnis durch deine Güte zu mildern? Vielfältig ist nämlich mein Herzenskummer, von dem ich aus ganzem Herzen erleichtert zu werden ersehne.

163R Hildegard an die Äbtissin (Lubolzberg?)

Der Tag läßt das Licht aufstrahlen, und die Nacht umhüllt die Dunkelheit. Wenn aber die Nacht gegen den Tag kämpfen will, kann sie ihn nicht zum Erlöschen bringen. Will jedoch der Tag die Nacht überwinden, hat er die Möglichkeit, ihn zu besiegen.

Das wahre Licht aber, das Gott am ersten Tag <der Schöpfung> für den Menschen vorsah, stehe dir zur Seite. Der Vater liebt nämlich den Sohn, obwohl er ihn wegziehen sieht, weil jener nicht eine günstige Gelegenheit zum Sündigen sucht, als ob es Gott nicht gäbe. Gott sieht deine Seele beim Umherschweifen deines Geistes, doch trotzdem spottet dein Geist der Verlockungen zum Sündigen, die die Seele entblättern.

Daher schaue ich dich wie einen rötlich schimmernden Glanz der Sonne durch die Eingebung des Heiligen Geistes; und du kommst durchaus nicht mit der Verbannung in das <ewige> Verderben in Berührung. Vielmehr blickst du durch Reue, die eine liebreiche Mutter ist, wie ein Adler in die Sonne, und deshalb liebt Gott dich sehr. Nun lebe in Ewigkeit.

164 Ein Priester an Hildegard (Lutter)

Der vom Glanz des göttlichen Lichtes strahlenden Frau Hildegard <wünscht> N., ein unwürdiger Priester und Armenpfleger in Lutter – d. h. im Hospital – mitsamt den Auserwählten <mit der Schau Gottes> gesättigt zu werden, wenn die Herrlichkeit des Herrn erscheint.

Wir gedenken öfter der Gunst und des Wohlwollens, die viele durch Euch erfahren haben, und sagen dem allmächtigen Gott Dank, daß Er sich herabließ, dem so gebrechlichen Geschlecht durch eine Frau, die von Kindheit an aller körperlichen Kräfte beraubt war, einen männlichen und von nicht wenigen Tugenden geschmückten Geist zu verleihen. Der Herr mehre seine Gnade in Euch und in allen, die bei Euch leben, und bewirke, daß Ihr im Geist des Wohlwollens beim Herrn unsrer und der Vielen, die auf Euch ihre Hoffnung gesetzt haben, eingedenk seid.

Daher ersehnen wir, heilsame Lehren <documenta> Eurer Heiligkeit zu vernehmen und genau zu erfahren, wie es um unsern Lebenswandel steht. Und geruht, uns zu schreiben, was immer Euch Gott über uns offenbart, im Wissen darum, daß wir beschlossen haben, Euern Ratschlägen und Mahnungen nach Möglichkeit Folge zu leisten. Denn es ist uns auferlegt worden, den Armen zu dienen, was wir nicht ohne Schwerfälligkeit des sich empörenden Stolzes <tumultuantis animi> erfüllen können.

Deshalb möchten wir von Euch wissen, ob es für uns nützlicher ist, uns in unserem Kloster einzuschließen, oder in dieser <Haltung der> Empörung zu verbleiben. Gott eröffne Euch, was Ihm davon besser gefällt.

164R Hildegard an einen Priester (Lutter)

In einer wahren Schau hörte ich mit offenen Augen in meinem Geist folgende Worte: O Sohn, der du das Ebenbild Gottes bist, vernimm diese Parabel, die der Gottessohn jenen erzählte, die unter sich festsetzten, was sie für sich <als richtig> erwählt hatten.

„Ein Mann ging von Jerusalem hinab nach Jericho" (Lk 10,30). Das sagte eben dieser Sohn Gottes vom ersten Menschen, der wahrnahm, daß er sündigen konnte, als er die <verführerischen> Worte von der Frau hörte, und nach Wunsch das für sich erwählte, was er durch diese Worte vernommen hatte. Der Geist ist nämlich mit dem Mann zu vergleichen, und der Wunsch mit der Frau. Wenn aber jemand eine Sache für sich erwählt und sie nach Wunsch an sich zieht, liebt er sie sehr, wie auch Adam den Wunsch liebte, von dem er durch die Frau erfuhr. Denn die Frau war so mit ihm verbunden wie die Wahl mit dem Geist. Als Adam das getan hatte, stieg er von der Schau des Friedens <Jerusalem> herab und wurde dem Mond ähnlich, der abnimmt. Doch obgleich er ein Pilger <in der Fremde> war, wußte er dennoch um seinen Schöpfer. Und in dieser Erkenntnis wurde er dem Mond ähnlich, der auch zuweilen zunimmt.

„Und er fiel unter die Räuber" (Lk 10,30). Das war sein Eigenwille, der ihn täuschte, wie ein Räuber durch listiges Ansäuseln die Menschen täuscht, bis er sie ergreift.

„Sie raubten ihn auch aus" (Lk 10,30). Der Eigenwille nämlich wird aller Herrlichkeit, die er im Paradies besaß, beraubt, wie Räuber Menschen berauben und ihr Vermögen verteilen. So fliehe jeder Mensch, der glücklich sein will, was sein Eigenwille sich erwählt und was so schädlich für ihn ist, wie für Adam, daß er auf seine Frau hörte. Das fügte diesem schwere Wunden zu. So muß er mit tiefem Seufzen einen Arzt aufsuchen, wenn er geheilt werden will. Denn die Übertretung schickte Adam auch auf die Pilgerschaft der hiesigen Verbannung, so daß er kaum noch im Wissen um Gut und Böse lebte. Weder das Opfer Abels, das Noe durch den Bau des Altars vollendete, noch der Gehorsamsdienst Abrahams, den Mose durch das Gesetz erfüllte, konnten ihn aufrichten.

Doch der Samariter richtete ihn auf. Dieser Samariter ist der Sohn Gottes, der ganz im Heiligtum des Heiligen Geistes, d.h. in der Unversehrtheit der Jungfrau Mensch wurde, ohne die Blindheit Adams, welche die sündige menschliche Natur besitzt. Und Er befreite Adam mit seinen Nachkommen <membris> aus dem Verließ der Unterwelt. In seine Wunden goß Er auch Öl und Wein; Öl nämlich, als Er sich durch seine Menschwerdung von Erbarmen mit ihm gerührt zeigte; Wein aber, als Er ihm Buße für die Sünden auferlegte, wie geschrieben steht: „Tut Buße, denn das Reich Gottes ist nahe" (Mt 3,2; 4,17).

„Und er legte ihn auf sein Lasttier und brachte ihn zu einer Herberge" (Lk 10,34). Sein Leib ist wie ein Lasttier, weil Er den Menschen auf seinen Schultern ans Holz des Kreuzes trug. Das verdeutlichte Er auch bei der Erschaffung des Menschen, als Er mit ihm die Tiere schuf. So faßte Er auch seine Menschwerdung ins Auge, als Er den Menschen bildete. Und als Er sich dieser Menschwerdung nach seinem Willen anschloß, erkannte Ihn der Mensch mit aller Kreatur bei seinem Anblick als Gott und Menschen. Und Er gab dem Menschen die ganze Welt als Zelt wie eine Herberge und führte ihn in diese Herberge, als Er ihn durch sein Leiden erlöste und durch Erbarmen und Buße heilte.

„Und am nächsten Tag nahm er zwei Denare und gab sie dem Herbergsvater" (Lk 10,35). Im neuen Licht nach seiner Auferstehung hinterließ Er den Menschen seinen Stellvertretern, d. h. den Aposteln und allen, die ihrem Beispiel gefolgt waren. Er trug ihnen auf, zu handeln, wie Er gehandelt hatte. Und Er übergab ihnen die beiden Vermächtnisse, nämlich, was das neue Gesetz geschaffen hatte, und auch, was Er selbst gewirkt hatte. Denn wie Gott – als Er den Menschen formte, mit ihm die Tiere <iumenta> erschuf – so brachten die Menschen unter dem alten Gesetz Gott zuerst mit Geschöpfen, d. h. mit Vögeln und Kleinvieh, Opfer dar. Doch später opferten sie Ihm auf unsichtbare Weise im Heiligen Geist durch das Opfer der Menschwerdung Christi. Denn seine Menschwerdung nehmen wir an uns wahr, seine Gottheit aber vermögen wir nicht zu schauen. Wir umfangen sie jedoch durch den Glauben. So erkennen wir auch diese Welt, schauen das ewige Leben aber im Glauben. Unsern Leib sehen wir nämlich, doch unsere Seele erblicken wir keineswegs, nur daß wir wissen, daß wir ohne Seele nicht leben. So sind auch alle unsere Werke beschaffen, d. h. einige verborgen, einige sichtbar. Und so werden wir auch den Schöpfer aller Dinge in seiner Menschheit und Gottheit besitzen.

Auf solche Weise hinterließ Gott den Menschen seinen Stellvertretern in den beiden Vermächtnissen, damit sie so an ihm handeln, wie Er es getan hatte, d. h., indem sie seine Wunden mit Barmherzigkeit salben und mit Buße reinigen, und das bis zum Jüngsten Tag. Wenn Er dann wiederkommt, gibt Er auch allen die Bleibe des ewigen Erbes, die mit gutem Willen getan haben, was Er ihnen dargetan hatte.

Jetzt, o du Verwalter Gottes, handle demgemäß und hüte dich, daß dein Geist nicht finster sei, ohne Sonne, Mond und Sterne; d. h. so, daß du nicht nach deinem Eigenwillen dies oder jenes, wie es dir gefällt, erwählst, und dies oder jenes gut nennst. Denn dann ist dein Geist eine düstere Wolke. Schau vielmehr auf den wahren Samariter; und wie Er handelte, so handle auch du bei dem Dienst, zu dem du von deinem Meister bestimmt bist. Denn Gott gefällt es, daß man den Bedürftigen Erbarmen erweist, und die Sünder zur Buße geführt werden. So tue auch du, soweit du es vermagst, und hilf dem, der für seine Sünden dieses Almosen gibt, damit du ewig lebst.

165 Der Vorsteher an Hildegard
(Mainz, St. Viktor)

Hildegard, dem Spiegel göttlicher Beschauung, <entbietet> G., vom Volk verachtet <abiectio plebis> und Vorsteher von St. Viktor in Mainz, – wenn sie etwas vermögen – Seufzer eines zerknirschten und gedemütigten Herzens.

Vom Wohlgeruch Eures Rufes angelockt und aus abgründiger Bosheit von Hoffnung auf Heil beseelt, will ich es unternehmen, mein Elend vor den Augen Eurer Güte <almitas> darzulegen und zu beklagen, und von daher im Geist frommer Anmaßung Hilfe und Rat zu suchen. In welch großes Elend ich nämlich geraten bin, wieviel Schamröte und Schande ich mir zuzog, wieviele Tränen ich vergoß, kann ich kaum mit Worten ausdrücken. Doch kein Wunder! Als sich nämlich Seele und Leib mit so viel Schandtaten und Verunreinigungen befleckten, verfolgten nach dem Urteil des gerechten und gütigen Gottes den der göttlichen Zurechtweisung Werten – wenn es erlaubt ist, es zu gestehen – nicht entsprechende Leiden. Denn öfter bin ich durch verabscheuungswürdige Bosheit – sowohl in

Taten, als auch in Gedanken – zu Fall gekommen; das wißt Ihr, Herrin, auf Offenbarung des Heiligen Geistes besser. Deshalb steht es nicht in allem gut um meine Seele. Das brauche ich Euch nicht zu beschreiben, denn der Heilige Geist lehrt Euch alles.

Also flehe ich, zu Füßen Eurer Heiligkeit niedergeworfen, „da ich Staub und Asche bin" (Gen 18,27), ganz demütig und ergeben, Ihr möchtet über mich den Tröster und Befreier unserer Seele anrufen und mich wissen lassen, ob ich Hoffnung auf Heil besitze, zum Leben vorausbestimmt oder zum Tod vorgesehen bin. Doch werde mir diese Anmaßung bitte nicht als Torheit angerechnet. Im Übrigen erteile Euch der Heilige Geist, der in Euch wohnt, gemäß meines Glaubens und meiner Verdemütigung auf alles Verlangte eine Antwort. Lebt wohl.

166 Die Äbtissin an Hildegard (Mainz, Altmünster)

Ihrer Herrin, der gottgeweihten Jungfrau Hildegard, <wünscht> N., nur dem Namen nach Äbtissin der Schwestern im alten Kloster der Mainzer Kirche, nach langwieriger Erkrankung die Glückseligkeit des himmlischen Lebens.

Wenn Ihr, meine Herrin, ein wenig von Eurer Schwäche genesen seid, freue ich mich, wenn aber nicht, empfinde ich herzliches Mitleid. Seht, ich schreibe Euch im Vertrauen auf <ausu> Eure Freundschaft und bitte, Ihr möchtet meine Ergebenheit Euch gegenüber beachten und Euch bemühen, das Angesicht des Herrn meiner Sünden wegen zu besänftigen. Ich bitte Euch nämlich bei der Fessel der Liebe, mich durch den Briefboten zu ermahnen und mich – wie es Euch der Heilige Geist schenkt – mit Euerm Antwortschreiben zu erfreuen.

167 Der Dekan an Hildegard
(Mainz, St. Martin)

Der ehrwürdigen Herrin und geliebten Mutter Hildegard <entbietet> N., unwürdiger Dekan der Kirche von St. Martin zu Mainz, das wenige, was vorhanden ist.

Ich habe es nicht nötig, zu beschreiben, mit wie großer Verehrung mein Herz Eurer Heiligkeit unterworfen ist, wie sehr ich Euch in aufrichtiger Liebe hochachte, wie bereit ich bin, Euch zu Hilfe zu kommen, wenn Ihr Euch herablaßt, irgendeinen Dienst von uns in Anspruch zu nehmen, mit welch großem Verlangen ich ersehne, öfter durch Eure Zeilen getröstet zu werden. Denn der Glanz der göttlichen Weisheit, der Euch innerlich erleuchtet, offenbart Euch dies. Zwar hatte ich mir gerade vorgenommen, Euch bald zu besuchen, um von Euern Worten getröstet zu werden, doch von körperlicher Schwäche behindert, kann ich augenblicklich nicht kommen. Wenn sich jedoch – so Gott will – eine Gelegenheit ergibt, werde ich Euch besuchen. Und was ich einstweilen nicht schriftlich von Euch erfragen kann, werde ich mündlich einfordern.

Inzwischen, geliebte Mutter, bittet bitte meinen Schöpfer und Erlöser für mich, Er möge unser Leben so nach seinem Willen ordnen, daß Er an uns sein Wohlgefallen hat. Ich bitte auch, wenn Ihr irgendeines Dienstes von uns bedürft, unterrichtet <praecipiatis> uns, was immer Euch <richtig> erscheint. Ich möchte auch wieder brieflich durch diesen Boten von Euch getröstet werden.

Gott würdige sich, Euch – mit jeglichem Ehrendienst von mir zu verehrende, gesegnete Mutter – zu bewahren und immer mit seinem Heiligen Geist zu erleuchten.

167R Hildegard an den Dekan (Mainz, St. Martin)

Vom Übermaß an Speise und von maßlosem Weingenuß wachsen ungezügelte Laster, und oft erschlafft auch das Fleisch des Menschen, so daß er kaum noch leben kann. Danach wird er durch Überdruß an den Sünden wie von einem schweren Schlaf belastet. Doch der Teufel stachelt ihn wiederum zur Sünde an und hält ihm vor Augen, daß noch Zeit zur Buße sei. Und so erwacht dieser Mensch aus jener Betäubung zur Sünde; und auf diese Weise ermuntert ihn der Teufel, eifrig zu sündigen. Viele Menschen schieben auch infolge der Täuschung des Teufels die Buße für ihre Sünden auf und ziehen sich so das Verderben zu.

Wenn aber ein Mensch wegen seiner Sünden aufseufzt, stimmt er in das Lob der Engel ein. Und tut er Gutes, blitzt er wie die Sonne. Wenn er sich aber so zu schmücken beginnt, fällt der Teufel, der ihn ja vorher durch üble Ratschläge zum Sündigen angestachelt hatte, in einem gewaltigen verzweifelten Ansturm über ihn her. Jener Mensch aber schaue auf die Zöllner und Sünder, wieviel sie gesündigt haben, und wie sie sich durch Buße wieder erhoben, und bedenke, auf welche Weise sie später eine Säule des Himmels geworden sind. Und so lege er den Panzer des Glaubens und den Helm der Hoffnung an, und überwältige so seine Feinde.

Du aber, Diener Gottes, schau, wie du in deiner Kindheit üppig, und in deiner Jugend in den Sünden der Fleischeslust gelebt hast, und werde nun der Sünde müde. Beginne gute Werke zu tun, ehe der Schatten dieses Lebens von dir weicht, damit du freudig der Stimme antwortest, die zu dir sagt:

Du solltest ein Garten sein, an dem sich meine Augen weiden; doch du bist es nicht, denn dort wuchsen unnützes Unkraut, Dornen und Disteln, die alle Nutzpflanzen erstickten. – Schneide sie durch Buße mit scharfer Sichel ab, und ahme jenen Sohn nach, von dem man im Evangelium liest. Er ging in sich und eilte zu seinem Vater zurück. Dieser nahm ihn freudig auf und küßte ihn durch seine Menschenfreundlichkeit <humanitas>. Säe auch in deinen Garten den Samen fruchtbringender Tugenden, und werde der Frau ähnlich, welche die verlorene Drachme sucht, damit Freude im Himmel herrsche, und du sogar ein Edelstein im himmlischen Leben wirst, so daß du in Ewigkeit lebst.

168 Der Vorsteher an Hildegard (Mainz, St. Martin)

Der allen Ruhm und aller Ehre würdigen Frau Hildegard <entbietet> H., Vorsteher in einem Mainzer Haus, ein verächtlicher Sünder, was immer ein Diener – oder vielmehr ein Sohn – seiner geliebten Herrin und Mutter <wünschen> kann.

Mein Herz brennt und empfindet Scheu. Es brennt darauf, zu reden, doch es scheut sich vor der Erhabenheit deiner Weisheit und Beredsamkeit. Dir ist es nämlich – mit Seligkeit überhäuft – gegönnt, sowohl weise wahrzunehmen als auch dienlich vorzubringen. Die Autorität der <honig>träufelnden Schriften fand in dir einen Wohnsitz, bleibt bei dir, macht aus dir eine Bibliothek <armarium>. Dazu kommt, daß du – durch Gaben der Unterweisung anerkannt – eine Zierde der Kirche, ein Vorbild der Menschen geworden bist.

Wäre es mir doch von oben gegeben, mich dir beständig anzuschließen, dich immer zu hören, mit dir ohne Unterlaß Gemeinschaft zu pflegen! Dann wäre ich schließlich nicht um mein Verlangen betrogen. Denn ich sehnte mich stets danach, dich zu hören. Deshalb bitte ich dich: Laß dich herab, mir in einem unverblümten <insigillatis> Brief von dir anzuzeigen – wie es unser Herr und Gott selbst verleiht – was Ihm in mir mißfällt, und wie ich das von mir zu entfernen vermag.

Deine Heiligkeit lebe wohl in Ewigkeit. All deine Töchter, meine herzlich geliebten Schwestern, mögen wohlbehalten und getreu bleiben.

169 Die Brüdergemeinschaft an Hildegard (Mainz?)

Der geliebten Herrin und heiligen Mutter, der Dienerin Christi und Meisterin der Schwestern im Kloster des heiligen Rupert zu Bingen, Hildegard, <wünscht> die Brüdergemeinschaft von St. N., sie möge im Hause Gottes einen dementsprechenden Lebenswandel führen und in diesem Tränental dem Bräutigam der Jungfrauen wohlgefallen.

Weil es recht ist, daß wir bei unsern Angelegenheiten auf den Willen Gottes schauen, flüchten wir uns zu Eurer milden Güte, in der Ihr die ungewöhnliche und in unsern Zeiten unerhörte göttliche Gabe, mit der Euch Gott bedachte und wunderbar beschenkte, nicht nur zu Euerm, sondern zu vieler Nutzen im Auftrag Gottes verwendet. Wir freilich, nachdem wir von den Wundern, die der Herr durch Euch wirkt, gesehen und gehört haben, bringen Ihm – allerdings unwürdigen – Lobpreis dar. Doch weil wir Gott so oft vernachlässigen, erschöpfen uns viele Bedrängnisse, endloses Unglück plagt uns, unzählige Nöte drücken uns nieder. Und damit wir nicht völlig verzweifelnd zugrunde gehen, ist es so nötig wie recht, daß wir zu denen Zuflucht nehmen, die Gott von ganzem Herzen lieben und mit Maria den besten Teil erwählt haben, und suchen ihren Rat und Beistand.

Von zuverlässigen Personen wurde uns nämlich berichtet, daß Ihr einiges über die Irrlehre der Katharer geschrieben habt, wie Ihr es in der Schau der Geheimnisse Gottes gesehen habt. Mit aller Hingabe begehren wir, daß Ihr es uns schickt; denn wir glauben mehr an die göttliche Offenbarung und Antwort als an eine menschliche. Wir empfehlen uns also Euern heiligen Gebeten und bitten: Laßt uns in wohlwollender Gesinnung, wie es Euch ziemt, schreiben, was immer Euch Euer Bräutigam, der Herr Jesus, darüber zu enthüllen geruht. Lebt wohl.

169R Hildegard über die Katharer (Mainz?)

Im Juli dieses Jahres, d. h. 1163 seit der Menschwerdung des Herrn, schaute ich von weitem und sah im Schatten der wahren Schau zum Fuße des Altars hin, der vor den Augen Gottes steht; und ich schaute auch zum Thron Gottes hinauf.

Und ich sah, daß die vierundzwanzig Ältesten, die rings um den Thron sitzen, das gläserne Meer, das dem Thron gegenüberliegt, in Bewegung versetzten und sprachen: Laßt uns die eitlen Grundlagen ihres Spottes erschüttern. Sie wollen die Ungerechtigkeit an Stelle der Gerechtigkeit setzen. Wir wollen die Funken der glühenden Ungerechtigkeit jener vertreiben, die vorgeben, das Volk zu leiten und es doch nicht <recht> führen. Und laßt uns die Flötentöne der verschiedenen wüsten Sitten, das vergoldete Saitenspiel der Spötter und die trennenden Spaltungen <schismata schismatum> beseitigen.

Denn der alte Löwe brüllt und möchte mitten in die erwähnten Funken der glühenden Ungerechtigkeit eilen. Doch das wird nicht auf diese Weise geschehen. Wir wollen den Alten <der Tage, d. h. Gott> anrufen, von dem alles, was entsteht, und alle Geschöpfe gezählt sind. Laßt uns auf das Schwert schauen, das im Munde des Sprechenden erschien. Und sehen wir, wieviel Wert zwei Pfund Weizen und Gerste haben. Betrachten wir die Posaune, die vor dem ersten Wehe ertönt, und fesseln wir durch den Schwur jener dort und die Kraft dessen, der auf dem Thron sitzt, den Nacken des alten Löwen; und binden wir ihn mit einem Zügel, damit er nicht vor anderthalb Zeitabschnitten und vor vierzig Monaten den Wasserstrom hinter der in die Wüste fliehenden Frau herschickt.

Denn dreiundzwanzig Jahre und vier Monate ist es her, daß von den schlimmen Taten der Menschen, die das Maul der schwarzen Bestie aushaucht, vier Winde durch vier Engel an den Ecken <der Welt> zu gewaltiger Verwüstung angetrieben wurden. Denn diese Werke waren über sie hinausgestiegen, so daß im Osten verschiedene wüste Sitten ausgeblasen wurden; im Westen durch das Gerede vom Opferkalb und durch den Götzendienst, bei dem man ein unschuldiges Opfer<tier> martert, Gotteslästerung und Gottvergessenheit auf seine Heiligen; im Süden die Unflätigkeit widerwärtiger Laster; und im Norden breite Gebetsriemen wie eine gewundene Schlange an den Gewändern. Sie sind mit allen erwähnten Übeln, die nachher dazukommen, befleckt.

Dennoch sind es aber bereits sechzig Jahre und vierundzwanzig Monate, daß die alte Schlange die Menschen mit den Gebetsriemen an den Gewändern zu täuschen begann. Nun aber erheben ungezählte Heilige Gottes, die am Fuße des Altars stehen, ihre Stimme und rufen, daß durch die Bosheit der Menschen die verstreute Asche ihres Leibes entweiht sei. Von ihren Stimmen weht daher ein Wind, der nun Wunder bewirkt. Doch jener, der auf dem schwarzen Roß sitzt, stößt einen pfeifenden Gegenwind aus, der um sie herumbläst, doch nichts vermögen wird.

Und wiederum brüllt der alte Drache im Jähzorn gegen die Heiligen Gottes. Er erhebt sich über die Flügel der Winde und sagt: Was ist das? Ich will vernichten, was sie und die ihnen Gleichgesinnten geschaffen haben. – Und sie geben ihm die Antwort: „Wer hat die Meere mit der hohlen Hand gemessen und die Himmel auf der Handfläche gewogen? Wer hat die Erdmasse an drei Fingern aufgehängt, die Berge nach Gewicht abgewogen, und die Hügel auf der Waage" (Jes 40,12)? Denn wir sind auf der Waage Gottes gewogen. In Ihm wirken wir alles durch den Feuerfunken, der vor seinem Antlitz aufleuchtet. Du aber hast in deinem Auge Feuer, das verbrennt. Und von ihm läßt du eine Flamme ausgehen, fast bis hin zum Ort deiner ersten Bestimmung. Und das tust du gegen Gott, gegen die Himmel und alle, die im Himmel sind. Doch nun nicht länger! Wenn Gott wirklich die Himmel auf der Handfläche gewogen hat, dann wird der glühende Berg über deinen Nacken fallen und all deine Stärke gänzlich vernichtet. Doch vom Thron her wird uns dann das neue Lied geschenkt und Augen, die überall hinsehen und alles betrachten und erwägen. Du aber hast noch keine Gelegenheit, mit deinem gefräßigen Maul zu verschlingen. Daher sei beim Thron Gottes und allem, was ihn umgibt, beschworen: Laß ab von diesem Wahnsinn!

Ihr Menschen und Völker aber hört, was der Heilige Geist euch sagt: Die alte Schlange baut mit eurer Hilfe in ihrem Ohr Türme, d. h. mit jenen, die den Sadduzäern und denen, die Baal ihren Gott nennen und den gerechten Gott nicht kennen, ähnlich sind. Durch ihre Verführungskunst zeigt sich ihnen zuweilen ein Geist wie ein Feuerfunke, nämlich schwarz oder unruhig, leuchtend oder räumlich begrenzt, der bald verschwindet. Das ist teuflisch und täuschend; denn die verführerischen Geister gleichen sich zuweilen den vier Elementen und ihren Kräften an, weil sie den ersten

Menschen besiegt haben. Was aber von Gott stammt, darin liegt Weisheit, Prophetie und geheime Offenbarung bezüglich ungewohnter Dinge, die den Menschen nicht betreffen, weil Gott unbegreiflich ist.

Jene Menschen aber, durch die der Teufel in seinem Ohr Türme baut, gleichen dem Krebs, der vor- und rückwärts läuft. Und sie sind den Skorpionen ähnlich, die euch mit feurigen Schwänzen heimlich stechen und mit dem tödlichen Gift schrecklichen Unglaubens vernichten. Der Teufel überfällt sie z. B. manchmal mit angeblich göttlichen Geboten, die sie nach eigenem Verlangen suchen, denn sie sind eine Vorspiegelung Gottes. Und das tut er, um sie nachher um so leichter durch Verspotten zu täuschen.

Sie sind auch gewissen großen Vögeln ähnlich, die ihre eigenen Eier verstreuen und aufgeben. Sie sagen: Wir wollen das von uns werfen, denn es ist giftig. – Sie sind es, die die ersten Ursprünge leugnen, d. h., daß Gott alles erschaffen hat und befahl, daß es keime, wachse und sich entwickle. Sie leugnen auch den Ursprung des Herrn, nämlich daß Er vor aller Zeit erschien, weil das Wort des Herrn Mensch werden sollte. Sie sind schlimmer als ihr Juden, die nur blinde Augen für die feurige Gestalt haben, die in der Gottheit nun als Mensch aufstrahlt. Sie werden jedoch nach langer Zeit glauben, den Gerechten zu sehen, bis Gott Ihn, auf den sie schauen, mit feuriger Heimsuchung durchbohrt hat.

Diese sind auch feuerspeiende <igne mixti> Schwefelberge, mitsamt der schlimmen Bestie, die ihr Maul gegen Gott aufsperren wird, und gegen den Himmel und alle, die im Himmel sind. Und sie sind auch der Bauch der ungehörigen Bestie, die den schlimmsten Unrat aufnimmt und ausspuckt. Und sie gehen ihr auf dem Weg des Irrtums voran, indem sie die Unflätigkeit und Bosheit alles<r> Bösen umarmen. So sagten es die Propheten auf dem Weg des Heils voraus.

Sie zeigten den Herrn mit allen Tugendkräften der Gerechtigkeit. Der Finger Gottes inspirierte und lehrte sie, wie auch der Teufel jene durch Gotteslästerung, Bosheit und Lüge mit allem Bösen besudelt und anfüllt. Denn der alten Schlange fehlte es bei Beginn ihres Untergangs an dem Schlüssel, den sie zu besitzen glaubte. Doch nun entschließt sie sich innerlich dazu, die ganz schlimme Bestie zu ihrem Schlüssel zu machen, so daß sie mit ihr alles, was sie will, ausführen kann. Doch durch sie wird alle Stärke der Schlange gänzlich vernichtet.

Ihr Menschen nun, die ihr den unverfälschten Glauben besitzt und auf Gott blickt, hört die Stimme dessen, „der war, der ist und der kommen wird" (Offb 1,4). Er sagt euch: Hört auf die Worte der Priester, die meine Gerechtigkeit ergreifen und bewahren. In ihren Ohren werden diese meine Worte widerhallen, ja sie werden diese Worte in meinem Namen an euch richten. Und mit ihren lauten Stimmen vertreibt das erwähnte unreine und unheilige Volk von euch, peinigt es mit strengen und harten Worten, schickt sie gänzlich in die Verbannung und treibt sie insgesamt in ihre unseligen Höhlen und Verstecke; denn sie wollen euch verführen. Und dies vollzieht deshalb, damit ihr nicht von Gott verflucht werdet und der Friede euch flieht. Denn ihr könnt euch vor Gott nicht Magister und Priester, Könige, Führer und Fürsten des Volkes nennen, solange ihr jenen Menschen Raum unter euch gebt. Denn eure Städte und Dörfer werden zerstört und eure Landgüter wegen dieser verleumderischen Menschen verwüstet werden, wenn sie bei euch verbleiben.

Nun aber sei Gott gepriesen, der auf dem Thron sitzt und in die Abgründe schaut, und der alle Himmel beherrscht. Und der Geist Gottes spricht: Wer es geringschätzt, diese Worte zu hören und zu verstehen, noch ihnen Glauben schenken will, den wird das Schwert des Wortes Gottes unter großer Bedrängnis umbringen.

Bald danach hörte ich in der gleichen Schau eine jähe Stimme zu mir sprechen: Schreibe nieder, was du gesehen und gehört hast, und übersende es schnell den Priestern der Kirche, die Gott in reinem Glauben verehren, damit sie es überall in ihrem Umkreis den Menschen verkündigen. Sie sollen sich vor diesen teuflischen Künsten hüten und nicht unter ihnen Fuß fassen und zugrunde gehen.

Ich armselige Frau aber lag darauf mehrere Tage – von Krankheit heimgesucht – kraftlos darnieder, so daß ich gar nicht auf meinen Füßen stehen konnte, bis ich dies einer Schriftrolle anvertraut hatte.

170 Priester an Hildegard (Mainz?)

Der ehrwürdigen liebenswerten Herrin und Mutter vom Kloster des heiligen Rupert <entbieten> N., A., H. und E. – leider nur dem Namen nach Priester – mit den übrigen Brüdern ihrer Gemeinschaft, die unter dem Schutz des seligen Martinus leben, aufrichtige natürliche und übernatürliche <utriusque hominis> Zuneigung mit herzlicher tiefer Ergebenheit.

Weil wir, o erlesene und geliebte Dienerin der Heiligkeit und teuerste Mutter vieler nach Heiligkeit Strebender, viel über dich gehört haben, was vielen einen Duft <zur Stärkung> des Lebens zuträgt, nehmen wir zu deiner Güte Zuflucht und erflehen von dir dürstenden Herzens, was Gottes ist. Von Kindheit an dem Dienst Gottes geweiht, um unserm Schöpfer durch die heilige Ordnung des Göttlichen Offiziums treu zu dienen, vernachlässigen wir nämlich – obgleich wir zum Priestertum gelangt sind, in dem wir würdig und untadelig leben sollten – öfter das, was des Geistes ist, und tun, was dem Fleisch angehört. Denn obwohl wir für das Volk Gottes ein Auge der Betrachtung, ein Ohr des Gehorsams, eine Nase zur Unterscheidung, ein Mund der Wahrheit, Hände rechten Tuns, Fuß auf dem geraden Weg und ein Vorbild an Tugenden sein sollten, sind wir ihm mehr ein Todesgeruch und ein Ärgernis des Anstoßes, als ein wahrer starker Fels. Daher trafen uns auch viele Übel, weil wir vom Heiligtum Gottes sozusagen in den Schlamm der Abscheulichkeit geraten.

Du aber, o gütige Mutter und Mitwisserin der Geheimnisse Gottes, höre auf uns! Wir bitten dich inständig und demütig, Worte göttlicher Ermahnung an uns zu richten, uns zu tadeln und anzufeuern. Denn obgleich wir eine bescheidene Schriftkenntnis besitzen, sehnen wir uns doch, dich, die du vom höchsten Lehrer – und nicht von einem Menschen – wahre und wunderbare Einsicht empfängst, andächtig anzuhören. Gott gieße dir jetzt ein, was du uns Dürstenden getreulich ausschenken möchtest. Lebe wohl.

170R *Hildegard an Priester (Mainz?)*

Das Flügelrauschen der Lebewesen spricht: O ihr, die ihr der Halt der Steine und der Gürtel um die verschiedenen Glieder der Menschen seid, hört, was ich euch sage: Lauft auf geraden Wegen zum Opferdienst des Gesetzes. Euer Leib sei um die Lenden gegürtet, wie es folgender Vers durch die mystische Gabe Gottes zeigt: „Gürte, o Held, dein Schwert um deine Hüfte" (Ps 45,4). Die Gottheit nämlich blickte auf den einfältigen Lebenswandel der demütigen jungen Frau und ruhte dort in der lieblichen

Keuschheit, die nicht die Lebenskraft <viriditas> irdischer Beziehungen berührte, sondern die himmlische Glut in ihrer Verborgenheit. Damals erstand ein wahrer Mensch gleichsam aus dem trockenen Erdreich, das kein Pflug umbrach und dessen Frucht nicht gesät wurde. Vielmehr brachte es durch die Glut der Sonne eine Blüte hervor. Daher ist der Held eben mit einem Schwert umgürtet, d.h. mit der reinen, durchdringenden und wahren Gerechtigkeit, denn in ihm wohnte nicht durch die Geringschätzung der Sünden der Brand des Fleisches. Doch wie ein Sohn aus dem Vater, ein Adeliger vom Adeligen, ein König vom König und ein jeder aus seinem Geschlecht ist, so sind die Priester von mir bestellt. So händigte auch der Vater seinem Sohn sein Vermögen aus, wie ebenfalls geschrieben steht: „Mein Erbteil ist Israel" (Jes 19,25), das zum Hohenpriestertum aus Barmherzigkeit, Gnade und Wahrheit zählt.

Diese Vollmacht ist euch durch mich übergeben, wie ein Kriegsheld, der ein großes Heer besitzt, es seinem Sohn überläßt. Daher sollen die Priester ihren Vater und Herrn nachahmen, indem auch sie ein Leben führen, wie Er es geführt hat: in der Beherrschung ihres Leibes. Hat aber ein Priester sich im Moder des Fleisches oder in der Zügellosigkeit der Genußsucht und Ausschweifung eine Schuld zugezogen, stehe er sofort auf und verlange nach einem Arzt. Er spucke sie aus, als ob er Gift getrunken hätte und halte sie nicht länger fahrlässig, d.h. wie einen Hausgenossen, in sich fest.

Hört also: Ein Herr besaß zwei Ländereien, die eine bewässert, die andere trocken. Auf dem bewässerten Land gab es viele verschiedene Handelsgeschäfte wie in Tarsus, Tyrus, Mazedonien und Äthiopien. Unter Tarsus versteht die schnell Vorankommenden, die in jeder Lage Gewinn erzielen und sich trotzdem abmühen; unter Tyrus aber jene, die sich in großer Not mühen und zuweilen schwerer Drangsal erliegen; unter Mazedonien jedoch, die unter Trockenheit leiden <aestuantes>, wie eine Frucht, die bald wächst, bald abnimmt. So deutet es auch ein Wolf an, der zuweilen verschlingt, zuweilen fahrenläßt, manchmal <die Beute> fortschleppt, manchmal erwürgt. Unter Äthiopien aber versteht die heimlich Schmausenden und die in verderblicher Gewaltherrschaft Schwelgenden und vor Unzucht Brennenden. In der trockenen Gegend jedoch waren begüterte Menschen. Sie besaßen die Schönheit von Kräutern und Blumen, die kein Mensch gesät hatte und verharrten in der Betrachtung ihres Herrn. Darin lag ein süßer Duft und lieblicher Klang, wie es in Abel dargestellt ist, der gut zu handeln begann, und in Abraham, der den Gehorsam aufzeigte, in Mose, der durch die eingeführten Opfervorschriften den Seelen Unterweisung gab, und im Gottessohn, der alles Gute vollendete. Diese Einsicht bezieht sich auf die Menschheit, die durch die Geburt von Kindern im Volk der Laien wächst, und durch die geistlichen Menschen abnimmt, denen es an Nachkommenschaft gebricht.

Doch Gott erwählte vorzügliche Lehrmeister zur Unterweisung des ganzen <super communem> Volkes. Und auch der Sohn Gottes kam als himmlischer Lehrer, wie geschrieben steht: „Siehe, der Herr wird auf einer weißen Wolke erscheinen, und mit Ihm Tausende von Heiligen; auf dem Gewand und auf seiner Hüfte steht geschrieben: König der Könige und Herr der Herrscher" (Dtn 33,2; Offb 14,14; 19,16). Denn der Gottessohn erschien wie in einer Wolke in der Unschuld eines einfältigen jungen Mädchens und setzte sein Zelt in die Sonne, als der Geist dieser Jungfrau wunderbar erleuchtet wurde, da sie sprach: „Siehe, ich bin die Magd des Herrn, mir geschehe nach deinem Wort" (Lk 1,38). Und so erhob sich in ihr eine hohe Säule über alle kommenden Geschlechter, als der Sohn Gottes „wie ein Bräutigam aus seinem Brautgemach hervortrat" (Ps 19,6). Er wurde von dieser überaus lieblichen Jungfrau gleichsam in einem süßen Schlummer mit liebendem Verlangen geboren, wie ein Bräutigam sich mit seiner Braut in seinem innersten Wesen liebevoll verbindet. Deshalb treten mit Ihm viele und bewundernswerte Tugendkräfte in Erscheinung, die die alte Gesetzeseinrichtung an guten Werken weit übertrafen. Und so steht auf seinem Gewand und auf seiner Hüfte geschrieben: „König der Könige und Herr der Herrscher" (Offb 19,16), weil sein Leib auf liebliche Weise von der Jungfrau hervorgebracht wurde <sudavit>, und nicht aus der Lende eines Mannes. So überragt Er alle Kreatur wie ein König, der den Menschen gebietet. Denn nicht die Sünde brachte Ihn hervor, sondern die überaus starke Kraft der Gottheit, die alle Geschöpfe kannte, bevor sie auf der Welt in Erscheinung traten. Daher verwaltete er auch selbst alle Gesetzeseinrichtungen für seine Glieder wie ein guter Verwalter, der dem ihm untergebenen Volk zeigt, was ihm in seinen Nöten helfen oder schaden kann, wie abermals geschrieben steht: „Du wirst sie mit eisernem Stab regieren, wie ein Gefäß des Töpfers zerschlagen" (Ps 2,9). Denn unter der überaus starken Kraft der Gottheit brach ein lebendiger Quell hervor, der an sich selbst die ganz lauteren und beständigen Gesetzesvorschriften aufzeigte. So befahl Er den Rechtschaffenen mit eisernem Stab Gerechtigkeit und zerbrach und stellte jegliches auf, wie es recht war, so wie ein Töpfer das eine Gefäß zerbricht und ein anderes schafft.

Nun aber hört, ihr meine Nachahmer: Vom Beginn des Zeitalters an hatte mein Volk Vorsteher und Lehrer. Warum zeigt ihr Unwillen, Frechheit und Unbeständigkeit in wankelmütigem Charakter und in stolzer Vielrederei, als schüfet ihr neue Himmel und elfenbeinerne Berghöhen? Diese Dinge zerstreut der Wind leicht, und sie werden von den Menschen zertreten, so daß ihr euerm Herzen sogar die zehn Talente und jenen Denar raubt, welcher der Lohn des Himmelreichs für rechtschaffene Menschen ist.

„Ergreift also die Zucht" (Ps 2,12), d. h. die gesetzlich verordneten Vorschriften für eure Glieder, und seid in euern Gedanken, Worten und Werken so, daß ihr rein seid wie eine Opfergabe beim priesterlichen Dienst. Hütet euch davor, daß keine giftigen Worte in der Eitelkeit dieser Welt unter euch fallen. Denn die Übertretung des Gesetzes ist euch nicht zuträglich. Tragt vielmehr das Licht des Glaubens in euern Händen – d. h. die Gesetzesvorschriften, die wie ein hoher Berg sind, auf dem ein aufgestelltes Licht nicht verborgen bleibt –, so daß alles Volk euch zuläuft. Haltet also Disziplin durch die Umgürtung eurer Lenden und leuchtet den übrigen Menschen durch gute Beispiele, denn ihr tragt den Stab, sie zu leiten.

„Seid daher auch eifrig darauf bedacht" (Jos 23,6), daß „der Herr nicht einmal zürnt, und ihr vom rechten Weg abkommt" (Ps 2,12). Ihr sollt nämlich nach dem Beispiel des Gottessohnes auf dem Weg der guten Werke wandeln. Sie alle wurden früher durch das Opfer der Rinder und Lämmer bezüglich eures Dienstes angedeutet. Doch im Alten Testament töteten sich die Priester nicht an den Lenden ab, denn keiner war ihnen als Beispiel mit gegürteten Lenden vorausgegangen. Jetzt aber leuchtet die Sonne der Gerechtigkeit auf. Wandelt also unter ihr und bewahrt eure Keuschheit. Denn am Holz des Kreuzes wurde für euch kein Kalb, Widder oder Opferlamm angeheftet, sondern der mächtige Gute Hirt wurde für euch zum Kreuzesleiden dahingegeben. Ihn ahmt in euern Werken nach.

„Zürnt jedoch gegen die Ungerechtigkeit, und sündigt nicht" (Ps 4,5; Eph 4,26), d. h. habt keinen Haß, keinen Neid, und übt keinen heimlichen <opprimentem> Druck durch den Spott eures Herzens aus, wenn ihr Menschen wegen der Torheit ihres Lebenswandels fallen seht. Salbt sie vielmehr in Barmherzigkeit, und weist sie in Sanftmut zurecht. Und treibt eure Selbsteinschätzung nicht bis zum Gipfel, als ob ihr wegen der Tonsur eures Fleisches heilig wäret, wenn ihr in euerm Herzen sprecht: Uns hat der Herr in Heiligkeit erwählt, und keiner darf uns durch den Gipfel an Tugend übertreffen. – Und warum verschmäht ihr das herrliche Antlitz an denen, die durch die Beschneidung ihres Herzens mein Gewand umfingen und durch meine Berufung <ordinatione> die Engel nachahmen, die Spiegel meines Antlitzes sind, so daß sie ihnen durch das Sterben für die vergängliche Welt nachfolgen? Denn ein Engel verkündete allem Volk das Heil. Doch auch bei Abraham, Jakob und den Stab Aarons verkündeten Engel das Heil des Volkes im voraus. Warum also könnten und sollten die Nachahmer der Engel und <Träger> meines Gewandes wegen der drohenden Notlage der Bedrängten nicht die Sorge um das Heil des Volkes tragen?

Ihr aber sollt im Kriegsdienst der Heiligkeit stehen; und „laßt euch auf euern Lagern <von Reue> erschüttern" (Ps 4,5), so daß die Demut in euch einen Turm mit den Fenstern der Tugendkräfte zu guten Werken und den Gewölben heiliger Heilkunst baut, für jeden nach seinem Maß. Und eure verborgenen Herzenskammern mögen sehen, welche Werke in euch sind. Sorgt also eifrig dafür, daß die Heiligkeit in euch Gold und nicht Blei sei. Denn Jakob wurde zum Gipfel der Glückseligkeit erhoben, Esau aber durch den Abstieg der Überheblichkeit gelähmt. So wird euer Geist nach beiden Seiten des geistlichen Lebens gedrängt. Nun aber erholt euch und erstarkt in allem Guten, damit ihr nicht erlahmt.

171 Hildegard an Abt Diether (Maulbronn)

Der weise Mann mit kühnem Auge <audacis lucis> spricht: „Ein Mensch, der zum Leben gelangen will" (vgl. RB, Prol. 42–43), muß seine Seele der prüfenden Betrachtung der lebendigen Augen aussetzen, weil Gott über solches Tun wacht. Denn wenn das Untertauchen im Geschlechtlichen um eines Menschen willen <cineree causae>, das verschiedene Vergehen ausspeit, eintritt, dann zügle der Mensch den Geschmack an seiner Vorstellung und verzehre sich in einem schwer erträglichen Werk der Abtötung. Er erhebe sich zur Morgenröte des Lichts, d.h. zur Barmherzigkeit, die den Tod niederstreckte und das wüste Innere der Hölle zerstörte, wo eben diese Barmherzigkeit die Vergehen der Menschen tilgte. So besitze der Mensch Aussicht <fenestras>, sich im Guten zu erneuern.

Doch du – großherzig in deinem Wollen – beachte, daß viele Strömungen in dir aufwallen und sich mit großem Getöse streiten. O starkes Band, erforsche die Brüste der wuchernden Laster. Stehe auch still nach dem Beispiel der Taube, beuge deine Knie, wenn du dich selbst besiegst. O lebendiges Ebenbild, erschließe die Klausur deines Geistes in einem schönen Antlitz, wie es sich in Gegenwart des himmlischen Königs für dich ziemt. Hüte dich auch davor, wegen der Strenge deines Mundes eine gewalttätige Geißel <plumbum: aus Bleikugeln> zu sein, wenn du nicht die Wunden der schmerzenden Narben salbst. Küsse vielmehr Gott in deinem Geist. Und deine Sehnsüchte mögen durch ihren guten Willen, rechte und gute Werke zu vollbringen, nicht erröten.

Jetzt aber werde dir Erquickung in deiner Mühsal <zuteil>. Und zügle in dir die weltlichen Interessen. Das Antlitz deiner Seele mache schön wie das der Taube, damit die Mauerspalten des himmlischen Jerusalem dich aufnehmen. Gott wird dich nicht verlassen, sondern dir die Wiederherstellung des Heils schenken.

172 Der Abt an Hildegard (Maulbronn)

Hildegard, der geistlichen Mutter und ehrwürdigen Schwester, <wünscht> H., Abt von Maulbronn – wenn doch mit Recht! – ewiges Heil vom Herrn.

Wir hörten Gutes über dich, o Dienerin Christi. Wir vernahmen es und statteten dem Spender aller Güter Dank ab. Ich richte daher, nicht ohne Hoffnung auf eine – wie auch immer beschaffene – Erhörung, einen Brief an dich und verlange dringend irgendeine besondere Fürbitte bei deinen Gebeten. Ich habe nämlich eine schwierige und beängstigende Aufgabe, d. h. die Leitung der Seelen, und bitte, ersuche und klopfe durch dich an, daß der Herr mir zur Fähigkeit und einem glücklichen Erfolg verhelfe.

Es sei dir aber nicht lästig und ungeziemend, mir dein Antwortschreiben zu senden, durch das mein Leib und die Seele erbaut, gestärkt und getröstet werden mögen. Lebe wohl.

173 Der Mönch Heinrich an Hildegard

Hildegard, dem prächtigen Ölbaum und der kostbaren Perle, <wünscht> Heinrich, nur dem Namen nach Mönch in Maulbronn, sie möge mit brennender Lampe dem himmlischen Bräutigam entgegengehen.

„O wie schön ist ein keusches Geschlecht und ruhmreich; unsterblich ist nämlich sein Andenken, denn bei Gott ist es bekannt und bei den Menschen" (Weish 4,1). Es ist offenkundig, daß du, Tochter des himmlischen Königs, aus diesem schönen und seligen Geschlecht hervorgegangen bist, wie die aufleuchtenden Tugenden anzeigen. Denn du offenbarst ja im Antlitz die Schönheit eines herrlichen Werkes des inneren Menschen. Von solch ähnlicher Anmut der Tugend stellt man sich deine Mutter vor, als du nach ihrem Vorbild Wolle und Leinen gewonnen und ein geknüpftes Gewand zum Bedecken deiner Seele gewoben hast. Man zieht nämlich ein geknüpftes Gewand an, wenn irgendeine gläubige Seele mit der Tugend der Liebe, in die vielerlei Figuren eingewoben sind, bekleidet wird. An diesem Gewand strahlt Demut und Gehorsam, Frömmigkeit und Enthaltsamkeit, Keuschheit des Leibes und Heiligkeit des Herzens wider, und schließlich abertausenderlei dem Erwähnten ähnliches. Mit dieser bunten Vielfalt der Tugenden angetan, stehst du zuweilen zur Rechten des himmlischen Königs wie jene prophetische Königin <von Saba>, wenn du den unermeßlichen Schatz der Weisheit gefunden, und daher den Glanz des ewigen Lichts den Sterblichen wie aus einer Meerestiefe gezeigt hast.

„Höre deshalb, Tochter, und sieh, und neige mir dein Ohr zu" (Ps 45,11), damit ich – weil die Liebe in Nächstenliebe besteht – durch deine Gebetsunterstützung Nachsicht für das erfahre, was ich in mir noch weniger vollkommen finde. Denn ich erkenne unzweifelhaft, daß du von dem besonders erhört wirst, in dessen Betrachtung zu verweilen dir oft widerfährt. Ich bitte auch – unbeschadet deiner Liebenswürdigkeit, Schwester und Herrin – mir etwas an himmlischer Ermahnung zu übersenden, damit du dadurch den Augen meines Herzens die Erinnerung an deine Heiligkeit vorhältst. Was noch mehr? Dem Leibe nach abwesend, dem Geiste nach gegenwärtig, grüße ich dich und bitte inständig, meiner – eines Sünders – zu gedenken, die du im Geist mit dem Apostel immer nach vorn ausschreitest. Lebe wohl.

173R Hildegard an den Mönch Heinrich (Maulbronn)

Der Schatten der Geheimnisse Gottes spricht: Der Wind weht, die Luft verändert sich und die Wolken ballen sich zusammen, so daß sie manchmal stürmisch, dunkel, weißglänzend und licht sind. So verhältst auch du dich, Soldat Gottes. Denn zuweilen lebst du in irdisch gesinnter Traurigkeit wie im Blasen des Windes, und zum Vergnügen vieler Nachstellungen des Teufels bist du gleichsam in veränderlicher Luft, und bei deiner unsteten Lebensweise wie in sich zusammenballenden Wolken. So ist dein Charakter zuweilen wüst wie im Sturm, erschreckt im Dunkel, liebevoll im weißen Glanz und gewinnend durch Heiterkeit.

Daher höre: Ein Hausherr stand auf einem hohen Berg und rief seine Knechte. Er sprach: Bezahlt eure Schuld. – Einer dieser Knechte stand vor ihm, ein anderer saß da. Der Stehende antwortete: Herr, ich komme von weither aus der Verbannung, wo ich die verschiedenen wechselnden Lebensweisen mit vielen Vergehen und Sünden kennenlernte. O weh, daß ich deine Gebote übertreten habe! Deshalb versichere ich eidlich aus Furcht vor dir und Liebe zu dir, daß ich von ganzem Herzen Buße tun will. Trotzdem aber habe ich wenigstens deine Sonne, Mond und Sterne immer in hohen Ehren gehalten und liebte sie. – Und sein Herr erwiderte ihm: Guter Knecht, ich nehme deine Antwort so an, während mich das Rad <meiner Macht> umkreist, und sage: Ich, der ich ohne Anfang und Ende lebe, will dich hochgeehrt über alles setzen, was du geliebt hast. Und meine Macht <possibilitas> wird dich nicht verurteilen, weil du mich unter Reue angerufen hast. – Der sitzende Knecht aber erwiderte verächtlich: Deine Sonne hat mich verbrannt, dein Mond beeinflußt <tetigit>, deine Sterne haben mich erdrückt, und selbst die Haare meines Hauptes sind von deinem Tau benetzt worden, und deine Regengüsse haben mich überschwemmt. Und von all dem behindert, konnte ich dich nicht anschauen. Daher weiß ich auch nicht, was ich sagen kann. – Und sein Herr antwortete ihm: Du ganz böser Knecht! Als ich Sonne, Mond und Sterne schuf, brauchte ich da etwa deine Hilfe? Und warum errötest du nicht, daß du mich so verwegen mit deinen Antworten triffst? Denn für all das verdienst du, daß man dich an

Händen und Füßen bindet und in die Finsternis wirft, bis du all dies abzahlst.

Und du, Soldat Christi, merke auf dieses Gleichnis. Der Herr, der auf jenem Berg wacht, ist Gott; so ist Er von allen als Gott anzurufen. Die Menschen spricht Er folgendermaßen mit seiner Ermahnung an: Ihr sollt nach euern Werken gerichtet werden. – Doch manche mühen sich zur Ehre Gottes, einige aber erlahmen in der Unlust des Widerwillens. Und diejenigen, welche Gott ehren, sagen: Wir gerieten über die Einflüsterung des Teufels beim Fall Adams ins Exil. Und bei unseren Arbeiten haben wir uns viele Laster zugezogen. Weinend beklagen wir die Übertretung. Um des Ruhms deines Namens willen aber versprechen wir, daß wir uns unserer Sünden enthalten möchten. Wir haben doch wenigstens deine Schönheit, deine Gerechtigkeit und die von dir übergebenen Schriften in Liebe geehrt. – Und der Herr, der unbegreiflich ist, lobt sie und setzt sie über viele Güter. Und Er verurteilt sie nicht, weil sie Ihn in Reue anriefen. Die aber aus Widerwillen gegen die Furcht Gottes erlahmen, sprechen: Deine Ehre hat uns in Bedrängnis gebracht, deine Gerechtigkeit verwundet, die Menge deiner Schriften hat uns erstickt, die Grünkraft deines Geistes hat die Lust unseres Herzens zerstört <evertit> und die Verschwendung <effusio> deines Eifers uns ermüdet. So können wir dich nicht in Freude anschauen und sind auch nicht imstande, uns zu entschuldigen. – Und der Herr sagt ihnen, daß sie unnütze Knechte sind und er bei seinen Rechtssprüchen ihrer Hilfe nicht bedürfe. Er fragt sie auch, warum sie sich nicht schämen, Ihn mit ihren verwegenen Worten anzugreifen. Darum muß man sie binden und den Peinigungen übergeben, bis sie alle Laster in sich genau untersuchen.

Du aber, o Soldat Christi, bedenke das auch bei dir selbst. Denn der stehende Knecht bezeichnet dich. Als du nämlich in der Welt lebtest, hast du wenig Gutes getan. Doch die Ermahnung des Heiligen Geistes hat dich erschüttert und zum Guten bekehrt. Hüte dich aber, den sitzenden Knecht nachzuahmen, d. h. nicht zu sagen, du würdest unter der Regel wie an der Sonne verbrennen. Und verachte das Leitungsamt nicht gleichsam im Mond, und werde der Gemeinschaft deiner Brüder nicht wie der Sterne müde. Die Ermahnung des Heiligen Geistes überführe nicht gleichsam im Spott des Geistes in Tau, und verschmähe Zurechtweisung nicht wie Regen. Umarme Gott vielmehr immer durch guten Willen in freier Wahl, und halte Ihn fest umfangen. Und du wirst leben.

174 Die Äbtissin an Hildegard (Metz, St. Glodesindis)

Ihrer überaus teuren Schwester in Christus, Frau Hildegard, <wünscht> N., die allerdings unwürdige Äbtissin von St. Glodesindis in Metz, Wohlergehen im wahren Heil.

Weil wir viel von Eurer Gunst und Euerm Wohlwollen erhoffen, wollen wir Euch nicht verhehlen, daß wir uns in großer Gefahr befinden, weil wir gezwungen sind, die Seelen vieler zu leiten. Dem sind wir nicht gewachsen. Daher bitten wir Eure Heiligkeit angelegentlich und flehen Euch im Herrn Jesus an, Ihr möchtet dafür Sorge tragen, unsern wankenden Unverstand mit einem Brief von Euch zu stärken und zum Handeln zu ermutigen. Sollen wir im uns auferlegten Gehorsam standhalten oder weichen, damit eine andere folgt und besser handelt? Der Herr Jesus würdige sich, Euch etwas darüber zu offenbaren.

Lebt wohl und bittet Gott für mich um Gottes willen. Und schreibt mir schnell, was Euch wohlgefällt.

174R Hildegard an die Äbtissin (Metz, St. Glodesindis)

Der Berg Sion ist hoch, und sein Schatten erstreckt sich auf die Täler und zeigt so seine Höhe an. Es gibt aber auch andere Berge in diesem Pilgerland, durch die dieses befestigt wird, und die für die Menschen schön anzusehen sind. Mit der Höhe des Berges Sion und der anderen Berge werden die Prälaten und Vorsteher, die eine Stütze der Kirche sind, bezeichnet. Die Jünger werden Töchter Sion genannt. Wenn dieser Berg aber einstürzen würde oder andere ihn zerstören würden, wäre das ein großer Schaden.

Daher treffe jeder, der ein Vorstehramt ausübt, rechte Vorkehr, wie er sich selbst zurücknimmt <deponat> und auf welche Weise er von andern beseitigt wird. Denn wie Berge für viele eine Verteidigung vor ihren Feinden sind, so sind die Vorsteher durch ihre Lehre und den Gehorsam, der ihnen im Hinblick auf Gott erwiesen wird, für viele eine Verteidigung vor den Nachstellungen ihrer Feinde. Deshalb werfe ein jeder Vorsteher die Zuchtrute, die er aus der Hand Gottes empfangen hat, nicht weg. Denn oft wird Lehm von Lehm verachtet, wie auch der Vorsteher durch die Jünger, und die Jünger durch den Vorsteher geläutert werden. Denn aus Furcht vor den Jüngern quält er sich ab und leidet unter den Quälereien unruhiger Jünger. So ahmt er den höchsten Meister nach, der ihm vorangegangen ist. Und dann wird er sagen: „Deine Gebote habe ich ihnen aufgezeigt" (vgl. RB 2,12), usw.; und auch: „Wer Ohren hat zum Hören, der höre" (Mt 11,15; Lk 8,8 u.a.). Daraus freilich lerne, weder wegen des wechselnden Gewölks deiner Jüngerinnen noch wegen des Überdrusses an deiner Mühsal zu fliehen. Denn viele fliehen mehr aus Überdruß an der Mühe, als wegen des Verhängnisses, daß sie ihre Jünger nicht umstimmen können.

Ein schöner Tag aber, den kein Unwetter verfinstert, ist voller Freude. Adam erlebte ihn vor dem Fall, doch der erste betrügerische Verführer verdunkelte diesen Tag durch seine Einflüsterung, in der sieben Fallstricke <plage> liegen, welche die Seelen verletzen.

Der erste Fallstrick ist der eitle Ruhm, der an sich rafft, was er weder verdient noch gesät hat. Und was ihm von Gott nicht gegeben ist, das verschafft er sich selbst. Das lehrte der erste Verführer, denn er hatte dasselbe getan; und daher sucht der eitle Ruhm Gott nicht. Der zweite aber besteht darin, daß der Mensch fühlt, daß er sündigen kann und infolgedessen das Ergötzen des Fleisches als Schatz für sich anhäuft. Und aus dem Geschmack daran küßt und umarmt er dieses Ergötzen. Einen dritten Fehltritt begeht er <ruinam aedificat> unter vielen Schmerzen durch seine wüsten Gewohnheiten. So lebt der Mensch derart, als ob Gott tot sei und auch kaum erwartet, daß er um Ihn weiß. Der vierte Fallstrick jedoch ist die Täuschung, in der der Mensch sich wegen der erwähnten Sünden entschuldigt und verteidigt, sie seien gar nicht so gefährlich, wie sie sich ihm zeigen. Und daher wird er so haßerfüllt gegen die Menschen, daß er keinem vertraut. Der fünfte ist der Stolz. Er behauptet, der Mensch könne sich wegen seiner irdischen Menschennatur nicht der Sünden enthalten. Darum sei es nicht entsprechend, daß er sich von den fleischlichen Begierden trenne. Dieses Gesetz stellt der Stolz sich selbst verwegen auf. Darum hat er auch keine Ehrfurcht vor Gott. Und der sechste Fallstrick besteht darin, daß der Mensch sein Heil beim Geschöpf sucht und von ihm erwartet, daß es ihm jedwede Ursache erklärt. So spottet er seines Schöpfers und erbittet nichts von Ihm, als könne Er ihm nicht helfen. Der siebte Fallstrick aber ist der Götzendienst, der den Teufel anbetet und Gott verachtet.

Und diese sieben Laster haben so etwas wie eine ihnen in allen Unternehmungen unterstehende Kampfschar, zahlloser als die Zweige eines Baumes, weil sie alle in der Übertretung des Eßverbots – Adam aß ja <den Apfel> – verborgen lagen. Deshalb sprach Gott zu ihm: „Zur Stunde, da du ißt, wirst du des Todes sterben" (Gen 2,17). Gott hatte ihm dieses Gebot deshalb aufgestellt, daß er nicht etwas ähnliches wie der Teufel tue, d.h., daß er nicht ohne Gebot sei, wie jener es sein wollte. Darum kann auch kein Mensch wegen der ersten Einflüsterung des Teufels, die Adam aufnahm, in diesem Leben sicher sein.

Darum, o Tochter Gottes, umgürte dich mit der überaus starken Waffenrüstung der sieben Gaben des Heiligen Geistes, mit der du dir diese sieben Laster unterwirfst, damit du von ihnen nicht verwundet wirst. Und wie ein erprobter Streiter erhebe dich daher, um sie durch tapfere Kämpfe zu überwinden, damit du so in Ewigkeit lebst. Gott möge dich deshalb, o Tochter, im Spiegel der Rettung sehen.

175 Hildegard an einen Priester (Metz)

Das Licht der Heimsuchung spricht zu dir: O Sohn der Erlösung, du mußt das feindliche Lager fliehen, das gegen dich auflodert, um deine Seele zu verwunden. Achte nun darauf, deine Verwaltung recht auszuüben, damit du vom Herrn nicht beschuldigt wirst. Zuerst „weiche vom Bösen und tu Gutes" (Ps 37,27). Dann beobachte den priesterlichen Dienst und das Gehorsamsgebot, und achte wachsam auf deine Seele; und du wirst in Ewigkeit leben.

176 Der Abt an Hildegard (Neuenburg)

Der heiligen Ordensfrau Hildegard <entbietet> E., nur dem Namen nach Abt der Neuenburger Brüder, was natürliche und übernatürliche <utriusque hominis> Zuneigung zu wünschen vermag.

Weil der Ruf von Eurer Heiligkeit alle Ohren mit angenehmem Klang berührt hat <respersit>, forderte er unsere Seele leidenschaftlich heraus, Euer Angesicht zu sehen. Daher bereitete ich im vergangenen Sommer die Kosten für die Reisezehrung vor, um den Weg zu Euch anzutreten. Doch von drohenden Kriegsunruhen der damaligen Zeit abgeschreckt, wagte ich nicht, zu kommen. Trotzdem schickte ich einen Boten mit einem Brief zu Euch. Bisher empfing ich durch ihn keine Antwort. Und damit das nicht als Nachlässigkeit des Boten ausgelegt wird <evenerit>, werde ich bei diesem <Schreiben> wiederum Selbstbeherrschung entfalten.

Zuerst danke ich aus tiefstem Herzen für die von Euch empfangene freundschaftliche Gemeinschaft; dann flehe ich, auf Eure Fürbitte auch in den drohenden Gefahren beim Herrn Hilfe zu finden. Weil ich nämlich in leitender Stellung durch irdische Beunruhigungen verleitet werde, nehme ich zum Hafen Eurer Heiligkeit und Fürbitte Zuflucht, daß ich dadurch – und vor allem – nicht der Sünde unterliege. Und wenn ich das auch eifrig erflehe, so bitte ich doch hauptsächlich, daß ich nach vollendetem Lebenslauf vom Herrn mit Leib und Seele auf Eure Bitten gerettet zu werden verdiene.

Unter diesen Ängsten lauert vor allen andern eine auf; für sie bitte ich auch Euch, den Herrn inständig anzuflehen: Schickt mir durch den Überbringer dieses Schreibens irgendein Unterpfand des Heils, durch das ich erfolgreich zu sein vermag und ein Andenken an Euch besitze. An Verlangen, zu Euch zu kommen, wird es mir nicht fehlen, bis ich es „wenn das Leben reicht" (4 Kön 4,16), im Werk erfülle. Lebt wohl.

176R Hildegard an den Abt (Neuenburg)

Dein Geist gleicht Gestirnen, die sich nicht von der Stelle rühren. Er hat sie da und dort verteilt. Doch durch Sturm und unheilbringendes Feuer und Regen wird oft eine Wolke aufgewühlt, bis dann die Sonne mit ihrer feurigen Kugel alles durchbricht.

Du empfindest Überdruß, weil du zweifelst, und willst dich wegen der verschiedenen Kämpfe um die Lebensweise der Menschen nicht anstrengen. Denn ein unerfahrener Soldat freut sich, Waffen zu tragen, weil er wegen seiner großen Kraft Kämpfer genannt wird, wenn seine Feinde gegen ihn streiten. Würde er sagen: Ich kann meine Feinde nicht überwältigen, und seine Waffen wegwerfen, bezeichnet man ihn als töricht wegen des Spotts der Menschen, da ja seine Waffen nicht in einem richtigen Kampf aufblitzen. Du aber, Meister, nennst dich wehrlos wie eine junge Schlange, die in einer Mauerspalte liegt, während du dich mit der Waffenrüstung nicht bemühst, die verschiedenen Unruhen unter den Menschen zu überwinden.

Doch so wird es nicht sein. Denn im ersten Zeitalter bestellte der Herr Verwalter und Statthalter für seinen ganzen Besitz, die ihm Rechenschaft geben sollten. Wenn aber ein Verwalter Güter empfängt, holt er sich Waffen und Pfeile herbei. Mit den Waffen der Heiligen Schrift unterweist er nämlich die Tobenden, und mit den Pfeilen der Aussprüche in den übrigen Schriften die Gottlosen, Arglistigen und Diebe . Wenn ihm jedoch trotzdem ein heftiges Unwetter mit Sturm, unheilbringendem Feuer und Wasser, mit Zorn, Gottvergessenheit und Übertretung der Gebote Gottes entgegentreten, gebe er nach, bis das Unwetter sich legt, und „wende ein Heilmittel mit der Sonne der Heiligen Schrift an" (vgl. RB 28,3), wie geschrieben steht: „Barmherzigkeit will ich, und nicht Opfer" (Hos 6,6; Mt 9,13; 12,7).

Die Barmherzigkeit erfordert Gebet, das Gott liebt und das der Heilige Geist zwischen uns und euch aufflammen lasse, damit es uns ins himmlische Jerusalem führe. Amen.

177 Die Äbtissin an Hildegard (Neuß, St. Quirin)

Ihrer geliebten Herrin und Mutter Hildegard <entbietet> die freilich unwürdige Äbtissin der Schwestern in Neuß das so wenige an Gebet und
Dienstbereitschaft in tiefster Ergebenheit.

Weil wir nicht daran zweifeln, daß Eure Heiligkeit das umlaufende
Gerücht über unsere Stellung – wie sie sich von dem, was sie leider vergeblich sein wollte, zu dem gewandelt hat, was sie vorher war – vernommen habt, flehen wir, Ihr möchtet uns Eure Gebetsunterstützung um
Gottes willen um so geneigter und beharrlicher gewähren, je mehr wir
jetzt mit verunsichertem Herzen durch die Mühsal der Belastung, die um
uns entstand, von verschiedenen Leidenschaften <motibus> hin- und her-
getrieben und geängstigt werden.

Wir wissen nämlich, daß Gott „bezüglich seiner Pläne mit den Menschenkindern furchterregend ist" (Ps 66,5). Daher fürchten wir uns zwar
vor seiner verborgenen Strenge, doch niemals vor ungerechten Urteilen,
und empfehlen unsere Herzenssache auch Euch, der wir mehr als allen
Sterblichen vertrauen, und Euern ehrwürdigen Schwestern völlig an. Und
von ganzem Herzen sehnen wir uns nach einem Antwortschreiben von
Euch. Lebt wohl.

177R(?) Hildegard an die Äbtissin (Neuß, St. Quirin)

O Dienerin Gottes, laufe mit dem Streben deines Herzens auf der Kreisbahn der Sonne und verlange <anhela> – wegen deiner Sünden aufseufzend – nach Gott. Wirke gute Werke, bevor sich deine Tage <dem Ende
zu>neigen, wo du dann nicht <mehr> wirken kannst. Betrachte auch jenen
Verwalter, der bei seinem Herrn in Verruf kam und die Schulden der
Schuldner seines Herrn beim Aufschreiben verringerte.

So sollst auch du handeln. Denn wenn du deinem Dienst nicht gut nachgekommen bist, stehe deinen Töchtern durch Rat helfend bei. Und sei für sie in einer Regung des Erbarmens wie ein entsprechender Regen, der über die Pflanzen kommt und viele Frucht hervorbringt. Und du wirst durch Buße und Erbarmen klüger als die Kinder des Lichts, d. h. als die gefallenen Engel sein; denn diese wollten das nicht tun.

Wenn du nämlich diese Werke tust, dann werden sie dich nach deinem Tod in die ewigen Wohnungen aufnehmen. Denn würdest du die Erde richtig umpflügen und hättest einen entsprechenden Regen, wärest du ein grünendes Land. Der Tau nämlich, durch den du keimen solltest, versiegt in dir, und du drehst dich im Kreis mit einem Rad, von dem du behauptest, es sei dir zum Heil. Es ist jedoch zu Asche geworden.

Nun aber kehre den Pflug mit der Kenntnis der Heiligen Schrift gegen dein Herz und erhalte Regen durch Seufzer der guten Absicht. Und halte den Tau des Segens durch die glückliche Gewöhnung an gute Werke fest. Das aber sollst du vor dem Tag deines Todes tun, damit du in Ewigkeit lebst.

178 Ein Bruder an Hildegard (Otterberg)

Der geistlichen Mutter, Frau Hildegard, <wünscht> Bruder S., letzter der Brüder in der Gemeinschaft von Otterberg, aber vor allen durch Sündenbefleckung herabgewürdigt <offuscatus>, sie möge mit Martha mit geistlicher Nahrung aufwarten und mit Maria nach den Freuden des himmlischen Lebens verlangen.

Ich frohlocke vor Freude, o geistliche Mutter, daß Ihr vor dem Herrn unserm Gott Gnade gefunden habt und die Lampe Eurer glückseligen Seele wegen seines Kommens – ohne in Lauheit zu ermüden – bis jetzt durch das Feuer des Heiligen Geistes brennend erhalten habt.

Weil Ihr daher, o Mitwisserin Gottes, mit den Klugen Jungfrauen durch unversehrte Keuschheit viel vermögt und das Auge der Kontemplation stets auf die göttliche Klarheit geheftet habt, bittet Euch also meine schüchterne Ergebenheit, Ihr möchtet Sorge tragen, das Angesicht des Herrn, das ich allzusehr durch das Brenneisen meiner Verkehrtheit erzürnt habe, mit Euern so wohlbegründeten Bitten zu besänftigen. Ich bin nämlich sicher, daß „Gott, unsere Zuflucht und Stärke" (Ps 46,2), sich gern herabläßt, Euer Flehen für mich zu erhören und mich um seiner Güte willen – nachdem der Geist der Lästerung, von dem meine gar unselige Seele umringt ist, weit weg getrieben wurde – um Euretwillen gerechtfertigt – nicht auf ewig dem Schwanken überläßt.

Aber auch folgendes erflehe ich von Eurer reichlich fließenden Güte: Schickt meiner Wenigkeit durch den Überbringer dieses Briefes ein Antwortschreiben Eurer Heiligkeit. Sagt Euern heiligen Frauen, die die monastische Disziplin beachten, so viele Grüße von mir, wie im Hause Gottes ewige Wohnungen sind. Lebt wohl.

178R Hildegard an einen Bruder (Otterberg)

Dein Geist fliegt umher wie ein Vogel und ordnet und sondiert jedwedes Unternehmen, das er angeht. Denn dein Beginnen war geheiligt, weil die Gnade Gottes dich so durchtränkt, daß du die Tugenden und vieles andere Gute zu fassen vermagst.

Manche aber sind wetterfühlig <ventosi> und besitzen mit Hilfe der Sinnlichkeit Wahrnehmungsvermögen für Grünkraft und Feuchtigkeit der Erde, und auch für Luft und Wasser. Denn Gott sprach, wie es Ihm gefiel, ein „Fiat" (Gen 1,3; 1,6), durch das alle Kreatur in ihrer Art hervortrat, wie geschrieben steht: „Ein einziges Mal sprach Gott, zweimal vernahm ich es; denn die Macht ist Gottes, und dir, Herr, ist Barmherzigkeit zu eigen, weil du jedem nach seinen Werken vergiltst" (Ps 62,12–13). Denn durch sein Geheiß hat Gott alles erschaffen. Und das tat Er ein einziges Mal, als Er das „Fiat" sprach. Und darunter verstand auch Er ein zweites, nämlich, daß es eine große Vollmacht war, daß Gott dem Menschen ein Gesetz gab. Von daher ist Ihm, der alles beherrscht, auch das Erbarmen zu eigen. Denn durch seine Menschwwerdung vergilt Er das, was zu vergelten ist, weil Er einem jeden die Sünden vergibt, der sie in Reue sieht und erkennt. Doch denjenigen, der sie nicht sehen und erkennen will, verwirft Er und überläßt ihn der gerechten Vergeltung seiner Taten.

Den ersten Engel nämlich, der sich zu Unrecht erhöhte, schleuderte Gott in den Pfuhl des Unglücks, und auch den ersten Menschen schickte Er wegen der Torheit eitlen Ruhms in den Kerker dieser Welt. Denn keines seiner Werke schuf Er vergeblich. Der erste Engel besaß nämlich bedeutende Erkenntnis und Klugheit. Doch wegen seiner großen Bosheit wollte er seinem Herrn keine Ehre erweisen; und so stürzte er zu Boden und verblieb in diesem Zustand. Der Mensch jedoch fiel durch den Genuß einer Speise. Darum bot sich der Sohn Gottes als Opfer für dessen Sünde an. Wenn daher der Mensch, der sich durch Wissen um Gut und Böse erinnert, viel gesündigt zu haben, zu Gott aufseufzt, wird er von neuem durch die Reue in Gott wiedergeboren.

Du aber, o Sohn, erfahre dies bei Tag und Nacht, damit du in Ewigkeit lebst.

179 Hildegard an Abt Philipp (Park)

O Vater, bei all deiner Nachlässigkeit fürchtest du Gott und liebst Ihn, so daß du wegen mancher unnützer Dinge zu Ihm aufseufzst. Eile zum Quell des lebendigen Wassers und wasche nicht nur dich, sondern auch andere Schwache, die du verwundet siehst. Höre nicht auf, ihnen den Wein der Reue einzugießen und sie mit dem Öl der Barmherzigkeit zu salben.

Darin ahmst du nämlich den nach, welcher der lebendige Quell und das unversehrte Rad ist. Er ergreift die Sünder, die ihre Zuflucht zum Beistand seiner Barmherzigkeit nehmen, und richtet, die Ihm widersprechen, durch scharfes Urteil. Die Laufbahn dieses Rades jedoch kann kein Berg erreichen, denn sein Schatten ragt über alle Höhen empor und kann auch von keinen niedrigeren <Bergen> verdunkelt werden, weil er alles überragt. Denn Gott lebt durch keinen andern, sondern nur aus sich selbst. Deshalb hat Er keinen Anfang und kein Ende. Wer immer auch darum zum Beistand seiner Gnade Zuflucht nimmt, wird niemals die Glückseligkeit des ewigen Lebens verfehlen, sondern von neuem vom lebendigen Gott durch den Funken seiner Erlösung auferweckt. Denn Er will nicht den Tod des Sünders, sondern daß er durch Ihn zu leben beginnt.

Jetzt aber, o gütiger Vater, der du Stellvertreter Christi bist, nimm diese

Frau – d. h. Ida – auf, die ihre verborgenen Wunden noch nicht ganz offengelegt hat, und pflege sie und alle, die ihre Zuflucht zu dir nehmen, sorgsam mit dem Heilmittel der Buße, damit du im Rad der Dreifaltigkeit auf ewig lebst.

179R Abt Philipp an Hildegard (Park)

Phi<lipp>, durch Gottes Gnade Abt der Gemeinschaft von St. Maria genannt, die sich in Park bei Löwen befindet, <wünscht> H<ildegard> von Bingen, der ehrwürdigen Meisterin der Mägde Gottes, das Gut des ewigen Heils.

Glaube, ehrwürdige Mutter, glaube, von Gott Geliebte, daß ich dich hochgeachtet habe, seitdem ich durch ein rühmliches Gerücht von deinen Tugenden, mit denen die göttliche Güte ihre Magd wunderbar verherrlicht hat, Kenntnis erhielt. Von dir handelte häufig unverdrossen meine Lobrede, du warst sehr oft der Betrachtungsstoff meines Herzens. Dafür zeugt die Mühe der Reise, die ich auf mich nahm, um dein verehrungswürdiges Antlitz, d. h. den Spiegel deines erleuchteten Geistes zu schauen, und mit dir von Mund zu Mund sprechen zu können. Gott sei Dank, ich erlangte die Wonne deiner Gegenwart, die ich gesucht und <mir> so lange gewünscht hatte. Und du hast mir Unwürdigem die Begegnung <consortium> mit dir im Gespräch nicht verweigert.

Doch es schmerzt mich, daß ich meinen Brüdern willfahrte, die mit mir gekommen waren und keinen längeren Aufenthalt bei dir – wie ich es wollte – zuließen. Doch hoffe ich, mich noch deiner im Herrn zu erfreuen, ob in diesem Leben oder danach, wenn ich kraft deiner Gebete in die anmutigen Gefilde des Paradieses eingegangen bin. Bete daher, ehrwürdige Mutter, bitte für mich, der die Gnade Gottes in dir liebt und ehrt, und für die Gemeinschaft der Brüder und Schwestern, die ich zu leiten habe, damit uns der Herr Frieden und Eintracht gewähre, die Sünden nachlasse, und uns beharrlich in seinem Dienst mache.

Bezüglich der Büßerin Ida aber gehorchte ich deinem Willen, den ich für Gottes Willen halte, und legte ihr eine Buße auf für die Sünde, die du ihr auf Gottes Offenbarung ungeschminkt <ad purum> enthüllt hast.

340

Doch weil sie aus Altersschwäche entkräftet und von vorgeschriebenen Bußübungen schon lange Zeit aufgerieben ist, bitte ich, du möchtest ihr zu ihrer Erleichterung gewähren, was du erkennst und für ihre Seele nützlich erachtest. Lebe wohl.

180 Hildegard an Abt Philipp (Park)

Der Glaube an Gott, den der Mensch durch die Einhauchung des Heiligen Geistes in brennendem Herzen trägt, ist gar herrlich, wenn er in der Umarmung wahrer Liebe das Unsichtbare wie das erfreuliche Sichtbare umfängt. So ist es auch löblich von dir, daß du dich aus Liebe zu Gott gewürdigt hast, mich schwache und ungelehrte Frau aufzusuchen und anzuhören. Ein Wind blies nämlich von einem hohen Berg und brachte mit seinem Wehen vor geschmückten Bürgern und Türmen eine kleine Feder in Bewegung, die aus sich selbst keine Fähigkeit zum Fliegen, sondern nur durch den Wind besaß. Zweifellos gedachte Gott dies zu tun, um zu zeigen, was Er durch ein Wesen <per rem>, das von sich nicht das geringste erwartete, zu wirken vermag.

Ihr aber, die ihr mannhaft im Prophetendienst steht, mit dem die Sorge des apostolischen Amtes verbunden ist, gewährt mir eure Gebetshilfe, damit ich in der Gnade Gottes zu verharren vermag. Ihr habt mich bis jetzt vor euch auf meinem Krankenlager darniederliegen sehen. Denn ich behielt keinerlei Sicherheit in mir und habe all meine Hoffnung und mein ganzes Vertrauen auf die Barmherzigkeit Gottes gesetzt.

Nun aber, o Vater, der du an Christi Stelle stehst, trage Sorge für die Schafe seiner Herde mit dem Stab der Gebote Gottes, mit denen du sie zurechtweisen und lenken sollst, damit sie sich nicht in Hochmut erheben. Dieses Laster gleicht einer Stadt, die keineswegs auf Fels gegründet ist, und daher zusammenstürzt und zerstört wird, weil sie kein festes Fundament besaß. Salbe auch häufig die von irgendeinem Laster verwundeten Sünder mit dem Öl der Barmherzigkeit, damit sie nicht in der bösen Gewohnheit der Sünden übel riechen wie Lazarus, der vier Tage begraben war. Und richte unter all den Deinen das Horn des Heiles – d. h. der wahren Demut – auf. Diese Tugend gleicht einer saphirblauen Wolke, durch die

die Sonne mächtig hindurchstrahlt. Dadurch ahmst du die wahre Sonne nach, den Sohn der Jungfrau, der in tiefster Demut zur Erde niederstieg und in ihr auch zur Rechten des Vaters aufstieg. Entferne von ihnen auch die böse Gewohnheit, zu sündigen, und bemühe dich, sie auf diese Weise wie ein Halsband mit Edelsteinen zu schmücken, damit ihr – du mit ihnen und sie mit dir – zur ewigen Freude gelangt.

Jetzt aber mache dich die Gnade des Heiligen Geistes zu einer Leuchte der wahren Liebe für den allmächtigen Gott, der dir auch für die Hilfe, die du mir an Leib und Seele erweist, ewigen Lohn zu verleihen geruhe.

181 Hildegard an Abt Philipp (Park)

O guter und getreuer Knecht Gottes! Du erforschst sehr ängstlich die Ursache und Bedeutung des kürzlich gezeigten Vorzeichens Gottes, das allein im Wissen des Geistes Gottes existiert, der keinen Anfang hat und mit dem kein Geschöpf vergleichbar ist. Höre, was ich dir auf diese Frage antworte.

Was dir widerfahren ist, schaue ich wie einen Ast, der sich in viele kleine Zweige gabelt. Denn es ist nicht allein um deinetwillen geschehen, sondern auch wegen der dir Untergebenen und vieler anderer, damit die Herzen aller, die dies hören, erschrecken und sie ihre Nachlässigkeiten bessern. Nur mit Furcht und Zittern sollen sie die Gottesdienste feiern, damit sie nicht dem Gericht Gottes oder dem Spott der Dämonen mit der Zulassung Gottes unterliegen. Denn ich sah auch, daß dies alles gewissermaßen durch den Spott der Luftgeister geschehen ist. Von Gott war es gleichwohl wegen der oben genannten Gründe zugelassen.

Daher, liebenswerter und gütiger Vater, laß dich nicht verwirren. Sage vielmehr Gott Dank, wenn sich um deinetwillen einige, die das hören, bessern. Und zögere darum nicht, den priesterlichen Dienst noch weiter auszuüben, sondern bemühe dich – durch Bekenntnis und Buße gereinigt – Gott durch die Meßfeiern zu dienen.

Nun also, Diener Gottes, freue dich und frohlocke im Herrn ohne Ängstlichkeit, denn Gott selbst liebt dich und wird deine Seele aufnehmen.

182 Der Abt an Hildegard (Pfalzel?)

Seiner Herrin Hildegard, die sich durch ein ehrenwertes Ordensleben auszeichnet, <entbietet> H., unnützerweise Abt von St. Maria genannt, den –
wie immer beschaffenen – Dienst der Fürbitte und die fromme Zuneigung
geschuldeter Dienstbarkeit.

Wir würden lieber persönlich mit Euch sprechen als einer Abwesenden
schreiben, wenn uns Zeit zur Verfügung stünde, oder die Länge des Weges
unserm Wunsch nicht entgegenträte. Weil wir ja einmal einen – wenn
auch kurzen – Zuspruch von Euch erhalten haben, möchten wir Euch häu-
fig<er> hören, denn damals gefiel uns, was wir gehört haben. Bei dieser
Gelegenheit aber, Euch zu schreiben, faßten wir Zuversicht, weil der von
uns beiden in Christus geliebte Briefüberbringer, wie er es in andern Klöstern tat, so auch, als er bei uns weilte, Eure Seligkeit unseren armseligen
Gebeten empfahl und versicherte, Euch mit dieser Botschaft zu bestürmen.
Daher gedenken wir Eurer und werden Eurer gedenken, obgleich wir
nichts sind, und flehen mit gedemütigtem Herzen und Leib, daß wir mit all
den Unsern Eure Vermittlung verdienen möchten.

Durch den aber, dem Ihr Euer Leben weiht und von dem Ihr auch das
Angeld des Geistes empfangen habt, verlangen wir diese besondere und
verborgene Gabe, daß Ihr Euch bemüht, durch die Vertrautheit mit dem
Wirken vom Herrn zu erlangen, daß Er sich herablasse, Euch unter den
übrigen Gnadengaben der Offenbarung den Stand unserer Demut kundzutun, nämlich, ob Er voraussieht, daß ich bei diesem Dienst der Würde
und Bürde, der Bevorzugung und Gefährdung, das Heil der Seele erwerbe,
oder ob Er vorhersieht, daß es für mich nützlicher sein würde, davon befreit zu werden. Und wenn Ihr etwas an Offenbarung darüber erhaltet,
lasse Eure Liebe es sich nicht verdrießen, unsere Traurigkeit mit einem
Schreiben dieses Inhalts durch den Briefüberbringer zu trösten.

Denn auch wir dürsten – wie gesagt – nach Euerm Heil und wünschen
sehr, daß der Herr Euch bei der Größe der Offenbarung Zuwachs an der
nötigen Demut verleihe, damit Ihr die Lampe, die Ihr brennend vom Himmel empfangen habt, von solcher Leuchtkraft für die Menschen bewahrt,
daß Ihr mit Hilfe eines niemals versiegenden Ölkrugs Christus, den Ihr erwartet, glorreich entgegeneilen könnt, wenn Er kommt.

183 Der Verwalter an Hildegard
(Regensburg, St. Emmeram)

Der heiligen Magd Christi, Hildegard, <wünscht > A., der unwürdige Verwalter des Klosters St. Emmeram zu Regensburg, Beharrlichkeit in allen vom Vater der Lichter verliehenen Tugenden <bonis>.

Wir sagen dem Herrn unserm Gott Dank, der seine Kirche wunderbar geschmückt hat, indem Er dich ihr schenkte. Durch dich rühmen sich herrlich alle Gerechten, und die bisher Verzweifelten freuen sich beglückt, weil sie hoffen, durch dich mit Christus versöhnt werden zu können. Daher hat mir der vorsprechende Briefbote, der – wie er versichert – bis jetzt die Hoffnung auf sein Heil aufgab, kürzlich sein Elend geklagt und mich beschworen, ihn mit einem Empfehlungsschreiben zu deiner Heiligkeit persönlich zu schicken.

Deshalb, o Dienerin Christi, empfehle ich ihn deiner Güte und deinem Mitleid, und bitte flehentlich, dich um der Liebe des allmächtigen Gottes willen mit allen Kräften und mit allen, die dir gehorchen, um seine Rettung zu bemühen. Außerdem, o von Gott Geliebte, flehe ich deine Heiligkeit <almitas> demütig an, du wollest auch mich und alle mir Anvertrauten in deinen unablässigen Gebeten Christus empfehlen, der die Belohnung und der Vergelter der Mühen seiner Heiligen ist. Amen. Lebe wohl.

183R Hildegard an den Abt
(Regensburg, St. Emmeram)

„Der ist" (Ex 3,14; Offb 1,4) spricht: O Mensch, du mußt überall umherschauen, um diejenigen, die deinen Schafen nachstellen, zu verscheuchen. Sieh auch zu, daß du die Narben ihrer Wunden untersuchst, denn viele Nebelwolken gehen in der geistlichen Gemeinschaft um. Und diese Nebel sind voller Laster. Wenn der Teufel sie in irgendeinem Menschen sieht,

344

sendet er eilends mit Spott seine Überredungskunst zu ihm aus und erschreckt ihn mit fliegenden Pfeilen.

Diese Nebel bestehen aus Unlust und Unglaube durch Laster, die Qualen nach sich ziehen und nicht Genuß <epulas>. Denn wo sie sind, sind Traurigkeit – und selten Sieg – und vertrocknete Adern in diesen Menschen, wenn sie ihre Sünden in der Unruhe ihres Geistes untersuchen und stets auf das Unglück blicken, als ob sie nicht gerettet werden könnten. Auch stehen sie im Widerspruch zur Herrlichkeit Gottes; doch nicht so, als ob es Gott nicht gäbe, sondern als ob ein Nebel ihre Einsicht gefangennehme und ihnen das mit trügerischen Worten einrede. Doch wenn der Mensch trotzdem Widerstand leistet, weiß er, daß das nicht so ist. Er nimmt es vielmehr nur in sein Wissen auf, wie das Gehör des Menschen schändliche Worte vernimmt, von denen er doch weiß, daß sie schlecht sind. So machen sie diese <Nebel> oft sozusagen zu Märtyrern, wenn der Mensch ihre Laster nicht durch Werke vollendet.

Jetzt, o Mensch, der du dazu bestellt bist, deine Schafe zu beaufsichtigen, untersuche mit dem Auge deiner Erkenntnis, wo diese Nebel in deiner Herde sind. Dann salbe die Menschen mit Barmherzigkeit und Trost, die unter diesen Qualen leiden. Doch züchtige ihre üppigen Vergehen mit der Zuchtrute, damit sie nicht in die Grube fallen. In deinem Gewissen blitzt nämlich das funkelnde Schwert auf, aber in deinem Verhalten gibt es Verwirrungen. Du aber schaue zum wahren Licht auf, und du wirst leben.

184 Hildegard an die Äbtissin (Regensburg–Niedermünster)

Gottes Wille hatte mich gleichsam zum Zeichen für den Tod niedergestreckt, als ob meine Seele sich aus dieser Welt wegsehnte. Doch die Gnade Gottes hat mich nun durch eine ungewöhnliche Gabe ein wenig aufgerichtet.

Doch geheimnisvolle <Worte> Gottes sagen dir – wie ich in wahrer Schau sehe – folgendes: Wer in meinem Namen irgendeinem Leidenden zu Hilfe eilt, dem wird meinerseits für die löbliche Handlung Hilfe zuteil.

Dein Geist aber glüht, als ob er von brennendem Öl besprengt sei. Darum wirst du zuweilen von Schmerz geplagt, als ob du nicht wüßtest, was du zu tun vermagst.

Lebe nun in Gott und ertrage deine Last mit aller Hingabe, soweit es in deinen Kräften steht. Und Gott möge bewirken, daß du in seinem Dienst ausharrst.

185 Die Äbtissin an Hildegard (Regensburg–Niedermünster)

R., durch Gottes Gnade demütige Verwalterin der Dienerinnen der hl. Maria zu Regensburg <entbietet> ihrer besonderen Freundin Hildegard, was immer beständiges Gebet und Hingabe an den entsprechenden Dienst bewirkt.

Wenn mir Zeit und Gelegenheit, Euch zu dienen, geraubt wird, benutzt meine Zuneigung schließlich das Hilfsmittel, durch die Übersendung eines Briefes möglichst schnell von Eurer Unversehrtheit an Seele und Leib <utriusque hominis> zu erfahren. Ihr wißt, Teuerste, obzwar mich steile Berge und abgründige Wasser Eurer Gegenwart entreißen, eint sich doch mein Herz mit Euch durch das Wohlwollen vollkommenen Vertrauens und der Liebe. Eure wünschenswerte, zum Heil des Wünschenden glückbringend erwünschte Bekanntschaft schreibe ich nicht meinen Verdiensten zu, sondern der uneigennützigen Güte Gottes, der als Gütiger gütig mit seinen Gläubigen verfährt.

Glaubt aber dennoch, daß ich Eure Freundschaft nicht mißbrauche, weil ich es voll genieße, wenn ich – durch die Gnade Gottes zum Verlangen nach innerer Süße berufen – mit Ihm manches vertraulicher zu besprechen wage und vermag. Nächst dem Trost dieser Liebe laßt mich bitte durch ein zuverlässiges briefliches Zeichen erfahren, ob – gemäß meiner Bitte und Verabredung – die Erinnerung an mich bei Euch etwas bewirkt hat.

Mit Eurer Gunst und Erlaubnis grüße ich – so aufrichtig und liebenswürdig wie möglich – unsere Schwestern im Gehorsam geschuldeter

Dienstbarkeit, die im Geist der Stärke Gottes die Kraft der Tugend ergriffen und tapfer für mich einstanden und mich sozusagen – nachdem Eure guten Taten vorangegangen waren – aus dem Schweben in Todesgefahr der Gesundheit zurückgaben. Lebt wohl.

185R Hildegard an die Äbtissin (Regensburg–Niedermünster)

O Tochter Gottes, tritt in der Gestalt des ersten Menschen <Adam> an deinen Vater heran, und blicke so auf Ihn, daß du seinen Willen erfüllst; denn Er hat dich erschaffen. Vor kurzem nämlich ermahnte Er dich durch eine Züchtigung. Und wegen eines Anlasses, den ich in dir sehe, wird Er dich weiter um einer schlechten Gewohnheit willen ermahnen. Sie zu meiden, ist gut für dich.

Schaue auch du auf Ihn und offenbare Ihm all deine Wege. Ahme die Taube der kindlichen Liebe <pietatis> nach. Sie ist Zeuge eines jeden guten Werks und verbannt alle Traurigkeit ob der Mühsal. Du aber lerne daraus, ein reines Herz zu haben. Und wenn dein Geist unruhig umherschweift und vieles in Angriff nimmt, was du nicht vollenden kannst, dann stehe fest und lerne Mäßigung. Denn auch die Taube ist maßvoll und beständig. Sucht dich nämlich ein heftiger Zorn heim, dann blicke auf den reinen Quell der Geduld. Der Zorn wird sich bald legen und der Ansturm und Strudel der Wasserflut weichen, denn die Taube ist geduldig. Doch wenn du Überdruß empfindest, so daß eine Regung der Natur dich schüttelt, dann bedenke die Verbannung dieses Lebens und daß du auch das andere Leben erwartest und herbeisehnst. Tu das gemäß der Traurigkeit der Taube, und mach dir alles Nützliche anderer guter Menschen zu eigen <collige>. Lebe nach dem Beispiel der Taube, damit du ewig lebst.

186 Die Äbtissin an Hildegard (Regensburg–Obermünster)

Der ehrwürdigen und in Christus überaus hochzuschätzenden Mutter Hildegard <entbietet> E., wenn sie etwas ist, dann durch Gottes Gnade, nämlich – allerdings unwürdige – Äbtissin in Obermünster zu Regensburg, die Gebete, die sie in der Zuneigung aufrichtigen Vertrauens und der Liebe <zu verrichten> vermag.

Meine Seele sehnt sich sehr danach, Euer Angesicht, geliebte Herrin, zu schauen, und meine Ohren sind schon lange Zeit gespannt, die Worte Eures Mundes zu hören. Wegen meines großen Verlangens grüßte ich auch einmal Eure Heiligkeit brieflich. Doch ich empfing kein Antwortschreiben.

Daher bitte ich und flehe – demütig aus der Ferne zu Euern Füßen hingestreckt –, Ihr möchtet Euch herablassen, mir durch den vorsprechenden Boten wenigstens auf die beiden Anfragen zu antworten, nämlich, ob von einer Angelegenheit, die mein Herz überaus hart mitnimmt, irgendeine Gefahr zu befürchten sei, oder ob man auf die Barmherzigkeit Gottes hoffen solle. Ich möchte Euern Rat über die mir anvertraute Fürsorge erfahren, auf welche Weise und wann ich von ihr befreit werden kann.

Immer wieder flehe ich Eure Liebe kniefällig an und verlange dringend: Wenn es in Euch irgendein herzliches Erbarmen gibt, laßt es Euch nicht verdrießen, die übergroße Not, die mein Herz bedroht, mit Euerm Schreiben zu mildern.

186R Hildegard an die Äbtissin (Regensburg–Obermünster)

O Tochter Adams! Gott ist jene Vernunft, die weder Anfang noch Ende hat, und durch die der Mensch vernunftbegabt ist. Und dieselbe Vernunft ist in ihm beseeltes Leben, das nie versiegt.

Nun aber sieh und beachte die Heilige Schrift, die ihren Ursprung in der Wurzel des Heiligen Geistes hat, und auch in der Vernunft, die Gott ist, verfaßt ist. Die Heilige Schrift ist nämlich ein Spiegel, in dem wir durch den Glauben Gott erblicken, denn unser Widersacher wacht und schläft nicht. Daher müssen wir mit ihr gegen ihn kämpfen und dürfen Gott nicht versuchen, sondern müssen Ihn hingegeben anbeten. Der Teufel weiß nämlich und sieht, daß der Mensch wechselhaft und von widersprüchlichem Charakter ist. Darum gesteht er ihm nicht zu, in der ruhigen Lebensweise des Friedens ungestört zu leben. Denn oft will der Mensch wie im Ungestüm von Gott erfahren, was ihm zu wissen nicht erlaubt ist, und dadurch gibt er den Dienst Gottes auf. Darüber freut sich der Teufel sehr, denn er sieht ihn in doppelter Hinsicht versagen. Solches Erforschen ist wirklich töricht, wie auch das, was bei einem falschen Propheten erfragt wird; und bei all dem darf man Gott nicht versuchen, sondern muß Ihn anbeten. Der Teufel nämlich richtet oft aus seiner wütenden Bosheit Pfeile gegen das Herz des Menschen, mit denen der Mensch Gott verletzen soll <confundat>.

Ein heiliger <beatus> Mensch aber will dies weder tun noch ihm zustimmen. Er lebt darunter vielmehr wie mit einem Todesleiden. Der Mensch unter der Erbsünde aber sündigt von Natur aus. Bereut er es dann und gibt das Sündigen um der Ehre Gottes willen auf, widersteht er dem Teufel im Glauben. Gott aber wird jenen Menschen nie verlorengeben, der Ihm den größten Teil seiner Sünden zeigt; den kleineren Teil der Sünden aber erläßt Er ihm.

Jetzt aber, liebreiche Tochter, nimm die dir anvertraute Fürsorge so aufrichtig wahr, daß du sie nicht aus Überdruß oder Mühsal aufgibst. Und sieh zu, daß du recht darauf achtest, ob du gut oder schlecht über die Ortskirche denkst. Denn es wird dir als schwere Sünde anhaften, wenn du nicht recht darauf achtest. Ein Baum voller Blüten ist nämlich schön anzusehen. Aber wenn seine Frucht zum Essen reif wird, ist er noch weit nützlicher. Das Verlangen, gut zu handeln, erfreut das Herz des Menschen wie Blüten. Doch der Eifer für das Werk, d. h., wenn die Frucht zu wachsen beginnt, ist viel besser. Verrichtet der Mensch aber gute Werke, erscheinen die Früchte reif. Und seine guten Werke verschaffen ihm die Speise des Lebens auf der ewigen Weide, wenn er aus diesem Leben auswandert.

Daher, gute Tochter Gottes, vollende dein gutes Verlangen in guten Werken. Und wenn deine Seele den Leib verläßt, strahle dir ein überaus herrlicher Lohn von Gott auf. Das möge dich die Gnade Gottes lehren.

187 Der Priester Bertolf an Hildegard (Reutlingen)

Hildegard, der würdigen Meisterin der Bräute Christi, <entbietet> B<ertolf>, durch Gottes Gnade – freilich unwürdig – Gottes Priester und ein Sünder, die fromme Gewißheit tiefster Hochschätzung und jeder Art von Dienstbarkeit.

Ich bin meines Lebens überdrüssig, weil ich von Bitterkeit erfüllt bin. Und da ich durch die Verzögerung eines Vorhabens, um das du, heilige Jungfrau, weißt, manchen meiner treuen Freunde noch hinhalte, ist mein Weg – um prophetische Worte zu gebrauchen – von allen Seiten von Dornen und einer Mauer umzäunt. Gleichwohl weise ich die Peitschen, die Israel über alles belehren, durchaus nicht zurück; doch weil sie mit der Versuchung keinen Erfolg zeitigen, gerate ich sehr in Furcht, zu erliegen und nicht zum Ziel meines Vorhabens zu gelangen. Nicht als ob mein Herz allzusehr auf deine Tröstung vertraut, nach der ich oft Ausschau halte, und sich unter Sünden und Trübsalen freut!

Deshalb, gottgeweihte Jungfrau, seufzen wir alle – nächst Gott – zu dir auf und bitten gar sehr, suchen und klopfen an, du wollest keinesfalls von den gewohnten Fürbitten ablassen, bis der barmherzige Gott sich würdigt, dir den für uns bestimmten Wohnort, oder wenn dir das als Versuchung Gott gegenüber scheint, jetzt wenigstens einen <von der Welt> abgeschiedenen Orden für uns zu offenbaren <insinuare>. Wir glauben, daß kein Zweifel besteht, daß Gott dies durch dich geregelt hat. Du bist in der Sache erfahren. Denn „nichts geschieht auf Erden ohne Grund" (Jiob 5,6).

Und daher suche keine Ausflucht, auf die dir von Gott bestimmte Weise – zur Fürbitte verpflichtet – uns alle vom Abirren der Unentschlossenheit zu befreien, wie du meine Seele nach der Absicht des verborgenen Gottes zum Teil aus Nöten befreitest. Übrigens möchte ich sehr gern dein Buch darüber und über anderes abschreiben.

187R Hildegard an den Priester Bertolf (Reutlingen)

Überaus lobwürdig und wunderbar ist es, daß ein Pilger zum Vaterhaus eilt. O welch großer Schmerz und welch große Trauer entstehen dann unter seinen Mitbürgern und Bekannten, die mit ihm tafelten und spielten! O wie sehr erröten die Ausgelassenen, daß ihr Kumpan das Fäßchen im Stich läßt, das er mit ihnen herbeischaffte!

Bedenke, daß du vom Auge des Lebendigen in großem Verlangen vorausgeschaut bist, wie der gütigste Vater sein Schaf sucht. Gefährten, die untätig weit voneinander sitzen, halten miteinander Frieden. Ein starker Kämpfer aber lebt in großen Unruhen. Stehe fest auf dem rechten Weg, bereite deine Seele für den Kampf mit denen zusammen, die stets in der Gesandtschaft des Königs kämpfen.

Schau: Wenn eine geflügelte Hornisse sich von ihre Gefährtinnen enfernen, nach oben schauen und zur Sonne zu fliegen beginnen würde, fiele ein ganzer Schwarm jener Insekten über sie her und wollte sie erdrücken. Doch die Sonne würde sie mit ihrem Licht schützen, so daß sie sie nicht mehr sehen könnten, und so entkäme sie. Dann käme jener ganze Schwarm in Verwirrung <scandalizaretur>, und sie würde so eine tüchtige Kämpferin werden. Gott reiche dir seine Hand, und du mögest in Ewigkeit leben, wo die Sonne sich nicht verfinstert.

188 Die Priester Konrad und Bertolf an Hildegard (Reutlingen)

Hildegard, der vertrauten Freundin Gottes und vor allen Zeitgenossen zu bewundernden Jungfrau, <wünschen> die unwürdigen Priester K<onrad> und B<ertolf> von Reutlingen, sie möge – wie sie begonnen hat – in Gottesfurcht und -liebe verharren, und die Finsternis der Welt durch das lebendige Licht, das sie schaut, unablässig erleuchten.

Wir jubelten und freuten uns über das, was uns gesagt wurde, d. h., daß sich eine tröstliche Botschaft einstellen werde. Und wir warteten voller Hoffnung. Und du hast dich noch nicht um uns angenommen. Deshalb waren wir traurig und standen bereit für die Gnade Gottes, „der jene nicht verließ, die auf Ihn hofften" (Jdt 13,17).

Jetzt aber wurden wir wie Getröstete, weil du uns geboten hast, dir einen Gesandten zu schicken. Wahrhaftig, weil wir dich, von Gott Geliebte, erinnern möchten, auf welche Weise wir den Dienst dieses Hilfsmittels, das wir wie unerfahrene und verwöhnte Soldaten anwenden möchten, mit berechtigter Hoffnung beschleunigen, flehen wir dich, heilige Mutter, demütig an, deshalb „den Helfer zu gelegener Zeit in der Bedrängnis" (Ps 9,10) inständig für uns anzurufen, daß Er unsere Wege lenke, da wir – nächst Gott – auf dich vertrauen.

Wir sagen das nicht, als ob uns übermäßig Bedrückte dieses Tun reue, sondern damit deine Heiligkeit beim barmherzigen Gott irgendeinen Trost, den unsere Sünden verhindern, für uns Schwache erlange, damit wir nicht ermatten. Wir wagen es nicht, dir darüber etwas Genaueres mitzuteilen. Im Gegenteil: Wir wollen dem inwendigen Richter die Art <der Erhörung> unserer Bitte überlassen, der weiß, was einem jeden frommt. Er selbst sagt nämlich: „Euer himmlischer Vater weiß, was ihr nötig habt, bevor ihr bittet" (Mt 6,8). Er weiß und hört nicht auf, den Einzelnen die entsprechenden Heilmittel zu ihrer Zeit darzubieten. Nur das kann man dennoch ausrufen: Weh, wehe dem irdischen Interesse <cause>! Wann, glaubst du, wird es sich vor dem lebendigen Auge verbergen?

Im übrigen grüßen wir Euern Vorsteher und Eure Schwestern, und alle, die bei dir leben, im Herrn, und bitten ergeben, sie möchten unsrer, seiner Armen, eingedenk sein.

188R Hildegard an die Priester Konrad und Bertolf (Reutlingen)

Das Lebendige Licht spricht: O ihr starken Kämpfer! Ihr erklärt die Widersprüchlichkeit der Doppelzüngigkeit selbst für unrecht. Hört: Von welcher Art sind jene, die durch Pilgerschaft das Leben suchen und sich in der Verbannung dem Anteil entfremden, den sie um Gottes willen verlassen haben? Denn die Hände der Tätigen bereiten sich stets Reichtum. O wie groß ist die Heiligkeit, die bei einer tödlichen Seuche das Verderben niedertritt! Daher erwächst aus der Vernichtung der Sünde eine schöne Blume, die Gefährtin der Engel ist.

Ihr aber, o Söhne der Pilgerschaft, lauft und kommt <transite> zu mir, und verschafft euch viele Reichtümer; denn das lebendige Auge, das immer in den Spiegel der Taube schaut, sieht auf euch. Müht euch jetzt, und werdet wegen des Ekels an einer enttäuschenden unrechten Handlung nicht müde. Denn die Sonne des Tages hat euch das ewige Leben bereitet. Lauft eifrig zu Gott, denn sein Tag kommt.

Und jenen Menschen, der wegen seiner Unschlüssigkeit bei vielerlei Wechselfällen wie wogendes Wasser durch viele Stürme gehemmt ist, laßt ebenso in Ruhe wie einen Baum, den man nicht gleich einer Rute biegen kann, weil sein Wille eifrig auf die Sorge um sein Wohl achtet. Doch auf diese Weise mag er über sich selbst nachdenken. Wenn kein schuldhaftes Vergehen in ihm brennt, sorge er selbst für sich.

Ihr aber, die ihr mich liebt, lauft zu mir, denn ich nehme euer Seufzen wahr wie leuchtendes, haltbares Gold, und euer Herz <sehe ich> froh und voll Verlangen nach Güte <benevolentia>. Tretet also wie starke Hausknechte den Kampf an. Denn die in der Verbannung leben, können – solange sie noch im Leibe weilen – des Sieges nicht sicher sein. Vielmehr müssen sie die ungesunde Luft der schiffbrüchigen Welt fliehen und die Säule ihres Herzens mit dem Eckstein befestigen.

Daher, o starke Kämpfer, ermüdet nicht wegen der Unbeständigkeit des Leibes <instrumenti>, denn Gott sucht seine Schafe unter den Wölfen.

189 Hildegard an den Priester Konrad (Reutlingen?)

Der Geist der Wahrheit spricht durch seine geheimnisvolle Gabe: Einen Menschen, der Wunden an sich trägt und sie mit Öl bestreicht, es aber nicht vertragen kann, daß Wein in seine Wunden gegossen wird, möge der

Arzt oft mit Barmherzigkeit salben und nicht den stinkenden Eiter in ihm belassen, weil der Aussatz vom himmlischen Arzt beseitigt wird, wenn der Mensch sich einem Priester zeigt.

Viele aber kommen in der Umnachtung ihres Geistes zu mir. Sie wollen nicht mit wachen Augen erforschen, welche Heilung es für ihre Wunden gibt. Sie wollen mich vielmehr mit einer Zunge, die widersprüchliche Worte hervorbringt <sudantem>, berühren. Und ihre innere Einsicht begreift mich nicht; so erzieht sie sie zu einer gewohnheitsmäßigen Übertretung in den alten Lastern ihrer Trunkenheit, die sie verschlingt. Doch sie sagen: Wir haben die Bitterkeit der Zurechtweisung getrunken und unsere Schuld getilgt. – Und so wollen sie ihre bösen Wege nicht verlassen.

Sicherlich müssen diese angebunden werden, damit sie sich auf den Wegen der Welt nicht entfernen können, weil sie ihre Fehler nicht aufgeben wollen. Ein Mensch aber, der stets mit Schmerz seine Bosheiten aufgibt, so daß er nicht so oft in den schmutzigen Sünden versinken will, soll nicht auf die eben erwähnte Weise angebunden werden. Vielmehr werde er in seinen Schmerzen gesalbt, an welchem Ort er sich auch befinden mag. Denn der große Arzt treibt die Wachenden an, weist die Schlafenden zurecht und tötet die, die in ihren Bosheiten verharren. Daher, o du Arzt, sieh für diese beiden Fälle vor, was die dringende Notwendigkeit erfordert.

190 Abt Eberhard an Hildegard (Rom, St. Anastasius)

Der im Herrn geliebten, frommen Schwester Hildegard, durch Gottes Gnade Meisterin im Kloster des heiligen Rupert, <entbietet> E<berhard> – Abt von St. Anastasius genannt – Gruß und Gebete.

Ehre sei Gott, daß du „ein Wohlgeruch Christi" (2 Kor 2,15) bist, sowohl unter den Deinen als auch bei den Unsrigen. Der edle Name Christi, der in dir geheiligt wird, wird gepriesen und in dir gelobt. Denn du verherrlichst und trägst Christus in deinem Leib, und erweist dich würdig des erhabenen Rufes, der an dich erging, indem du mit der Gnade, die dir im Hause des Herrn verliehen wurde, mitwirkst und dich allen „als ehrenhaftes Gefäß" (Röm 9,21) darstellst.

Und weil du ein vertrautes Werkzeug Christi und Gefäß seines Geistes bist, flehen wir dich in demütiger Bitte an, du möchtest im Geist und in der Wahrheit für mich und diejenigen beten, die unserer Sorge anvertraut sind. So vollende Er, was Er in uns begonnen hat, und kraft seines Wohlwollens auch das Wollen und Vollbringen, damit wir ebenfalls den Wettlauf des guten Kampfes in Christus vollenden und uns allesamt in seinem Lob rühmen.

Im übrigen bitte ich, daß der Geist, der das Geheime und Verborgene seiner Weisheit enthüllt, dir anzeige, was mir beim Tragen der Last des Gehorsams Christi zuträglich ist, nämlich, auszuhalten, oder auszuruhen, um seiner Betrachtung zu obliegen. Verhehle mir nicht, was immer dir darüber gesagt wird, denn „mein Herz ist bereit, Gott, mein Herz ist bereit" (Ps 57,8; 108,2), „deinen Willen zu tun" (Hebr 10,7; 9).

Das Buch, das Ihr geschrieben habt, um für uns <etwas> aufzuschreiben, haben wir als Euern Rat und Beistand nötig und <sind> guten Willens. Wir möchten es nämlich zu gern besitzen und die Wundertaten Gottes in ihm betrachten.

Außerdem bitte ich inständig: Möchten wir durch ein Antwortschreiben von Euch heimgesucht und in der Mühsal und Geduld für Christus an der Brust der Tröstungen Christi durch Euch getröstet werden. Lebt wohl. Grüßt Eure Schwestern. Und betet für uns.

190R Hildegard an Abt Eberhard (Rom, St. Anastasius)

„Der ist" (Ex 3,14; Offb 1,4), sagt zu dir, o Mensch: Dein Geist erhebt sich voll Verlangen durch vermeintlich gute Werke, so daß du dich in die Höhe reckst und mehr ersehnst, als du tust. Doch manchmal täuscht dich dein eigener Geist, wenn du deine Angelegenheiten siehst und sprichst: Sie stehen bestens. Doch verrichtest du sie nicht augenblicklich. Und so schüttelst du auch diese Angelegenheit, die du als Plan in deiner Hand hältst, von dir ab. Beende daher das Hinhalten deiner Herde und gib ihr Vorschriften, d. h. zeige ihr die Rute des Meisters, und dann wende die Salbe des Arztes an. Denn es ist nützlicher für dich, in der Mühsal wachsam zu bleiben und die andern, die durch deine Lehre als Untergebene dienen, nach deinem Wunsch zu leiten <exerceas>, als dich selbst. Denn wenn du dich unterwerfen würdest, würde dich Überdruß umwallen, so daß dein Herz vertrocknet. Deshalb wache über deine Herde und gib ihr gute Beispiele, die deine Seele ja ersehnt, damit deine Absicht <mens> nicht dem Spott verfalle. Denn einer, der auf der Höhe steht und ins Tal ruft, weiß schließlich zuweilen in beiden Richtungen nicht, wohin er gehen soll.

Daher verharre in Beständigkeit, so daß du mit der Hilfe Gottes die Werke vollbringst, die du begonnen hast. Und bleibe in den Fußspuren Christi, damit du dich nicht selbst täuschst; und du wirst ewig leben.

191 Der Abt an Hildegard (Rothenkirchen?)

Im Amt eines armen Prälaten <entbiete ich> meiner Herrin und Mutter H<ildegard> von St. Rupert in Bingen die Zuneigung vertraulicher Liebe und des Gebets.

Wie die Schar der Gläubigen laut verkündet, ist es nichts Außerordentliches, daß Ihr Gott sucht und findet, denn Er erscheint Euch ja, weil Ihr ungeheuchelten Glauben an Ihn besitzt. Und was noch wichtiger ist, dank seiner Gunst und Gnade habt Ihr Ihm eine unberührte Kindheit geweiht, und von da an in Heiligkeit und Gerechtigkeit, nämlich als Gefäß der Auserwählung, bis jetzt vor Ihm gelebt. Und zweifellos erachtet Euch der, der Euch zu einem solchen Wandel bestimmt hat, und – was das Wichtigste ist – die Geheimnisse seiner Mysterien durch Euch kundtat, auch der Erhörung würdig, wenn Ihr für irgend jemanden in seinem Namen bittet.

Und ich glaube sicher, daß das, was Euch betrifft – was ich auch gehört und teilweise gesehen habe – unumstritten göttlich und heilig ist. Und ich kann aus keinem Grund daran zweifeln, weil ich weiß, daß Gott nichts unmöglich ist. Denn Gott wollte und konnte einst – wie durch weissagende Männer, so auch durch heilige Frauen – die Geheimnisse seiner Gottheit kundtun. Das bezeugt Joel: „Ich will – sagte er – meinen Geist über alles Fleisch ausgießen, und eure Söhne und Töchter werden weissagen; aber

auch über eure Knechte und Mägde will ich von meinem Geist ausgießen"
(Joel, 2,28–29). Ferner liest man, daß Debora, Hulda, Anna (die Mutter Sa-
muels), Elisabet (die Mutter Johannes' des Täufers) und andere Gott treuergebene Frauen den Geist der Prophetie besaßen, und doch verheiratet
waren. Um wievielmehr Ihr, die Ihr – der Schwäche des Fleisches ledig –
von den Jahren der Kindheit an für Gott die Keuschheit bewahrt!

Unermeßlichen Dank erstatte ich, Herrin, dem allmächtigen Erbarmen,
daß ich verdiente, ebensoweit zur Kenntnis Eurer Seligkeit zu gelangen.
Daher klopfe ich demütig an Euerm mütterlichen Herzen an, Ihr möchtet
Trostworte vermittels Eurer Schreiben an mich richten und den heftig
unter Stürmen Schwankenden – wie Ihr es öfter mündlich getan habt – so
auch jetzt zur Bekräftigung der Erinnerung schriftlich aufrichten.

191R Hildegard an den Abt (Rothenkirchen?)

Dein Geist gleicht einer schneeweißen Wolke, die über eine luftige Wolke,
hinter der die Sonne aufblitzt, hinaussteigt. Und zeitweilig ähnelt er auch
einer aufgewühlten Wolke, die Sturm bringt. Denn die schneeweiße Wolke
ist der Überdruß eines umherschweifenden Geistes, die luftige Wolke aber
<bezeichnet> das Streben nach reiner Erkenntnis durch Geduld, die Glau-
ben besitzt. Die aufgewühlte jedoch bringt durch unruhige Gedanken die
Verwirrung großer Traurigkeit.

Vernimm nun, daß die schneeweiße Wolke Luft hat, die weder kalt
noch warm ist und in der keine nützlichen Gewürzpflanzen wachsen. Die
reine Luft spendet Tau, gleichmäßige Wärme und Regen, durch die Rasen
und Blumen wachsen. Die aufgewühlte Wolke aber enthält Luft vom Norden, die alles Grün welken läßt und von der die Blüten abfallen.

Fliehe nun davor, stehe fest und bleibe in der reinen Luft. Und in einem
Leben, das dir unbekannt ist, gedenke deines Schöpfers und fliehe nicht
vor Ihm, wenn du Ihn nicht mit dem Auge erkennst. Von diesem Leben
duftete auch dein Geist, als die Seele aus ihm hervorging. Die Seele vollbringt nämlich Taten und prüft sie, ob sie gut oder böse sind. Und für diese

Werke ist der Geist eine Mühle von stärkster Kraft. Du aber errichte das Bauwerk guter Taten, damit – wenn das Kreisen deiner Seele zum Stillstand kommt – sie dieses Bauwerk finde. Trifft sie dieses aber nicht an, geht sie ins Verderben. Daher wache auch eifrig, bevor der Schatten deines Hinscheidens naht. Das Feuer des Heiligen Geistes möge dir dabei beistehen.

192 Hildegard an den Nonnenkonvent (Rupertsberg)

Der Herr spricht zu seinen Töchtern: In der Vorzeit inspirierte der Heilige Geist gewisse Menschen unter einigen Völkern, die noch nicht voller Hinterlist waren. O, o, o! Danach setzte Gott die Weisheit in die Morgenröte. Ach, ach, ach! Und Er erschuf ein Werkzeug in sich selbst, nämlich den großen Berg der Gerechtigkeit. Wehe, wehe, wehe! Jetzt ist die Gerechtigkeit des Berges durch die gefräßige Schlemmerei der Irrenden zu einem Lebenswandel wie ein Schattenbild geworden. Doch du, o starker Berg, wirst nicht so gänzlich dahinschwinden, sondern dich zu den Fenstern des Himmels erheben, da viele Adler auf dich blicken werden.

O großes Gut <res>, das in keiner Verordnung verborgen lag, so daß es von niemandem geschaffen noch erschaffen wurde, sondern aus sich selbst besteht. O Leben, du erstandest in der Morgenröte, in der der große König die Weisheit, die in der Vorzeit in einem weisen Mann wohnte, barmherzig sichtbar machte. Denn die Frau ging durch die Bresche des alten Verführers in den Tod ein. O Trauer, o Betrübnis, o Wehklagen, die durch die Frau entstanden!

O Morgenröte, das hast du in Gestalt der ersten Frau <coste> getilgt. O Frau <feminea forma>, Schwester der Weisheit, wie herrlich bist du! Denn starkes Leben erstand in dir, das der Tod niemals ersticken wird. Dich hat die Weisheit so erhoben, daß alle Geschöpfe durch dich für einen besseren Teil ausgerüstet wurden, als sie ihn zuerst erhalten sollten. Daher:

Lied an Maria

O frischgrünes Reis, sei gegrüßt!
Im unbeständigen Wehen des Forschens der Heiligen
bist du erschienen.
Als die Zeit kam,
da du erblühtest an deinen Zweigen,
da wardst du gegrüßt mit „Ave, ave",
denn Sonnenglut schwitzte aus dir hervor
einen Duft von Balsam.

Denn in dir erblühte die schöne Blume,
die Duft verlieh allen Gewürzen,
die dürre geworden.
Und alle prangten in sattem Grün.
Die Himmel träufelten Tau auf das Gras,
die ganze Erde ward fruchtbar.
Ihr Schoß brachte nämlich Korn hervor,
und Nester bauten auf ihr
die Vögel des Himmels.

Da wurde den Menschen Speise bereitet,
und groß war die Freude der Tischgenossen.

Darum fehlt es dir nicht an Freude,
o liebliche Jungfrau.

Dies alles hat Eva verachtet.

Doch jetzt sei dem Höchsten Lob!

Alleluia-Vers zu Ehren Marias

Alleluia!
O Reis, du Vermittlerin!
Dein heiliger Leib hat den Tod besiegt,
und dein Schoß erleuchtete alle Geschöpfe
durch die liebliche Blüte,
die der versiegelten Keuschheit dein
in zarter Unberührtheit entsproß.

Was bedeutet das?

Antiphon zu Ehren Marias

O du vom göttlichen Glanz
erleuchtete lichte Jungfrau Maria!
Vom Worte Gottes erfüllt,
woraus erblühte dein Leib,
da Gottes Geist in dich einging,
der in dir wehte und aufgesaugt hat,
was Eva davongetragen
durch der Reinheit Verlust,
und durch den Einfluß des Teufels
sich Ansteckung zuzog.

Wunderbar hast du in dir geborgen
das Fleisch ohne Makel
nach göttlichem Ratschluß,
als in deinem Leibe erblühte
der Gottessohn.
Ihn brachte hervor die heilige Gottheit –
wider des Fleisches Gesetze,
die Eva geschaffen –
im göttlichen Schoße vermählt
der Jungfräulichkeit.

Vernimm also, o Mensch, dieses Wunder:

Responsorium zu Ehren Marias

Gegrüßet seist du, Maria,
o Urheberin des Lebens!
Durch den Wiederaufbau des Heils
hast du den Tod in Verwirrung gebracht
und zertreten die Schlange,
nach der sich Eva, von Stolz gebläht,
gereckten Halses hat ausgestreckt.
Du hast sie zertreten, als du gebarst
den himmlischen Gottessohn,
den der Geist Gottes eingehaucht.

O süße und liebenswerte Mutter,
gegrüßet seist du!
Du hast deinen Sohn,
vom Himmel gesandt,
der Welt geboren,

den der Geist Gottes eingehaucht.

Ehre dem Vater und dem Sohn
und dem Heiligen Geiste,

den der Geist Gottes eingehaucht.

Was heißt das?

Responsorium zu Ehren Marias

O herrliche Mutter
heiliger Heilkunst,
du hast durch deinen heiligen Sohn
Öl gegossen
in herbe Wunden des Todes,
die Eva zur Qual der Seelen verursacht.

Vernichtet hast du den Tod,
indem du das Leben erbautest.

Bitte für uns bei deinem Sohn,
du Stern des Meeres, Maria!

O lebensspendendes Werkzeug
und festlicher Schmuck,
du Süße jeglicher Wonne, die niemals versiegt in dir!

Bitte für uns bei deinem Sohn,
du Stern des Meeres, Maria!

Ehre dem Vater und dem Sohn
und dem Heiligen Geiste.

Bitte für uns bei deinem Sohn,
du Stern des Meeres, Maria!

Antiphon zu Ehren Marias

Heute hat uns erschlossen
ein verschlossenes Tor,
was in der Frau die Schlange erstickte.
Darum leuchtet im Morgenrot
die Blüte der Jungfrau Maria.

Antiphon zu Ehren Marias

Weil den Tod hat bereitet also die Frau,
hat ihn die lichte Jungfrau vernichtet.
Und darum ruht der höchste Segen
vor aller Schöpfung
auf der Gestalt der Frau.
Denn Mensch geworden ist Gott
in der lieblichen, seligen Jungfrau.

Responsorium zu Ehren Marias

O wie kostbar ist die Jungfräulichkeit
solch einer Jungfrau,
deren Pforte verschlossen ist
und deren Schoß die heilige Gottheit
mit ihrer Glut durchflutet hat,
so daß eine Blüte in ihr erwuchs.

Und Gottes Sohn ging verborgen hervor
wie das Morgenrot.

Daher hat der liebliche Sproß,
welchen darstellt ihr Sohn,
durch den Verschluß ihres Leibes
eröffnet das Paradies.

Und Gottes Sohn ging verborgen hervor
wie das Morgenrot.

Die Erde möge es hören, die Elemente erzittern. Weshalb? Weil alle Kreatur die Geburt dieser Jungfrau mit Freude aufnahm, so daß die Himmel
wie im Morgenrot erglühten wegen der Offenbarung der Tugendkräfte
und der leuchtenden Stärke, die in ihnen aufscheinen, weil die Sonne der
Wahrheit alle Heiligung der Seelen in dieser Jungfrau aushauchte.
O meine Töchter, hört also auf mich, den lebendigen Quell, der euch
sagt: Heilige, erlesene Grünkraft sei in euch, und nicht die Überredungskunst des Teufels, die Gott unter schändlichen Wunden aufgibt. Diese
Worte sieht das gutwillige Auge und hört das gutwillige Ohr, doch ein stei-
nernes Herz nimmt sie nicht auf. Es verläßt Gott und umfängt den Teufel,
während es einen hohen Turm in der Unterwelt baut. O gute und rechte
Wünsche, welchen Glanz besitzt ihr, wenn euer lieblicher Wohlgeruch zu

Gott emporsteigt! Doch sehr hart wird es dem Menschengeschlecht, seiner Lust an irdischen Dingen zu widersagen.

Meine Töchter sollen deshalb folgende Worte vernehmen: Die erste Sünde <malum> erstickte durch die Frau das Werk des Menschen, indem sie ihn verwegen versuchte. Den Berg mit den Türmen, auf dem die Vorbilder rechten Strebens erscheinen sollten, verbannte sie in den Jammer. Denn der feindselige Räuber und betrügerische Ratgeber kam und hüllte dieses Streben in die Schwärze eines raschen Verbrechens und die Scheußlichkeit der Entehrung, so daß es nicht rein sein konnte. O, o, o Geschöpf! Wehe, wehe, wehe der Welt! Ach, ach, ach der verderblichen Lust, die zum Tod gekrümmt war, als sie vom Himmel getrennt und in die Unterwelt versetzt wurde, wo der Teufel sie ausspie, als er die Unschuld erwürgte.

Doch der Sohn Gottes stand von dieser dunklen Lust ab, die nicht durch das Licht hindurchgehen konnte, und kam auf einem anderen Weg, auf dem es keine betrügerische Natur gab. Und so erstand durch Ihn die Unschuld. Und auf diese Weise führte Er – indem er diese Fesseln sprengte – die Söhne Adams, die aus verderblicher Lust geboren waren, heraus. Er zog sie durch die Wunden der am Holz des Kreuzes eingeschlagenen Nägel an sich, mit denen sie an die Kette des Geschmacks am bösen Tun, an die Brüste der Bosheit und die Süßigkeit der Sünde gebunden waren.

Daher, meine Töchter, müßt ihr euch immer im Gedenken an diesen meinen Sohn um eurer eigenen Interessen willen kreuzigen, damit ihr nicht wegen des betrügerischen Tyrannen versagt. Und unter euch möge nicht das Schäumen bitteren Zorns, der lodernde Geist des Hochmuts noch die Eitelkeit wachsen, welche die Würde der Heiligung abschneidet, damit ihr nicht von mir abfallt, sondern eure Freude in mir vollkommen, das himmlische Reich euer Lohn und heiliger Friede unter euch sei.

O ihr Töchter Jerusalems, der große Arzt und der höchste Eifer für das Gute will euch ergreifen, und niemand kann euch von ihm trennen. „Wachst also und mehrt euch"(Gen 1,22; 28 u.a.) auf den Bergen und Hügeln der Heiligung durch die heiligste Gabe Gottes. Darum sättige die Erde den, der euch segnen will, mit Segnungen. Und wer euch fluchen will, sei nach gerechtem Urteil verflucht. Denn ihr seid mein Spiegel.

Doch „was denkt ihr in euern Herzen" (Mk 2,8)? An mir liegt es, was ich in euch zur Vollendung bringen will. Was ist das? Das, was recht ist. Das Geschenk der Gnade erfülle euch also, damit ihr nicht vom Feind überwältigt werdet. Verlaßt mich also nicht.

193 Hildegard an den Nonnenkonvent (Rupertsberg)

Nun hört mich nochmals, meine Töchter, und empfangt diese Worte vom Lebendigen Licht, das keine Gemeinschaft mit der Finsternis hat; und bewahrt euch in allem vor dem Bösen. Denn das Zischen des Teufels wird kommen und das Pfeifen vieler Stürme. Doch auch jetzt noch werden zu irgendeiner Zeit die Chaldäer schwach werden, die Griechen sich stärker durchsetzen, und die Römer mit den übrigen romanischen Völkern werden verstummen wie ein brennendes Feuer, das zusammensinkt. Und die Gallier werden Rekruten. Aber dies alles geschieht nicht <für> immer. Und ein Teil des vergehenden Jahrhunderts verläuft in drei Abschnitten, in denen Könige und Führer eine Überflutung von Unruhen erleiden werden. Und ein König wird sich erheben und einen großen Kampf ausfechten. Und keiner ist da, der ihm hilft, außer den tausend Bewaffneten, die beschnitten sind <praeputium non habent>. Und so werden die Menschen gequält werden.

Euer Kloster <locum> aber, o meine Töchter, wird Gott nicht zerstören. Vielmehr wird Er jene von ihm vertreiben, die aus Eitelkeit und Leichtsinn betteln; und Spaltungen und Schrecken wird Er entfernen. Gewisse Blinde und Lahme aber, die es vereinnahmen wollen, werden nichts vermögen, denn ein Funke der Untersuchung wird sie aussieben.

Daher laßt auch eure Herzen einem Mann gleichen, der seinen Garten betrachtet, in dem Blumen und Obstbäume wachsen, um den Duft dieser Blumen mit der Nase aufzunehmen und von diesen Äpfeln zu essen. Blumenduft ist es nämlich, wenn der Mensch sich der Sünden enthält und danach verlangt, die Güte der Gerechten nachzuahmen. Apfelkost aber ist es, wenn ein Mensch andere ihm Untergebene getreulich leitet und in der Gnade Gottes den Bedürftigen Almosen gibt. Er wird deshalb auch die Stimme seines Herrn vernehmen, der zu ihm spricht: Dieser Mensch berührt mich durch seine Pflichterfüllung und salbt mich durch Almosengeben in Barmherzigkeit.

Dieser <Mensch> steht <vor der Wahl> zwischen zwei Wegen; der eine ist verfallen, der andere leuchtet in der Sonne. Der verfallene Weg bedeutet die Lust dieser Welt, die jeder Gläubige fliehen muß, damit er auf ihm nicht erwürgt wird. Solange er das tut, loben die Heiligen Gott einmütig und sagen von ihm: Das ist kein Mensch in der Verwesung weltlicher Lust. Wer aber auf dem Weg des Sonnenlichts Gott in Furcht und Liebe betrachtet, wird verdienen, die Stimme des Herrn zu vernehmen, der so zu ihm spricht: „Wohlan, du guter und getreuer Knecht" (Mt 25,21; 23). Wer jedoch auf den verfallenen Weg abirrt, zieht sich die Gefahr größten Unheils zu, wenn er sich nicht davor rettet.

Lob sei deshalb dem Blut Christi, der seine Getreuen mit dem Panzer der Gerechtigkeit und der Waffenrüstung der Tugenden ausstattet. Denn das Blut Christi bringt seine Getreuen an den Ort der Erquickung zurück. Und du, o Jerusalem, freue dich, daß du durch das Leiden des Gottessohnes aufrichtig Glaubende empfängst. Doch auch du, Morgenröte des Heils, erglühst in Glückseligkeit, denn Jerusalem bewahrt seine Söhne in der Freude.

Deshalb brechen die Engel über sie in Lob aus und sprechen: Wir haben von euern Werken in der Kelter Trauben gesammelt. Und daher haben wir Gemeinschaft mit euch. Davor flieht Luzifer wie eine Schlange, die sich in ihrer Höhle versteckt.

194 Hildegard an den Nonnenkonvent (Rupertsberg)

Ich armseliges Gebilde fühlte mich von der Bürde einer schweren Krankheit sehr belastet, denn der Geist des Herrn fesselte mich und befahl mir, den Töchtern an diesem Ort folgende Worte zu sagen:

Glaubt ihr etwa, daß ihr durch Eß- und Trinkgelage und durch ausgelassenes Benehmen das Reich Gottes erwerbt? Nein. Denn das Reich Gottes werdet ihr durch Abtötung des Leibes und Herzenszerknirschung erlangen. Meinen Tisch habe ich nämlich unter dem Funkeln meines Diadems vor euch bereitet, damit ihr auf ihn königliche Speisen des himmlischen Erbes herbeibringt: Manna, die Tiere des Waldes, Vögel und Granatäpfel. Doch das tut ihr nicht. Denn einerseits bringt ihr mir gewisse weltliche Verhaltensweisen in der Beobachtung der Gesetzesordnung, andererseits die Gesetzeszucht der in der Ehe Vermählten. Das verlange ich nicht von euch, denn ich erwählte euch nicht für diesen Garten, sondern für meinen auserlesenen Weinberg. Und ich ertrug das acht Jahre lang, doch fünf Jahre hüllte ich mich in Schweigen. Drei Jahre aber habe ich diejenigen innerlich und äußerlich gezüchtigt, die mich angesichts des Funkelns meines Diadems entehrt haben.

Das alles ist so zu verstehen: Kein Glaubender meine, die himmlische Herrlichkeit mit der Unersättlichkeit des Bauches und dem Ausleben seiner Lüste zu erhalten. Denn die sie zu besitzen wünschen, eignen sich die Abtötung <attenuatio> des Leibes und die Bescheidenheit des Herzens in edler Gesinnung, und nicht in saurer Knauserei an.

Mein Tisch freilich, der unter dem Funkeln meines Diadems vor euch bereitet ist, damit ihr mir königliche Speisen dafür herbeibringt, bezeichnet jene Engel unter dem funkelnden Diadem – d. h. den Wundern Gottes, die in vielen Zeichen unter den Menschen aufleuchten, so daß an ihnen vieles bewundert wird, was den Seligen im ewigen Leben bereitet ist. Sie bringen die äußerst eifrigen und heiligen Werke jener Menschen, die sie im engelgleichen Stand nachahmen, ihrem Schöpfer dar. Die Engel bieten nämlich Gott die Trümmer <reliquias> der weltlich gesinnten Menschen, die nach fleischlichen Begierden leben, nicht an, sondern <die Verdienste> jener, die die fleischlichen Wünsche aufgeben, sich <corpora sua> um Gottes willen zu Boden werfen und – den Engeln gleich – immer im Lobpreis Gottes verharren.

Das Manna aber zeigt den Gehorsam auf, den Gott dem Menschen auferlegte, damit er Gott gehorche und sich seinen Obern, die ihm von Gott vorgesetzt werden, untertan sei. Ihn hat Er auch den übrigen Geschöpfen eingeprägt, damit sie dem Nutzen des Menschen dienen. Denn Gott schuf den Menschen, und der Mensch schuf sich nicht selbst. Und darum sollen die geistlich gesinnten Menschen wie Engel durch den Gehorsam Gott dienen. Luzifer löste ihn auf <dispersit> und zeigte dem Menschen den Ungehorsam.

Doch die Tiere des Waldes zeigen an, daß diejenigen, die der Welt entsagt haben, die Welt mit aller Pracht von sich werfen und für sie wie Fremdlinge und Pilger sein sollen, so daß diese Menschen wie wilde Tiere den Umgang und alle Gemeinschaft mit der Welt fliehen. So taten es die wahren Eremiten, die sich von der Welt abriegelten, damit der Tod nicht durch die Fenster ihrer Augen eindringe.

Die Vögel jedoch sind die Weisungen des heiligen Benedikt und anderer katholischen Lehrer, die aus dem Heiligen Geist schöpften. Durch sie leben die Menschen, als ob sie nicht aus Fleisch wären.

Die Granatäpfel aber stellen die Gottesliebe im Herzen derer dar, die von den genannten guten und heiligen Werken umgeben sind und unter Tränen und Gebet aufs gewissenhafteste Tugenden bei sich sammeln und begierig die Worte der Heiligen aufnehmen <lambunt>, indem sie ihr Leben nachahmen.

Aber das tut ihr nicht. Ihr seid den fleischlichen Begierden und der Gleichgültigkeit zugewandt, wenn ihr mir einerseits – was die Welt betrifft – verschiedene irdische Vergnügungen nach der Lebensart junger Mädchen herbeibringt, die eifrig und aufmerksam – gleichsam zuchtvoll – der Welt dienen, wie schon gesagt wurde. Anderseits wendet ihr euch der Verpflichtung und dem Wohlgefallen an den verschiedenen eifrigen Bestrebungen jener zu, die sich häufig in fleischlichen Bindungen abmühen <insudant>, um als Liebende dem Geliebten zu gefallen. Das verlange ich weder mündlich noch schriftlich oder durch eine Weisung von euch, weil ihr euch einer geistlichen Verbindung ergeben habt und nicht dem Augenschein verfallen seid <famulantes>. Und ihr habt euch der fleischlichen Umarmung preisgegeben, wo ich euch doch nicht für die vergängliche und bald abfallende Blüte der verwesenden Welt zugerüstet habe, sondern in den Weinberg wahrer Erwählung und Glückseligkeit geführt habe, damit ihr durch die himmlische Erwählung den Lohn eurer Mühen empfangt.

Ich habe nämlich auch drei Jahre lang ertragen, daß ihr begannt, euch wie lügnerische Kinder zu verhalten und dann in derselben Unwahrhaftigkeit aus schlechter Gewöhnung daran Scherz triebt und danach in mancher Hinsicht aus dieser Unaufrichtigkeit gesündigt habt. Denn ich habe über diese Unaufrichtigkeit fünf Jahre schweigend hinweggeschaut, als ob ich nichts davon wüßte. Doch als mich dann einige von euch mit gewissen Beweisen auf die Backe schlugen, habe ich meine Hand erhoben und sie durch drei Jahre innerhalb und außerhalb des Klosters mit verschiedenen Qualen gezüchtigt. Und auch dort habe ich mit einem offenkundigen Zeichen die Dreistigkeit der Sünden getroffen, wo ich bei der Schönheit meiner Vermählung Gleichgültigkeit erlitt.

Ich habe mich nämlich in meinem Eifer, der „die Erstgeburt Ägyptens schlug" (Ps 135,8) und den Pharao im Roten Meer ertränkte, der mich angesichts vieler Wunderzeichen, die ich ihm zeigte, verachtet hat, erhoben.

Und ich warf einen gewissen Menschen zu Boden, so daß er bestimmte Strafen für seine Sünden sah und auch einige fühlte, d. h. im Zusammenhang <permixtas> mit Kälte und Feuer. Und das tat ich an ihnen, um ein <abschreckendes> Beispiel zu zeigen. Das stellte ich den Zuschauern und Zuhörern in vielen Zeichen vor Augen; und sie wollten mich nicht erkennen.

Jener Mensch aber, den ich so in meinem Eifer schlug, und die übrigen, die in diesem Haus wohnen, mögen sich hüten, von meinem Weg abzuweichen und zu den früheren Übertretungen zurückzukehren, damit sie nicht im Roten Meer ertränkt werden. Denn ich will das frühere von nun an nicht mehr dulden. Es ist nämlich notwendig, daß sie sich zum besseren Teil erheben, weil Gott will, daß sie sein Gesetz nicht aufgeben.

Nun also, o meine Töchter, erhebt euch sofort zu mir, bevor ich euch mit jener Bedrängnis umringe, die ich der geistlichen Gemeinschaft bereiten will, die meine Tunika zerrissen, mein Gewand geteilt und meinen Bund, den ich mit ihr schloß, aufgegeben hat. O „weh dem sündigen Volk" (Jes 1,4), das auf den Wegen der Verderbnis darniederliegt, durch ausschweifende Laster stets unkeusch ist und wegen allzuvieler Laster an den Brüsten der Schweine saugt!

Darum soll es sprechen: O Herr, du hast mit Brot und Kleidung für den Menschen gesorgt und seine Schmerzen durch das Blut des Lammes beseitigt. Sieh, wie der böse Sturm unsrer spottet und uns die Sprößlinge der Heiligkeit entreißen will. Entferne ihn aus unserer Mitte, denn die Zeit der vollständigen Spaltungen ist noch nicht da, wenn die ganze Welt vom Gewand ihrer Heiligung entblößt werden wird.

Nun also, o meine Töchter, schaut und hört; flieht vor diesem gefährlichen Sturm und eilt zu euerm König. Und tut ihr das, werden – was die Cherubim und Seraphim und die ganze himmlische Heerschar im Antlitz Gottes schauen – aus jener himmlischen Glückseligkeit Segnungen über diesen Ort und seine Töchter fließen „wie Frühregen und Spätregen" (Hos 6,3). Und die Tugenden werden sich unter ihnen mehren und die Schätze der Länder. Aber auch alle, die dich segnen, werden reichlich gesegnet werden. Und Gott möge auf diesen Ort schauen und seiner nicht vergessen.

195 Propst Volmar an Hildegard (Rupertsberg)

Hildegard, der ehrwürdigen Herrin, liebreichen Mutter, heiligen Meisterin und wahrhaftigen, erfahrenen Vertrauten Gottes im Kloster des heiligen Rupert, <wünscht> V<olmar>, ihr – freilich unwürdiger – Sohn, und die ganze einmütige Schar ihrer Jungfrauen mit den übrigen, die sich ihnen anschließen und Gott und dem heiligen Rupert – wenngleich lau – in geschuldeter Unterwürfigkeit, schuldigem Gehorsam und kindlicher Gesinnung dienen, sie möge mit entsprechender Liebe von der Brust seiner Tröstung in der gegenwärtigen Zeit derart getröstet werden, daß sie nach diesem Exilsaufenthalt des himmlischen Vaterlands teilhaftig werden.

Obgleich wir dich, o liebreiche Mutter, täglich mit leiblichen Augen sehen, dich mit leibhaftigen Ohren hören, und dir auch täglich – wie es recht ist – ergeben anhängen und erkennen, daß der Heilige Geist durch dich zu uns spricht – wir können es nicht ohne Tränen aussprechen – wird deine Abwesenheit dennoch einmal – wie Gott es will – über uns hereinbrechen, wenn wir dich bald nicht mehr mit leiblichen Augen sehen werden. „Es gibt keinen Menschen, der am Leben bleibt und nicht den Tod schaut" (Ps 89,49).

Dann nämlich wird unsere Trauer und unser Elend größer sein als jetzt unsere Freude ist. Wo bleibt dann die Antwort für die Ratsuchenden in all ihren Problemen, wo die neue Schriftauslegung, wo die Stimme einer nie gehörten Melodie und das Wort einer unbekannten Sprache? Wo bleiben dann die neuen und unerhörten Ansprachen an den Heiligenfesten, wo der Hinweis auf die Seelen der Verstorbenen, wo die Offenbarung vergangener, gegenwärtiger und zukünftiger Dinge, und wo die Darstellung der verschiedenen Naturkräfte durch das Geschenk der göttlichen Gnade, mit so liebenswürdigem und demütigem Verhalten und mütterlicher Zuneigung aus überströmendem Herzen allen gegenüber, die wir an dir kennen?

O wie groß ist das Mitgefühl Gottes im Hinblick auf seine Gaben! O eitle Sorge der Menschen! O „Eitelkeit über Eitelkeit" (Koh 1,2; 12,8)! Warum untersuchen so viele vorher vergeblich auf beschwerlichen Wegen in weitentfernten Teilen der Welt die Lehren verschiedener Richtungen?

Warum plagen sie sich <insudant> – von Durst, Hunger und Kälte heimgesucht – mit Streitgesprächen beim Disputieren, und bei den nächtlichen Vigilien mit dem Abgründigen, ja mit rätselhaften Sätzen? Sicher, sicher, wir wissen, daß sie das alles nicht mit einfältigem Auge absichtslos ertragen, sondern um schlimmer Simonie willen. Daher erlangen sie bei geringem oder gar keinem Fortschritt überhaupt nicht das Ziel. Ja, sie löschen durch den Trotz, in dem sie sich selbst für etwas halten, den Funken des Heiligen Geistes gänzlich in sich aus. So verkündet der Geist der Prophetie und Schau zur Beschämung der modernen Scholastiker, welche die ihnen von oben verliehene Kenntnis mißbrauchen, – durch das Werkzeug der Schwächeren <masse fragilioris> ohne Unterstützung eines äußeren Hilfmittels wiedererweckt – was sie keinesfalls begreifen können. Denn Er unterrichtet, worüber Er will und „weht, wo Er will" (Joh 3,8). Daher scheint sich offenbar auch hier erfüllt zu haben, daß Gott das Törichte und Schwache der Welt erwählt haben soll, um die Weisen und das Starke zu beschämen.

Wir verkünden freilich solches nicht, geliebte Mutter, um deiner Einfalt – von der Flamme des Neids wegen einer so großen Gabe angestiftet – das wegen des aufgewandten Eifers Verliehene abzuerkennen, und auch nicht, um uns, die wir besonders dein sind, häufig bei dir verweilen und eifrig auf deine Stimme hören, durch eitle Ruhmsucht Ehre zu verschaffen. – Vielmehr möchten wir aufzeigen, daß die geschäftige Arbeit jener, die Erhabenheit der wahren Lehre zu erforschen und zu erlangen, wenig vermag. Denn der Lehrer bewegt vergeblich äußerlich die Lippen, wenn <ihm> nicht der Geist innewohnt, der die Herzen der Hörer unterweist. In dir zeigen sich nämlich mehr auffallende Tugendwerke, mehr Wundertaten Gottes und des Heiligen Geistes, als wir nennen können und wollen. Denn es ist die Sache anderer, dich zu loben und zu preisen. Unsere <Aufgabe> aber ist es, dich zu bewundern, zu verehren und zu lieben.

Weil du aber dies alles durch die Erfahrung dieses Tatbestands selbst besser als wir kennst, und weil weniges zum Verständnis vieler Dinge genügt, überlassen wir es einem Weisen, mehr zu sagen. Und wir sagen Gott, der alles vermag, Dank, der dich uns geschenkt hat und dich zur Ehre seines Namens und zum Heil vieler mit seinem Geist erleuchtet hat. Ihn flehen wir demütig und inständig an, dir Gesundheit des Leibes und Geistesstärke zu verleihen, so daß Er seine Gaben, die Er auf dich ausgoß, zum Aufbau der ganzen Kirche reichlich austeilt.

195R Hildegard an den Nonnenkonvent (Rupertsberg)

O Töchter, die ihr den Spuren Christi aus Liebe zur Keuschheit gefolgt seid, und mich Armselige – in demütiger Unterwerfung um der himmlischen Erwählung willen – zur Mutter erwählt habt, nicht aus mir, sondern aus der göttlichen Offenbarung heraus sage ich euch aus mütterlichem Herzen: Diesen Ort, die Ruhestätte der Reliquien des heiligen Bekenners Rupert, zu dessen Patronat ihr eure Zuflucht genommen habt, fand ich nach Gottes Willen unter augenscheinlichen Wundern zum Opfer des Lobes. Und mit Genehmigung meiner Vorgesetzten kam ich zu ihm und habe ihn für mich und alle, die mir folgten, mit der Hilfe Gottes frei erworben.

Danach aber begab ich mich auf Gottes Mahnung zum Berg des heiligen Disibod, den ich mit Erlaubnis verlassen hatte, und stellte vor allen dort Wohnenden den Antrag, daß nämlich unsere Wohnstätte und auch der als Schenkung vermachte Grundbesitz nicht von ihnen abhängig, sondern losgelöst sein sollten. Bei dieser praktischen Angelegenheit trachtete ich damals trotzdem nach dem Heil unserer Seelen und dem Eifer für die reguläre Disziplin. Und diese Freiheit bestätigten mir alle mit dem Versprechen, eine Urkunde auszustellen. Alle aber – Größere und Geringere – die dies sahen, hörten und vernahmen, brachten der Sache größtes Wohlwollen entgegen, so daß sie nach Gottes Willen schriftlich festgelegt wurde. Dies sollen alle, die Gott anhangen, erfahren, hören und mit Wohlwollen diese Rechtsangelegenheit bestätigen, durchführen und verteidigen, damit sie jenen Segen empfangen, den Gott Jakob und Israel spendete.

Doch o welch große Klage werden diese meine Töchter nach dem Tod ihrer Mutter erheben, wenn sie an der Brust ihrer Mutter nicht mehr saugen und unter Seufzen und Trauer und lange Zeit hindurch mit Tränen sprechen werden: Ach, ach, wir würden gern an der Brust unserer Mutter trinken, wenn wir sie jetzt noch leibhaftig unter uns hätten! – Deshalb, o Töchter Gottes, ermahne ich euch: Habt Liebe zueinander – wie ich, eure Mutter, euch von meiner Jugend an ermahnt habe – damit ihr mit den Engeln wegen eures Wohlwollens hellstrahlendes Licht und ganz tapfer in eurer Kraft seid, wie euer Vater Benedikt euch gelehrt hat. Der Heilige

Geist schenke euch seine Gaben, denn nach meinem Tod werdet ihr meine Stimme nicht mehr hören. Doch niemals gerate meine Stimme unter euch in Vergessenheit, denn oft ertönte sie unter euch in Liebe.

Jetzt erglühen meine Töchter in ihrem Herzen vor Trauer, die sie um ihre Mutter empfinden. Sie verlangen und seufzen nach dem Himmlischen. Später aber werden sie durch Gottes Gnade in hellem, glänzendem Licht erstrahlen und starke Streiterinnen im Haus Gottes werden. Wollte daher jemand in der Schar meiner Töchter Zwietracht und das Verlassen dieser Wohnstätte und der geistlichen Zucht veranlassen, möge die Gabe des Heiligen Geistes das aus seinem Herzen vertreiben. Sollte er das in Gottesverachtung trotzdem tun, möge die Hand des Herrn ihn vor allem Volk niederstrecken, weil er verdient hat, zuschanden zu werden.

Darum, o Töchter, bewohnt diese Stätte, die ihr euch erwählt habt, um „für Gott Kriegsdienst zu leisten" (vgl. RB Prol. 9), mit aller Hingabe und Beständigkeit, damit ihr hier die himmlischen Belohnungen erlangt.

196 Hildegard an Abt Withelo (St. Georgen)

Ich sah dich im Spiegel der wahren Schau ganz verwirrt wie eine aufgewühlte Wolke, wenn eine gefährliche Luftströmung in Verbindung mit Wind bei einem starken Regenguß hervorgerufen wird. So verhalten sich deine Gedanken durch deinen unruhigen Geist bei dieser Angelegenheit, die du mitten in deinem Herzen erwogen <amplexus> hast.

Und ich hörte eine Stimme von dir sagen: Ein Mann, der mit Pflug und Ochsen auf ausgetrocknetem Boden arbeitet, spricht bei sich selbst: Ich kann diese schwere Arbeit nicht aushalten, weil sie mir zu hart ist. – Und so geht er in wasserlose Gegenden, wo trotzdem üppige Blumen ohne menschliche Arbeit wachsen, die allerdings von Unkraut erstickt werden. Und wiederum sagt er zu sich selbst: Ich lasse den Pflug und reiße dieses Unkraut aus. – Welcher Nutzen liegt darin? Sieh jetzt, du Mensch, ob jener tüchtiger ist, wenn er das Land mit einem tauglichen Pflug bearbeitet, oder wenn er das Unkraut zwischen den Blumen ausreißt.

Ich aber sehe die Angelegenheit, nach der du fragst, als schädlich für
dich. Darum beschränke dich auf deine Aufgabe, indem du den Pflug er-
greifst. Gott aber komme dir in allen Nöten zu Hilfe und lasse nicht zu,
daß du dich vergebens abmühst.

197 Hildegard an den Abt (St. Nabor)

Die Vorsteher <pigmentarii> der Klöster <hortorum> sollen für guten Rat
Lehrer und Berater haben, die sorgfältig die Gesetzesvorschriften zusam-
menstellen, und nicht auf den Widder hinter sich schauen, sondern vielmehr auf das täglich gegenwärtige Opferlamm, das die Kirche nicht in
einem geschaffenen Zeichen besitzt, sondern <im Zeichen> des Gottessohnes, derart, daß Er selbst in seinem Leiden Schmerz empfand und das
Leiden lehrte.

Wenn du kein fruchttragendes Holz und Lebenskraft im Unterscheidungsvermögen der Gebote Gottes bei den Menschen besitzt, dann ziehe
weg zu anderen Menschen <pigmenta> und bringe ihnen Hilfe in all diesen nötigen Dingen; aber nicht so, daß du das Tageslicht in dir verbirgst
und dich zur Nacht machst, damit dein Herr dich nicht tadelt.

Der Herr gibt mir nicht den Auftrag, über die Spaltung der Kirche zu
sprechen, „doch sein Schwert blitzt und Er spannt seinen Bogen" (Ps 7,13).
Deshalb wird sie durch die Rechtschaffenheit <bonitate> der Guten
schnell beendet werden.

198 Hildegard an Äbtissin Elisabeth (St. Thomas an der Kyll?)

In wahrer Schau sah und hörte ich folgende Worte: O Tochter Gottes, die
du aus Liebe zu Gott mich armseliges Gebilde Mutter nennst, lerne
Maßhalten <discretionem>. Es ist für Himmlisches und Irdisches die Mut-

ter aller Tugenden (vgl. RB 64,19). Denn dadurch wird die Seele geleitet wie auch der Leib, und in rechter Zucht erzogen.

Ein Mensch, der mit Seufzern der Reue seiner Sünden gedenkt, die er durch die Einflüsterung des Teufels in Gedanken, im Reden und im Tun begangen hat, umfange die Mutter Diskretion, unterwerfe sich ihr und bessere in wahrer Demut und in Gehorsam nach dem Rat seiner Meister seine Sünden. Wie nämlich durch unangemessenen Gewitterregen die Frucht der Erde geschädigt wird, und wie ungepflügter Boden nicht gute Frucht, sondern Unkraut aufsprießen läßt, so wird auch der Mensch, der mehr arbeitet, als sein Körper aushalten kann, da in ihm das Wirken der heiligen Diskretion getroffen wird, durch maßlose Arbeit und unmäßige Enthaltsamkeit seiner Seele untauglich.

Wenn aber der pechschwarze Vogel – d.h. der Teufel – spürt, daß ein Mensch von unerlaubten Begierden und seinen Sünden nicht ablassen will, vergräbt er sich im Fasten, Beten und Enthalten dieses Menschen wie eine Natter in ihre Höhle und flüstert ihm ein: Deine Sünden können nur getilgt werden, wenn du deinen Leib durch Trauer, Tränen und andere ungeheure Anstrengungen derart mißhandelst, daß er ganz verdorrt. Ein solcher Mensch lebt daher ohne Hoffnung und Freude. Oft nimmt er an Verstand ab und wird von schwerer Krankheit ergriffen. Und so – durch die Täuschung des Teufels des Verdienstes der Heiligkeit beraubt – läßt er, was er ohne Maßhalten begonnen hat, unvollendet liegen. Und auf diese Weise werden seine letzten Dinge ärger sein als die ersten.

Auch der Mensch, der nach dem Beispiel Jesu Christi in der Gehorsamsbindung lebt, hüte sich mit aller Sorgfalt, etwas nach seiner Eigenwilligkeit zu erwählen, indem er mehr auf sich selbst, als auf den guten Rat anderer vertraut, damit er nicht durch den Hochmut, der vom Himmel herabstürzt, überwunden wird, weil er besser sein will als andere gute Menschen, da „er für gut und heilig erachtet, was von sich aus festgesetzt hat" (vgl. RB 1,9). Der Mensch kann ja auch durch eigene Erfahrung belehrt werden, daß er seinem Eigenwillen nicht beipflichten darf, weil er selbst in zwei Naturen aus Leib und Seele besteht, und diese miteinander uneins sind. Denn was dem einen gefällt, mißfällt dem andern. Und weil das bei ihm so ist, wie könnte er zum Heil der Seele seinem eigenen Willen, der zum Leib gehört, zustimmen? Ein Mensch nämlich, der um der Furcht und Liebe Gottes willen seinen Eigenwillen verachtet, sich den Vorschriften, der Lehre der Regel und seiner Meister unterwirft, indem er in wahrer Demut andern das Beispiel guter Werke gibt, macht sich zu einem lebendigen Zelt im himmlischen Jerusalem. Und auf ihm ruht der Heilige Geist.

O glückliche Seele, die du – wie der Hirsch zur Wasserquelle – in großer Tapferkeit schnell zum lebendigen Gott geeilt bist, merke auf diese Worte, damit der selbst so starke König dich in dieser Tapferkeit erhalte und glücklich zur ewigen Seligkeit führe! Amen.

199 Hildegard an Abt Dietmar (St. Walburga)

Das lebendige Licht sagt dir, daß du tüchtig wachen und keinen Überdruß im Korb deines Herzens sammeln sollst, als ob du fremd und gleichsam redeunfähig seiest. Gott erwartet von dir, daß du die Fähigkeit besitzt, deine Herde zurechtzuweisen. Darum klage dich selbst an, daß du in dieser Angelegenheit nicht auf Gott im reinsten Quell schaust, sondern einfach sagst: „Gott, mein Gott, hilf mir" (Ps 70,6; 109,26), und Ihn trotzdem durch solches Handeln nicht berührst.

O guter Streiter, erhebe dich jetzt, denn die Gnade Gottes eilt dir entgegen. Und du wirst ewig leben, so daß du ein lebendiger Stein im himmlischen Jerusalem bist.

200 Abt Gero an Hildegard (Salem)

Seiner in Christus geliebten Herrin und Mutter Hildegard <entbietet> G<ero>, der untaugliche Diener der Brüder zu Salem, was das Gebet eines Sünders vermag.

Jeder, der Christus liebt, hat auch den Geist Christi, „und niemand kann sagen: Jesus ist der Herr, außer im Heiligen Geist" (1 Kor 12,3). Du aber, liebreiche Mutter, bist gesandt – durch eine besondere Gabe des Heiligen Geistes von den anderen Gliedern Christi unterschieden – die Endzeit dieser Welt heimzusuchen. Der wirklich Heilige Geist offenbart sich nämlich durch dich und wird in dir – wie in seinem Instrument sprechend – ganz offensichtlich erkannt. Jedenfalls sah und las ich von den überaus großen Mysterien der Geheimnisse Gottes, die der Herr der Erkenntnisse in einem von dir geschriebenen Buch durch dich den unwürdigen Menschen enthüllte und erschloß. Daher glaube ich und halte entschieden daran fest, daß „der Geist der Wahrheit, der aus Gott dem Vater und dem Sohn hervorgeht" (Joh 15,26), gegen den Geist der Lüge, der in Kürze von <seinem> Vater, dem Teufel kommen wird, durch dein Wort aufleuchtet und Blitze zucken läßt.

Daher prüfe ich mit dir, einer Braut und Dienerin Christi und Mitwisserin der Geheimnisse Gottes, in meiner Herzensangst demütig und einfältig die Gesinnung der Erwartung, ob nicht etwa diese Neigung und dieses Verlangen gegen seinen Willen ist.

Nach gemeinsamer Beratung der Brüder von Salem bin ich nach dem Tod des Abts dieses Hauses zum Vater gewählt worden, weil ich auch vorher lange Zeit hindurch dieselbe Hirtensorge – freilich zum Schaden <inutilis> – in Reitinhasil ausgeübt hatte. Gott, der das Geheime kennt, Er weiß, daß ich sowohl diesen als auch jenen Dienst ganz unfreiwillig verwaltet habe und verwalte.

Deshalb teile mir, der ich einfältig den Willen des Heiligen Geistes suche, bitte gerade bezüglich dieser Angelegenheit einfach mit – d. h., würdige dich, mir zu sagen – ob es sicherer und heilsamer ist, diese Bürde abzuwerfen; wenn aber nicht, möge ich verdienen, auch das von dir zu erfahren. Was immer du wünschst, möge mir ein vom vorsprechenden Überbringer ausgehändigter, versiegelter Brief von dir melden. Lebe wohl im Herrn, meine Herrin.

200R Hildegard an Abt Gero (Salem)

Wer einen Acker oder eine Herde in die Obhut seiner Verwaltung genommen hat, darf sie nicht verlassen, sondern leite sie wie ein Hausvater. Wer nämlich seine Herde verläßt und eine andere übernimmt, wird ein Übertreter von Gottes Geboten genannt.

Du aber, Hirte, trage den Stab der Zucht gemäß der Güte eines Vaters und gemäß der Hirtensorge. Ein Hirt macht sich auch nicht zum Dieb. Wieso? Ein Dieb entführt nämlich, was er will; und was er nicht will, läßt er zurück. So suchen sich auch viele Hirten nach eigenem Wunsch aus, was sie wollen, und was sie nicht wollen, verwerfen sie. Oft verachten sie auch die vollkommenen Jünger und fragen nach den unsteten und eingebildeten. Ein guter Vater nämlich züchtigt in aller Liebe seinen Sohn; und was gut ist, enthält er ihm nicht vor.

In deiner Gemeinschaft sehe ich aber einige, die durch gute Werke und durch Geduld wie Morgenrot glühen; doch den größeren Teil erkenne ich als vermessen durch Unbeständigkeit des Charakters, undurchsichtige Lügenhaftigkeit und durch ihren Eigensinn, den sie mit Worten rechtfertigen. Diese ermahne und weise sie – so viel du kannst – zurecht. Denn Gott hat den Alten und den Neuen Bund erwählt und ihn seinen Söhnen hinterlassen, damit sie durch den Heiligen Geist belehrt werden, nach dem rechten Gesetz zu leben.

Gott aber bejaht <vult> dich. Gib daher acht, daß du dich nicht von Ihm entfernst.

201 Die Nonne Elisabeth an Hildegard (Schönau)

Frau Hildegard, der ehrwürdigen Meisterin der Bräute Christi, die in Bingen leben, <entbietet> E., eine unbedeutende Nonne, mit aller Liebe treuergebene Gebete.

Die Gnade und Tröstung des Allerhöchsten erfülle Euch mit Freude, weil Ihr gütig mit meiner Verwirrung Mitleid hattet, wie ich aus den Worten meines Trösters erkannte, den Ihr eifrig an meine Trostbedürftigkeit erinnert habt. Wie Ihr sagtet, daß es Euch über mich offenbart worden sei, kam kürzlich wirklich – ich gestehe es – eine Wolke der Geistesverwirrung über mich wegen der albernen Reden der Leute, die vieles von mir behaupten, was nicht wahr ist.

Doch das Gerede der gewöhnlichen Leute würde ich leicht ertragen, wenn nicht auch diejenigen, die im Ordensgewand umhergehen, meinen Geist noch schmerzlicher betrübten. Denn auch sie – ich weiß nicht, von welchen Spornen angestachelt – spotten über die Gnade des Herrn in mir und scheuen sich nicht, über Dinge, die sie nicht kennen, verwegen zu urteilen. Ich höre, daß sie auch manche Briefe, die in ihrer Gesinnung geschrieben sind, unter meinem Namen verbreiten. Sie brachten mich in Verruf, ich hätte über den Tag des <Jüngsten> Gerichts prophezeit, was ich mir bestimmt niemals angemaßt habe, da sein Kommen sich der Kenntnis aller Sterblichen entzieht.

Doch den Anlaß zu diesem Gerücht möchte ich Euch kundtun, damit Ihr beurteilt, ob ich in dieser Sache etwas Anmaßendes getan oder gesagt habe. Wie Ihr durch andere vernahmt, hat der Herr seine Barmherzigkeit an mir verherrlicht, mehr als ich verdiente oder je verdienen könnte, so sehr, daß Er sich würdigte, mir auch manche himmlischen Geheimnisse zu offenbaren. Er deutete mir sogar häufig durch einen Engel an, was für Ereignisse in diesen Tagen über sein Volk kommen würden, wenn sie nicht Buße für ihre Ungerechtigkeit täten. Und Er gebot mir, das öffentlich anzukündigen. Ich aber bemühte mich – um Anmaßung zu vermeiden und nicht als Urheberin von Neuerungen zu erscheinen – dies alles, solange ich konnte, geheimzuhalten.

Als ich also eines Sonntags in gewohnter Weise in Verzückung war, stand ein Engel des Herrn an meiner Seite und sprach: Warum verbirgst du das Gold im Lehm?, d. h. das Wort Gottes, das durch deinen Mund nicht zur Erde gesandt wird, daß man es verbirgt, sondern zum Lob und Ruhm unseres Herrn und zur Rettung des Volkes offenbart. Und als er das gesagt hatte, erhob er über mich eine Geißel, mit der er auf mich wie in großem Zorn fünfmal sehr grausam einschlug, so daß ich drei Tage lang an meinem ganzen Körper von dieser Geißelung krank war. Danach legte er den Finger auf meinen Mund und sagte: Du wirst stumm sein bis zur neunten Stunde, da du offenbaren wirst, was der Herr mit dir getan hat.

Dann winkte ich der Meisterin, mir ein gewisses Büchlein zu bringen, das ich auf meinem Lager versteckt hatte; es enthielt teilweise, was der Herr mit mir getan hatte. Als ich dieses dem Herrn Abt, der mich besuchen gekommen war, aushändigte, löste sich meine Zunge zu folgenden Worten: „Nicht uns, Herr, nicht uns, sondern deinem Namen gib die Ehre" (Ps 114,9)! – Danach bat ich ihn gewissenhaft, weil ich ihm auch einiges andere enthüllt hatte, von dem ich nicht wollte, daß es einer Schrift anvertraut werde, nämlich über die große Bestrafung des Herrn, die – wie ich vom Engel erfahren hatte – bald über die ganze Welt kommen sollte, dieses Wort bei sich verborgen zu halten. Er befahl mir jedoch, dem Gebet zu obliegen und vom Herrn zu verlangen, Er solle mir zu verstehen geben, ob Er wolle, daß das, was ich gesagt hatte, mit Stillschweigen bedeckt werde, oder nicht.

Als ich mich eine Zeitlang durch beharrliches Beten darum abgemüht hatte, fiel ich im Advent – am Fest der heiligen Barbara – in der ersten Nokturn <Nachtwache> in Ekstase. Und der Engel des Herrn trat zu mir und sprach: Rufe laut und verkünde allen Völkern ein Wehe, weil die ganze Welt zu Finsternis geworden ist. Und sage: Zieht aus, Er rief euch, der euch aus Erde gebildet hat, und spricht: „Tut Buße, denn das Reich Gottes ist nahe" (Mt 3,2)! – Durch diese Rede überzeugt, begann der Herr Abt also das Wort unter den kirchlichen Behörden und Ordensleuten zu verbreiten. Einige von ihnen nahmen das Wort mit Ehrfurcht auf, manche jedoch nicht; sie sprachen vielmehr in böser Weise über den Engel, der mir vertraut ist, und sagten, er sei ein in einen Engel des Lichts verwandeltes Trugbild. Daher befahl er mir im Gehorsam, ich solle ihn – wenn er mir erschiene – im Namen des Herrn beschwören, mir anzuzeigen, ob er wirklich ein Engel Gottes sei, oder nicht. Ich aber hielt das für anmaßend und nahm dieses Gebot mit großer Furcht entgegen.

Eines Tages also, als ich in Ekstase war, zeigte er sich mir in gewohnter Weise und stand vor meinen Augen. Und ich sprach zitternd zu ihm: Ich beschwöre dich durch Gott den Vater, den Sohn und den Heiligen Geist, mir aufrichtig zu sagen, ob du wirklich ein Engel Gottes bist, und ob die Visionen, die ich in meiner Entrückung sah, und das, was ich aus deinem Munde gehört habe, wahr sind. – Er antwortete und sprach: Du sollst die Gewißheit haben, daß ich wirklich ein Engel Gottes bin, und die Visionen, die du geschaut, und was du aus meinem Mund gehört hast, wahr sind und sich bewahrheiten werden, wenn sich Gott nicht wieder mit den Menschen versöhnt. Und ich bin derselbe Engel, der sich lange um dich bemüht hat.

Als ich danach an der Vigil von Epiphanie betete, erschien mir mein Gebieter abermals, doch stand er weit entfernt von mir und hatte sein Gesicht von mir abgewandt. Ich erkannte also seinen Unwillen und sprach voller Furcht zu ihm: Wenn ich dir lästig gefallen bin, weil ich dich beschwor, rechne es mir bitte nicht an. Wende mir – ich flehe dich an – dein Antlitz zu, und sei versöhnlich mir gegenüber. Denn ich habe eine Gehorsamsverpflichtung erfüllt und wagte nicht, das Gebot meines Meisters zu übertreten. – Als ich unter diesen Worten viele Tränen vergossen hatte, wandte er sich mir zu und sprach: Du hast mich und meine Brüder verächtlich behandelt, weil du Mißtrauen gegen mich hegtest. Deshalb sollst du die Gewißheit haben, daß du mein Angesicht nicht länger schauen noch meine Stimme hören wirst, wenn nicht der Herr und wir besänftigt sind. – Und ich fragte: Mein Herr, wie könnt ihr versöhnt werden? – Und er sprach: Sag deinem Abt, er solle zu meinem und meiner Brüder Gedächtnis fromm einen Gottesdienst feiern.

Als also nicht <nur> einmal, sondern mehrmals – sowohl vom Herrn Abt als auch von den übrigen Brüdern – feierliche Messen zu Ehren der heiligen Engel zelebriert worden waren, und die Schwestern sie zugleich mit Psalmengebet geehrt hatten, erschien mir mein Gebieter wieder mit freundlichem Antlitz und sprach zu mir: Ich weiß, das das, was du getan hast, aus Liebe und Gehorsam geschehen ist; daher hast du Verzeihung erlangt. Und im übrigen werde ich dich häufiger besuchen als bisher.

Als danach der Abt beschloß, auf Bitten von Geistlichen an den Ort zu kommen, wo sie wohnten, um dem Volk die Drohrede des Herrn zu verkünden, – vielleicht täten sie Buße, und der Zorn Gottes würde sich von ihnen abwenden? – begann er zuerst, den Herrn mit uns allen anzuflehen, Er möge sich herablassen, seiner Magd zu offenbaren, ob die Rede, die schon öffentlich bekannt zu werden begonnen hatte, weiter verbreitet werden sollte, oder nicht.

Als er also die göttlichen Geheimnisse feierte, und wir inständig beteten, löste sich plötzlich das Gefüge meiner Glieder, ich ermattete und geriet in Geistesentrückung. Und siehe! Der Engel Gottes stand vor meinen Augen, und ich sprach zu ihm: Mein Herr, denke daran, daß du mir, deiner Magd, gesagt hast, das Wort Gottes sei durch meinen Mund nicht zur Erde gesandt, daß man es verberge, sondern daß es zur Verherrlichung Gottes und zur Rettung seines Volkes offenbart werde. Und jetzt zeige mir an, was mit jenem Drohwort geschehen soll, das du zu mir gesprochen hast. Ist es nicht schon genügend bekanntgemacht worden, oder soll es weiter verkündet werden? – Er aber schaute mich mit ernstem Blick an und sprach: Du sollst Gott nicht versuchen; die Ihn nämlich versuchen, werden zugrunde gehen. Und sage zum Abt: Fürchte dich nicht, sondern vollende, was du begonnen hast. Wahrhaftig, selig sind diejenigen, die deine Mahnworte hören, sie bewahren und kein Ärgernis an dir nehmen. Folgendes aber sollst du ihm mitteilen: Den Wortlaut, an den er sich bisher bei seiner

Predigt hielt, möge er nicht abändern; dabei bin ich nämlich sein Ratgeber gewesen. Du sollst ihm sagen, er möge überhaupt nicht auf das Gerede derer achten, die sich aus Neid zweifelnd über das äußern, was an dir geschehen ist. Er beachte vielmehr, daß geschrieben steht: „Bei Gott ist nichts unmöglich" (Lk 1,37).

Von dieser Rede ermuntert, begab er sich an den Ort, wohin er zu gehen beschlossen hatte, und ermahnte das Volk, das seine Ankunft erwartet hatte, zur Buße. Er verkündete, daß der Zorn Gottes über alle kommen werde, wenn sie sich nicht bemühten, Ihm durch Früchte der Buße zuvorzukommen. Doch was für eine Strafe der Welt drohte, das hat er keineswegs – wie man ihn verleumdete – in irgendeiner seiner Predigten dargelegt.

Daher geschah es, daß sich viele, bei denen diese Predigt in Verruf geriet, während der ganzen Fastenzeit in großer Furcht mit Buße peinigten und sich eifrig auf Almosen und Gebete verlegten.

Zu jener Zeit richtete jemand – von was für einem Eifer angetrieben, weiß ich nicht – im Namen des Abtes (ohne sein Wissen, Gott weiß es) einen Brief an die Stadt Köln, aus welchem dem zuhörenden Volk einige schreckliche Drohungen vorgelesen wurden. Obwohl wir von den Toren verspottet wurden, schenkten die Klugen – wie wir hörten – der Rede trotzdem ehrfürchtig Aufmerksamkeit und verschmähten es nicht, Gott durch Früchte der Buße zu ehren.

Am Mittwoch vor dem Osterfest aber geschah es, als ich nach großen körperlichen Beschwerden in Ekstase gefallen war, erschien mir der Engel des Herrn, und ich sagte zu ihm: Herr, was wird aus dem Wort, das du zu mir gesprochen hast? – Er sprach: Sei nicht traurig und beunruhigt, wenn nicht zu dem Termin, den ich dir angegeben habe, eintrifft, was ich vorhergesagt habe; denn der Herr ist durch die Genugtuung vieler besänftigt worden.

Danach geriet ich am Freitag um die Stunde der Non unter schwerem Leiden in Geistesentrückung, und abermals stand er neben mir und sprach: „Der Herr hat die Bedrängnis seines Volkes gesehen und den Zorn seines Unwillens von ihnen abgewandt. – Ich entgegnete ihm: Wozu also, mein Herr? Werde ich nicht allen zum Gespött, bei denen diese Rede verbreitet wurde? – Er sprach: Alles, was dir aus dieser Veranlassung widerfährt, sollst du geduldig und gutwillig ertragen. Richte deine Aufmerksamkeit eifrig auf den, der – obwohl Er der Schöpfer der ganzen Welt ist – den Spott der Menschen ertrug. Jetzt prüft der Herr zum ersten Mal deine Geduld.

Seht, meine Herrin, ich habe Euch den ganzen Hergang der Sache dargelegt, damit auch Ihr meine Unschuld und die unseres Abtes erkennt und den andern kundtun könnt. Ich beschwöre Euch aber, mich auch Eurer Gebete teilhaftig zu machen, und – wie der Geist des Herrn es Euch eingibt – mir einige tröstende Worte zu schreiben.

201R Hildegard an die Nonne Elisabeth (Schönau)

Ich armseliges Gebilde und tönernes Gefäß spreche folgendes nicht aus mir, sondern aus dem hellen Licht: Der Mensch ist ein Gefäß, das Gott für sich geschaffen und mit seiner Eingebung erfüllt hat, um seine Werke in ihm zu vollbringen. Denn Gott wirkt nicht wie ein Mensch, sondern auf seinen Befehl und seine Anordnung hin wurde alles vollendet. Kräuter, Gehölz und Bäume erschienen, auch Sonne, Mond und Sterne traten ihren Dienst an, und die Wasser brachten Fische und Vögel hervor. Auch Vieh und wilde Tiere entstanden, die dem Menschen mit allem zu Diensten stehen, wie Gott es ihnen bestimmt hat.

Doch allein der Mensch erkannte Ihn nicht. Denn obgleich Gott dem Menschen große Erkenntnis verlieh, erhob sich der Mensch in seinem Herzen und wandte sich von Gott ab. Gott hatte den Menschen nämlich so im Auge <inspexerat>, daß Er in ihm all seine Werke zur Vollendung bringen wollte. Doch der alte Betrüger hinterging den Menschen und steckte ihn mit dem Vergehen des Ungehorsams an, mitsamt dem Vergnügen an unangemessener Aufgeblasenheit <venti>, da er mehr erstrebte, als er sollte.

Ach, o weh! Da verwickelten sich alle Elemente in den Wechsel von Licht und Finsternis, wie es auch der Mensch beim Übertreten der Gebote Gottes tat. Gott aber betaute bestimmte Menschen <mit seinem Geist>, damit der Mensch nicht gänzlich zum Gespött werde. Denn Abel war gut, Kain aber war ein Mörder. Und viele schauten im Licht die Mysterien Gottes; andere aber begingen dennoch viele Sünden, bis jene Zeit kam, in der das Wort Gottes aufleuchtete, wie es heißt: <Du bist> „der Schönste

von allen Menschenkindern" (Ps 45,3). Da ging „die Sonne der Gerechtigkeit" (Mal 4,2) auf und ließ die Menschen von guten Werken in Glauben
und Tat aufstrahlen. So erscheint zuerst das Morgenrot, dann folgen die
anderen Tagesstunden, bis die Nacht naht. So ändert sich die Welt, o Tochter Elisabeth! Die Welt ist nämlich bereits an aller Grünkraft der Tugenden
erschöpft, d. h. im Morgenrot, zur ersten, dritten und zur bedeutsamsten
sechsten Tagesstunde. Denn gegenwärtig ist es nötig, daß Gott bestimmte
Menschen betaut, damit seine Werkzeuge nicht müßig sind.

Höre, o meine besorgte Tochter! Die Menschen, welche die Eingebung
Gottes so unterweist <imbuit>, sucht die ehrgeizige Einflüsterung der
alten Schlange ein wenig heim. Denn sobald diese Schlange einen besonders schönen Edelstein erspäht, zischt sie gleich und sagt: Was ist das? –
Und sie quält ihn mit vielen Erbärmlichkeiten des leidenschaftlichen Herzens, das über die Wolken fliegen möchte, als wären sie Götter, wie auch
sie es tat.

Jetzt höre nochmals! Die danach verlangen, Gottes Werke zu vollbringen, mögen stets beachten, daß sie tönerne Gefäße sind – weil sie Menschen bleiben – und immer ihren Blick darauf richten, was sie sind und was
sie sein werden. Das Himmlische sollen sie dem überlassen, der himmlisch
ist, weil sie selbst Verbannte sind und das Himmlische nicht kennen. Vielmehr künden sie die Geheimnisse nur wie eine Posaune, die bloß den Ton
von sich gibt und <ihn> nicht erzeugt. Aber ein anderer bläst hinein, damit
sie einen Ton wiedergibt. Doch auch den Panzer des Glaubens sollen sie
anlegen, sich mild, sanft, arm und erbärmlich zeigen, wie auch jenes Lamm
es war, dessen Posaunenton sie sind, und auch die Gesinnung der Kindes-
einfalt besitzen. Denn Gott züchtigt immer diejenigen, die seine Posaune
blasen, und achtet darauf, daß ihr tönernes Gefäß nicht zugrunde geht,
sondern Ihm wohlgefällt.

O Tochter! Gott macht dich zu einem Spiegel des Lebens. Aber auch
ich, die ich im Kleinmut meines Herzens darniederliege, werde sehr häufig
von ängstlicher Furcht gequält. Zuweilen erklinge ich ein wenig wie ein
schwacher Posaunenton vom Lebendigen Licht. Daher helfe mir Gott, daß
ich in seinem Dienst ausharre.

202 Elisabeth an Hildegard (Schönau)

Freue dich mit mir, Herrin und verehrungswürdige Tochter des ewigen Königs, denn der Finger Gottes schreibt durch dich, damit du das Wort des Lebens verkündest.

„Selig bist du, und es wird dir immer wohlergehen" (Ps 128,2). Du bist ein Werkzeug des Heiligen Geistes, denn deine Worte haben mich entzündet, als ob eine Flamme mein Herz berührt hätte. Und ich brach in diese Worte aus.

203 Elisabeth an Hildegard (Schönau)

Meine Herrin Hildegard! Mit Recht wirst du Hildegard genannt, denn der Ansporn Gottes wirkt tüchtig in dir mit wunderbarer Kraft zum Aufbau seiner Kirche. Erstarke im Heiligen Geist.

Selig bist du, weil der Herr dich erwählt und dazu bestimmt hat, eine von denen zu werden, über die Er selbst sagt: „Ich habe euch dazu bestellt, daß ihr geht und Frucht bringt und eure Frucht bleibe" (Joh 15,16). So schreitest du auf dem Weg der Anschauung des Herrn wie eine Taube in den Felsenspalten und in der Mauerhöhle dahin. Er, der dich erwählt hat, wird dich mit dem Kranz der Freude krönen. Denn der Weg des Herrn ist vor dir geebnet.

O Herrin Hildegard, führe das Werk des Herrn aus, wie du es bisher getan hast, denn der Herr hat dich zur Arbeiterin in seinem Weinberg bestellt. Der Herr suchte nämlich Arbeiter für seinen Weinberg und fand sie alle müßig, weil niemand sie anwarb. Der Weinberg des Herrn hat keinen Bebauer; der Weinberg des Herrn geht zugrunde; das Haupt der Kirche ist krank und ihre Glieder tot.

Ach, was wird daraus werden, weil der Herr wenige in seiner Kirche findet, die darüber brennenden Herzens nachsinnen? Vielmehr möchte jeder sich selbst regieren und seinen eigenen Willen tun. Der Herr hat sie geprüft und fand sie schlafend. Deshalb kam ein Dieb, durchbohrte und zerstörte den Grundstein und warf ihn in eine wasserlose, trockene Zisterne.

Der Grundstein ist das Haupt der Kirche, das verworfen wurde, und die Kirche Gottes ist dürr und hat keine Feuchtigkeit, sondern ist lau bezüglich der Gottesliebe. Doch ich erinnere mich auch, daß sich mir einst zuweilen zeigte, daß giftige Schlangen über die Kirche kommen würden, die insgeheim Gottes Kirche zerfleischen möchten. Und das verstehe ich in Bezug auf jene Katharer, die die Kirche jetzt heimlich verführen. Vertreibe sie, Herr, unser Beschützer!

Und selig, wer kein Ärgernis an dieser Zeit nimmt! Der Patriarch David sagte: „Wird etwa, wer schläft, nicht daliegen, um sich wieder zu erheben" (Ps 41,9)? Steht auf, ermuntert euch und wacht. Denn die Vergeltung Gottes ruft nach euch. „Klagt ihr Hirten und schreit, bestreut euch mit Asche" (Jer 25,34), tut Buße und „gebt dem Teufel keinen Raum" (Eph 4,27), denn er geht wie ein brüllender Löwe umher und sucht, wen er verschlingen kann" (1 Petr 5,8).

Selig der Mensch, der den Herrn der ganzen Schöpfung fürchtet, so daß er den Hohenpriester anfleht, die Schmach von seinem Volk zu nehmen. Und ganz Israel wird gerettet werden.

204 Der Verwalter an Hildegard (Selbod)

Hildegard, der ehrwürdigen Dienerin des allmächtigen Gottes, <wünscht> H., der demütige und bescheidene Verwalter in Selbod, sie möge von jeglicher Gnade der göttlichen Freigebigkeit überströmen, und danach mit dem Herrn aller Könige, Jesus Christus, im himmlischen Brautgemach vermählt werden.

Gepriesen sei das Erbarmen Gottes des Allmächtigen, das dich in diesen Zeiten der Bosheit wie eine strahlende Lampe in der Finsternis seinen trostbedürftigen Gläubigen geschenkt hat. So hörte ich denn schon lange Zeit vom Ruf deiner Seligkeit, und schon längst erkannte ich, daß wahr ist, was gesagt wurde. So sehr erfreue und labe ich mich mit deiner Seligkeit, daß ich – wenn meine Bitte auch vor Gott nichts bedeutet – trotzdem (was als Torheit und Albernheit erscheinen kann) stets bei meinen Gebeten deiner gedenke, indem ich verlange und wünsche, daß der Herr die dir gewährten Wohltaten seiner Barmherzigkeit immer bewahre, die bewahrenswerten in dir mehr und mehr wachsen lasse, und dich zur Gefährtin seiner Heiligen in der ewigen Herrlichkeit mache.

Doch weil ich mich nicht leiblich in deine Gegenwart – nach der ich von großer Sehnsucht ergriffen bin – begeben kann, nähere ich mich durch diesen Brief – soweit ich es vermag – als demütig Flehender und werfe mich soundsooft als Erbarmungswürdiger zu den Füßen deiner Hoheit nieder, auf daß du nicht verschmähst, Gott den Allmächtigen für mein Unglück und Elend inständig anzuflehen. Ich bezweifle nämlich nicht, daß du alles, was du willst, bei dem Bewohner deines Herzens, dem Heiligen Geist, erreichen kannst. Ich zweifle aber auch nicht daran, daß du meine ganze Situation und alles, was um mich herum geschieht, Vergangenes, Gegenwärtiges und Zukünftiges, auf seine Offenbarung hin mit Hilfe dieses vorliegenden Briefes erkennst.

Daher bitte ich – wenn die Geringfügigkeit meiner Unbedeutsamkeit sich auf irgendeine Weise herausnimmt, das zu erflehen – mit ganzem Herzen und Leib zu den Füßen deiner Heiligkeit niedergesunken, du möchtest es um dieser meiner Lage willen nicht verschmähen, meine Seele – sei es durch Ermahnung bezüglich Vergangenheit und Gegenwart, sei es zur Warnung und zum Vorsichtigmachen bezüglich der Zukunft und meines Lebensendes – wenn es dir nicht widerstrebt, durch dein Schreiben zu erfreuen.

205 Hildegard an den Mönch Dietzelin (Siegburg, St. Michael)

Diese Angelegenheit, die unter dem Zeichen stand, über das du mich befragt hast, beruhte mehr auf der Liebe Gottes als auf seiner Vergeltung. Denn Er sah, daß eine große Furcht in deinem Herzen aufsteigen sollte. Und jener Mensch, über den du mich befragst, war auch glücklich. Denn manchmal zeigt Gott den Menschen seine Wunder, damit sie gute Frucht bringen wie der Tau, der auf gute Erde fällt.

Dein Geist aber ist wie ein Wildbach mit klarem Wasser, doch ein wenig unruhig. Jetzt aber erhebe dich in Sanftmut, wie <similis> die Sonne, die jedwede Witterung besänftigt und beruhigt. So mache du es, tapferer Streiter, und stelle das Licht deiner Seele so auf, daß du nicht durch Übermaß an etwas vertrocknest. Denn Jesus liebt dich und will dein Opfer.

206 Der Mönchskonvent an Hildegard (Siegburg)

Hildegard, der geliebten Herrin und Mutter, <entbieten> die Brüder von St. Michael in Siegburg einmütig, was immer Diener ihrer Herrin, oder Söhne der Mutter schulden.

Mit welch besonderer Zuneigung der Liebe wir Euch zur geistlichen Mutter erwählt und in unsere Gebetsgemeinschaft aufgenommen haben, weiß der, der alle Geheimnisse kennt; und aus unseren häufigen Botschaften, die wir Euch übermitteln, konnte es auch Eure Liebe ersehen. Ihr dagegen habt uns jedoch niemals die Zuneigung einer Mutter gezeigt. Mahnschreiben, wie Ihr sie auch denen, die sie nicht wollen, als Mutter den Söhnen hättet schicken müssen, habt Ihr nicht einmal den <danach> Verlangenden zukommen lassen <obtulistis>.

Gleichwohl werden wir – wie wir begonnen haben – nicht aufhören, an die Tür Eures Herzens zu klopfen, damit Ihr – wenn Ihr Euch nicht deswegen erhebt, weil Ihr unsere Mutter seid – doch wegen unserer Zudringlichkeit aufsteht und uns gewährt, was wir nötig haben. Wir bitten nämlich, uns etwas über den Zustand unseres Klosters – von der wahren Schau belehrt – zu eröffnen, und uns Worte, die Ermahnung und Zurechtweisung enthalten, zu übermitteln.

Das ist es, geliebte Mutter, worüber wir hauptsächlich ein Erforschen durch Euch ersehnen. Und wir verlangen demütig, daß Ihr uns dies – und wovon Ihr sonst noch wißt, daß es uns noch mehr nottut – schreibt. Und wie wir Euch, so nehmt auch Ihr uns in Eure Gebetsgemeinschaft auf. Lebt wohl.

206R Hildegard an den Mönchskonvent (Siegburg)

In einer Vision des Geistes, in der ich häufig schaue, sah und erkannte ich folgendes: Euern Konvent erblicke ich wie eine Wolke, die wie das Dämmerlicht erscheint, wenn der Tag vergeht und die Nacht naht. Unter euch sehe ich auch manche in guter Absicht wie Sterne leuchten, einige aber in der Dunkelheit der Ermüdung verblassen <lassescere>. Daher erhebt euch und „ergreift die Zucht, damit der Herr nicht zürnt und ihr abseits vom rechten Weg zugrunde geht" (Ps 2,12).

Ich schaute auch etwas wie eine Krone, die zwei Reifen hatte – einen tiefer, den andern höher – überall voller Engel. Und inmitten dieser Krone stand der Erzengel Michael wie ein Turm, so daß diese beiden Ringe sich wie zwei Wände an ihn anschlossen. Auf seiner Brust aber strahlte die Gestalt des Menschensohnes, um die herum geschrieben stand: „Das Zepter deiner Macht wird der Herr von Sion aussenden; herrsche inmitten deiner Feinde" (Ps 110,2). Er streckte auch den rechten Arm aus und hielt den Schild mit der rechten Hand. Und neben ihm erschien etwas wie eine Wolke, die wie goldfarbener Rauch aus einem Weihrauchfaß aufstieg. In ihm leuchteten die verdienstvollen Gebete und heiligen Werke dieser Gemeinschaft auf. Und ich hörte ihn zu dieser Gemeinschaft sagen: Solange ich den Glanz der Heiligkeit unter euch erblicke, will ich für euch gegen die schlimmen Wurfspieße kämpfen, die ich von den gottlosen Tyrannen her gegen eure Wohnstätten aufblitzen sehe.

Da erkannte ich, daß das Zepter der Macht der Stab Aarons war, der an den Zweigen der Tugendkräfte blühte. Gott hatte sie am ersten Tag in den Engel gelegt, der sich selbst durch Stolz um die Glückseligkeit brachte <deposuit>. Doch Gott erblickte das Reis des Erbbesitzes auf dem Berg Sion, das wie eine ungeheure Kraft in einem Menschen erblühte, als der allmächtige Gott in Jungfräulichkeit emporwuchs. Und diese Blume ging aus Sion hervor, von wo auch viele Wasser entströmen und einen gar lieblichen Hauch – die grünenden Werke der Heiligen – in die Menschenherzen entsenden, so daß sie Gott in allem<n> erkennen. Deshalb strahlt Gottes Antlitz in ihnen auf, wenn sie sich den Einflüsterungen des Teufels entziehen und gleichsam mitten in ihrer Kraft gegen ihn kämpfen. Denn sie besitzen zwei Flügel derart, daß sie Gott mehr als sich selbst lieben und ganz heilige Werke vollbringen. Wie eine Wolkensäule stehen sie inmitten ihrer Feinde, wenn sie sie von beiden Seiten niederschlagen, d. h. indem sie Gott lieben und ganz heilige Werke tun. Und das funkelt wie die Sonne im Glanz der Heiligen.

Doch der erste Engel wollte Gott übertreffen und in dessen Würde dastehen, statt Ihn zu lieben oder gute Werke zu tun. Daher ehrt der Mensch die Gottheit, wenn er sich selbst besiegt, obgleich er die Möglichkeit hätte, Böses zu tun. Indessen bleibt die Jungfräulichkeit unter dem Königsbanner in ihm. Andere ziehen sich beim Verkosten der Sünde von der Wucht der Bosheit zurück, indem sie die Welt verlassen. Das alles geschieht ganz „im Glanz der Heiligen" (Ps 110,3), die das Wort Gottes so nach dem Willen des Vaters hervorbringt.

Und darum wird offenbar zu dieser Schar gesagt: „Der Segen des Herrn sei über euch" (Ps 129,8) im Glanz der Heiligen. Und alle, die euch segnen, sollen mit Segen erfüllt werden; und der Segen Gottes soll von denen fliehen, die euch fluchen.

207 Abt Richard an Hildegard (Springiersbach)

Richard, der unwürdige Diener der Knechte Gottes in Springiersbach, <wünscht> Hildegard, der heiligen und Gottes würdigen Verwalterin der Gemeinschaft des heiligen Rupert, sie möge nach Beendigung dieser Erdenzeit Anteil erhalten an der himmlischen Stadt.

Daß ich brieflich, oder immerhin durch den vorsprechenden Boten jetzt inzwischen vorgegriffen habe, statt selbst an Eure Heiligkeit heranzutreten und mit ihr zu sprechen, geschieht deshalb, weil ich selbst persönlich und zu meinen Gunsten zwar kommen möchte, aber nicht kann, und – ich gestehe es – Tage und nicht wenige Jahre mit diesen Gedanken bis jetzt unnütz verstreichen ließ. Denn wie sehr und wie lange ich mich gewiß von Anfang an nach der Anwesenheit Eurer hochgeschätzten Heiligkeit und einem Gespräch gesehnt habe, dafür rufe ich nun Gott selbst, vor dem „alles nackt und bloß daliegt" (Hebr 4,13) – nicht heuchlerisch <fallax>, sondern aufrichtig und wahrhaftig – als Zeugen an.

„Ich Unglücklicher" (Röm 7,24) bin zur Verwaltung und Ausübung der Seelsorge bestellt und allerdings fast gänzlich von den Kräften des Geistes und des Leibes verlassen. Weil ich mich für diese Verwaltung und Amtsausübung reichlich unbrauchbar, schwach und ungeeignet sehe, verlange ich mehr und mehr, nur zu trauern, zu weinen „und von diesem Todesleib befreit zu werden" (Röm 7,24). Daher möchte ich jetzt durch Euch Heilige und unter den Frauen Gesegnete, den Herrn über meine Angelegenheit befragen und – wie gewohnt – den Herrn um Rat bitten. Besonders wünsche ich durch Euch zu erfahren und ausfindig zu machen, ob ich lieber von dieser Inanspruchnahme und Amtsführung abstehen und abtreten soll, wenn das statthaft wäre.

Laßt mich also bitte in einem – wie üblich – versiegelten und verschlossenen Brief den Fortgang dieser Angelegenheit um Gottes willen so schnell wie möglich wissen, und erfreut mein trauerndes Herz mit Euerm Rat und Beistand im Herrn.

208 Hildegard an ihren Bruder Hugo (Tholey)

Die Kirche berichtet häufig von Wundern, und daher verfällt man zuweilen in Spott über die Wahrheit. Darum ermahne ich dich, deinen Bruder R<oricus> im Herzen nicht ungerecht anzuklagen und dich im Geiste nicht in die Verbreitung schlechter Reden über ihn einzulassen. Denn Gott weiß, daß du darin nicht recht handelst.

Hüte dich also, daß dein Herr dich nicht wegen dieses deines Zorns und wegen ähnlicher Anlässe beschuldigt. Gott aber schone deiner hinsichtlich all deiner Sünden.

209 Abt Bertulf an Hildegard
(Trier, St. Eucharius)

Hildegard, der funkelnden Perle, wünscht B<ertulf>, ein armer Knecht
Christi und unverdienterweise Abt von St. Eucharius, sie möge durch den
Vorsatz der Jungfräulichkeit dem Bräutigam der Jungfrauen gefallen.

Wir vernahmen und kennen den Ruf Eurer Tugend, ja sogar die Tugendkraft, die in Euerm gebrechlichen Gefäß der göttlichen Güte wirkt.
Wir hörten und wissen es, und erwogen sofort, daß jenes prophetische
Wort sich an Euch erfüllt: „Es ist gut für den Menschen <viro>, wenn er
ein Joch trägt" (Klgl 3,27), usw. Ihr habt wirklich viel <auf die Schultern>
gehoben und über Euch hinaus; denn was wir uns zu unternehmen fürch-
teten, habt Ihr mit männlichem Mut überboten und Euch so zur Gewohnheit gemacht, daß Ihr mit dem Apostel sagen könnt: „Unser Wandel aber
ist im Himmel" (Phil 3,20).

Mögen wir es auch – behindert durch die Erschütterungen der unruhigen Welt – lange unterlassen haben, Eure Heiligkeit durch unsere Boten
zu grüßen, darf man doch keineswegs glauben, daß jenes Feuer der Liebe,
das einmal Euch gegenüber in unseren Herzen zu brennen begann, erkal-
tet sei. Daher möge Eure Seligkeit nichtsdestoweniger unseres Kleinmuts
vor dem, mit dem Ihr ein Geist seid, eingedenk sein, und die Euch anvertrauten Schwestern unablässig erinnern, für uns und unser Kloster dasselbe zu tun.

Wir sehnen uns nach Euern ermunternden Worten und wünschen von
ganzem Herzen, es möge Euch stets wohlergehen. Lebt wohl.

209R Hildegard an Abt Bertulf
(Trier, St. Eucharius)

„Der ist" (Ex 3,14; Offb 1,4), spricht: O Mensch, du bist mit dem Panzer des Glaubens versehen und dem Gurt der Heiligkeit angetan, wie ein Mensch, der sein Gesicht in einem Spiegel betrachtet, und keine vollkommene Freude daran hat, weil er zuweilen zweifelt, ob sein Gesicht schön ist, oder nicht. Denn dein Gesicht gleicht einem Gebäude, das man von weitem sieht und das manchmal ein Nebel verdeckt. Und du überstürzt dich auch wie eine Last, die ein Träger eilends zum Verkauf trägt.

Darum sieh, was nützlicher ist: ein Rind oder Esel, grünes oder ausgetrocknetes Land, Namen oder Vornamen, Berg oder Tal zwischen den Feinden des Menschen? Ein erfahrener Meister ist vielmehr nützlicher als die übrige Menge, wie auch die Luft nutzbringend ist und unter ihren Flügeln verschiedene Früchte hervorbringt. Die Werke eines Menschen sind nämlich wenig wert ohne die Fürsorge eines Meisters.

Nun hüte dich, in deinem Vorsteheramt zu erlahmen, solange du wenigstens ein Auge hast. Gewähre vielmehr in mütterlicher Milde den Deinen Licht und reinige ihre Wunden, ohne daß dir Gewaltherrschaft nachgesagt wird. Denn der gute Arzt salbt die Wunden der Menschen mit Barmherzigkeit und zögert nicht damit. Er gab nämlich dem ihm anvertrauten Schaf einen Kuß und wusch es in seinem Blut.

Du aber, o Mensch, nimm die Barmherzigkeit wie eine schöne Freundin des Königs in das Brautgemach deines Herzens und bekleide dich in zarter Liebe mit der Heiligkeit wie mit Purpur und Diadem. Sammle in deinen Schoß wohlriechende Spezereien, und du wirst ewig leben wie ein Berg von Myrrhe und Weihrauch.

Wache also, indem du deine Lasten als Schlüssel zur Belohnung trägst, so daß du dir tauglicher erscheinst, wenn die Sonne ohne den Wirbelwind verschiedener Unwetter über allem strahlt.

210 Hildegard an Abt Bertulf
(Trier, St. Eucharius)

O unser Vater und Tröster, ich schaute wegen der Bürde, die deinem Sohn auferlegt werden soll, zum wahren Licht auf. Und ich sah sie weder kalt noch warm, weil sie ohne jede nutzbringende Wirkung lau wirkt. Ich sah nämlich in der Schau jene Bürde – wenn er sie auf sich nehmen sollte – wie einen abgestorbenen Baum, der gerade noch ein oder zwei frische Zweige hatte, durch die er jedoch nicht wieder auszuschlagen vermag.

Dieser Baum aber bezeichnet den Wandel und das Leben derer, unter denen sich kaum einer oder zwei finden lassen, die in der Grünkraft der Liebe zu heiligem Wandel und gutem Rat grünen. Daher würde diese Bürde weder ihm noch ihnen nutzen, denn er würde völlig scheitern, weil es ihm an Beistand und verständigem Rat unter ihnen fehlt.

Gott umfängt diese Wahl nämlich nicht mit Liebe, noch wird Er gar wegen ihr zu großem Zorn gereizt, sondern Er erträgt sie, wie so vieles andere, was mit seiner Zulassung geschieht. Daher ist es viel besser für ihn, sie zurückzuweisen – wenn er es kann – als sie auf sich zu nehmen.

211 Hildegard an den Mönch Gerwin
(Trier, St. Eucharius)

Gott sieht dich vor sich und wünscht von deinem Herzen ein Opfer in Einfalt, denn Er selbst ist wahrhaftig und will keine Doppelzüngigkeit auf dem einen Weg, der die Verläßlichkeit unter Vertrauten darstellt. So schaut auch das Auge Gottes in Einfalt auf das Glück der Menschen.

Das möge dir Gott gewähren. Und Er befreie dich von allem Ansturm aufflackernder Laster. Reinige also das Auge deines Herzens.

212 Hildegard an den Mönch Gerwin (Trier, St. Eucharius)

O geliebter Sohn Gottes, ich will dir antworten. Mit jener Wahl Gottes verhält es sich folgendermaßen: Gott wollte nicht, daß du ins Verderben und in gefährliche Sünden gerätst, wie dies der Eigenwille des Menschen oft begehrt. Und diese Wahl entspricht nicht deinem Auftrag.

Trotzdem sehe ich nicht, daß Gottes Unwillen auf diesem Vorgang liegt, durch den du auf Anruf von Menschen in Anspruch genommen bist. Für dich aber wird die Zurechtweisung darin liegen, daß du deinen Willen mitunter nicht so erfüllen kannst, wie du gern möchtest.

Gott trage Sorge und lenke all dein Geschick an Seele und Leib.

213 Hildegard an Abt Gerwin (Trier, St. Eucharius)

Jetzt ist dir keine Zeit zur Heilung gewährt, weil die Erde nach der Rache Gottes schreit und der Himmel von Ungerechtigkeit verdunkelt ist. Und nochmals: Nach nicht langer Zeit wird der Himmel das Lob Gottes singen und die Erde von ihrer Gefangenschaft aufbrechen. Die Gänge deines Klosters, in dem du wohnst und den Stab der Zucht führst, sind finster von der Unbeständigkeit der unruhigen Lebensweise. Sie riechen nach nicht wenig giftigem Laster und Ungehorsam, woraus ruhelose Feindseligkeiten entstehen. Wenn Gott es will, wird später das Abbild der ersten Morgenröte erscheinen.

O erhabene Persönlichkeit, erachte dich nicht selbst für hocherhaben in deinem Geistesstolz, und brause nicht im Ungestüm des Zorns auf über die Schafe deiner Herde. Salbe sie vielmehr und weise sie zurecht, so viel du kannst; und du wirst ewig leben.

214 Hildegard an Abt Ludwig
(Trier, St. Eucharius)

In einer wahren Schau sah und hörte ich folgendes: Ein Mann pflegte eifrig seinen Garten, doch ein aufkommender Nebel trocknete ihn aus. Und jener Mann verließ diesen Garten unbestellt. Später aber grub er den Garten um und pflanzte Rosen, Lilien und verschiedene wohlriechende Gewürze darin. Doch nochmals wurden die Blüten dieser Pflanzen durch einen hereinbrechenden Sturm zerzaust. Da sprach der Mann zu sich selbst: Ich will einen Acker aus diesem Garten machen und Weizen und Gerste auf ihm säen.

Nun höre du, der du Vater genannt wirst. Dieser Garten stellt deinen Beginn dar, der zuerst durch verschiedene Wechselfälle recht nebelverhangen war. Doch später hast du dich <illud> dem besseren Teil zugewandt und freutest dich im Heiligen Geist wie an guten Kräutern. Doch wie ein Sturm die Blumen knickt, hat dich inzwischen der Überdruß heimgesucht <fatigavit>. Nun hat es Gott gefallen, dich als Landwirt zu bestellen, damit du dich mit großem Eifer überall umsiehst und den Pflug richtig auf die Erde setzt, weil es dir nicht zuträglich wäre, aus Widerwillen träge zu sein.

Das alles sollst du nach dem Vorbild der Heiligen tun und an ihrem Lebenswandel das Verhalten eines gütigen Vaters ablesen <disces>. Liebe die Guten und Aufrichtigen, die Eingebildeten und Fehlenden aber weise zurecht. Diejenigen jedoch, die hart wie Steine sind, ertrage geduldig. Stürze dich nicht wie der Nordwind auf sie, weder mit Härte noch in einem Zornanfall, sondern tue alles mit Selbstbeherrschung. So handle, damit du die Herde Christi nicht zerstreust.

Halte auch dich selbst in Zucht und lebe nach der Regel des klugen Meisters <St. Benedikt>. Und unterrichte dich über den starken Mann <Gott>, der die Wasser hervorbringt und in kleine Bächlein teilt, die Erde sprossen und die Obstbäume blühen läßt, und der die Berge erhoben und über die Täler gesetzt hat. Er errichtete das Firmament mit all seiner Ausstattung und ließ <eduxit> die Winde blasen und heiße Luft <cum igne> dahineilen. Er ist außerdem der fruchtbare Mann, denn aller Segen geht von Ihm aus. Und Er wird Mann genannt, weil Er alles erschaffen, und alles, was kraftvoll und stark ist, gezeugt hat.

Darum mache also deinen Verstand mit den Wasserbächen der Heiligen Schrift und mit dem Wandel und Leben der Heiligen vertraut, und verwehre deinem Leib, die <verlockenden> Reichtümer des Teufels wachsen zu lassen, sondern vielmehr Tugenden durch die gute Lehre. Und besteige den Berg der Tugenden. Das tue in Demut, und bringe unter deinen Brüdern gleichsam Obstblüten hervor. Sei auch Sonne durch die Lehre, Mond in der Unterscheidungsgabe, Wind durch straffe <strenuum> Leitung, Lufthauch durch Sanftmut und Feuer durch wohlgesetzte Rede der Unterweisung.

Das beginne in der schönen Morgenröte und vollende es im goldenen <Abend>licht. Darin verharre ebenfalls starkmütig, damit du ewig lebst.

215 Abt Ludwig an Hildegard (Trier, St. Eucharius)

Der heiligen gottgeweihten Jungfrau H<ildegard>, seiner geliebten Mutter, <entbietet> L<udwig>, nur dem Namen nach Abt von St. Eucharius, einen Gruß und die Zuneigung so großer Ergebenheit, daß – wenn jemand sie, außer mir, verstünde – er entweder nichts, oder, was man nicht verstehen kann, verstünde.

Es erschiene äußerst lächerlich, wenn Schmetterlinge Adler, Flöhe Hirsche und Regenwürmer Löwen mit einem Sendschreiben grüßen würden. So verwunderlich – ja noch verwunderlicher – oder, um es richtiger auszudrücken – lächerlich ist es, daß ein Sünder, der wenig oder nichts in der göttlichen oder menschlichen Wissenschaft gilt, sich herausnimmt, an jene zu schreiben, die Gott mit einem so erhabenen und staunenswerten Vorrecht der Keuschheit und einer so hervorragenden Geistesüberlegenheit verherrlicht hat, daß du nicht nur die Verstandesschärfe der Philosphen und Dialektiker, sondern auch die der alten Propheten übertriffst.

Dennoch wirst du, liebevollste Mutter, in gewohnter Güte der verwegenen Anmaßung die Verzeihung nicht versagen, weil die Kühnheit der

Vertrautheit der Anlaß zu wiederholtem Schreiben ist. Die Beschwerlichkeit des Weges aber wird mich nicht abschrecken, dir zu schreiben und dich häufig zu besuchen, da der Gewinn deiner Worte mich um so lieber einlädt, je größer der Eifer ist, mit dem er erworben wurde. Denn wir besitzen das um so dankbarer, was wir mit Mühe erringen.

Daher, Herrin, möge dich unsere Unverschämtheit nicht reizen. Denn die Kräfte, die dir die Schwäche deines Leibes versagt, wird mitleidige Liebe dir verschaffen. Den von dir versprochenen Brief erwarte ich mit großer Sehnsucht; schiebe es nicht auf, ihn <mir> durch den Überbringer dieses Schreibens zu senden. Doch schreibe auch, was deine Ansicht über die dir anvertraute Angelegenheit ist.

215R Hildegard an Abt Ludwig (Trier, St. Eucharius)

Zur wahren Schau, die ich in meiner Seele sehe, blickte ich wegen deiner Bitte auf. Und ich sah und hörte folgende Worte: Du, der du erwählt bist, diese Gemeinschaft mit dem Stab der Zucht zu regieren, mühe dich, soviel du es mit dem Beistand der Gnade Gottes vermagst, in dieser Gemeinschaft, weil diese Wahl nicht unverdient ist. Denn die Gerechtigkeit ist bei vielen, die „den engen Weg des geistlichen Lebens laufen" (vgl. RB 5,11–12), durch ihren Eigenwillen (vgl. RB 7,19; 31) geschwunden. Doch wird dir die jetzige Zeit nicht die volle Heiligkeit zeigen, die vom Heiligen Geist anfänglich an diesem Ort gepflanzt wurde. Darum nimm dich in Zucht, damit du nicht auf Grund deines ehrenvollen Titels oder durch weltliche Sitten von der Beständigkeit deiner guten Absicht abweichst. Ahme auch in Demut, Geduld und Barmherzigkeit den mildesten Vater nach, so daß du für deine gute Arbeit von Ihm zu hören verdienst: „Wohlan, du guter Knecht" (Mt 25,21), und auch glücklich in der ewigen Seligkeit lebst. Die Krankheit deines Leibes und deine Herzensbedrängnis empfehle ich ebenfalls mit all meinen Schwestern Gott aufs inständigste an. Darum „fürchte dich nicht" (Jes 40,9 u.a.), weil Gott, durch dessen Gnade du Weisheit und Erkenntnis besitzt, dich nicht verlassen wird.

Gott und auch dir, milder Vater, sage ich Dank, daß du dich gewürdigt hast, mit meiner Schwachheit und meinem Schmerz – ich bin ein armseliges Geschöpf – Mitleid zu haben. Ich arbeite jetzt – allein wie ein Waisenkind – am Werk Gottes, da mein Helfer mir genommen worden ist, wie es Gott gefiel. Das Buch aber, das ich dank der Gnade des Heiligen Geistes in wahrhaftiger Schau mit ihm zusammen geschrieben habe, und das noch nicht abgeschlossen ist, werde ich dir sogleich zum Verbessern vorlegen, sobald es vollendet und geschrieben ist.

216 Hildegard an Abt Ludwig (Trier, St. Eucharius)

Die verborgenen Mysterien Gottes, die von Anfang an in Erscheinung traten, können von ihnen nicht verstanden oder begriffen werden. Dennoch sind alle seine Gerichte gerecht, denn bei Ihm gibt es nichts Vergebliches <vacuita>, sondern wie Er war und ist, so bleibt Er. Wie aber der Mensch aus Elementen besteht, und die Elemente zu einem Ganzen verbunden sind, und keines ohne das andere aus sich selbst etwas vermag, so ist auch der Charakter der Menschen verschieden, wenn er auch aus dem einen Hauch hervorgeht. Der Charakter der Menschen zeigt sich auf vierfache Weise: Einige sind unbeugsam, manche leichtsinnig <aerii>, einige wie ein Wirbelwind, manche leidenschaftlich <ardentes>. Wer einen unbeugsamen Charakter besitzt, ist bei allem energisch und berücksichtigt bei keiner seiner Interessen einen andern. Vielmehr rechnet er bei allem allein mit sich selbst; und das gefällt ihm. Und wer einen leichtsinnigen Charakter hat, dessen Geist ist immer wechselhaft. Doch fürchtet er Gott, und darum hält er sich vor Sünden zurück, weil ihm selbst mißfällt, was er tut. Die aber einen Charakter wie Wirbelwind besitzen, sind nicht weise, sondern vermischen alles Ihre mit Torheit. Sie werden durch Worte der Weisheit nicht erbaut, sondern entsetzen sich entrüstet vor ihnen. Die jedoch einen leidenschaftlichen Charakter haben, erstreben alles, was weltlich ist, sind dem Geistlichen abgeneigt und fliehen den Frieden. Und wo sie ihn wahrnehmen, verletzen sie ihn mit ihrem irdischen Trachten.

Doch Gott kennt die Anmaßung derer, die nicht um des Gehorsams willen auf Ihn blicken, sondern – als bräuchten sie Ihn nicht als Helfer und Lehrer – ihre Angelegenheiten von sich aus regeln. Das wird Gott mit den Besen der Nöte und der Kränkungen verderblicher Feindseligkeit reinigen, bis sie sich reuig besinnen, daß sie nicht mit Gott gewandelt sind, weil sie nicht auf die Liebe und die Befolgung seiner Gebote bedacht waren. Von allen, die einen solchen Charakter besitzen, zieht Gott an sich, wenn sie – im Wissen darum, was dem Heil ihrer Seele entgegensteht – sich sehr vor Gott fürchten, wie das bei Saul und vielen andern geschehen ist.

O Würdenträger <persona>, der du nach dem himmlischen Vater benannt wirst, deine Krankheit liegt in deinem leichtsinnigen Charakter, und darum fürchtest du Gott sehr. Und solche, die einen unbeugsamen, stürmischen und leidenschaftlichen Charakter haben, gibt es auch in der Herde des Herrn, die dir anvertraut ist. Und sie erdrücken dich, und du erhältst auch von ihnen keinen Trost irgendeines Salböls.

Du aber freue dich, weil Gott dich liebt und deine Seele durch die Krankheit, die dich bedrückt, läutert und dich dadurch in sein Erbe einsetzen wird. Gott überläßt auch dein Kloster nicht der Vergessenheit, sondern wird die Ihm mißfallenden verschiedenen Charaktere läutern. Du jedoch hast niemals bewußt nach einem Schaden für dein Kloster getrachtet. Du glaubtest, daß ihm nutze, was du tatest. Nun aber freue dich über die Rettung deiner Seele, weil du ein lebendiger Stein im himmlischen Jerusalem sein wirst.

217 Hildegard an Abt Ludwig (?)
(Trier, St. Eucharius)

Die Sonne geht am Morgen auf und späht von dem Ort aus, wo sie steht, durch alle Wolken. Und sie beherrscht und erleuchtet auf der weiteren Bahn mit ihrer Glut bis zum Abend alle Geschöpfe. So hat auch Gott die ganze Schöpfung, die der Mensch darstellt, geschaffen und dann mit dem Lebenshauch belebt und erleuchtet.

Wie nämlich die erste Morgenfrühe mit feuchter Kühle und Wechselhaftigkeit der Wolken anbricht, so besitzt auch der Mensch in seiner Kindheit feuchte Kälte, weil sein Fleisch wächst, seine Knochen noch nicht mit

Mark gefüllt sind, und sein Blut noch nicht gänzlich rot gefärbt ist. Wie aber die dritte Tagesstunde beim Lauf der Sonne warm zu werden beginnt, so bekommt auch er beim Zerkleinern der Speisen mit seinen Zähnen Geschmack daran; und er bewegt sich auf den Füßen gehend fort.

Der Mensch aber wird – wenn die Kindheit vorbei ist – in der Jugend kühn, fruchtbar und selbstsicher, und er plant selbst, was er beginnen möchte. Wählt er – indem er sich zur rechten Seite wendet – im Licht der Sonne das Gute, wird er an guten Werken fruchtbar werden. Folgt er aber – indem er zur linken Seite abweicht – dem Bösen, wird der Böse durch die Bosheit der Sünden schwarz werden. Wenn er jedoch bei der Verrichtung seines Werkes bis zur neunten Stunde gelangt ist, nimmt er an Fleisch, Mark und den übrigen Kräften, die er zuvor beim Wachstum gewann, wieder ab und trocknet aus. So hat auch der höchste Bildner die Weltzeiten von der ersten Stunde bis zur Abendzeit geordnet und bestimmt.

Du aber, o Vater, der du dich nach <Gott> dem Vater benennst, bedenke, wie du begonnen, und auf welche Weise du im Leben weiter vorangekommen bist. Denn in deiner Kindheit warst du töricht, in deiner Jugend hattest du eine erfreuliche Selbstsicherheit.

Inzwischen suchtest du jedoch eine gewisse Beziehung zum Einhorn, die dir damals unbekannt war. Das war nämlich unsere Schrift, die sehr viel über das irdische Gewand des Gottessohnes wiedergibt <resonat>. In der Liebe zur jungfräulichen Natur ruhte Er in ihr wie das Einhorn im Schoß der Jungfrau und versammelte die ganze Kirche durch den lieblichen Klang des herrlichen Glaubens um sich.

Gedenke auch, o getreuer Vater, was du oft von dem armseligen, zarten Gebilde über dieses erwähnte Gewand des Gottessohnes gehört hast. Und weil mir vom höchsten Richter mein Helfer entzogen wurde, vertraue ich dir sogleich meine Schrift an und bitte dich demütig, sie umsichtig zu hüten und für eine sorgfältige Korrektur zu sorgen, damit auch dein Name ins Buch des Lebens eingeschrieben werde. Dadurch ahmst du den heiligen Gregor nach, der neben der Last des römischen Bischofsamtes niemals davon abließ, den Zitherklang der Eingebung des Heiligen Geistes aufzuzeichnen.

Lege du auch wie ein erfahrener Soldat die himmlische Waffenrüstung an, tilge die Werke jugendlicher Torheit und arbeite im engelgleichen Gewand des Mönchshabits eifrig am Mittag, bevor sich der Tag neigt und du mit Freude in den himmlischen Zelten, in die Gemeinschaft der Engel aufgenommen wirst.

218 Hildegard an den Mönch Berthold
(Trier, St. Eucharius)

Vernimm die Geheimnisse Gottes! Wenn ein Abt <dominus>, der eine ihm unterstellte Gemeinschaft <familia> hat, und „einen aus dieser Gemeinschaft erwählt und ihm die Möglichkeit zur Weihe <sanctificatio> gibt" (vgl. RB 62,1), „damit er seine Bürde mit ihm trage" (vgl. RB 21,3), doch jener sich entschuldigt, er sei nicht würdig, diese Last zu tragen – und sein Herr ihm darin kein Gehör schenkt, weil er möchte, daß er jene Bürde trägt – soll er seinen Herrn nicht erzürnen, sondern – soweit er es vermag – ihm demütig gehorchen.

Schleicht sich aber später bei diesem Auftrag wegen der Schwäche seines Urteils und seiner Einsicht irgendein Mangel an Tauglichkeit ein, wird es ihm nicht schaden, denn sein Herr wird Sorge tragen.

Nun, Bruder und Freund in der Stellvertretung Christi, beachte dieses Wort und lebe unter dem Segen <felicitate> Gottes.

219 Hildegard an den Mönchskonvent
(Trier, St. Eucharius)

Erde verwirft Erde nicht, noch verachtet sie ihresgleichen, sondern sie erbaut sie, soweit ihre Möglichkeit reicht. Daher ziemt es euch auch, um der Hilfe und Barmherzigkeit Gottes willen nach weisem Rat das in die Irre gehende Schaf in den Schafstall zurückzubringen, so daß Gott eurer in euern Sünden schont; denn ihr seid eine Erde.

220 Die Mönchsgemeinschaft an Hildegard (Trier, St. Eucharius)

Hildegard, die ständig auf die Umarmungen des himmlischen Bräutigams bedacht ist, und allen, die mit ihr in Christus leben, <wünscht> der ganze Konvent des Klosters St. Eucharius zu Trier dasjenige, was von nichts besserem übertroffen wird.

Alle, die versuchen, „den Willen des Vaters zu tun, der im Himmel ist" (Mt 12,50; Mk 3,35), werden Brüder, Schwestern und Mütter des Herrn genannt. Wer sich aber bemüht, andere – durch Ermahnen gleichsam an der Brust nährend – zum Besseren voranzutreiben, wird insbesondere die Mutterwürde erlangen. Daher verehren wir dich nicht unverdienterweise vor anderen wie eine Mutter im Herrn, an deren Brust der Tröstung und Unterweisung wir uns zutiefst reichlich erquicken. Auch verherrlichen wir den mit dir, der allein große Wunder tut" (Ps 136,4), und der bis jetzt „vor Weisen und Klugen verbarg" (Mt 11,25; Lk 10,21), was Er in unsern Tagen deiner Demut wunderbar offenbart hat.

Daher wünschen wir gar sehr <vehementer> – weil wir „den Weg der Gebote Gottes nicht mit weitgewordenem Herzen zu laufen" (vgl. RB Prol. 49) vermögen – vom Antrieb deiner Ermahnung angefeuert zu werden, wie Gott es dir schenkt.

Im übrigen magst du unbezweifelbar erkennen, daß wir uns über deine Schrift, nämlich das Buch „Scivias", gefreut haben, „wie über jeglichen Reichtum" (Ps 119,14).

Schließlich bitten wir demütig, durch Eure heiligen Gebete bei Gott unterstützt und von Ratschlägen bestärkt zu werden.

220R *Hildegard an die Mönchsgemeinschaft (Trier, St. Eucharius)*

Ihr, die ihr das Gewand Christi angezogen habt und Ihn nachahmen wollt, hört, was der Psalmist sagt: „Der du eine Wolke zu deinem Wagen machst und daherfährst auf den Flügeln der Winde" (Ps 104,3). Was heißt das? Bei der Grundlegung der Welt hast du eine Wolke zum Aufsteigen der geflügelten Lebewesen bestellt, die hoch oben in der Luft sind. Das kann man auch so verstehen: Gott wußte vorher, daß Er in sich selbst ein geistliches Volk begründen würde, wie der Prophet sagt: „Wer sind die, die wie Wolken fliegen und wie Tauben zu ihren Maueröffnungen" (Jes 60,8)? Die Herzen der geistlich Gesinnten sind wie Wolken, d.h. gleichsam die Grundlage für die Himmelslichter, nämlich Sonne, Mond und Sterne. So ist auch der Gehorsam wie eine Grundlage der Demut, der Liebe und der anderen Tugendkräfte, mit denen die Gläubigen wie Tauben fliegen, wenn sie sich durch die Bindung vom Verlangen ihres Eigenwillens trennen <abscidunt>, so daß sie durch den Mauerspalt <cavernam> der Unschuld in die Sonne blicken, als wären sie nicht durch den Willen ihres Fleisches Menschen. Und so fährt auch der Schöpfer aller <Dinge> auf den Flügeln der Winde daher, als sich Gottes <superus> Sohn als schöne Blume in der Demut der Keuschheit zeigte und so in Sanftmut verharrte.

Daher steht geschrieben: „Über wem soll ich ruhen, wenn nicht auf dem, der demütig und sanft ist und vor meinen Worten erzittert?" (Jes 66,2)? Das sind die Flügel des geistlichen Volkes. Doch die, denen sie fehlen, werden wie Vögel fallen, die keine Flügel zum Fliegen haben. Bei ihnen „findet sich auch der Reichtum des Meeres ein, und die Schätze <fortitudo> der Völker kommen herbei" (Jes 60,5). Denn eine unzählbare Menschenmenge eilt zu diesen Flügeln. Doch blicken einige von ihnen nach Norden, die infolge des Wirbels von eitlem Ruhm und Hochmut und des Übermaßes an weltlicher Gesinnung auf sich selbst vertrauen und nicht dem Psalmisten folgen, der sagt: „Besser ist es, auf den Herrn zu hoffen, als auf Fürsten seine Hoffnung zu setzen" (Ps 118,9). Was heißt das? Es ist weit besser und nützlicher, emporzublicken und mit Hilfe des Gewandes Christi in die Wolke zu fliegen, als auf sich selbst zu vertrauen, wie es beim Fall des gestürzten Engels war. Er wollte in seinem Hochmut den überwinden, vor dem er so nicht bestehen konnte; doch fiel er wie Blei in den Abgrund.

In diesem Hochmut floh auch Adam das Leben und erfuhr die Pilgerschaft in der Fremde, bei der er in seiner Heimatlosigkeit seinen Vater, den er gut gekannt hatte, als er unschuldig in Demut lebte, gleichsam als Fremden betrachtete. So vertrauen auch die Menschenkinder auf sich selbst. Die Getäuschten setzen gleichsam ihre Hoffnung auf Fürsten. Doch als Gott rief: „Adam, wo bist du" (Gen 3,9)?, wußte er im voraus, daß das Geschöpf seines Fingers durchaus nicht verlorengehen, sondern einst erlöst werden sollte, wie geschrieben steht: „Du hast deinen Erbbesitz erkauft, den Berg Sion, auf dem du wohnst" (Ps 74,2). Was bedeutet das? Gott gedachte des Menschen, als Er durch die Frau den Kopf der Schlange zertrat, da „das Wort Fleisch wurde" (Joh 1,14). Und Er war sowohl der Berg Sion, auf dem Gott in Demut wohnt, als auch der Sohn Gottes im Herzen des Vaters.

Nun aber höre, versammelte Gemeinschaft, damit du der Berg Sion bist. Gott hatte nämlich von Anfang an vorausgesehen, daß er alle Kreatur schaffen wollte. Auch das Wort des Vaters erstand im jungfräulichen Reis als Mensch. Und dieses Reis war der Mutterboden <materia> aller Tugendkräfte der Heiligkeit, dem auch ihr, o geistliche Menschen, entstammt. Denn Eva hat das ganze Menschengeschlecht hervorgebracht; dieses Reis jedoch hat es in seiner Blüte wieder neu hergestellt, als aus seinem Schoß der Sohn Gottes hervorging. Und so seid ihr, o geistliche Menschen, der Berg Sion, weil der Vater euch durch sein Wort gepflanzt hat. Denn auch der Sohn des himmlischen Vaters hat im Zelt der Jungfrau Maria gewohnt, und wie ein starker Löwe ging Er aus ihr hervor, so daß die ganze Welt Ihn erblickte.

Er hat auch euch als geistliche Gemeinschaften in sich vereinigt, seit ihr Ihm wie Wolken zufliegt und eure Sünden nicht willentlich zur Ausführung bringt. Er selbst war nämlich ohne Sünde. Und ihr ahmt Ihn dann nach, wenn ihr Ihm nachfolgt und euch selbst verleugnet, um nicht zu sündigen, und wenn ihr nicht wie Staub seid, den der Wind vom Angesicht der Erde wegfegt, noch wie Natterngift oder „wie Blei in stürmischen Wassern" (Ex 15,10). Lauft ihr aber aus eitlem Ruhm, seid ihr wie Staub, der hier und dort verstreut wird und nicht die Frucht der Gerechtigkeit sät noch einen erlesenen Weinberg pflanzt, sondern einen prahlerischen <magnam> Ruf erzeugt und eure Seelen verletzt. Lebt ihr gar in der Bosheit des Hochmuts, nehmt ihr „unheilvolles Natterngift" (Dtn 32,33) auf, das euch tötet. Erhebt sich jedoch eine Unruhe des Geistes unter euch, seid ihr wie Blei, das schwer in einen Brunnen fällt. Denn eitler Ruhm und Bosheit sind das Herz des Hochmuts. Und wenn sie sich derart mit der Unruhe des Geistes verquicken, dienen ihnen Haß und Neid. Daher fliehen hier Friede und Sicherheit, und die Liebe Christi weicht. Und die in diesen Übeln leben, werden wie Blei in stürmischen Wassern sinken, weil sie keine Flügel haben, um sich zu erheben. Denn der Eifer des Herrn ruft laut über ihnen bei seiner Vergeltung, wie er einst erscholl, als Er den stolzen Feind in den Abgrund schleuderte. So spricht der Psalmist: „Erhebe deine Hände zur Beendigung des Hochmuts! Wieviel Böses hat der Feind im Heiligtum verübt" (Ps 74,3)! Gott hob nämlich die heiligsten Werke empor, als Er das Licht von der Finsternis schied. Und da stürzte der Hochmut mit allen Kindern des Teufels in den Tod, als er zum Norden blickte und seinen Schild ins Nichts stellte, wo er auch gänzlich zugrunde ging. Doch trotzdem errichtete der Stolz danach wieder in den Menschen viele Städte ohne Lebensdauer, fügte Qualen an Qualen und schuf Ruinen durch viel Drangsal, wobei die Menschen sprachen: Wir kennen Gott nicht und wollen Ihn nicht verehren! Und so verübte der Feind Böses im Heiligtum.

Jetzt aber spricht das lebendige Licht zu den Söhnen dieser Gemeinschaft <turbe>: Ihr seid die Tempelmauern, weil die frühe Kirche euch gepflanzt hat. Flieht daher die eitle Ruhmsucht, den Hochmut und den Wirbelsturm vieler Unruhen. Seht das jetzt mit aufmerksamen <viventibus> Augen und vernehmt dies mit hörenden inneren Ohren.

Eure Stätte sehe ich jedoch nicht zerstört, obwohl sie viele Schläge erleiden wird. Lebt also und wacht in Gott. Denn in wahrer Schau sah ich auch einige in dieser Gemeinschaft wie Morgenrot leuchten, manche wie Saphir glänzen, einige wie Sternenlicht strahlen. Denn die wie Morgenrot leuchten, besitzen Gottesfurcht. Die Vorschriften der Regel beachten sie freudig um Gottes willen, obgleich sie dem Fleisch nach manchmal vom Wege abzuweichen scheinen, wie ein Opfertier, das zur Schlachtbank geführt wird. Die aber wie Saphir glänzen, besitzen Gottesliebe und begehen daher keine schweren Sünden, wenngleich sie sich verfehlen. Und sie züchtigen sich sogar gern wegen ihrer Vergehen und machen sich dies zur Gewohnheit. Doch die wie Sternenlicht strahlen, sind voller Wohlwollen und streiten daher nicht mit den Menschen, sondern bewahren die Unbeschwertheit kindlicher Gesinnung, enthalten sich willig der schweren Sünden und sie sind ihnen zuwider. Und andere sah ich wegen der Gewöhnung an wüste Sitten in der Schwärze eines beißenden Rauches. Darin sind einige verbittert wegen ihres Eigensinns, lieben Besitztum und schätzen daher die geistliche Lebensweise nicht hoch. Vielmehr betrüben sie oft jene, die nach den drei oben beschriebenen Weisen leben.

Und ich hörte eine Stimme vom Himmel rufen: Solange diese Gemeinschaft an diesen drei Lebensweisen festhält, wird sie von Gott nicht verlassen werden. Aber auch zu denen, die sich in der erwähnten Schwärze befanden, hörte ich die Stimme sprechen: „Erhebe dich, Nordwind und komm, Südwind, durchwehe meinen Garten, und deine Düfte werden sich verbreiten" (Hld 4,16). Das heißt: Weiche zurück, Übel der Ungerechtigkeit, und komm, Gut der Gerechtigkeit, und bewässere die Pflanzung der Heiligkeit mit Tugendkräften, damit in ihr Werke aufstrahlen, die nicht welken. Der Nordwind versinnbildlicht nämlich die Streitsüchtigen, die mit zänkischen Worten durch Rechtfertigung der Habsucht und Herausforderung von Unrecht die lieblichen und nützlichen Pflanzen der Tugendkräfte niedertreten wollen, wie der Nordwind alles vernichtet. Diejenigen jedoch, die sie auf diese Weise bedrängen, lernen dadurch Geduld und rufen unter Klagen und Seufzen zu Gott für ihre und deren Sünden. Deshalb sind sie auch zuweilen des Sündigens überdrüssig, und darum steigt duftender Rauch aus ihren Herzen empor, den die Engel in Empfang nehmen. Und so verleiht der Nordwind den Guten Lebenskraft <viriditas>.

Die aber, welche gern Vermögen besitzen, machen denen, die in den drei geschilderten Weisen strahlen, manche Vorwürfe, damit sie in Verwirrung geraten. Auch im Hinblick auf ihre unvermeidlichen Gehorsamsakte trachten sie danach, sie zu entmutigen, und hüllen sich oft in die Unreinheit des Fleisches, wie ein Schwein sich im Kot wälzt. Und zuweilen setzen sie anderen mit dem Zwinkern ihres Schlangenauges samt der schlimmen Gewohnheit heftig zu.

Ihr aber, die ihr die Ungerechtigkeit liebt, behaltet diese Mahnung im Gedächtnis, damit ihr erkennt, daß das Vermögen eures Eigenwillens Götzendienst ist, unvereinbar mit den Engelchören, d.h. dem geistlichen Stand, wie auch ein trügerischer Götze unvereinbar ist mit dem wahren Gott. Auch von den andern Sünden sollt ihr ablassen und zum sprudelnden Quell Zuflucht nehmen, um euch zu waschen. Blickt auch auf die Taufe jenes Bundes <Ordensprofeß>, durch den ihr die Welt verlassen habt, damit ihr vor den Sünden zurückweicht. Und bemüht euch, daß euer Opfer fett werde, damit ihr ausharrrt im Guten, das ihr begonnen habt.

Denn sooft der Mensch seinen Willen in der Unbeständigkeit <rota> seines Fleisches abtötet <mactat>, ist das ein Opfer für Gott. Es ist Gott wohlgefällig wie das Opfer Abrahams, als dieser seinen Sohn gehorsam fesselte, um ihn Gott zu opfern. Die Hände bezähmt nämlich, wer die bösen Werke fahren läßt; die Füße bindet, wer die Wege seines Eigenwillens in Schranken weist, sich neigt und gehorcht, wie Isaak das Haupt unter das Schwert beugte; und den Leib beherrscht, wer das fleischliche Begehren aufgibt.

Darin besteht der Sieg, der das Banner trägt, das vom guten Ruf und den zarten Wohlgerüchen der Tugenden duftet. Wer ihn besitzt, schreitet sicher vor all seinen Feinden einher. Auf diese Weise aber wird das Opfer fett werden, wie das gemästete Kalb, das ohne Fehler war, durch die die Seele abmagert. Denn das vollkommen Gute ist fett. Christus sündigte nämlich nicht, obgleich Er von Ungerechtigkeit hart mitgenommen war. Und dadurch heiligte Er die Geduld der Heiligen.

Daher, ihr Gläubigen, bereitet auch ihr eure Herzen für die Kämpfe dessen, der euch ein Beispiel gab. Werft ab die Sorge um das, wessen ihr nicht bedürft, und trachtet danach, im Alpha und Omega <Anfang und Ende> zu erscheinen. Durch die Erfahrung der Sündigkeit <peccatorum> seid ihr freilich verfinstert. Erhebt ihr euch aber aus euern Sünden, so werden die herrlichen Gestalten der Tugenden in euch erscheinen. Deshalb schütze euch auch Gottes Rechte.

221 Der Vorsteher an Hildegard (Trier, St. Simeon)

Belderich, ein Bruder von St. Simeon im Trierer Kloster, nur dem Namen nach Prior und unter der Zahl derer, die „an den Flüssen Babylons sitzen und weinen" (Ps 137,1), <wünscht> H<ildegard>, der Tochter Sion, dort einmal den Gott der Götter zu schauen.

Dem Bericht vieler und meinem eigenen leibhaftigen Hören entnahm ich <hauriens> den gar lieblichen Duft deiner Seligkeit, freute mich und staunte über das, was mir gesagt wurde. Ich freute mich, sage ich, weil man in dieser Zeit einer leichtfertigen Welt, die wirklich im Argen liegt, erkennt, daß jener Bräutigam, „der Schönste aller Menschenkinder" (Ps 45,3), sich solch eine Braut erwählt hat. Ich staunte aber, daß sie in dieser Verbannung mit einer ungewöhnlichen und unerhörten Gnadengabe beschenkt zu sein scheint. Denn wer hat jemals gelesen oder gehört, daß eine ungelehrte, oder überhaupt ungebildete Frau aus dem tiefsten Abgrund der göttlichen Geheimnisse in so bedeutsame Worte ausbricht <eructationes exhalare>, und den Dürstenden von den Fluten lebendigen Wassers in solcher Fülle zu trinken gibt?

Ein wirklich „wunderbarer Gott" (Ps 68,36), ja wahrhaft „gepriesen sei Gott der Herr, der allein große Wundertaten vollbringt" (Ps 72,18). Doch was wundert es, wenn derjenige, der den vernünftigen, geistbegabten Menschen – wie Er will – zu seinem Werkzeug macht, der auch ein dummes Tier zum Meister seines Meisters gemacht hat. Dieses <Werkzeug> handelt nämlich wie Gott, von dem geschrieben steht: „Alles, was immer Er wollte, hat Er getan" (Ps 135,6).

Ich aber bitte deine Liebe, sie möge sich befleißen, deinem Geliebten inständiger und häufiger meine Niedrigkeit anzuempfehlen, im Wissen darum, daß dieser Austausch <vicissitudo> ihr von mir getreulich und unablässig vergolten wird.

221R Hildegard an den Vorsteher (Trier, St. Simeon)

O Diener Gottes, achte darauf, dich in deiner kurzen <Lebens>zeit von der Ungerechtigkeit des unrechtmäßigen Mammons abzuwenden. Trage in hochherzigem Eifer Sorge, den Rost der Sünden von dir zu entfernen, bevor „der Schatten des Todes" (Ijob 3,5 u. a.) dich überkommt, da du nicht mehr wirken kannst, damit du dann nicht klagend sprichst: O weh mir, daß man mich nachlässig angetroffen hat!

Achte auch auf den Familienvater, der von der ersten Stunde bis zum Abend Arbeiter in seinen Weinberg berief und die andern fragte, warum sie müßig herumstünden. Sie erwiderten ihm, daß sie niemand anwerben würde. Von der ersten Stunde bis zum Abend ruft der Herr nämlich Arbeiter in seinen Weinberg und fragt die andern, warum sie müßig dastünden. Diese entschuldigen sich, daß niemand sie anwerbe.

Oft widerfährt es einem Menschen, daß er von seiner Jugend bis zur Abendzeit – d. h. bis ins hohe Alter – in Gottvergessenheit lebt. Und das gedenkt er bei sich solange zu bessern, bis er durch die Gnade Gottes in innerem Widerstreit spricht: Warum wirkte ich nicht gute Werke, da Gott mich nicht hinderte, mich vom Bösen abzuwenden? – Und so beginnt er in seinem Greisenalter aus Widerwillen gegen die Sünden Reue zu empfinden.

Dieser erscheint auf den Wegen Gottes wie ein nicht im Feuer gebranntes irdenes Gefäß, weil er nicht arbeiten kann. Und so wird er als erster nach seinem Verdienst durch die Gnade Gottes den Lohn empfangen, weil er sich um des Alters willen nicht mehr ändern kann. Denn in der Kindheit und Jugend und im reifen Alter wirkt der Mensch oft Böses, und nachher Gutes. Das geht im Greisenalter nicht <mehr>.

Jetzt öffne deine Augen zur Wachsamkeit und bedenke alle Nachlässigkeiten dieser Lebensabschnitte. Mache sie im Werk gut, damit du in Ewigkeit lebst.

222 Hildegard an die Nonne Luitburga (Trier, St. Simeon)

O du von der Welt stammende und in Christus geborene Tochter Gottes! Alle Orte stehen unter der Herrschaft Gottes. Deshalb suche <provide> eine kleinere Gemeinschaft für dich, denn Gott beurteilt Schwächen, Krankheiten, Alter und gehemmten Charakter nach den Veranlagungen der Menschen.

Darum lege dich noch nicht auf einen Ort fest, bevor du dich selbst an Seele und Leib geprüft hast. Deinen andern Schwestern aber, G. und M., spende Trost, soviel in deiner Macht steht. Auch sie sollen selbst für das sorgen, was ihnen dienlich ist, damit sie in ihrem Herzen nicht mutlos werden.

Führe nun ein klösterliches Leben, und Gott wird dich nicht verlassen.

223 Der Vorsteher und der Klerus an Hildegard (Trier, St. Peter)

N., ein Sünder und Vorsteher der älteren Kirche, St. Peter, und der gesamte Klerus von Trier, <entbieten> Hildegard – der Dienerin Gottes und der Mitwisserin so vieler Geheimnisse als möglich, die fromm im Kloster des heiligen Rupert lebt – unter Danksagung die für sie <zum Gebet> erhobenen Hände.

Während mit der Zulassung Gottes „die Gedanken vieler Herzen enthüllt werden" (Lk 2,35), offenbaren sich Euch nach göttlichem Willen die unsrigen, weil wir Euch mit ganzem Bemühen des Leibes und aller Hingabe des Herzens lieben. Wir wissen nämlich, daß der Heilige Geist in Euch wohnt und Euch vieles – den übrigen Menschen Unbekanntes – durch Ihn offenbart wird.

Als Ihr nämlich von uns wegging, da Ihr kürzlich an den Pfingsttagen auf göttliche Anordnung zu uns gekommen wart – wo Ihr versichert habt, daß uns eine Androhung Gottes bevorstehe – erlebten wir viele Schäden an den Gemeinden, viele Gefahren für die Menschen um und bei uns. Und wir haben erfahren, daß wir versäumten, nach dem guten Rat, den Ihr uns erteilt habt, den Zorn des Herrn zu besänftigen. Und wenn nicht aus Barmherzigkeit Gottes seine Strafe zurückgenommen worden wäre, wären wir vielleicht angesichts der drohenden Gefahren der Verzweiflung erlegen.

Und weil der Herr in Euch ist und seine Worte aus Euerm Mund ertönen, flehen wir Eure mütterliche Liebe so inständig wie möglich an, Ihr möchtet uns das, was Ihr uns damals mündlich <viva voce> mitgeteilt habt, durch den Briefboten schriftlich übersenden, damit die kommende Nachwelt sowohl die Strafe Gottes, als auch sein über uns waltendes Erbarmen wahrnehme und erkenne, daß Ihr eine aufrichtige und geliebte Mitwisserin seiner Geheimnisse seid.

Der Schutz des Herrn bleibe immer über Euch, und was Er in Euch begonnen hat, möge Er in Euch zu einem guten Ende führen.

223R Hildegard an den Klerus
(Trier, St. Peter)

Ich armseliges Geschöpf besitze in mir weder Gesundheit noch Kraft,
weder Stärke noch Gelehrsamkeit, sondern bin den Lehrmeistern unterle-
gen. Aus dem geheimnisvollen Licht einer wahren Schau hörte ich folgende Worte an die Prälaten und den Klerus von Trier: Die Lehrer und Magister wollen nicht die Posaune der Gerechtigkeit Gottes blasen. Deshalb ist
die aufgehende Sonne <oriens> der guten Werke in ihnen erloschen, welche die ganze Erde erleuchtet und gleichsam ein Spiegel des Lichts ist.
Diese aufgehende Sonne nämlich sollte in ihnen mit der Lehre leuchten,
die die verschiedenen Vorschriften regelt, wie auch der Sonnenball unterschiedlich strahlt <est>. Auch ist der Süden der Tugendkräfte mit seiner
Wärme in ihnen kalt wie der Winter, weil sie keine guten, von der Glut des
feurigen Heiligen Geistes entflammten Werke in sich tragen und ohne
Grünkraft dürr sind. Auch der Westen der Barmherzigkeit hat sich in die
Schwärze eines härenen Gewandes verwandelt, weil sie das Leiden Christi
nicht durch ein rechtschaffenes Leben verehren. Dieser stieg durch Demut
in die Menschheit hinab und verhüllte seine Gottheit, wie die Sonne sich
mitunter verbirgt. Doch der Norden mit seinem Sturmwind wirkt in ihnen,
wenn ein jeder von ihnen die Vermehrung seines Besitztums betreibt, das
sich zur Qual der Seelen verkehrt, wie auch ein Bußgewand den Leib des
Menschen einengt. Sie erheben sich nämlich nicht durch gute Werke mit
der aufgehenden Sonne und sind nicht von Sonnenglut entbrannt, noch
wenden sie sich mit dem Westen vom Bösen ab; vielmehr verstecken sie
sich mit dem Sturm des Nordens im Eigensinn ihres Herzens.

Deswegen läßt der Teufel mit Recht drei böse Winde aus dem Norden
mit höhnischem Pfeifen los: den ersten nämlich mit Haß und Hochmut
gegen den Osten, der erloschen ist; den zweiten mit der Gottvergessenheit
gegen den Süden; den dritten mit Unglauben gegen den Westen. Denn
wenn die Lehrer und Meister durch rechten Lebenswandel Gott nachahm-

ten, dann hemmte der Ostwind den Nordwind so in ihnen, daß er nicht seufzen konnte, und der Südwind verbrannte ihn in ihnen durch gute Werke. Und der Westwind schleuderte seine Kräfte in die Finsternis, wenn sie die Welt und sich selbst verließen, indem sie dem Lamm folgten. Nun aber ist die Stärke der männlichen Kraft zu weibischer Schwäche herabgesunken, die nicht mit männlicher Tapferkeit kämpfen darf, weil „der Mann das Haupt ist" (1 Kor 11,13; Eph 5,23). Diese weibische Zeit aber begann mit einem gewissen Tyrannen, von dem alles Böse herrührt.

Ich aber erfuhr aus einer wahren Schau folgendes: Ein Familienvater stellt seinen Söhnen und Dienern, die ihm wegen der Übertretung seiner Vorschriften mißfallen, oft seine Erfahrung, Macht und Fähigkeit vor Augen. Dann streckt er seine Hand aus, beugt sie nieder und verdrischt sie <dissipat> mit der Zuchtrute, der Art ihres Vergehens entsprechend, indem er sagt: Woher seid ihr gekommen, und was seid ihr ohne mich?

Und vom Eifer des Herrn hörte ich, daß Gott die Übertretung seiner Gebote nicht ohne Strafe vergibt. Adam verlor nämlich als Übertreter der Gebote Gottes die Schau der himmlischen Dinge und das leuchtende Gewand, und wurde an den Ort des Elends geschickt. Durch den Eifer des Herrn wurde auch Kain, weil er das Blut seines Bruders vergoß, den er tötete, verstoßen. Auch viele Völker entstanden aus den Nachkommen Adams, die gottvergessen lebten, so daß sie nicht mehr wissen wollten, daß sie Menschen sind. Darum lebten sie durch schändliches Sündigen nach Art des Viehs, außer den Söhnen Gottes, die sich von diesen Menschen und ihrer Lebensweise trennten. Aus ihnen wurde Noach geboren. Dann erhob sich der Eifer des Herrn und „der Geist des Herrn schwebte über den Wassern" (Gen 1,2). Er zerriß die Wolken und ließ während der Sintflut die Wasser hervorströmen. So wurde die Erde von den verbrecherischen Sünden gereinigt und vom Blut Abels, das sie getrunken hatte. Denn Gott vollführte dies. Und so wurde der Hals der begierigen alten Schlange aufgeschreckt. Dann brachte die Erde, die zuerst durch das Blut Abels entweiht worden war, den neuen Saft des Weines hervor, und die Weisheit begann wiederum zu wirken.

Doch der Teufel brachte mit Hohngelächter durch den Sohn Noes einen Frevel zustande. Daher gab der Eifer des Herrn auch den Sünder der Knechtschaft preis, entzog ihm den Segen und lieferte die Sünder dem Fluch der Knechtschaft aus. Und so bewirkte die Weisheit neues im Himmel und auf Erden. Darauf offenbarte die Heilige Dreifaltigkeit durch Abraham ein großes Werk, indem sie den Gehorsam andeutete und darstellte, als jener das Vaterland verließ und sich beschnitt. Und im Gehorsam stellte er jene dar, von denen geschrieben steht: „Wer sind die, die wie Wolken dahinfliegen" (Jes 60,8)?, und durch die Beschneidung die Wunde der beschämten alten Schlange. Doch die Frau <Sara> folgte unter schallendem Gelächter der Torheit der ersten Frau; in ihrer Fruchtbarkeit aber wurde der Sohn Gottes dargestellt. Denn durch den Gehorsam Abrahams verwandelte Gott die Übertretung Adams und brachte durch dessen Beschneidung dem Tod eine Wunde bei. Und bei der Fruchtbarkeit der unfruchtbaren Frau sah Er voraus, daß eine andere Frau einen anderen Sohn gebären würde; denn der Sohn Gottes erfüllte diese ganze Vorbedeutung durch seine Geburt.

Der Gesetzgeber Mose aber kam der Beschneidung zu Hilfe und gab das Gesetz, das auch von Gott beendigt wurde. Doch sein Volk ging wegen der vielen Übertretungen der Gebote Gottes an den Götzenbildern und anderen Sünden zugrunde. Und erneut erhob sich der Eifer des Herrn und rächte dieses Böse mit Schlangenbissen und anderen Gefahren und Kriegen, so daß viele zu Tode kamen.

Der Eifer des Herrn jedoch wird solche Läuterungen bis zum Ende der Welt bewirken. Wenn Gott aber seine Strafe aussendet, sagt Er sie oftmals durch einen Menschen oder durch irgendein anderes Geschöpf voraus, damit die Menschen keine Entschuldigung für ihre Übeltaten haben. Daher erheben sich auch oft viele unter ihnen und tun Buße, wie das bei Jona geschah. Und so wird Gott von seinen Freunden gelobt und von seinen Feinden gerühmt. Gott berührte nämlich oft das Gebilde seines Fingers bei der erwähnten Offenbarung an Männern und Frauen, wie geschrieben steht: „Und eure Söhne und eure Töchter werden prophezeien" (Joel 2,28; Apg 2,17).

Nachdem aber Gott angedeutet hatte, was Er tun wollte, erinnerte Er sich daran, daß Er gesagt hatte, Er würde das Haupt der Schlange zertreten. Und Er erfüllte eine Frau – d. h. eine Jungfrau – mit Gehorsam, Keuschheit und allem Guten und vollendete sie durch jede Tugend, so daß der Stolz, der in Eva lebte, in dieser verdorrte. Aber diese Jungfrau empfing vom Heiligen Geist den Sohn Gottes, der auf wunderbare Weise erschien, und unter Wundern auf diese Welt kam. Danach ruhte Gott von jenem Werk aus, das Er so im Fleisch <carnaliter> vollbracht hatte. Und Er gewährte diesem seinem Sohn, alles Fleischliche zum Geistigen zurückzuholen, weil

Er das irdische Dasein <caro> der Heiligkeit darstellt, das aus einer anderen Natur hervorging, die der Ratschlag der Schlange niemals verletzt hat.

Deshalb hat dieser Sohn Gottes das alte Gesetz bewässert, als Er in der Taufe durch Glauben und Gehorsam und durch die Enthaltung von fleischlichen Begierden den Weg der Heiligkeit aufwies und den Menschen die Buße übergab. Das alles besiegelte Er in seinem sterblichen Leib mit dem Tod und schenkte die Zeichen und Wunder, wie sie der Vater Ihm selbst verliehen hatte, seinen Jüngern. Denn weil Gott als Mensch erschien, sandte Er das neue Feuer, das vorher noch niemals sichtbar geworden war, im Donner der Gottheit auf die Jünger herab. Und die Apostel wurden mit neuen feurigen Zungen und einer bisher unerhörten Weisheit überströmt, welche die Menschen gemäß der himmlischen Harmonie zu leben lehrte. Damals strahlte der Osten in seiner Kraft wider, und der Süden brannte in seiner Glut. Und weder der Westen war schädlich, noch tobte der Norden mit Sturm, weil sie durch das Leiden Christi gemäßigt waren bis zu einem gewissen Tyrannen, von dessen Zeit an alles Böse und alle Ungerechtigkeit und Untreue begann. Doch auch dies wurde mit Hungersnot und Seuche geprüft, durch Kriege und Kämpfe erschüttert <incurvata> und mit Bußstrafen gereinigt.

Nun aber wurde das Gesetz im geistlich gesinnten Volk vernachlässigt, das es verachtete, das Gute zu lehren und zu tun. Auch die Lehrer und Vorsteher haben die Gerechtigkeit aufgegeben und schlafen. Deshalb hörte ich eine Stimme vom Himmel folgendes sprechen: O Tochter Sion, die Krone wird dir vom Haupt sinken und das Tuch zum Ausbreiten deiner Schätze kleiner werden. Du wirst zu einer kleinen Zahl zusammenschrumpfen und von Land zu Land vertrieben werden. Durch mächtige Menschen sollen nämlich viele Städte und Klöster zerstört werden. Und die Fürsten werden sagen: Laßt uns die Bosheit von ihnen entfernen, welche die ganze Welt durch sie auf den Kopf gestellt hat <subvertit>. – Und ich sah und hörte, daß diese Gefahren und diese Vernichtung wegen der Verletzungen des Gehorsams und anderer Vorschriften rechtmäßiger Einrichtungen über Länder und Klöster hereinbrechen werden. Und ich sah, daß trotzdem einige inmitten derartiger Übertretungen Gott anhängen und nach Ihm verlangen werden <anhelabunt>, wie es auch in der Zeit des Elija geschah. Diese werden sehr würdevoll standhalten und als Ganzopfer für Gott gelten, weil sie vor dem Bösen zurückwichen wie Noach und Lot.

Und eben diese Läuterung wird in dieser weibischen Zeit ein wenig beginnen und nachher stärker werden. Danach wird eine mannhafte Zeit kommen, in der nach dem gerechten Gericht Gottes Kriege und Kämpfe stattfinden werden. Diese weibische Zeit jedoch wird nicht solange dauern, wie sie bis jetzt bestanden hat. Dann werden Recht und Gerichte Gottes anheben, und Zucht und Gottesfurcht werden im Volk bestehen. Gerechte und gute Menschen wird es im geistlichen Volk geben, das aber um der Demut willen klein an Zahl bleiben wird. Und sie werden wie Einsiedler zur ersten Morgenröte zurückkehren. Und das werden sie auch aus Furcht vor den vergangenen Zeiten tun, die sie als feindlich für sich erkannt hatten. Und die Menschen werden dann nicht mehr die Torheit ausgelassener Sitten nach der Art junger Leute besitzen; vielmehr werden sie Trauer über ungewisse Zeiten erleiden, die bevorstehen. Und dann werden mutige Männer aufstehen und prophezeien. Und sie werden alles Alte und Neue aus der Schrift und alle Worte, die durch den Heiligen Geist ausgesandt wurden, sammeln, und die Einsicht darin wie ein Halsband mit kostbaren Edelsteinen schmücken. Durch sie und auf andere Weise werden viele Laien tugendhaft werden und heilig leben.

Dieser Eifer für die Heiligkeit aber wird nicht rasch austrocknen, vielmehr lange anhalten, weil dies alles wegen der Zeit des Irrtums geschehen wird, wo es viele Märtyrer des Glaubens gibt. Denn „der Kriegsheld" (Jes 42,13) wird dies vollbringen. Er sieht den Anfang und das Ende seiner Werke in ihnen, um dadurch dem irrenden Volk zu widerstehen. Er erweckt nämlich zuerst – gleichsam als Haupt – Propheten, Weise wie Augen, Lehrer wie den Mund, wie auch durch das Wort Gottes alles geschaffen wurde. Und weil dann die übrigen Glieder – d. h. die Gläubigen – wie gesagt, Gutes wirken werden, wird Gott sein Haupt in ihren Schoß legen, d. h. Er wird ihrer Einsicht die Prophetie erschließen. Dann werden auch die Fürsten die Zithern und Pauken für Trübsal und Trauer eintauschen, wie es die Söhne Israels in der Gefangenschaft taten.

Danach wird alles Geistliche ohne Widerwillen und Versagen erstarken, und die Menschen werden den kostbaren Inhalt <pupillam> des lebendigen Buches lesen. Dann werden Kraft, Stärke und Gesundheit im Volk entstehen, weil der Kriegsheld die Luft mit Gesundheit sättigen und auch die Grünkraft der Tugenden hervorbringen wird, damit die Gläubigen in der Zeit des Irrtums an Leib und Seele nicht versagen. Dies jedoch wird bis in die Zeit des Irrtums so fortdauern, in der das gläubige Volk in den Tod wie zu einem Festmahl eilt. Doch auch diese Zeit des Irrtums wird auf diese Weise anhalten, bis Gott sie in Gnade und Erbarmen durch seinen Eifer beendet <discutiat>.

Durch all das wird der Gärtner das Schädliche aus seinem Garten entfernen und das Nützliche für sich sammeln, wie geschrieben steht: „Gott, der Herr der Vergeltung, der Gott der Vergeltung hat frei verfügt" (Ps 94,1). Das ist folgendermaßen: Gott vernichtet in seinem Eifer das Haupt aller Bosheit, und der Herr verwirft es durch den Sturz. Denn alle Ungerechtigkeit stammt vom Teufel, der in die Unterwelt versunken ist. Er ist nämlich ein Gott der Vergeltung, weil Er niemanden berücksichtigte oder beachtete, von dem Er etwas zur Ergänzung annähme. Vielmehr teilte Er jegliches von sich aus ein, schuf und vollendete es. Und das tat Er auf diese Weise frei verfügend, weil Er allein gerecht und gut und bei all seinen Urteilen zu fürchten ist. Er ist nämlich Gott durch die Vergeltung an den Verworfenen, weil sie das Gute nicht wollten. Darum verdammt Er sie zusammen mit dem Teufel. Viele beugt Er auch frei verfügend durch Schmerz, die Er nachher wieder frei aufrichtet, damit sie wegen ihrer guten Werke wie Säulen des Himmels seien. So hat Er sehr viele Heilige aus Zöllnern und Sündern gemacht.

Da erhebt sich der Teufel und will im Verlorenen Sohn auf den Flügeln des Windes fliegen. Gott aber setzt von sich aus alles fest, was Er will, denn niemand kann Ihn überwältigen. Und Er zerstreut alle Macht des Teufels wie ein Schmied, der alles Unbrauchbare in seiner Werkstatt vernichtet. Er streckt im Eifer seine Hand aus wie er es damals tat, als Er eben diesen Satan bei der ersten Verwerfung in den Abgrund stürzte. Daher verbirgt sich jener so im Abgrund, wie eine junge Schlange sich in ihrem Loch verkriecht <intrat>, und wird sich von nun an nicht mehr aufrichten, weil er nun ganz betrogen ist. Danach wird Gott <divinitas> für alle Kreatur Unbekanntes wirken, denn jedem Menschen ist unbekannt, wann die Läuterung der Welt durch das Feuer stattfinden wird.

Und ich schaute Trier durch das neue Feuer zwischen den Gläubigen reich geschmückt, das den Aposteln in feurigen Zungen erschienen war, so daß damals alle seine Straßen im Gold des Glaubens mit Wundern übergossen waren. Doch nun ist es von der Unbeständigkeit schmutziger Sitten und von Überdruß umgeben, als kenne es Gott nicht. Und es ist von vielen anderen Übeln verunreinigt und auch darin durch Widerwillen und Verlust an Beliebtheit und Schönheit der ersten ehrenwerten Einrichtungen eingewurzelt, und der Gottvergessenheit vieler Sünden zugeneigt.

Daher werden feurige Vergeltungen von den Feinden über es kommen, es sei denn, sie werden durch Buße getilgt, wie es bei Jona geschah.

224 Ein Priester an Hildegard (Trier)

Der heiligen Jungfrau Hildegard, einer ehrwürdigen Braut Christi, <empfiehlt> B., durch die Gnade Gottes ein wie auch immer beschaffener Priester – obgleich der priesterlichen Würde unwert – sich selbst.

Wenn ich Euch auch selten mit leiblichen Augen erblicke, so vergegenwärtigt mir doch die staunenswerte Kraft unserer Seele, die sich Phantasie <imaginatio> nennt, täglich die Heiterkeit Eures Antlitzes und erfreut sie mit der angenehmen Erinnerung an Euch. Und sie ermuntert mich zum Lob Gottes, der sich in unseren Tagen gewürdigt hat, in handgreiflicher Offenbarung und mit einleuchtendem Beispiel durch Euch kundzutun, was die Heilige Schrift täglich ins Gedächtnis ruft: wie nämlich der Heilige Geist, das Licht reiner Seelen, durch die Väter der Vorzeit und durch Gottes heilige Apostel wunderbar zu ungebildeten Menschen gesprochen hat. Denn mir scheint, daß Ihr mit Petrus durch die Stimme Davids sagen könnt: „Weil ich keine Gelehrsamkeit kenne, werde ich mir die Machterweise des Herrn zueigen machen" (Ps 71,15–16).

Durch jene Milde der gütigen Gottheit also, die das Innerste Eures gottgeweihten Herzens mit ihren hellen Strahlen auf ungewöhnliche Weise durchleuchtet hat, flehe ich Euch inständig an, Ihr möchtet mir elendem Sünder mit Euerm Gebet beistehen. Ich bitte auch, mir um der göttlichen Tröstung willen – inwieweit Ihr Euch auf eine himmlische Vision stützt – tröstende Worte zu schreiben und gütig mitzuteilen, wie ich denen vorstehen kann, die ich unter priesterlicher Leitung führen soll. Lebt wohl.

225 Hildegard an den Kanonikus Balduin (Utrecht)

Die Mysterien Gottes sprechen folgende Worte aus: O Mann Gottes durch die Bindung an das Gesetz! Gott weiß, daß du bei manchen Aufgaben unheilvoll unbeständig bist. Doch trotzdem schaust du von weither wie in Erwartung gleichsam den hervortretenden Glanz eines rot schimmernden Lichtes.

Nun laufe, damit du gute Werke ohne die Schmach der Unentschiedenheit zwischen zwei Wegen tust, wenn nämlich der Mund so tönt, und das Herz anders. Sorge aber dafür, daß Gott dich wegen guter Werke liebt, weil Er selbst dir die Hände seiner Verteidigung reicht. Doch du bist schwach und fliehst. Hüte dich also, dich vor jenem Schutz zu verbergen, damit Gott dich nicht mit seiner Rute schlägt; denn Er selbst prüft dich, damit du auf dem rechten Weg lebst.

226 Hildegard an denselben (?) Priester (Utrecht)

Folgendes hörte ich in einer wahren Schau: Das Werk Gottes am Menschen hatte fünf Wirkungen <operationes>. Die erste ist, daß der Mensch geschaffen <formatus> wurde; die zweite, daß er den Hauch des Lebens empfing; die dritte, daß er erkannte, daß er wirken konnte; die vierte, daß er ein gutes Werk auf sich nahm; die fünfte, daß er das Böse erkannte.

Dieses Gleichnis kann man so auf jedweden Menschen beziehen. Erstens nimmt man wahr, daß der Mensch sich seiner Vergehen mit Seufzen erinnert, weil sie verderblich sind; zweitens, daß er sich ein wenig von seinen Vergehen abwendet; drittens, daß er sie im Bekenntnis offenlegt; viertens, daß er Buße tut; fünftens, daß er sich dem Bösen entfremdet.

Daher, du Mensch, tue bezüglich dieser Werke, die Gott am Menschen gewirkt hat, in Furcht und Zittern Buße; denn du hast in gewisser Hinsicht sein Werk vernichtet. Durch die Beichte <audientia> bei einem Priester wirst du – solange du lebst und die Möglichkeit hast – Gott ein wenig Lob mit Stöhnen und Seufzen darbringen.

227 Magister Heinrich an Hildegard (Utrecht)

An Hildegard. Sei gegrüßt, edle Braut Christi, welche die Hochzeitsgaben des unvergänglichen Lebens empfangen wird. Wer, wie, wie bedeutend, von welcher Art, woher ich bin – nämlich H<einrich>, ein unwürdiger Magister von Utrecht – kannst du vom vorsprechenden Überbringer erfahren.

„Christi Wohlgeruch" (2 Kor 2,15), der wie ausgegossenes Öl weit und breit Duft von dir verströmt, trug im Hauch <des Heiligen Geistes> unsern unwürdigen Ohren zu, daß du durch die Heimsuchung der himmlischen Gnade von häufiger Erleuchtung des göttlichen Glanzes vom Himmel her so strahlst, daß dir zuweilen durch seine dir innewohnende Gnade gewährt wird, den Ausgang von Ereignissen und das Ende des Weltenlaufs, die von der geheimen Anordnung Gottes vorherbestimmt sind, zu schauen – besonders, wenn du inständig flehst, daß dir dies enthüllt werde.

Darum empfehle ich Geringer, Mutloser <deiectus> – von verschiedenen Schmerzen und mancherlei Widerwärtigkeiten verfolgt, was allerdings durch unaussprechliche eigene Verfehlungen hervorgerufen wurde – mich aus tiefstem Herzen deinen frommen Gebeten. Durch den, der sich dir um den Preis seiner selbst verbürgt hat, beschwöre ich dich, du möchtest dich darum bemühen, mich durch deine gerechten Anstrengungen seiner milden Güte in unermüdlicher Bemühung geneigt zu machen.

Denn „ich bin immerdar gedemütigt" (Ps 119,107) und „völlig niedergebeugt" (Ps 38,7) „Wie ein verdorbenes Gefäß" (Ps 31,13), und „vor dem Blick seiner Augen verworfen" (Ps 31,23), weil „mich Übel ohne Zahl umgaben, und meine Sünden mich ergriffen" (Ps 40,13), die mir „über den Kopf stiegen wie eine schwere Last" (Ps 38,5). Außerdem „harrte ich auf jemanden, der mit mir trauern würde, und es gab keinen; auf einen, der tröstet, und fand ihn nicht" (Ps 69,21).

Deshalb erwarte ich – freilich nicht aus eitler Verwegenheit oder überflüssiger Neugierde, sondern wie im Ofen der Drangsal geschmolzen – mit brennendem Verlangen kniefällig und lechzend, mit deinem ersehnten Antwortschreiben erquickt zu werden. Ich ersehne von ihm sowohl den vorherbestimmten Urteilsspruch des himmlischen Verwalters über den Zustand oder das Ende meiner Nöte durch Rügen zu erfahren, als auch von dir einen heilsamen Rat auf seine Eingebung zu empfangen.

Doch vor allem und durch alles dürste ich leidenschaftlich danach, von dir Gewißheit zu erhalten, ob mich die Gottheit schließlich dazu bestimmt hat, zur Versammlung derer, die gerettet werden sollen, gezählt zu werden. Lebe wohl, freue dich, lebe! Und dein Name stehe im Buch des Lebens.

227R Hildegard an Magister Heinrich (Utrecht)

Der mystische Hauch und die Stimme der Weisheit ertönt: „Gott ist ewig" (Dan 6,26; 2 Makk 1,25), und Er faßte bei sich den Ratschluß, daß Er ein großes Werk schaffen wollte, so daß alle seine Wunder in ihm durch die Vernunft die Stimme erheben <sonant>. Und Er freute sich sehr an diesem altehrwürdigen Ratschluß, weil sein Werk viele Bauwerke des Guten errichten sollte. Und so schuf Gott den Menschen.

Der Mensch aber ist das Bild Gottes. In ihn sandte Gott den goldenen Hauch, der in sich durch das Wissen um Gut und Böse zwei Wege enthält. Der eine stützt den Himmel, der andere macht das Böse sichtbar. Jener stützt den Himmel, so daß Gott im goldenen Hauch durch leuchtende Werke des Menschen die Kraft seiner Macht zur Vollendung bringt. Dieser aber berührt den unheilvollen Hauch des ersten beginnenden Bösen, das gegen Gott kämpfen wollte.

Und zu diesen beiden Wegen zählen die fünf Sinne des Menschen mit Weisheit, Wissen, Einsicht und Willen als große Auszeichnung. So sind auch die Ordnungen der Engel zum Lob Gottes bestellt, die vor seinem Angesicht stehen.

Jetzt aber, o Diener Gottes, werden auf dem besseren Weg im Licht-glanz bei dir kleine Fenster sichtbar, so daß du sehnlichst nach dem Guten verlangst. Auf dem anderen Weg jedoch hat dich ein unheilvoller Wirbel-sturm erfaßt. Doch du, o Streiter, erhebe dich, und besiege mit der leuch-tenden himmlischen Heerschar diesen Wirbelsturm. Denn die Gnade Gottes berührt und ermahnt dich, wie du es in deiner geheimen Einsicht begreifen kannst. So „wende dich vom Bösen ab und tu das Gute" (Ps 37,27). Gott fordert dich ein und wird in dir ruhen.

228 Ein Kanoniker an Hildegard (Utrecht)

Hild<egard>, einer Nachahmerin der Armut des armen Christus im schwachen Geschlecht, <wünscht> H., Kanoniker in Utrecht, den Reich-tum des reichen Christus und das Heil im Herrn, der Jakob Heil verleiht.

Ich sehne mich, die Erfahrung von Gottes Geist in mir selbst zu machen, der auf wunderbare und irgendwie unberechenbare Weise in dir spricht und durch dich schreibt. Es liege mir fern, irgendeinen Zweifel über dich in mir zu tragen, weil der Geist Gottes in dir spricht. Doch mehr mahnt und reizt mich die Bewunderung mit den Bewunderern und die Frömmigkeit mit den Frommen zum Verlangen, Bekanntschaft <mit dir> zu schließen <familiaris experimenti>.

In Demut flehe ich daher deine Demut an, daß du mich die Geheimnis-se der göttlichen Erleuchtung über meinen Zustand – besonders „bezüg-lich des inneren Menschen" (Röm 7,22) – im Mysterium deiner Offenba-rung zur Belehrung und Sicherheit meiner Seele erkennen läßt <exhibe-as>. Das schuldest du mir nämlich auf Grund eines Versprechens. Denn als ich von einer Romreise vorbeikam, habe ich dies von deiner Liebe erlangt. Der Geist des Herrn bleibe mit dir. Amen.

228R Hildegard an den Kanonikus (Utrecht)

Gott wurde infolge der hinterlistigen Worte der Schlange an einem Baum beleidigt. Damals schämte sich auch das Wissen um das Gute in der schönen Gestalt, in der Gott den Menschen erschaffen hatte, wegen der bösen Begierde, nach der er verlangt hatte, im Menschen. Und daher rief Gott ihm gleichsam auf dem fremden Weg, auf dem er sich befand, zu: „Adam, wo bist du?" (Gen 3,9)?, und gab ihm ein Kleid, indem Er folgendermaßen bei sich sprach: Ich will dich durch das Gewand meiner Menschheit aufsuchen <requirere>. – Und später stellte Er in seiner heiligen Menschheit den Menschen wieder her und zwar so, daß er – kraft der Menschheit Gottes – durch Reue wieder aufstehe, wenn er fallen sollte.

Darum, du Mensch, erhebe dich rasch, hülle dich schnell in das Gewand Gottes und fliehe vor dem Teufel. Und ich werde bei meinem Gebetserguß, wenn meine Seele auf Gott schaut, gern für dich beten. Und du wirst leben.

229 Der Abt an Hildegard (Vessra)

Der ehrwürdigen und in Christus geliebten Schwester, Frau Hild<egard>, <wünscht> F., ein Bruder von Vessra, den Gott der Götter in Sion zu schauen.

Wie großes Verlangen ich – obgleich ein Sünder – hege, Eure Seligkeit zu sehen, kann man daraus ermessen, daß ich Euch bei weiter Entfernung im Geist gegenwärtig schaue. Wer würde nämlich nicht danach trachten, diejenige zu sehen und mit ihr zu sprechen, die – um vom übrigen zu schweigen – von Gottes Geist überströmt, häufig himmlische Geheimnisse verkündet <eructat>?

Aus Freude darüber richte ich dieses Schreiben an Euch, um – wie ich hoffe – zugleich Trost und Rat bezüglich der Sorgen, die mich heftig bedrängen, zu empfangen. Seht! Ich nämlich – der Rechenschaft über mich

nicht gewachsen – trage zitternd Sorge für viele andere, da mir die Gottesfurcht und Bruderliebe dies abnötigt. Als ich aber erwog, daß ich die Stelle
eines Prälaten einnehme, die ich nicht mit Taten auszufüllen vermag, ergriffen mich plötzlich „Wehen wie bei einer Gebärenden" (Ps 48,7 u.a.),
weil mir eine chronische Ermüdung beinahe alle Einsicht in die Wissenschaft entzogen hat. Damit also der Herde des Herrn wegen meiner Nachlässigkeit keine Gefährdung droht, gedachte ich die übernommene Fürsorge aufzugeben und mich an einen anderen Ort zu begeben.

Darum bitte ich kniefällig, Ihr möchtet den unentschiedenen Geist mit
Euerm Rat ermutigen und mir durch Euer Schreiben anvertrauen, was der
Wille Gottes betreffs dieser Angelegenheit ist. Ich kenne Eure Demut, und
daß Ihr vor einem Gespräch mit mir nicht zurückschreckt, da <selbst> der
Herr mit Zöllnern sprach. Seht, wir erwarten Euer Urteil über diese Ange-
legenheit; denn ich nahm mir vor, mich dem zu unterziehen, was immer
Ihr mir auf Eingebung des Herrn anratet.

Ihr aber fleht den Herrn aus Mitleid mit meinen Nöten eifriger an! Ein
Abgrund ständiger Kümmernisse umgibt mich in der Tat, und das Meer
der wachsenden Sorgen verschlingt mich fast. Erbarme dich also, Mutter,
erbarme dich des Sohnes, der fern von dir schreit, und sorge dafür, den
schon Strauchelnden mit Rat und Gebet schleunigst aufzurichten. Lebt
stets wohl im Herrn.

230 Ein Prälat an Hildegard (Wadgassen)

Frau Hild<egard>, der ehrwürdigen Meisterin der Bräute Christi, die in
Bingen leben, <entbietet> H., ein – allerdings unwürdiger – Prälat in Wad-
gassen, das Gebet mit allem Gehorsam in der Zuneigung der Liebe.

Liebe ohne Zuneigung scheint einem kalten Feuer am ähnlichsten zu
sein. Denn wie Feuer ohne Glut kein Eisen mit Eisen zu verschmelzen vermag, so kann auch Liebe ohne Zuneigung überhaupt nicht bewirken, daß
die Gläubigen ein Herz und eine Seele in Gott besitzen. Allein die wahre
Liebe ist voller Zuneigung. Sie läßt die Seele Gott anhangen, damit sie ein
Geist mit Ihm werde. Sie verbindet wie ein vereinender Leim die Herzen
der Gläubigen, damit sie in Gott einer Gesinnung sind, und schafft das

„sich Freuen mit den Fröhlichen und das Weinen mit den Weinenden" (Röm 12,15).

Sie <die Liebe> macht mir doch wenigstens – wenn der Herr es schenkt – die Erinnerung an Eure Heiligkeit in der Süßigkeit heiliger Liebe angenehm. Sie flüstert meinem Herzen stets bei der Feier des Göttlichen Offiziums die Erinnerung an Euch ein. Sie ersehnt auch für mich unter häufigem Seufzen Eure Zuneigung. Und lange Zeit habe ich mich besonders danach gesehnt, Euch von Angesicht zu Angesicht zu sehen, von Mund zu Mund zu sprechen und zu Eurer Freundschaft zu gelangen, um einmal irgendeine Erbauung und Tröstung von Euch erhalten zu können. Ich bin nämlich allzu schwach im Inneren meiner Seele und bedarf vieler Fürsorge.

Daher bitte ich, weil ich auf Euch und auf die Liebe, mit der ich Euch liebe, großes Vertrauen setze, Ihr möchtet nicht versäumen, mich einmal aufzusuchen. Doch wenn es nicht leibhaftig sein kann, geschehe das – wenn es Euch beliebt – schriftlich, stets aber durch Eure Gebetsunterstützung.

231 Äbtissin Mechtild an Hildegard (Wechterswinkel)

Der ehrwürdigen und allen Lobes würdigen Mutter, Frau Hildegard, <entbietet> M<echtild>, durch Gottes Gnade zur Äbtissin in Wechterswinkel ernannt, mit all ihren Schwestern kindliche Liebe und alle Untertänigkeit.

Weil wir erfuhren, daß der Wohlgeruch Eurer Heiligkeit, der sich weit und breit über den Erdkreis erstreckt, durch die Gnade Gottes so sehr zugenommen hat, daß die Kennzeichen Eurer Tugenden schon auf der ganzen Welt von allen Kindern der Kirche mit würdiger Verehrung hervorgehoben werden, wünschen auch wir – freilich des Vorrechts besonderer Liebe unwürdig – Eurer Mutterschaft zugezählt zu werden. So viel es unserer Niedrigkeit gestattet ist, freuen wir uns auf jede Weise mit Euch über Euer so großes Ansehen.

Deshalb, liebreiche Mutter, flehen wir Eure Heiligkeit mit ganzer Herzenszuneigung an, Ihr möchtet Euch herablassen, uns an Kindesstatt anzunehmen und mit dem Schutz Eurer heiligen Fürbitten zu umhegen, damit wir durch Eure heiligen hilfreichen Verdienste die Laufbahn des in Angriff genommenen Weges schließlich zu vollenden <contingere> verdienen.

Ich aber, die ich den Übrigen nicht aus Verdienst, sondern allein durch den Ehrentitel vorzustehen scheine, empfehle mich den inständigen Bitten Eurer Heiligkeit mit besonderer Ergebenheit und bete, daß ich durch den gütigen Gebetsbeistand die Fürsorge für alle mir Anvertrauten so wahrnehmen kann, daß ich zusammen mit ihnen im ewigen Leben Eure Gefährtin werde. Ihr sollt wissen, daß ich immer gewünscht hatte, etwas von Euch zu empfangen, was ich als Andenken an Euch besitzen kann, d. h. ein Mahnschreiben, das ich stets bereitwillig befolgen werde.

Auch einige unserer Schwestern umarmen Euch mit besonderer Liebe und empfehlen sich in allem Euern reinen Gebeten.

232 Hildegard an die Nonne Gertrud (Wechterswinkel)

Jene Tage, die dir durch den Adel und den Reichtum dieser Welt zur Verfügung standen, hat Gott zum Schlechteren gewendet <inclinavit>, damit dein Eigensinn dich nicht infolge Adams Fall verführe. Doch „dein Herz lasse sich nicht verwirren" (Ijob 14,1; 27), weil Gott diese Veränderung immer noch über dich verhängt, damit nicht der Berg des Hochmuts deine Seele erdrückt. Denn Gott züchtigt den Menschen, den Er sehr liebt" (Spr 3,12), damit er nicht die breiten Wege des Eigenwillens laufen kann.

Darum „freue dich, Tochter Sion" (Zef 3,14; Sach 9,9), denn der Herr hat dich so in der Hand, daß du keinerlei Sicherheit <in dir selbst> findest. Und auch das bewirkt Gott in dir, daß du ein Eckstein bist. Gott aber sieht und kennt dich, und Er wird dich niemals verlassen.

233 Hildegard an die Nonne Gertrud (Wechterswinkel)

O Tochter Gottes, du trägst im Innern verborgen Sorge um die Seelen. O geliebteste Tochter Gottes, du bist stets unruhig in deiner Seele, weil du nach dem Ort suchst, wo deine Bleibe zur Weide für Seele und Leib sein soll. Gott zeigt es mir nicht.

Doch habe ich im Licht folgende Worte gehört: Erforscht durch eine Abstimmung <scrutinio> eure Erkenntnis und die anderer Weiser, und erwählt euch eine Wohnstätte, wie sie euer Nutzen erfordert, aber nicht eine Mischung von Geistlichem und Weltlichem, als ob sie eins seien. Denn Gott stellt euch die Aufgabe, einander das zu verschaffen, was lebensnotwendig ist, und eitlen Ruhm zu fliehen. Allerorts nämlich findet Gott, wer Ihn unter aufrichtigen Anrufungen sucht.

Daher, ihr Töchter Gottes, verachtet Gott die Erkenntnis durch heilige Vernunft nicht, weil Er den Menschen nach seinem Bild schuf. Eure Wohnstätte jedoch schaue ich hell erleuchtet, an welchem Ort auch immer Gott sie vorsieht. Nun freut euch wieder und haltet in Gott an euerm Vorhaben fest.

234 Hildegard an die Laienschwester Jutta (Wechterswinkel)

Das Lebendige Licht spricht: Trockener Sand ist unbrauchbar, und Erdreich, das man zu viel mit dem Pflug umbricht, wird keine rechte Frucht bringen, weil es nicht auf die richtige Weise umgewälzt wird. Und trockener Boden, der steinig ist, bringt Dornen und andere unnütze Pflanzen hervor.

So vernichtet unangemessene Enthaltsamkeit, die kein richtiges Maß und keine rechte Norm kennt, das Fleisch des Menschen, weil ihm nicht die Lebenskraft <viriditas> gebührender Erquickung gewährt wird. Deshalb siecht der Mensch auch dahin. Wo das der Fall ist, dort werden sicherlich die beflügelten Tugenden – nämlich Demut und Liebe, die allerschönsten Blüten – zugrunde gehen. Denn einer übertriebenen Enthaltsamkeit fehlt die Lebenskraft der Tugenden, und dort nimmt der eitle Ruhm der Untauglichkeit zu. Viel Erschreckendes entsteht dort, als ob es heilig sei; und es ist nicht heilig.

Die in solcher Eitelkeit leben, zeigen Zorn, und keinen Frieden. Und sie sind durch ihren Charakter untauglich. Will ein Mensch ein fürstliches Leben im geistlichen Gewand führen, faste er <tabescat> angesichts köstlicher Mahlzeiten mit unangemessenen Speisen, durch die Ausschweifung entsteht, und er enthalte sich auch eines zu starken Weines, durch den Zügellosigkeit aufflackert und sich andere Laster regen, die keine Besonnenheit kennen. Davor sollen gottesfürchtige Menschen <casti> fliehen, die ihre Seele lieben. Doch trotzdem sollen sie gutes Korn genießen und lieber Wein, der nicht vom Feuer seiner Glut brennt.

Was ich dem Menschen zur Nahrung gab, entziehe ich ihm nicht, doch ungewöhnliche <horribiles> Speisen kenne ich nicht, denn sie sind gehaltlos. Dennoch aber soll keine Seele mit Hilfe von unangebrachter Enthaltsamkeit zu mir flüchten, sondern der Mensch hange mir im rechten Maß an, und ich will ihn annehmen. Und kein Mensch streite zähneknirschend für eine unverdiente Belohnung von Werken, weil ich jedem den gerechten Lohn gemäß seinen Verdiensten gebe, damit er mich liebe.

235 Hildegard an den Konvent der Nonnen (Wechterswinkel)

In einer wahren Schau des Lebendigen Lichtes sage ich: O „Töchter Jerusalems" (Hld 1,4), euch teile ich mit, daß ich es nicht gewagt habe, etwas anderes zu sagen, als was Gott mir gezeigt hat. Dennoch aber sehe ich in eurer Gemeinschaft den Glanz <claritatem> der <Gottes>furcht und der Liebe zu Gott, wie es heißt: „Wer ist jene, die aus der Wüste aufsteigt wie eine Rauchsäule, duftend von Myrrhe und Weihrauch" (Hld 3,6)? Und darum freut sich meine Seele über euer Zusammenwohnen, als wäre ich bei euch.

Nun verkündet also euerm Bräutigam und Tröster von mir und meinen Schwestern, daß wir uns gemeinsam an jenem Ort versammeln wollen, wo „der Winter vorbei ist, der Regen verrauscht und vorüber; die Blumen erschienen, die blühenden Reben duften, und man hört die Stimme der Turteltaube" (Hld 2,11–13), damit unser Land ein Garten voller Wohlgerüche werde und wir uns zum Streben nach süßer Liebesumarmung mit unserm Bräutigam zusammenfinden.

Doch auch du, Tochter Gottes A., warst der Beschwerlichkeit dieser Welt entflohen und kamst, um im Paradies Blumen zu sammeln. Bestehe nun starkmütig auf der Beharrlichkeit in guten Werken. Amen.

236 Hildegard an den Abt (Weiler)

Die Weisheit spricht zu dir: O Sohn deines Vaters, der dich umsichtig liebt: Wenn du dich einmal von Ihm entfernst, wird Er dich mit der Rute des Leidens schlagen und zu liebevoller Umarmung an sein Herz <sinum> ziehen. Darum fürchte die Qualen, an denen du leidest, nicht; und erlahme nicht, weil das rettende Licht dich empfangen wird.

237 Die Äbtissin an Hildegard (Widersdorf)

Ihrer Herrin Hildegard, der gütigen Mutter der Mägde Christi, die beim seligen Rupert Gott dem Herrn Kriegsdienst leisten, <entbietet> N., die demütige Dienerin und ernannte Leiterin der Schwestern, die bei Widersdorf Gott und der heiligen Maria dienen, vertrauteste Liebe und ergebenen Gehorsam.

Ich weiß, Herrin, daß „all Eure Wege Erbarmen und Treue sind" (Tob 3,2; Ps 25,10), und das mit Recht, weil die Barmherzigkeit, die den Sohn Gottes vom Himmel auf die Erde gezogen hat, auf Euch herabblickte, und die himmlische Weisheit ihren Wohnsitz in Euch aufschlug. Deshalb, Liebreiche, flehe ich Euch inständig an, Ihr möchtet Euch herablassen, vom Herrn zu erfragen, ob es sein Wille ist, daß ich diese Last trage oder sie abwerfe, weil ich bis jetzt mehr wegen der Gehorsamsverpflichtung als aus Gottesliebe durchgehalten habe.

Daher würde ich mich gern – wenn ich es wagen dürfte – von der leitenden Stelle entfernen, denn es scheint mir sehr hart zu sein, allen „Sitten anderer zu dienen" (vgl. RB 2,31) und auf ihren Wunsch auszuhalten. Und deshalb „erwarte ich nicht, irgendeinen Lohn zu empfangen" (vgl. RB 64,6). Lebt wohl. Einem Weisen genügen wenige Worte.

237R Hildegard an die Äbtissin (Widersdorf)

Viel vermag derjenige, und ein großes Geschenk Gottes ist es in jenem Menschen, der eine solche Einsicht besitzt, daß er den Himmel stützen kann.

Der Sinn ist folgender: Kein Mensch darf fliehen, der dazu imstande ist, mit dem Stab Gottes die Gemeinschaft der Heiligen zu stützen. Doch die Gabe Gottes gebe dir ein, o Tochter, sein Licht sorgsam zu tragen. Es gibt jedoch eine gewisse Veranlagung <natura> des Menschen, die bei seinem ersten Anfang wie Rauch emporsteigt, und sie bringt Schmerz und Bitterkeit mit sich; und damit verbinden sich viele Überlegungen, Furcht und Bedenken.

Dieses Martyrium erfährst du, Tochter, und in ihm erduldest du Angst, Furcht und Schmerz bei einem ausgeglichenen Leben. Doch gerade auf diese Weise gelangen viele Heilige wie Märtyrer zu Gott. Und deshalb vertraue auch du auf Gott, denn Er wird dich nicht im Stich lassen. Und der Heilige Geist wird deinen Schmerz mindern.

238 Hildegard an die Priorin Christina (Woffenheim)

Viel wert ist es, und ein großes Geschenk Gottes an den Menschen, der eine solche Einsicht besitzt, daß er den Himmel stützen kann.

Das bedeutet: Kein Mensch darf fliehen, der dazu imstande ist, mit dem Stab Gottes eine Gemeinschaft von Heiligen zu stützen.

Die Gabe Gottes aber gebe dir ein, sein Licht sorgsam zu tragen. Amen.

239 Hildegard an den Nonnenkonvent

Wenn die strahlende Sonne umwölkt wird, herrscht Finsternis <tristitia> auf der Erde. So ist es auch mit eurer liebevollen Mutter geschehen. Darum ermahne ich euch im Heiligen Geist, beim Planen der Wahl einer neuen Mutter das Übel des Widerspruchs, den Fehltritt des Stolzes und die unwillige Äußerung der Gottvergessenheit zu vermeiden, so daß die wahre Sonne ihre Strahlen zur Wahl einer Mutter zu euch aussende, welche die Stellvertretung Christi unter euch in edler Absicht wahrnimmt.

Die Vatergüte Gottes bewahre euch, damit ihr zu jener unbeschreiblichen Herrlichkeit gelangt, die Gott seinen Erwählten bereitet hat.

240 Der Abt an Hildegard (Zwettl?)

Der ehrwürdigen und heiligen Mutter H<ildegard> <wünscht> R., der Diener der Diener Gottes von Zwettl, den König der Könige in seiner Schönheit „im Land der Lebenden zu schauen" (Ps 27,13).

Daß Anmut über Eure Lippen ausgegossen ist, erweist die Offenbarung des Geistes, die Euch zum Nutzen vieler geschenkt ist. Denn wir glauben, daß Ihr jenen, der aus Gott und Gott ist – den Geist der Weisheit und der Einsicht – empfangen habt, „der weht, wo Er will" (Joh 3,8), und „sich erbarmt, wessen Er will, und verhärtet, wen Er will" (Röm 9,18).

Im Wissen darum beschloß ich, mit diesem Brief Eure Klugheit um Rat zu fragen, ja sogar den Urheber Eurer Klugheit, den Heiligen Geist, durch Euch anzurufen, daß Er die Finsternis meiner Seele vertreibe. Ich trage nämlich eine schwere Bürde, d. h. das Amt der Hirtensorge. Es ist schwierig und mühsam für mich, sie bis zum Tod zu tragen, da ich einer so großen Aufgabe weder „durch Lebensverdienst noch durch Lehrweisheit" (vgl. RB 64,2) entspreche. Sie niederzulegen, ist jedoch gleichfalls gefährlich.

Ich beschwöre also Eure Heiligkeit, meinen Kleinmut in dieser Unschlüssigkeit zu ermutigen und Euch herabzulassen, mir schriftlich zu antworten, was dem Heiligen Geist gefällt.

240R Hildegard an den Abt (Zwettl?)

Du übertreibst, wenn du erwägst, daß du von aller Mühsal ausruhen und Abstand nehmen möchtest. Und so hebst du deine Hand nicht, um das Werk deines Meisters zu verrichten, sondern sprichst innerlich zähneknirschend: Alles, was im Widerspruch zu mir steht, kann ich nicht ertragen. Denn diese Zeit gleicht der Zeit der Söhne Israels, in der sich ihre Führer sehr abmühten, ihnen die Gebote Gottes zu lehren. Doch sie blickten in den Pfuhl ihres Eigensinns und schauten mit Verachtung auf Gott.

Das trifft auch jetzt auf die Söhne Israels – nämlich die geistliche Gemeinschaft, die in der Betrachtung Gottes lebt – zu. Doch auf welche Weise auch die Söhne Israels sündigten, Gott ließ sie doch niemals ohne Lehrmeister. Zuletzt kam auch der makellose Meister, der durch seine Menschheit alle Ungerechtigkeit verwundete und der Mächtigste von allen war, weil keiner, der Ihm glich, auftrat. Beachte jedoch, was Er von den Ungerechten zu leiden hatte, und welches Beispiel Er den Lehrmeistern hinterließ. Du aber sprichst innerlich: Ich kann in ihnen nichts Gutes bewirken. Nun jedoch schaue auf dich selbst und sieh, wie du sie trägst und erträgst, damit sie weder mit dir beschuldigt werden, noch du mit ihnen tadelnswert bist.

Wer aber die Gerechtigkeit liebt, das Unrecht ahndet, und in keiner Weise daran teilnimmt, ist gerecht, selbst wenn er von seinen Jüngern nicht angehört wird. Christus hat nämlich die, welche Er geliebt und erwählt hat, gesammelt, obgleich Er nicht von allen Menschen aufgenommen wurde. Schau auch – mit Gottes Gerechtigkeit umgürtet – auf dich selbst, wie geschrieben steht: „Innerlich im goldverbrämten, bunten Gewand" (Ps 45,14). Das bedeutet: Sei sanftmütig und mild in deiner Seele und in deinem Herzen; und das geschehe auch goldverbrämt, so daß du es weise und großzügig <dilatando> tust, und – mit Gerechtigkeit umgürtet – deine Untergebenen zurechtweist. Besitze die Liebe in jener Mannigfaltigkeit, daß du sie überall ausstreust, wie die Winde nach ihrer Stärke eingeteilt sind.

Der Nordwind nämlich verletzt und verschont auf keine Weise. Doch ein anderer Wind gleicht ihm ein wenig und hält ihn zurück. Ein weiterer Wind jedoch kommt ihnen liebkosend entgegen, doch ein anderer mäßigt sie alle. Der Nordwind stellt nämlich die starke Zurechtweisung dar, in der sich ein gewisser Zorn verbirgt, doch wieder ein anderer Wind hält ihn mit Strenge und Unterscheidungsvermögen zurück, damit der Mensch gerecht zurechtweist. Der Wind jedoch, der sanfter <declivior> ist als sie, lehrt den Menschen, barmherzig und gütig zu sein, so daß er sich in Erinnerung ruft, daß jedweder andere auch <nur> ein Mensch ist. Und so ist dieser Wind der vorzüglichste <oculus> von allen. Doch ein glühender Wind mäßigt all diese Winde mit Liebe. Er trennt und unterscheidet sie, damit der Nordwind nämlich nicht heftig <cum cadente morbo> herniederfährt, wie Satan gestürzt ist, sondern in gerader Richtung bleibt, wie jener rauhe Wind, der beständig auf gerechter Strafe besteht, wie geschrieben steht: „Zürnt, und sündigt nicht" (Ps 4,5; Eph 4,26). D.h. der Zorn soll derart sein, daß er sich nicht durch Übereinstimmung mit der Ungerechtigkeit verbindet und den Menschen durch ein hassenswertes Vergehen ganz vernichtet. Darum wird auch jener sanftere Wind durch den genannten glühenden Wind gemäßigt, so daß er auf diskreter Zurechtweisung besteht, wie es jener tut, der seinen Sohn mit der Rute schlägt, den er trotzdem liebt. Mäßige dich selbst auf diese Weise, trenne und unterscheide, und klage dich in Glauben und Gottesfurcht an. Dann werden das Spieltreiben <ioculatrix> mit den Lastern und die Umwölkung des unruhigen Lebenswandels von dir vertrieben, und das Feuer des Heiligen Geistes wird in dir brennen.

241 Der Prior an Hildegard (Zwiefalten)

Seiner vielgeliebten Herrin Hildegard von St. Rupert, äußerst verehrungswürdig durch die Einwohnung <cohabitatione> des Heiligen Geistes, bietet N., der Prior von Zwiefalten mit seinen übrigen Brüdern, deren Namen Gott kennt, das geschuldete Gebet dar.

Wenn es Euch gut geht, und Ihr durch glückliche Fortschritte unter den Gelübden erstarkt, so ist uns das auf jede Weise wünschenswert. Übrigens erflehen wir – demütig und kniefällig vor Euerm Angesicht niedergeworfen – mit aller Hingabe den Trost Eures Rates, weil uns der Abgrund der Verzweiflung bei der Reform des Ordenslebens in unserm Kloster umschlossen, und das Meer seiner Unvernunft unser Haupt ganz bedeckt hat. Wir hoffen nämlich, daß Ihr durch Euer Gebet beim Herrn zu erreichen vermögt, uns durch die Offenbarung des Heiligen Geistes etwas für uns Nutzbringendes ankündigen zu dürfen. Denn oft lastet die Rücksichtslosigkeit einiger unserer Brüder auf uns.

Wir bitten Eure Heiligkeit, uns auf all das zu antworten, ohne den unterschiedlichen Stil unwürdig zu finden. Lebt wohl, und bittet den Herrn <noch> inständiger für uns Sünder.

241R Hildegard an den Mönchskonvent (Zwiefalten)

Die helle Klarheit spricht: Das starke Licht der Gottheit weiß und erkennt alles vollständig. Wer rührt an diese Einsicht und wer erfaßt sie, wenn nicht derjenige, der mit saphirblauem Auge sieht <nach „Scivas" Chri­stus>, daß Gott, der Vater über alles, so unwandelbar in seiner Gerechtigkeit ist, daß Er keine Ungerechtigkeit unbeseitigt läßt, weil sie Ihn nicht trifft <tangit>? Und Gott Vater fand solches Gefallen an sich, daß Er die ganze Schöpfung durch sein Wort erschuf. Daher gefiel Ihm auch seine Schöpfung, und Er umarmte das Geschöpf, das Ihn liebend berührte. O großes Entzücken über dieses Werk!

Gott der Vater ist unveränderlich in seiner Geradlinigkeit und verschont keinen Ungerechten, wenn nicht sein Sohn Ihn an Schonung gemahnt. Denn Er schaut auf sein fleischgewordenes Wort und denkt daran, daß durch sein Wort alle Geschöpfe geschaffen sind. Auf diese Weise rühren Ihn auch die Heiligen Gottes mit ihrem lauten Rufen, einer weißglänzenden Wolke ähnlich, die wie flüchtiger Wasserdampf dahinfliegt.

Hört also, die ihr euch in euern Missetaten ergeht <erumpitis>! Berg des Herrn werdet ihr genannt, so daß ihr den Sohn Gottes durch euern klösterlichen Wandel nachahmen müßt. Warum also verletzt ihr den mütterlichen Schoß der Liebe und Keuschheit, gleich denen, die am Horeb unter dem Gesetz ihren Leib züchtigten, und dann abermals auf einem anderen Weg in die Irre gingen? So handeln auch die Wächter, die mit lauter Stimme bei der Wache rufen und dennoch hinterhältig eine Bresche in die Stadt schlagen. Euer Geist gleicht einer sturmgeladenen Wolke; bald überläßt er sich unachtsam dem Zorn, bald ausgelassen der Verunreinigung des Viehs. Da vernachlässigt ihr das Friedensopfer und sagt: Wir sind nicht gewillt, uns selbst zu widerstehen, weil wir unsern Leib nicht an unsern Lenden gürten können, da wir von Adam abstammen. – Denn ihr wollt im Palast des Königs die Begierden <iecur> in euern Lenden nicht zügeln.

Warum schämt ihr euch also nicht, daß ihr – dem Eselsstall entronnen und vom höchsten Herrn zum erhabenen Ehrendienst der Feier des heiligen Opfers bestellt – wie Tölpel wieder zum Eselsstall zurücklauft? O weh, darin seid ihr dem Balaam ähnlich geworden, der unter den Wunden brennender Narben tobte, als er im Land des Todesschattens wütete. Verlaßt also nicht den heiligen Berg in schändlichem Ehebruch. O weh der Schande der Dirne, die an einen fremden Ort fortgejagt wurde! Denn wer sich gegen die heilige Einrichtung verfehlt, geht zugrunde.

„Ergreift also die Zucht" (Ps 2,12), damit ihr nicht irrt auf dem Weg der Gerechtigkeit, als hättet ihr kein Gesetz und als strahle die Sonne nicht über dem Weihrauchfaß, „damit der Herr nicht einmal zürnt, und ihr fernab vom rechten Weg zugrunde geht" (Ps 2,12), wenn ihr in Sünde darniederliegt.

O schauererregende und verehrungswürdige Opfer, die keinen Unglauben kennen, noch die Last derer, die Wunden schlagen! Ach welcher Schmerz über das Elend! Denn Gott wird unter euch das Murren der Niniviten vernichten, wenn ihr nicht schnell zum Ölbaum der Heiligung eilt, der süßen Wohlgeruch und die Blüte der rechten Ordnung hervorbringt. Warum krümmt ihr euch unter jenen Lügen, als wäret ihr nicht blind? Ihr seid aber blind, wenn ihr die <Erb>schuld <causam>, unter der ihr durch Adams Fall geboren seid, nicht vor Augen habt, und über sie lächelt und laut lacht, während ihr sie mit den Armen umfangt, als hättet ihr sie nicht an euch.

Flieht also davor und „sündigt nicht" (Gen 42,22; Ps 4,5 u. a.), damit euer Heil rasch komme. Schaut, und wandelt auf dem rechten Weg.

242 Hildegard an Abt Berthold (Zwiefalten)

Das Lebendige Licht spricht: Ich schaute einen Menschen, den ich als kraftlos und lahm in seinem hohen Leitungsamt aufgab. Wieso?

Aus Furcht vor Streit ergriff er die Flucht vor denen, die in der Schwachheit ihres Fleisches wie nackte verzweifelte <naufragi> Aufrührer waren. Jetzt aber sehe ich ihn wie einen demütigen weinenden Fremden. Daher blicke ich auf ihn wie auf einen erbberechtigten Sohn, der wegen der unruhigen Art seines Geistes mit der Rute geschlagen wurde. Ich will ihn aber als glücklichen Menschen in die ursprüngliche Gemeinschaft zurückversetzen, wenn der Berg im <Gebirgszug des> Taurus versinkt. Nun lebe in Ewigkeit.

243 Hildegard an Abt Berthold (Zwiefalten)

Ich sehe dich in der Klarheit. Und diese Klarheit ist deine Bestimmung, der du in diesem Kerker <vom Kampf> gegen die Laster heimgesucht wirst. Und in jener Klarheit hörte ich eine Stimme zu dir sprechen: Sohn, bedenke, daß sich in diesem Leben Leid bei dir einstellt und dir deswegen große Belohnungen bereitet sind. Erfahre auch durch die Unterscheidungsgabe Gottes, daß dir so große Belohnungen bereitet sind, wie große Kämpfe du erduldest. Deine Schwachheit ist für mich ein rötlich schimmerndes Licht zur Tilgung der Sünden.

244 Abt Berthold an Hildegard (Zwiefalten)

Hildegard, der Magd Gottes von St. Rupertsberg in Bingen, <entbietet> Berthold, der einzige Abt dieses Namens von Zwiefalten, <nur> „Staub und Asche" (Gen 18,27), was immer das Gebet eines Sünders vermag.

Schon seit langer Zeit ersehne ich ein Gespräch mit Euch und wollte von Mund zu Mund bei Euch Beschwerde erheben über Unrecht und Drangsalierung, die mir grausame Verfolger zufügen, weil sie sich bemühen, mich „zunichte zu machen" (vgl. RB 7,50). Denn wenn ich auch durch die Tröstungen Eurer Worte oftmals <wieder> froher geworden bin, wurde ich doch wegen ihrer Unverständlichkeit <obscuritatibus>, wodurch sie für meine Einsicht nicht ganz zugänglich waren, wieder trauriger.

Daher sende ich diesen Boten zu Euch und klopfe mit tränenvollen und klagenden Bitten an Eure Ohren, Ihr möchtet für die Fassungskraft meines geringen Geistes den Willen Gottes über die Nöte, die auf uns lasten, befragen, und mir etwas Trost durch ein Antwortschreiben schicken. Ich fürchte nämlich sehr, mein Geist könnte durch den Ansturm ungewöhnlicher Trübsal niedergeschmettert werden und in die Tiefe der Verzweiflung versinken.

244R Hildegard an Abt Berthold
(Zwiefalten)

Obgleich du, Seele, dich nicht weit von einer Bedrängnis befindest, wird dir Gottes Gnade zuvorkommen, und deine stürmische Zeit wird nicht heftig sein. Und wenn der Sommer erscheint, wird Freude herrschen. Dieser Kerker <des irdischen Lebens> ist unruhig, wie auch in allen Menschen Laster und Tugenden sind.

Die Seele, die in dieses Leben hineingestellt ist, und trotzdem des Sonnenglanzes nicht entbehrt, wird in der größten Freude <in gaudio gaudiorum> leben. So wird das Ansehen der Heiligen stark geprüft <cribratur>, und doch ständig gerühmt. Denn „wird der Gerechte vom Tod überrascht, wird er in der Erquickung weilen" (Weish 4,7). Zeige also kraft dieser Freude keinen Überdruß, daß du dieser Erde <sphera> angehörst.

245 Hildegard an Abt Berthold
(Zwiefalten)

Mein Vater, was du von mir erfragst, ist für mich nicht leicht zu beantworten wegen des unbeständigen Wandels der törichten Menschen, die im Hochmut des Geistes feist sind wie Stiere. Aber trotzdem schaute ich in dieser Schar einen kleinmütigen und sanften Menschen mit Namen D. Diese <Frau> sah ich im wahren Licht Gott wohlgefällig im Leitungsamt.

Nun, liebreicher Vater, achte sorgfältig darauf, was durch Gott und den Menschen geschieht. Gott reinige dir Herz und Seele und flöße dir die gute Erkenntnis mit der Heiligkeit bezüglich Gott und der Hirtensorge um seine Herde ein.

246 Hildegard an den Mönch Berthold (Zwiefalten)

Ich schaue, wie ich es gesehen habe, und ich höre, wie ich es vernommen habe. Dich aber sehe ich wie einen Menschen, den Gott bejaht <vult> und den Er liebt. Dennoch ist in deinem Herzen zuweilen eine unbeständige Gesinnung und gleichsam ein schwankendes Schilfrohr vorhanden. Sigebod schaue ich durch seine Absicht rötlich schimmern und ermüdet von der Inanspruchnahme durch mancherlei Arbeiten, die jedoch nützlich sind.

Nur diese wenigen Worte sage ich euch. Aber wenn Gott will, werdet ihr mich leibhaftig sehen.

247 Hildegard an den Mönchskonvent (Zwiefalten)

In der geheimnisvollen und wahren Schau, die ich häufig in wachem Zustand sehe, sage ich: Die Gnade Gottes tilgt <opprimit> keine Schuld in den Menschen durch allzu große Strafe, solange sie das Licht des Glaubens schauen, selbst wenn dabei irgendeine sündhafte Pflichtverletzung vorliegt. Denn Gott liebt den Menschen sehr. Und deshalb wagte ich es nicht, unwiderrufliche Worte zu sprechen, weil ich sie bei der Schau der Wahrheit weder sehe noch erfahre. Vielmehr spreche ich – was ich sage – in Gottesfurcht und Demut aus. Möge eure Herzen daher kein ungerechter Gedanke oder eine <falsche> Einschätzung durch meine Worte über euch treffen.

Ich bitte Gott aber, daß seine Gnade unter euern Verhältnissen über euch walte, und Er euch in seiner milden Vatergüte schone.

248 Hildegard an die Mönchsgemeinschaft (Zwiefalten)

Wie ich im Schatten der mystischen Schau höre, so spreche ich: Eine grobe Vernachlässigung gegenüber euerm greisen Vater ist begangen worden. Ihr habt den Trauernden ohne seine Einwilligung verlassen. Desgleichen findet man bei David, dem die Sunamitin Abischag wegen eines reinen Bedürfnisses zugesellt wurde. Später begehrte sie dann sein Sohn Adonija, doch der weise Salomon ließ ihn töten.

Hört also! Mit Euerm greisen Vater wurde die schöne Sunamitin Abisag – eure Gemeinschaft – verbunden, um die sich später sein Sohn bewarb. Und das Gericht Gottes kam über ihn. Doch Gott mißfällt es nicht, daß euer greiser Vater seine Sunamitin umfangen hält. Weil seine Kräfte nachgelassen haben, so daß er den Bedürfnissen nicht mehr nachkommen kann, vertraue er sie einem weisen und tauglichen Manne an. Denn Gott verwirft die Bitten des Armen nicht.

249 Hildegard an eine Reklusin (Zwiefalten)

In einer wahren Schau sah und hörte ich: Ein Platzregen vernichtet die guten Gewürzkräuter und läßt das Unkraut überhandnehmen. Ein gedeihlicher <congrua> Regen aber bringt edle Pflanzen hervor, so daß sie starken Duft spenden.

So gibt es auch eine vernünftige Enthaltsamkeit nach der Regel des heiligen Benedikt und der heiligen Väter, die aus dem Heiligen Geist heraus lehrten, welche frohgemut und zur Erquickung des Leibes geübt werden soll. Denn durch unvernünftiges Fasten wächst der spitzfindige <spinosus> Stolz und das Spiel <ioculatrix> mit eitlem Ruhm, und der Geist wird oft von ihm durch unruhiges Verhalten schwer niedergedrückt.

Es ist auch gut, Unmäßigkeit <crapula> im Essen und übermäßiges Trinken zu vermeiden. Eine regelgemäße Stärkung jedoch ist gut und notwendig. Wie man nämlich einem Kind zuerst Milch und dann zarte Nahrung reicht, so ist den Kranken und Schwachen mit angemessenen Speisen Hilfe zu gewähren.

250 Der Nonnenkonvent an Hildegard (Zwiefalten)

Der durch besondere Gnade der Gottheit erleuchteten Hildegard <wünscht> die kleine Gemeinschaft der Zwiefaltener Schwestern die Vermehrung der vom Himmel empfangenen Gnaden.

Die göttliche Güte hat ihre Allmacht wunderbar an Euch verherrlicht. Aus der hinfälligen Menge <massa> hat sie Euch an sich genommen und Sorge dafür getragen, Euch auf neue Weise mit den Schätzen ihrer Gnade zu erfüllen. Wir freuen uns also mit über Eure Berühmtheit und empfehlen uns und alles unsrige kniefällig Euern Gebeten.

Wir bitten auch Eure Güte, sooft Ihr zu einer göttlichen Schau hinzutretet, Mahnworte an uns zu richten und nicht zu versäumen, uns zu zeigen, wie wir vom Weg der Nachlässigkeit auf den Weg der Besserung zurückkehren sollen. Eure Liebe lebe wohl in Christus.

250R Hildegard an den Nonnenkonvent (Zwiefalten)

Der alles sieht und dem nichts verborgen bleibt, spricht: Ein Adeliger vermählte sich äußerst umsichtig mit einer Braut sehr hübschen Angesichts und saphirblauen Augen. Sie war wohlgestaltet und ohne jede Mißbildung, vielmehr schön anzusehen in all ihrem Schmuck. Auch war sie sehr liebenswürdig in ihrem ganzen Verhalten, so daß ihr Saitenspiel auf Zithern und allerlei Musikinstrumenten gut anstand. Sie zeigte sich auch so geartet, daß sie keine Buhlerin oder Tänzerin im Dirnengewand sein wollte, und nicht in entlegenen Gassen umherschweifen mochte, um mit jungen Männern zu scherzen. O Prahlerei und Gemeinheit der teuflischen Geschosse, und o schändliche Ausschweifung der Mädchen! Erzittere vor diesen Worten!

Wenn sich eine Frau der ehelichen Bindung an einen Gatten um Gottes willen entzieht, und sich nicht mit einem Mann vermählen will, o welch großer Adel zeigt sich dann an ihr! Denn die Vermählung mit dem himmlischen König steht ihr zu, weil sie einen irdischen Mann zurückwies. Und so soll sie Gott umfangen und ihrem Herrn anhangen, weil sie keinen irdischen Mann besitzt. Sie muß nämlich so bleiben, wie Eva war, bevor Gott diese dem Adam zuführte, als sie damals nicht auf Adam, sondern auf Gott blickte. So handle die Frau, die aus Liebe zu Gott einen irdischen Mann zurückweist. Sie schaue auf Gott, nicht auf einen andern Mann, den sie zuvor nicht haben wollte. Doch ist es wegen der Verschlagenheit der alten Schlange sehr hart und bitter, daß die Lebenskraft <viriditas> des Fleisches in ihr immer dürr bleiben soll. Wenn sich jedoch die Frau aufs stärkste wappnet, so daß sie sich in das Brautgemach des himmlischen Königs begibt und den König selbst mit zärtlichster Liebe umfängt, und nicht in Begierlichkeit dem Vollzug fleischlicher Leidenschaft huldigt, sondern den Blick ihres Herzens auf Gott richten will, indem sie die Lust ihres Fleisches zurückweist, dann schaut sie wie ein Adler in die Sonne und wie eine Taube durch ihre Maueröffnungen. Sie sinnt und trachtet danach, wie sie ihr Herz dem weltlichen Reichtum und Vergnügen und der Gemeinschaft mit einem irdischen Mann entziehen kann.

Und daher muß eine Frau, die aus Liebe zu Gott nicht das Gemach eines irdischen Mannes betreten will, in einem geistlichen Leben bei mir wohnen, der Ich ohne Anfang und Ende bin. Sie überlasse sich nicht verstohlenen Umarmungen, in dem sie heimlich einen einfachen Mann liebt. Tut sie das jedoch, lebt sie nicht mit mir zusammen, denn sie verhält sich wie eine Viper. Daher soll sich eine Frau, die derart <von Begierde> brennt, daß sie die Welt nicht verlassen kann, nicht in Gefahr begeben und keinen hohen Berg besteigen, damit sie später nicht im Pfuhl versinkt, weil sie zuerst mit mir vermählt wurde und sich danach in fleischliche Umarmungen begab.

Denn die Jungfrau Maria war liebenswert in der Glut des Heiligen Geistes, und ihre Jungfräulichkeit blühte. Doch keine Frau möge etwas beginnen, was nicht der Heilige Geist in sie hineingelegt hat, damit sie später nicht unerfüllt zurückbleibe. Eine Frau, die auf mich schauen will, lebe nicht in der Widersprüchlichkeit ihres durch die Ruhmsucht dieser Welt zersplitterten Herzens. Sie verunstalte sich nicht durch das Aufflackern stolzer Prahlerei, sondern stehe fest im Schmuck der Tugenden und im Adel der Liebe und Gerechtigkeit da, die unter allen Kostbarkeiten des himmlischen Königs hervorragen.

Höre nun, o du Schar der Jungfräulichen <puellarum>, was die himmlische Stimme dir zuruft: Sei keine Buhlerin, und richte deinen Geist nicht auf die hochtrabende Einbildung des Stolzes, indem du die Königswürde nicht unterschiedlich – jedem gemäß seines Standes – zuerkennen willst, weil du meinst, mir sei es nicht möglich, Sonne , Mond und die übrigen Himmelsleuchten zu unterscheiden. Eine Dirne hält sozusagen alles für ähnlich und gleichwertig; ihr gilt z.B. ein Fürst soviel wie ein einfacher Mann. Wer so handelt, entehrt mich. Die Weisheit vergleicht er mit Torheit, die Frömmigkeit mit Eitelkeit, und die übrigen Tugenden mit <billigem> Kupfer.

O ihr Jungfrauen, seid jetzt keine Tänzerinnen, die den schlimmsten Sitten nach euerm Belieben gleichen, damit ihr euch nicht – wenn ihr solches tut – gegenseitig in jeder Beziehung täuscht. Denn eine Tänzerin tanzt für jeden, wie er es sich vorstellt. Spaziert auch nicht durch offene Türen wegen eurer unreinen Absichten, noch gebt durch lüsternes Zunicken aus der leichtfertigen Ausgelassenheit eures Herzens einen Wink, als ob ihr auf den Straßen das liebtet, was ihr in den Umarmungen des Königs verschmäht, da ihr einen einfachen Mann anstelle des königlichen Geliebten <pre regio amore> in eure Arme schließt. Daher halte sich eine Frau, die keine Gemeinschaft mit einem irdischen Mann eingehen will, auf keinen Fall in der Öffentlichkeit auf, weil sich das nicht für sie ziemt. Vielmehr bleibe sie leiblich und geistig verborgen wie die Taube in der Mauerhöhlung, damit der Habicht, d.h. die <böse> Absicht eines Mannes, sie nicht an sich reiße.

Jetzt, o du Schar, erhebe dich rasch zur anfänglichen Vermählung mit deinem ersten fürstlichen Gemahl. Denn Er selbst ruft dich. Bessere dich also und mache wieder gut, daß du Ihn beleidigt hast. Und Er wird dich in ewiger Erlösung aufnehmen; und du wirst leben.

251 Hildegard an Abt Odo

Gottes Gunst hat dich zu Trinkwasser geführt; und dein Geist wurde durch diesen Bau, in dem du lebst, nicht erbaut. Daher sorge für die Festung deines Geistes und unterscheide, welches deine Werke und wie sie beschaffen sind. Denn zuweilen schaust du in guter Absicht auf Gott, als ob du an deiner Seele gesund seist. Doch du bist eine zerzauste Wolke, wenn dein Geist von Seufzen und Unannehmlichkeiten wegen der beschlossenen Arbeiten heimgesucht wird und gespalten ist. Manchmal erhebt sich dein Geist auch zu Himmelshöhe, als ob du tauglich seist. Prüfe dich also selbst und richte die Augen aufmerksam auf die Arbeit. Werfe dich zu Boden, als ob du dich nicht kenntest, und du wirst leben. Denn Gott hält sich an keiner Wohnstätte auf, die aus eigener Kraft bestehen will. Er liebt vielmehr ein Haus, das sich nicht kennt, und verleiht ihm bestes Salböl. Daher werde dir ein glückliches und heilbringendes Leben zuteil.

252 Hildegard an einen Abt

Die Weisheit spricht: Kein Mensch kann Nebel und schreckliche Unwetter Himmel nennen. Das bedeutet: Wer in seinem Eigenwillen und habgierigem Verlangen die Hirtensorge wie ein Dieb an sich reißt, wird keinesfalls Vater genannt, sondern er handelt wie die Samariter, die in zwei Parteien gespalten waren, nämlich zwischen Götzendienst und dem Gesetz des Alten Bundes. Ein solcher muß ohne Aufschub verschwinden und schließe sich den Geringen Gottes an.

Und diese Worte sind zu beobachten.

253 Hildegard an einen Abt

Das lebendige Licht teilte mir diese Worte mit: Ein Mann stand in seiner Hürde und blickte traurig nach allen Seiten bald hier und bald dorthin, wohin er gehen könne. So verhält sich dein Geist. Stehe also unerschütterlich fest und gehe auf dem rechten Weg wie ein tapferer Krieger, der gegen alle seine Feinde gewappnet ist.

Sei jetzt aber auch ein besonderer Freund Gottes, so daß du ein lebendiger Stein an den Fenstern des himmlischen Jerusalem wirst.

254

Ich sehe deine Seele in Gott hell werden und einen Wirbelsturm unter deinen Brüdern. Er ist jedoch nicht heftiger als der vorhergehende. Und ich sehe einige von unzüchtiger Gesinnung beschmutzt. Aber dieses von Gott erbaute Kloster ist ein Spiegel der Heiligkeit unter vielen Brüdern; und deine Mühen sind geringer, als du sie anfänglich aufgewandt hast.

Gebrauche nun unerschütterlich eifrig die Zuchtrute, damit Gott dir nicht drohe. Deine Seele ruhe in der Umarmung des Lebendigen Lichts. Gott hat uns geholfen, indem Er uns seine Hand in all unsern Bedrängnissen reiche, und steht mir armseligem Gebilde in meinem Kummer bei.

255

Du kennst die Bahn der Sonne und berührst sie häufig. Warum schläfst du vor Überdruß an der Unwissenheit, als ob du nicht existiertest und dich wegen wechselnder Anstürme der Wasser nicht in Bewegung setzen könntest? Als der König dich rief, wollte Er nicht, daß du dich albern benimmst. Und nochmals: Wenn du die Worte der Weisheit hörst, treibst du Scherz und kehrst dich dem Nebel zu. So soll es nicht sein. Erbaue vielmehr in Festigkeit und Würde das Haus der Weisheit, damit die Kämpfer nicht zu dir sagen: Der Vater hat diesem Sohn immer wieder sehr viel geschenkt. Wo steckt es bloß? Nun schaue auf die vielen Ritzen, durch die ein Sonnenstrahl dringt <cavernas solis>, und birg es <das Geschenkte> sorgfältiger in deinem Schoß. Halte auch die Rute wachsam und eifrig in deiner Hand, nicht in Bitterkeit, sondern voller Mitleid. Jetzt wirst du in Ewigkeit leben, weil dich Gott unter seinen Gesandten behalten will.

256

Im hellen Licht sah und hörte ich ein Wort an dich ergehen: Dein Geist ist wie ein Wasserschwall und wie ein Netz, das nicht richtig zum Fang ausgespannt ist. Du willst nämlich, daß das, was du wünschst und anordnest, so geschehe. Das wird zuweilen nicht der Fall sein. Aber schau: Ein Pflüger wendet den Acker zuerst um, und danach zerkrümelt er ihn; und nur so sät er seinen Samen.

Die umgewandte Erde versinnbildlicht die harten und rauhen Menschen; diese drücke sanft nieder. Die zerkrümelte Erde aber sind die Gutwilligen; mit ihnen sprich offen. Und die Vollkommenen unterrichte mit der Unterweisung in guten Werken; denn sie sind dafür empfänglich. Und sei nicht durch Zorn wie ein Wasserschwall, noch durch Unschlüssigkeit wie ein zerfallenes Netz, sondern stehe unerschütterlich fest, und Gott wird dir helfen. Behalte deine Bürde, und lebe in Ewigkeit.

257 *Über die diskrete Zurechtweisung der Untergebenen durch die Vorsteher*

O Sohn Gottes! Weil Er dich erschaffen und zu seinem Dienst bestellt hat, laß dein Herz nicht von allerlei Gedanken wegen des schmerzlichen Verlassens deiner Gemeinschaft belasten, so daß du es dir allein als Schuld anrechnest, daß diejenigen, die <Rettungs>seile haben, um dir zu Hilfe zu kommen, sie nicht so festhalten, wie sie sollten. Auch treffen dich um deines leidenden Herzens willen Krankheiten; und sie mehren sich in den Eingeweiden und am ganzen Leib. Daher überlasse all das Gott und vertraue auf Ihn. Ich sehe nämlich in einer wahren Schau, daß Gott dich niemals verlassen wird, auch wenn Er dich mit der Zuchtrute zurechtweist, wie Er oft den züchtigt, den Er retten will. Beachte auch, daß diese Zeit voller Kümmernisse in der Klausur der Klöster ist, weil die Gehorsamsverpflichtung in ihnen nicht beachtet wird. Deswegen kommen durch das Gericht Gottes auch viele Bedrängnisse über sie. Denn viele von denen, die in den Klöstern leben, vertrauen in hochmütiger Gesinnung auf sich selbst. Sie stimmen nicht demütigen Herzens mit der Einsicht der heiligen Väter, die Söhne des Gehorsams waren, überein. Und daher wird ihnen die Krone der geistlichen Würde vom Haupt fallen. Aber um des Dienstes willen, den sie Gott im Ordensleben erweisen, wird Er sie trotzdem nicht der Vernichtung preisgeben.

Jetzt aber, teuerster Vater, der du ein Sohn Gottes bist, trage geduldig all deine Kränkungen, damit du in der ewigen Seligkeit, in der Gott dich von allem Unrecht erlösen wird, glücklich lebst.

258 *Über maßvolle Buße*

O ehrwürdiger Vater! Du hast mich um der Liebe Gottes willen in den Schoß deiner Barmherzigkeit gelegt; ich bitte dich: Erhöre mich unwürdige Dienerin Gottes, d.h. nimm diesen Büßer, der sich wegen seiner Sünden einschließen lassen möchte, in dein väterliches Erbarmen auf, und gib ihm einen Rat, damit er nicht durch unvernünftige Enthaltsamkeit den Leib so zugrunde richtet, daß er dahinsiecht. Erlege ihm auch eine maßvolle Buße auf, mit der er den Teufel, der ihn zu täuschen versucht, mit weiser Mäßigung, die eine kraftvolle Mutter ist und alle Tugendkräfte leitet und ordnet, besiegt, damit er Gott wohlgefällig ist. Denn die alte Schlange hüllt in übertriebene Enthaltsamkeit ein, um den Menschen, der nach maßloser Tugend strebt, durch Täuschung zu verschlingen. Biete also dieses Schaf dem allmächtigen Gott aus Liebe zu dem, der die neunzig Schafe zurückließ <vgl. Lk 15,4 > und das eine auf seine Schultern nahm, dar. Dies tu zur Vergebung für alle Nachlässigkeiten, die du in deinem Leben begangen hast.

Ich hoffe in Gott, daß deine Absicht der glühenden Sonne gleicht, du ein getreuer Diener Gottes bist, und in Ewigkeit vor Ihm lebst.

259

O milder Vater! Ich pflege über die verschiedenen Geschicke der Menschen und was ihnen bevorsteht, nicht zu sprechen, da ich armseliges weibliches Geschöpf nichts anderes wissen kann, als was mir in wahrer Schau mitgeteilt wird. Daher werde ich auch gern für jene ältere Frau beten, daß sie an Leib und Seele von der Gnade Gottes geleitet werde und sich freue, würdig zu sein, daß Gott ihr Erbteil ist. Ich aber vernahm in der wahren Schau meiner Seele folgende Worte: Du, Mensch, hüte dich, höher aufzusteigen, als dein Vermögen zu ertragen vermag. Umarme vielmehr bei all deinen Unternehmungen die liebevolle Mutter der Tugenden, d. h. die Unterscheidungsgabe, damit du durch alles hindurch von ihr geführt wirst und nicht fallen kannst. Ein Hirt nämlich, der die Zuchtrute ohne Unterschied handhabt, gefällt Gott nicht. Er wird auch von seinen Schafen nicht geliebt, sondern eher gehaßt.

Guter Vater, leite deine Herde mit Erbarmen, indem du Gott nachahmst, der mehr Barmherzigkeit als Opfer will. Und trachte auch danach, daß alle deine Werke in Demut geschehen, in der die wahre Sonne, der Sohn Gottes, von der Himmelsburg des Vaters in den Schoß der Jungfrau herabstieg, damit du auf ewig mit Ihm lebst.

260 Der Vorsteher soll – wenn nicht alle – so doch wenigstens die er kann, zurückrufen

O Mensch, den Gott durch die Gnade seines Geistes inspiriert und zum Kampf gegen den Geschmack des Fleisches mit seiner Kraft gestärkt hat, höre, was dir im wahren Licht gesagt wird: O Diener Gottes, du ängstigst dich in deinem Herzen, daß du beim Schiffbruch dieser Welt nicht gerettet werden könntest. Denk daran, wie der Sohn des höchsten Gottes zur Fülle der Zeit, in der Er Mensch wurde, wegen des durch Untreue und schändliche Sünden befleckten Menschens in wahrer Demut herabstieg, um in seinem liebevollen Erbarmen seine stinkenden Wunden zu waschen, zu salben und zu heilen.

In dieser Zeit aber verwirren die wüsten Sitten der Menschen die Gottesverehrung der von Weisheit und der Gabe der Unterscheidung erfüllten Menschen. Daher achte auf den Mann, der mit großem Eifer seinen Garten umgräbt, damit auf seinem fruchtbaren Boden Gewürzpflanzen wachsen, an denen er Freude haben kann.

Nun, o tüchtiger Streiter, mühe du dich durch das Beispiel guter Werke, mit denen du die Menschen unterweist und unterstützt, mit den andern zur Leitung der Kirche bestellten Knechten um diese. Und wenn ihr nicht so viele, wie ihr wollt, auf den Weg der Gerechtigkeit führen könnt, bringt doch wenigstens einige durch eure guten Beispiele und Ermahnungen dazu, auf dem rechten Pfad zu gehen. Und dient tapfer dem himmlischen König, wie ihr es begonnen habt. Es ist auch gut, wenn der Arzt, der einen Kranken zu heilen vermag, ihn nicht zugrunde gehen läßt. Beachte auch, daß Gott die Menschen, die Ihm wohlgefallen, niemals vor dem Laster der Welt ohne Beschützer und Fürsorger läßt.

Die Gottheit ist ohne Anfang und ohne Ende. Doch ihre Menschheit, die sie aus der Natur des Menschengeschlechts, die durch große Wundertaten auf den Wassern gerettet wurde, annahm, kannte die Zeit. So ist also die Geburt dessen, der aus der Jungfrau Maria ohne das Werk eines Mannes erblühte, wunderbar, wie auch seine Gottheit unbeschreiblich ist. Und dennoch ist Er durch die Verbindung <beider> ein Gott.

Die Propheten haben den Sohn Gottes vorherverkündet, dann sahen

Ihn die andern und nahmen Ihn in wahrem Glauben auf. So ahmen auch die Lehrer, welche die Leitung der Kirche auf sich nahmen, den Sohn Gottes nach. Die Jungfräulickeit Mariens aber, die den Gottmenschen gebar, müssen die Mönche und Jungfrauen nachahmen, um der Welt fremd zu sein. Wer jedoch den Namen eines Hirten trägt, und durch seine Taten mehr ein räuberischer Wolf als ein Hirt ist, den beseitigt Gott und nimmt ihm den Namen Hirt, weil er eher ein Dieb und Räuber ist, als ein Hirt der Schafe des Herrn. Wer also so geartet ist, fliehe zu den Menschen, welche die jungfräuliche Natur nachahmen, und beweine mit ihnen seine Sünden, die er leichtfertig begangen hat, damit er durch ihre Bußwerke und Gebete gerettet werden kann.

261

Der, dem nichts verborgen bleibt, spricht: O Hirt, warum vertrocknest du beim süßen Verströmen des Balsamdufts, d.h. der Lebenskraft <viredo>, die törichten Seelen zu gewähren ist, die keine Brüste mütterlicher Barmherzigkeit haben, an denen sie saugen können? Die das nicht besitzen, ermatten. Reiche ihnen die Leuchte des Königs, damit sich die Schafe nicht auf unebenem Weg zerstreuen. Lebe und steh auf im Licht.

262 Von den drei verschiedenen Witterungsverhältnissen und ihrer Anwendung auf die Vorsteher

Der Regen der Wolke, welche die Sonne durchleuchtet, setzt die Früchte der Erde im rechten Maß zusammen, wenn er entsprechend niedergeht. Kommt der Regen aber überreich herab, überwuchert das Unkraut beim Wachsen die Frucht. So fault sie und wird ungenießbar. Ebenso werden

auch die Früchte vom Unkraut erstickt, wenn die Sonne ohne Regen her-
niederbrennt, und sind trostlos anzusehen. So verhalten sich auch die Sitten der Menschen, die der Weisheit nicht gefallen; und sie will diese nicht
in ihrem Dienst haben, weil sie höher steigen wollen, als es die Bedeutung
ihres vorzüglichen Wissens verdient. Und deshalb beginnen sie oft, was sie
nicht vollenden können. Daher werden sie zum Überdruß veranlaßt, und
die Weisheit reicht ihnen keinen Trank, weil sie ohne Frucht der Unterscheidungsgabe auf beide Weisen versagen. Diese Sitten jedoch sind wie
Unkraut, so daß sie keinen Nährstoff für gute Früchte besitzen und nicht
für die rechte Amtsausübung sorgen können. Daher mißfallen sie sich
selbst und beklagen sich, daß niemand sie hören will. Andererseits verstei-
gen sie sich unterschiedslos durch die strenge Verpflichtung zu einem
guten Wandel, da sie glauben, daß die Menschen so überzeugt werden
können und nicht angeben, sie würden von ihnen ungerecht beurteilt.
Diese Menschen nämlich verwandeln sich in zänkischer Gesinnung in
schweres Blei und hartes Eisen, und ihre Sitten sind wie Unkraut. Denn sie
handeln so ohne die Feuchtigkeit, die der Barmherzigkeit Gottes entspricht, und daher können ihre Worte weder vernommen noch befolgt
werden. Viele Lehrer vertrocknen auch bezüglich ihrer Sitten, weil sie die
Schafe des Herrn nicht auf die rechte Weide führen.

Diese Gleichnisse sind den Priestern, Lehrern und anderen gewidmet,
denen die Wunden der Menschen zur Heilung anvertraut werden. Wenn
diese ohne Salbung mit Öl die Wunden mit Wein reinigen, eitern die
Wunden. Und deshalb ist der gerechten Strenge immer das Öl der Barmherzigkeit beizufügen.

Du aber, Diener Gottes, beachte und vernimm dieses Gleichnis, inwieweit es sich auf dich bezieht und inwieweit es nützlich für dich ist. Und bewahre die erste Blüte zu Beginn deines klösterlichen Lebens, welche die
Demut ist, die der Heilige Geist durch den heiligen Benedikt vorgeschrieben hat. Wenn du nämlich die Demut beachtest und deinen Leib durch
Enthaltsamkeit in Zucht nimmst, dann sammelst du bei dir in Jericho die
schönen Blumen von den Dornen. Denn durch die Erbsünde sind wir dor-
nig geworden. Und darum bewahre ganz sorgsam die Demut, die wie eine
Lilie blüht, und die Enthaltsamkeit, welche die Rose versinnbildlicht,
damit du als guter Soldat und getreuer Knecht zu Gott gelangst und bei
Ihm in ewiger Glückseligkeit ohne Ende lebst.

263 Über den traurigen Zustand der Kirche

O Persönlichkeit, die du zum Stellvertreter Christi ernannt bist, höre: Die gegenwärtige Zeit ist keine Zeit der Heilung; sie besteht vielmehr aus schlangenähnlichen Sitten. Diese <alte Schlange> treibt bald mit den Menschen ihr Spiel, bald peinigt sie sie, <mordet> qualvoll mit neuen und alten Wunden. Denn die Kirche ist des Zustands ihrer Gerechtigkeit beraubt. Der Nordwind brach nämlich über die Kirche herein und riß ihr Krone und Gewand fort, so daß die geistlichen Oberhäupter mit dem fürstlichen Titel beunruhigt wurden. Das wird auch andauern, bis die Reinigung vollendet ist, bei der es sich um die Sünden des einfachen Volkes handelt. Viele von ihnen gehen zu den spöttischen Sadduzäern über. Und durch diese und weitere Sünden der Menschen wurde das Gewand der Kirche, d.h. die Gerechtigkeit, weggerissen und der fürstliche Titel mit Traurigkeit erfüllt.

Doch die Kirche selbst vertraut auf ihren Bräutigam, daß sie durch Ihn den Glanz der Krone und des Gewandes zurückerhalten, und auch den schönen Tag der Vernichtung der Ungerechtigkeit und des Unglaubens sehen, und durch die Sonne des Glaubens mit Ohrringen geschmückt werden wird.

Jetzt aber entzünde der Heilige Geist in dir <das Verlangen>, dich durch die Gnade Gottes von jeder Sünde zu reinigen und zum Glanz der Kirche insoweit beizutragen <consiliaris>, daß du vom himmlischen Richter um der tapferen Beharrlichkeit willen zu hören verdienst: „Mein Knecht bist du; an dir habe ich mein Wohlgefallen" (Jes 42,1). Und so mögest du in Ewigkeit glücklich leben.

264 Eine Ermunterung zur Übernahme des Vorsteheramtes

O Diener Gottes, verwalte eifrig, was dir von Gott anvertraut wurde, damit du dein Talent Gott verdoppelt zurückerstattest. Und fliehe bei all deinen Bemühungen vor der List der alten Schlange, die dem Menschen, den sie als weise empfindet, Torheit und Widerwillen gegen redliche Anstrengungen einflößt.

Gott hat nämlich beschlossen, das weibliche Geschlecht durch zuverlässige Meister zu leiten. Daher ist es besser für dich, mit Gottesfurcht und –liebe für die Frauen zu sorgen, als dich auf andere Weise anzustrengen. Nach dem Beispiel Jesu Christi, der „sein Leben für seine Schafe hingab" (Joh 10,17), bleibe auch du standhaft bei denjenigen, für die du von Nutzen bist, indem du in ihnen dem Herrn dienst. Verlasse sie nicht, damit du um ihrer guten Werke willen, die sie alle durch die Gnade Gottes wirken, vom Herrn Lohn empfängst. Der Heilige Geist gebe dir ein, so nutzbringend für dich und sie zu leben, daß du den Lohn wahrer Glückseligkeit von Ihm im ewigen Leben zu empfangen verdienst. Der Herr persönlich spricht zu dir: Mein Sohn, ich werde dir einen Olivenzweig, der mit herrlichem Edelgestein <aureis fistulis> von einem kunstfertigen Schmied schön geschmückt ist, geben. Dieser Zweig bezeichnet die wahre Demut, die von der Gottheit ausgegangen ist, und in der der Gottessohn das irdische Gewand anlegte, als Er in einer fremden Natur erschien. Deshalb besitzt sie auch große Kräfte gegen die arglistigen und stolzen Menschenherzen, doch wird sie von äußerster Unzugänglichkeit abgehalten. Sie kann jedoch nicht den Schmuck von reinem Gold, der den guten Willen darstellt, entbehren. Durch die Geburt des edlen Gottessohnes wurde ihm von den Engeln der Frieden zugesagt. Der gute Wille ist gleichsam die Werkstatt des himmlischen Königs, in der alle Tugenden geschmückt werden. Und er reicht den Armen, Schwachen und allen Trauernden in ihrem Elend erbarmend die helfende Hand, je nachdem er es vermag.

Teuerster Sohn, diesen Zweig wird dir mein Gott und Herr geben, damit du durch denselben glücklich zu dem gelangst, welcher der Höchste, Demütigste und Mildeste ist.

265 Ein Vorsteher an Hildegard

Frau Hildegard, einer wahren Miteingeweihten Gottes vom Kloster des heiligen Robert <Rupert>, <entbietet> G., der das Amt eines Vorstehers innehat, was immer das Gebet eines Armen vermag, obgleich er ein Sünder ist.

Weil jeder, der von verderblichem Gift versehrt wird, nach Art eines Hirschs zum wahren Quell, der Christus ist, eilt und das schädliche Gift ausspeit, laufe ich – von solchem Ungemach belastet – zu dem Quell, den Gott uns durch den Heiligen Geist zu offenbaren geruhte, und suche ein Heilmittel. Ich bezweifle nämlich nicht, daß Ihr wißt, wie rasch schon fast alle vorher besessene Frömmigkeit zugrunde ging, wie schamlos die widerwärtige Anmaßung ihren Platz einnahm.

Weil die Kirche bezüglich der apostolischen Würde und des Rufs auf schwachen Füßen steht <claudicat>, und wirklich nicht weiß, auf welches ihrer Häupter sie blicken soll, da ein jeder Vagabund sich ein Beispiel daran nimmt und vor der Verpflichtung zu einem rechtschaffenen Wandel zurückschreckt, sorgen sich also die, welche vom Geist Gottes getrieben werden, nicht wenig darum, welches Ende sie nach Gottes Willen nehmen sollen.

Daher flüchte ich mich – nachdem ich guten Rat gepflogen habe – zu Euch, und verlange zugleich dringend, Ihr möchtet mir antworten, was Ihr davon und von mir selbst – vom Heiligen Geist belehrt – haltet. Ich bin nämlich bereit, in allem Euern Ratschlägen zu gehorchen.

265R Die Antwort Hildegards

In der Schau, die ich von meiner Kindheit an mit wachsamem Auge in meinem Geist sah, blickte ich auf andere Weise zum Himmel auf, als wie ich auf dieser Erde geboren wurde. Und ich sah und hörte folgende Worte zu dir sprechen: Dein Geist gleicht einem Pflug, der Hartes, Grobes und Weiches umkehrt und zerteilt. Du bist nämlich darauf aus, zu erkennen, umzukehren und zu zerteilen, was so grob ist, daß es dich verwunden würde, wenn du es berührtest, und was so weich ist, daß du es zermalmen würdest, wenn du es hart und grob anrühren wolltest. Die Härte nämlich, die vor der Sonne der Gerechtigkeit herhinkte, hat nun die Kirche umringt; du vermagst sie nicht zu durchbrechen. Deshalb sprich in deinem Herzen zu Gott: „Herr, der du alles weißt" (Joh 21,17), ich will dir in meinen Meistern gehorchen, solange sie mich nicht zwingen, dem katholischen Glauben zu widersagen. Die apostolische Vollmacht nämlich, die jetzt in zwei Teile gespalten ist, weigert sich, zu verbinden, was ihr zu eigen ist. Und die Fürsten der Welt sind so grob, daß sie dich nicht anhören würden, wenn du ihnen sagtest, daß du mit deiner Erkenntnis recht hast. Und die Jünger laufen jetzt einer so großen Nachgiebigkeit der Obrigkeiten nach, daß du verunsichert würdest, als ob du nicht wüßtest, was du mit ihnen tun sollst. Ein Meister soll nämlich Heiligkeit und Gerechtigkeit lehren und gute Beispiele sehen lassen, wie es auch Christus getan hat, dem viele zuliefen, und vor dem viele flohen. Er sammelte aber trotzdem seine Geliebten und Auserwählten.

Daher halte diejenigen, die dich im Gehorsam küssen und in Liebe umarmen, mit größtem Eifer fest, und verlaß sie nicht. Die andern aber überlaß Gott, damit du mit dem Propheten sagen kannst: „Deine Treue und dein Heil habe ich verkündet" (Ps 40,11). Du aber richte deine Hoffnung auf den einen Gott, denn Er wird seine Kirche nicht im Stich lassen. Die Hoffnung der Kirche ist nämlich, daß sie zur Schau gelangt <oculata fiet>; und diese Hoffnung ist furchtlos, obwohl der Kummer lange anhält, von dem die meisten geistlichen Gemeinschaften betroffen, sehr viele auch zerstört werden.

Ich schaue jedoch in dir die Morgenröte wie einen Glanz – d. h. den gutwilligen Eifer für gute Werke – und auch einen Wirbelsturm wegen dieser und anderer Wechselfälle, der sich in dir ausbreitet und zuweilen den Glanz in dir verdunkelt. Das verringere, und hege die Zuversicht, daß du in Gott sterben und auf ewig leben wirst.

266 Hildegard an eine Äbtissin

Du bist ein Spiegel des Schöpfers, weil Er in dich hineinschaut, deine Werke sammelt und von dir verlangt, daß du getreu bist und Ihm vertraust. Gott verachtet dich nicht, sondern pflegt Freundschaft mit dir. Und es werden dich keine Trümmer <naufragia> begraben. Trage deine Bürden nach Gottes Bestimmung, solange du die Fähigkeit besitzt, einen Funken zu entzünden. Nun lebe in Ewigkeit, weil Gott dich liebt.

267

Im wahren Licht sah und hörte ich folgende Worte: O Berghügel, o Berg der Auserwählung, du fragst nach Zeichen; doch zuerst vernimm etwas über deine Pilgerschaft, auf der du dich jetzt befindest. Ich habe dich in großem Eifer durch eine wahre Offenbarung eingesetzt, wie ich es beim Wurzelstock von Mamre durch eine Offenbarung gezeigt habe. Und ich schmückte dich mit allen schönen Perlen emporstrebender Tugenden in der schimmernden Morgenröte und machte dich einfältig wie eine Taube, die demütig aus der <Mauer>höhlung blickt. Und ich verglich dich – als du die ganze Welt verließt – mit Elfenbein, nannte dich Königstochter und schmückte dich mit einem Diadem, so daß alle, die dich sahen, zu dir kommen wollten, weil auch Ohrringe von deinen Ohren herabhingen.

Ach, ach, wo sehe ich dich jetzt? Wo liegst du? Jetzt schaue ich dich jedoch nicht als Hügel, sondern als schmutzigen Lehm, weil du vor der Würde fliehst und dich nach einem Einfaltspinsel <asinus> mit Geldbeutel sehnst. Auch willst du mein Siegel entfernen <abscidere>; doch du wirst es nicht können. Und darauf werde ich dir nichts erwidern. Es wäre besser für dich, deine Herde zu sammeln, als deine Zerstreuung zu untersuchen. Erhebe jetzt dein Haupt und lerne den rechten Lebenswandel. Verlange wieder nach der früheren Würde und bemühe dich, das beschauliche Leben, in dem du dich prüfen sollst, zu führen. Doch das tust du nicht. Du suchst vielmehr nach einer rauhen Lebensweise, die in häßlicher Weise mit Aschenhaufen großtut, wie ein Maulwurf, der die Gärten unterwühlt. Nun gib dieses und andere Laster auf, und blicke im hellen Sonnenlicht auf mich. Dann befrage mich gewissenhafter über die Namen der Heiligen und Erwählten. Viele Reliquien – sowohl <von Märtyrern> der Jungfräulichkeit als auch von andersartigen Heiligen – die wie die Sonne in ihrer Leuchtkraft strahlten, besitzt du bei dir. Und mehr und mehr befinden sich bei dir, die ihr Leben mit engelhaftem Antlitz verbrachten, sich selbst durch das Martyrium des Kreuzes verleugneten und das Gepränge der Welt zurückließen. Sie besaßen noch nicht das Gewand des Ruhms vom Volk. Doch diejenigen, die eine plötzliche Verfolgung erduldeten und eilends verstümmelt wurden, und auf diese Weise alle guten Werke durch den Tod ersetzten, wurden mit dem Gewand des Ruhms bekleidet. Denn sie hatten es nötiger als die andern, weil sie im Leben nicht viele gute Werke gewirkt hatten, sondern nur durch den Tod. Doch jenen leuchten all ihre guten Werke im himmlischen Jerusalem, während sie sie sehen und hören. Denn sie ertönen auf Zithern und Instrumenten bei allem himmlischen Lobpreis.

Jetzt singt und jubelt über die Verdienste der Heiligen und bemüht euch sehr eifrig, durch gute Werke mit ihnen verbunden zu sein. Und ihr werdet in Ewigkeit leben.

268 Der Heilige Geist belehrt über das Reden in Gleichnissen

O milde Herrin, der Heilige Geist erfülle dich, damit du eine lautere Demut in Gottesfurcht und –liebe besitzen kannst, durch die du all deine Angelegenheiten wie mit einer treuen Freundin ordnest. Ich sage dir, daß ich bezüglich der Schau meiner Seele niemals mit bloßen Worten zu reden pflege, sondern mit solchen, die ich dabei gelehrt werde, und auch immer mit Hilfe irgendeines Gleichnisses, wie geschrieben steht: „Ich will meinen Mund zu Gleichnisreden öffnen und verkünden, was von Anbeginn geplant war" (Ps 78,2; Mt 13,35). Denn Gott legt ja den Menschen von Anfang an Sprüche und Gleichnisse vor, durch die sie meistens angemessener als mit bloßen Worten unterwiesen werden.

Über den Priester, nach dem ihr euch erkundigt, hat mir Gott nicht geoffenbart, daß er sich gegen die Gerechtigkeit auflehnt oder untauglich ist. Und darum vertraue ich auf Gott, daß Er ihm seine Gnade nicht entzieht. Die Schwestern <filiae> jenes Klosters aber sollen sich von aller Eitelkeit, die manchen hinderlich ist, und die sie aus Liebe zu Gott verachtet haben, eifrig fernhalten. In jenem Kloster gibt es auch gewisse <Schwestern> reiferen Alters, die allzu hart sind und ohne Erbarmen, wo sie es haben müßten. Zuweilen nehmen sie auch nach ihrem Wunsch ungerechterweise Rücksicht. Manche Jüngere sind eingebildet und pflegen die Eitelkeit. Sie stören sich gegenseitig sehr, d.h. die Eingebildeten die Harten, und die Harten die Eingebildeten. All diese lehnen sich nicht ganz so sehr gegen ein heiliges Ordensleben auf, daß sie nicht mit der regulären Disziplin im Zaum gehalten werden können, es sei denn, daß ihre oberste Meisterin, die weder zu hart noch zu eitel ist, und die es für gut findet, daß sie ein heiliges Leben führen, ihnen keinen Widerstand zu leisten vermag. In einer Schau aber sehe ich, daß es besser ist, sie gibt das Leitungsamt nicht auf, damit die unruhigen Schwestern nicht sagen: Es wird diejenige gewählt, die wir wollen, und die wir ablehnen, wird abgesetzt. Und so entsteht im Kloster schlimmer Ungehorsam und Unruhe.

Geliebte Herrin, gib dir mit der Hilfe Gottes Mühe, daß sich alles Untaugliche in deinem Kloster bessert. Ich vertraue auch auf Gott, daß dies durch seine Barmherzigkeit geschieht. Die Schwester aber – d.h. die Subpriorin – die durch eine unruhige Lebensweise die Ruhe der anderen stört, soll – wenn du es für gut findest – ihres Amtes enthoben werden, daß die übrigen, die den Meistern nicht gehorchen, in Furcht geraten. Und das geschehe nach dem Brauch, durch den man die Ämter des Klosters zu vertauschen pflegt.

Teuere Freundin Gottes, Gott mache dich aus Gottesfurcht und Liebe zu Ihm zur schimmernden Morgenröte, die der Sonne vorangeht, damit du deiner Gemeinschaft wie die Sonne leuchtest, die die ganze Welt erhellt. Bemühe dich auch, die Doppelzüngigkeit von denen zu entfernen, die nicht auf geraden Wegen gehen, wenn sie das eine reden und das andere im Sinn haben. Daher sind ihre Urteile ungerecht. Solche Sitten sind jedoch gleichsam Nebel, welche die Erde verletzen. Denn die Tugendfrüchte vertrocknen durch sie, und Privatfreundschaften finden sich durch tötende Worte zusammen. Und sie widersprechen dem, was von den früheren Heiligen angeordnet wurde. Sie gleichen einer dunklen Wolke, die keinen milden Hauch besitzt, und deshalb kann man von ihnen keine brauchbare Frucht erhoffen.

Gütige Herrin, dies alles, was genannt wurde, ist von jeder Gemeinschaft zu fürchten und fernzuhalten, soweit es mit Hilfe der Gnade Gottes möglich ist. Dennoch vertraue ich auf Gott, daß Dunkelheit und Finsternis, die sich um dich herum einstellen, durch vergangene und künftige Anstrengungen von den Deinen und in den Deinen vernichtet und niedergetreten werden sollen. Teuerste Herrin, der Heilige Geist entzünde in dir sein Licht, damit du in Gottesfurcht und –liebe die dir anvertraute Fürsorge für die Seelen glücklich vollendest, so daß du in der ewigen Seligkeit ein leuchtender Edelstein in Gott bist.

269 Eine Äbtissin an Hildegard

Der ehrwürdigen und in Christus geliebten Hildegard <entbietet> H., nur dem Namen nach Äbtissin der Schwestern in [...], das Gebet und die Gemeinschaft durch alle zu Gottes Lob gewirkten oder zukünftigen Werke.

Wir wissen, Geliebte, daß Ihr Euch bei allem immer als voraussehend erwiesen und darin noch nicht versagt habt. Daher bitten wir, Ihr möchtet unsern Brief gütig aufnehmen und anhören, was darin enthalten ist. Wir klagen nämlich Eurer Heiligkeit, daß wir vielfach von Versuchungen der bösen Geister angegriffen werden und in verschiedener Hinsicht ins Wanken geraten. Und wenn wir nicht sehr durch Gottes Beistand gestärkt werden, erliegen wir ihrem Ansturm. Und deshalb flehen wir Eure Heiligkeit wieder und wieder, ja sogar zum dritten Mal an, uns um der ewigen Belohnung willen mit Euerm gütigen Rat zu Hilfe zu kommen. Und was immer Ihr über diese Angelegenheit entscheidet, meldet uns – nicht persönlich, sondern durch den vorsprechenden Boten.

269R Die Antwort Hildegards

O Tochter Adams, in einer wahren Schau wurde ich folgendermaßen belehrt: Wer immer das tut, nämlich die Wünsche seines Fleisches <corporis> aufgibt, der gleicht Abraham, der seine Heimat verließ, und „dem klugen Mann, der sein Haus auf Fels baut" (vgl. RB Prol. 33). Denn ein Mensch, der in diesem irdischen Leben einen andersartigen Lebenswandel führt, dessen Leben erweist sich als engelgleich, weil der Sturm dieser Welt ihn nicht erschüttert, und er nicht von den Schrecken der Täuschung des Teufels umgeworfen wird. Doch wie Abraham seine Heimat verließ und den Geboten Gottes gehorchte, so gab er sein fleischliches Verlangen auf und gehorchte den Vorschriften Gottes durch Almosen, Gebete und andere gute Werke.

Aber man muß Vorsorge treffen, daß der Mensch in diesem Guten beständig ist, damit er nicht vom Teufel verführt wird, der den ersten Menschen betrog und ihn seiner Herrlichkeit beraubte. Auch muß er bei all seinen guten Taten der Belehrung der entscheidenden Oberen <supernorum iudicum> Folge leisten, deren Zungen zu Schlüsseln für den Himmel geworden sind.

Gott vollende in dir den Sieg in diesem Kampf, damit du von den Engeln gelobt wirst und die Heiligen sich darüber freuen, und du ebenfalls in die ewigen Freuden aufgenommen wirst.

270 Ein Kleriker an Hildegard

Der verehrungswürdigen und geliebten Meisterin Hildegard, einem ganz geeigneten Gefäß der göttlichen Erwählung, <entbietet> M. – durch die Gnade Gottes das, was er ist – was immer Dienstbereitschaft mit beständigem Gebet vereint vermag.

Ich hoffe sehr, daß es Euch geistig und seelisch wohlergeht, und ich falle Gott Tag und Nacht mit frommen Bitten zu Füßen, daß es mit Euern Angelegenheiten gut stehen möge.

Teuerste, wenn die Anordnung Gottes uns in diesem Leben getrennt hat, so verband uns trotzdem untrennbar die unauflösliche Fessel der Liebe. Ich erflehe nämlich von Euch diese gegenseitige Liebe, d.h., daß Ihr bei Euern Gebeten meiner eingedenk seid und mich Euerm heiligen Konvent anempfehlt. Wozu mehr? Ich empfehle die Seele und meinen Leib und unsere ganze Gemeinschaft Eurer Treue. Eure Seligkeit lebe wohl in Ewigkeit.

270R Hild<egard> an einen Mönch vom Berg [...]

Deine Seele ist wie ein Tal, wenn sich ein Berg vor dir erhebt; und andererseits glaubst du eine Stadt zu erbauen, wenn du irgendeine Sache eigensinnig mißbilligst. Denn wer einer schwärenden Wunde, die von Fäulnis entstellt ist, Schläge versetzt, bringt mit Blut vermischtes Gift hervor. Und das nutzt nichts. So steht es mit der Gesinnung jenes Menschen, der nichts verschonen will. Ein guter Arzt aber salbt die Wunden. Doch die Nachlässigkeit eines Menschen ist wie ein Wirbelwind, und sein Zorn wie ein großer Sturm.

Nun also verstehe, was nützlich ist und was schädlich; denn gewisse irdische Geschöpfe gleichen den Werken der Menschen. Die Vögel stellen nämlich das Wohlwollen des Menschen dar, das Vieh seinen Verstand, die wilden Tiere seine Weisheit. Die Würmer aber, welche die Erde ausschwitzt, weisen auf die vielen Gedanken der Menschen hin; die lästigen <incongrui> Würmer jedoch auf ihre Boshaftigkeit; die giftigen aber auf den Zorn und die grausamen auf die Vernachlässigung ihrer Werke. Blicke also gen Norden, und sieh, wie Sturm und Rauch zu den Wolken aufsteigen. So sind die Werke der Menschen manchmal untauglich. Doch ein Mensch, der sich überall umblickt und recht wachsam ist, hält durch Wohlwollen und sein ruhiges Wissen Donner fern. Und er sei kein kämpferischer Steinschleuderer, noch nachlässig bei Wirbelwind. Die Sonne leuchtet. Daher salbe der Mensch jedes Ding mit Barmherzigkeit. Denn ein Baumeister, der seine Fundamente nicht richtig legt, setzt seine Werkzeuge herab.

Der Mensch sehe also vorher, wie es mit einem Menschen ausgeht. Wer seufzen kann, ist erträglich. Wer aber Gott verachtet, ist zu tadeln, wenn es nützt. Nutzt es nichts, suche man eine geeignete Zeit, damit er nicht vergehe. Der Mensch aber handle selbständig und erhelle seine Seele. Eine Gesinnung jedoch, die keinen Mord begeht, ist kein Mörder. Doch wenn es dazu kommt, trauere er über die Tat und eile zu Gott, weil zerstört ist, was Gott geschaffen hat.

271 Hildegard an den Mönch Zeizolf

Ich schaue dich bei deinen Werken wie eine schöne Morgenröte und wie einen geliebten Sohn, den Gott zu seinem Erben eingesetzt hat. Und deshalb fürchte deine Qualen nicht. Denn „wie Gold im Ofen geprüft" (Spr 27,21) und von Blei getrennt wird, so prüft und läutert dich dein Vater. Du bist also ein lebendiger Stein in Jerusalem.

272

Aus dem Lebendigen Licht spreche ich: Ich zeige dir die Höhlung der Taube, welche die breiten Wege dieser Welt nicht will, weil du dir das Joch der Gehorsamsbindung auferlegt hast. Darum verlange die Seelsorge, die du ausübst, von deinem Meister, indem du Ihm gehorchst, und offenbare Ihm alle deine Anliegen, als ob du im Kloster seist. Und wenn Er dir später sagt, du sollest zu Ihm kommen, dann komm.

273

Im wahren Licht hörte ich eine Stimme zu dir sagen: Der Herr hat seinen Propheten seine Wunder eingehaucht und den Aposteln sein Wort im Feuer eingegossen und mit seinem Siegel versiegelt, so daß ihre Predigten auf der ganzen Erde zündeten. Und so wurde Jerusalem erbaut, doch der Mauer fehlte ein Turm. Da entfachte der Feurige, der einst auf das Wasser hauchte, ein Feuer, wie es heißt: „Der Geist des Herrn schwebte über den Wassern" (Gen 1,2). Und Er erwog bei sich, daß die Seite des Mannes durch den Rat des ersten verworfenen Engels verdunkelt wurde, so daß die keusche Generation auf diese Weise vollständig zugrunde gegangen war, und Er durch sein Feuer eine keusche Generation gegen die schlaue Schlange erzeugte, die einem Engelchor glich. Das sind die Mönche und Jungfrauen im unversehrten Gewand Christi, und auch die Fenster Jerusalems, das unter der <Leucht>kraft der Sonne von reinstem Gold blitzt.

Wenn daher irgendein Tyrann <jemanden> des unversehrten Mönchsgewandes <cuculla> – nämlich des Gewandes Christi – beraubt, wird ihn die Hand des Herrn töten, wie David in seinem Zorn jenen verurteilt hat, der Saul tötete, weil man <dadurch> wütend einen Stein auf den Turm Jerusalems wirft.

Nun erwähle dir, was gut ist, so daß du die Kukulle mit Begeisterung <cum igne> trägst, damit du in höchster Glückseligkeit lebst.

274 Vom Gehorsam der Untergebenen

O Sohn Gottes durch das Bad der Taufe und durch die Berufung des allmächtigen Gottes, der du vermöge der Gnade des Heiligen Geistes die Welt verschmäht hast, höre: Ein Quell, dem verschiedene Bäche entströmen, aus denen die Menschen sich mit einem Trunk erquicken, ist viel nützlicher als jener Quell, der – in der Erde verborgen – den Menschen nichts nutzt. Dieser Quell bezeichnet nämlich den lauteren heiligen Gehorsam, zu dem viele eilen, die sich im Namen des Herrn versammeln. Sie unterwerfen sich im Gehorsam den Vorschriften der Meister und ahmen den Gottessohn nach, der seinem Vater gehorchte. Diese werden wirklich getrieben, die Gebote des Quells – nämlich des heiligen Gehorsams – zu trinken, und mehr auf den Meister, als auf sich selbst zu blicken. Daher werden sie auch mit einem goldenen Kleid – dem Sohn Gottes – bekleidet, weil sie „mit Maria den besten Teil erwählt haben" (Lk 10,42).

Du aber, o Diener Gottes, bleibe noch unter dem klösterlichen Gehorsam, bis du durch das Feuer des Heiligen Geistes ein funkelnder Stern wirst. Denn wer dem Eigenwillen zustimmt, den täuscht oft der Teufel, so daß „seine letzten Dinge schlimmer als die früheren" (Mt 12,45) sein werden. Und die Absicht, die du nur in deinem Herzen trägst, gib auf, und schmücke deine Seele mit allem heiligen Eifer für den Gehorsam und gute Werke, damit du in höchster Seligkeit ewig lebst.

275 Ermunterung gegenüber den Einflüsterungen des Teufels

O Tochter Gottes, trage sehr sorgsam und vorsichtig siegreich das Banner Christi gegen deine Feinde, damit du nicht von ihnen ausgelacht wirst. Dazu umgürte dich mit wahrer Liebe, Demut und Geduld, und du wirst nicht fallen. Der Heilige Geist lehre dich, so zu leben und zu handeln, daß du nach dem Ende deines Lebens ruhmvoll in den Palast des himmlischen Königs aufgenommen wirst.

276 Der Prior der Brüder von Citeaux an Hildegard

Der ehrenwerten und mit den Armen aufrichtiger Liebe zu umfangenden Herrin und Meisterin der Schwestern von St. Robert <Rupert> in Bingen <wünscht> C., der – allerdings unwürdige – Prior, und die ganze arme und unbedeutende Gemeinschaft der Brüder von Citeaux, sie möge inmitten der Chöre der Jungfrauen „dem Lamm folgen, wohin es geht" (Offb 14,4).

Weil wir – durch die örtliche Entfernung getrennt – Eure ersehnte Gegenwart nicht leibhaftig genießen können, freuen wir uns, Euch an Hand eines Briefes zu grüßen und anzusprechen. Denn wir verehren Euch in Christus wie eine Oberin und hoffen, Euch wie eine teure Mutter bei Christus als Vermittlerin zu haben.

Weil wir nämlich den Ruf Eures <klösterlichen> Wandels und der treuen Verwaltung Gott gegenüber vernommen haben, leisten auch wir für Eure Beständigkeit und den Gebetsdienst bei Gott einen Dienst für Euer Heil. Darum schreiben wir Euch, o Herrin, diesen brieflichen Gruß, daß auch Ihr unsrer gedenkt und Eure Untergebenen anspornt, dasselbe zu tun. Denn wir hörten viel von Euch, und daher freuen wir uns sehr, daß Ihr das Verborgene Gottes ergründet und nicht wenig über seine Geheimnisse offenbart. Ebenso bitten wir Eure Güte, Ihr möchtet nicht zaudern, uns zu schreiben, was den göttlichen Augen an uns und an unserm Orden – nämlich einem monastischen – mißfällt, je nachdem Gott es Euch zeigt. Lebt wohl.

276R <Brief> Hildegards

Ich, der lebendige Quell, sage zu denen, die um meines Namens willen – mit meinem Gewand bekleidet – Fremde sind auf der Jagd der Welt: O, man muß klagen und trauern, daß der Himmel zerrissen und der Tag verdunkelt ist. Jetzt muß man den Denar <= Silbermünze im Wert von 10 As; Zahl der

Vollkommenheit> in die Halle des Lobgesangs zurückrufen. O Söhne Israels, warum verscherzt ihr die süße Liebe, die sich in mir Erhabenem, der in
die Tiefe herabblickt, durch ein ganz vollkommmenes Werk ausbreitet? Und
weil sie sich in mir ausbreitet, deshalb fließen auch aus ihr lebendige Wasser. Sie aber steht in Gestalt eines Reises da. Denn wie es bei der Jungfrau
wegen ihrer Unversehrtheit zarte Umarmungen gibt, so gehören auch zur
Liebe süße Umarmungen der Tugenden. Doch jetzt trauert sie, weil Verwegene sie durch die Schwatzhaftigkeit ihres Murrens zerreißen. Daher flieht
sie auch vor ihnen in jene Höhe, woher sie gekommen ist, und klagt, daß
ihre Söhne, die sie mit vollen Brüsten genährt hat, verschmachten, weil sie
sich nicht vom Moder flüchtiger Gedanken reinigen lassen wollen. O diese
Unglücklichen, warum gesellen sie sich dem Elend der Entfremdung und
Pilgerschaft zu, indem sie sich dem Schoß der königlichen Hochzeit der
neuvermählten Braut entziehen? Diese ist immer bereit für ihren Bräutigam, wie eine junge Frau für ihren Mann, wenn sie ihm noch nicht durch
das Erkennen <geschlechtlichen Verkehr> verbunden ist, sondern noch
rein und unversehrt bleibt. Und weil diese sich von jener Braut trennen,
sind sie verfinstert und umwölkt, als ob sie den Himmel zerbrochen hätten.

Was bedeutet das? Wie das Himmelsfirmament mit all seinem
Schmuck – nämlich mit Sonne, Mond und Sternen – den Erdkreis erleuchtet, und wie ein Handwerker aus Holz Holzsachen und aus Stein Dinge
von Stein macht, und aus anderem Material andere Gegenstände, so sollten auch sie dem übrigen Volk leuchten und einen guten Weg zeigen. Doch
die Liebe in ihnen ist gespalten, so daß die Jungfräulichkeit, die in ihnen
wie die Sonne leuchten sollte – die Witwenschaft wie der Mond, und das
übrige Volk wie die Sterne – an ihrer Leuchtkraft abnehmen, weil der zärt-
liche mütterliche Schoß sie nicht wärmt, sondern ein verunstaltetes Weib
voller Runzeln und Bosheit von schlangenartigem Charakter, mit knir-
schenden Zähnen und schreckenerregend bei allem, was es tut, auf ganz
üble Weise diejenigen nach Art der Schweine nährt, die heilig und auserwählt sein und die Welt verlassen sollten. Denn sie zerreißen ihr Gewand
der Unschuld durch spitzfindige Bräuche und Zorn, entweihen schändlich
ihre Lebenskraft und schlagen sich im Zorn die Köpfe ein. Dabei halten sie
sich verzweifelt die Augen ganz zu, verunreinigen mit ihrem törichten
Verhalten völlig ihre Kleidung und wähnen sich klüger als ihre Meister.

Ach, ach, ihr Söhne Israels, hat der milde Vater euch nicht wie eine mystische Gabe Gottes geschaffen, weil Er durch euern engelgleichen Stand

die alte Schlange besiegen wollte, welche die so schlimme Krankheit der Anmaßung wie einen faulen Kadaver in ihren Eingeweiden ausspie. O schöne Blumen und Gefährten der Engel, warum eßt ihr die Speisen der Schlange, indem ihr nämlich einander nach der trägen und übelriechenden Gemeinschaft der großen Spaltungen befragt, was gewissermaßen eine Todsünde ist? Und warum erhebt ihr euch zum ruhelosen Verhalten des häufigen Fragens und Forschens nach vielen eitlen Dingen, und unterscheidet nicht das jedem Menschen nach seinem Maß Verliehene?

Geht auf angemessenen und geeigneten Wegen ohne den flüchtigen Wind der Zerstreuung. Doch wo immer ihr einen leeren Berg findet, nehmt ihr ihn ohne Verzug in Angriff. Und ihr befestigt ihn und baut auf ihm, ohne von ihm abzulassen. Aber ihr arbeitet vergeblich auf ihm, wie auch ein untauglicher Handwerker ein unbrauchbares Gefäß herstellt, das nicht stehen kann, weil es nicht fest ist.

Nun also meine Kindlein, nehmt eure schöne Mutter – meine Freundin, die Liebe – auf und umarmt sie. Ich aber sage euch: Da saßen welche auf schnellen Pferden und blitzten, mit kostbarer und starker Waffenrüstung ausgestattet. Sie hatten sich gegen Westen gewandt, um gegen die zu kämpfen, die von Westen kamen. Zu ihrer Rechten war ein Tal von großer Länge wie ein tiefliegender Weg, und zu ihrer Linken ein großer Wald mit ganz tief verschneiten Bäumen. Aus ihm kamen sehr viele ärmliche und wehrlose Menschen, um die Bewaffneten zu sehen. Und sie flohen in großer Angst in den Wald und sagten: Ach, wer sind diese? Doch um den Bewaffneten Schrecken einzujagen, machten sie gewaltigen Lärm und Getöse in diesem Wald. Darüber wurden einige der Bewaffneten unwillig, zogen ihre Schwerter und zückten sie zum Dreinschlagen. Und eine Stimme erscholl aus der Höhe und sprach: „Steckt euer Schwert in die Scheide" (Joh 18,11) bis zum Zeitpunkt der Vernichtung. Und jene steckten ihre Schwerter wieder in die Scheide. Und siehe: Einige andere, die völlig nackten Leibes auf Pferden saßen, kamen. Sie waren nur um Brust und Bauch mit einem kleinen Tuch bedeckt. Sobald sie diejenigen, die im Wald waren, erblickten, liefen sie zu ihnen und ergriffen ihre Pferde an Hals und Schwanz. Doch auch die Unbekleideten selbst hielten sie an ihren Schenkeln und Füßen fest, machten große Sprünge und erhoben ein Gelächter bei ihrem Spiel, das sie mit ihnen – und jene mit diesen – trieben. Und sie riefen: O Gefährten, spielt mit uns! Da waren manche der Bewaffneten ihrer Waffenrüstung müde, begaben sich zu dem Tal in ihrer Nähe, stiegen von den Pferden und

zogen ihre Waffenrüstung, die in großem Glanz strahlte, aus und legten sie
ab. Und so saßen sie untätig im Tal und sagten: Wer kann immer mit diesen
Schwachen da kämpfen? Lassen wir sie also spielen. Als die ärmlichen Leute
in den Wald gingen und das sahen, liefen sie zu ihnen und trieben um sie
herum ihre Spiele. Doch diese spielten weder mit ihnen, noch zwangen sie
sie, von ihnen fortzugehen. Vielmehr saßen sie nur nach dem Ablegen der
Waffenrüstung untätig da und schauten ihren Spielen zu. Und abermals ertönte eine Stimme aus der Höhe und sprach: Diejenigen, die ihre Waffenrüstung abgelegt haben, dürfen nicht erste Lehrer im Palast des Königs genannt werden, weil sie zum Kampf zu müde sind.

Jetzt, o meine Söhne, gebt acht! Der Sinn <dieser Worte> bezieht sich
auf euch. Denn die guten und tauglichen Vorsteher und weitere, die das Irdische verachten, laufen schnell mit guten Werken und sitzen eifrig und
wachsam bewaffnet da, um gegen den Teufel zu kämpfen. Zu ihrer Rechten liegt der Weg des richtigen Handelns, und zur Linken die vielen beunruhigenden Wechselfälle, aus denen zahlreiche Laster hervorgehen, vor
denen die Bewaffneten oft sehr erschreckt fliehen. Und oft jagen ihnen
diese Laster in ihrem Wahnsinn Schrecken vor sich ein. Daher sind einige
von ihnen unwillig. Und weil sie das ihnen zugefügte Unrecht nicht geduldig ertragen wollen, sinnen sie auf Rache. Doch die göttliche Eingebung
mahnt sie, aufzuhören, bis Gott in seiner Gnade dieses Unrecht vertilgt.
Und so lassen sie von ihrem Rachegefühl ab. Und manche andere, die das
Irdische verachtet zu haben schienen, zeigen, daß sie vergeblich derart
ihren Weg durchlaufen, da sie guter Werke bar sind, obzwar sie sich mit
Heuchelei bedecken. Daher lachen sie auch jene Laster aus und treiben mit
ihnen unter großem Spott ihre Spiele. Aber auch manche der übrigen erwähnten Vorsteher, die das Irdische ganz verachtet hätten müssen, erschlaffen vor Überdruß und geben auf dem rechten Weg die eifrige gute
Wachsamkeit auf. In lässiger Müßigkeit sagen sie, daß sie nicht stets mit
den Lastern kämpfen könnten. Daher verlachen sie auch diese Laster. Doch
trotzdem nehmen sie sie weder vollständig an, noch lassen sie sie ganz fahren. Vielmehr sitzen sie so in lauer Nachlässigkeit da. Deshalb sind – wie
offen gezeigt wird – weder Meister noch Kämpfer vor Gott tauglich, weil
sie vor Überdruß bezüglich ihres Heils erschlaffen. Der Sinn <der Worte>
bezieht sich auf euch, o Nacheiferer meines Gewandes.

O geistliche Menschen, ihr sagt, daß ihr gut und recht wandelt; warum
ahmt ihr nicht die Werke des Lammes nach? Es war sanft, gütig, demütig,

keusch, dem Gebot seines Vaters gehorsam und geduldig beim Opfer seines Leibes für euch. Erhebt euch also so, wie euch ursprünglich die mystische Gabe Gottes zur Gemeinschaft mit den Engeln geschaffen hat <plantavit>. Ihr wißt nämlich zuweilen nicht, was ihr tut, und wollt einen Berg ersteigen, den ihr nicht in Besitz nehmen könnt. Daher stürzt ihr auch manchmal ins Tal herab, da ihr beginnt, was ihr nicht vollenden könnt. Ihr seid aber auch in euerm Herzen unruhig und wollt heilig sein, wo keine Verdienste noch Lohn für ein gutes rechtes Werk vorhanden sind. Daher seid ihr wie Fremde, die haben möchten, was sie nicht erhalten können. Erstarkt also, stärkt euer Herz und geht die Wege Gottes. Denn der Lohn wird demjenigen gewährt, der arbeitet, nicht dem, der auf ein Werk sinnt, als ob er es im Spiegel sähe; deshalb täuscht er sich auch in seiner Einschätzung.

277

Der nicht untätig ist <silet>, sondern alles scharf beobachtet, spricht: Wenn ein kluger Mann auf einem hohen Berg eine Stadt nach seinem Wunsch baut, gehört es sich, daß er mit großem Eifer verhütet, daß seine Feinde zum großen Schrecken sein Bauwerk zerstören.

Hört also, ihr Söhne! Bewacht eifrig euer Heiligtum, damit eure Feinde nicht die Gottesstadt in euch vernichten können. Wer in seinem Herzen aus Gottesfurcht rötlich schimmert, weil er seine Sünden angesichts seines Herzens beklagt, der ist ein erprobter Kämpfer und empfängt von Gott folgende Antwort: O teurer Sohn, du gefällst mir gut, und ich freue mich über dich. – Wer aber in seinem Herzen blaß aussieht, da er sagt, er wisse nicht, was er sei oder was seine übrigen Gefährten seien, der ist kein tüchtiger Streiter, sondern verleitet seine Seele zum Überdruß. Und ihm gebe ich folgende Antwort: O Mensch, du weißt nicht, was du sagst. Doch beklage zuerst deine Sünden, und dann reinige deine Brüder, soweit du es vermagst. Und habe Geduld, denn Gott sieht euch alle als Sünder, verschmäht aber trotzdem nicht die Büßenden. Daher lebt in Gott, und ergeht euch in ewiger Glückseligkeit.

280 Ermahnung zur Busse

278 Hildegard an eine Gemeinschaft

Das Lebendige Licht spricht: O Menschen, vernehmt etwas über die Beschaffenheit des Bluts: Die Elemente gaben erbebend Blut von sich um der unverständlichen Verbrechen willen, die sich schamlos wie Blutfluß ergießen. Wehe, wehe diesem Land, das sich so sorglos verhält <dormit> beim Erguß unzüchtigen Blutes, wenn die Tugenden verkauft werden! Und wie der Sohn Davids, der die Sunamiterin begehrte, niedergemetzelt wurde, so daß sich sein Verlangen nicht erfüllte, so gebe dieser Mensch auf, was ihm zu besitzen nicht erlaubt ist, damit er nicht zugrunde gehe. Denn sein Opfer ist wegen seiner Ungerechtigkeit mit Blut bespritzt. Also fliehe er; er fliehe, wenn er gerettet sein möchte.

279 Hildegard an Meister Rad<ulf>

In einer wahren Schau sah ich einen Baum, der in seinen Zweigen viel Grünkraft besaß. Und der Sommer wollte ihm Blüten anheften; doch dieser – von Widerwillen ergriffen – entzog sich dem Blühen ein wenig. Daher sprach der Sommer zu ihm: Ich wollte dir Blüten schenken, aber du wolltest sie nicht. Und der Sommer ließ davon ab.

Doch ich – die Wurzel – sage dir: Hüte dich, wegen zu großer Lehrweisheit und um vieler Beweisgründe dieser Welt willen die feurigen Gaben des Heiligen Geistes zu vernachlässigen. Und du wirst in Ewigkeit leben.

280 Ermahnung zur Buße

O Meister, du bist ganz von der Lehre der Heiligen Schrift erfüllt. Gott, der Schöpfer der Welt, gieße dir den Durst nach Werken der Gerechtigkeit ein, und der lebendige Quell erleuchte dich, indem er dich mit der guten und heiligen Absicht aus dem Wildbach seiner Freude berausche, damit du im Licht des Vaters ebenfalls das Licht schaust, und von der Schau ohne Ende gesättigt wirst, so wie „die Engel Ihn zu sehen verlangen" (1 Petr 1,12).

Ich armseliges weibliches Geschöpf gehorche der Lehre der Meister. Und da ich kaum die Bücher der Heiligen Schrift studiere, fürchte ich mich sehr, das, was ich in meiner Seele ohne alle Empfindung meiner äußeren Sinne im wahren Licht schaue, den Magistern männlichen Geschlechts <persone> zu sagen oder zu schreiben. Dennoch sage ich dir, daß ich in einer wahren Schau sah, daß solche Frauen dem Volk gleichen, das unter dem alten Gesetz steht, in dem sich die Wurzel des Gerechten befand. Doch sie blieb beinahe dürr, weil sie die Lehre des Gottessohnes, die sie weissagend verkündet hatten, nicht ... <befolgten>. So kennen diese Frauen zwar den Glauben, doch Werke des Glaubens wirken sie – da sie im Überfluß <pinguedine> der fleischlichen Begierden leben – noch nicht auf vollkommene Weise. In der Bitterkeit ihres Herzens sollen sie Gott oft anschauen, und man muß ihnen sagen, daß sie nicht „durch den Glauben allein, der ohne Werke tot ist" (Jak 2,17) – wie auch diejenigen, die unter dem alten Gesetz stehen – nach dem belebenden Geist, sondern nach dem tötenden Gesetz eifern. Deshalb muß man gerade die Frauen ermahnen, daß sie die böse Gewohnheit ihrer Sünden, die von schädlicher Lauheit unterhalten wird, ... <aufgeben, und zu den Werken> der Gerechtigkeit eilen, wie „ein Hirsch, der nach den Wasserquellen dürstet" (Ps 41,2) – denn sie erfreuen sich am Geschmack der Sünden wie am Geschmack von Speisen – und zum rechten Wandel ihre Zuflucht nehmen. Und wie jener, der „eine kostbare Perle kaufte, nachdem er alles verkauft hatte" (Mt 13,45), so mögen sich diese zur Erlangung des ewigen Lebens – wenn sie den Wandel, den sie jetzt führen, und der sie nicht retten kann, aufgegeben haben – mit dem geistlichen Kriegsdienst umgürten.

O Magister, Gott mache dich zu einem Spiegel der Heiligkeit, damit du mit Ihm ohne Ende glücklich bleibst.

281 Ermahnung zum Lehren

O Meister der Wissenschaft! Du säst mit dem Geschmack an gutem Wissen die Samen der Gebote Gottes. Nun fliegt dir der Nordwind und die Aufgeblasenheit des pechschwarzen Vogels <des Bösen> entgegen. Doch die Stärke des Herrn zückt abwehrend ihr Schwert gegen ihn, damit das Herz deiner Seele nicht vernichtet wird. Jetzt lege die Waffenrüstung des Sieges an – den Panzer des Glaubens und den Helm der Hoffnung mit dem Beistand des Gottessohnes – und blicke auf die helle Sonne. Wie viele unbeständige Wolken verteilen sich um sie herum, und sie durchdringt alle und zieht hindurch! Und von ihrer blitzenden Helligkeit beginnt das Firmament zu funkeln. Die Sonne aber, welche die ganze Welt erleuchtet und mit der Helligkeit ihres Lichtes alle verschiedenen Wolken durchdringt, bezeichnet die Beständigkeit.

Die verschiedenen Herzen derer, die von dir die Belehrung über die Heilige Schrift vernehmen – seien sie auch eitel oder stolz – tränke – ohne aufzuhören – gutwillig mit den Bächen der Heiligen Schrift, und ahme darin den Herrn Jesus Christus nach, der es nicht verschmähte, Zöllnern und Sündern die Worte des Lebens zu Gehör zu bringen, damit sie Kinder der Kirche und Erben des Reiches würden.

So sind auch viele von denen, die dich, o Meister, in brennendem Eifer anhörten, von deinen Worten durch die Gnade Gottes bestärkt und gefestigt worden. Und darum höre nicht auf, in lauterer Liebe, die einer saphirfarbenen Wolke gleicht und durch unbeständige Sitten nicht verdunkelt werden kann, dies zu tun. Bei der Ausführung dieser Arbeit steige auf den Myrrhenberg, und sammle dort die Heilkräuter der Tugenden in dir, damit diejenigen Menschen durch die Beispiele guter Werke und ganz heiliger Tugenden, die du dort dank der Gnade Gottes betätigst, erbaut werden, die auch von den Bächen der Wissenschaft durchtränkt sind.

Der Myrrhenberg bezeichnet nämlich heftige Kämpfe, in denen du durch den Hauch des Lebens – das heißt die Seele – gegen das Fleisch streiten mußt. Denn diese verlangt nach Gott und unterdrückt – soweit Gottes Beistand zum Zuge kommt – die Begierden des Fleisches. Daher sammle mit großem Eifer in dir die Blumen der heiligen Tugenden und der guten Werke, und sehne dich, in vollkommener Erfüllung der Gebote Gottes zu wandeln. Und durch den Geschmack am guten Wissen seufze in besonderer „Süßigkeit der Liebe" (vgl. RB Prol. 49) mit gedemütigtem Herzen zu Gott auf, damit du sagen kannst: „Ich schrie zum Herrn mit meiner Stimme, und Er erhörte mich von seinem heiligen Berg aus" (Ps 3,5). Das mußt du so verstehen: Mit der Stimme meiner vernunftbegabten Seele, die Gott als Lebenshauch in mich gesandt hat und durch die ich meinen Gott kenne und verstehe, rief ich zu Ihm, mir Bedauern über die Trägheit des Fleisches einzuhauchen, damit ich verdiene, seiner Güte mit Herz und Hand <opere> zu gefallen, so daß mein Fleisch nicht nach meiner Natur, sondern gemäß der Seele wirke. Und Er erhörte mich von seinem heiligen Berg her, weil Er mir Flehenden Geschmack an den Tugenden und an vollkommenen heiligen Werken von seinem Berg her einflößte <concessit>. Denn Er selbst ist ja Gott ohne einen Keim des Lasters und lebt ohne Widerwillen gegen irgendeine Begrenzung. Kein vernunftbegabtes Wesen vermag Ihn nämlich durch irgendeinen Aufstieg zu erfassen. Daher sagt auch Paulus: „O Größe des Reichtums, der Weisheit und der Erkenntnis Gottes" (Röm 11,33)! Das ist so zu verstehen: Der Reichtum der Weisheit und der Erkenntnis Gottes besteht in so großer Fülle, daß keine im Anfang begriffene Kenntnis Ihn zu begrenzen vermag. Und in Ihm gibt es keine Vergeblichkeit oder Verlust, sondern Er blüht und grünt stets in stärkster Kraft und in höchstem Eifer. Daher vermögen sich weder Engel noch Menschen an seiner Wonne vollständig zu sättigen. Denn die Weisheit und Erkenntnis Gottes ist so beschaffen, weil die Gottheit allen Anfangs entbehrt und ohne die Eitelkeit der Lüge in gleichbleibender Weisheit besteht. Die Weisheit Gottes findet nämlich Geschmack daran, zu wissen, daß Er die Fähigkeit besitzt, alles zu tun und zu lenken. Das kann keines der Geschöpfe, weil sie veränderlich sind, beurteilen. So kann nichts, was einen Anfang hat und sich wandelt, die Fülle der Erkenntnis Gottes erfassen; und daher sind auch „seine Urteile unbegreiflich, und unerforschlich seine Wege" (Röm 11,33), weil niemand aufzählen noch unterscheiden kann, wie sie beschaffen sind.

Nun aber erfülle der Heilige Geist deine Seele mit den heiligen Tugenden und guten Werken „zum Lob und Ruhm seines Namens" (vgl. Meßkanon; Eph 1,12 u.a.) und zu deinem und seiner Gläubigen Heil. Auch dein geliebter Freund G., der mich demütigen Herzens Mutter nennt und es nicht verschmäht, in kindlicher Ergebenheit Sorge zu tragen, hat uns angezeigt, daß du in der Liebe Christi bei uns Anteil an unseren Gebeten zu erhalten verlangst. Daher bitten wir zuerst, daß ich im Namen unseres Herrn und Gottes verdienen möchte, deiner Gebete und alles Guten, das du kraft der Gnade des Heiligen Geistes wirkst, teilhaftig zu werden. Und auch wir Armseligen wünschen und gewähren dir aus ganzem Herzen in eifriger Liebe, daß der Heilige Geist dir Anteil und Gemeinschaft an allem Guten schenke, das mit Hilfe seiner Gnade auf irgendeine Weise bei uns geschieht, so daß der allmächtige Gott sich würdige, uns zusammen nach dem Ende dieses vergänglichen Lebens mit Freude in die unbegrenzte Herrlichkeit des unvergänglichen Lebens aufzunehmen.

282 Hildegard an den Priester Eberold

Wenn irgendein Mensch einen Sandhügel aufhäuft und über ihm ohne Fundament und kräftige Steine eine Hütte baut, müht er sich vergebens, weil sie zusammenstürzt. Vielmehr baue er auf ebener Erde und mit starken Steinen, und sie wird sicher stehen.

Das wird von den Gaben, nach denen du fragst, gesagt. Der Heilige Geist hat ihm noch nicht eingegeben, beschaulich zu leben. Daher führe er ein tätiges Leben mit Enthaltsamkeit, Almosen und Gebeten im Ordensgewand. Und das tue er in der Einsamkeit seines ererbten Eigentums, und er wird bei Gott Gnade finden.

283 Hildegard an den Priester Eberold

Schau sorgsamer, auf welchem Weg du gehst, weil dein Herz wie ein Acker ist, der es nicht ertragen kann, kräftig mit dem Pflug aufgebrochen zu werden. Doch es hilft dir, daß du auf ebenen Wegen zum Opfer an den Altar Gottes trittst. Nun sieh, daß ein Schaf, das zum Altar geführt wird, den Strick nicht zerreißen darf, wenn es einen ungewohnten <alienam> Weg erblickt. Denn alle unrechten Wege müssen hier oder in der künftigen Welt gesühnt werden.

284 Hildegard an einen Priester

Bei einer wahren Schau hörte ich folgende Worte: O Sohn Gottes, du bist
nützlich wie Gärten und beweglich wie Mühlen, wie jener Hirt, der seine
Herde so weidet, daß kein Wolf kommt und seine Schafe zerstreut und
raubt. Und auch dieser Hirt spricht: Diese Arbeit bringt mich um die
Wärme der Sonne, so daß sie mir zu gering vorkommt. – Und so will er
sich von den Schafen trennen. Doch der Herr sagt zu ihm: Warum willst
du meine Schafe verlassen, da dir kein Räuber auflauert? Wenn aber ein
räuberischer Abtrünniger aus dem Hinterhalt alles stiehlt und zugrunde
richtet, ist der Hirt vor Gott nicht strafbar, wenn er von den Schafen weg-
geht, weil er keine Hilfe hat.

Dir aber setzen manche launenhaften und schlimmen Gewohnheiten
zu wie ein heftiger, ruheloser Wasserfall. Schau also auf die helle Sonne
und lerne ihre Sanftmut kennen. Denn Gott fordert gute Werke von dir
und will deine Seele besitzen.

285

Im hellen Licht schaute und hörte ich folgende Worte: Die heiligen Gefäße
im Zelt des Herrn waren bei der ersten Offenbarung des Gesetzes dicht
neben dem <Opfer>fleisch aufgestellt. Danach vollendete Gott das Vorbild
der Heiligkeit durch einen Widder, wie der Tau vom Himmel auf das Gras
fällt, weil alle geistliche Grünkraft so beschaffen ist. Der Mensch erscheint
in einer Gestalt, und man hört seine Worte wegen der Einhauchung der
Seele. Durch die Beschneidung des Fleisches verwirrte Gott die Schlange;
und später heiligte Er alles in sich selbst.

Dies vernimm, o Priester, so daß in dir Keuschheit und Enthaltsamkeit
herrschen. Denn der Prophet spricht zu euch: „Wer sind diese, die wie
Wolken dahinfliegen, und wie Tauben zu ihren Schlägen" (Jes 60,8)? Gott
aber hat zuerst die Beschneidung am Fleisch aufgezeigt und später durch
den Heiligen Geist die Gerechtigkeit geschaffen.

Dein Herz ist nämlich von einer Last niedergedrückt, während du auch mehr ersehnst, als durch deine Werke nach Ihm zu verlangen. Nun blicke zum wahren Licht auf, und trage zuversichtlich mit Gott die eiserne Rute in deiner Hand.

286 Hildegard an den Priester Reginbert

Gott hat dazu einen Weg angelegt, daß die Menschen auf ihm gehen. Doch zwei Männer standen auf einem Weg, und einer sprach zum andern: Ich laufe ebenso gern auf Straßen wie auf einem Weg. Und der andere sagte: Der Meinung bin ich auch. – Und danach blickte er auf die Dornen und Disteln zurück und sehnte sich nach ihnen. Und der Herr sprach zu ihnen: Die da mögen mich nicht, noch wollen sie unter meinem Banner kämpfen. Deshalb haben sie sich von mir getrennt.

Da kamen von Osten gut mit Waffen ausgerüstete Soldaten und sagten: Wir wollen auf diesem Weg gehen. – Und der Herr gab ihnen die Flügel eines gewissen Erfinders, und ein Cherubim blickte sie mit seinen Augen an. Und sie strahlten von seinem Licht wider und wurden von dem Licht so stark, daß sie sich am Kampf nicht sättigen konnten. Die andern Männer aber waren in kurzer Zeit erschöpft, und so gingen sie zugrunde, weil sie nicht mit der Speise des Lebens genährt wurden.

Jetzt, o teurer Sohn, schau auf diese kämpfenden Soldaten, damit du in irgendeiner Beziehung zu ihnen gehörst. Und du wirst in Ewigkeit leben.

287 Aus einem Schreiben der seligen Jungfrau Hildegard über die Gründe, aus denen sich die Menschen mit den betrügerischen Listen des Teufels einlassen

In einer wahren Schau sah ich folgendes über die Ursachen, nach denen ihr fragt, und über den Nachsteller von teuflischer List, durch die dieser viele Menschen mit seinen Einflüsterungen verwirrt. Weil sich der Teufel näm-lich beim ersten Aufkommen täuschenden Betrugs bei den Menschen wegen ihrer Sünden einfindet, betrachtet er daher alle Menschen von Kopf bis Fuß, ob sie mit ihm übereinstimmen oder ihm eine Absage erteilen. Und wenn sie ihm zustimmen, eilt er zu ihnen. Wenden sie sich aber von ihm ab, flieht er vor ihnen. Er untersucht sie auch genau – wie ein Töpfer seine irdenen Gefäße – und achtet darauf, wie sie ihm gefallen. Und da die-ser Nachsteller beim ersten Entstehen der Begierde bei ihren Sünden zu-gegen war, weicht er niemals von ihnen. Denn er sagt, sie seien durch sein Bemühen entstanden. So suchen manche Menschen große verderbliche Leiden heim, nämlich <überflüssiges> Blut, Melancholie und Phlegma <gestörter Säftehaushalt>. Die zu viel Blut besitzen, geraten plötzlich in Verwirrung und werden schnell zornig, und sie schreien und heulen oft in Raserei, weil ihnen die Ausgeburten der teuflischen Künste begegnen. Und daher glauben sie auch, diese zu sich sprechen zu hören, und doch sind sie nicht in ihnen. Und daher widersagen sie Gott nicht ganz, sondern reden liebevoll von Gott und seufzen nach Ihm. Hat aber der böse Geist das Zelt des Leibes irgendeines Menschen in Besitz genommen, nennt jener ihn nicht gläubig Gott, sondern wegen der Beschwörung spricht er manchmal Irriges über Gott.

Viele Sanguiniker meinen nämlich, sie seien besessen, und sie sind es nicht; denn wenn sie besessen wären, würden sie schnell befreit, weil der Teufel zuweilen durch Beschwörungen, Gebete und Fasten ausgetrieben wird. Gleichwohl weinen und klagen die Sanguiniker auch manchmal und seufzen; doch als Besessene sind sie immer hart und rauh und tun nicht gern, was andere ihnen auftragen, sondern machen, was sie selbst wollen.

Die aber an Melancholie leiden <abundant>, sind nicht wahnsinnig, doch häufig ereilen sie viele böse Gedanken, die Gott zuwider sind, und das halten sie gleichsam für eine Beschwerde und für todernst, und daher flieht der Teufel vor ihnen. Doch die Menschen sagen, sie seien besessen, und sie sind es nicht. Und wenn sie unter dieser Unannehmlichkeit aushalten, sind sie Märtyrer.

Die jedoch an Phlegma leiden, halten sich immer für schwerkrank und haben guten Willen; der Teufel jedoch freut sich über all diese Leiden, weil sie Qual erdulden. Er kann ihnen aber nicht mehr schaden, als Gott es zuläßt, weil dies alles im Ermessen Gottes liegt. Wer sich nämlich ohne Vertrauen auf die Hilfe Gottes dem Teufel zuneigt, dem gestattet es Gott zuweilen, das zu tun, je nachdem er die Ratschläge des Teufels annimmt.

Und aus den erwähnten Gründen müssen wir mit unsern Gebeten zu Gott eilen, an welchem Ort auch immer sich der derart heimgesuchte Mensch aufhält.

288 Desgleichen, wie zu verstehen ist: „Baut nicht der Herr das Haus...", und von der dreifachen Schlachtreihe der Hochmutsgeister

„Baut nicht der Herr das Haus, so mühen sich umsonst, die es bauen" (Ps 127,1). Das heißt: Alle die mit Stolz Dienst leisten, mühen sich vergebens, und ihr Bauwerk muß vernichtet werden, weil „sie sich vor dem Tageslicht erheben" (Ps 127,2) wollen, was eine große Eitelkeit ist. Sie wollen nämlich den Tag des Heils schauen, bevor sie den Lohn für ihre Werke erhalten. Daher sind alle ihre Werke ohne das Licht der Weisheit finster <noctialia>, wie auch ein Mensch sich über einen Sohn freut, den er noch nicht gesehen hat, und ihm das Erbe zuteilt, bevor er geboren ist und noch nicht als Leibesfrucht in Erscheinung tritt. Und deshalb ist diese Anerkennung nichtig.

Bei diesem Dienst des Hochmuts aber helfen drei Schlachtreihen böser feuriger Geister. Die erste Schlachtreihe hat eine so große gottlose Kraft, daß sie kein Bauwerk Gottes gern sieht <amat> und alles Heil, das Er in der ganzen Schöpfung – die der Mensch darstellt – geschaffen hat, leugnet. Vielmehr will sie diese so haben, um alle Dinge für sich zu gewinnen. Und sie brennt in unauslöschlichem Feuer und ist von allem Guten getrennt, weil sie Gott – so wie Er ist – ablehnt und alle seine Werke haßt. Doch zerstören kann sie sie trotzdem nicht. Und sie will nichts von Gott wissen, sondern alles, was in Gott lebt, ohne Haupt haben, weil sie nicht gern sieht, daß Gott alles, wie es ist, geschaffen hat. Sie zerreißt die Herzen der Menschen, und das ist der Beginn des Hochmuts.

Die zweite Schlachtreihe aber ist eitel, und das heißt, daß sie sich bei gewissen passenden Anlässen gleichsam mit den Menschen verbündet und sie dadurch so täuscht, daß sie zu besitzen meinen, was sie nicht haben, und so zu sich sprechen: Du bist klüger als jener Weise und tüchtiger als jener Rechtschaffene, und dein Reichtum ist nutzbringender als der Reichtum jenes Menschen; daher schau nicht auf einen andern, d. h. wer der und der ist, sondern sieh auf dich, und tu, was du kannst, damit du deine Angelegenheit nicht töricht betreibst und nicht zugrunde geht, was du in dir hast. Und diese Schlachtreihe bringt die Menschen davon ab, an Gott zu glauben. Vielmehr sollen sie bezweifeln, daß Er sie durch seine Gnade von den verschiedenen Qualen befreien kann, da doch der Mensch mit den beiden Flügeln des Glaubens und der Hoffnung voller Freude zu Gott fliegen darf. Von diesen Menschen aber sind manche nicht unzüchtig, und die bösen Geister setzen ihnen durch den unruhigen Geist wie Fliegen zu. Andere jedoch entflammen sie durch unzüchtige Handlungen, und mit ihnen eilt der Stolz infolge seiner Begierden herbei.

Doch das Werk der drei Schlachtreihen bedeutet großes Unheil für gute, gerechte und heilige Menschen, die unter vielerlei Bemühungen im Dienst Gottes leben und sich darüber mehr rühmen, als ihre Verdienste <es> wert sind. Und sie wollen das so haben und verachten die andern. Von ihnen gehen viele verloren, viele werden auch gerade noch befreit. Und darüber freuen sich die bösen Geister. Die Herzen der Menschen werden auch so von Habsucht beunruhigt, daß ihnen nicht genügt, was sie besitzen. Und aus dieser Habsüchtigkeit entsteht ein Mord, indem sie den Menschen ihr Vermögen entreißen. Auch auf andere Weise begehen sie Morde, d. h. sie vernichten deren guten Verdienste. Und die dritte Art ist, daß sie den Leib des Menschen töten. Diese Geister stellen die Wege des

Hochmuts dar. Mit ihnen geht er im gleichen Schritt, weil er sich das Böse erwählt und das Gute aufgibt.

O teurer Sohn Gottes! Laß dich nicht durch deine Sitten und Werke in der ersten und letzten Schlachtreihe antreffen; achte vielmehr auf die mittlere, damit du dich nicht durch das Einvernehmen mit anderen törichten Menschen mit jenen vereinigst. Umgürte dich aber mit dem Gurt der Liebe, so daß du alle Geschöpfe <instrumenta> Gottes liebst, nämlich die Er mit den Engeln in den Himmel versetzt, und die Er auf Erden mit den Menschen erschaffen hat. Ihn ehre in jedem Teil seiner Schöpfung, damit du Ihm nicht ein Fremder bist, als ob du Ihn nicht kennen würdest. Und wenn du das tust, wirst du zur Helligkeit jenes Turmes gelangen, den die Demut erbaut hat, und so in Ewigkeit leben.

289 Das Vermächtnis der Gesetzgebung <des alten Bundes> an den <Dienst im> Geist

Im Lebendigen Licht hatte ich eine Vision und vernahm folgende Worte an dich: Gott gab dem Menschen ein Gebot und schrieb Abel wohlwollend vor, Opfer darzubringen. Und durch Noe schuf Er die Heiligung, schrieb durch Mose das Gesetz auf und befahl Fleischopfer, wie auch Abel Fleisch opferte. Und das dauerte bis zum Hohenpriester, der in einer fremden Natur ohne Sünde die Menschheit annahm, und auch das Gesetz von fleischlichen Opfern befreite <purgans> und durch sich selbst heiligte, wie Er „Wasser in Wein" (Joh 2,9) verwandelte. Aus Ihm fließt auch Wasser, mit dem Er die Sünder durch die Buße abwäscht, wie das Gesetz vom Fleischlichen in Geistiges verwandelt wurde.

„Du aber bist Priester nach der Ordnung Melchisedeks" (Ps 110,4; Hebr 7,17), und darfst nach der Vergebung der Sünden dem höchsten Gott opfern, weil kein Priester diesem Opfer etwas <anderes> hinzufügen kann, als was die höchste Gottheit dort durch ihren Sohn wirkt, wie sie durch David spricht: „Der Herr hat geschworen, und es wird Ihn nicht gereuen: Du bist Priester nach der Ordnung Melchisedeks" (Ps 110,4). Das bedeutet, daß bei seinem Sohn keine Veränderung wie unter dem alten

Gesetz nötig war, weil Er ganz rein und heilig war. Beim Menschen aber findet deshalb immer eine Verwandlung statt, weil derjenige, der jetzt ein Sünder ist, durch Buße sofort ein anderer Mensch sein kann. Wenn sich daher der Priester von fleischlichen Sünden reinigt, darf er dem höchsten Gott am Altar dienen – weil dieser Meister über das Gesetz ist – und darf die Menschen von Sünden reinigen. Und so darf ein jeder Priester das priesterliche Amt ausüben, indem er die Geburt und alle Leiden, die Christus um unsretwillen an seinem Leib erduldet hat, vergegenwärtigt. Und das werden sie bis zum letzten Menschen tun, weil auch er – wie Christus „vor dem Morgenstern" (Ps 109,3) vom Vater gezeugt – auf diese Weise ein Mensch jungfräulicher Natur geworden ist.

Jetzt lasse Er dich, von dem du Priester genannt wirst, in seinem Feuer brennen, so daß du immer nach seiner Gerechtigkeit hungerst.

290 Über die Bedeutung einer Hütte

In einer wahren Schau sah ich eine aus marmornen Mauern erbaute Hütte, deren Balken aus Zypressenholz waren und einen mit Myrrhenduft vermengten Wohlgeruch ausströmten. Und der silberne, mit Rubinfarbe vermengte Anstrich dieser Hütte strahlte, und ihr Dach war ein glänzendweißer blanker Stein und funkelte wie ein Helm. Sieben Fenster aber sah man an ihr, nämlich zwei nach Osten gerichtet, zwei nach Norden und zwei nach Süden; gegen Westen jedoch eins. Und an der Südwand hatte sie eine Tür aus <dem Holz> einer Libanonzeder, und ihr Fundament war stahlfest.

Die Mauern dieser Hütte bezeichnen die gute und heilige Absicht des Menschen, die sich nie an der Süßigkeit Gottes sättigen kann. Und unter den Balken versteht man die Seufzer seines Herzens, durch die er unter der lästigen Gewöhnung an Sünden, die er wie Moder von sich wirft, nach Gott und dem Himmlischen verlangt. Der Anstrich aber sind die Tränen, die dieser Mensch im Gebet – in der vom Heiligen Geist bewirkten Zerknirschung – unter trauriger Anrufung seines Herrn und Erlösers vergießt <exsudat>. So wird auch aus gewöhnlichem Erz das Silber ausgeschmolzen. Das Dach aber versinnbildlicht den reinen Glauben, durch den der Mensch angesichts des strahlenden wahren Lichts Gott wie im Spiegel schaut und umfängt; und in ihm widersteht er tapfer den Pfeilen der ersten Verführung. Die nach Osten schauenden Fenster bezeichnen nämlich die Keuschheit, welche die heilige Gottheit in der Menschheit Jesu Christi eingepflanzt hat. Sie schlug Wurzeln im Geschlecht der Vorväter, die der Heilige Geist erfüllte, damit sie die Stimme erhöben und nach der Erlösung der Menschen verlangten, die durch jene Jungfrau kommen sollte, die sich nach dem Fall der ersten Frau wie eine Kämpferin zur Befreiung erhob. Und die Fenster gegen Norden <deuten auf> die Enthaltung von Sünden, die das Ohr der Jungfräulichkeit ist, weil sich oft ein sündiger Mensch wegen des Rufs der Jungfräulichkeit der Sünden enthält und durch das nachahmenswerte Beispiel der Jungfräulichkeit davon abläßt, wie es bei Maria Magdalena geschah. Dagegen versteht man unter dem nach Westen gerichteten Fenster die Scham des Büßers, die er über seine Sünden empfindet. Danach bedeckt er seine Augen vor aller Unflätigkeit, rechnet mit dem Untergang der Welt, in der er gesündigt hatte, und verläßt wie eine Taube, die ihren Gefährten verloren hat und keinen andern sucht, die weltlichen Geschäfte, die er unter Sünden betrieben hatte. Die nach Süden schauenden Fenster <bezeichnen> die stärksten Tugendkräfte, die unter dem Siegesbanner des Königs die blasphemischen Täuschungen des Teufels im Kampf gegen fleischliche und geistige Laster niedertreten. Die Tür dieser Hütte öffnet und schließt sich auch gegen Süden. Sie versinnbildlicht den Menschen, der – indem er wegen seines Eigenwillens sündigt – herausgeht, und sich durch das Ablassen von den Sünden wieder einschließt. Das stahlfeste Fundament bedeutet auch, daß all dies in Gottesfurcht geschehen soll, weil der Mensch, der Gott fürchtet, Ihn auch in Liebe umarmt. Er hütet sich, Ihn zu beleidigen, weil er an Ihm wie ein Sohn am Vater hängt.

O Mensch, der du beim Anblick des wahren Lichts glücklich bist, trachte danach, unter der Begleitung eines mit der Jungfräulichkeit Vertrauten <auriculae virginitatis> zu leben. Sie besiegt den Nordwind und bedeckt das Auge ihres Bewußtseins, das den Untergang der Welt beobachtet, damit du durch den Sieg des himmlischen Königs alle Laster niedertrittst und überwindest. Trage auch siegreich sein Banner wie ein erprobter Soldat, der die andern zum Aufbruch kommandiert. Denn Gott liebt dich wie ein Vater seinen geliebten Sohn, den er mit der Rute schlägt, damit er seiner nicht vergesse.

291 Über die diskrete Buße, die vom Priester aufzuerlegen ist

O Priester, der du Christi Stelle vertrittst, höre! Ich armseliges Geschöpf stehe unter dem Gehorsam meiner Meister und habe trotz unermüdlicher Buße nicht die Vollmacht, Sünden nachzulassen. Doch du erfülle das, was zu deinem Dienst gehört, mit Hilfe des Hohenpriesters, d. h. des Herrn Jesus Christus, und der heiligen Väter, die von der Eingebung des Heiligen Geistes belehrt wurden, Sünden zu erlassen und mit dem Öl der Barmherzigkeit zu salben. Du aber ahme den „Samariter nach, der den verwundeten Menschen mit Wein und Öl pflegte und seinem Wirt anvertraute, dem er zwei Denare gab und versprach, zu bezahlen, was er darüber hinaus aufwenden würde" (Lk 10,33–35). Diese zwei Denare aber bedeuten, daß die Sünden der Menschen durch den priesterlichen Dienst nach der Lehre der beiden Testamente mit dem Wein der Buße und dem Öl der Barmherzigkeit behandelt werden müssen. Und daß er versprach, zu bezahlen, was er darüber hinaus aufwenden würde, zeigt an, daß der Priester die Gebrechlichkeit des menschlichen Lebens beachten und die Möglichkeit eines jeden Sünders sorgsam in Betracht ziehen soll. Er trachte nicht danach, sie gemäß der Strenge des Gesetzes zu tadeln, sondern wäge die Aufbürdung der Buße ab und erlege einem jeden auf, was er als erträglich für ihn erkennt und für nützlich hält.

Rufe dir immer den Hirten in Erinnerung, der die bekehrten Sünder, die trotzdem zu Ihm kamen – obgleich die Pharisäer es rügten und murrten – niemals von sich aus grob tadelte, sondern besorgt war, sie immer sanftmütig aufzunehmen. Und Er würdigte sich, das verlorene und kranke Schaf, das er eifrig gesucht und unter viel Mühe gefunden hatte, auf seine heiligen Schultern zu nehmen und zur Herde zurückzutragen. Das beachte und ahme es nach, inwieweit du es vermagst. Und denke daran, diese Frauen und alle möglichen Sünder, die Rat von dir erbitten, in derselben Barmherzigkeit aus Gottesfurcht und -liebe auf die von den Vätern festgesetzte Weise zu behandeln. O Priester, der Heilige Geist lehre dich, dein Amt eifrig als getreuer Knecht auszuüben, damit du künftig von Ihm über viele Güter gesetzt wirst.

292 Die Vision über den Widder, und was sie bedeutet

Über das priesterliche Amt, das durch den ersten Priester – Melchisedek – im Schatten der Wundertaten Gottes offenbart wurde, und vor ihm den Menschen verborgen war, weil sie es wegen ihrer Verweichlichung nicht fassen konnten, zeigte mir Gott folgendes: Ich schaute eine Wolke, rötlich schimmernd wie das Morgenrot, und in ihr einen in den Dornen hängenden Widder, der wie der Widder, der anstelle des Sohnes Abrahams geopfert wurde, festhing. Seine wie aus Saphir bestehenden Hörner strahlten im Glanz von Topas wider, und sein ganzer Körper schien einer glänzendweißen Wolke zu gleichen. Dieser Widder bezeichnet Jesus Christus, den Sohn des lebendigen Gottes, der ohne Beimischung jeglicher Unreinheit blendendweiß aus der jungfräulichen Natur geboren wurde. Seine Hörner aus Saphir versinnbildlichen seine liebliche, mit Ihm gleich ewige Herrlichkeit, in der Er in wahrer Demut die Menschheit annahm, um den verlorenen Menschen zu befreien. Vom Heiligen Geist empfangen, ging Er – als Gott und Mensch geboren – aus der Jungfrau Maria hervor; das drückt der Glanz des Topas, der von den Hörnern aus Saphir widerstrahlte, aus. Die Wolke aber, die rötlich wie Morgenrot schimmerte, bezeichnet die Engelschar, die dem Sakrament des Leibes und Blutes Jesu Christi dient. Das geschieht in der Kraft des Höchsten, die Maria vor aller Leidenschaft menschlicher Begierde beschützte, als sie den Gottessohn vom Heiligen Geist empfing. Das deutet – wie schon gesagt – der in den Dornen hängende Widder an. Die Dornen aber versinnbildlichen die Nägel, mit denen sein Leib ans Kreuz geheftet, und die Lanze, mit der seine Seite durchbohrt wurde, und die Heftigkeit seines ganzen Leidens, das Er als geduldiges und sanftes Lamm für unsere Sünden erduldet hat. Das Schaf erweist sich nämlich vor allen Tieren geduldig, demütig, sanft und rein. Daher hat auch Gott den ersten Menschen, die sich durch den Ungehorsam von der Herrlichkeit, mit der sie bekleidet waren, entblößt hatten, Fellkleidung, nämlich Schafsfelle als Gewand erteilt, die Eigenschaften des Schafes der Schlauheit der alten Schlange gegenübergestellt, und sie mit einem solchen Kleid bedeckt, damit sie nicht nackt aus dem Paradies auszögen.

Der ewige Gott selbst besaß nämlich in seinem <Vorher>wissen von Ewigkeit her ein Gewand, d. h. die Menschheit seines Sohnes, nach dessen Bild Er den Menschen schuf. So bezeugt auch Mose, daß er zum Bild und Gleichnis Gottes geschaffen sei, und daß Gott den getäuschten Menschen rief und ihn mit solch einem Gewand bekleidete. Dadurch zeigte Er, daß das Wort – sein einziger Sohn – Ihm gleich ewig sein sollte, um zu suchen und zu befreien, indem Er es aus einer jungfräulichen Natur heraus die Menschheit annehmen ließ, wie ein Schaf geduldig, demütig, sanft und rein ohne den Makel irgendeiner Ansteckung. Johannes der Täufer und die übrigen Propheten verstehen nämlich im Heiligen Geist dasselbe und nennen Ihn sehr oft Lamm oder Schaf. Denn er ist das unbefleckte Lamm und „schöner als alle Menschenkinder" (Ps 45,3). Nicht aus männlichem Samen, sondern vom Heiligen Geist durch die Kraft des Allerhöchsten aus dem Fleisch der Jungfrau Maria, die vom Tau des Heiligen Geistes vor aller Hitze der Begierde geschützt wurde, erwuchs das Fleisch. Und aus diesem Schoß der Jungfrau ging Er als Gottmensch hervor. In derselben Kraft des allerhöchsten Gottes jedoch wird die Opfergabe von Brot, Wein und Wasser in Fleisch und Blut des Erlösers, das Er von der Jungfrau Maria annahm, bei den Worten des Priesters verwandelt. So verwandelt sich auch Holz durch die Hitze des Feuers in glühende Kohle. Denn durch dieses Sakrament des Leibes und Blutes Jesu Christi, der das lebendige Brot ist – wie Er selbst bezeugt – werden die Seelen derer, die erlöst werden sollen, erquickt.

Daher, ihr Priester, die ihr für den Tisch des Herrn eingesetzt seid, bereitet euch zum Opfer des gemästeten Kalbes, dem jede Magerheit der Sünden fehlt, und legt euch den Panzer des wahren Glaubens und den Schild der Hoffnung auf das ewige Leben an, und umschließt euern Hals mit der Stola der Beachtung von Gottes Geboten, damit ihr Ihm angemessen dienen könnt. Ihr seid nämlich die Boten des Herrn der Heere; denn wie bei den Worten des Engels Gabriel Gott aus der Jungfrau Maria Fleisch wurde, damit durch seine Geburt, sein Leiden und seine Himmelfahrt der verlorene Mensch befreit und gerettet werden konnte, so entsteht bei euern Worten derselbe Leib und dasselbe Blut dieses Gottessohnes bei der Vergegenwärtigung seiner Geburt, seines Leidens, seiner Auferstehung und seiner Himmelfahrt, zum Heil für euch und alle lebenden und verstorbenen Gläubigen. Eilt also in Freude frohen Herzens zum Dienst des unbefleckten Lammes, weil euch und den andern Gläubigen viel Heil daraus erwächst, wenn durch die Meßfeier die Sünden nachgelassen, die Seelen befreit und viele Gefahren für Seele und Leib verscheucht werden. Die Heiligkeit dieses Sakramentes aber ist für uns unsichtbar, wie wir auch Gott und jedes körperlose Geschöpf nicht sehen können. Vielmehr wird von ihr unsere Seele und der Leib durch die Sündenvergebung geheiligt und unsichtbar erquickt.

Geschieht aber bezüglich der Aufbewahrung des Leibes des Herrn etwas Unwürdiges, oder man sieht, daß er vermodert oder von irgendeinem Tier angenagt oder verzehrt wird, so geschieht das nur am sichtbaren Sakrament oder nur an der äußeren Gestalt, während Kraft und Gnade dieses Sakraments von Gott unbefleckt und unverdorben bewahrt werden. Wenn der Priester Gottes Worte wiederholt, wird der Leib des fleischgewordenen Wortes Gottes wieder gegenwärtig, durch das alle Geschöpfe in Erscheinung traten, die früher nicht zu sehen waren; und Es wurde auch aus der Jungfrau Maria gleichsam im Moment eines Augenblicks Fleisch, als sie in Demut sprach: „Siehe, ich bin die Magd des Herrn" (Lk 1,38). Und das Fleisch dieses Wortes Gottes erblüht bei den Worten des Priesters und bleibt verwandeltes Fleisch. Der Herr Jesus Christus hatte noch nicht gelitten, als Er diese Worte sprach und seinen Jüngern vorausverkündete, daß Er leiden, und sein Blut zur Reinigung von Sünden vergossen werden müsse. Das konnte durch kein Fleisch vor Ihm geschehen, sondern durch sein Fleisch, das ohne Sündenbefleckung aus dem göttlichen Feuer des Vaters ins Leben tritt. Bei den Worten des Priesters jedoch, die einzeln über beide Opfer<gaben> gesprochen werden, wird auch einzeln durch die Kraft des Allerhöchsten wie im Moment eines Augenblicks das Sakrament des Leibes und Blutes Jesu Christi. Aus dem richtig <rationabiliter> vollzogenen Altardienst erwächst für Lebende und Verstorbene viel Sündennachlaß. Fehlen aber aus Nachlässigkeit Wein und Wasser, oder ist dort nur Wasser vorhanden, entsteht bei den besagten Worten der Leib des Herrn, ohne Blut in sich zu haben. Im Kelch aber entsteht kein Blut, wie es bei seinem Leiden vergossen wurde, weil Wein und Wasser fehlten, oder nur Wasser da war.

Daher müssen diese heiligen Worte und Zeichen nochmals wiederholt werden, weil die Aufopferung von Wein und Wasser versäumt wurde. Und sofort wird aus Wasser und Wein kein trockenes, sondern frisches und flüssiges Blut, während der Leib gleichwohl so bleibt, wie er durch die vorher gesagten Worte geworden ist; doch wird er mit dem Blut, das vorher fehlte, und mit der Freude über die Erlösung, durch die der Mensch befreit wurde, ausgestattet.

Dieses mir im wahren Licht Gezeigte habe ich dir, Sohn Gottes, geschrieben, damit du ein Priester Gottes mit frohem Mut wirst. Und der Heilige Geist bewirke, daß du in wahrer Demut, Geduld und Sanftmut das Lamm Gottes nachahmst und dich von den täglichen Sünden, die nicht zu vermeiden sind, durch aufrichtige Buße reinigst. So bewahre dich der allmächtige Gott vor der Bürde der Vergehen, die wie bei einem Gastmahl begangen werden, damit du Ihm in Reinheit dienst, solange du lebst, um dich nach dem Ende dieses Lebens in höchster Glückseligkeit ewig mit Ihm zu freuen.

293 Wie Trugbilder verscheucht werden sollen

O Diener Gottes, du bist mit der Amtswürde Christi geschmückt. Ängstige dich nicht vor der Belästigung, mit der du im Schlaf in Schrecken versetzt wirst. Sie entsteht in dir auch aus der Verbindung der Melancholie mit deiner in Bewegung geratenen Blutflüssigkeit. Daher ist dein Schlaf tief und deine Traumbilder entsprechen sehr oft nicht der Wirklichkeit. Denn wenn auch der alte Betrüger deine Sinne nicht verletzt, so verwirrt er dich doch durch seine Täuschung damit. Du wirst jedoch auf Anordnung Gottes durch so eine Bedrängnis gezüchtigt, damit durch diese Furcht die fleischliche Begierde in dir unterdrückt wird. In jeder Nacht lese in frommer Absicht das mit der Hand an dein Herz gedrückte Evangelium<swort>: „Im Anfang war das Wort" (Joh 1,1), und sprich danach folgende Worte: Herr, allmächtiger Gott, du hast mich voll Güte durch den Lebenshauch erweckt. Ich beschwöre dich durch das allerheiligste Gewand der milden Menschheit deines Sohnes, das Er um meinetwillen angezogen hat: Dulde nicht, daß ich weiter von dieser grausamen Beunruhigung gequält werde. Befreie mich vielmehr um der Liebe zu deinem eingeborenen Sohn willen durch deine barmherzige Hilfe von dieser Heimsuchung, und verteidige mich vor allen Nachstellungen der Luftgeister.

Der Heilige Geist mache dich zu einer geheiligten Wohnung, damit du immer in den Freuden höchster Glückseligkeit bei Gott lebst.

294 Mahnung zur Buße, und daß es nicht zuträglich ist, die Todesstunde zu kennen

O Sohn Gottes, Gott hat dich mit einem deutlichen Zeichen für die Hirtensorge versehen, um seine Stelle zu vertreten. Höre und beachte die Worte, die in einer wahren Schau über dich gesagt werden.

O Diener Gottes, du lebst im finsteren Land dieses Lebens und mußt mit größter Anstrengung vorsorgen, durch einen guten Tod aus diesem vergänglichen und veränderlichen Leben in das unvergängliche und unveränderliche Leben, das man nicht mit einem Blick der Augen, sondern mit dem Glauben des Herzens erfaßt, überzusetzen. Du möchtest jedoch die Zahl der Tage deines sterblichen Lebens wissen; doch das ist nicht zuträglich. Dennoch stehen die Tage, in denen du unter den vernunftlosen Gestirnen weilen wirst, im Buch des Lebens, d.h. im Wissen Gottes <verzeichnet>. Aber die Tage eines guten und tauglichen Erbauers – nämlich guter Werke und heiliger Tugenden – werden verlängert; und die verdrießlichen und unnützen Tage des Menschen häufig verkürzt.

Du aber hast begonnen, ein Haus zu bauen, dessen Mauern alle – außer der nach Westen schauenden – errichtet sind, und sein Fundament ist noch nicht gelegt. Jetzt aber, tüchtiger Soldat, beeile dich, dieses Haus mit all seiner Ausstattung würdig zu vollenden, damit du den Bewohnern des himmlischen Palasts darin ein fröhliches Gastmahl durch gute Werke und heilige Tugenden bereitest, von dem der süße Wohlgeruch des guten Beispiels für die Menschen ausgeht, der sie den allmächtigen Gott für dich bitten und loben läßt. Was aber dieses Haus bezeichnet, das mir in einer Vision gezeigt wurde, will ich dir darlegen, wenn du kommst.

Teurer Sohn, bemühe dich, mit tiefem Seufzen zu Gott hinanzusteigen und in wahrer Reue deine Sünden aufzuzählen, damit du an einem leuchtenden Morgen der guten Absicht und des heiligen Handelns vor der Nacht der schlechten Gewohnheit fliehst. Das unauslöschliche Feuer des heiligen Geistes entzünde dazu dein Herz, damit du das begonnene Bauwerk glücklich vollendest, so daß du in der Freude des ewigen Lebens vom lebendigen Quell getränkt wirst. Amen.

295 Der Mönch Baldewin an Hildegard

Seiner vielgeliebten und heißersehnten Herrin und Mutter H. wünscht der Sünder Baldewin, sie möge sich nach diesem vergänglichen und hinfälligen Leben ewig mit Christus dem Herrn freuen.

Ich würde mich glücklich schätzen, zu verdienen, Trost durch einen Brief von Eurer Heiligkeit zu empfangen. Doch weil es zu einem weisen Arzt gehört, einen verletzten Menschen öfter aufzusuchen und überflüssiges und faules Fleisch zu entfernen, damit die Entstellung später nicht schlimmer wird, wenn es nicht vorsichtig und sorgsam entfernt worden ist, bitte ich, Ihr möchtet aus Liebe zum gütigen Erlöser die Wunden meiner Verletzungen öfter untersuchen, damit an ihnen durch das Erbarmen Gottes und Euern Rat keine verderbliche Spur zurückbleibt.

O liebreiche und heißersehnte Mutter, schon lange habe ich danach verlangt, auf meinen Stock gestützt zu Euch zu kommen. O liebevolle Herrin, ich betrachte Euch immer mit den Augen des Herzens, und spreche und unterhalte mich mit Euch im Geiste. Ich weiß, daß ich mich an meinem Gott hinsichtlich seines Werkes versündigt habe. Ich erkenne, daß ich gesündigt habe; betet für mich! Ich suche keinen irdischen Gewinn, kein vergängliches Gut, sondern die Gnade Gottes und das Heil meiner Seele. Eilt mir zu Hilfe! O wie teuer ist mir der unaufhörliche Beistand Eurer Gebete! Damit ich also nicht um mein Verlangen betrogen werde, sorgte ich aus dem Wunsch nach Befriedigung dafür, daß dieser Bedienstete mit dem Brief zu Euch, meine Herrin, gesandt wurde, der Euch als Herrin und Mutter in kindlicher Liebe zugetan ist <complectitur>. Gott gewähre Euch Trost im gegenwärtigen Leben und ewige Glückseligkeit mit den Heiligen. Amen.

296 Ein Priester an Hildegard

Der geliebten Mutter H<ildegard entbietet> Bruder O. den Gehorsam kindlicher Liebe. O geliebte Mutter, was sollen die Kinder tun, die niemanden haben, der ihnen Milch darreicht? Die Kleinen bitten um Brot, und keiner ist da, der es ihnen bricht. Die Sonne hält sich eine Wolke vor, damit das Gebet nicht durchdringt. Was soll ein kranker Mensch tun, der ein Medikament zur Heilung sucht und keine Hilfe findet, die tröstet? Die Kirche ist von Spaltung verwundet, und das Wort von der Trennung – sieh hier, sieh dort – das vom Haupt gelten wird, läuft schon im Leib voraus. Und es gibt keine Heilung, wo dieses Schwert umging. Was sagst du also, ehrwürdige Mutter? Glaubst du, daß man den finden kann, der unbedingt zu suchen ist? Solange ich die Fäulnis der Wunden verspüre, glaube ich, daß ein Arzt fehlt.

Nähere dich also dem Unzugänglichen, tritt ein, wo nicht allen der Zugang offen steht; sag deinem Geliebten: „Warum schläfst du, Herr" (Ps 44, 23)? Die Draußenstehenden suchen dich. – Deine Seele ist nicht von Liebe verwundet, sondern vom Schwert der Uneinigkeit getroffen. Es komme über sie die Heilung deines Gebets, „damit sie eins seien" (Joh 17,11). Und hast du dein Gebet in Gegenwart des Herrn ausgegossen, kehre zu uns zurück und verkünde uns, was du im Herzen erkannt hast, soweit Er es gestattet, der sich mit den Einfältigen ins Gespräch einläßt.

Auch ich habe eine häßliche Seele, die auf vielfache Weise gespalten und verwundet ist. Ich flehe deine Liebe inständig an, du wollest Gott für sie bitten. Sehr oft werde ich nämlich von bösen Geistern – sowohl unvermerkt, als auch offen – angegriffen, die mir sehr heftig zusetzen und mich verführen wollen. Und ich bitte, mir schriftlich zu berichten, was du von ihnen hältst. Lebt wohl.

296R Hildegards Antwort

Deine Seele sehe ich in zwei Teile gespalten. Einerseits <möchtest du> emporsteigen, andererseits bleiben. Doch Gott sammelt deinen Geist nach seinem Willen, und nicht nach deinem. Daher bist du sehr niedergedrückt. Denn wenn du sagst, du werdest von bösen Geistern heimgesucht, sehe ich das von derartigen Gegensätzen verursacht. Die Luftgeister verteilen sich nämlich auf vier Gruppen. Die erste Gruppe entzündet <parat> durch alle Arten von Lastern einen Brand und macht den Menschen durch Genußsucht unzüchtig. Die zweite Gruppe aber flattert in Unbeständigkeit umher, wie sich der Wind hier und dort herumtreibt, und versetzt den Menschen in wahnsinnigen Zorn. Die dritte jedoch stiftet durch Engelerscheinungen und Weissagungen Irrtümer und bleibt keineswegs in ein- und demselben Zustand. Und sie verletzt die Menschen durch Prahlerei und Trotz. Aber die vierte Gruppe gibt sich mit den anderen genannten Gruppen ab und ist sehr unterschiedlich, nicht schmähsüchtig noch eine schreckenerregende Geißel, sondern sie hält sich gern bei den Menschen auf und flieht nicht vor Leiden und Kreuz des Herrn. Sie duldet manches Gute bei den Menschen. Und bei diesem Guten raubt sie ihnen das Maßhalten, indem sie sie durch ihre Beeinflussung im Geist zu erhabeneren Höhen aufsteigen läßt, als sie zu erreichen vermögen. Und so läßt sie sie nicht zur Ruhe kommen. Denn sie scheut sich nicht vor der Heiligkeit und blinder Eitelkeit, und haßt Stärke und Beständigkeit sehr. Und wie Schweine um des Fettwerdens willen Schoten fressen, so weilt sie oft mit Vergnügen bei den Menschen. Als ob sie Qualen erdulde, heult sie laut, wenn sie von einem Menschen in die Flucht geschlagen wird, und sagt: Wo soll ich mich ergötzen, und wo finde ich Nahrung? Daher zittere und fürchte sich ein jeder Mensch, denn diese Gruppe der bösen Geister hat keine Angst davor, sich bei einem Bösen oder Guten aufzuhalten. Empfindet nämlich ein Mensch Widerwillen gegen die Heiligkeit, beginnt er, sehr eitel zu werden und wird Gott und den Menschen gleichsam zum Gespött. Aber auf welche Weise kann die Gruppe dieser Geister verscheucht und angebunden werden?

Wenn ein Mensch im ersten Lebensabschnitt – gleichsam zur ersten Stunde, da er ein Knabe ist – heilig zu werden beginnt, spricht er nicht von selbst, sondern er hört auf Meister und Lehrer. Und so bindet er den schreiend widerstrebenden und heulenden Teufel an. Doch im zweiten Lebensabschnitt – wie zur dritten Stunde, wenn der Mensch ein Jugendlicher ist – soll er durch Schweigsamkeit die Heiligkeit lange festhalten, still sein, und mit allem Eifer und sittlicher Vollkommenheit suchen, was gut ist, damit er nicht dem Hochmut verfalle; und so tötet er den Teufel. Im dritten Lebensabschnitt aber – gleichsam zur sechsten Stunde – soll der Mensch nicht mehr schweigen, sondern von einem Meister in Demut erfragen, was zu fragen ist, weil sich dieses Alter nicht in Mutwillen ergeht. Und so erweist sich diese Art von Dämonen als tot. Im vierten Lebensabschnitt jedoch – wie zur neunten Stunde – suche der Mensch, wenn er von Gott inspiriert wird, Rat bei Meistern und Weisen, weil er dann hinfällig bezüglich der Leidenschaft fleischlicher Lebenskraft ist. Und er danke Gott.

Das erste Lebensalter flieht nämlich die Geduld, doch dieses ist durch Heiligkeit mit Geduld vereint ganz heilig. Das zweite aber glaubt, es habe die Gottesfurcht nicht nötig; doch es ist notwendig, Gottesfurcht in der Heiligkeit zu besitzen. Das dritte Lebensalter jedoch ist gern gottesfürchtig; sei daher freudig heilig, weil sich sonst leicht Unentschlossenheit einstellt. Doch das vierte sendet Seufzer nach Gott aus. Deshalb muß man ihm mit allem Freude bereiten, daß es nicht erliegt.

Der erste Engel kam im ersten Zeitalter – wie in der Kindheit – durch Mutwillen zu Fall und ging zugrunde. Im zweiten aber wollten sich viele Gläubige und Ungläubige – gleichsam in der Jugend – gegen den Himmel erheben und brachten vieles zur Sprache, wodurch sie zu Fall kamen. Und im dritten Zeitalter erschienen die Propheten wie in männlicher Kraft und sprachen in großer Gottesfurcht: Nicht wir sind unter ihnen, sondern du, Gott. Und so waren sie ausdauernd und erfüllten die ganze Erde mit Freude. Im vierten Zeitalter jedoch werden sich gleichsam in vollkommener Beständigkeit auf die Eingebung des Heiligen Geistes – durch Menschen, die eifrig in guten Werken sind – mehrere Tugenden erheben; und so wird die Welt vergehen. Diese Zeit aber kennt noch nicht den Zeitpunkt, an dem sie sich das allgemeine Gericht zuzieht. Doch trotzdem verursachen alle Arten von Dämonen mit großem Eifer Irrtümer unter den Menschen, weil sie fürchten, besiegt zu werden.

Du aber, o Mensch, bist in jugendlichem Alter. Steh fest, und höre auf die Worte der Philosophen und Weisen und derer, die im Heiligen Geist sprechen, damit du in Ewigkeit lebst. Aber sprich auch folgende Worte: Jene Kraft, die mich als Menschen erschaffen hat, befreie mich von den Geistern der Lüfte, und die feurige Liebe, die mich für das unvergängliche Leben bestimmt hat, lasse nicht zu, daß meine Werke sich mit ihnen vereinen.

297 Ein Priester an Hildegard

Der „sich in den Felsenhöhlen verbergenden keuschen Taube" (Hld 2,14) Hildegard <entbietet> C., der unbedeutendste Priester unter den Dienern Christi, die Ergebenheit inständigen Gebets und was immer sich auf das ewige Heil bezieht.

Weil durch die Gnade Gottes Euer Licht heilbringend vor den Menschen leuchtet, preise ich Euern Vater, der uns Euch als brennende Lampe zur Erleuchtung der Kirche bestellt hat <supposuit>. Und – obgleich ich schwach und ein Sünder bin – freue ich mich doch herzlich mit über Eure Heiligkeit, mit der Ihr Euch kraft eines besonderen Vorrechts den Umarmungen des himmlischen Bräutigams hingebt.

Ich möchte Eure Liebe auch wissen lassen, daß ich mich Tag und Nacht danach sehne, Euch von Angesicht zu schauen, beständig Eurer bei meinem Gebet gedenke und Euch – wenn Ihr auch leiblich abwesend seid – zuweilen gleichsam gegenwärtig im Geiste umarme. Also flehe ich Euch Vollkommene <perfectionem vestram> demütig an, mich Bettler am Wege Euerm Bräutigam, unter dessen Schatten Ihr sicher ruht, anzuempfehlen, damit nicht die vorüberziehende Menschenmenge mein Rufen unterdrückt. Vielmehr möge ich – durch Eure Fürbitte zum Herrn geführt – verdienen, erleuchtet und von der Blindheit des Herzens geheilt zu werden.

Belehrt mich auch über den Leib und das Blut Christi, auf denen die ganze Hoffnung der Gläubigen beruht. Und denkt daran, mir durch den Herrn zu offenbaren, wie Ihr im Geist sowohl einen nicht zurechtgewiesenen Priester als auch einen zurechtgewiesenen zu diesem Sakrament hinzutreten seht.

Der Herr, der in allem und über alles ist, gebe Euch ein, was seiner heiligen Kirche zum Ruhm gereicht. Lebt wohl.

297R Hildegard über den Leib und das Blut Christi

In einer wahren Vision schaute ich mit wachen Augen und hörte folgende Worte über das Sakrament des Herrenleibes: „Gott blieb, was Er war und nahm an, was Er nicht war" (vgl. Benedictus–Antiphon zum 1. Jan.). Das bedeutet: Die Gottheit, die vor der Zeit war, blieb so in Ewigkeit, wie ein Rad nicht aus Teilen besteht. Doch die Menschwerdung des Sohnes erschien noch nicht als Fleisch und Blut; sie war vor der Zeit im Herzen des

Vaters vorausbestimmt und blieb verborgen. Zur vorherbestimmten Zeit aber zog der Sohn Fleisch an und umgürtete sich mit der Kraft seiner Stärke, wie geschrieben steht: „Der Herr zog Stärke an und umgürtete sich" (Ps 93,1).

Und diese Gewänder der heiligen Menschwerdung verkündete der Engel einer einfachen Jungfrau, in der Er das Fundament der Demut fand, wie Gott es legte, weil sie sich Magd des Herrn nannte. Da sprach dieser Engel zu ihr: „Heiliger Geist wird über dich kommen und die Kraft des Höchsten dich überschatten" (Lk 1,35). Denn der Heilige Geist, der menschliche Weisheit weit übertrifft, suchte sie heim. Er ergoß sich in sie nämlich auf andere Weise, als Er jemals irgendeiner Frau bei der Zeugung <von Leben> eingegossen wurde. Und die Kraft des Allerhöchsten überschattete sie, weil Er sie durch seine Glut derart zart berührte, daß Er ihr alle sündige Leidenschaft durch seine liebliche Überschattung gänzlich wegnahm, wie ein Mensch wegen der Sommerhitze den Schatten aufsucht. Daher verwandelt diese Kraft des Allerhöchsten, die im Schoß der Jungfrau Fleisch erschuf, auf dem Altar bei den Worten des Priesters die Opfergabe von Brot und Wein in das Sakrament des Fleisches und Blutes, indem Er es mit seiner Kraft erwärmt. Daher erscheinen Geburt, Leiden, Begräbnis, Auferstehung und Himmelfahrt des Sohnes des himmlischen Vaters bei diesem Sakrament, wie die Umschrift einer Münze den Herrscher anzeigt. Und das geschieht deshalb, weil die Wunden der Menschen, die – durch die Übertretung Adams in Sünden gehüllt – immer Sünder sind, durch das Blut Christi geheilt, beseitigt und gesalbt werden. Und so werden sie seine Glieder; und das wird bis zum Jüngsten Tag dauern.

Und wieder schaute ich, daß – wenn einem Priester auch wegen seiner vielen faulenden Sündenwunden die Würde der Heiligkeit fehlt, er sich aber trotzdem an die Verpflichtung des höchsten Meisters gebunden weiß – bei diesem Opfer die Kraft des Allerhöchsten ihre Wunder wirkt. Und alle, die dieses Sakrament gläubig aus seiner Hand empfangen, werden wie von einem Sonnenstrahl verklärt. Ist er aber gerecht in Glauben und Werk, wird seine Seele noch mehr erleuchtet als von strahlendem Sonnenschein.

Doch alle, die auf den Rat der alten Schlange Spott treiben und Spaltung bei diesem allerheiligsten Opfer verursachen, gleichen den verworfenen Engeln, die leugneten, daß Gott einzigartig in seiner Würde dasteht, da sie Ihm ähnlich sein wollten. So wollen auch diese Menschen ihren Eigenwillen bei diesen Sakramenten durchsetzen. Deshalb gehen sie auch mit ihnen zugrunde, wenn sie nicht durch das Bekenntnis der Sünden und ihre Buße dafür mit kläglichem Rufen zu Gott eilen und sagen: Ach, ach, wir haben gesündigt. Dann wird Gott der Vater sie aufnehmen, wie Er jene aufnahm, die seinen Sohn unwissentlich verwundeten.

Dieses Sakrament und die Auferstehung zum Leben leugnen die Sadduzäer, die in allen Stücken irren, dreist auf dieselbe Weise, wie jener Mensch irren würde, der das Fleisch ohne Geist und den Geist ohne Fleisch einen Menschen nennen würden. Das ist keineswegs möglich. Daher sind diese schlechter als alle Irrenden. Denn da das kleinste von Gott erschaffene Geschöpf nicht nur mit einem Begriff umschrieben wird, wie könnte der Mensch, der die ganze Schöpfung zusammenfaßt, mit einem Begriff bestimmt werden? Der Winter trocknet nämlich aus, der Sommer aber blüht. Doch trotzdem erhält der Winter dem Sommer seine Grünkraft, bis er reichlich seine Triebe hervorbringt. So verhält es sich mit Leib und Seele. Der Leib vergeht, die Seele aber weilt im unvergänglichen Leben, auf welcher Seite auch immer sie sich befinden mag.

298

Das Lebendige Licht spricht: Verwirf sie nicht zu dieser Zeit, indem du sagst: „Wir alle wollen nicht, daß dieser über uns herrscht" (Lk 19,14), weil er ein unreines Gefäß ist. – Doch Gott läßt ihn nicht aus den Augen. Daher schmilz vor diesem Willen; denn Gott liebt viele, die von den Menschen verachtet werden. Und lerne, in Weisheit zu urteilen, und lebe in Ewigkeit.

299

O Soldat Christi, du hast die stärksten Waffen angelegt; nun sei eifrig darum besorgt, wie du sie trägst. Denn der Ansturm des Teufels macht viele tapfere Krieger feige. Du aber sieh dich vor, daß dir das nicht widerfährt, und erfahre, woran man einen tapferen Streiter erkennt.

Derjenige ist ein tapferer Soldat, der seine Waffen mit männlichem Mut trägt und mit seinen Feinden zu kämpfen begehrt. Und je mehr seine Feinden ihn töten wollen, desto größeren Eifer setzt er daran, sie zu vernichten. So handle, und erhebe dich ganz schnell beim ersten Morgenrot, so wie du begonnen hast, wie geschrieben steht: „Den guten Kampf habe ich gekämpft, den Lauf vollendet" (2 Tim 4,7) durch den Sieg Christi. Und wache mit wachsamem Herzen.

Du Sohn Gottes, ich sage dir, daß ich noch im sterblichen Leib am Pilgerort der unglücklichen Erde lebe. Nun bete für mich.

300

Im goldenen Licht vernahm ich folgende Worte: O Sohn Gottes, habe vor Augen und gib acht, was der Verbannungsort, an dem du dich befindest – nämlich die Welt – bedeutet. Es gibt nämlich auf ihr Nebel und Finsternis und auch große Beunruhigung durch alle <Arten von> Stürme<n>. Und möchte irgendein Mensch in dieser Überflutung nach Gott verlangen und Ihn umarmen, dann werden ihn oft viele Sturzbäche und Ströme begraben, um ihn von dieser Absicht abzubringen; und zwar bald durch sein Fleisch, und bald durch eine Einladung der Welt. Doch wenn das der himmlische Vater sieht, ergreift Er <extendit> die Rute und schlägt diesen Sohn, damit er nicht von der Süßigkeit der Einbildung kostet, sondern des inneren Menschen gewahr wird. Und so reibt sich dieser Mensch mit großen Mühen auf.

Jetzt, teurer Sohn, umarme – wenn du dieser Sohn bist – die liebreiche Mutter, nämlich die Maßhaltung. Und sie wird dich derart bessern, daß du dein Fleisch mit Barmherzigkeit salbst, damit es nicht dahinsiecht, und du auch den inneren Menschen küßt. Und so verlange mit aufmerksamer Sehnsucht nach Gott. Und Er wird dich immer behüten, so daß dich die Ströme nicht ganz bedecken.

301

In einer wahren Schau sehe ich dein Herz bei irgendeiner Erhebung zu Gott rötlich schimmern; und trotzdem wirst du von den Stürmen deiner veränderlichen Gesinnung überfallen. Doch die Hand des Herrn berührt dich und hält dich unter seinem Schatten fest. Er wird dich niemals verlassen, doch stellen sich große Nöte bei dir ein, die du wie Goliat überwinden wirst. Deine Seele wird mit Gott leben, und schnell wie ein Hirsch wirst du zu Gott gelangen und bei Ihm bleiben.

302

Der lebendige Quell bedarf keiner anderen Bächlein; d. h. der Gehorsam, der aus dem lebendigen Quell fließt, umfaßt und erträgt alles und steht über allem. Deshalb fliehe, o Geschöpf des Fingers Gottes, vor der Ermüdung im Gehorsam, so daß du kein entfremdeter Sohn bist, der seinen Vater verläßt, und in Ewigkeit lebst.

Jetzt geziemt es dir und uns Armen, den <Weih>rauch zu betrachten, der von der Hand des Engels emporsteigt, d. h. das Gebet, welches aus unserm Herzen aufsteigt. Dieses müssen wir gewissenhaft einander zuteilen.

Nun gewinne die reine Liebe dein Herz und deinen Geist, so daß du ein geglätteter Stein im himmlischen Jerusalem wirst.

303 An einen bestimmten Menschen

Ich bitte Gott, den Erhabenen, dir beizustehen. Der die Verlassenen und Waisen zum Leben zurückgeholt hat, möge dir Hilfe gewähren. Du Mensch aber, der du sagst, du führest ein gefährliches Leben, höre: Ein armer und strenger Lebenswandel des geistlichen Lebens ist besser für dich als Umherwandern.

304

Der Mond nimmt ab, der Tod tötet, und der eigene Wille beseitigt die Verkäufer von Schafen und Rindern durch die Aufopferung deines Verstandes, der laut schreiend Schädliches tut. Der Mond, den du als weltlicher Mensch dargestellt hast, und deine Wünsche stimmten deinen Sünden zu, wie du wolltest. Die weltliche Gesinnung nimmt ab, böse Wünsche töten, begangene schlechte Taten führen zum Untergang.

Nun öffne die Tür deines Herzens durch Reue, und rufe den Herrn der Arbeiter, zeige dich ihm und sprich: Neues und Altes habe ich aufgegeben. – Das erste Gelübde legtest du schlummernd ab; das zweite begannst du als ein <alles> beleckendes Kind <zu beobachten>. Dann erhob sich dein Geist zur Einbildung des ersten Engels, du wärest hinter und nicht vor dem Angesicht Gottes. Du begannst beim ersten Gelübde und hast das zweite erfüllt, so wie das alte und neue Gesetz eins sind. Das wird dir nicht schaden. Mit aller Ergebenheit laß die schädlichen Bürden zurück, die dir die Erwählung Gottes nicht auferlegt. Du bist weiche Erde, die der Pflug umwenden muß. Das ist der Gehorsam. Hättest du nicht unter einer Verpflichtung gelebt, wärest du immer im Irrtum befangen. Fliehe, fliehe, fliehe davor, den Tod zu erleiden, und richte dich zum Leben auf. Und Gott nimmt dich auf und reicht dir seine Hand. Der Ort, an dem du schläfst, gleicht Berscheba; doch nicht durch die Berührung Gottes, sondern durch die Verbannung von Ihm.

305

Die Weisheit lehrte mich diese Worte, als meine Seele in einer unauslöschlichen Vision schaute: Die Sonne scheint in deinem Herzen durch den sehnlichen Wunsch, im Leben voranzukommen. Doch trotzdem umringt dich zuweilen ein wenig die Umwölkung des Zweifels – so wie ein Schaf am Strick dessen geführt wird, der es zum Opfer bringen will. Denn sonst würde er gegen deinen Willen eingeschüchtert, der lieber mit Rindern und

Böcklein weiden würde. Und da läuft er davon, wohin er will; er zerreißt seine Fesseln, um Heuschrecken zu essen, und der Hirt weiß nicht, wo er ist und sagt: „Amen, ich sage euch, ich kenne euch nicht" (Mt 25,12), weil mich deine guten Werke nicht berühren und ich dich dadurch nicht wahrnehme, d. h. nicht kenne.

Jetzt, du Schaf, beachte, wie im Alten Testament Widder und Kälber dargebracht und – ob sie wollten oder nicht wollten – im Feuer verbrannt wurden. Jetzt aber blicke über die Fessel um deinen Hals hinweg nach Osten, und wandle auf dem rechten Weg, wie es einem Kleriker geziemt, bis der Herr dich ruft und mit der Kukulle bekleidet. So war auch Johannes der Täufer ein priesterlicher Mensch, der mit einem Bußgewand <tortuosa veste> angetan, in der Wüste die Gerechtigkeit Gottes verkündete.

Nun sitze in dieser Fremde in dem bißchen Staub, und verachte Gott nicht, weil Er dich bejaht <vult>.

Deinen Verwandten Hesse schaue ich wie ein brennendes Feuer vor Gott. Gib ihm den Rat, schnell zu Gott zu eilen.

306 Über die drei verschiedenartigen Unwetter, und was sie symbolisieren

O Geschöpf des Fingers Gottes, o sein Sohn durch das Ganzopfer des geistlichen Lebens! Betrachte die verschiedenen Unwetter. Das eine von ihnen bricht plötzlich bei hellem Sonnenschein über die nichtsahnenden Menschen herein, läßt aber trotzdem, ohne sehr gefährlich zu werden, schnell nach. Ein anderes jedoch beginnt – von den Menschen sehr gefürchtet – mit nebelhaften und verhangenen Wolken, durch welche die Sonne nicht durchstrahlen kann. Und durch seine lange Dauer ist es schädlich und gefährlich. Es entsendet auch zuweilen einen bestimmten, unbeständig hier und dort wehenden Wirbelwind. Das Unwetter, das bei heiterer Sonne unverhofft auftritt, bezeichnet ein unrechtes Verhältnis, mit dem sich ein Mensch in eitlem Vergnügen mit einem andern verbindet. Denn dieses Verhältnis wird schnell wie das erwähnte Unwetter unter Schmerzen aufgegeben. Doch das Unwetter, das die Sonne verdunkelt, bezeichnet diejenigen, die sich wegen gewisser Sünden zu einander gesellen und sie solange gemeinsam begehen, bis sie dadurch zur Gottvergessenheit gelangen. So vermögen sie sich später keineswegs selbst zu erheben, nur kraft der Gnade Gottes, die Gott ihnen wegen ihres Seufzens und Stöhnens nicht verweigert, wie auch die Sonne – unter den Wolken versteckt – an ihrer Glut nicht abnimmt. Der Wirbelwind aber symbolisiert diejenigen, die alles nach ihrem Willen beschließen, und nicht nach Gottes oder ihrer Meister Gebot. Denn sie sind in ihrer Unbeständigkeit stets ohne Trost, weil niemand ohne Belehrung eines Meisters glücklich beharrlich bleiben kann.

O Sohn Gottes, den Gott gebildet hat, sieh zu, daß du dich nicht deinem Vater entfremdest, sondern steige auf einen hohen Berg, indem du dich durch wahre Demut Gott zuneigst, der sich demütigte und vom höchsten Himmel zur Menschheit herniederstieg. Denn diese Demut ist allen guten Werken untertan. Daher lerne auch du kraft der Gnade Gottes, durch heilige Taten der Demut ewig in immerwährender Seligkeit zu leben.

307 Über die Tugenden und ihre Begleitumstände

O teurer Sohn und getreuer Knecht Gottes, beachte, daß Gott der Vater den Menschen, der Ihm mit all seinen Pflichten treu dient, zärtlich umarmt, sehr liebt und über all seine Güter setzt, und erwähle dir Demut, Barmherzigkeit und Mäßigung mit den übrigen heiligen Tugenden, um dem himmlischen Vater zu dienen. Erbaue nämlich, du Sohn Gottes, mit wahrer Demut – der Königin aller Tugenden – dein Haus auf festem Fels, damit du nicht vom Getöse der Welt erschüttert wirst, und von den verschiedenen eitlen Gewohnheiten der Menschen gefesselt werden kannst. Und halte die Barmherzigkeit – die Gefährtin der Demut – unter all deinen Umständen fest, damit dein barmherziger Vater auch <dich> vor den Räubern, unter die der Mann fiel, der von Jerusalem nach Jericho hinabstieg, verteidige und behüte. Wenn du deinem Vater eifrig dienst, hüte dich auch vor gefährlichen Verwundungen; und wenn dich irgendetwas Eitles fesselt, zerreiße schnell seine Stricke wie der so tapfere Samson, damit du nicht von ihm – wie Samson von der Frau – getäuscht wirst. Verfehlst du dich aber beim kindlichen Spiel gegen etwas, wird Gott das an dir nicht zornig tadeln, weil du mit Weltmenschen umgehst. Denn auch Er hat – als Er in menschlicher Gestalt unter den Menschen weilte – ihre Sitten ertragen und sie nicht verachtet, sondern Er sprach: „Selig die Barmherzigen, denn sie werden Barmherzigkeit erlangen" (Mt 5,7). Gott erweist sich nämlich immer als barmherzig und versöhnlich dem gegenüber, der Ihn im Erbarmen nachahmt. Denn Heilige und Erwählte, Arme und Schwache bedürfen alle der Barmherzigkeit, weil keiner von ihnen ohne Sünde in diesem Leben zu leben vermag.

Mit Selbstbeherrschung halte auch Maß bei all deinem Tun, d. h. durch Abstinenz, Fasten, Nachtwachen und durch deine Gebete. Denn sie erhält Leib und Seele im rechten Maß, damit sie nicht erliegen, und veranlaßt eine angesehene Persönlichkeit, zu bedenken, daß sie von Asche ist und zur Asche zurückkehrt, und sie ihr Amt nicht länger innehaben kann, als Gott es will. Und sie erfreut sich nicht an den Gelagen der Sünder, noch gesellt sie sich zum Pomp und zur Eitelkeit dieser Welt, sondern zeigt ihnen die Bitterkeit der Strafen und der Verwerfung.

O teurer Sohn Gottes, sieh zu, daß du diese Tugenden wie erprobte Soldaten immer bei dir hast. Denn wenn du durch sie alle deine Feinde überwindest, wirst du Kriegsfürst genannt. Und um deiner Werke willen lobt man dich wie die starke Frau, von der du im Buch der Weisheit liest, da durch sie das Licht des Heiligen Geistes in dir niemals erlischt. Bemühe dich auch – von gewissen Lastern befreit – das herrliche Gewand der Tugenden anzulegen, so daß um deinetwillen der Gottesdienst mit laut tönendem Lobpreis durch andere bereichert wird <multiplicetur>. Denn ich sehe dich nicht auf schmutzigen Straßen gehen. Und trachte auch danach, vor Gott mit den erwähnten Tugenden und dem Gelübde, von dem ich dir schrieb, und mit der schönen Gestalt, von der ich dir erzählte und die ich jetzt im Goldglanz schaue, zu erscheinen.

Ich verlasse mich auf dich, daß du meiner bei deinen Gebeten gedenkst, weil ich dich mit Freude in meinem Herzen trage. Und ich vertraue auf Gott, daß du durch seine Gnade sein treuer Freund wirst.

308

O Diener Gottes, du erwirbst in guter Absicht vieles zu deinem und der andern Nutzen. Und doch bist du dadurch tadelnswert, daß du den guten Boden des Ackers deines Herrn nicht sorgfältig umpflügst.

Höre: Deine Aufgabe, von der du mir vetraulich Mitteilung gemacht hast, sehe ich klar darin, zu verhindern, daß die Güter dieser Gemeinschaft von einem untauglichen Vorsteher verschleudert werden. Doch ich kann keineswegs so deutlich schauen, daß durch dich die Frömmigkeit des geistlichen Lebens unter ihnen wiederhergestellt wird. Wie nämlich eine verschmutzte, von verwesten schmutzigen Würmern verunreinigte und verkommene Zisterne nicht leicht gereinigt werden kann, so wird auch die schlimme Gewöhnung an Sünden schwierig von ihnen fernzuhalten sein. Denn wer immer den Wolf verjagt und verfolgt, damit die Schafe nicht von ihm geraubt werden, und sie später auf die rechte Weide führt, tut wohl daran.

Jetzt erwähle vom Rat guter und heiliger Menschen, was beim jetzigen Zustand der Gemeinschaft besser für dich ist, damit nämlich das geringere Übel gewählt wird.

309 Über die Läuterung einer Seele

O Diener Gottes, die Seele nach der du dich erkundigst, ist noch nicht von den Leiden zur Läuterung befreit. Darum flehe Gott eifrig für sie an und freue dich, daß Gott sie zu der Zahl der seligen Seelen gerechnet hat.

Der Heilige Geist entzünde dich durch seine Gnade und bestärke dich in seinem Dienst.

310 Über die verschiedenen Arten des Feuers

Das elementare Feuer ist ein richterliches. Es verbrennt ganz, worauf es herabfällt.

Das Feuer, nach dem ihr euch erkundigt, ist eine göttliche Kraft, die alles belebt oder <zum Leben> erweckt; und dieses Feuer ist süß und angenehm. Von ihm wurde dem Menschen die Seele eingehaucht. Dieses Feuer verzehrt nicht, obgleich es äußerst kräftig brennt, sondern entzündet die Herzen mit Liebe.

Daß Mose ein Feuer im … <Dornbusch> erblickte, das nicht verbrannte, bedeutet, daß die göttlichen Wunderwerke die Verhärtung der Israeliten – welche die Dornen versinnbildeten – nicht erweichen konnten, weil ein angenehmes Feuer keinen Sinn und keinen Geschmack für einen Juden besaß. Deshalb schauten diejenigen das furchterregende Feuer auf dem Sinai, die aus Furcht dienten, als ob der Herr spreche: Gemäß eurer Herzensverhärtung zeige ich euch rauchendes Feuer, d.h. das Feuer des Eifers und den Rauch des Zorns, um euch vom Sündigen abzuschrecken.

Über den Jüngern sah man feurige Zungen, damit man unter der Zunge, die das Werkzeug des Wortes ist, das Wort verstehe, „das im Anfang bei Gott und Gott war" (Joh 1,1), der – nachdem der Tröster vom Vater durch das Feuer offenbart worden war – in glühendem Eifer den irdisch gesinnten Herzen die Lehre des Wortes darlegen sollte, nach dem Schriftvers: „In alle Welt drang ihre Stimme" (Ps 19,5; Röm 10,18), usw.

Briefe an Kaiser, Könige

und andere
weltliche Personen

311 Kaiser Konrad an Hildegard

Konrad, durch die Gunst Gottes König der Römer, <entbietet> Hildegard, der gottgeweihten Jungfrau und Meisterin der Schwestern vom heiligen Rupert in Bingen, seinen Gruß und seine Gunst.

Da es uns die königliche Würde <culmen> verwehrt, und viele Wirbelwinde und Stürme uns heimsuchen, können wir dich nicht wunschgemäß aufsuchen; wir unterlassen es jedoch nicht, dich mit unserm Brief zu besuchen. Denn – wie wir hörten – wird dir wirklich reichlich höchstes Lob gespendet wegen der Heiligkeit unschuldigen Lebens und der Erhabenheit des Geistes, der wunderbarerweise von oben über dich herabkommt.

Obwohl wir ein weltliches Leben führen, eilen wir zu dir, flüchten wir uns zu dir und suchen demütig um die Unterstützung deiner Gebete und Ermahnungen an. Denn wir leben weit anders, als wir sollten. Du sollst aber unbesorgt sein und wissen, daß wir uns beeilen werden, dir und deinen Schwestern bei jeder Rechtsangelegenheit und in jeder Not nützlich und überall gegenwärtig zu sein.

Daher empfehle ich auch meinen Sohn, von dem ich überlebt zu werden wünsche, wie auch mich selbst angelegentlich in deine Gebete.

311R Hildegard an Kaiser Konrad

Der allem das Leben schenkt, spricht: Selig sind, die zu Füßen des Leuchters des himmlischen Königs liegen, und für die Gott in weitreichender Vorsehung gesorgt hat, so daß Er ihnen nicht seinen Schoß entzieht. Bleibe du, o König, in ihm und entferne den Schmutz aus deinem Geist. Denn Gott bewahrt den, der Ihn treuergeben und lauter sucht. Doch auch dein Reich halte so fest <in der Hand>, und trage Sorge um jegliche Gerechtigkeit für die Deinen, damit du dich nicht dem Himmelreich entfremdest.

Höre: In gewisser Hinsicht wendest du dich von Gott ab, und die Zeiten, in denen du lebst, sind leichtfertig wie ein Weib, neigen sich auch verderblicher Ungerechtigkeit zu, und versuchen, die Gerechtigkeit im Weinberg des Herrn zu vernichten.

Nach diesen Zeiten werden jedoch <noch> schlimmere kommen, in denen die wahren Israeliten gegeißelt werden. Und in ihnen wird der katholische Stuhl von Irrtum erschüttert werden, und die letzten Zeiten werden deshalb voller Lästerung wie ein verwesender Kadaver sein. Daher qualmt auch dieser Schmerz im Weinberg des Herrn.

Und danach werden mannhaftere Zeiten als die früheren beginnen, in denen sich die Gerechtigkeit Gottes ein wenig aufrichtet und man die Ungerechtigkeit des geistlichen Standes als verwerflich tadelt. Aber dennoch wird man noch nicht wagen, eifrig und streng zur Zerknirschung aufzufordern.

Doch darauf stehen andere Zeiten bevor, in denen man den Reichtum der Kirchen zerstreut, so daß sogar der geistliche Stand wie von Wölfen zerfleischt und von seinen Stätten und aus der Heimat vertrieben wird. Daher ziehen die meisten von ihnen in die Wüste, führen von nun an ein armes Leben in Herzenszerknirschung und dienen so demütig Gott.

Die ersten Zeiten sind traurig für die Gerechtigkeit, die folgenden aber voller Ekel. Die dann anbrechenden jedoch richten sich ein wenig zur Gerechtigkeit auf, doch die nachher beginnenden werden alles wie ein Bär zerreißen und sich durch Böses Reichtum aufhäufen. Doch die ihnen folgenden werden das Merkmal männlicher Kraft zeigen, so daß alle Bischöfe <pigmentarii> in <Gottes>furcht, Scham und Weisheit zur ersten Morgenröte der Gerechtigkeit eilen. Und die Fürsten werden einmütig Eintracht pflegen, und sie – wie ein Krieger das Banner – gegen die Zeiten der größten Irrtümer erheben, die Gott vernichten und verbannen wird, wie Er es entschieden hat und es Ihm gefällt.

Und nochmals spricht der, der alles weiß, zu dir, o König: Wenn du das, o Mensch, vernimmst, bezähme deine Lust und bessere dich, damit du geläutert zu jenen Zeiten gelangst, in denen du dich nicht mehr deiner Taten schämen mußt.

312 Hildegard an den römischen König Friedrich

Der höchste Richter richtet folgende Worte an dich: Es ist wunderbar, daß der Mensch solch einer Persönlichkeit bedarf, wie du, König, sie darstellst. Höre: Ein Mann stand auf einem hohen Berg und blickte auf alle Täler; und er sah, was ein jeder darin tat. Und er hielt einen Stab in der Hand und verteilte alles richtig, d. h., was dürr war, sollte grünen, und was schlief, erwachen. Doch nahm dieser Stab auch jenen, die in großem Stumpfsinn lebten, den Stumpfsinn weg. Und als der Mann sein Auge schloß, kam ein schwarzer Nebel, der diese Täler versehrte. Doch auch Raben und andere Vögel vernichteten alles ringsum.

Nun, o König, treffe eifrig Vorkehrungen. Alle Länder sind von der betrügerischen Menge jener verfinstert, die mit der Schwärze ihrer Sünden die Gerechtigkeit vernichten. Räuber und Umherirrende zerstören den Weg des Herrn. O du König, mit dem Zepter der Barmherzigkeit weise die trägen, fremdartigen und wilden Verhaltensweisen zurecht. Du trägst nämlich einen ruhmvollen Namen, da du König in Israel bist. Sehr ruhmreich ist dein Name. Sieh also zu, daß du – wenn der höchste Richter dich betrachtet – nicht angeklagt wirst, du hättest dein Amt nicht recht verstanden, und dann erröten müßtest. Das sei ferne! Offensichtlich ist es richtig, wenn ein Gebieter seine Vorgänger im Guten nachahmt. Denn rabenschwarz ist das Verhalten jener Vorsteher, die ausgelassen und schmutzig umherlaufen. Davor fliehe, o König. Sei vielmehr ein bewaffneter Soldat, der dem Teufel tapfer widersteht, damit dich Gott nicht vernichtet und das irdische Reich sich darüber schämt.

Gott befreie dich vom ewigen Untergang, und deine Zeiten seien nicht dürr, sondern Gott beschütze dich, und du mögest ewig leben. Daher wirf die Habsucht ab und wähle die Enthaltsamkeit; das liebt der himmlische König sehr.

313 Hildegard ebenfalls an König Friedrich

O König, es ist sehr nötig, daß du vorsichtig handelst. Ich sehe dich nämlich in einer geheimnisvollen Schau wie ein Kind und wie einen unbesonnen lebenden Menschen vor den lebendigen Augen <Gottes>. Trotzdem
aber hast du noch Zeit zur Herrschaft über irdische Belange. Hüte dich
also, daß der himmlische König dich nicht wegen der Blindheit deiner
Augen, die nicht recht sehen, wie du das Zepter zum richtigen Regieren in
deiner Hand halten sollst, niederstreckt. Sieh auch darauf, so zu sein, daß
die Gnade Gottes in dir nicht versiegt.

314 Kaiser Friedrich an Hildegard

Friedrich, römischer Kaiser von Gottes Gnaden und stets Augustus <Meh-
rer des Reiches>, <entbietet> Frau Hildegard von Bingen seine Gunst und
alles Gute.

Wir geben deiner Heiligkeit bekannt, daß wir das, was du uns vorhergesagt hast, als wir uns in Ingelheim aufhielten und dich baten, vor uns zu
erscheinen, schon in Händen halten. Aber trotzdem werden wir nicht aufhören, uns mit aller Anstrengung um die Ehre des Reiches abzumühen.
Deshalb gemahnen wir deine Liebe aufs inständigste, mit den dir anvertrauten Schwestern vor dem allmächtigen Gott Bitten für uns auszuschütten, damit Er sich uns – während wir uns mit irdischen Geschäften plagen
– so zuwende, daß wir seine Gnade zu erlangen vermögen.

Du darfst aber überzeugt sein, daß wir bei jedem deiner Anliegen, die
du uns übermittelst, weder die Freundschaft noch den Haß irgendeiner
Person berücksichtigen werden, sondern uns vorgenommen haben, allein
im Hinblick auf die Gerechtigkeit Recht zu sprechen.

315 Hildegard an Kaiser Friedrich

„Der ist" (Ex 3,14; Offb 1,4) spricht: Trotz vernichte ich, und den Widerspruch derer, die mich geringschätzen, zermalme ich um meiner selbst willen. Wehe, wehe, dieser Übeltat der Frevler, die mich verachten!

Das vernimm, o König, wenn du leben willst; sonst wird dich mein
Schwert treffen.

316 Über das gerechte Urteil

O Diener Gottes! Gerade von diesem ehrenvollen Namen her bist du als
Richter und Herrscher zur Leitung und zum Schutz deiner Herde bestellt
worden. Höre!

Gott gab dem ersten Menschen, nämlich Adam, ein Gebot. Als er sich
durch Ungehorsam das Todesurteil zuzog – d.h. als er den Bund, den Er
mit ihm geschlossen hatte, das Gebot zu befolgen, vergaß, wurde er aus
dem lichten Land der Freuden auf diese finstere, von vielen Nebeln bedeckte Erde vertrieben. Daher stellen ihm auch die bösen Geister immer
nach und hören nicht auf, ihm verführerische Schlingen auf all seinen
Wegen zu legen, um den, von dem sie wissen, daß er durch das gerechte
Urteil Gottes aus dem Paradies herausgeworfen wurde, mit sich in den
Pfuhl des Todes hinabzuziehen.

O Diener Gottes, Er selbst hat dich geschaffen und im Blut seines Sohnes erlöst; gib ganz sorgsam acht, daß du nicht durch die Hinterlist dieser
bösen Geister wegen deiner Sünden in den erwähnten Pfuhl des Todes
hinabfällst. Ahme du auch den himmlischen Richter und Herrscher in der
Barmherzigkeit nach. Wer Ihn völlig verachtet, wird auf sein Urteil hin
durch den Tod vernichtet <sepelitur>. Und wer – von wahrer Reue über
seine Sünden erschüttert – vertrauensvoll zu Ihm aufseufzt, wird um seines gütigen Erbarmens willen niemals verdammt. Den himmlischen Richter und Herrscher jedoch, dessen Macht alles unterstellt ist, sollst du
fürchten und lieben. Daher steht auch geschrieben: „Es sollen Ihn loben

die Könige der Erde, alle Fürsten des Volkes und alle Richter der Erde" (Ps
149,11). Er herrscht nämlich über die ganze Welt und erhält und ernährt
sie wie ein Vater seinen Sohn, der nichts aus sich selbst vermag. Denn für
alle, die in Ihm leben, sorgt Er in allen Nöten in väterlicher Liebe, da Er die
Erde – wie Er sie ursprünglich angelegt hat – stets ihre Früchte bringen
läßt. Er selbst lenkt auch als alles beherrschender Gott die Wege der Gerechtigkeit und die Befolgung seiner Gebote. Und Er selbst ist der Weg der
Wahrheit ohne jede Ungerechtigkeit, auf dem sich niemand verirren oder
verwirrt werden kann. Denn alle Macht und Herrschaft beruht auf Ihm allein. Sie richtet alles nach der rechten Ordnung ein und empfängt von Ihm
den Namen. Ihm gemäß müssen nämlich die Völker zurechtgewiesen und
beurteilt, und die Wege der Gerechtigkeit aufgezeigt werden. Wer es aber
verachtet, so zu handeln, wird demgemäß vom himmlischen Richter gerichtet. „Gott ist ein gerechter Richter" (Ps 7,12) über alle, die zur Hochzeit seines Sohnes gerufen sind, und nimmt die Hochzeitsgäste <filios>
freudig auf. Er ordnet auch durch gerechtes Urteil an, daß diejenigen, die
Werke des Todes vollbringen, die Todesstrafe ereilt, weil sie keine Werke
für das Leben vollbracht haben.

Dich aber, Diener Gottes – nach Ihm Richter genannt – lehre der Heilige Geist, gemäß seiner Gerechtigkeit zu leben und zu urteilen. Und tust du
das, wirst du niemals von deinen Feinden besiegt werden, wie auch David
nie überwunden werden konnte, weil er alle seine Urteile in Gottesfurcht
fällte. Vertraue aber auf Gott, und ahme Jakob nach, der sanftmütig und
gerecht war und Gott von allen Gütern, die er besaß, den Zehnten gab. Und
die Feinde werden dich nicht überwältigen. Suche auch seine Gerechtigkeit, und beobachte auf all deinen Wegen und bei deinen Urteilen seine
Gebote. Empfiehl dich Ihm durch Almosen und deine frommen Gebete,
und wisse, daß ich von ganzem Herzen Gott bitten werde, daß Er dich
durch einen dir angenehmen Erben tröste und sein Erbarmen an dir Wunder wirken lasse, damit du durch ein gutes und gerechtes Leben in dieser
Welt verdienst, ruhmvoll nach dem Tod von Ihm in die ewigen Freuden
versetzt zu werden.

317 Hildegard an den englischen König

Zu einem Mann, der ein Amt innehat, spricht der Herr: Gaben über Gaben besitzt du, als ob du durch Regieren, Verteidigen, Beschützen und Vorsehen den Himmel beherrschtest. Doch von Norden kommt ein pechschwarzer Vogel auf dich zu und sagt: Du hast die Möglichkeit, zu tun, was immer du willst. Tu also dies und das, und erledige diese und jene Angelegenheit. Denn es ist nicht vorteilhaft für dich, auf die Gerechtigkeit zu schauen; wenn du immer auf sie blickst, bist du nicht Herr, sondern Knecht.

Du aber höre nicht auf den Räuber, der dir das anrät. Im ersten Zeitalter hatte er dich der großen Herrlichkeit entkleidet, als du aus Staub ein schönes Gebilde geworden warst, und dann den lebensspendenden Hauch empfingst. Daher sieh auch aufmerksamer auf deinen Vater, der dich erschaffen hat. Denn deine Gesinnung ist wohlwollend, so daß du gern Gutes tun würdest, wenn nicht die wüsten Sitten der Menschen über dich herfielen und du dich eine Zeitlang auf sie einließest. Davor, teurer Sohn, fliehe entschlossen, und rufe deinen Vater an. Denn Er reicht dir gern seine Hand zur Hilfe. Nun aber lebe in Ewigkeit und verbleibe in immerwährender Glückseligkeit.

318 Hildegard an die englische Königin

Dein Geist gleicht einer Wand vor einer veränderlichen Wolke. Und du blickst überall umher, doch hast du keine Ruhe. Davor fliehe, und stehe fest auf Seiten Gottes und der Menschen, und Gott wird dir in allen deinen Bedrängnissen beistehen. Gott schenke dir Segen und seine Hilfe bei all deinen Werken.

319 An die griechische Kaiserin, Königin Bertha

Gottes Geist haucht dir zu: Einen Zweig, den Gott liebt, schützt Er im Winter, und im Sommer bringt Er aus ihm grünes Laub <viriditatem> und Blüten hervor. Und ungesundes, knorriges Holz, durch das er verdorren kann, entfernt er von ihm. Auch von einem Wasserbächlein, das im Osten einem Felsen entspringt, wird der Schaum anderer Wasser beseitigt, weil es schneller fließt. Es ist nämlich brauchbarer als andere Gewässer, da sich in ihm nichts Modriges befindet. So geschieht es auch mit den Menschen, denen Gott einen Tag des Glücks und die schimmernde Morgenröte der Ehre gewährt, und die der mächtige Nordwind mit seinem rauhen Wehen feindseliger Menschen nicht niederdrückt.

Daher blicke zu dem auf, der dich angerührt hat und von deinem Herzen das Brandopfer verlangt, die Gabe <der Erfüllung> seiner Gebote. Nach Ihm verlange also, und Er schenkt dir nach deinem Wunsch und auf die Bitte in deiner Not die Freude über einen Nachkommen. Das lebendige Auge schaut nämlich auf dich und will dich <zu eigen> besitzen. Und du wirst ewig leben.

320 Hildegard an Herzog Matthäus von Lothringen

Die Geheimnisse Gottes sprechen: Du bist Herzog, um das Volk zu leiten, wie der Anführer, der mein Volk Israel regiert. Wenn du aber kein Erbarmen mit dem Volk hast – das ist ein Lobopfer – und es nicht im Bad wäschst, um es zu retten, dann führst du es nicht, sondern entfremdest es wieder der Barmherzigkeit. Du bist auch ein Berg zum Segnen der Kinder, und nicht zum Erschlagen jenes dienenden Knechtes, auf den der Berg herabblickt. Jetzt aber fordere dich die Ermahnung Gottes zum Segnen auf, damit du mit deinen Kindern nicht ins Tal fällst. Gib vielmehr dem König einen Kuß, wie geschrieben steht: „Er küsse mich mit dem Kuß seines Mundes" (Hld 1,1).

Dein Vater war ein Berg und blickte oft ins Tal hinab, und er gab dem König keinen Kuß. Trotzdem aber beendete er sein Leben voll guten Willens, doch mit wenig gutem Tun. Es entspricht Gott jedoch nicht, ihn gänzlich ins Verderben zu schicken; vielmehr wird Er ihn nach geraumer Zeit erlösen. Jetzt hilf ihm – du selbst, und durch andere. Gott verlangt nach dir und möchte dich an sich ziehen. Deshalb geh deinen Weg, und Gott wird dir beistehen.

321

Das lebendige Auge spricht: Du, Mensch, bist zum Herrscher in der Welt bestimmt und hast von Gott dem Höchsten ein Erbe <erhalten>, das Bedeutung für die Glückseligkeit besitzt. So verwirft dich weder Gott noch die Welt. Warum schlägst du selbst durch wechselhaftes Verhalten, Prahlerei und den genußsüchtigen Rausch der Ungerechtigkeit die Einladung Gottes aus? Du befindest dich auch in großer Finsternis wegen der Trunkenheit deiner unrechten Verbindung, weil Gott will, daß in dieser Vereinigung Einheit herrscht wie zwischen Leib und Seele. Erhebst du dich nicht von dieser Schuld, wirst du gewiß vom Lebendigen Licht lächerlich gemacht, und dein Samen wird versiegen. Gott scheuche dich auf, damit du aus der berauschenden Ungerechtigkeit erwachst; und Er lasse dich in ewiger Glückseligkeit leben.

322 Hildegard an Herzogin Bertha

Ich schaue dich auf einem Weg, wo Gott dir die Hand reicht, und daher weise Ihn nicht zurück. Gott liebt dich so, daß Er nach deiner Seele verlangt. Du bist aber doch etwas unbeständig hinsichtlich mancher Werke und Verpflichtungen, die schädlich sind. Fliehe also vor rauhen Sitten und umarme die Barmherzigkeit, weil Gott in dir ein Lobopfer haben möchte. Und Gott schone deiner, und du wirst ein gerettetes Schaf sein.

323

Ich beschwöre und ermahne dich, meine Seele nicht derart in Verwirrung zu bringen, daß du meinen Augen bittere Tränen entlockst und mein Herz mit grausamen Wunden verletzt, wegen meiner liebsten Töchter Richardis und Adelheid, die ich jetzt im Morgenrot schimmernd und mit den Perlen der Tugenden geschmückt sehe. Hüte dich also, ihren Sinn und ihre Seele durch deinen Wunsch, Rat und Beistand von dieser erhabenen Schönheit abzubringen. Denn diese Äbtissinnenwürde, nach der du <für sie> verlangst, ist sicherlich, gewiß und ganz bestimmt nicht mit Gott<es Willen vereinbar>, noch zum Heil ihrer Seele.

Wenn du daher die Mutter dieser deiner Töchter bist, hüte dich, der Untergang ihrer Seele zu sein, damit du nicht später unter bitteren Seufzern und Tränen darüber Schmerz empfindest, weil du keinen Schmerz erleiden wolltest.

Gott erleuchte und stärke deinen Sinn und deine Seele in der kurzen Zeit, die du <noch> leben wirst.

324 Graf Philipp von Flandern an Hildegard

Philipp, Graf von Flandern und Wironia, <entbietet> der jungen Herrin und Magd Christi, Hildegard, einen Gruß und große Hochschätzung.

Eure Heiligkeit soll wissen, daß ich bereit bin, alles zu tun, wovon ich weiß, daß es Euch gefällt. Denn Euer heiliger Wandel und Euer ehrenwertes Leben ertönte – lieblicher als jeder gute Ruf – in meinen Ohren. Obgleich ich nämlich ein Sünder und unwürdig bin, liebe ich doch die Diener und Freunde Christi, eingedenk des Schriftwortes: „Viel vermag das beharrliche Gebet des Gerechten" (Jak 5,16). Daher kommt es, daß ich den Briefüberbringer, meinen treuesten Diener, zur Huld Eurer Güte schicke. Er soll für mich elenden Sünder mit Euch sprechen, obgleich ich doch viel lieber selbst zu Euch gekommen wäre und mit Euch gesprochen hätte, was ich begehrte. Doch ich habe so viele und wichtige Dinge zu erledigen, die sich jeden Tag ergeben <emergunt>, daß ich dafür keine Zeit finden konnte. Es steht nämlich der Zeitpunkt bevor, wo ich den Weg nach Jerusalem antreten muß, was einen großen Aufwand für mich bedeutet. Würdigt Euch, mir dafür brieflich Euern Rat mitzuteilen. Denn ich glaube, daß Euch häufig ein Gerücht über meine Person und meine Taten erreicht hat, und ich bedarf sehr des Erbarmens Gottes. Deshalb flehe ich Euch mit inständigsten Bitten an, Ihr möchtet für mich so elenden und unwürdigen Sünder bei Gott eintreten. Auch bitte ich demütig, von Gott zu erkunden – soweit es die göttliche Barmherzigkeit gestattet – was mir förderlich ist und wie ich handeln soll, daß der Ruhm der Christenheit erhöht, und die Grausamkeit der Sarazenen unterdrückt wird, und ob es nutzbringender für mich ist, in jenem Land zu bleiben, oder zurückzukehren – je nachdem, was Ihr vielleicht über meinen Zustand vernommen und durch göttliche Offenbarung erkannt habt, oder erkennen werdet.

Lebt wohl in Christus, geliebte Schwester, und wißt, daß ich großes Verlangen trage, Euern Rat zu hören, und größtes Vertrauen auf Eure Gebete setze.

324 R Hildegard an Graf Philipp von Flandern

O Sohn Gottes, weil Er selbst dich im ersten Menschen geschaffen hat, vernimm die Worte, die ich wachen Geistes und Leibes in meiner Seele schaute und hörte, als ich wegen deiner besorgten Erkundigung zum wahren Licht aufblickte. Gott gab Adam im Paradies ein Gebot, und nach der Übertretung dieses Gebots vertrieb Er ihn nach gerechter Beurteilung aus dem Paradies, weil er dem Rat der Schlange zugestimmt hatte. Nach gerechtem Urteil ließ Er auch die Menschen, die Ihn völlig der Vergessenheit preisgaben – so daß sie weder nach Ihm verlangten noch Ihn suchten – in der Wasserflut versinken. Dagegen rettete Er diejenigen, die Ihn liebten und suchten, durch die Arche aus der Flut. Doch das sanfte Lamm – nämlich der Sohn Gottes – erlöst durch sein Blut, das Er am Kreuz hängend vergoß, von allen Vergehen und Sünden, die der Mensch in wahrer Reue erkennt.

Jetzt aber, o Sohn Gottes, gib acht, daß du mit dem reinem Auge der Gerechtigkeit auf Gott wie der Adler in die Sonne schaust, damit deine Urteile ohne Eigenwillen gerecht sind, und der himmlische Richter, der dem Menschen ein Gebot gab, und ihn auch um der Reue willen barmherzig zu sich ruft, nicht zu dir spricht: Warum hast du deinen Nächsten ohne meine Gerechtigkeit <nachzuahmen> aus dem Weg geräumt? Auch die Menschen, die vor dem Gericht schuldig sind, zügle mit dem Gesetz und mit der Furcht vor dem Tod, gemäß den Schriften der Heiligen, die Säulen der Kirche waren. Beachte aber bei allem die Verfluchung jenes Menschen, der in seinem Zorn Menschenmord beging.

Auch du flüchte dich wegen all deiner Nachlässigkeiten und Sünden und wegen all deiner ungerechten Urteile mit dem Kreuzzeichen zum lebendigen Gott, der das Leben und die Wahrheit ist, und auch spricht: „Ich will nicht den Tod des Sünders, sondern vielmehr, daß er sich bekehrt und lebt" (Ez 33,11). Und wenn die Zeit gekommen ist, da die Ungläubigen sich bemühen, den Quell des Glaubens zu vernichten, dann widerstehe ihnen, soweit du es mit dem Beistand der Gnade Gottes vermagst. Ich sehe nämlich in meiner Seele, daß die Sorge, die du dir um deine seelische Not machst, der Morgenröte gleicht, die in der Frühe aufsteigt. Daher mache dich der Heilige Geist durch lautere und wahre Reue zu einer leuchtenden Sonne, damit du Ihn suchst und Ihm allein dienst, so daß du auf ewig in höchster Glückseligkeit lebst.

325 An Graf Gerhard von Wertheim

Teurer Sohn Gottes, du befindest dich in der süßen Umarmung Gottes, doch dein Geist begibt sich in einen Wirbelsturm; und danach wird er klar sein. Doch trotzdem bitte ich Gott gern, daß Er die Not deines Vaters und deiner Mutter hinwegnimmt, und ihnen seine Gnade schnell zuteil wird und sie umschließt, weil Er sein Füllhorn häufig denen bereithält, die unter großer Mühsal leiden. Und daher kann Gott auch deinen Bruder von seinen Fesseln befreien. Doch auch deinem Bruder, der aus der Welt hinüberging, kann geholfen werden. Und deshalb eile du oder andere ihm mit dreißig Meßfeiern zu Hilfe. Gott aber erleuchte deine Seele und führe dich in das ewige Zelt.

326

Das Licht, das voller Leben ist, spricht: O du Mensch, höre! Es gab ein Tal, das einmal vertrocknete und einmal blühte. Und es war nicht dauernd mit Nutzpflanzen bebaut, sondern für die Menschen schön anzusehen und nicht sehr tauglich zur Erholung. So ist dein Geist beschaffen. Wenn du nämlich dich selbst betrachtest, so daß du meinst, du seist – trotz guten Gewissens – mutlos, vertrocknest du alsbald, als ob du keine Hoffnung besäßest. Und erhebt sich nachher dein Geist wie ein Berg von Myrrhe und Weihrauch und steigt zur <Gottes>furcht empor, als ob du durch die innere Auseinandersetzung mit deiner Furcht gestorben seist, grünst du. Und so betest du dann und sagst: Übergroß sind meine Vergehen, ungeachtet meiner Sündenwunden.

Doch hierauf verschmachtest du auf den Straßen, d.h. in deinem Eigenwillen, eilst zu den weltlichen Dingen und vollbringst keine guten Werke, um dich darin zu üben. Vielmehr überschätzt du dich in großer Einbildung und sagst: Ich will gute Werke tun. – Doch die guten Werke erhalten so durch dich keine deutliche Prägung, weil du in Sünden dahinsiechst. Schreie also durch gute Werke, und Gott wird dich aufnehmen.

Höre: Sieh, wie du durch das Böse vertrocknest und durch das Gute grünst. Rufe, indem du Gott durch den guten Willen zu schauen beginnst, und tue die guten Werke in vollkommener Weise. Wer Gutes wirkt, schaut Gott, doch wer sich einbildet, Gutes zu tun, ist wie ein Spiegel, in dem irgendeine Gestalt aufleuchtet, doch diese Gestalt ist nicht in ihm vorhanden. Daher steh auf, beginne gute Werke, und tue sie vollkommen. Und Gott wird dich aufnehmen. Doch du erwiderst: Ich habe einen Mann und die Welt. Worin besteht die Bekehrung? – Ich aber zeige dir, daß du Erbarmen und Güte besitzen sollst, und die Tugend, die den Stolz niedertritt. Und du sollst die Hände stets den Bedürftigen und denen, die voller Schmerzen darniederliegen, reichen, und derer schonen, die sich gegen dich verfehlen, so daß du nicht dem Götzendienst huldigst, der in der Habsucht besteht. Und du sollst Gott nicht ins Antlitz schlagen, d. h. die Glückseligkeit, die Gott einem andern geschenkt hat, nicht durch Neid verderben. Und du wirst leben.

327 Hildegard an Gräfin Luthgard von Nifum<?>

Das helle Licht spricht: Ein Berg erhebt sich und gerät in einen Wirbelsturm. Daher denke daran, Tochter, durch den Geschmack an guter Einsicht die richtigen Wege zu betreten, wie der Psalmist sagt: „Meide das Böse und tue Gutes; suche den Frieden, und jage ihm nach" (Ps 34,15; vgl. RB Prol. 17). So suche dir auch stille Orte, damit deine Seele nicht den Mut verliert. Denn Gott verläßt die Gerechten nicht, sondern nimmt in seiner Liebe die Sünder auf. Daher wähle dir gerade Wege, und du wirst ewig leben. Und behalte reine geistige Augen, damit dich keine Täuschung betrügt.

328 Hildegard an Gräfin A. in der Stadt Regensburg

Ich sehe es als gut und nützlich für dich an, beim Kaiser wegen deines Landgutes, von dem du mir geschrieben hast, Beschwerde zu erheben. Und ich vertraue im Herrn darauf, daß du in dieser deiner Familie Trost spendest. Für dein Heil aber und um deine Glückseligkeit will ich Gott bitten.

329 An Gräfin Irmindrurd von Widin

Deine Seele befindet sich durch Gottes Gnade in eifriger Vorsorge und in einer Unruhe deines Herzens. Und du schickst Seufzer zu Gott, die von Nutzen sind. Aber es ist dir angeboren, daß du in deinem Geist häufig Ermüdung verspürst. Doch du mußt lernen, mit Hilfe der Gnade Gottes freigebig zu sein und mit Wohlwollen Almosen zu geben; denn diejenigen, die auf breiten Wegen wandeln, werden Gott sehr liebenswert sein, wenn sie in der Umarmung Gottes ruhen. Wohnen sie jedoch in der Mauerhöhle der Tauben, wird sie Gott in seinen Schoß sammeln.

Es ist aber auch gut für dich, Marta zu sein und Maria zu lieben. Für deinen Sohn will ich jedoch gern beten, daß du ihn voller Freude bei dir hast und ihn freudig aufnimmst. Du aber wirst in Ewigkeit leben, und Gott wird dich für die goldene Zahl der Erlösten <salvationis> vorsehen.

330

O du Söldner dieser Welt, blicke auf den, der dich durch den Adel seines Segens zum freien Menschen bestimmt hat, und gib acht, daß du dich nicht durch böse Taten aus gewohnheitsmäßigen Lastern zum Tölpel machst, damit nicht Himmel und Erde mit klagender Stimme über den Segen ihres Herrn aufschreien, der verlorengeht, wenn deine Seele aus dem Leib auszieht. Nun lebe in Ewigkeit, und Gott erleuchte dich.

331 Über die Schönheit der Enthaltsamkeit

Deine Augen sehen deutlich, wenn du in guter Absicht auf Gott schaust, und deine Einsicht wacht, wenn du inmitten der Schlechtigkeit dieser Welt Enthaltung übst, und dein Geist einen Höhenflug unternimmt, sobald du vor den Lastern des betrügerischen Teufels und der Possenreißerei und Eitelkeit des wechselnden Verhaltens der Menschen fliehst. Fliehe du wenigstens in deinen Gedanken gewissenhaft das tölpelhafte Benehmen, das die Ehre des königlichen Hofs nicht kennt – d. h. den Zorn und die Rache. Sie unterdrücken die zuchtvollen und ehrenwerten Sitten.

Ich sah dich nämlich in der Schau meiner Seele auf einen hohen Berg blicken und zu einem überaus hübschen Mädchen hinschauen, dessen Antlitz wunderschön, und dessen Kleidung glänzendweiß erschien. Die Schönheit ihres Schmucks konntest du nicht vollständig betrachten, wie du es ersehntest. Und dieses überaus hübsche Mädchen stellt die Zierde der keuschen Gesinnung der Enthaltsamkeit dar. Lege dieses Mädchen in das Schlafgemach deines Herzens, und es wird eine Säule von Smaragd im Fenster des himmlischen Jerusalem errichten, die unten von dazwischen angebrachten edelsten Steinen – Topas und Saphir – und oben von reinstem Gold mit jeder Art von Edelsteinen wie ein Spiegel zu funkeln und zu leuchten scheint. So erkennen auch sehr viele, die ihr Gesicht in ihm erblicken, bei ihrer Betrachtung die Häßlichkeit ihres Angesichts – nämlich die Verkehrtheit ihres Charakters.

Das Feuer des Heiligen Geistes mache dich zum geliebten Freund des Sohnes der Jungfrau, damit du dich mit Ihm auf ewig der höchsten Glückseligkeit erfreust.

332 Hildegard an den Laien Konrad von Andernach

Ich mahne und ermuntere dich durch meinen Gott, dich von der Reise zurückzuhalten, die du durchzuführen wünschst. Denn sie wird dir weder bezüglich der Seele noch hinsichtlich deines Leibes zuträglich sein, weil deine Kräfte versiegt sind. Doch gib dein Almosen in guter Absicht zur Nutznießung irgendeines Klosters oder zum Nutzen der Armen, zur Ehre Gottes und jenes Heiligen, zu dem du zu pilgern begehrst. Und Gott wird dich aufnehmen.

333 An eine ältere Frau von Bisurzun<?>

Aus dem Lebendigen Licht heraus sage ich: Gott schuf aus einer Rippe des Mannes eine Frauengestalt und gab ihnen eine solche Treue, wie sie die Seele zum Leib nach der Anordnung Gottes besitzen sollte. Jeder Mann, der sich von seinem Fleisch und Blut <materia> abwendet und einen anderen Weg durch die Verbindung mit einer Frau beschreitet, handelt so schuldhaft, wie Adam nach der Übertretung der Gebote Gottes auf den Rat der Schlange und der Frau. Und er gilt als einer, der vom Angesicht Gottes vertrieben wurde wie Adam, bis die Zeit kommt, da er sich durch Buße abwäscht.

Als das Wort Gottes jedoch Fleisch wurde, entdeckte die Vernunft mit Hilfe der Weisheit, daß die Menschen mit fremdem Blut eine Verbindung eingehen sollten, damit nicht jemand sagen könne: Du bist mein Blut; von deinem Blut will ich empfangen und Kinder gebären. Jene Menschen, die sich in dieser Gesetzesübertretung befinden, gelten als jeder Glückseligkeit entfremdet. Und weil der Samariter auf einem anderen Weg <zu dem unter die Räuber Gefallenen> kam, daher muß das folgendermaßen geschehen: Eine Frau, die ein Kind hat, kann ihren Mann nicht verlassen, wenn nicht die wehklagende Stimme der Kirche ihm laut zuruft: Weil du so schuldhaft handelst, darfst du keine Frau haben, noch Kinder zeugen.

334 Hildegard an den Laien Wezzelin von Bergen

In einer wahren Vision schaute ich folgendes; höre: Ich sah einen Mann im Tal bei einem hohen Berg stehen, der einen Wunsch nach dem Geschmack seiner Seele hegt. Und darum sendet der Mann den Wunsch, den er hat, auf diese Bergeshöhe, und die Luft des Berges nimmt diesen Wunsch auf, so daß sie davon ein feuriges Aussehen erhält, wie Öl, das von Feuer entzündet wird. Doch reine Vögel kommen, die von den unreinen Vögeln getrennt sind, und nehmen jene Luft auf ihre Flügel. Und davon werden sie rasch in ihrem Flug. Das sieht der edle Hausvater und fragt: Woher kommt ihr? – Sie erwidern: Ein fremder Mann, der im Tal bei dem Berg stand, sandte einen lieblichen Wind zu uns auf die Bergeshöhe aus, und dadurch wurden wir befähigt, schnell zu dir zu fliegen. – Und der Hausvater spricht zu ihnen: Wenn auch dieser Mann weit entfernt von mir steht, will ich ihn doch wegen des Fluges lieben, auf den er euch zu mir geschickt hat.

Wer aber recht wachsam sein will, empfange folgende Erkenntnis: Gott macht soundsooft um der Gebete der Heiligen willen aus Wölfen Lämmer, wie auch aus Zöllnern Gerechte.

335 Hildegard an Frau Bertha von Fulda

In der Vision, die ich im Geheimnis Gottes schaue, hörte ich folgende Worte: Für diese Überreste, die nicht zu den heiligen <Reliquien> gehören, kann man kein Gutachten ausstellen. Doch sage ich: Keine Bedeutung darf man der Gewichtigkeit gleichstellen, die Gott den Tagen, Monaten, Jahren und anderen Zeiträumen beigemessen hat. Man muß nur den lebendigen Gott – den König der Könige – dessen Urteile gerecht sind, inständig anflehen, die Sünden der Sünder durch jene Gebete abzuwaschen, die im Heiligen Geist ausgewählt sind. Denn viele Gelegenheiten vereiteln sich in törichter Weise selbst, wie die Götzen es durch das Lärmen des Unglaubens wollten, als sie die Menschen zum Spott erzogen.

336 Hildegard an Luthgard von Karlsburg

O Geschöpf Gottes, Luthgard, ordne deine Angelegenheiten nach deinem dringenden Bedürfnis, denn ich sehe, daß die Krankheit deines Mannes vor seinem Tod zurückgeht. Also beschwöre ich dich, ihn zurechtzuweisen und an das Heil seiner Seele zu gemahnen. Denn ich schaue viel Finsternis in ihm. Gott sorge für dich, so daß du in Ewigkeit lebst.

337 Hildegard an den Laien Hartmut von Cuntichum<?>

Die Gnade Gottes ist nahe bei dir und verleiht dir Freigebigkeit. Und sie bejaht dich; daher vertreibe sie nicht von dir. Denn ein pechschwarzer Vogel eilt von Norden zu dir und treibt mit dir sein Spiel. Und er entreißt deinem Herzen das Brandopfer, das du deinem Gott schenken solltest. Gott liebt nämlich die alleinige Treue, die du deiner Frau <costa> halten sollst. Und deshalb fliehe vor dem bösen Spiel des erwähnten Vogels.

Jetzt aber erhebe deine Augen zu dem, der dich erschaffen und in seinem Blut gebadet hat. Und zeige Ihm deine Wunden und verlange von Ihm ein Heilmittel, weil jede nicht bekannte Sünde ein Schatz für den Teufel ist, wie jener Schatz, den ein unnützer Mensch unbrauchbarerweise in seinem Gefäß verwahrt. Ist aber eine Sünde vor Gott bekannt, entreißt Gott dem Teufel seine Beute. Bessere dich daher bezüglich deiner Sünden, bevor der Zorn Gottes über dich kommt, damit du nicht im Tod endest. Denn Gott bejaht dich, doch du verbirgst deine Augen vor Ihm. Und wenn du deswegen zu Gott eilen willst, wird Er dir helfen.

338 Hildegard an die Sibylle jenseits der Alpen

O Sibylle, folgendes sage ich dir im Licht wahrer Visionen: Du bist ein Kind der Wälder im Wirbelsturm der Krankheiten. Gott wacht über dich, damit dein Leben <anima> sich nicht auflöst. Daher vertraue auf Gott. Folgende Worte aber lege um deine Brust und um deinen Nabel, im Namen dessen, der alles richtig ordnet: Durch das Blut Adams entstand der Tod; das Blut Christi hielt den Tod zurück. Durch dieses Blut Christi befehle ich dir, o Blut, deinen Erguß zurückzuhalten.

339 Hildegard an Sillibe <Sibylle> von Lausanne

O Sibylle, du bist ein Geschöpf des Fingers Gottes; bessere dich bezüglich der Unbeständigkeit deines Charakters, und strecke dich nicht aus nach der <Unter>scheidung deiner Gesinnung, für die du dich nicht entschuldigen kannst, weil Gott alles voraussieht.

Doch Gott gebietet nicht, daß ich seine Urteile über dich ausführlich bespreche, sondern für dich bete; denn manche vorher begangenen Taten deiner Eltern lenken jetzt den Blick auf die Vergeltung, weil Gott zuweilen Heimsuchungen auf die dritte und vierte Generation ausdehnt. Vertraue trotzdem auf den Herrn, daß Er dich von der Gewalt des Schwertes deiner Feinde befreie, obgleich deine Tochter ihnen kaum entgeht.

Ich will aber lieber vom Seelenheil sprechen, als über die Fehltritte der Menschen. Und daher schweige ich vielfach darüber, weil der Heilige Geist nicht eine Offenbarung zur Scham über die Vergehen der Menschen aussendet, sondern ein gerechtes Urteil.

Nun versetze dich Gott auf das Landgut des Lebens, damit du ewig lebst.

340 Hildegard an Martin und Isabelle von Lausanne

Martin, du hast das Wort der Frage, wie man zu Gott gelangt, <auf den Lippen>, aber noch keine Werke. Isabelle jedoch <besitzt> den Goldglanz des Wohlwollens und das Seufzen des Herzens nach dem Himmlischen.

Der Segen des Herrn aber komme über eure Kinder und befreie Beatrix von all ihren Nöten. Gott stehe euch bei, die Zucht des Gesetzes und das Heil eurer Seelen zu ergreifen, und ihr werdet in Ewigkeit leben.

341 Hildegard an Frau Cuneze von Straßburg

Du, Mensch, sitzt inmitten von Dornen und schaust überall umher. Und du sammelst bei dir Rosen und Lilien; und es ist Wohlwollen bei dir vorhanden, doch trotzdem besteht ein gewisser Mangel an deinen Werken.

Daher stehe jetzt auf, und zeige keinen Widerwillen, dich aus den Dornen zu erheben, damit sie dich nicht ersticken. Denn Gott freut sich nicht an einem <Bau>werk, das zwischen Dornen errichtet wird.

Erhebe dich also rasch, o Tochter Gottes, bevor die Sonne für dich untergeht.

342 Hildegard an Frau Luitgard von Straßburg

O wie selig sind die lichtvollen Gestalten, die zu Füßen des königlichen Leuchters liegen, und für die Gott in großzügiger Vorsehung gesorgt hat, so daß Er ihnen seinen Schoß nicht entzogen hat. Auch du bleibe in ihm und trage Freude in deinem Herzen. Denn Gott hat dich durch das Wasser des Springquells erlöst und für das Leben bestimmt. Daher wirst du leben, und Gott wird dich nicht verlassen.

343 Hildegard <hilt> an Odilia von Trier

Der alles weiß, spricht: Seht zu, daß ihr Gott nicht in Räuberhöhlen liebt und <seinen Namen> nicht vergeblich nennt, so daß ihr Gott nur mit Worten anruft und nicht durch Werke. Wer mich mit einem Wort anredet, dem werde ich antworten; wer aber zu mir in Sprichwörtern redet, für den bin ich ein Fremder.

344 Hildegard an Weltmenschen

O Scharen von Menschen, die ihr durch die göttliche Weisheit geboren wurdet und aufwuchst, hört, was Ich, das helle Licht und der Schöpfer aller, euch sage: Eure Einpflanzung in meinem Herzen fand am Tag des Ursprungs der ganzen Schöpfung statt. Und als ich den Menschen erschuf, verlieh ich ihm ein Hilfsmittel, das der Teufel lächerlich machte, d. h. ich gab ihm ein Gebot, das der Teufel infolge seiner Bosheit verwarf. Dieses Böse stammt nicht von mir, der ich das vollkommene, machtvolle und <alles> durchdringende Gute bin.

Es war jedoch geziemend für Gott, ein solches und so großes Werk zu schaffen, das viele verschiedene Werke wirken kann, d. h. den Menschen. Denn Gott ist nicht gebildet und geschaffen, noch vom Wechsel der Zeiten berührt, sondern Er besitzt das ewige Sein. Das deutet das Rad an, das weder Anfang noch Ende hat. Aus der Anordnung Gottes geht nämlich alles Lebendige hervor. Daher gibt es bei Gott kein Abnehmen. Vielmehr hat er den Tod überwunden. Auf welche Weise? Höre, o Mensch!

Das Böse kam durch die überaus starke Kraft der Gottheit zu Fall, die niemals zu leben begann, sondern immer lebt. Als nämlich die ins Leben gerufene Schöpfung <vivens sphera> wahrnahm, daß sie von Gott gemacht und erschaffen war, verging das Böse, da Gott, der unversehrt bleibt, es vernichtete. Denn das Böse besaß eine so große Kraft, daß es sich nicht ziemte, wenn es irgendjemand besiegte, außer dem, der ohne Anfang ist. Er überwand das Böse auch durch seine Schulter. Wie? Durch den Menschen. Was heißt das? Er sandte einen Menschen aus Seele und Leib; in beiden verbarg sich ein großes Geheimnis. Die Jungfräulichkeit brachte nämlich einen Menschen – d. h. die größte kostbarste Gabe – im Hohenpriester hervor, durch den Gott dieses Böse allmählich <leniter> vernichtete.

O ihr wunderschönen menschlichen Geschöpfe, warum schlaft ihr in Nachlässigkeit, da Gott euch doch zu großer Herrlichkeit bestimmt hat? Gott hat euch ein überaus wichtiges Gebot gegeben, als Er den Menschen ins Paradies setzte. Und aus derselben Liebe schuf Er den Menschen, durch den Er seinen Sohn Mensch werden lassen wollte, um jenes Böse zu besiegen, das sich gegen Ihn erhoben hatte.

Auf diese Weise wollte Gott das Böse durch die liebliche leibhaftige Gestalt des Menschen überwinden, über die der Teufel seinen Sieg errungen zu haben glaubte. Daher begann er auch, durch seine Versuchungen mit ihm sein Spiel zu treiben und wußte nicht, daß er von Ihm völlig besiegt werden würde.

Daher, ihr Menschen, laßt euch nicht von der Torheit eures Verhaltens zermürben, als ob ihr kein Gesetz hättet. Das stimmt nicht. Denn ich habe euch ein Gesetz aufgestellt, damit ihr nicht die Speise des sinnlichen Bösen genießt. Doch ihr habt mein Gebot übertreten und nach jener Erkenntnis verlangt, die euch in die Fremde trieb. Aber du, o Mensch, sagst: Warum kenne ich das Böse? Darin widersprichst du mir, dem Schöpfer, wie auch derjenige, der mich besiegen wollte. Ich aber will das Böse nicht, noch rührt dieses an meine Geheimnisse ... <Deshalb> berührt <das Böse auch> ... mich nicht. Dafür sind eure Augen blind <obtenebrati>. Und wenn ihr das Böse kennt, warum tut ihr es? Wie könnte meine Schöpfung vergeblich und unnütz sein? Eine jede Kreatur nämlich, die kein vernunftbegabtes oder empfindungsfähiges Leben besitzt, hat in sich zweierlei Nützliches und etwas Vergängliches. Zweierlei, d. h. eines in fester Gestalt und das andere in ihrer Grünkraft, und etwas, das vergeht. So besitzt auch der Mensch zweierlei in sich, nämlich Seele und Leib; die Seele hinsichtlich der Tugendkräfte, den Leib zur Betätigung. Und er kennt auch das Böse, das wie das Dürre ist, das vergeht. Sonst wäre er kein Geschöpf. Denn als Adam das Gebot erhielt, wußte er, daß das, was mich nicht berührte, und was mir zuwider und gegen mein Gebot war, geringzuschätzen war. Doch als er es zu haben begehrte, kannte er es zwar gleichsam dem Wunsch nach, aber noch nicht in der Tat. So wissen auch die Engel im Himmel, daß das Böse besteht, aber sie tun es nicht. Als jedoch Adam das Böse ins Werk setzte, da kannte er es auf sinnliche Weise und vollbrachte es durch schuldhaftes Verkosten. Daher verfiel er dem Tod, den der fand, der sich mir zuerst entgegenstellte und deshalb vom Himmel ins Verderben stürzte.

Doch du, o Mensch, weißt nicht, was du darauf sagen sollst. Der täuschende Betrüger hintergeht dich und lehrt dich das Gegenteil. Als ich euch nämlich das Gesetz gab, schrieb ich nicht vor, daß ihr Unzucht, Ehebruch, Mord, Raub und Einkerkerung begehen, noch jemanden einkerkern solltet, den ihr nicht geschaffen habt. Vielmehr gebot ich euch, daß ihr euch in der rechten Ordnung – und nicht in Wollust – durch eure Kinder vermehren und das Land besitzen solltet, indem ihr es mühsam mit Getreide, Wein und anderen nützlichen Dingen bebaut, die zu euerm Bedarf dienen. Daher müßt ihr mein Gebot beachten und es nicht vertilgen. Denn ich habe euch geboten, eure Kinder mit der rechtmäßigen Liebe und nicht in verderblichem Ehebruch zu lieben. Doch ihr handelt, als ob es euch freistünde, zu vollbringen, was immer ihr wollt, und alles Böse zu verrichten, das ihr begehen könnt.

Warum also werft ihr eure Gesetzesverpflichtung von euch und sagt: Man hat uns nicht unterwiesen, strenge Zucht zu halten und zu üben, als ob wir himmlische Menschen seien. Die Welt erlaubt uns nämlich nicht, himmlisch zu leben. Und auch unsere Kinder, Äcker, Schafe, Rinder und unser anderes Vieh und alles andere Besitztum hindern uns an dieser Absicht. – Das alles hat euch Gott gegeben. Warum vergeßt ihr Ihn, der euch erschaffen und euch all dies geschenkt hat? Gibt Er euch aber, was euch vonnöten ist, läßt Er es euch zuweilen, und nimmt es auch manchmal weg. Doch ihr sagt: Es ist nicht unsere Sache, ein gutes und strenges Leben zu führen, sondern <Aufgabe> der Kleriker und anderer geistlicher Menschen. – Hört also, die ihr euch nicht um eure Angelegenheiten kümmert: Ihr seid mehr als alle diese geistlichen Menschen verpflichtet, da Gott euch gebot, so zu leben, wie es euch vorgeschrieben ist. Denn die geistlichen Menschen schlagen es aus, das Gesetz zu beobachten, das euch auferlegt ist. Daher sind sie frei, weil eure Gesetzesverpflichtung, die euch auferlegt ist, sie nicht bindet. Doch sie küssen mich unter liebevollen Umarmungen, wenn sie um meinetwillen die Welt verlassen, über den Berg der Heiligung hinaus emporsteigen, und so wie Söhne sein werden. Ihr aber seid gleichsam Knechte durch die Bindung an das euch besonders auferlegte Gebot. Jetzt also versteht mich und beachtet euer Gebot, damit euch euer Gewissen nicht anklagt, daß ihr seine Gesetze zunichte gemacht habt, wenn euer Herr kommt. Denn ihr werdet mit großer Liebe behandelt, weil das unschuldige Lamm wegen eurer Vergehen auf die Kelter des Kreuzes gelegt wurde.

O teure Söhne, hört und versteht mich also um eurer auserlesenen Erschaffung willen. Doch du, o Schar, was tobst du und verachtest mich in deiner Tollwut? Was tust du durch so große verbrecherische Vergehen zur Vernichtung des Fleisches, so daß du einen Menschen wie dich tötest? Dieses Böse fand die Anerkennung des ersten verworfenen Engels, der mich vernichten wollte. Doch das konnte nicht sein, daß jener glaubte, es könne auf diese Weise geschehen. Daher lief er auch wegen seines Hochmuts ins Verderben. Doch weil Adam mich erkannte und liebte, und meine Gebote in seiner Bereitwilligkeit küßte und sie beobachten wollte – wenn ihn nicht der Teufel zum Ungehorsam veranlaßt hätte – gebührte es sich, daß ich ihn von der Todesstrafe befreite, weil der Verführer ihn getäuscht hatte. Denn der Teufel fand bei all dem keinen Geschmack am Guten, sondern schaute mit dem schielenden Auge des Hochmuts nach Norden. Denn als er mich außerhalb des ganzen Umfelds der göttlichen Anordnungen erblickte, bezweifelte er unwillig, daß ich mich im Norden befand, weil ich dort meine Macht wie mit einem Flügel im Wirbelsturm bedeckt hielt und damit andeutete, daß diese meine Macht jenes Böse niederhalten mußte, das er zu vollbringen gedachte. So wurde auch er durch seinen verkehrten Wunsch zu Boden gestreckt. Da bist du, o boshafter Mord, auf seinen Rat hin unaufhaltsam hervorgesprudelt.

Als der Teufel nämlich sah, daß ein Mensch erschaffen war, begann er all sein Böses zu untersuchen <excribrare> und überredete ihn schmeichlerisch – gleichsam als Vermutung – zum Ungehorsam, weil er in ihm nicht eine so große Bosheit sah wie in sich. Daher begann er auch listig, ihn zu beeinflussen und ihn gleichsam zu einer vorteilhaften Würde zu führen, damit er ihm zustimme. Und so wurde der Mensch mit dem Teufel einig. Da freute sich der Teufel innerlich, daß er den Menschen besiegt hatte, so daß der Mensch tat, was jener wollte. Doch trotzdem war im Menschen das Böse nicht so stark wie im Teufel. Denn der Teufel beneidete Gott und wollte über Ihm stehen. Und er begann das Böse <zu tun>, ohne daß ihm jemand dazu riet. Der Mensch aber hörte das Gebot Gottes, wollte Ihm aber nur ähnlich sein und gehorchte Gott auf den Rat des täuschenden Verführers nicht. Als der Teufel später sah, daß das ursprüngliche Gute in Abel sichtbar zu werden begann, der meine Güte bei seinem Tun genoß, knirschte er innerlich heftig und überredete den Menschen zum Mord, so daß der Mensch einen Menschen vernichtete, wie auch jener mich vernichten wollte. Das konnte nicht sein, weil keiner meine Stärke überwinden kann. Und als so durch die Überredungskunst des Teufels ein Mord geschehen war, freute sich der Teufel und sprach zu sich selbst: Ich habe den Menschen mit eigener Kraft aus dem Paradies hinausgeworfen; Potztausend! Jetzt mache ich mir den Menschen auf der Erde von neuem dienstbar. Denn das Werkzeug des Allerhöchsten wird von einem andern Werkzeug, das ihm gleicht, durch den Mord zerspalten. Ich vermochte nämlich den Allerhöchsten nicht zu überwinden, weil ich weder seinen Scheitel noch seine Fußsohle sah. Doch jetzt besitze ich seine Werkzeuge, die vollständig meinen Willen tun – sowohl durch gegenseitiges Töten als auch dadurch, daß sie ausführen, wozu ich sie auch noch überredet habe. O welch große Macht habe ich über sie! Denn was ich in der Himmelshöhe nicht bewerkstelligen konnte, das vollbringt dieses von mir angestachelte Geschöpf da an einem andern, das ihm gleicht. So wird mehr bewirkt, als ich bewirkt habe; denn was ich nicht wollte und konnte, das tut dieses, wenn eins das andere verdirbt. – Und an diesen Taten hatte der Teufel innerlich große Freude, weil Kain seinen Bruder Abel tötete.

Daher brannte die Hölle damals nach gerechtem Gericht noch heftiger im Feuer, als sie es vor diesem Mord tat. Ich aber, der ich Anfang und Ende bin, sage: Ach, Ach, ach über den Mord, der auf den Rat des Teufels entstand, um das gute Werk zu vernichten! O weh diesem Übel, bei dem die Unschuld ihre Unversehrtheit einbüßte! Darüber trauert auch die Erde, weil ihre Mühsal <sudor> Blut trank, als der Mensch einen Menschen tötete. Deshalb klagt auch der Himmel, und ebenso trauern die andern, wie mit rotem Blut bespritzten Elemente, weil sie mit ihren Diensten den Menschen unterstellt sind, wie es die Umstände und das Bedürfnis der Menschen erfordern.

O Mörder, ihr stürzt in großes Verderben <ruinam>, wenn ihr durch die Tötung des Leibes das vom Menschen abtrennt, was ich im Menschen verbunden habe. Denn wenn der Mensch durch eine verwegene Tat dieses Böse begeht, wird die Stimme jenes Blutes, das auf diese Weise vergossen wurde, vor Schmerz über diese Qual aufgeschreckt zur Höhe eilen, so daß die erschreckten Elemente dieses Schreien aufnehmen und es nach oben tragen. Denn die Seele wehklagt wegen des Schmerzes des getöteten Fleisches – ihres Zeltes – solange, bis der himmlische Richter sich ereifert und ihr Rufen erhört.

Daher, ihr Menschen, vernehmt, was gesagt wird: „Das Blut deines Bruders Abel ruft laut zu mir von der Erde" (Gen 4,10). Denn die Seele erhebt eine große Klage im Zelt ihres Leibes, wenn sie wahrnimmt, daß er durch Totschlag niedergestreckt wird. Doch die Seelen der Heiligen, deren Leiber um meines Namens willen getötet werden, rufen bei der Vertreibung aus dem Zelt ihres Leibes folgendermaßen: Räche, Herr, unser Blut, das vergossen wurde! – Und diesen Ruf überbringen sie mit der himmlischen Heerschar dem Himmel, weil mein Tempel zerstört ist. Die Seelen

der Menschen aber, die mit ihren Mißhandlungen und Verbrechen bewirken, daß ihre Leiber getötet werden, geleiten ihr Wehklagen zu den Elementen, doch sie können es nicht zu den himmlischen Geheimnissen em-
porheben, weil sie in ihrer Bosheit sich selbst treffen und bewirken, daß sie
durch das gerechte Gericht über ihre Bosheit von einem andern getötet
werden. Aber auf welche Weise auch ein Mensch von einem andern getötet wird, Gott prüft gerechterweise diese Angelegenheit – sowohl bezüglich des Willens des Totschlägers als auch des Verschuldens des Opfers <ca-
dentis> – weil der Mensch „als Abbild und Gleichnis Gottes" (Gen 1,26)
geschaffen ist. Ihr aber, die ihr in dieser bösen Leidenschaft des Mordens
brennt, hört: O Entartete, infolge dieses raschen Verbrechens wäre euer
Grab in der Hölle, wenn nicht das unbefleckte Lamm, das zur Erlösung der
Welt am Kreuz dargebracht wurde, die Wundmale seiner Nägel und das
Vergießen seines Blutes in Betracht ziehen würde. Denn über diese Verbrechen, die ihr <von Leidenschaft> glühend durch Mord begangen habt,
freute sich euer stolzer Feind und glaubte, er könne den unterlegenen
Menschen in seiner Gewalt behalten. Doch als mein Sohn auf die Welt
kam, und Ihn der Teufel mit den Menschen verkehren sah, sagte er: Seht,
ein zweiter Adam kommt, und ich weiß nicht, woher er ist. Denn den ersten Adam hat Gott aus dem Lehm der Erde erschaffen, aber ich weiß
nicht, woher dieser da gekommen ist. Seine Mutter sieht und kennt ihn als
ihren Sohn, aber ich weiß nicht, von wem sie ihn empfing, weil ich keine
Kenntnis davon habe, daß sie einen Mann zur Empfängnis besitzt. Ihr Leib
<caro> befindet sich nämlich in unversehrter Jungfräulichkeit. Woher
kommt das? Denn ich habe den Menschen so sehr in meiner Gewalt, daß
ihn mir niemand rauben kann, weil er seinen Bruder getötet hat und bei all
seinen andern Taten meinen Willen erfüllte. Darum glaube ich, daß ihn
mir keiner entreißt. Denn ich besitze ihn nach gerechtem Urteil. – So
<sprach> jener alte Feind, solange er bezweifelte, daß mein Sohn zur Un-
terwelt hinabstieg und sie erschütterte, um den Menschen zu befreien.
Wie? Bei seinem Leiden nahm sein Blutschwitzen die Niederlage <naufra-
gium> der Begierde weg, die sich in der Leidenschaft des menschlichen
Blutes entwickelt, und sein Zittern tilgte die Sünden ihrer unrechten Vereinigung. Und die Fesseln, die Er ertrug, löste barmherzig die Bindung,
welche der Ungehorsam den Menschen eintrug; und das Blut seiner Wunden reinigte die Menschen von den Verbrechen. Als Er dann am Kreuz
hing, nahm Er den bitteren Kelch an und vernichtete dadurch den bitteren

Zorn, mit dem alle üblen Laster zusammenhängen. Und so verkostete Er am eigenen Leib den Tod körperlich, durch den Er alle Werkzeuge des Teufels völlig vernichtete, mit deren Hilfe der Mensch wie Gott zu sein begehrte. Mit all seinen Martermalen stieg Er so zur Unterwelt hinab, überwand sie und fesselte die Macht des alten Feindes.

Da schämte sich der Teufel, daß er eine so starke Kraft nicht gekannt hatte, die vermochte, ihn so mutig im Pfuhl der Unterwelt zu besiegen. Und auf diese Weise wurde sein Selbstvertrauen, in dem er glaubte, den Menschen festhalten zu können, gänzlich zugrunde gerichtet, so daß von da an kein Mensch sich in so großer Schuld befindet, daß seine Wunden nicht geheilt werden könnten, wenn er dafür sorgt, sie durch Reue zu reinigen. Daher sei Gott gelobt!

Jetzt aber freue sich der reuige Zöllner, und der büßende Sünder habe Anteil an der wahren Freude, weil der ganze Himmel sich über ihn freuen wird, wenn er jenen sieht, der sie durch seine Wunden dem Tod entriß. Wenn sie sich so zum Himmel emporrichten wollen und vor jener Täuschung fliehen, mich in ihren schlimmen Begierden zu verachten, in der sie nicht auf meinen Willen achteten, sondern sich selbst betrogen, und wenn sie später auf mich blicken, ihr schlechtes Tun aufgeben und in aufrichtigem Bekenntnis sprechen: Herr, wir haben gesündigt – wird sich das ganze himmlische Heer über ihre Rettung freuen, weil sie Buße getan haben.

O teuerste Söhne, gedenkt eures gütigen Schöpfers, der euch von allen Wunden eurer Vergehen befreit und im Blut seines geliebten Sohnes vom schlimmen Übel des Mordes gereinigt hat. O weh diesem Bösen, das Kain wegen seines schädlichen Zorns begangen hat, der ein Gefährte des Todes ist! Denn auch euer Tod, der die Auflösung eures Leibes bewirkt, wird mit großen Schmerzen in allen Adern für euch verbunden sein. Durch seine Leiden wird er sichtbar machen und aufzeigen, daß Abel durch den leiblichen Tod das Leben unter Schmerzen beendete, als sein Bruder seine Seele durch die erste Sünde des Mordes zwang, aus dem Zelt ihres Leibes auszuziehen.

Nun aber werde jenen Heil und Erlösung zuteil, die eifrig wegen ihrer Sünden zur wahren Buße eilen.

345

Das Lebendige Licht spricht: Der Tag hellt sich auf, doch die Nacht naht mit Finsternis. O du Mensch, wenn der Tag in dir anbricht, ergreift dich die Nacht mit der Lust dieser Welt. Warum errötest du nicht, weil du mit müßigem Aufschub die Gnade Gottes von dir vertreibst?

Jetzt aber berechnest du bei deinen Erwägungen Zeit und Umstände und siehst nicht voraus, daß du zu wiederholten Malen auf die Verwesung zugehst und keine Edelsteine sammelst. Du gleichst nämlich einem Mann, der sagt, er wolle Kriegsdienst leisten und Waffen anlegen; und dennoch gibt es bei ihm kein Handeln, sondern <nur> die Einbildung, zu handeln. Daher schämt er sich oft unter seinen Kameraden.

Du aber empfange die Geißelhiebe, die sich manchmal einstellen, wenn die Hand des Herrn auf dich einschlägt, und fliehe vor dem gewaltigen Schiffbruch der Welt, bei dem du schmählich darniederliegst. Erhebe dich also zum Licht, und mache dich wieder auf den Weg, bevor du stirbst. Und du wirst leben.

346 Hildegard an eine ältere Frau

O Tochter, vertraue auf den Herrn, und sei nach dem Gebot Gottes eifrig besorgt um dich und deine Töchter. Gib aber trotzdem nicht die Frömmigkeit auf, die Gott dir in der Umarmung seiner Liebe verliehen hat und verleiht. Denn du hast die Welt immer unter beklagenswertem Leid besessen.

Gott stehe dir bei, damit du ein lebendiger Stein im himmlischen Jerusalem wirst.

347 Hild<egard> an den Laien Friedrich

O Sohn der Zurechtweisung Gottes – und das nur, weil der Vater denjenigen, den Er liebt, häufig tadelt. Daher sieh dich vor; und ich vertraue auf Gott, daß du keine verworfene Seele bist. Beachte auch, was Erbarmen ist, wie gesagt wurde: „Barmherzigkeit will ich, und kein Opfer" (Mt 9,13; 12,7).

Nun, Sohn Gottes, übe Schonung, damit du dir selbst und deinen Kindern die Seligkeit erwirbst. Reiche also diesen Kindern Gottes deine Hand zur Hilfe, so daß die Gnade Gottes auch dir nicht fehlt.

348 Hildegard an einen bestimmten Mann

Bei einer wahren Vision gewahrte ich, daß nichts Gott widersteht. Denn es ziemte sich für Gott nicht, daß Ihn der Teufel überwinde; vielmehr schleuderte Gott ihn in den Abgrund, wo er keine Macht gegen Gott besaß.

Daher erhebe dich eilends, verlasse die Schweineschoten, d. h. den Götzenkult, und eile zu deinem Vater. Und Er wird sich beim Schlachten <in sanguine> des Kalbes und unter der Musik zu seiner Auferstehung über dich freuen. Und schau: Viele wollten vor Gott fliehen, und das Verlangen seines Sohnes zog sie an sich. Denn Gott sieht es nicht gern, daß seine Herde zugrunde geht, die Er in seinem Blut gereinigt hat.

Und ich sage dir: Steh schleunigst auf, und Gott wird dich aufnehmen, weil deine Sünden sich mehr aus Torheit als aus Bosheit verborgen hielten.

349

Für jeden Menschen irdischer Natur, der aus vergänglichem Grundstoff entstanden ist, ist es unmöglich, die himmlischen Dinge zu betrachten, inwieweit er sie nicht im Glauben begreifen kann. Deshalb verlangt Gott von diesem Menschen keine Erkenntnis, die er nicht von selbst oder auf Grund einer anderen natürlichen Ursache zu gewinnen vermag, nämlich weder durch Hören und Sehen, noch auf anderem Weg durch irgendeine gemachte Erfahrung. Doch trotzdem sehe ich diesen gleichen Menschen aus rechtmäßigem Samen hervorgegangen und von fremder Befleckung etwas beschmutzt. Und daher darf dieser nicht aus einem geheimen, und nicht wirklich geprüften Grund verurteilt werden, sondern er lebe in Gottesfurcht und -liebe mit Erlaubnis der Kirche in rechtmäßiger Ehe mit der ihm verbundenen Gefährtin <costa>, wie es Gott von Anfang an eingerichtet hat.

350

Ich schaue im wahren Licht, daß dein Geist sich verhält, <vadit> wie wenn der Tag anbricht. Er ist zuweilen heiter und zuweilen wie eine vom Wirbelwind aufgewühlte Wolke. Und später sehe ich ihn wie Morgenrot rötlich schimmern. Die Vereinigung unter einer grausamen Rute hat mir Gott noch nicht gezeigt. Über die beiden Frauen aber, über die du mich befragst, erteilt Gott mir keine Auskunft. Ich schaue sie dennoch nicht in großen Gefahren. Gott aber kennt das Kind, doch <es ist> nicht verloren.

Welcher Mensch könnte das ganze Meer ausschöpfen und die Sterne zählen? So vermag kein Mensch alles zu wissen, nur Gott. Nun lebe deine Seele nur im Tag<eslicht> und bleibe in ihm in Ewigkeit.

351

Die Weisheit teilte mir bei einer wahren Vison diese Worte mit: O Sohn, der du das Abbild Gottes bist, dein Geist ist ein Tummelplatz mit breiten Wegen, nämlich durch Wollen, Ersehnen und unbedachtes Laufen und abwechselndes Forschen – sowohl nach Unnützem, als auch nach Nutzbringendem. Doch das Auge deiner Seele betrachtet – unfreiwillig oder freiwillig – den engen und schmalen Weg bei der Untersuchung sehr vieler fremder Angelegenheiten, mit denen sich dein Geist beschäftigt.

Nun sieh, daß es für den, der auf einem breiten Weg steht, unmöglich ist, sich auf einen Weg zu verpflichten, weil ein weites Herz unter einer Verpflichtung keine Wege nach seinem Wunsch einschlagen kann. Und erfahre, daß viele, die einen breiten Weg erwogen, auf ihm gingen und doch trotzdem ihre Seele liebten, große Glückseligkeit besaßen, weil sie nicht imstande wären, auf engem und schmalem Weg zu laufen. So bist du. Das Ergreifen des Armes Gottes stellen die Weltmenschen dar, und sein Auge die geistlichen Menschen. Und Gott liebt beide Gruppen sehr, wenn sie nach seinem Gebot leben.

Das lerne auch du, und du wirst in Ewigkeit leben, aber trotzdem in der Kelter zerstampft – doch nicht als entfremdeter Sohn, sondern wie ein Freund Gottes.

352 Über die zweifache Reinigung der Seele und des Leibes

O Mensch, du bist das Abbild Gottes, weil Er dich im ersten Menschen geschaffen hat. In richterlicher Strenge <firmitate> siebt Er dich jetzt auch durch. Höre: Der allmächtige Gott will alle Ungerechtigkeit des Menschen läutern – sowohl am Leib als auch an der Seele. Daher trage du ebenfalls die Schwäche deines Körpers nicht als unverdiente Beschwerde und nicht mit Herzeleid, da doch jener Mensch selig ist, der zur Rettung seiner Seele von Gott zurechtgewiesen wird, und derjenige, der ohne Gottesfurcht nach Herzenslust ungestraft sündigt, sich sehr oft die Verdammung seiner Seele zuzieht.

Daß aber die Kirche durch das Gerichtsurteil Gottes so lange unter der Bedrängnis des apostolischen Stuhls harte Strafen erduldet, geschieht wegen der Ungerechtigkeit des ganzen Volkes, das seinem Eigenwillen folgt und die Vorschriften Gottes lächerlich macht; und auch wegen der unsinnigen Ungläubigkeit der Sadduzäer, die den Gesetzesvorschriften widersprechen und vor Gott durch ein ungerechtes Leben als zu Grabe getragen gelten; und wegen des Unverstands derjenigen, die der Lehre dieser Menschen nicht widerstehen und damit übereinstimmen. Durch diese und andere Sünden im höchsten Grad herausgefordert – nachdem das Haupt der Kirche schon lange gespalten war – leidet diese Kirche nämlich am Versagen beider Persönlichkeiten, weil sie keine von ihnen einmütig annehmen will. Daher flüchte sich ein jeder Gläubige aus Sorge um das Treubleiben der Seele zu seinem geistlichen Lehrer, um zu erfahren, was er im rechten Glauben tun muß. Denn die Seelen der Untergebenen sind stets durch die Lehre der geistlichen Lehrer zu leiten. Das Binden <Verweigerung der Absolution> aber, das den Priestern zuerst im Apostelfürsten zugestanden wurde, ist sehr zu fürchten. Doch der Priester, der unter den Menschen die Vollmacht zum Binden und Lösen besitzt, möge sehr eifrig Vorsorge treffen, daß er nicht vom himmlischen Richter beschuldigt wird, er habe seinen Bruder durch ungerechte Exkommunikation umgebracht.

Du aber, Diener Gottes, mühe dich ganz eifrig unter seiner Zuchtrute, damit du mit Hilfe deiner weltlichen und geistlichen Freunde von der Bindung der Exkommunikation und von der Verurteilung freigesprochen wirst. Hüte dich, daß du nicht vom himmlischen Richter angeklagt wirst, du seiest der Gottesfurcht überdrüssig. Mit größtem Eifer muß man sich auch hüten, daß keine Verwandschaftsehe geschlossen wird, weil es gegen das Gesetz Gottes ist. Und regle diese Angelegenheit nach dem Rat der Priester, damit du an deiner Seele geheilt, und gerettet werden kannst.

In einer wahren Schau meiner Seele sehe ich, daß du dir nicht durch jene Frau, sondern auf Zulassung Gottes jene Krankheit zugezogen hast. Doch mit der Vermählung dieser Frau sollst du verfahren, wie es dir die Priester in den heiligen Büchern aufgezeichnet zeigen. Du aber verlange die Heilung deiner Wunden von Gott, und eile zu Ihm wie der Verlorene Sohn zu seinem Vater lief, der ihn in väterlicher Liebe und mit einem frohen Festmahl gütig empfing, damit du in Ewigkeit im himmlischen Vaterland lebst.

353

O Sohn Gottes, weil Er dich im ersten Menschen gebildet und in seinem Vorherwissen erschaffen hatte! Da du die Gabe von Gott hast, wissen und wählen zu können, was dir nützt und was dir schadet, obwohl du in diesem finsteren Kerker steckst, höre, was ich in einer wahren Schau über dich gesehen und gehört habe: Ich schaute eine schneeweiße Wolke, die ohne Glanz war. Mit ihr war auch eine trübe Wolke vereint, auf der feurige Zungen erschienen; und jenes Gewölk hatte dieses durchdrungen. Die schneeweiße Wolke bezeichnet nämlich das gute Verlangen, das du oft hegst und nicht aufgibst, und die trübe Wolke zeigt die Beschäftigung an, von der du in Anspruch genommen bist. Du wirst davon so verhärtet, daß du die guten Werke, die wie der Glanz des guten Verlangens sind, nicht zu tun vermagst. Unter den feurigen Zungen aber verstand ich, daß Gott dich wegen des guten Verlangens, das Er an dir liebt, mit dem Feuer des Heiligen Geistes entflammt, um gute Werke zu tun. Daher wende mit dem Pflug der Gottesfurcht, der siegreich durch alle Laster hindurchzieht, den Acker deiner Eigenwilligkeit um; und beachte, daß das Unkraut auf ihm überhandgenommen hat, so daß du deinen Samen kaum an irgendeiner Stelle säen kannst. Das Unkraut nämlich deutet auf die übermäßige Inanspruchnahme durch deine Geschäfte hin; so vermagst du den Samen der Worte Gottes nicht zu säen. Und daher trachte danach, nur das zu behalten, was du zusammen mit der Gnade Gottes besitzen kannst, doch als Armer und Elender wie David, der sprach: „Ich aber bin elend und arm" (Ps 70,6). Er nannte sich elend, weil er nicht habgierig war, und sagte, er sei arm, weil er den Reichtum nicht sich selbst zuschrieb, sondern seinem Schöpfer. Auch du reiße gottesfürchtig aus, was du nicht zusammen mit dem Heil deiner Seele, durch das sie zu Gott erhoben wird, davontragen kannst, und gib von aller Untauglichkeit deines Lebens Gott den Zehnten, wie Jakob Gott seinen Zehnten gab, nachdem Er ihn gesegnet hatte.

Gib auch um der Liebe Christi willen auf, was du als Eigentum besitzt und worin du keine Erholung für deine Seele finden kannst. Denn infolge des mannigfachen Reichtums der Welt wird dem Menschen die Gerechtigkeit Gottes fremd, und das Eigentum quält und schwächt ihn, so daß man die Seele kaum wahrnehmen kann. Daher behalte nur das, wodurch du mit dem Samen der Weisheit des Wissenden andern nützen und deine Hand mit Almosen den Elenden und Armen reichen kannst. Entwurzelst du nämlich so dein Eigentum, verleihst du der schneeweißen Wolke großen Glanz; und wenn du dich zum Dienst Gottes, zu dem du bestimmt bist, bereitest, dann machst du um der Gottesliebe willen die erwähnte trübe Wolke hell und saphirfarben. Deshalb freut sich Gott so, daß Er dann „das Verlangen deines Herzens erfüllen wird" (Ps 37,4), d. h. durch den Beistand seiner Gnade kannst du deine wiederkehrenden Begierden, deine Eigenwilligkeit und die weltlichen Wünsche von dir fernhalten. Und auf diese Weise wird der Heilige Geist die früheren Laster tilgen und dich so entflammen, daß du „von Tugend zu Tugend" (Ps 84,8) aufsteigst und eine derartige Freude an guten Werken hast, daß du nicht von ihnen lassen kannst. Das deuten auch die feurigen Zungen an. Auch wird ein Bächlein vom Heiligen Geist in dir strömen, das alles in dir bewässert; und Er wird eine Säule der Heiligkeit und des guten Willens zum Heil deiner Seele und der Gläubigen errichten.

354 Über den Abfall <des Menschen von Gott>

O Tochter Adams, gib acht! Du handelst bei deinen Fehltritten so ähnlich wie Adam, der seinen Herrn verachtete und auf den unreinen Wurm <Schlange> hörte. Und so warf er seine Würde und das engelgleiche Gewand hinter sich und empfing anstelle des Paradieses die Hölle als Erbe. So hast auch du getan, als du das himmlische Gewand, das du angelegt hattest, ausgezogen und nach der Pracht dieser Welt, der du die Absage erteilt hattest, zurückgeschaut hast. Du willst dich allerdings entschuldigen, daß du dieses Gewand unfreiwillig angezogen hast. Bedenke jedoch, daß ein widerstrebendes Kind bei der Taufe untergetaucht wird, und – wenn es auch weint und jammert – trotzdem ein Christ wird.

O teure Tochter, ich bitte Gott immer inständig unter Tränen für dich und das Heil deiner Seele, daß Er sich würdige, dich wiederzuerwecken, wie Er den vier Tage <toten> Lazarus zum Leben zurückgerufen hat, damit dein himmlischer Vater sich über dich freue und spreche: Ich habe mein verlorenes Schaf gefunden, das vom Wolf geraubt war. – Erinnere dich auch an den jüngeren Sohn jenes Familienvaters, der nach Empfang seines vom Vater ererbten Vermögens in ein fernes Land fortzog und dort durch ein ausschweifendes Leben alles durchbrachte. Und er geriet in solche Not, daß er Schweine hütete und nach ihren Schoten verlangte, die sie fraßen. Und niemand gab sie ihm. So bist auch du jetzt von den Begierden des Fleisches und unzüchtiger Liebe völlig besiegt. Und du hast in dieser deiner Lebensfrist, was dem Frieden und Überfluß dient. Doch sicherlich werden dich schnell widerwärtige und dir nicht zusagende Tage kommen, in denen dich deine Feinde von allen Seiten umringen, dir die unglückliche Seele aus dem Leib reißen und dich mit sich fortziehen werden zum Land voller Pech und Schwefel, zum Land des Todes, das von der Finsternis des Todes bedeckt ist. Dort wohnt keine Ordnung, sondern ewiger Schrecken, dort „stirbt der Wurm nicht, und das Feuer erlischt nicht" (Jes 66,24). Sie werden dein Fleisch, das jetzt der Lust unterliegt, fressen und sich seiner bemächtigen. Es sei denn, du kommst rasch durch ein Bekenntnis dem <zürnenden> Angesicht des Herrn zuvor, und machst mit bitteren Reuetränen und würdiger Genugtuung die Vergehen deiner Jugend wieder gut.

Daher beschwöre ich, dich, o teure Tochter, Christus, den du ausgezogen hast, wieder anzuziehen. Und flüchte dich mit gebeugten Knien zu Gott, daß Er dich vor dem Tag deines Todes vom Tod zum Leben erwecke. Denn deine Tage sind kurz. Der gütige Herr Jesus Christus, der unsere Sünden am Kreuz tilgte <portavit>, Er hauche dir aufrichtige Reue ein, um dich zum Leben zurückzurufen, damit du in Ewigkeit lebst.

355 Der Kampf gegen fleischliche Genußsucht

O Sohn Gottes, du gleichst hinsichtlich deines Lebens dem Erdboden, der nützliche und unnütze Pflanzen sprossen läßt. Denn durch die natürliche Veranlagung deiner Seele, die himmlisch ist, freust du dich, Gutes zu tun. Doch das Unnütze, das du an dich ziehst, hält dich ab und hindert dich, so daß du nichts Gutes vollbringen kannst. Und so tust du sehr oft, was dein Fleisch fordert, nachdem du die Gebote deines Schöpfers und das Verlangen deiner himmlischen Seele geringgeschätzt hast.

Jetzt aber lehre dich die Ermahnung des Heiligen Geistes – wie ein tapferer Soldat des wahren Salomon ruhmvoll mit den stärksten Waffen angetan – in Stärke und Beständigkeit gegen die Genußsucht deines Fleisches und deiner Lust und gegen die Feinde deiner Seele, kraft der du lebst und zu Gott strebst, mannhaft und unermüdlich zu kämpfen. Daher vertreibe du die verschiedenen Absichten der geistlichen Laster aus Gottesfurcht und Liebe zu dem, der dich erschaffen und erlöst hat, aus deinem Herzen. Wenn dich aber der Hochmut des eitlen Ruhms ereilt, so daß du dich für klüger und erfahrener als andere einschätzt, und dir so mißfällt, was sie tun, dann „gedenke, daß du Staub bist und zum Staub zurückkehren wirst" (vgl. Liturgie vom Aschermittwoch), und ohne die Gnade Gottes nichts zu tun vermagst. Wenn dich jedoch deine fleischliche Natur anstachelt, achte auf das Leiden Christi, das er so geduldig am Kreuz ertragen hat. Nimm auch deinen Leib mit Gebet, Nachtwachen, Fasten und Geißeln so hart mit, wie du erkennst, in Sünden eingewilligt zu haben. Tust du dies, wird dein von dir überwundener Feind über seine Beschämung brüllen, und Gott wird sich über dich freuen. Und Er wird dich zu seinem auserlesenen und geliebten Zelt machen.

356 Daß sie <Hildegard> das Ende der Menschen nicht vorausgesagt hat

O Tochter des Schöpfers, weil Er dich erschaffen hat, ich sage dir in der Liebe Christi: In der Schau meiner Seele sehe ich viele Wunder Gottes, und kraft der Gnade Christi verstehe ich die Tiefen der Heilige Schrift; doch welches und wie beschaffen das Ende sein wird, das über die Menschen kommt, wird mir nicht enthüllt.

In derselben Vision erkannte ich, daß die Seele deines Gatten sich unter großen Qualen befindet; sie ist aber nicht zum Verderben bestimmt. Denn hat er auch mehr dem Eigenwillen als Gott gedient, besaß er doch den Willen und das Verlangen in seinem Herzen, irgendwann Gutes zu vollbringen. Der Tod kam ihm zuvor, und er hat es nicht getan.

Teure Herrin, ich nehme mir nicht heraus, Gott zu befragen, was einem

Menschen bevorsteht, da es für sein Seelenheil nützlicher ist, es nicht zu wissen, als es vorherzuwissen. Doch will ich gern Gott für dich anflehen, alle deine Angelegenheiten zum Heil deiner Seele und deines Leibes zu ordnen. Höre nicht auf, drei Jahre lang auch der Seele deines Mannes durch Messen, Almosen uhd tägliches Gebet beizustehen, soviel du kannst, damit er von den grausamen Qualen der Bestrafung durch das erbarmungsvolle Leiden Christi befreit werde.

Auch du vertraue auf Gott und überlasse Ihm all das Deine. Und Er wird dich nicht verlassen und dich in ewiger Seligkeit erhalten.

Briefe an unbenannte

Personen

357

Dein Geist lebt im Alltäglichen und flieht vor der Nacht. Doch zuweilen gerätst du in einen Wirbelsturm; davor nimm dich jetzt in acht. Aber du wirst keineswegs verflucht sein, und die Taube hat ein Nest <habitat>. Und etwas fehlte ihr; doch das Lamm Gottes nahm sie auf Adlerflügel.

358 An einen bestimmten Mann

Gott gibt mir einen Hinweis auf die Zurechtweisung von Menschen und die Rettung von Seelen, aber nicht auf den Ort, wo ein Schatz zu finden ist. Denn Ihm liegt mehr die Erlösung der Seelen am Herzen <placet>, als ein vergänglicher Schatz. Daher zeigte mir Gott in dieser Angelegenheit, nach der du dich erkundigst, weder eine Gewißheit noch eine Gefahr. Vielmehr möge Er dir zu Hilfe eilen, wie es seinem Willen entspricht und deiner Not angemessen ist.

359 Hildegard an einen gewissen Menschen

Wer sich auf seine Wünsche verläßt, so daß er mich dabei nicht berücksichtigt, dem werde ich Schläge versetzen. Erhebe dich also schleunigst, weil ich dir das nicht gestatten werde.

360 Hildegard an einen bestimmten Menschen

Folgende Worte vernahm ich von der Weisheit: Das Gebet besitzt eine große Kraft vor Gott; und Gott vernichtet damit das <Folter>rad der gefangenen Seelen. Daher halten sich auch die Qualen dieser Seele sehr in Schranken, und ich schaue sie in einer Art Erquickung.

361 An Heidenrich<?>

Deine Besorgnis stellt eine Fessel dar, die Gott aus Erbarmen lösen wird. Fliehe jedoch verachtenswertes und laues Verhalten, damit du nicht in schlangenartiger Arglist erscheinst. Denn die Schlange bringt manchmal Umarmungen, manchmal Küsse und zuweilen Ausbeutung mit sich; und sie zischt häufig, wie eine Menschenmenge johlt. Und dabei kommt ein tapferer Soldat oft zu Fall. Daher bewahrt Gott dich vor all dem; denn die Gnade Gottes entzieht sich dir nicht, sondern gibt dir einen Wink und reicht dir die Hand, wenn du willst. Doch du sagst: Ich kann nicht. – Und ich werde dir antworten: Du hast die Möglichkeit, die Sonne zu betrachten und zu fliehen. Es ist aber sehr ruhmvoll, an der Sonne zu leben, und es ist schlecht, in der Finsternis zu bleiben. – Du aber sagst: Es ist leichter für mich, in der Finsternis zu leben als im Licht. – Und ich werde erwidern: Entziehe dich den groben Sitten und halte dich bei den ruhmreichen Soldaten auf. Dann wirst du bei Gott Lohn erhalten, und den Aufenthalt bei den Seelen der Gerechten. Die Gnade Gottes erwartet dich nämlich und will dich wie ein Buch auf ihren Schoß nehmen. Daher bleibe immer an der Sonne.

362

Jener vom Heiligen Geist gepflanzten Wurzel ziemt es, daß sie von einem Sonnenstrahl widerstrahlt und ein entsprechender Regen sie befeuchtet. Denn ein guter Erdboden, der gehörig Frucht bringt, keimt von Sonne, Regen und Tau.

Daher, o glückliche Seele, bewahre den Tempel <deines Leibes> mit Maßhaltung, damit die Lebenskraft <viriditas>, mit der du Gott umfangen hältst, nicht versiegt. Denn Gott liebt deine Seele sehr, und Er wird dich auf seinen Schoß nehmen und dich in der ewigen Seligkeit empfangen. Lebe nun in Ewigkeit, und sehne dich wachen Geistes nach Gott.

363

Das Licht übergab mir in einer wahren Schau folgende Worte: O du Seele bist sehr erschöpft und wirst in einer Mühle umhergeschleudert. Doch Gott liebt dich durch sein bitteres Leiden. Daher blicke auf Ihn, und Er steht dir bei.

364

Aus dem Licht, das ich in meiner Seele schaue, nahm ich folgende Worte wahr: Das lebendige Auge, das Gott ist, erblickt alles. Es sieht dich wie einen heftigen Wirbelsturm, der sich irgendwann auflöst; und so leuchtet das Licht. Auch du bist aus Launenhaftigkeit unbeständig <mobilis>, doch du sehnst dich nach einem rechtschaffenen Leben. Dennoch ist es mir nicht erlaubt, über diese Seele, über die du mich befragen möchtest, eine Aussage zu machen; vielmehr <soll ich> Hilfe leisten. Denn auf irgendeine Weise hatten sich die Lasten des Bösen und der Launenhaftigkeit bei ihr eingefunden. Doch besonnnen umfing sie das rechtschaffene Leben, das der Glaube an Gott darstellt. Wer die Güter des Herrn zärtlich liebt <osculatur>, den wird Er niemals aus dem Wege räumen, sondern ihn zur Bestrafung mit der Rute läutern.

Du bist eine Seele, die fähig ist, Ihn zu lieben, wenn du nicht nach links schaust. Daher strecke dich nach Ihm aus, und Er wird dir helfen.

365

Das wahre Licht spricht folgende Worte: In einem Tal stand eine Blume. Doch da kamen Heilkundige und umgaben sie mit einer Dornenhecke, weil die Blätter dieser Blume oft von Wirbelstürmen beschädigt zu werden und abzufallen pflegten. Und so erstickten sie sie durch diese Beeinträchtigung <molestia>, und diese Blume besaß dadurch keine Grünkraft. Und daher beachteten sie die Heilkundigen auch nicht, sondern suchten eine andere Blume und stießen auf ein Unkraut. Und auch dieses wollten sie nicht. Sie fanden vielmehr eine zarte, rötliche Blume und wendeten sich ihr zu. Aber sie umgaben sie nicht mit einem hübschen Gehege, noch bereiteten sie ihr einen Schutz vor dem heftigen Sturm, sondern sie ließen sie so schutzlos stehen. Und da erschien ein Mann und setzte ein bescheidenes Gehäuse über diese Blume, damit sie nicht ganz zugrunde gehe.

Jetzt, du Sohn des altehrwürdigen Vaters, blicke nach Osten. Denn das alte und neue Gesetz ist von dem einen Gott aufgestellt, wie die fahle und die rötliche Blume aus einer Wurzel stammen. Da kam ein Einhorn, beleckte jene fahle Blume und und saugte an ihr. Und ihre ganze Grünkraft flößte es jener rötlichen Blume ein und blies einen lieblichen Hauch in sie hinein, so daß sie über alles einen starken Duft ausströmte.

Deshalb sei kein Mensch so säumig und widerspenstig bezüglich der Gerechtigkeit Gottes, daß er die rötliche Blume zerpflückt und jene fahle Blume mit dieser rötlichen vermengt. Denn das alte Gesetz der Beschneidung und das neue Gebot der Taufe können nicht zugleich in einem Volk heilig gehalten werden, sondern der eine Lehrer lebe in der rötlichen Blume, und jene werde weder in zwei Teile gespalten noch aufgegeben, wenn sich nicht Spaltungen und mit dem Kirchenbann belegte Werke in

ihr finden, so daß sie ihr oberstes Haupt verlassen und zur alten Schlange
abweichen will.

Nun höre du, o glücklicher Mensch: Gott hat dich nicht so geschaffen,
daß du ganz zugrunde gehst. Schaue vielmehr eifrig auf Ihn, und du wirst
in Ewigkeit leben.

366

Aus dem Lebendigen Licht schaute und hörte ich folgende Worte: Die Verdienste der Heiligen blitzen vor der wahren Sonne auf, und sie eilen den
Menschen voraus. Denn die Werke dieser und die guten Taten der Menschen streben – im guten Verlangen vereint – zu Gott. Und daher begegnen die Menschen einander durch die Gebete, wie Johannes in der Offenbarung sagt: „Und eine Weihrauchwolke von Gebeten stieg aus der Hand
des Engels vor Gott auf" (Offb 8,4).

Daher schenke der Feuergeist Gottes euch und uns diese Begegnung
des eifrigen und vertrauten Gebets. Denn in dieser beklagenswerten Zeit
werden die Zweige der Kirche dürr, und die Lebenskräfte der Tugenden leiden Gewalt. Doch wird einmal der schnelle Hirsch erscheinen, der die Gerechtigkeit Gottes erwachen läßt. Und dieser Hirsch – nämlich der wacke-
re Kämpfer – lasse dich, Sohn Gottes, starke Tugendwerke vollbringen,
weil Er will, daß du ein lebendiger Stein im himmlischen Jerusalem seist.

367

Jener Tag ist der glückbringendste, der die Nacht der Bosheit im Herzen
des Menschen zurückdrängt, weil die Schlange diese Bosheit ausgehaucht
hat. Die Sonne aber erleuchtet den Tag des Wohlwollens, der auch in der
Finsternis des Mondes nicht entbehrt.

Der Heilige Geist entferne von dir alle Laster der Bosheit und bewirke
in dir, daß du Freundschaft mit der süßen und freundlichen Liebe pflegst,

die den starken Hirsch ergriff, harmonische Musik über alle Hügel erschallen ließ, in das Brautgemach aller Geheimnisse des Königs einging
und sich im Spiegel der Cherubim mit jeglichem Schmuck zeigte.

368

Ich schaue dich in mancher Wankelmütigkeit, die einem Schilfrohr gleicht,
und schwerfällig wie Blei in deinem Verhalten. Und andererseits sehe ich
in deiner Seele Seufzer, die wie Feuer glühen. Und weil Gott dir beistehen
wird, bemühe dich, folgendes zustande zu bringen: Lerne jetzt, sanftmütig
zu sein, indem du die Menschen und auch deine Seele in Gott salbst. Und
Gott wird dich sehr lieben, und du wirst mit Ihm in Ewigkeit leben.

369

Als ich bei der wahren Schau genau hinblickte, sah ich einige Menschen in
Wohlbehagen sündigen, manche aus Torheit und gewisse in Gottlosigkeit.
Ich sah diesen gottlosen Menschen aber mit bitterem und heftigem Charakter leben und nahm wahr, daß er sich zuweilen innerlich laut brüstete
und erwählte, was ihm gefiel. So suchte und erfüllte er auch manchmal
seinen Willen nach dem Geschmack seiner Seele im Gebet und im Dienst
Gottes, und schaute auf sich selbst, ohne zu Gott emporzustreben. Und er
knirschte gegen sich selbst und die andern durch sein Benehmen. Daher
überfielen ihn bestimmte Laster des Teufels wie das Pfeifen des Windes
und überredeten ihn, etwas Erstaunliches zu tun; das wollte er in seiner
verbitterten Gesinnung niemandem sagen. Und so begab er sich unter dem
Rumoren seiner Gedanken zum Wald und wollte hineingehen, um dort
Wundertaten zu vollbringen, die für einen Menschen unmöglich sind. Und
mit diesem Wunsch versuchte er, über ein Gewässer zu gehen und wollte
damit etwas Erstaunliches tun. Als der Teufel das sah und seinen Wunsch
gewahrte, schuf er auf diesem Gewässer einige abschreckende Dinge. Als

dieser Mann davor fliehen wollte, stürzte er sich kopfüber in den Tod. Doch so wollte er nicht sterben, und er erinnerte sich in bitterer Reue daran, daß der Teufel ihn getäuscht hatte. Und sterbend rief er: „Herr, hilf mir" (Ps 109,26)! Und er wäre gern am Leben geblieben; doch er war tot.

Jetzt weiß ich aber, daß seine Seele sich in einer so großen Finsternis befindet, daß ich es nicht beschreiben kann; doch nicht in der Finsternis des Höllenschlunds, der kein Ende nimmt. Und dennoch schaue ich gegen Süden etwas wie einen lichten Glanz seiner vollbrachten guten Werke leuchten, und daher errötet der Teufel. Seine Seele aber befindet sich jetzt nicht in diesem Glanz.

Doch ich Armselige hörte und sah in meiner Seelennot, daß die erwähnte Seele gerade noch in dem besagten <Glanz> erscheinen wird, wenn bei jener Vollendung alle Werke der Menschen mit dem gerechten Urteil Gottes abgeschlossen werden, weil sie bei ihrem Tod doch noch Reue geäußert hat.

Jetzt sollen alle Gläubigen diese Worte vernehmen, damit sie dieses Laster fliehen und nicht mit Selbstvertrauen auf sich schauen, als ob ihr Wille Gott sei. Denn sie existieren nicht aus sich selbst. Sie sollen vielmehr auf den blicken, der ihr Gott ist, und werden Ihn finden. Denn die erwähnte Seele hat sich dorthin ausgestreckt, wo sie nichts fand.

370

Im wahren Licht schaute ich und hörte eine Stimme zu dir sprechen: Sieh die Wurzel, die aus dem steinigen Boden emporwächst, der unter großen Anstrengungen umgewendet wird. Und doch ist ihre Frucht vollkommen, brauchbar und wohlschmeckend.

Du bist das Land, das mit großem Kriegslärm angegriffen wird, und dem die verschiedenen Gegenwinde der Laster des Teufels Nichtigkeiten vorwerfen. Doch du wirst dennoch durch einen guten Ruf den Sieg davontragen, und daher in der starken Kraft des guten Handelns in Beständigkeit ausharren.

371

Das Lebendige Licht spricht: Ich vergleiche dich mit einem weisen Mann, der Gott ein Opfer darbrachte und dabei sagte: Was und wie beschaffen ist mein Leben? – und sich nicht Berg, sondern Armut bezüglich der Untauglichkeit nennt.

Aber trotzdem sehe ich etwas Schmutziges an dir; das entferne von dir. Und gib auch das Umherschweifen ruheloser Unbeständigkeit auf, und sei stark auf dem Weg der Beständigkeit, indem du zu Gott eilst wie der Hirsch zur Quelle. Und daher blicke auf den Morgenstern, der den Tag anzeigt und in der Nacht leuchtet.

372

Am Anfang, an dem du jetzt stehst, verbleibe, bis dein Geist vollkommener wird. Und alles Gute, das du im Schoß deines Geistes sammelst, vollbringe an demselben Ort, an dem du jetzt weilst, inwieweit du es vermagst. Auch zügle dich mit dem Zaum der Furcht des Herrn, damit du nicht auf einen gefährlichen Weg gerätst <vadas>. Und beherrsche dich, bis sich bessere Zeiten für dich einstellen, und du wirst leben.

373 Über das himmlische Jerusalem und was es bezeichnet

Johannes ist ein Spiegel der Heiligkeit und Jungfräulichkeit, weil er aus Liebe zum Gottessohn die irdische Vermählung verschmähte. Der Sohn Gottes, der von seinem Vater in den jungfräulichen Mutterschoß seiner Menschheit herabstieg, den Er mit allem Schmuck der Tugenden zierte, liebte ihn vor den übrigen Heiligen auf besondere Weise, und stellte ihn dadurch als Zeichen für seine verborgenen Wundertaten auf. Und bezüglich einer geheimnisvollen Schau sprach er: „Ich sah die heilige Stadt" (Offb 21,2).

Das ist folgendermaßen zu verstehen: Das himmlische Jerusalem, das vom größten Meister – nämlich dem allmächtigen Gott – geschmückt werden sollte, erschien vor ihm wie der Grundstoff aller Dinge vor der Schöpfung der Welt. Wie Gott nämlich alle Kreaturen, die sich vorher schattenhaft und wie tot zeigten, durch sein Wort – nämlich das „Fiat" – belebte, und wie Er den Menschen, den Er aus Lehm gebildet hatte, durch den Hauch des Lebens erweckte, so wurde auch die heilige Stadt Jerusalem, die ihren Mann – d.h. den Gottessohn – dem sie vermählt war, erwartete, durch das Vergießen seines Blutes mit allem Schmuck neu geschaffen. Denn sie stieg – als die Elemente in Finsternis gehüllt waren – mit siegreichem Banner zum Kreuz hinab, an dem der Sohn Gottes hing, und empfing von dem, der in Jungfräulichkeit empfangen und geboren wurde, die Hochzeitsgabe. So sollte auch sie als Jungfrau in geistiger Geburt Kinder hervorbringen. Denn durch das hochrote Blut des Gottessohnes wurden die Himmel erhellt und der Zugang zum Paradies, der bei der Vertreibung Adams für den Menschen verschlossen wurde, erschlossen. Gott wollte nämlich, daß Jerusalem, das durch die heiligen Werke des Menschen erbaut wurde und wie eine Braut für ihren Mann geschmückt erscheint, zum Lob seiner Menschheit werde. So erschuf Er auch die Engel zum Lob und zur Ehre seiner Gottheit.

Und ich hörte eine Stimme gewissermaßen sprechen: Ich, der ich mein Wort über alle Geschöpfe erschallen ließ, als ich das „Fiat" sprach, sage dir folgendes: Was dir über das himmlische Jerusalem gezeigt wird, erkenne und offenbare als Schutz und Heil des Menschen, der uns ähnlich geschaffen wurde, d.h. als Wort durch die Seele, und als Zelt durch den Leib, wie auch ich die Stimme bin, und mein Sohn das Zelt, in dem ich wohne, wie der Ton in der Trompete, die durch den Ton erschallt.

Gott zeigte nämlich seinem geliebten Johannes die heilige Stadt, die aus lebendigen Steinen – den Menschen – und auch aus ihren Werken errichtet ist. In ihr verbindet Jesus Christus als Eckstein die beiden Mauern am Tempel des himmlischen Jerusalem. Er wohnt auch durch das Gewand seiner Menschheit bei den Menschen, und sie sind sein Volk, und Er ist sein Gott. Denn Er hat die alte Schlange beraubt, als Er es mit großer

Macht befreite. Und so steht der Gott der Macht, des Erbarmens und der Güte und das vollkommene Gut über allen Geschöpfen. Ihn berührt niemals irgendeine Finsternis, sondern Er ist ein äußerst mächtiger Richter über sie. Gott wischt nämlich seinem Volk durch seine Menschheit und auch durch den Schmuck des himmlischen Jerusalem jede Träne – die Unwissenheit des Unglaubens, in der es blind für den wahren Glauben war – ab. Und da Er die in aufrichtiger Reue bekannten Sünden vergibt, rettet Er es vor der Macht und dem Aufenthaltsort des höllischen Todes.

Auch durch den einladenden <dulcissimo> und liebevollen Ruf der Menschheit des Gottessohnes, der – mit großer Freude gesättigt – in alle Welt hinauseilte, während die sehnliche Erwartung nachließ, werden die Trauer Adams und seiner Nachkommenschaft, die den Eintritt ins Himmelreich nicht erhalten konnten, und das Rufen der Propheten, die Ihn mit lautem Seufzen zur Erlösung des Volkes herbeiriefen, nicht mehr sein. Und die Quälerei und Strenge des Gesetzes, unter dem niemand durch verzeihendes Erbarmen von einer Sündenschuld erlöst werden konnte, werden nicht mehr bestehen, weil der edle Menschensohn sie durch wahre Buße abwusch. Und so verschwanden durch die vollkommene Güte seiner Menschheit alle erwähnten Schmerzen, die am Anfang da waren.

Was Johannes in der heiligen Offenbarung sah und hörte, ist wahr, weil der Sohn Gottes seine Werke – wie sein Vater wünschte – mit großem Ruhm beendet hat. Daher sitzt Er auch in großer Macht auf seinem Thron und tritt alle seine Feinde nieder. Er hat auch alles neu gemacht. Denn wie aus dem ersten Grundstoff alle Kreaturen durch das Wort Gottes – „Fiat" – hervorgingen und ausgestattet wurden, und wie sich der erste Mensch – aus Lehm gebildet – durch den Lebenshauch in Fleisch und Blut verwandelte, so wird auch der sündige Mensch durch das Erbarmen des Gottessohnes, der auf seinem Thron sitzt – durch die Buße für seine Sünden erneuert – neu. Denn selig ist der Mensch, den Gott mit dem Empfindungsvermögen der fünf Sinne zum Zelt der Weisheit gemacht hat, der bis zu seinem Lebensende mit heiligem Verlangen nach guten Werken und mit Hunger nach Gerechtigkeit und lieblichen Tugenden, an denen er sich niemals sättigen kann, durch die Gnade Gottes stets von Neuheit zu Neuheit aufsteigt. So wird er glücklich zur Herrlichkeit unveränderlichen Lebens, das immer ohne Überdruß und Ende bleibt, gelangen. Auf diese Weise macht Gott nämlich bis zum Jüngsten Tag alles neu. Was Er aber nach dem Jüngsten Tag mit seiner Macht und Möglichkeit tun will, steht allein in seinem Wissen, wenn die seligen Menschen, die in der erwähnten Neuheit lebten, unter Zitherklang und harmonischer Musik und beim Erklingen allen Lobpreises im Anblick Gottes die Freude aller Freuden besitzen werden.

O Diener und Sohn, weil Er dich im ersten Menschen gebildet hat, bemühe dich, dir durch die Enthaltung von fleischlichen Begierden in heiliger Sehnsucht und mit guten Werken im himmlischen Jerusalem ein Zelt zu errichten, um es durch Hunger nach Gerechtigkeit und Gottesliebe mit allerschönsten Fenstern auszustatten. Denn wie ein Haus durch Fenster erhellt wird, so werden auch durch die Liebe alle Tugenden sichtbar gemacht und erkannt.

Sieh auch zu, daß du alle Bedrängnisse geduldig erträgst, denn durch sie wird jedwede Tugend schöner. Und schau auch, daß du in deinem Herzen die schöne Erscheinung, von der ich zu dir sprach, behutsam bewahrst, damit sie im himmlischen Jerusalem aufleuchte.

BRIEFE ZU VERSCHIEDENEN THEMEN

374

Und abermals hörte ich vom Himmel eine Stimme auf andere Weise folgendermaßen sprechen: Das erste Wort <sonus> verblieb so, wie es von
Gott ausging, bis es das Menschengeschlecht im Schoß der Jungfrau wie-
derherstellte. Und dieses Wort war das Leben, so daß es nicht verhallte
<transivit>, wie ein Wind vorüberweht. Es ertönte auch mit so lauter
Stimme, daß es den Abgrund erreichte. So wird es auch am Jüngsten Tag
das Menschengeschlecht wiedererwecken, so wie es aus ihm am ersten Tag
hervorging. Das ist das Wort, das Johannes bezeugt. Alles ist durch dasselbe in seiner Gestalt erschaffen worden.

Dann erschuf Gott den Menschen nach seinem Abbild, sich ähnlich.
Alle Vögel, <Land>tiere, wilde Tiere und Fische sind für den Menschen da.
Denn auch die Engel und die Seelen der Seligen leben vor Gott. Doch weil
das Wort von Gott ausging, nannte es Gott, der Vater, Sohn. Und das von
Gott gezeugte Wort war das Leben. Und das Wort, durch das alles geschaffen ist, ward auf Erden Fleisch. So wollte sich Gott mit dem Menschen verbinden, weil Er den Menschen sich ähnlich machte. Daher sagt der Lebendige, daß Ihm, was Er im ersten Zeitalter geschaffen hatte, gefiel. Als es
später bis zur Mitte gelangt war, trat ein Zusammensturz zutage. Was
dann folgen wird, ist verborgen. Weh, weh!

O heldenhafter Streiter, erhebe dich! Untersuche bei deinen gerechten
Urteilen jeden Beweggrund, damit sie keine Ruinen hinterlassen.

375

Und wiederum sah ich zu Füßen des Altars, der vor den Augen Gottes
steht, und unterhalb des Thrones Gottes eine glänzendweiße Schar und
hörte sie folgende Worte sagen: O israelitische Schar der Menschen, die ihr
mit uns durch das Verlassen der Welt und das Tragen des Joches des Herrn
verbunden seid, vernehmt diese Worte!

Als die alte Schlange gegenüber der ersten Frau ihre verführerischen Worte äußerte, und jene ihrem Rat nicht widerstand, schluckte diese Schlange die böse und schamlose Macht ihres Einflusses <venam> aus ihrem Maul hinunter und leitete sie in den Bauch. Von ihr kam und ging der Tod aus. Sie verfinsterte den Tag der geheimnisvollen Zeugung, die Gott bei Adam und Eva bewirkt hatte, so daß sie später nicht mehr auftrat. Und die Schlange wußte innerlich, daß die Menschheit nicht vergehen sollte, und nahm durch ihr schamloses <Zeugungs>organ die Empfängnis der Menschen wahr. Wenn daher der Mensch durch dieselbe Kraft all seine Begierde ausführt, so daß er keinen Sieg erringt, dann speit diese Schlange aus ihrem Maul unheilvolles Feuer aus, das danach zur Qual dieser Lust gereicht. Die ganze teuflische Kohorte blickt auf dieses Feuer, macht sich über jenen Menschen lustig, bricht in schallendes Gelächter aus und sagt: Wo ist denn der Gott von diesem da?

Doch diejenigen, die den Sieg über ihre Begierden erlangen, halten Pfeile in ihrem Köcher bereit, schießen sie unter hellem Aufleuchten in die Eingeweide der Schlange und durchbohren sie auf diese Weise mit Wunden. Jene Schlange schämt sich ihrer wie ein Mensch seiner Nacktheit, die er nicht bedecken kann. Da brüllt sie wie ein Löwe – durch die Abspaltung der Irrgläubigen und durch die Unflätigkeit und Schändlichkeit aller Bösen – und wappnet sich mit aller Kraft gegen diese Wunden, um sie auf irgendeine Weise zu verbergen.

Jetzt hört und versteht all ihr Gläubigen in der Umfriedung der Kirche, damit ihr den Sieg über die teuflischen Künste erringt, und nicht die Würde und Seligkeit eures Glücks zerstört, so daß wir uns am Fuße des Altars und unterhalb des Thrones Gottes mit euch freuen können. Wir freuen uns nämlich, wenn ihr durch gute Werke den Teufel von euch vertreibt.

376 Über die verschiedenen Läuterungsqualen der Seele

In einer Schau meiner Seele in wachem Zustand sah ich folgendes über eine gewisse Seele: Der himmlische Richter bestimmte für jene aus dem Leib ausgezogene Seele einen trockenen Ort, wie es ihre Werke verdient hatten. Dieser Ort hatte einen gleichsam von starkem Regen versumpften und verkarsteten Boden, der ohne jede warme Luft ausgetrocknet war. Dieses Landstück lag nämlich gegen Norden hin. Und an den nördlichen <Grenz>pfählen sah ich etwas wie ein Bauwerk, das mir wie ein Haus erschien; und was darin war, konnte ich nicht erkennen. Und ich sah von Süden giftstrotzende Skorpione hervorkommen, und von Osten furchterregende, schreckliche Wildschweine, die mit entsetzlichem Grunzen an einer Stelle laut rasselnd ihre Zähne wetzten.

Die Seele aber wurde gleichsam von einem heftigen Wirbelsturm in der Luft über dem erwähnten Landstück hin- und hergeschleudert und flog mit vielem Stroh, das wie das Strohdach vom Wind zerstreut und vernichtet wurde, dahin. Als sie jedoch von diesem Wirbelsturm völlig erschöpft war, wurde sie in das besagte Haus geworfen, in dem sie so in Brand geriet, daß sie wie glühendes Eisen erschien; und danach unter die Skorpione, die sie mit ihrem Gift besudelten; und später unter die Wildschweine, die sie mit kräftigen Bissen übel zurichteten. Denn wegen des unbeständigen Charakters, der nicht aufrichtig, sondern hinterhältig war, erlitt sie die Strafe des Wirbelsturms mit dem Stroh; und um gewisser geheimer Sünden willen, die sehr gehässig wirkten, wurde sie im erwähnten Haus mit Feuer gepeinigt; und wegen der Doppelzüngigkeit, die sie stets besaß, wurde sie mit Skorpionengift besudelt, und unter den Wildschweinen übel zugerichtet, weil sie mir in der wahren Schau als Räuber bezeichnet wurde.

Ich aber schaute zum verschlossenen nördlichen Zugang und erfuhr, daß sie der höllische Pfuhl keinesfalls aufnehmen würde, weil sie zu Lebzeiten von den Meistern gezüchtigt und von der regulären Disziplin und durch Gott mit körperlicher Schwäche zurechtgewiesen worden war. Doch lange, lange wird sie diese Qualen erleiden, wie ich erfuhr, weil sie sich auch lange Zeit hindurch mit diesen Sünden verfehlt hatte.

377 Wie zu verstehen ist: „Es erheben sich die Berge, und die Täler senken sich."

„Die Berge erheben sich, und die Täler senken sich zu dem Ort, den du für sie bestimmt hast" (Ps 104,8). – Das verhält sich so: Das Emporsteigen des Berges bezeichnet die Macht Gottes, und das Absinken des Tales seine Fähigkeit darin, alles unter doppelter Hinsicht zu ordnen und zu trennen. Denn Er setzte den Himmel in die Höhe und sein Auge <lumen> – nämlich die Erde <als Himmelsgestirn> – darunter. Und so handelte Er in der gesamten Schöpfung.

Dem widersprach der Stolz und sagte, er habe eine gewisse Ähnlichkeit mit Gott und sei gleichberechtigt; das kann nicht eintreten. Deshalb wurde er auch von Ihm dem Nichts zugerechnet. Denn wenn der Mensch ohne die Flügel seiner Arme und Hände wäre, würde die menschliche Gestalt, die er darstellt, nichts gelten.

Die Gottheit hat den Himmel und seine Geheimnisse bereitet und alle Kreaturen auf Erden erschaffen; und die Erde trägt sie. Die Bemühung um das Bauwerk des Stolzes jedoch ist ohne Kopf und Flügel, und es kann kaum auf einem Fuß stehen und vermag nicht zu gehen. Daß es aber ohne Kopf und ohne Flügel ist, bedeutet, daß es ohne Gott ist, keine Standfähigkeit besitzt, sondern immer einstürzt, und daß <der Stolz> ein jedes seiner Werke hinterhältig nur mit Worten <voce> errichtet. Er will ohne den Leib der Wahrheit auf einem Fuß, der die Lüge bezeichnet, stehen. Doch wer zwei Füße hat, kann nicht auf einem Fuß gehen.

Deshalb sollen alle Gläubigen den Stolz, der stets auf der Lüge beharrt, fliehen; denn er kann weder in der Luft noch in einem anderen unbeständigen Element Werkmeister genannt werden. Und daher erbaut er weder im himmlischen noch im irdischen Bereich etwas, sondern ist die Vernichtung und der Berauber der Erbauer, weil er den Himmel verloren und den Menschen betrogen hat, wie die Heilige Schrift zeigt.

378 Über die Unterscheidung beim Jüngsten Gericht

Gott gab dem Menschen das Gebot, in dem das ganze Gesetz verborgen lag. Doch der Mensch übertrat es. Und deshalb wurde er durch das Unglück der Vertreibung <aus dem Paradies> in doppelter Weise verurteilt: nämlich durch den Tod des Leibes sterblich zu sein, und durch die Entbehrung der Schau des wahren Lichtes. Daher konnte er auch nicht an jenem Aufenthaltsort bleiben und verlor die erwähnte Schau. Er hatte Gott nämlich wirklich gekannt und erkannt, daß er sein Gebot halten sollte. Doch weil er auf das ihm unterstellte Lebewesen <servum suum> hörte und der ihm untergebenen Frau beistimmte, kam das wohlbegründete Urteil des gerechten Richters über ihn. Und dieses richterliche Urteil verlieh Gott dem Menschen über jene, die keinen Meister durch Gehorsam anerkennen wollen und alle Gebote des Gesetzes übertreten. Deshalb wird ihr Leib dem Tod übergeben, weil sie für das Auge des Gesetzes tot sind. Aber trotzdem sollen die Menschen als Stellvertreter Christi zuvor sehen, ob sich irgendeine Besserung an ihnen zeigt, bevor sie sie dem Tod übergeben. Und das Herz dieser Meister muß dabei ganz lauter sein, damit sie nicht irgendein Unrecht oder eine Schmähung, die ihnen von jenen zugefügt wurde, berücksichtigen, und auf diese Weise das Blut der schuldig Gesprochenen mit dem Urteil dem Tod ausliefern. Ist ihr Herz jedoch nicht rein, sollen sie vor diesem Gericht fliehen, damit ihre Worte nicht ihre Nächsten töten, indem sie äußerst gewissenhaft des Evangelium des Herrn beachten, wo es heißt: „Richtet nicht, damit ihr nicht gerichtet werdet, denn so wie ihr richtet, werdet auch ihr gerichtet werden" (Mt 7,1–2). Aber sie sollen nicht nach dem richten, was sie selbst aufgestellt haben, noch ihrem Wunsch zu Gefallen, sondern nach dem Urteil des allmächtigen Gottes, so daß wer immer sich unerträglicherweise als Feind der Gesetzesvorschriften erweist, und wer sich von verbrecherischen Sünden nicht enthalten will, nach dem Urteil Gottes, und nicht nach dem Wunsch eines Menschen gerichtet wird.

Verspricht jedoch jener aus Furcht vor dem Tod, seine Schuld gutzumachen, werde seine Verurteilung ein– bis zweimal aufgeschoben. Und wenn er – so geprüft – sich nicht bessert, werde er sozusagen nach dem Wort des Gottessohnes schuldig gesprochen. Auf diese Weise sehe sich jeder Mensch vor, daß keine Verurteilung auf den Wunsch eines Menschen stattfindet. Auch ist zu beachten, was Jakobus vom Reichen und Armen sagt; <er spricht> nämlich über den Reichen, der reich mit Gold geschmückt und prächtig gekleidet ist. Denn der Reiche will um seines Geldes willen gewürdigt werden, und wird in doppelter Absicht gut aufgenommen und geehrt, d. h. wegen Hilfe in der Not und aus Furcht vor der Macht, mit der er die Menschen häufig verletzt.

Der Arme aber soll um der Liebe Christi willen aufgenommen werden, und weil er jedes Menschen Bruder ist. Und diese <beiden> sollen nicht gleich behandelt werden, weil das ohne Unterscheidung geschähe. Denn wenn man den Reichen und den Armen auf demselben Platz sitzen lassen würde, würde es der Reiche verschmähen, das zu tun, und der Arme davon abgeschreckt werden. Der Arme ist nämlich aus Liebe zu Gott aufzunehmen und <gut> zu behandeln, weil er der Bruder des <reichen> Mannes ist. Und obgleich Gott den Reichen gestattet, Reichtum zu besitzen, und ihn dem Armen vorenthält, liebt Er dennoch die Person des Armen, die sein Abbild ist. Denn der Reiche beherrscht durch den Stolz auf seinen Reichtum die Menschen, denen er schaden kann, und er behandelt sie, als seien sie in ihrer Gestalt keine Menschen; und so wird der gute Ruf des Menschen, nämlich daß er ein Bild und Gleichnis Gottes ist, gelästert.

Daher gebot Gott: „Liebe deinen Nächsten wie dich selbst" (Lev 19,18; Jak 2,8), d. h. richte die Aufmerksamkeit auf deine Erscheinung in ihm, bemitleide ihn bei allen Anlässen und bedauere alles Böse, das er getan hat, weil deine Person durch seine Übeltaten von ihm geschmäht wird. Wenn ein Mensch das tut, wirkt er nach dem Ausspruch des Gottessohnes, der sich mit Fleisch bekleidete, um sich des Menschen zu erbarmen, ein gutes Werk. Wer jedoch einen Armen geringschätzt, sündigt nicht nur gegen ihn, sondern auch gegen den allmächtigen Gott, der eine menschliche Persönlichkeit ergriff, durch die Er das Gesetz übergab, von dem die Gesetzesübertreter angeklagt werden.

Wer aber das ganze Gesetz beachtet, doch es in einem Punkt verletzt, wird schuldig am ganzen. Denn wer immer die übrigen Gebote des Gesetzes hält, es an dem einen fehlen läßt und es aus Abneigung nicht hochachtet, sondern es gleichsam für das Gemälde eines Malers hält, der erfüllt die anderen Gebote nicht vollkommen. Das geschieht auch, wenn ein Mensch an einem Glied – entweder durch die Geburt oder durch ein Unglück – geschwächt wird. Die anderen Glieder leiden mit und haben in jenem kraftlosen keinen vollkommenen Trost und Beistand. Auch eine nicht gargekochte und geschmacklose Speise bringt dem Menschen weder Kraft noch Wohlgeschmack, sondern der Mensch erhält sich durch sie gerade noch am Leben. So verdaut auch derjenige die Gesetzesvorschriften nicht richtig, der keine feurige Liebe besitzt. Er behandelt sie vielmehr wie sein kraftloses Glied. Und wer seine Werke nicht von der Weisheit erwirbt und lernt, sondern sie von sich aus aneinanderreiht und wirkt, den vergleicht man mit einem Menschen, der sein Bild in einer menschlichen Gestalt aus Holz herstellt, die nicht leben kann, wie auch er und seine Werke tot sind. Und er ist auch wie ein Stummer, dem die Stimme der Vernunft fehlt, so daß er sich auf diese Weise an allen Geboten Gottes schuldig erweist und beim Urteil darüber dem Herrn erwidern wird, daß er sie nach seinem Willen beobachtet habe.

Zur Übertretung der Gesetzesvorschriften durch Heiden, Ungläubige und ihre Gefolgschaft kommt es deshalb, weil ihnen der Glaube fehlt. Die sich aber kraft der Taufe und des Glaubens treu erweisen und – soviel sie es vermögen – nach den Geboten Gottes handeln, von ganzem Herzen aufseufzen und nach Gott verlangen, indem sie seine Hilfe einfordern und für das, womit sie ihre Pflicht verletzt haben, Buße tun, werden beim Gericht – mögen sie auch gesündigt haben – trotzdem nicht verworfen. Denn die einen suchen von Kindheit an, die andern von Jugend an und andere im Greisenalter Gott, und erflehen alles von Ihm.

In all diesen nämlich, o Jerusalem, wird die Schar der heiligen Gerechten und der erwählten Büßer zu dir kommen.

379 Über die unterschiedliche Sehnsucht der Menschen nach dem Leiden Christi

Wer immer auch von einem Funken des Heiligen Geistes erreicht wird, den überschüttet und erfüllt Er so, daß er durch die Einhauchung des Heiligen Geistes niemals aufhören kann, immer wieder neue Wunder der Geheimnisse Gottes zu verkünden. Daher sah ich in derselben Vision, durch die ich von meiner Kindheit an in meiner Seele – wie Gott es mir durch seine Gnade gewährte – die Wundertaten Gottes schaute, das Streben der Menschen nach <der Teilnahme an> den Leiden des Gottessohnes wie eine besondere Atmosphäre, welche die Röte von Blut in sich trug. Diese Rötung war gleichsam mit der kräftigen <spissus> Farbe des Morgenrots vermischt, wie sie vor einem Regen erscheint.

In dieser Luft sah ich nämlich die Absicht vieler Menschen wie funkelnde Sterne im Gewölk, d.h. jener, die guten Willens das Leiden des Herrn erstrebten. Sie leuchtete wie der Morgenstern, der den Tag anzeigt, weil sie mit jenem Trachten auf das Leiden des Herrn hinwiesen, aber trotzdem eine gewisse nützliche Sorge, die sie sich um Menschen machten, nicht aufgaben.

Die Bestrebungen mancher schaute ich auch im hellen Glanz eines Sternes in Gestalt eines schönen Menschen. Sie verließen all ihre Habe, wandten sich voller Eifer dem Leiden Christi zu und hatten vor Gott ein vergeistigtes <formatam> Antlitz. Einige jedoch hätten gern in eifrigem Streben das Leiden des Herrn verehrt, doch aus Herzenskummer, Schwäche des Leibes und allzu großer Bedrängnis, die sie erlitten, vermochten sie es nicht. Und ich sah ihr Verlangen und Trachten in dieser Atmosphäre wie ein rotes Kreuz und hörte die Stimme des Blutes sprechen: Das sind meine Gefährten und mein Anliegen; und ich umarme ihr Herz in großer Liebe, und ihr Leiden vergleiche ich mit dem Leiden meines Martyriums. Die Boshaften haben mich gekreuzigt. Die Bosheit ihrer Laster macht auch sie unglücklich, und sie selbst fesseln sich gegen ihren Willen.

Manche nahmen auch das Leiden Christi frohgemut auf sich. Daher wurde auch ihre Absicht wie jene Grünkraft aufgenommen, mit der jede Pflanze und die Bäume, welche vor dem Fruchtbringen ausschlagen, die Menschen erfreuen. Das Trachten einiger strömte auch wie eine weiße Lilie, die starken Duft verbreitet, Wohlgeruch aus; d.h. die Absicht derer, die das Leiden des Herrn mit ganzem Verlangen aufnahmen und es – soviel sie konnten – in größter Demut so verehrten, daß sie einen andern nicht in stolzer Überheblichkeit übertrafen.

Danach schaute ich eine Menschenmenge, die nach ihrer Möglichkeit nach Gott verlangte, wie einen Garten voll Pflanzen aller Art. Einige von ihnen erwarteten es vor Widerwillen, den sie in ihrem Herzen trugen, kaum noch, den Dienst Christi zu beenden, und diese stiegen ohne An-strengung zu Gott empor. Aber sie schienen dem Unkraut zu gleichen, das die edlen Gewächse erstickt.

Da hörte ich auch wie aus klarem Wasser eine Stimme ertönen, die sprach: Dieser überaus liebliche Garten gehört dem allmächtigen Gott; er ist mit schönsten Blumen und der Anmut jeglichen Grüns geschmückt, an denen Er erfreut seine Augen weidet. – Diese Stimme jedoch eilte aus dem feurigen Hauch <aere> des Heiligen Geistes herbei, weil alles Streben der seligen Erwählten und Heiligen aus dem Quell des Heiligen Geistes strömt, wie geschrieben steht: „Aus seinem Leib werden lebendige Wasser fließen" (Joh 7,38).

380 Über den Berg von Myrrhe und Weihrauch, und was er bezeichnet

Ich, das kraftvolle Feuer, bereite mir mit dem Meißel schöne Antlitze in den sanften und demütigen Herzen vor, die mir in zärtlicher Kindesliebe anhängen. Man bezeichnete sie mir als Berg von Myrrhe und Weihrauch, weil sie nicht den Geruch der Vergänglichkeit suchen. Das verlange und ersehne ich auch bei diesen meinen Kinder. Denn wenn sie sanft und demütig sind, besitzen sie den Glanz meines Feuers, weil die Frömmigkeit die Demut küßt, in der ich die Gestalt des ersten Menschen geformt habe. Daher zeigen sich mir auch alle guten Werke, die von mir beseelt sind, wie ein Antlitz, weil sie nicht nach Geistesstolz riechen. Und diese Menschen sind ein Myrrhenberg, da sie sich stets bezüglich ihres Eigensinns abtöten.

Doch in den stolzen Herzen erscheint kaum ein Angesicht, und sie sind für mich verhüllt, wie auch der Mond wegen einer dichten Wolke kaum sichtbar ist. Jene Gestalten fliehen dennoch nicht immer vor mir. Vielmehr schreiben sie sich ihre Werke selbst zu, erweisen mir trotzdem den Dienst und erzeugen sie, als ob sie sie aus sich selbst hätten.

Diejenigen aber, die demütigen und zerknirschten Herzens sind, fun-keln vor mir wie Sonnenlicht. Das geschieht in dieser Schar hier. Gleich-wohl will ich in meinen Töchtern die dichten Wolken lichten, weil ich nicht auf sie verzichten will.

381 Über die verwerfliche Lehre der Irrgläubigen

In der wahren Schau, die ich in meiner Seele stets mit wachen Augen wahrnehme, wurde ich – da ich jetzt 73 Jahre bin – vom Lebendigen Licht genötigt, folgende Worte zu schreiben: Gott ist der lebendige Quell. Er entsandte die Wasser, als Er durch sein Wort das „Fiat" sprach. Sie tragen die Leuchten des Firmaments, nämlich Sonne, Mond und Sterne, und sind der Spiegel dieser Leuchten, weil diese ihre Strahlen auf sie werfen.

Er ist auch ein funkelndes Feuer und die Ewigkeit vor der Zeit, in der sein Abbild – d. h. die Gestalt des Menschen – für immer ohne Zeitmaß erstrahlt. Denn der Mensch, den Er zu seinem Bild und Gleichnis geschaffen hat, ist sein Werk und das Gewand seiner Gottheit; und er gebraucht bei seinem schöpferischen Tun die Kreatur auf jegliche Weise zu seinem Nutzen. Der Mensch ist nämlich aus lehmiger und feuchter Erde geschaffen, die durch das Naß der Wasser, die sie bedeckt und mit ihrem Gewicht beschwert, getränkt wird. Die Gewässer jedoch erfüllen mit der Wärme der Sonne zusammen, die unterhalb ihres kreisenden Rades ein gewisses Spiegelbild besitzt und durch die feuchte Luft Wasser enthält, die ganze Erde. Und so bringen sie durch die gegenseitige Durchdringung alle Keime <des Lebens> hervor. Und die Gewässer, die den Spiegel der Sonne darstellen, halten diese in Schranken, daß sie nicht in allzugroßer Glut brennt; und sie zügelt die Wasser, daß sie nicht durch unmäßige Regenfälle die Erde überschwemmen.

Gott hat auch dem Menschen, den Er gebildet hat, die feurige Vernunft der Seele – den Lebenshauch – eingesenkt, durch den er an Fleisch und Blut – wie die Nahrung durch Feuer – gekräftigt und gefestigt wird.

Die Seele wirkt auch durch den Leib, und der Leib durch die Seele. Und die Seele ist die Lebenskraft <viriditas> des Leibes. Und auf diese Weise entsteht der vollständige Mensch, in dem sich Feuer, Wasser und feuchte Luft befinden, durch die er den feuchten Atem einzieht und ausatmet. Wie nämlich die Sonne vom bestimmten Ort ihres kreisenden Rades aus mit lebhaftem Wind durch die Glut ihrer Strahlen all ihre Kraft und Macht ausübt, so schreibt auch die vernunftbegabte Seele im Leib mit feuchtem

Hauch vor, was sie will, und führt es in der Kreatur, die sie kraft der Vernunft erkennt, aus.

Seele und Leib jedoch sind wie Fleisch und Blut mit ihren einzelnen Kräften und Besonderheiten <nominibus> eins; und der Mensch besteht aus drei Teilen – nämlich Leib, Seele und Vernunft – und wirkt. Denn die Seele ergießt sich in den ganzen Körper, und indem sie mit Vernunft in ihm wirkt, verschafft sie ihm Genuß und Nahrung. Und so stellt der Mensch die ganze Schöpfung dar, die er kraft der Vernunft kennt und erkennt. Und sie ist ihm infolge des Gebotes Gottes untergeordnet.

Gott ist nämlich ein verborgenes Feuer, das kein Sterblicher zu erblicken vermag. Aber die Engel, die feurige Wesen sind, schauen auch stets sein feuriges Angesicht. Und der Abglanz des Vaters ist sein Sohn, über dessen Gewand, das zeitlich ist, die Propheten weissagten. Er war immer und stets ohne Zeit vor aller Zeit beim Vater, wie Johannes der Evangelist bezeugt, wenn er sagt: „Im Anfang war das Wort, und das Wort war bei Gott" (Joh 1,1). Doch das Wort, das am Anfang bei Gott war – Fleisch geworden aus der Jungfrau Maria – zeigte sich als lebendiger Quell, der alle, die an Ihn glaubten, mit dem Wasser des Lebens erquickte, wie Er selbst spricht: „Wer an mich glaubt, aus dessen Leib werden lebendige Wasser fließen" (Joh 7,38).

Er löscht auch durch das unauslöschliche Feuer seiner Gottheit allen Feuerbrand der Unflätigkeit, weil Er vor der Zeit vom Vater gezeugt war, dessen Wille das Gewand dieses seines Sohnes auf ewig umfing. Auch wollte der Sohn Gottes in den Wassern getauft werden; dort bezeugt Ihn die Stimme des Vaters als seinen geliebten Sohn, der vor der Zeit in Ewigkeit bei Ihm war, und in der schönen Gestalt seiner Menschheit alle seine Feinde, die Ihn bekämpfen wollen, niedertreten wird. Durch das Wasser erinnerte Er sich nämlich daran, wie Er es durch sein Wort erschaffen hatte, und der Geist des Herrn über den Wassern schwebte, der sie in Bewegung versetzte und fließen ließ, so daß sie sich von aller Unreinheit säubern und keine Fäulnis in sich tragen konnten.

Denn Gott hat seine Menschheit vor dem Teufel verheimlicht, den Er mit einem großen Schar teuflischer Geister aus dem Himmel herauswarf. Und Er wird ihre Zahl ohne Wissen des Teufels durch glückselige Menschen ersetzen. Und so wird Gott durch den <Sünden>fall Adams den Sturz des Teufels, der gänzlich verworfen wurde, wettmachen.

Auch der Menschensohn ißt und trinkt, wie Er es den Menschen zugestand; dadurch nehmen Fleisch und Blut zu und werden ernährt, damit sie nicht bei ihrer Arbeitsverpflichtung vertrocknen und versagen. Diese Nahrung jedoch verdarb die Schlange, als die ersten Menschen, die ihr zustimmten, aus dem Paradies vertrieben wurden. Daher empfingen sie auf die Einflüsterung des Teufels unter Sünden und gebaren unter Schmerz. Doch diese todbringende Empfängnis des Menschen beseitigte der Sohn Gottes, als Er vom Heiligen Geist aus der Jungfrau Maria ohne die Sünde der männlichen Veranlagung empfangen und geboren wurde.

Der Sohn Gottes gab auch seinen Leib und sein Blut in <Gestalt> von Brot und Wein seinen Jüngern, weil Ihn diese beiden Substanzen am meisten entsprechen und gleichen. Denn wie das in der Erde verborgene Korn aus keiner anderen Gerinnung, als durch die Wärme der Sonne und die Flüssigkeit des Wassers in seiner Grünkraft durch die Gnade Gottes verborgen wächst und emporkommt, und wie eine Weintraube nicht durch Beschneiden, sondern durch die geheimnisvolle Gnade Gottes kräftig wird und zunimmt, so ging auch der Sohn Gottes selbst ohne alles Gerinnen und die Grünkraft der Sünde einer fleischlichen Naturanlage aus der verborgenen Gottheit als wahrer Mensch hervor. Das Feuer nämlich, das in einem tiefen ausgetrockneten Brunnen versteckt worden war, wo man es später als fettes Wasser wiederfand, mit dem die Opfer besprengt wurden, die später das große Feuer, das sich entzündete, verzehrte, bezeichnen Gott als unauslöschliches Feuer und lebendigen Quell. Denn Gott selbst, den dieses Feuer und Wasser bezeichnen, ist in seiner tiefen Unergründlichkeit so verborgen, daß Er alle Einsicht des menschlichen Geistes übersteigt. Daher vernichtete Er auch alles fleischliche Begehren derart in der Jungfrau Maria, daß sein Sohn ohne allen Feuerbrand der Sünde aus ihr seine Menschheit anzog. Der Heilige Geist nämlich, der ein lebendiger Quell ist, benetzte sie mit seinem lieblichen Naß, wie Tau auf das Gras fällt, so daß sie durch die Kraft des Allerhöchsten vor aller Leidenschaft, die durch die Beeinflussung des Teufels bei der Geburt von Menschen entsteht und von jedem Schmerz der menschlichen Natur und Zeugung beschützt wurde, wie der Engel zu ihr sprach: „Und die Kraft des Allerhöchsten wird dich überschatten" (Lk 1,35).

Der erste Beginn des unreinen Gerinnsels, das ohne den Heiligen Geist entsteht, wird aber in den Wassern der Taufe durch den Heiligen Geist wie Gold im Feuer geläutert und entsühnt. Denn der Heilige Geist schwebte über den Wassern und ließ sie in Bewegung geraten und fließen. Sie sind sogar vor den übrigen das geistige Element, und in ihnen werden auch Lebewesen, die sich von den andern durch eine andersartige Beschaffenheit unterscheiden, geboren und ernährt. Der Mensch wird nämlich mit Chrisam und Öl durch die Gnade Gottes gesalbt, vom Feuer des Heiligen Geistes entzündet, in der Taufe geheiligt und von neuem durch die Beschämung der alten Schlange, die sich an ihrem ersten Ursprung vergriff, wiedergeboren. Und so wird ihr der Mensch durch die Gnade Gottes auf diese Weise machtvoll entrissen und im Quell der Taufe durch den lebendigen Quell – d.h. den Heiligen Geist – zur ewigen Erlösung wiedergeboren.

Dieselbe Kraft, die über Maria kam und aus ihr Fleisch und Blut des Gottessohnes hervorbrachte, steigt auch auf die Opfergabe von Brot und Wein herab, während die Wunden Jesu offen sind, so daß diese Opfergabe von Brot und Wein verborgenerweise vor dem Angesicht Gottes und der heiligen Engel in Fleisch und Blut verwandelt wird. So wachsen auch das Korn und der Wein durch die verborgene Grünkraft, die der Mensch nicht sehen kann. Doch weil der Mensch nach dem Bad der Taufe sehr häufig in Sünden verfällt, sind die Wunden des Gottessohnes solange offen, als der vernunftbegabte Mensch sündigt, damit er durch Reue und Bekenntnis durch diese Wunden gereinigt und wiedergewonnen werde.

Doch die Menschen, die Häretiker und Sadduzäer genannt werden, leugnen die Menschheit des Gottessohnes und die Verwandlung von Brot und Wein in seinen Leib und sein Blut beim Meßopfer. Daher bestreut der Teufel, der seinen Anfang dem verdankt, der weder Anfang noch Ende besitzt, und zu Beginn seiner Auszeichnung der Einheit der ewigen Gottheit widersprach, durch diese Menschen die ganze Erde mit dem Staub des Todes. Er ist nämlich ein Lügner, weil er die Verblendung des Unglaubens über die Augen dieser Menschen ausgießt und sie derart blind macht, daß sie weder auf den wahren Gott hoffen, noch an Ihn glauben können. Und so verletzt er <mordet> nach Schlangenart alle Heiligkeit und Ehre Gottes durch diese Menschen, die ihm auf seinen Rat hin folgen und den lebendigen Gott durch Unglauben völlig verachten. Sie kennen nämlich den wahren Gott, der unsichtbar ist, und auch Seele und Geist des Menschen nicht im rechten Glauben, weil all ihr Trachten auf das Fleischliche zielt. Deshalb treten sie alles, was Gott angehört, wie jener, der sie verführt, mit Füßen. Denn sie verachten die Worte der Wahrheit und rühmen sich der Lüge und ihrer falschen Lehre. Der verworfene Engel jedoch weiß in seiner Vernunft, daß der vernunftbegabte Mensch die Möglichkeit besitzt, zu tun, was er will; und daran erinnerte er sich, als der erste Mensch ein Gebot von Gott erhalten hatte. Und so versucht er mit derselben Täuschung, mit der er die Frau hintergangen hatte, was Gott gebot – nämlich zu wachsen und sich zu vermehren – durch diese Menschen zunichte zu machen, indem er sie überredete, nicht nach der Vorschrift des Gebots, sondern nach dem, was sie sich selbst auf die Einflüsterung des Teufels erwählen, zu leben. Er überredete sie auch, ihren Leib durch Fasten zu schwächen und in Schranken zu halten, und dann jeden Wunsch ihrer unzüchtigen Begierde zu erfüllen. Und so werden sie auf seinen Rat aller Heiligkeit der Gesetzesvorschriften des allmächtigen Gottes untreu, weil sie für alle Gebote, die Gott durch Mose und seine anderen Propheten verkündete und später durch seinen Sohn offenbarte, erstorben sind. Und deshalb wurde die ganze Erde von ihnen verunreinigt.

Daher, o ihr Könige, Führer und Fürsten und ihr übrigen Christenmenschen, die ihr Gott fürchtet, hört diese Worte und verscheucht dieses Volk – seines Vermögens beraubt – aus der Kirche, indem ihr es vertreibt, aber nicht tötet, weil sie Geschöpfe Gottes sind. Der Feuergeist Gottes aber, der ein lebendiger Quell ist, gebe euch durch seine Gnade ein, dies vor dem Tag der Vergeltung Gottes zu tun, damit es euch nicht an aller Ehre und Seligkeit des Leibes und der Seele gebricht.

382 Vom Fall des ersten Menschen und der Erlösung durch den zweiten

Gott ist wunderbar und unsichtbar, und man hat keine Möglichkeit, seine verborgenen Geheimnisse wissen oder erfassen zu können. Dennoch hat der Teufel durch seine erste Täuschung das, was im Menschen himmlisch war, mit seiner Schlangenlist vereitelt. Doch Gott wollte etwas neues am Leben erhalten <salvare>.

So geschieht es auch oft, wenn irgendeine Eingebung vom lebendigen Licht, das Gott ist, ausgeht und den Hauch – die Seele des Menschen – anrührt, wenn sich jener Mensch – anders, als er dürfte – rühmt, oder höher, als er kann, emporsteigt. Darob verspottet ihn alsbald die Schlange.

Daher höre man, was aus der Wahrheit hervorgeht, und was der Lüge entspringt, werde barmherzig beseitigt, weil niemand so vollkommen ist, daß er nicht in irgendeiner Beziehung unwahr ist, wie David im Heiligen Geist spricht: „Jeder Mensch ist ein Lügner" (Ps 116,11).

383 Eine ‹erweiterte› Form des Vaterunsers

Unser Vater, weil du uns erschaffen und gestaltet, und uns durch deine Gestaltung gezeugt hast, du wohnst sichtbar bei den Engeln im Himmel. Dein Name werde geheiligt, so daß dich der Mensch mit der ganzen Kreatur den wahren Gott nennt. Dein Reich komme, daß wir dich in reinem, aufrichtigem Glauben suchen, damit wir dich finden. Dein Wille geschehe, wie im Himmel, so auf Erden. Du willst dich von den Engeln anschauen und erkennen lassen, und deshalb loben sie dich. So geschehe es auch bei uns, nämlich daß wir dich in unserer Seele gläubig betrachten, und dich in wahrer Liebe in der Wohnung unseres Leibes mit Lobpreis empfangen. Unser tägliches Brot gib uns heute, von der Zeit an, da wir zu sein begannen, so daß wir als im Fleisch Lebende erschienen, was gewissermaßen heute der Fall ist. Gib uns täglich Nahrung zur Erquickung, bis unser Leben zur Neige geht. Und vergib uns unsere Schuld, wie auch wir unsern Schuldnern vergeben. In derselben Güte deiner Macht, durch die du uns erschaffen hast, bewirktest du, daß wir Gut und Böse kennen. Deshalb vermögen wir auch nichts aus uns, wenn du uns nicht beistehst. Aber wir kennen das Gute, und deshalb verlangen wir es von dir, und daher wissen wir, was wir tun. Und so erheben wir uns durch den Aufstieg unserer Seele zu dir, damit du uns hilfst; denn wir sind von dir, und nicht von uns erschaffen. Im selben Aufstieg, durch den wir uns unter den Seufzern der Seele zu dir erheben, können wir daher unsern Schuldnern vergeben, wenn wir nicht in tödlichen Haß verfallen. Deshalb steh uns bei! Und führe uns nicht in Versuchung – in die höllischen Qualen deines Gerichts wegen der Sünden – sondern erlöse uns vom Bösen, d.h., laß nicht zu, daß wir uns mit der Gemeinschaft derer verbünden, die blindlings dem Tod verfallen sind, weil sie dich verleugneten. Denn du hast uns zum Gewand deiner Menschheit geschaffen und gestaltet. Amen.

384 Über die drei Stände der Kirche

Ich schaute einen unermeßlichen Glanz, den ich vor Helligkeit nicht vollständig zu betrachten vermochte. Und er entsandte aus sich eine Kugel von
großer Klarheit. Und diese Kugel teilte sich in drei Kugeln, und eine jede
dieser Kugeln erschien als überaus herrliche Gestalt. Diese Gestalten jedoch riefen den Menschen in der Welt folgende Worte zu: O Menschen,
bekleidet euch mit uns, denn auch ihr seid – wie wir – ein Hauch von Gott.
– Auf diese Stimme hin trennte sich wirklich eine große Menge von den
Menschen, die in der Welt lebten, und diese Menge teilte sich in drei Scharen. Die erste davon blieb in der Welt, die zweite floh in die Wälder, die
dritte in Klöster.

Die erste Schar aber sprach: Ich will mich nicht von der Welt zurück-
ziehen, sondern will so in ihr leben, daß ich anderen ein gutes Beispiel
biete, nämlich dadurch, daß ich die Welt nicht genieße <mihi non vivit>,
und sie mich nicht zu sündhaftem Tun verleitet.

Ich aber hörte aus dem unermeßlichen Glanz eine Stimme über diese
Menschen sagen: Dies sind meine tapferen und tüchtigen Soldaten, die
sich in den Kämpfen gegen die Welt immer als Sieger erweisen. Denn aus
Liebe zu mir pflegen sie in ihrem Leben nicht die unerlaubten Gewohnheiten der Welt. Daher will ich sie auch in die Zelte der Gerechten versetzen, wo sich die Sonne niemals verfinstern und untergehen wird. Denn
ich, die wahre Sonne, werde mich ihnen zeigen, damit sie sich stets über
mein Licht freuen, und an dieser Freude – mich zu sehen – nie sättigen
können.

Über die zweite und dritte Schar aber sagte dieselbe Stimme: Das sind
meine Kinder, die todbringenden Gefahren entgingen, indem sie sich
selbst verließen und mir um meinetwillen ihren Leib darboten, da sie die
Laster des Teufels niedertraten. Daher werde ich sie unter die Scharen der
Engel versetzen, die immer mein Angesicht schauen.

Die erste Gestalt jedoch, welche die Demut andeutet, wurde von der
Sonne mit einem Mantel, der mit zwölf Edelsteinen geschmückt war, bekleidet, weil die Demut die größte Tugend <bonitas> der Gottheit ist, in
der Gott selbst nach altehrwürdigem Ratschluß sein Werk begonnen hatte,
und alle Ausstattung des zu Fall kommenden Teufels und auch die größe-

re Ehre, die jener besaß, in seinem Werk, das der Mensch darstellt, zusammenfaßte. Die Demut ging nämlich von Gott in der Höhe aus und ordnete alles in der Tiefe. Und was sie vom höchsten Punkt begann, das vollendete sie am tiefsten, d. h. an ihrem Werk, das der Mensch ist. Ihn stärkte sie mit so großer Kraft, daß er niemals von dem bestimmten Platz, den sie ihm zugewiesen hatte, weggerissen wurde. Diese Demut war auch mit einem schneeweißen Gewand von Sonnenglanz angetan, das die Menschheit des Erlösers – nämlich des Sohnes Gottes – bezeichnet, die wie der Glanz der Sonne von Ihm ausgeht und trotzdem vollständig in Gott dem Vater bleibt. Sie <die Demut> trug auch einen Kranz aus reinem Topas; dieser deutet an, daß die heilige Gottheit vollkommen ungeteilt ist und nicht von irgendeinem, der <zu faseln> beginnt, getrennt werden kann. Sie hatte nämlich Schuhe aus Smaragd an, die anzeigen, daß die heilige Demut die Grünkraft aller Tugenden aushaucht, wie ein Baum seine Zweige und Triebe hervorbringt.

Die zweite Gestalt jedoch bezeichnete die Geduld. Und sie trug eine saphirfarbene Tunika, von der ihre äußere Erscheinung wie ein Mensch mit einem schönen Gewand geschmückt war. Diese Tunika deutet nämlich die Liebe an, welche die Geduld entsendet, d. h. die Geduld, die das Lamm Gottes unter Beweis stellte, als es um des Menschen willen alles Unrecht geduldig ertrug und ihm – ans Kreuz geschlagen – durch sein Blut die Ruchlosigkeit abwusch. Sie hatte auch Schuhe aus rötlichem Hyazinth an; sie bezeichnen das Martyrium jener, die ihr Blut aus Liebe zu Gott vergossen, und auch derer, die sich selbst durch die Überwindung der Laster des Teufels Gewalt antun <deprimunt>.

Die dritte Gestalt – sie bezeichnet die Furcht des Herrn – war überdies mit aufgewühlten Wolken bekleidet, welche die Trauer des Menschen anzeigen, der von verschiedenen Lastern umlagert ist. Und sie hatte stählerne Schuhe an, die darauf hinweisen, daß dieser Mensch in großer Beständigkeit die Furcht des Herrn besitzen und sich stets vor jenem schrecklichen Urteil fürchten soll, durch das Gott den ersten Engel vom Himmel in die Hölle schleuderte, und der erste Mensch aus dem Paradies in die Verbannung dieser Welt hinausgestoßen wurde. Denn derjenige Mensch, der seine Sünden erkennt, fürchtet dieses Gericht in der großen Trauer seines zerknirschten Herzens und sagt: O, wohin soll ich gehen, und wohin vor so einem <strengen> Gericht fliehen? – Bei diesen Worten schaut er auch auf die erwähnten Tugendkräfte und sucht ängstlich und traurig zu erfahren, wie er mit ihrer Hilfe die Laster des Teufels besiegen könne. Und so erneuert er sich und wird aus dieser Furcht heraus ein anderer Mensch; denn sie ist eine große Tugendkraft.

Diese Tugenden jedoch mahnen die Menschen, sich mit ihnen zu bekleiden, indem sie den Sohn Gottes nachahmen, der ihnen vorangegangen ist. Von Ihm gehen alle Tugenden aus <spirant>, und auf Ihm ruhen sie.

385 Über die Erschaffung der Welt und den Fall Adams

O wahre Weisheit, die du – ohne … <erschaffen> und begründet zu sein – als wahrer Gott existierst, wieviele Geheimnisse hast du durch die Geschöpfe, die deinem Werk – nämlich dem Menschen – unterstellt sind, hervorgebracht, als du die Kräfte deiner Macht zum Erschaffeh ausgesandt hast! Du hast nämlich ein schönes Dach mit seinen prächtigen Fenstern – nämlich das Firmament mit seinen Leuchten – für sie geschaffen und die Sonne daran befestigt, die mit ihrem Licht alles über und unterhalb der Erde regiert und erleuchtet. Die übrigen Leuchten sind von ihr abhängig und leuchten durch sie, wie dir alle Geschöpfe willfahren und sich auf ihre Art als Seele <vita> des Lebens erweisen. Auch hast du, Allerhöchster, das jüngste Geschöpf berührt und aus ihm die Menschheit angezogen, durch die du deinen Feind völlig besiegt hast, der durch seinen Neid den Menschen, den du geformt hattest, im Paradies verführte. Du, wahre Liebe und ewiger Gott, hast nämlich – als alle Geschöpfe geschaffen, angeordnet und ausgerüstet waren – schließlich den Menschen, der gleichsam zum vorbereiteten Mahl gerufen werden sollte, in einem so kurzen Zeitraum gestaltet, wie bekanntlich der Tagesbeginn währt, d.h., wenn vor der Sonne die Morgenröte aufsteigt. Und sogleich hast du ihm den Lebensatem eingehaucht, wie auch die Sonne sofort nach der Morgenröte funkelnd ihre Strahlen aussendet. Der Hauch des Lebens aber ist die Seele, die als Feuer erscheint, dessen Flamme die Vernunft ist. Durch diese erkennt man die Kräfte der Seele im Wissen um Gut und Böse, wie auch die Sonne an ihrem Strahlen erkannt wird.

Der Zeitraum jedoch, in dem der Herr Adam ins Paradies setzte und ihm die Pracht dieses lieblichen Lustgartens zeigte, wobei Er ihm jede Frucht des Paradieses außer vom Baum der Erkenntnis von Gut und Böse zugestand, erstreckte sich gleichsam von der ersten bis zur dritten Stunde. Die Zeitspanne aber, in der Adam alles Lebendige und die Vögel des Himmels, die er in der Schau seiner Erkenntnis sah und erkannte, mit ihrem Namen benannte, und in der er den Herrn im Glanz seiner Gottheit zu sich sprechen hörte, dauerte gleichsam von der dritten bis zur sechsten Stunde. Zu dieser Stunde erschien ihm nämlich dann Gott auf der östlichen Seite. Er sah nicht sein Angesicht, sondern den Glanz seines Angesichts. Über den durch diese Schau Erfreuten sandte Gott einen Schlaf, und so schlief er frohen Herzens wie ein schlafbedürftiger Sohn angesichts seines Vaters ein. Während dieses Schlafes jedoch hob Gott seinen Geist in jene Höhe empor, von der Er ihn mit der Erkenntnis von Gut und Böse in seinen Leib gesandt hatte, und zeigte im voraus an, was kommen sollte, nämlich von seinem Geschlecht an, bis zum himmlischen Jerusalem, das vollendet werden sollte. Und während dieses Schlafes nahm Er eine Rippe von ihm und gestaltete aus ihr eine Frau. Als sie ihm zugeführt wurde, und Adam sie erblickte, freute er sich sehr. Aber als er und seine Gattin überlegten, was sie zuerst essen und tun sollten, stand sie näher am Baum der Erkenntnis von Gut und Böse und wartete auf ihren Mann. Als die alte Schlange jedoch erkannte, daß sie auf einen andern schaute, wie die Engel auf Gott schauen, näherte sie sich, um sie zu verführen. Die Zeit aber, in der das geschah, war gewissermaßen die Spanne zwischen sechster und neunter Stunde. Die Frau jedoch, die Gott im Paradies aus der Rippe des beseelten Menschen gebaut hatte – Er wußte um das Leben, durch das alles Leben besteht, und sah voraus, wann es in eine Frau herabsteigen sollte, durch die der Mensch in die Herrlichkeit des himmlischen Paradieses eingehen würde – von der Schlange getäuscht – reichte ihrem Mann die Speise des Todes.

Als sie also auf diese Weise des Glanzes entblößt worden waren, erschien ihnen die Klarheit Gottes, die zuvor Adam erschienen war, wie in einer Flamme an der Südseite. Und Er sprach: „Adam, wo bist du" (Gen 3,9)? Dadurch deutete Er an, daß er sein Wohlgefallen <noch> besaß; denn Er wollte ihn durch das Gewand seiner Menschheit, das Er aus einem weiblichen Geschöpf annehmen sollte, suchen und retten <retrahere>.

Und so hatte sich der Tag ihres Heils dem Ende zugeneigt. Der Zeitraum jedoch erstreckte sich gleichsam von der neunten Stunde bis zum

Abend. Danach kamen sie – aus dem Paradies vertrieben – in die Welt, und verbrachten die Nacht schon auf der Erde. Dann fanden sie auch – der menschlichen Natur entsprechend – alles Nötige für sich und die anderen Lebewesen, und nahmen es in Augenschein.

386 Über die Eucharistie

„Während sie aßen, nahm Jesus das Brot, segnete und brach es, gab es seinen Jüngern und sprach: Nehmt und eßt, das ist mein Leib" (Mt 26,26). Er segnete nämlich das Brot mit jenem Segen, unter dem Er selbst das Herz des Vaters verließ. Dadurch aber, daß Er es brach, zeigt Er an, daß sein Leib und das Anheften mit Nägeln zur Verehrung, die Qualen des Kreuzes zur Erschütterung und später zur Verwandlung dienen. Wie nämlich das in der Mühle zerriebene Korn mit Hilfe von Feuer und Wasser zu Brot wird, so wurde auch sein Leib – von vielen Schmerzen heimgesucht, durch das Kreuzesleiden hart mitgenommen und durch die Auferstehung zur Unsterblichkeit bestimmt <roboratum> – für die Gläubigen zum Brot des Lebens. Weil Er jedoch auf Erden nicht von einem leiblichen Vater <gezeugt>, sondern durch den Heiligen Geist von einer Jungfrau empfangen wurde, konnte und durfte man diesen Leib nicht zu Asche verkommen oder zerstückeln lassen, durch den Seele und Leib eines jeden Menschen erquickt werden, wie „Brot das Herz des Menschen stärkt" (Ps 104,15).

Maria aber war die Erde, in welche die heilige Gottheit das Korn – nämlich ihren Sohn – säte, von dessen Leib jeder Gläubige leben soll, wie auch die Menschen von dem Brot, das aus Körnern entsteht, leben, d. h. bei seinem Abendmahl. Trotzdem gab Er ihnen in seiner göttlichen Macht einen leidensunfähigen Leib zur Rettung, weil die Freuden der ewigen Erlösung frei vom Erleiden jeglicher Schmerzen sind. Und das war Ihm möglich, weil Er durch eine andersartige Geburt Mensch ist. Und deshalb hat Er dieses Brot in seiner Gottheit gesegnet. Desgleichen gab er ihnen durch das Brotbrechen den Hinweis, daß Er danach verlange, diesen seinen leidensfähigen Leib zur Erlösung des Menschengeschlechts dem Tod auszuliefern, und sich nicht – wenn Er nicht wolle – den Tod zuzuziehen.

Und Er, der durch das Vergießen seines Blutes den Menschen von den

Wunden der Sünden befreien sollte, nahm den Kelch und sagte Dank. Und Er gab ihnen das Blut des Neuen Bundes, indem Er sich nämlich zur Erlösung anschickte, die man nun aber nicht wie im Alten Bund erlangen konnte. Daß Er jedoch sagte, Er werde nicht von der Frucht des Weinstocks trinken, bis Er sie aufs neue im Reich seines Vaters trinken werde, ist so zu verstehen, als ob Er sagen würde: Bis Er sie und die andern heiligen Seelen durch das Vergießen seines Blutes mit Freuden im Reich seines Vaters aufnehmen werde.

Der Herr Jesus gab seinen Jüngern vor seinem Leiden beim Abendmahl seinen leidensunfähigen Leib als Speise des Lebens, durch die ihre Seele und ihr Leib geheiligt werden sollten. Durch das Vergießen seines Blutes aber, das am Kreuz vergossen wurde, wird die vernunftbegabte Seele vom Fall Adams wiederhergestellt und freut sich, wie auch der Wein das Herz des Menschen erfreut. Christus, der beim Abendmahl in seiner göttlichen Macht leidensunfähig war, wollte daher später – ebenfalls von Erbarmen über den Menschen gerührt – leidensfähig sein, weil Er nur durch die Fähigkeit, den Tod zu erleiden, den Menschen vom Tod befreien konnte. Denn ohne die Frucht der Erlösung wäre Er als Gottmensch allein geblieben, wie Er selbst sagt: „Wenn das Weizenkorn nicht in die Erde fällt, bleibt es allein; wenn es aber stirbt, bringt es reiche Frucht" (Joh 12,24). Der Mensch, der nach gerechtem Urteil für den Tod bestimmt wurde, sollte also nicht durch Macht, sondern durch Gerechtigkeit befreit werden. Und daher wurde der Sohn Gottes dem Tod ausgeliefert, damit durch die Genugtuung des Unschuldigen dem Sünder die Gerechtigkeit zurückgegeben werde.

387 Was das Wort Gottes gegen die Irrgläubigen besagt

So spricht derjenige, der Leben einhaucht und in seinem Wesen der eine Gott ist. Das Wesen des allmächtigen Gottes verkörpert sein Sohn, dem das Werk zur Seite steht, nämlich die ganze Schöpfung. Denn durch das Wort Gottes, das sein Sohn ist, wurde alles geschaffen, was in der Himmelshöhe und in der Tiefe, welche die Erde darstellt, durch den Hauch des Lebens das Leben empfing. Die Erde bildet ein Hindernis für die weiter oben befindlichen <Himmels>leuchten.

Gott verlieh jedoch seinem Werk die Fähigkeit zum Lobpreis und zum Wirken; und weil Er selbst ein bannertragender Kämpfer gegen seine Feinde – die Bewohner der Finsternis – ist, hält Er alle, die sich selbst zuschreiben, was die Gnade des Heiligen Geistes in ihnen bewirkt hat, für Finsternis. Und man nennt sie Abtrünnige. Für Feinde erklärt man nämlich diejenigen, die auf sich, und nicht auf ihren eifrigen Erforscher schauen, und den Dienst, den sie ihm als Vater erweisen sollen, mit ihrer verdunkelten Einsicht zurückweisen. Und jene werden mit allen Werken, die sie für sich als Schätze angehäuft haben, in der Finsternis, die ohne Ihn entstanden ist, mit dem zusammen, der dem Allerhöchsten gleichen wollte, gepeinigt werden. Solche sind nämlich das Herz des Teufels, weil sie nach seinem Rat handeln. Und sie werden der Klarheit des göttlichen Lichts entblößt, und vernichten auf die Aufwiegelung dieses Tyrannen die Heilige Schrift und die Lehre, die der Heilige Geist diktiert hat. Wie der Himmel nicht vorzeitig aufgerissen werden kann, so kann man auch die Worte des Heiligen Geistes nicht verändern.

388

Wer immer infolge seiner leiblichen Schwäche an Erbrechen leidet, und mit aller Hingabe nach dem Leib des Herrn verlangt, dem wage der Priester wegen der Hochachtung vor diesem Leib, der sich in der Brotsgestalt verbirgt, dieses Sakrament nicht zu reichen. Er lege vielmehr den Leib des Herrn auf das Haupt dieses Menschen, und rufe Gott an, der die Seele in den Leib gesandt hat, Er möge sich würdigen, seine Seele durch Leib und Blut zu heiligen. Er lege ihn auch auf sein Herz und spreche dabei: Allmächtiger Gott, dessen Sohn Maria gläubig empfing, wir bitten: Gewähre, daß Seele und Leib dieses Menschen im wahren Glauben durch die Heiligung mit seinem Leib und Blut geheiligt werden.

Denn das göttliche Sakrament verbirgt sich unter der Brotsgestalt, so wie die Seele des Menschen unsichtbar ist. Daher zieht die unsichtbare

Seele die unsichtbare Heiligkeit sogleich an sich, weil der Geist des Menschen den, der ihn gesandt hat, bald spürt und niemals von dem weichen wird, der ihn im Glauben empfängt. Von einem Unwürdigen aber zieht sich jene Heiligkeit wie von Judas zurück.

Daher muß der an Erbrechen Leidende aus Vorsicht und Ehrfurcht den Empfang des Herrenleibes meiden. Am Glauben an dieses Sakrament, das in Gestalt von Brot feierlich geheiligt wurde, muß man trotzdem beharrlich festhalten.

389

Göttlicher Glanz jenes Glanzes, der während deines Werkes aufleuchtet, du bist jene Wurzel, die viele Zweige ausgesandt hat, und die Sonne mit unzähligen Planeten, nämlich deinen Heiligen und Auserwählten, deren Zahl niemand erfassen kann. Du hast nämlich am Anfang eine einzige Wurzel gebildet, die du durch den Lebenshauch erweckt hast, und sagtest zu Jeremia : „Was siehst du, Jeremia?" – Dieser antwortete dir: „Ich sehe einen Mandelzweig" (Jer 1,11). – Eine Wurzel erschien mit ihren Zweigen und wurde von einem schädlichen Obstbaum verdunkelt, den die Nacht über sie ausspie. Daher vermehrte sie ebenfalls in der Finsternis ihre Zweige und wollte die Gerechtigkeit des Himmels niedertreten.

Doch du, lichte Gottheit, leuchtetest in die Wasser hinein und hast sie wie in einen Schlauch gesammelt; in ihnen wurden alle Menschen – außer Noe und seine Nachkommen – ertränkt. Diesem Noach jedoch hast du beigebracht, deine Wundertaten zu wirken, und daher hat er sein Werk wie mit der Einsicht eines Kindes freudig vollbracht, weil er noch nicht wußte und verstand <sapuit>, was zu ihm gesprochen wurde. Du hast auch für ihn den in der Luft befindlichen Dunst zu Boden geschlagen, der Adern und Mark des Menschen schwächt, damit das Bauwerk, für das du ihn unterwiesen hast – nicht von menschlichen Empfindungen beeinträchtigt – gleichsam mit der Freude eines Kindes verfertigt würde.

So handelst du auch an den Menschen, an denen du Wunder wirken willst, wenn sie auf deine Eingebung dem menschlichen Verstand Fremdes reden. Nachdem nämlich Noe auf der Höhe, zu der du ihn erhoben hattest, sein Bauwerk geschaffen hatte, hast du ihm zuerst den Bau Abels abverlangt <exsuxisti>, der in das Vergießen seines Blutes übergegangen war, und ihn so inspiriert, einen Altar zu bauen, auf dem er dir, dem höchsten Gott, ein Opfer darbrachte.

Lichte Gottheit, du hast unzählige lebendige Planeten besessen, den ersten Menschen aus dem Lehm der Erde gestaltet und ihn an den Ort des Paradieses versetzt, damit er am Engelslob teilnehme. Die Schlange aber zwinkerte listig mit ihrem Auge und täuschte ihn mit trügerischen Worten, indem sie dich bei dem anklagte, der sich als erster dir ebenfalls entgegenstellte. Das tat der Teufel, damit der Mensch – den er als neues Werk, das auf andere Weise als er geschaffen wurde, erkannte – aus dem Paradies vertrieben würde, und nicht an den Ort zurückkehre, von dem er selbst verjagt wurde.

Leuchtende und feurige Gottheit, durch die feurigen Planeten, die du in dir trugst, hast du um des Abbildes deiner Menschheit willen den Kopf der Schlange zertreten, damit sie sich niemals erhebe, bevor du dein Werk vollendet hättest. Denn keineswegs berührte sie das Feuer, das du bist, sondern befand sich zur Nachäffung <mendax factus> gewissermaßen in einem hellen Licht. Und daher blieb ihr deine Menschheit verborgen, und deshalb wichen auch die Engel, die dein Feuer berühren, vor ihr zurück. Danach hast du jedoch dein Werk – den Menschen – mit Feuer und Glanz geschaffen, damit jenem Verworfenen niemals dasjenige völlig ähnlich würde, was du in so großer Zahl – daß weder Engel noch Seelen sie errechnen können – als dein Abbild erwerben wirst. Manche der Menschen sind nämlich feurig und wenden sich dem Feuer zu, und einige befinden sich im Licht der Klarheit und stürzen aus dem Licht heraus. Und später erheben sie sich wieder zum Feuer und werden Säulen des Himmels.

Du, lichte Gottheit, bist Feuer und Glanz, woraus du auch das irdene Gefäß geschaffen hast, aus dem du dein Gewand angezogen hast. Und so bestehst du aus drei Kräften und hast auch dein Werk auf drei Kräfte gegründet. Adam hast du im Glanz erschaffen, und Noe durch Feuer <sein Dankopfer> erhalten, damit von ihm eine neue Menschheit <mundus> mit dem Feuer der Heiligkeit ausginge, die den Rachen der Schlange verschloß und ihre Kraft derart vernichtete und überwand, daß die durch Feuer und Wasser Wiedergeborenen im wahren Glauben verharren und auf keinen Fall verlorengehen. Du hast nämlich das Wasser durch dein Feuer ausgetrocknet, daß es nicht in den Schlauch <der Wasser> Noachs fließe. Durch

ihn hast du angedeutet, daß der Tod der Verworfenheit ein Ende finden sollte, wie auch der Tod von Menschen im Wasser. O Heiligkeit des Wassers,
durch das dein Sohn den Tod vernichtete! Die Jungfrau empfing Ihn von
deinem Feuer, das in ihr alle Wunden der Sündenflut trocknete, damit sie
davon nicht verletzt werde, wie sie auch Noach nicht verletzten. In diesen
Zeichen hast du vorhergeschaut, was du in Maria vollendet hast, die den
Kopf der Schlange, durch welche die erste Frau verführt wurde, zertrat.

Und du Noach, der du ein heilbringendes Zeichen bist, weil Gott dich
insgeheim unterwies, wie du durch das Wasser hindurch gerettet werden
konntest, und deinem Herzen eingab, einen Altar zu erbauen, um Ihm zu
opfern, du bist wie Morgenrot, das ein Sonnenfunken ist. Gott hat durch
dich die neue und alte Heiligkeit der Propheten und Weisen angezeigt, und
die Beachtung der Keuschheit, die nicht durch die Seite des Mannes, sondern von der Schönheit der Frau gepflanzt wurde, die nicht unter der
Herrschaft eines Mannes stand; so konnte auch dir die Gewalt des Wassers
nicht schaden. Gott wollte auch eine neue Menschheit aus dir hervorgehen
lassen, und schenkte dir das von den Wassern bewässerte Land, auf dem du
Weinberge pflanztest und dabei die Kraft des Weins nicht kanntest, welcher der Sinne des Menschen spottet. Wie nämlich der Sohn, der deine
Blöße bedeckte, da er dich als Vater ehrte, ruhmreich seine Freiheit behielt,
als der andere zu seinem Knecht gemacht wurde, so dient die Erkenntnis
des Bösen der Einsicht in das Gute. Du warst auch nicht derart in Sünden
verwickelt wie deine Söhne, wie auch die Söhne Adams sich schwerer vergingen als er selbst. Unter den Segnungen der Freiheit gibt es Heilige und
Auserwählte und auch jene, die durch Buße aus der Knechtschaft der
Sünde in die Freiheit zurückfanden. Ihnen allen wird es auch geschenkt,
eine Trompete zu blasen, deren Schall vor dem Thron Gottes ertönt. Auch
die Stimmen der Engel singen Gott harmonische Loblieder über die Werke
der guten Menschen, die noch im Leibe leben und sich stets vermehren.
Und die Engel steigen zu Gott über den goldenen Altar empor, der vor seinem Angesicht steht, und stimmen stets ein neues Lied über sie an. Unter
dem goldenen Altar sind nämlich die Werke der Heiligen zu verstehen, die
sie noch in ihrem Leib gewirkt haben und die vor dem Angesicht Gottes
wie ein goldener Altar blitzen. Mit ihnen haben sie das Lamm – d.h. den
Sohn Gottes – nachgeahmt.

Auch die Heiligen selbst zählen ihre Werke – und sogar auch die Werke
der Seligen, die noch fruchtbar tätig sind – unter Trompetenschall auf, der

so klingt, als wenn sich das Rauschen vieler Wasser mit dem lieblichen Klang des sich drehenden Firmaments vermischt hätte. Und mit diesem Lobpreis verlangen sie Hilfe von Gott für diese. Durch ihn begegnen die heiligen Werke, die zum goldenen Altar vor Gott hinaufsteigen, ihren Taten und Verdiensten. So bitten sie nämlich Gott für sie, daß der Leviatan sie nicht durch Täuschung von guten Werken abhalte, die sie nach ihrem Vorbild mit den Elementen zusammen wirken werden. Das deutet ihr Trompetenblasen an. Denn Gott wird von ihnen wie von den Engeln, die Er mit seinem Glanz übergossen hat, gelobt und gepriesen. Die Stimme der Heiligen, mit der sie Gott wegen ihrer und auch anderer guter Menchen Werke loben, ist wie eine schallende Trompete; und daher singen sie auch ein neues Lied vor dem Thron und dem Lamm; und die Erde – d. h. die Völker der Erde – hallen von ihren Stimmen wider, loben Gott wegen ihrer Verdienste und rufen: Ehre sei dir, Herr!

O heilige Gottheit, du wirst im Himmel von den Engeln, die Funken von deinem Glanz sind, in der Verborgenheit gepriesen. Und vom Menschen, den du aus Lehm zu deinem Gewand gestaltet hast, wirst du auf Erden gelobt. Darum leuchtete Johannes der Evangelist vom Glanz Gottes und entbrannte in der Flamme des Heiligen Geistes. Und deshalb war er dem Leibe nach von himmlischer Art wie der Mensch vor dem Fall. Daher blieb die Last und das Gewicht seines Körpers auf der Erde, während er gleichsam augenblicklich zu den himmlischen Dingen erhoben wurde, wie sich nach dem Jüngsten Tag alle leibliche Schwere verflüchtigt <comburetur>, wenn die heiligen Seelen zum Himmel eilen. Johannes der Täufer allerdings, der von der Kraft der Gottheit erfüllt war, starb dem Fleisch nach am Auswurf <spuma> der Schlange, weil er die Sünder mit scharfen Worte zurechtwies. Das schickte Gott seiner Menschwerdung voraus, bevor die Fülle der Zeit kommen sollte, in der Gott Mensch wurde.

Jetzt aber rufe und flehe ich dich an, du wollest mich Kleinmütige, die diese Worte schaute, und hörte, was du allein weißt, durch die Gesänge der glückseligen Seelen retten. Und alle, die wegen des reinen Glaubens an deinen Namen sich eifrig mit mir mühen, nimm so in den Schoß deiner Gnade auf, daß wir uns ihm niemals entfremden. Denn du allein kennst meine Unwissenheit, da ich in der Kenntnis der Heiligen Schrift nicht gerade glänze <stellata sum>, die von deinen Wundertaten erzählt, wie auch an den Sternen die Zeit abgelesen wird. Daher bitte ich dich, mich von der Bosheit der bösen Geister zu befreien, und vor allem Zweifel meiner Unwissenheit an Leib und Seele zu bewahren. Nochmals bitte ich dich, milder Vater, du möchtest diejenigen, die sich mit mir abmühen, mit dem Feuer deiner Liebe lieben und im Buch des Lebens einschreiben, das dein Wissen darstellt, so daß sie nie von dir getrennt werden.

O Noach, du bist ein Ursprung der Heiligkeit und der Zweige, die von dir ausgingen. Wir bitten dich, uns wegen unserer Nachlässigkeiten bei deinen Lobgesängen nicht zu vergessen, sondern dich aus Liebe zu dem, der dich für seine Wundertaten erwählt hat, zu würdigen, bei deinen Gebeten stets unsrer zu gedenken. Amen.

... <O> heilige Gottheit, du bestehst vollkommen ohne jede Spaltung, und zeugst durch dein Wort in der ganzen Schöpfung Kreaturen mit bloßer Namensnennung. Die Gebilde, die durch dein Wort nach ihrer Art geformt wurden, sind nicht aus der Welt <vita> verschwunden. Manche Kreatur lebt aus der Grünkraft, manches mit Fleisch bekleidete Geschöpf aus seiner empfindsamen Natur; manche Kreatur lebt vom Wehen ihres Windes, manche von dem aus der Luft strömenden Regen.

Du hast nämlich den vollkommenen und ungeteilten Gehorsam des Gewandes deines Wortes durch Abraham angedeutet und beschrieben, und ihn unversehrt bewahrt um der Befreiung derer willen, die für den Ungehorsam, der durch Adam entstand, Buße tun. Du hast Abraham geboten, sich an seinem Fleisch zu verletzen, das durch die Täuschung des Teufels von heiliger Keuschheit in unzüchtiges Verlangen umschlug, das du mit Wasser und durch das Taufbad abwuschest – verborgene Geheimnisse, von denen auch er ahnungslos getäuscht wurde. Abraham verwundete auf dein Geheiß sein Fleisch und verwirrte den Teufel, der dieses Geheimnis nicht erkannte und durch denselben Teil des menschlichen Fleisches aus der Fassung gebracht wurde, durch den er auch den Menschen getäuscht hatte. Du hast auch geboten, daß er dir seinen geliebten Sohn opfere. Damit hast du angedeutet, daß dein Sohn für das Volk zu opfern sei. Doch dein Engel wehrte das über den Gebundenen ausgestreckte blitzende Schwert ab, und du zeigtest ihm einen Widder, der nicht von anderen Schafen stammte, sondern ihm deine Wunder offenbarte.

Denn der Mensch, den du gestaltet hast, wurde vom Teufel getäuscht, und die ganze menschliche Natur daher so befleckt, daß jeder Mensch ganz in den Sünden der fleischlichen Begierde empfangen wird. Auch wurde die Natur des Menschen so verdreht und verwickelt, daß keiner seinen Gefährten aus der Gefangenschaft des Teufels befreien konnte. Deshalb hast du bei dir beschlossen, das Gewand deines Sohnes aus unvermischter Erde <Maria> zu weben, die durch nichts <veranlaßt> Sprossen getrieben hatte. Das Feuer des Heiligen Geistes hatte die Glut ihres Herzens entzündet; so gebar die von der Glut des Heiligen Geistes erwärmte Jungfrau, die – wie ein Ei, das ein von der Henne gewärmtes Küken schlüpfen läßt – dem Fleisch entstammte, einen Sohn. Und wie ein Küken ohne die Wärme der Henne niemals aus dem Ei schlüpfen würde, so brächte die Jungfrau nie ohne die Glut des Heiligen Geistes einen Sohn hervor.

Dieses Geheimnis wurde vollständig durch den Widder angedeutet, der in den Dornen hing, wie der Herr zu Adam sprach: Wenn du den Erdboden bearbeitest, „wird er dir Dornen und Disteln bringen" (Gen 3,18). Bei seiner mühseligen Arbeit wurde ihm die schlimme Vergeltung gezeigt, weil er das Gebot Gottes verachtete, das er <zu befolgen> begann, aber nicht durchhielt und seinen Ehrgeiz nicht niedertrat. Und so wurde ihm das lichte Gewand, das ohne Umwölkung war, genommmen und zerrissen, wie auch Dornen und Disteln die Menschen aufritzen. Der Sohn, der ohne männliches Blut im Glanz Gottes durch das Feuer des Heiligen Geistes geboren wurde, Er wurde wegen Adams Vergehen allein am Holz aufgehängt, weil Er keinen hatte, der Ihm glich. Er befreite die Seelen durch die Beraubung der Unterwelt. Und wer ist dieser, der das tat? Nämlich Gott, der – ohne zu beginnen, abzunehmen und sich zu verändern – jener Tag ist, dessen Helligkeit niemals von einem anderen Licht Leuchtkraft empfing, sondern selbst das Licht der ganzen Schöpfung und jedes seiner Geschöpfe ist, von dem David spricht: „Wer ist dieser König der Herrlichkeit, der Herr stark und mächtig, der Herr mächtig im Kampf" (Ps 24,8)? D. h., Gott ist das unauslöschliche Licht, das niemals alt wird, vergeht oder von Überdruß bestimmt wird. Und Er ist der König, dessen Herrlichkeit ohne nächtliche Dunkelheit besteht, und nicht abnimmt, wie die Lebenstage der Menschen abnehmen, die beginnen und vertrocknen und sich stets wandeln. Sie bleibt vielmehr beständig in ihrer Grünkraft und unveränderlich „wie ein Baum, der an Wasserläufen gepflanzt ist" (Ps 1,3). Die Herrlichkeit nämlich, die Gott selbst ist, vermag weder Engel noch Mensch mit irgendeiner Zahl zu bestimmen oder aufzuzählen. Weil diese vollkommene Fülle herrscht, werden es die Engel niemals satt, sie anzuschauen, denn sie sehen in eitler Freude stets Unbekanntes und Neues an ihr.

Er jedoch ist stark und mächtig, weil Er alle Kreaturen in seiner Kraft mächtig hervorgebracht, und eine jede nach ihrer Art beweglich geschaf-

fen hat. Und deshalb ist alles ohne Trübung <caecitate> und Mangel geschaffen. Der im Kampf mächtige Herr, der gegen den Drachen kämpfte,
ihn im Himmel besiegte und für seine Bosheit in die Qualen der Hölle
warf, die Pforten der Hölle sprengte und die Seelen derer, die Ihn anerkannten, mit sich führte, konnte das nicht anders tun, als als gewaltiger Held.

O reine und feurige Gottheit, in deiner gewaltigen Kraft hast du das
erste unvergängliche und unveränderliche Land geschaffen, in dem sich
die ersten Menschen verunreinigten, indem sie sich gegen das Gebot und
deinen Willen verfehlten. Du vertriebst sie aus diesem lichten Land durch
deine starke Macht. Dennoch hast du ihre Ruine nach den Regengüssen
der Wolken durch ein neues Geschlecht wiederaufgebaut, nachdem du
dem schlangenartigen Geschlecht gezeigt hattest, was du gegen den wütenden Drachen zu tun vermochtest, der nach seiner Meinung das ganze
Menschengeschlecht verschlingen sollte. Das erkannte der Teufel jedoch
nicht, der dich ebenfalls nie erkannt, weil er niemals begann, dir zu dienen.

Bei allem, was du mit der Sintflut bewirktest, als du die Menschen versinken ließest, hast du den Sturz der irrenden Menschen in Erscheinung
treten lassen. Du, heilige Gottheit, hast nämlich durch Noe eine neue
Nachkommenschaft gepflanzt, wie auch die Erde – in eine andere Form gewandelt <eversa> – den neuen Saft des Weins hervorbrachte. Abraham
war die erste Wurzel, die an den Zweigen seines Geschlechts blühte, wie
der Stab Aarons, der von der Wurzel abgeschnitten war, grünte. Damit hast
du die Menschwerdung deines Sohnes angedeutet, der im keuschen Schoß
der Jungfrau aus deiner Kraft, heilige Gottheit, ohne jede leibliche Empfängnis erblühte.

O reine Gottheit, du hast auf die schlimme Hörbereitschaft der von der
Schlange getäuschten ersten Frau geachtet, und das edelste Reis – Maria –
aus deiner Kraft erblühen lassen. Sie empfing die Botschaft des Erzengels
mit dem Ohr wahrer Demut und gehorchte dir in aufrichtigem Glauben.
Sie hast du – als deine mit einer andersartigen Natur ausgezeichnete Mutter – über die Sterne zum Himmel erhoben, wohin Eva nicht gelangt war.
Und deshalb ging sie uns nicht verloren. Durch die Mutter des Erlösers
<salvationis> wurde uns der Himmel mit aller Zierde des Paradieses
zurückgegeben und erhalten.

Jetzt, o lobwürdige Gottheit, werde dir Lob zuteil, weil du alle Bosheit
des Menschen wiedergutgemacht, und in deinem Wissen aufgeschrieben

hast, wie du deinen Feind überwandest und den Menschen, den du aus Lehm geformt hattest, bewahrtest. Um diese Schrift zu verkünden, hast du Männer erwählt, von denen jene die ersten waren, durch die du gezeigt hast, daß alles Hinterlistige beim Fall Adams durch deinen Sohn gegen Besseres eingetauscht werden sollte, wie nach der Sintflut Erde und Menschen durch eine Erneuerung sozusagen in einen besseren Zustand versetzt wurden, und durch Abraham der Ungehorsam durch den Gehorsam vernichtet wurde. Abraham war der Ursprung der beginnenden Heiligkeit. Er beachtete das Gebot Gottes im Gehorsam und brachte dem allmächtigen Gott die Opfergabe des guten Willens dar. Daher nennt man ihn mit Recht Vater vieler Völker, weil er mit diesen Stämmen – d. h. durch gehorsame Beobachtung der Gebote Gottes – dich, heilige Gottheit, berührte und bezeugte. Deshalb ging auch die edle <Jungfrau> Maria aus seinem Stamm hervor, die als edlen Sproß den Sohn Gottes gebar, der die ganze Welt erhellte und auch den Kopf der Schlange zertrat.

O milde Weisheit, deren Anordnung hinsichtlich aller deiner Geschöpfe gerecht und vernünftig ist, rette jenen Menschen, der diese Schrift schaute und vernahm, und mache ihn der Erlösung deines Sohnes teilhaftig, damit er niemals von der Zahl derer abgetrennt werde, die sich in deinem Reich freuen. Befreie mich von allem Betrug der bösen Geister, die mich mit dem ganzen Menschengeschlecht hassen, damit ich mich nicht beflecke, wenn ich mit ihnen einverstanden bin. Das mögest du mir durch den Meeresstern Maria und durch deinen Sohn gewähren. Amen.

... <Du>, himmlische Gottheit, fliegst mit den Fittichen deiner Macht über die Flügel der Winde, die sich aus deiner Kraft erheben und fliegen. Mit Hilfe deiner Stärke fliegt die Vernunft in Engeln und Menschen, die dein Werk sind, dahin; und du bist die Weisheit, die ihrer Vernunft Einsicht verleiht, damit sie erkennen, wie ihre Werke beschaffen sind. Und sie werden sie verrichten wie der kluge Mann, der sein Haus auf einen Fels, nämlich auf Christus baut. Die Vernunft des Menschen gräbt mit der Weisheit den Boden tief aus, um ihr Haus auf Fels zu erbauen. Wer daher mit der Weisheit zur himmlischen Liebe des ewigen Gottes eilt, verschmäht ein gesichertes Leben, das sich mit Sünden abgibt. Ein widerwilliger und törichter Mensch aber, der Überdruß empfindet, den Boden tief aufzugraben und sein Haus auf den Felsen zu gründen, hegt die Begierden seines Fleisches und wird ausgelacht werden.

Du, reine Gottheit, hast den aus den Wassern geholten Mose gerettet, den die Tochter des Pharao wie einen Sohn aufzog, damit er nicht vom Tod erwürgt werde. Das Wasser steht dem Heiligen Geist zu Gebote, denn es baut jedes Geschöpf und Gebilde auf, das Feuchtigkeit besitzt. Diese mischt alles richtig, wie auch das Feuer seine Aufgabe erfüllt, richtig zu wärmen. Die Weisheit ist mit der Vernunft verbunden, und der Leib stellt das Gewand der Vernunft dar. O heilige Gottheit, durch diese drei Kräfte hast du dein ganzes Werk in jener Einheit vollbracht, in der es keine Trennung gibt, und nichts übertrifft ungerechterweise etwas anderes, sondern du bist alles in allem. In der Möglichkeit deiner Macht hast du deine Schöpfung vervielfältigt, die in einer Gestalt viele Gedanken <Gottes> enthält. Du hast auch in der Vision der Heiligen des alten Bundes und der Heiligen des neuen Bundes deine Menschwerdung vorausgesehen, an der sie mitwirkten. So handeltest du bei Noe durch eine Wolke, bei Abraham durch einen Widder, und durch Mose, den du aus den Wassern geholt hast, legtest du die Grundlage deines Gesetzes und bewirktest durch deine erstaunlichen Taten verborgene Geheimnisse und Wunder, die den Menschen unbekannt sind. Denn du hast mit Hilfe des Schlüssels zu den Wolken Regen ausgegossen und durch die Beschneidung Abraham die Taufe in Aussicht gestellt, deren Salbung du durch Mose geheiligt hast, den die Tochter des Pharao aus dem Waser holte und rettete.

Die Tochter des Pharao bezeichnet die Kirche, die sich von den Heiden, die Götzen verehrten, durch das Bad der Taufe und die Salbung des Heiligen Geistes – wozu vornehmlich Wasser gehört – zu Gott bekehrte. Künftige Wundertaten hast du durch Mose vorausgesehen, der das israelitische Volk mit Hilfe der Feuersäule in der Nacht anführte und das Rote Meer teilte. Durch dieses Wunderzeichen wurde der Teufel <Pharao> mit seiner ganzen Gefolgschaft ertränkt. Der Stab jedoch, mit dem Mose die getrennten Wasser zusammenfließen ließ, bedeutet die Zurechtweisung durch das Gesetz; von ihr wird die volle Zahl, die es ursprünglich festgesetzt hatte, durch seinen Sohn ergänzt werden. Die Kirche erleidet nämlich durch die Leidenschaft der Laster viele Verfolgungen, wie auch Israel in der Wüste viele Beunruhigungen infolge des Murrens gegen Gott erduldete.

Moses, der einen nicht brennenden Dornbusch brennen sah, hast du verkündet, daß er das israelitische Volk retten müsse. Dieses Feuer deutete an, daß eine Jungfrau durch den Heiligen Geist – ohne Vereinigung mit einem Mann – deinen Sohn gebären werde. Durch Ihn hast du das Volk Israel, das du durch Adam gepflanzt hast, in den Wassern geheiligt. Du hast auch deinem geliebtesten Freund Mose, der dein Angesicht zu schauen verlangte, deinen Rücken sehen lassen. Dadurch wird gezeigt, daß ein lebender Mensch auf dieser Erde deine Ewigkeit nicht schauen kann, inwieweit man sie nicht im Glauben erkennt. Denn er nahm deine verborgenen Wunder mehr als die übrigen Menschen mit dem Verstand an. Daher wurde er eingeschüchtert und ausgefragt <excussus>, und es bleibt den Menschen verborgen, was du mit seinem Körper tatest.

O heilige Gottheit, Lob sei dir durch alle Werke, die du an den drei <Himmels>säulen gewirkt hast, und für alle Wundertaten, die du bis zum letzten Menschen vollbringen wirst! Denn durch diese drei Männer wurden alle übrigen Propheten beflügelt und fliegen mit ihnen. Nun hüte und bewahre die Großen und Kleinen, die aus deinem Geist heraus geschrieben haben, und mich Geringe, die sich unter dem Hauch deines Geistes mit dieser Schrift abgemüht hat.

Josua hat die schnellen Flügel des Mose erlangt, weil er von ihm beflügelt wurde. Ebenso hat Abraham nach Noe – vom Heiligen Geist inspiriert – das neue Gesetz, d. h. die Beschneidung, kundgetan, und alle Weisheitsliebe der Propheten begann und stammte von ihm allein.

Als Gott Himmel und Erde erschuf, stattete Er den Himmel auch mit herrlichen Sternbildern und die Erde mit Pflanzen und wilden Tieren aus. Und schließlich erschuf Er den Menschen – mit der ganzen Schöpfung versehen, und einsichtig durch jegliche Erkenntnis. Alle Wunder, die es vor Jesus gab – nämlich das Vorzeichen der Beschneidung und alle Weissagung der Propheten – fanden in Ihm Erfüllung und blieben bestehen, weil ein neuer Mensch andersartiger Natur auf die Welt kam. Gott sandte Ihn nämlich in ungepflügte und von keinem Pflug umgewendete Erde. Auf ihr wuchs Er als edelste Blume und bot der ganzen Welt den lieblichsten Wohlgeruch, wie auch edle Blumen auf ungepflügtem Land wachsen. Durch ihr Erblühen erschien eine neue Welt, so ähnlich, wie Gott zu Adam sprach: „Wachst und vermehrt euch, und erfüllt die Erde" (Gen 1,38). Doch weil dieser Sproß infolge der Täuschung der alten Schlange zugrunde ging, so daß er beim ersten Erstehen nicht gedieh, erstickte später der Sohn Gottes den Tod des ersten Menschen und pflanzte große Trauben in einem neuen Weinberg, die besten Wein ergaben, mit dem sich alle voller Freude berauschten.

Der Weinberg jedoch bezeichnet den Glauben, der aus dem Wort – d. h. dem Sohn Gottes – hervorströmte, dessen Fortschreiten die ganze Welt nicht vollständig ermessen könnte. Der edelste Wein der Trauben deutet auf seine süße Lehre hin, mit der Er die Menschen durch Gleichnisse unterwies, weil die göttlichen Geheimnisse für das durch den Rat der Schlange verdunkelte Geschlecht nicht wahrzunehmen sind, nur so, wie das Gesicht eines Menschen im Spiegel widerstrahlt, in dem es jedoch nicht ist. Wie könnte nämlich ein sterblicher Mensch das Leben sehen? Er sprach nämlich dunkle Worte zu den Menschen, d.h. in Gleichnissen, weil die in Sünden Empfangenen die Worte des Lebens nicht anders begreifen konnten.

Der Sohn Gottes, der göttliches Leben ist, kam in die Welt; Er ist ein Zelt für den Menschen, der durch den schädlichen Apfel verführt wurde, um denjenigen, den Er in der menschlichen Gestalt erblickte, die seine Gottheit verborgen hatte, durch das Wort seiner Lehre zum Leben zurückzurufen. Der lebendige Quell, dessen Gottheit niemand zu betrachten vermag, ist der allmächtige Gott, der in seinem Vorherwissen beschlossen hatte, daß sein Sohn aus einem Menschen Fleisch annehmen sollte. Er hatte ihn zu seinem Bild und Gleichnis geschaffen, damit durch seine heilige Menschheit der verlorengegangene Mensch vom ewigen Tod befreit würde, der auf keine andere Weise befreit werden konnte. Denn der Sohn Gottes ist einzigartiges Leben ohne Anfang und Ende. Er hat den sterblichen Menschen zum Leben erweckt und den vom Tod wiedererweckt, den Er in zwei Naturen erschuf: aus dem Material der Erde – deshalb nimmt er die Sünden wahr – und aus der Seele, durch die er den allmächtigen und unsichtbaren Gott erkennt, der ein ganz hoher Berg ist, den kein Mensch ersteigen kann. Daher ziemte es sich für Ihn, von dem die ganze Schöpfung stammt und in Bewegung gesetzt wird, durch seinen Sohn – nämlich den Gottmenschen – den Verlorenen zu befreien, damit der leergewordene Engelchor von ihm wieder aufgefüllt würde.

„Gott hat nämlich Himmel und Erde geschaffen" (Gen 1,1), wie Mose – vom Heiligen Geist inspiriert – schrieb, den Er in einem irdenen Gefäß – d.h. dem Menschen – andeutete. Der Teufel erkannte ihn nicht vollständig – d.h. wie er in die Wundertaten Gottes einbezogen ist – wie ihm auch die in der Menschheit verborgene Gottheit verborgen blieb. Denn hätte er Ihn vollkommen erkannt, wäre er nicht an ihn herangetreten, um ihn zu verführen. Der Teufel erblickte Ihn jedoch auch vor seinem Fall niemals, weil er blind für die Liebe war, die in allen Dingen wie Seele und Auge vorhanden ist. Er spürte aber, daß Jesus Christus ohne Sünde war, und durch Ihn

Werke geschahen, durch die der Mensch zum Leben aufersteht. Daher erinnerte er sich an den ersten von ihm getäuschten Menschen, und wollte auch Ihn in Versuchung führen und täuschen. Er bemüht sich auf jede Weise, sein Gedächtnis zu vernichten, wenn auch erfolglos. Doch als er sich besiegt sah, schämte er sich – völlig eingeschüchtert – und vertraute in seiner Bosheit darauf, daß er durch den Antichrist Gott bei seinem Werk aus der Fassung bringen würde, weil er infolge seines starken Einflusses bei seiner ersten Verführung Zuversicht hegte, am irdischen Menschen zu vollbringen, was er am unauslöschlichen Licht nicht vermochte.

Das verstand der von Schmerz erfüllte Job bei seiner Prophetie. Wann? Der Teufel vertraute darauf, daß der Jordan in seinen Mund fließe. Er haßte nämlich Feuer und Wasser überaus, weil jedes Geschöpf davon gefestigt und gleichsam belebt wird. Das Feuer jedoch, in dem er entsprechend seiner Ruchlosigkeit brennt, entbehrt allen Lichts, und auch er selbst ist ohne jede Grünkraft; und daher hat er an Licht und Feuchtigkeit keinen Anteil.

Die edelste Blüte des Stabes Aarons erblühte durch das Feuer und ertränkte den Tod durch Wasser. Aus ihr ging die Blüte aller Heiligkeit hervor, weil der edle Sproß selbst von einem hohen Berg herabstieg und daher auch ein neues Geschlecht einpflanzte. Denn die prophetischen Worte, die im Schatten des Ruhms ertönten, nahmen damals Gestalt an, als der Gottessohn vom hohen Berg – d. h. aus dem Herzen des Vaters – herabstieg, um die Menschheit anzuziehen. Er rief die ganze Schöpfung herbei und legte sie in die Höhle seiner Geburt, weil es sich für Ihn geziemte, die Menschen mit der neuen Heiligkeit der himmlischen Tugenden zu bekleiden, als Er selbst die neue Menschheit angezogen hatte. Jene sind nämlich nach Johannes „nicht aus dem Blut noch aus dem Willen des Fleisches oder aus dem Begehren des Mannes, sondern aus Gott geboren" (Joh 1,13).

Denn wie Maria gegen die Natur den Gottmenschen gebar, so sind diese gegen die Natur der fleischlichen Begierde in seiner Nachahmung zu neuer Heiligkeit geboren, die sie aus Ihm saugten. Denn der Sohn Gottes sammelt wie ein tüchtiger, kluger Gärtner die guten und zu allem wohl zu gebrauchenden Kräuter – die guten und vollkommenen Menschen, die wie Pflanzen in guter Erde wuchsen, weil sie auf Ihn hörten und im Hören auf seine Worte seinen Geboten in Glaube und Liebe gehorchten. Er hat auch zwölf Apostel erwählt, im Hinblick auf die zwölf Propheten, die das Schattenbild Christi waren, wie ein Schatten die Person anzeigt.

390

O Wort des Vaters, du bist das Licht der ersten Morgenröte im kreisenden Rad und bewirkst alles in göttlicher Kraft.

O du Vorherwissen Gottes, du hast alle deine Werke vorausgesehen, wie du sie <tun> wolltest, so daß es sich mitten in deiner Macht verbarg. Denn du hast alles vorhergewußt und warst so ähnlich tätig wie ein Rad, das alles umkreist, keinen Anfang nahm, noch am Ende verworfen wurde.

Als der Spötter – der Teufel – den Menschen täuschte, den Gott gestaltet hatte, gab es in Gott eine Kraft, die ihm gefiel. Die alte Schlange erkannte und verkostete bei all ihren Nachforschungen nicht, wie beschaffen die schöne Gestalt des Gottessohnes ist, der den Teufel im Abgrund überwand, die Seele <spiraculum> des Menschen an sich zog und den Bauch des Teufels zerspaltete. So wollte der Sohn Gottes durch seine eigenen Wunden den Menschen, der den Teufel zuinnerst verletzt hatte, von ihm befreien, aus dem Verließ der Unterwelt entführen und ihn schließlich mit den Flügeln einer weißen Wolke ausstatten.

Daher freue dich, o Mensch, weil Gott dich so geschaffen hat, daß du das Banner der heiligen Heerschar der Gottheit darstellst. Und durch dich erlangte Er den Sieg, als Er die Riegel der Hölle aufsprengte. Doch auch bei deiner Erschaffung inmitten der Teile des Erdkreises kam er hernieder, so daß die ganze Heerschar der Engel dich sah und sehr bewunderte. Und so zeichnete Er dich mit himmlischer Harmonie beim engelgleichen Sieg aus, bei dem du die Schönheit der Tugenden durch deine Kämpfe vollenden wirst.

Freue dich also, o Mensch, und laß dich nicht aus Unwissenheit zum Spott verleiten, als ob du nicht zu großer Würde erhoben seist. Denn Gott hat dich so geschaffen, daß Er an dir reichlich all seine Wunder wirken kann.

Denn als durch ein weibliches Geschöpf der Nebel des Todes herabkam, so daß Eva alle Menschenkinder, die sie selbst gebar, in Schmerz statt in Freude hervorbrachte – als sie in die Verbannung ging, weil die Schlange sie getäuscht hatte, von der sie das Böse empfangen hatte – wurde sie von da an von einer anderen Frau <feminea forma> abgelöst. Gott hatte nämlich in der Vorzeit vorausgesehen, daß der Teufel durch eine Frau das

Leben ersticken wollte, und daher durch die Weisheit einen ganz hohen Turm gebaut, um durch eine andere Frau eine andere Lebensweise in der Keuschheit der Unschuld hervorzubringen.

Daher, o Weisheit, beten dich der Himmel und die Engel an, und die ganze himmlische Heerschar staunt über dich und ruft: Oh, oh! Aus dem Lehm der Erde ist alle Zier der Wundertaten Gottes entstanden, so daß eine neue Sonne aufging, ein neues Licht erstrahlte und ein neues Lied für uns erklang.

Daher, o Weisheit, werde dir Lob zuteil, weil du eine andere Frau gefunden hast, mit der die Schlange kein Spiel treiben konnte. Das ist die Jungfrau Maria, die das ganze Menschengeschlecht krönte, damit der Teufel von nun an den Menschen nicht mehr so zum Besten halten könne, wie er es früher tat. Denn Eva hatte durch den Kummer lauter Tränen empfangen; durch Maria aber erklangen Frohsinn, Zither und harmonische Musik. Sie sprach nämlich folgendermaßen zu ihrem Sohn über die Jungfräulichkeit:

II.

O vielgeliebter Sohn, den ich aus meinem Schoß durch die Kraft des kreisenden Rades der heiligen Gottheit geboren habe, die alle meine Glieder angeordnet und in meinem Herzen alle Arten von Harmonie mit Blumen in allen Farbtönen geschaffen hat! Jetzt folgt dir und mir, o liebreicher Sohn, die große Schar der Jungfrauen. Würdige dich, sie mit deiner Hilfe zu retten, wenn sie sagen: Wir wandeln in Gott, und folgen dir alle, indem wir dem engelgleichen Stand Ehre machen. Wir haben uns auf Erden abgemüht und umfangen dich persönlich, o Sohn heiliger Vermählung. Daher:

> O zärtlich Liebender, der uns liebreich umfängt,
> bewahre uns in der Jungfräulichkeit!
> Weh, weh, aus Staub und Adams Fall
> sind wir hervorgegangen.
> Schwer ist's für uns, zu widerstehen
> dem Genusse des Apfels.
> Richte uns auf, o Erlöser, Christus!

594

Wir sehnen uns sehr, dir nachzufolgen,
doch uns Elenden fällt es so schwer,
dich nachzuahmen, König der Engel,
ohne Makel und Schuld.

Wir vertrauen dennoch auf dich:
Den Edelstein willst du im Staube suchen.
Wir rufen dich an als Bräutigam, Tröster
und unsern Erlöser am Kreuz.

In deinem Blute dir bräutlich verbunden,
wählten wir dich, den Gottessohn,
statt eines Mannes zum Gemahl,
o Schönster, voll Wonne und lieblichem Duft.

In der beklagenswerten Verbannung
seufzen wir ständig nach dir.
Wann schauen wir dich und bleiben bei dir?
Wir sind in der Welt, du bewohnst uns're Seele.
In unserm Herzen umarmen wir dich,
als wärest du gegenwärtig.

Du starker Löwe zerrissest den Himmel
und stiegst in den Schoß der Jungfrau hinab.
Als Todesbesieger brachtest du Leben
in die goldene Stadt.

In ihr laß uns wohnen und bleiben in dir,
o geliebtester Bräutigam!
Du hast uns entrissen dem Rachen des Teufels,
der unsern ersten Ahnen verführte.

Doch würdige dich, auch jene, die dir nach einer fleischlichen Verbindung
in herzlicher Liebe folgen, vor allem Ansturm ihrer Nachsteller zu verteidigen, wenn sie so zu dir rufen:

O Vater aller,
o König und Herrscher der Völker,
du hast uns aus einer Rippe geschaffen
– der ersten Mutter – die über uns brachte
den tiefen, leidvollen Fall.
Wir folgten ihr in die Verbannung aus eigener Schuld,
und einten uns ihrem Schmerz.

O edler Vater, wir eilen zu dir
in glühendem Eifer, verlangen nach dir
in liebender, süßer Reue,
die du uns verliehst. Nach unserer Pein
umfangen wir dich getreulich.

O Christus, so herrlich und überaus schön,
du bist die Auferstehung zum Leben.
Wir haben verzichtet um deinetwillen
auf fruchtbare Liebe in Ehegemeinschaft.
In himmlischer Liebe umfangen wir dich
am jungfräulichen Reis, das dich hat geboren.
Dir sind wir in anderer Weise vermählt,
als wir es früher dem Fleisch nach waren.

Hilf uns, beharrlich zu bleiben,
mit dir uns zu freuen
und niemals von dir uns zu trennen.

Und abermals sprach eine Stimme vom Himmel:

O Geschöpf Gottes, als Mensch bist du in großer Heiligkeit geschaffen,
weil die heilige Gottheit in Demut den Himmel durchschritt.
O wie groß ist die Güte, daß die Gottheit im Lehm der Erde aufstrahlte,
und die Gott dienenden Engel Gott in der Menschheit schauen!
Wie seltsam ist es jedoch, daß die Asche <der vergängliche Mensch> in der
Verwesung und im großen Elend der Wunden ihrer Verbrechen nicht auf
Gott schauen will. Das Wort des Vaters aber ist um des Menschen willen

Fleisch geworden. Daher mögen sich alle Menschen freuen und mit kläglicher Stimme ihre Vergehen betrauern, wenn sie sich dem zuwenden, der ohne Sünde ist, und sich deshalb mit dem Fleisch bekleidete, um ihre Vergehen zu tilgen.

Jetzt aber umarmt ihr, o Geliebte, diesen so edlen jungen Mann <Christus>, und liebt Ihn sehr ehrfürchtig. Er hat euch in seinem Blut reingewaschen und euch eine Buße für die Sünden und ein Heilmittel für eure Wunden gezeigt.

III.

Und wiederum ertönte eine Stimme vom Himmel:

O du verächtlicher Thron<inhaber>, fliehe, fliehe! Steile Treppen werden duftenden Rauch erzeugen.

Wehe, weh dem irdischen Interesse! Es wird sich nämlich verstecken, weil das lebendige Auge, das <es> sieht, es auf die Backe schlagen wird.

Der Geist freut sich: O, o, die unglückliche Erde klagt über sich: Ach, ach, sie hat gegenwärtig durch den Spott der Schlange durchlöcherte Stellen, doch trotzdem kam es noch nicht zum Zerreißen des Tempelvorhangs.

O Jungfrau Kirche, man muß es beklagen,
daß der grimmige Wolf
dir von der Seite riß deine Kinder.
O weh der listigen Schlange!
Doch o wie kostbar ist des Erlösers Blut,
der unter königlichem Banner
sich mit der Kirche vermählte,
und darum nach ihren Kindern verlangt.

Nun freue sich das Mutterherz der Kirche,
weil ihre Kinder sich in ihrem Schoß
vereinten unter Himmelsharmonien.

Daher wardst du verwirrt, o schlimme Schlange,
weil die, die du in deinem Bauche glaubtest,
im Blut des Gottessohnes jetzt erstrahlen.
Und deshalb sei dir Lob, o höchster König,
Alleluia!

O unermeßliche Kirche,
umgürtet mit göttlichen Waffen,
mit Hyazinthstein geschmückt.
Du bist Duft aus den Wunden der Völker
und eine Stadt der Erkenntnis.
O, o, du bist auch gesalbt
unter erhabenem Klang,
und bist ein funkelnder Edelstein.

IV.

Und abermals hörte ich eine Stimme vom Himmel rufen:

O Kraft der Ewigkeit, in deinem Herzen
hast alles richtig du geordnet;
wie du gewollt, ward durch dein Wort
geschaffen alles.
Und dieses Wort hat sich mit Fleisch bekleidet
in der Gestalt, wie sie von Adam stammt.

So ward das übergroße Leid
entfernt von seinem Kleide.

Wie groß ist des Erlösers Güte,
der ohne Sündenfessel alles hat befreit,
im Odem Gottes Mensch geworden.

So ward das übergroße Leid
entfernt von seinem Kleide.

Ehre dem Vater und dem Sohn
und dem Heiligen Geiste.

Und:

O Bluttat, die zum Himmel schrie,
da alle Elemente sich verwirrten,
und vor Entsetzen klagten laut,
weil sie berührte ihres Schöpfers Blut.
Heile du unsere Gebrechen!

O Hirte der Seelen, o erstes Wort,
durch das wir alle erschaffen sind,
nun möge es dir, ja dir gefallen:
Laß dich herab, uns zu befreien
aus unserem Elend und Siechtum!

Denn jemand erhob sich auch von der Erde, der in der Höhe die Stimme
ertönen ließ, nämlich ein helleuchtender Stern, der mit klarer Stimme den
Menschen zurief, sie sollten Buße für ihre unrechten Werke tun. Gott erinnerte sich nämlich, daß Er den Menschen durch Buße für seine Übeltaten auf eine andere Weise wiederherstellen wollte. Daher mögen die Himmel hören und die Erde erzittern, daß Gott einen Büßer aufnimmt, und
daß alle Engel ihn mit Lobgesängen empfangen und ehren. Und deshalb
wehe jenem Menschen, der einen Sünder verachtet; denn der Sohn Gottes
hat ihn mit seinem Blut erlöst und den Reuigen angenommen.

Denn das erste Werk des Wortes Gottes eilte auf sein Wort zu Ihm herbei, und so geschah es. Darauf erstellte dieses Wort die Mauern des zu er-
richtenden Baues, und so trat die Welt ins Dasein. Dann betrachtete das
Auge Gottes die Gestalt des Menschen, sandte den Hauch des Lebens in
ihn und erfüllte sein Herz mit Weisheit. Und ebenso wurde der Himmel
angefüllt, hatte überall Augen und diente seinem Herrn.

Ach, da sprach der brüllende <Löwe, d. h. der Teufel> folgendermaßen
zu sich: Wehe, wehe, jedes Geschöpf Gottes funkelt, und keines bleibt bei
mir. – Und so blies er aus seinem Mund etwas wie ein schwarzes Meer, weil
er keinen Leib besaß, und sandte es auf den Menschen los. Da sah das Wort
Gottes, daß ein Nebel sein Geschöpf berührt hatte, und kam auf die un-

berührte Erde, nämlich in die edelste Jungfrau, aus der Es Fleisch annahm. Und so beseitigte Es um des Menschen willen das schwarze Meer, und machte die alte Schlange zuschanden. Daher:

O grünendes Reis,
du stehst hoheitsvoll da,
wie Morgenröte steigst du empor.

Freue dich nun und juble!
Befreie gnädig uns Schwache
von der schlechten Gewohnheit,
und reiche uns deine Hand,
um uns aufzurichten.

Gruß dir, o Jungfrau!
Hochherzig, ruhmreich und unversehrt
bist du der Keuschheit Augenstern,
aller Heiligkeit Mutterschoß.
So hast du Gott gefallen.

Denn die Kraft des Höchsten durchströmte dich,
daß das göttliche Wort sich in dir
mit dem Fleische bekleidete.

Du schneeweiße Lilie, auf die Gott geschaut,
vor aller Kreatur;
O Schönste und Lieblichste,
Gottes großes Entzücken!
Er senkte Liebesglut in dich ein,
so daß sich sein Sohn von dir nährte.

Dein Leib nämlich war voll Freude,
als alle himmlische Symphonie
aus dir, o Jungfrau ertönte,
weil du getragen den Gottessohn,
da deine Keuschheit vor Gott erstrahlte.

Von Freude erfüllt war nun dein Schoß,
wie das Gras, auf das Tau sich senkt,
und ihm die Grünkraft verleiht.
So ist es auch mit dir gescheh'n,
o Mutter jeglicher Freude.

Die ganze Kirche erglänze vor Freude
unter harmonischem Klang
wegen der lieblichen Jungfrau Maria,
der lobwürdigen Mutter Gottes. Amen.

Nun sei nochmals gegrüßt:

O Reis und Diadem im Königspurpur,
verschlossen bist du wie ein Panzerhemd.

Du grünst und blühst auf eine and're Art,
als Adam gab das Leben weiter.

Gegrüßt seist du! Aus deinem Leibe
ein and'res Leben ging hervor,
als Adam seinen Kindern es geraubt.

Du Blüte, weder Tau noch Regentropfen,
noch Windeswehen ließ dich sprossen;
vielmehr hat Gottes Herrlichkeit
am edlen Reise dich erweckt.

O Reis, dein Blüh'n sah Gott voraus
am ersten Schöpfungstage.
Den gold'nen Schoß hat Er geschaffen durch sein Wort,
o Jungfrau, sei gepriesen!

Wie kraftvoll ist des Mannes Seite,
aus ihr schuf Gott der Frau Gestalt.
Zum Spiegel seiner Schönheit schuf Er sie,
und zur Umarmung seiner ganzen Schöpfung.

Darob die Himmelsharfen klingen,
die ganze Erde staunt; Maria, Lob sei dir,
weil Gott gar sehr dich hat geliebt.

Ach welcher Schmerz, o welche Trauer,
da durch der Schlange list'gen Rat
der Sünde Finsternis die Frau befiel!
Denn sie, die Gott zur Mutter aller hat bestimmt,
verwundete in Unerfahrenheit ihr Herz
und brachte dem Geschlecht der Menschen schweres Leid.

Doch stieg aus deinem Schoß, o Morgenröte,
die neue Sonne auf, die alle Sünden Evas tilgte.
Und reich'ren Segen brachte sie durch dich hervor,
als Eva Schaden zugefügt den Menschen.

Und nochmals hörte ich eine Stimme vom Himmel sprechen:
Sieh, o herrliche Kraft, wie ruhmreich bist du! Beim ersten Wort bist
du ausgezogen, so daß alle Elemente das Leben empfingen. Später bei Abel
hast du Geschmack an der Heiligkeit gefunden, damit er <sein> unschuldiges Blut vergoß; und dann hast du durch Noe in der Arche neue Wundertaten sehen lassen, so daß die ganze Erde der Geschöpfe beraubt wurde,
die auf ihr lebten.

Du Weisheit, hast einen neuen Saft aus der Erde hervorgebracht und
durch Abraham bewirkt, daß der Name der heiligen Dreifaltigkeit angebetet werde. Und du hast ihm die Beschneidung, welche die Menschwerdung
des Herrn ankündete, übergeben.

O Stern, durch deine Helligkeit hast du den Schönsten aller Menschenkinder angezeigt, so daß die Magier den Sohn Gottes als Säugling anbeteten, und von seiner Erscheinung die Tugenden ausstrahlten. Da rief Er die
Menschenkinder von neuem, weil alle Elemente und alle Menschenkinder
das Wort Gottes in menschlicher Gestalt erblickten.

Höre also, o Mensch, und sprich: Ich vernichte die Eifersucht. Aber Widerspruch steckt in mir. Weh, weh dieser Sünde, durch die ich mich verurteilt habe!

Daher, o Gott, der du den Menschen zu deinem Bild und Gleichnis geschaffen, alles Gute in ihm vollendet, alles Böse in ihm vernichtet, die Riegel der Unterwelt gesprengt und ihr viele Seelen entführt hast, befreie kraft deiner Machttaten deine Gläubigen, die ihre Aufgabe ganz nach ihrem Willen erfüllten, aber trotzdem zuweilen im Glauben nach dir Ausschau hielten.

Und somit:

O Feuer des Tröstergeistes,
Leben des Lebens aller Geschöpfe!
Heilig bist du, du belebst die Gebilde.

Heilig bist du, du salbst die gefährlich Verletzten,
heilig bist du, du reinigst die schwärenden Wunden.

O Hauch aller Heiligkeit, Feuer der Liebe,
o süßes Verkosten unserer Brust!
Wohlduft der Tugenden senkst in die Herzen du ein.

O lauterer Quell, in dem wir erschauen,
wie Gott die Irregelaufenden sammelt
und die Verlorenengegangenen sucht.

O Schutzwehr des Lebens, du Hoffnung der Glieder auf Einheit,
O Gürtel der sittlichen Würde, die Heiligen heile!

Beschirm, die der Feind gefangenhält,
mach frei, die da liegen in Fesseln;
die göttliche Kraft will sie retten.

Du mächtiger Weg, der alles durchzieht
hoch droben, auf Erden, in allen Tiefen,
du fügst und sammelst alle in eins.

Durch dich wogen Wolken, die Lüfte flieh'n,
Feuchtigkeit träufeln die Steine;
Bächlein entströmen den Quellen,
und Grün läßt sprossen die Erde.

Du bringst auch stets Menschen voll Einsicht hervor,
befruchtet vom Odem der Weisheit.

Und darum sei Lob dir, du Stimme des Lobes,
du Freude des Lebens und machtvoller Ruhm,
weil du die Gaben des Lichts verleihst.

O Feuergeist, Lob sei dir!
Du spielst auf Pauken und Zithern.

Die Herzen der Menschen erglühen von dir,
und Kräfte sammeln die Zelte der Seelen.

Der Wille steigt auf und erfüllt die Seele mit Lust,
die Sehnsucht brennt ihr als Leuchte.

Die Einsicht ruft dich mit zärtlicher Stimme,
bereitet dir Tempel kraft der Vernunft,
die sich um goldene Werke müht.

Du jedoch führst stets das Schwert.
Was schädliche Frucht durch boshaften Mord erzeugt,
das schneidet es ab, wenn ein Nebel
das Wollen und Wünschen verdunkelt,
worin dahinfliegt die Seele und überall kreist.
Aber der Geist nimmt in Zucht das Wollen und Wünschen.

Doch erhebt sich der Geist und begehrt zu seh'n
die Pupille des Bösen, das Kinn der Bosheit,
verbrennst du ihn schnell – wenn du willst – im Feuer.

Neigt die Vernunft sich vornüber durch böse Taten,
du hältst sie im Zaum, wenn du willst, und du brichst sie
durch die geschenkte Erfahrung.

Zückt gar das Böse sein Schwert gegen dich,
du stößt es zurück ihm ins eigene Herz,
wie du es tatest beim ersten gefallenen Engel,
als du den Turm seines Hochmuts hinabwarfst zur Hölle.

Und aus Zöllnern und Sündern hast dort du erbaut
einen anderen Turm.
Sie bekennen vor dir ihre Sünden
und ihre Übeltaten.

Darum preisen dich alle Geschöpfe,
die da leben aus dir,
denn die kostbarste Salbe bist du
für gebrochene Glieder und eiternde Wunden,
die du verwandelst in prächtigste Gemmen.

Nun sammle uns alle gnädig bei dir
und führe uns auf den richtigen Weg. Amen.

ANHANG

Textquellen

Guiberti Gemblacensis Epistolae
(Corpus Christianorum Continuatio Mediaevalis CXXVI)
ed. Monica Klaes
Turnholti (Brepols) 1993

Hildegardis Epistolarium, Pars I
(Corpus Christianorum Continuatio Mediaevalis XCI)
ed. Lieven van Acker
Turnholti (Brepols) 1991

Hildegardis Epistolarium, Pars II
(Corpus Christianorum Continuatio Mediaevalis XCI A)
ed. Lieven van Acker
Turnholti (Brepols) 1993

Hildegardis Epistolarium, Pars III
(Unveröffentlichtes Manuskript)

Hildegard von Bingen. Briefwechsel
Nach den ältesten Handschriften übersetzt und nach den Quellen
erläutert von Adelgundis Fürkötter OSB
Salzburg (Müller) [1]1965, [2]1990

Hildgard von Bingen. Lieder
Nach den Handschriften herausgegeben von Pudentia Barth OSB/Maria
Immaculata Ritscher OSB und Joseph Schmidt-Görg
Salzburg (Müller) 1969

F. W. E. Roth
Die Visionen der heiligen Elisabeth von Schönau und die Schriften der
Äbte Ekbert und Emecho von Schönau
Brünn 1884

ABKÜRZUNGSVERZEICHNIS

Apg . . . . Apostelgeschichte
Bar . . . . Buch Baruch
1 Chr. . . . Erstes Buch der Chronik
Dan . . . . Buch Daniel
Dial . . . . Dialoge Gregors d. Gr.
Dtn . . . . Buch Deuteronomium
Eph . . . . Brief an die Epheser
Ex . . . . Buch Exodus
Ez . . . . Buch Ezechiel
Gal. . . . . Brief an die Galater
Gen . . . . Buch Genesis
Hebr. . . . . Brief an die Hebräer
Hld . . . . Hoheslied
Hos . . . . Buch Hosea
Ijob. . . . . Buch Ijob (Hiob)
Jak . . . . Brief des Jakobus
Jer . . . . Buch Jeremia
Jes . . . . Buch Jesaja
Joel . . . . Buch Joel
Joh. . . . Evangelium nach Johannes
1 Joh. . . . Erster Brief des Johannes
Jos . . . . Buch Josua
Klgl . . . . Klagelieder
Koh . . . . . Buch Kohelet (Prediger)
1 Kön . . . . Erstes Buch der Könige
2 Kön . . . Zweites Buch der Könige
Kol. . . . . Brief an die Kolosser
Lk . . . . . . Evangelium nach Lukas
1 Makk. . . . . Erstes Buch der
Makkabäer
Mal . . . . Buch Maleachi

Mk. . . . . Evangelium nach Markus
Mt . . . Evangelium nach Matthäus
Num . . . . Buch Numeri
Offb . . . Offenbarung des Johannes
1 Petr . . . . . Erster Brief des Petrus
2 Petr. . . . Zweiter Brief des Petrus
Phil. . . . . Brief an die Philipper
Ps . . . . Psalm(en)
Prol. . . . . Prolog
R . . . . . Responsum/Rückschreiben
RB. . . . Regula Benedicti/Regel des
hl. Benedikt von Nursia
Röm . . . . Brief an die Römer
Sach . . . . Buch Sacharja
1 Sam . . . . Erstes Buch Samuel
2 Sam. . . . . . Zweites Buch Samuel
Sir. . . . . Buch Jesus Sirach
Spr . . . . Buch der Sprichwörter
1 Thess . . . . Erster Brief an die
Thessalonicher
2 Thess . . . . . . Zweiter Brief an die
Thessalonicher
1 Tim. . . . . Erster Brief an
Timotheus
2 Tim . . . . Zweiter Brief an
Timotheus
Tob . . . . Buch Tobit
Weish . . . . Buch der Weisheit
Zef . . . . Buch Zefanja
1 Kor . Erster Brief an die Korinther
2 Kor Zweiter Brief an die Korinther

SACHREGISTER

Barmherzigkeit: 5, 6, 10, 16R, 25R,
27R, 41R, 57, 70R, 81, 84R, 101,
118, 119, 120R, 135, 144R, 164R,
171, 176R, 178R, 179, 180,
183R, 189, 209R, 219, 258, 259,
262, 270, 291, 307, 312, 316,
320, 326, 347

Bekenntnis eigener Schwäche:
1, 2, 7, 40R, 103R, 180, 184,
201R, 215R, 254

Beschreibung der Vision: 1, 2,
8, 14R, 20R, 84R, 103R, 118,
149R, 161, 265R, 268, 280, 356,
364, 379

Demut: 28, 52R, 58, 59, 70R,
85R/A, 95, 103R, 116, 180, 198,
214, 251, 259, 262, 264, 306,
380, 384

Engel: 77R, 83R, 84R, 170R, 178R,
193, 194, 206R, 381

Ermutigung: 47, 87R/B, 89, 99,
125, 126, 129, 132, 136, 153R,
225, 227R, 228R, 236, 361, 363

Ermutigung zum Leitungsamt:
9, 16R, 20R, 21, 22R, 27R, 43R,
45R, 50R, 61R, 71, 72R, 85R/A,
92, 111R, 112R, 123, 133, 140R,
144R, 146R, 150R, 155R, 156R,
159R, 163R, 180, 184, 190R,
199, 200R, 237, 260, 264, 266,
268

Freundschaft: 1, 12, 13R, 24, 30, 64,
103R, 106R, 109R, 198, 201R,
232

Gehorsam: 25R, 58, 59, 155R,
156R, 160R, 257, 269R, 272,
274, 302

Geistlicher Kampf: 32R, 38R, 48R,
53R, 58, 66R, 70R, 77R, 79,
91R, 94R, 103R, 106R, 110R,
115R, 116, 119, 123, 126, 141,
144R, 147R, 148R, 160R, 174R,
176R, 187R, 188R, 217R, 227R,
253, 269R, 275, 277, 280, 281,
286, 290, 299, 307, 345, 355,
361, 384

Geistliches Leben: 62R, 66R, 70R,
77R, 84R, 94R, 95, 106, 109R,
153R, 155R, 160R, 162, 167R,
185R, 186R, 220R, 281, 303,
307, 327, 355, 379

Gute Werke: 25R, 49R, 66R,
85R/A, 96, 101, 125, 147R,
155R, 159R, 162, 167R,
177R, 186R, 190R, 191R,
221R, 225, 235, 264, 267,
269R, 326, 366

Heilsgeschichte: 43R, 77R, 113R,
164R 292, 344, 385, 389

Kirche: 8, 149R, 263, 265R, 311R,
352

Kontemplation – Aktion:
25R, 140R, 282, 329, 351

Kräfte, Tugenden: 25R, 32R, 57, 58,
80R, 85R/B 106R, 125, 134,
141, 147R, 160R, 281, 307, 331,
353, 366, 373, 384

Maria: 85R/A, 89, 106R, 170R,
192, 250R, 260, 292, 297R, 386,
389, 390

Prophetische Mahnung an kirchliche Stände: 3, 5, 7, 8, 15R, 17,
18R, 19, 20R, 23, 27R, 35R, 36,
37R, 54, 56, 59, 67, 77R, 78R,
83R, 84R, 91R, 113R, 116,
149R, 162, 169R, 170R, 171,
174R, 181, 194, 196, 220R,
223R, 241R, 250R, 253, 276R,
278, 308

Reue: 31R, 62R, 70R, 84R, 111R,
113R, 144R, 152, 163R, 167R,

178R, 186R, 198, 304, 324R,
337, 448, 354, 369

Schöpfung: 5, 15R, 17, 28, 31R, 33,
36, 37R, 45R, 58, 59, 61R, 63,
66R, 72R, 77R, 85R/A, 85R/B,
96, 99, 101, 113R, 120R, 130,
131, 146R, 147R, 149R, 151,
153R, 156R, 158R, 162, 163R,
164R, 173R, 177R, 178R, 193R,
201R, 214, 216, 217, 223, 240R,
249, 262, 270R, 297R, 306, 357,
365, 379, 381, 389

Unbeständigkeit, Unruhe: 38R,
50R, 65, 76R, 80R, 86, 92, 94R,
96, 99, 106R, 117R, 120R, 122,
126, 135, 137, 143, 151, 153R,
155R, 156R, 159R, 163R, 183R,
185R, 191R, 196R, 205, 213,
220R, 246, 268, 283, 301, 318,
339, 364, 368, 371

Unterscheidung, Maßhaltung:
25R, 57, 81, 94R, 113R, 118,
120R, 123, 127, 129, 140R, 143,
144R, 151, 156R, 161, 185R,
197, 198, 214, 222, 233, 234,
240R, 243, 249, 256, 258, 259,
262, 300, 307, 362

Versuchung: 8, 15R, 27R, 42, 55R,
59, 68R, 73, 76R, 83R, 96, 103R,
113R, 144R, 148R, 155R, 169R,
174R, 183R, 186R, 241R, 247,
287, 293, 296, 317, 361, 375,
377, 381, 383

Verzeichnis der Briefe und Orte

Briefe an Päpste, Bischöfe und andere geistliche Personen

1	Hildegard an Abt Bernhard von Clairvaux	19
1R	Abt Bernhard von Clairvaux an Hildegard	21
2	Hildegard an Papst Eugen	21
3	Hildegard an Papst Eugen	22
4	Papst Eugen an Hildegard	23
5	Hildegard an Papst Eugen	24
6	Hildegard an Papst Eugen	26
7	Hildegard an die Kardinäle Bernhard und Gregor	28
8	Hildegard an Papst Anastasius	29
9	Hildegard an Papst Hadrian	32
10	Hildegard an Papst Alexander	33
10R	Papst Alexander an Wezelin, Propst von St. Andreas	34
11	Hildegard an Hartwig, den Erzbischof von Bremen	35
12	Hildegard an Erzbischof Hartwig von Bremen	36
13	Erzbischof Hartwig von Bremen an Hildegard	37
13R	Hildegard an Erzbischof Hartwig von Bremen	38
14	Erzbischof Arnold von Köln <?> an Hildegard	39
14R	Hildegard an den Kölner <?> Erzbischof Arnold	40
15	Dekan Philipp und der Klerus von Köln an Hildegard	40

15R(?)	Hildegard an die Hirten der Kirche	41
16	Erzbischof Philipp von Köln an Hildegard	49
16R	Hildegard an den Kölner Erzbischof Philipp	50
17	Hildegard an Erzbischof Philipp von Köln	51
18	Erzbischof Heinrich von Mainz an Hildegard	53
18R	Hildegard an den Mainzer Erzbischof Heinrich	54
19	Hildegard an den Mainzer Erzbischof Heinrich	54
20	Erzbischof Arnold von Mainz an Hildegard	55
20R	Hildegard an Erzbischof Arnold von Mainz	55
21	Hildegard an Erzbischof Konrad von Mainz	56
22	Erzbischof Konrad von Mainz an Hildegard	57
22R	Hildegard an den Mainzer Erzbischof Konrad	58
23	Hildegard an die Mainzer Prälaten	59
24	Hildegard an den Mainzer Erzbischof Christian	63
24R	Erzbischof Christian von Mainz an Hildegard	66
25	Erzbischof Eberhard von Salzburg an Hildegard	67
25R	Hildegard an Erzbischof Eberhard von Salzburg	68
26	Erzbischof Hillin von Trier an Hildegard	70
26R	Hildegard an Erzbischof Hillin von Trier	71
27	Erzbischof Arnold von Trier an Hildegard	72
27R	Hildegard an Erzbischof Arnold von Trier	73
28	Hildegard an Erzbischof Arnold von Trier	75
29	Propst Arnold von St. Andreas in Köln(?) an Hildegard	76
30	Hildegard an Bischof Eberhard von Bamberg	76
31	Bischof Eberhard von Bamberg an Hildegard	77

31R	Hildegard an Bischof Eberhard von Bamberg	78
32	Erzbischof Heinrich von Beauvais an Hildegard	83
32R	Hildegard an Bischof Heinrich von Beauvais	84
33	Hildegard an Bischof Gero von Halberstadt	85
34	Bischof Amalrich von Jerusalem(?) an Hildegard	85
35	Bischof Hermann von Konstanz an Hildegard	87
35R	Hildegard an Bischof Hermann von Konstanz	87
36	Hildegard an Bischof Hermann von Konstanz	88
37	Bischof Heinrich von Lüttich an Hildegard	89
37R	Hildegard an Bischof Heinrich von Lüttich	89
38	Daniel<?>, Bischof von Prag, an Hildegard	90
38R	Hildegard an den Prager Erzbischof Daniel	91
39	Odo von Soissons an Hildegard(?)	92
39R	Hildegard an Odo von Soissons	93
40	Odo von Soissons an Hildegard (?)	94
40R	Hildegard an Odo von Soissons	95
41	Bischof Gunther von Speyer an Hildegard	96
41R	Hildegard an Bischof Gunther von Speyer	97
42	Hildegard an Bischof Gottfried von Utrecht	98
43	Bischof Gottfried von Utrecht an Hildegard	99
43R	Hildegard an Bischof Gottfried von Utrecht	99
44	Adelbert, Bischof von Verdun (?) an Hildegard	101
45	Bischof Cunrad von Worms an Hildegard	101
45R	Hildegard an den Wormser Bischof Cunrad	102

Albon

46   Hildegard an Abt Wolfard 103

47   Hildegard an Prior Friedrich 103

Alpirsbach

48   Der Mönch Gottfried an Hildegard 104

48R   Hildegard an den Mönch Gottfried 105

Altena

49   Hildegard an die Äbtissin 106

49R   Die Äbtissin an Hildegard 107

Altwick (Oudwijk)

50   Äbtissin Sophia an Hildegard 107

50R   Hildegard an Äbtissin Sophia 108

Amorbach

51   Die Mönche an Hildegard 109

Andernach

52   Meisterin Tengswich an Hildegard 110

52R   Hildegard an die Schwesterngemeinschaft 112

Augsburg

53   Der Kanoniker Ulrich an Hildegard 114

53R   Hildegard an den Kanoniker Ulrich 115

Averbode

54   Hildegard an Propst Andreas 115

55   Der Abt an Hildegard 116

55R   Hildegard an den Abt 117

BAMBERG (ST. MICHAEL)

56   Hildegard an den Abt 118

57   Hildegard an den Abt 118

58   Hildegard an Prior Dimon 120

59   Hildegard an den Mönchskonvent 121

60   Der Abt an Hildegard 123

BAMBERG (ST. THEODOR UND ST. MARIA)

61   Die Äbtissin an Hildegard 124

61R   Hildegard an die Äbtissin 124

62   Die Nonne Gertrud an Hildegard 125

62R   Hildegard an die Nonne Gertrud 126

63   Hildegard an die Schwesterngemeinschaft 127

BASSUM

64   Hildegard an die Äbtissin Richardis 128

BISCHOFSBERG

65   Hildegard an einen Mönch 129

BONN

66   Der Propst an Hildegard 129

66R   Hildegard an den Propst 130

67   Hildegard an den Priester Berthold 131

BRAUWEILER

68   Abt Geldolf an Hildegard 131

68R   Hildegard an Abt Geldolf 133

69   Abt Geldolf und die Mönche an Hildegard 134

BURGUND (BELLEVAUX, CHERLIEUX, CLAIREFONTAINE, LA-CHARITÉ, BITHAINE)

70   Die fünf Äbte an Hildegard 135

70R   Hildegard an die fünf Äbte 136

BUSENDORF

71   Hildegard an den Abt 138

72   Der Abt an Hildegard 139

72R   Hildegard an den Abt 139

CLUSIN (ST. GEORG)

73   Hildegard an die Schwesterngemeinschaft 140

74   Abt Kuno an Hildegard 141

DISIBODENBERG

74R   Hildegard an Abt Kuno 142

75   Hildegard an den Abt 145

76   Abt Helenger an Hildegard 146

76R   Hildegard an Abt Helenger 147

77   Abt Helenger an Hildegard 148

77R   Hildegard an Abt Helenger 149

78   Prior Adelbert an Hildegard 156

78R	Hildegard an die Mönchsgemeinschaft	157
79	Hildegard an einen Mönch	160
80	Der Mönch Morardus an Hildegard	160
80R	Hildegard an den Mönch Morardus	161

Eberbach

81	Hildegard an Abt Ruthard	162
82	Abt Eberhard(?) an Hildegard	163
83	Der Mönchskonvent an Hildegard	164
83R	Hildegard an den Mönchskonvent	165
84	Der Prior an Hildegard	166
84R	Hildegard an den Prior	167
85	Abt Adam an Hildegard	178
85R/A	Hildegard an Abt Adam	179
85R/B	Hildegard an Abt Adam	181
86	Hildegard an Abt Adam	183

Ebrach

87	Ein Mönch (Sekretär?) an Hildegard	185
87R/A	Hildegard an den Sekretär	185
87R/B	Hildegard an den Sekretär	186
88	Hildegard an den Almosenverteiler	186
89	Hildegard an den Mönch Rüdiger	187
90	Hildegard an einen Mönch	188

ELLWANGEN

91 Abt Adelbert an Hildegard 188

91R Hildegard an Abt Adelbert 189

92 Hildegard an Abt Adelbert 190

ERFURT

93 Der Vorsteher an Hildegard 191

ERFURT (ST. CYRIACUS)

94 Die Äbtissin an Hildegard 191

94R Hildegard an die Äbtissin 192

ERLESBÜREN

95 Hildegard an die Novizenmeisterin 193

ESRUM

96 Hildegard an den Mönch Friedrich 194

FLONHEIM

97 Ein Vorsteher an Hildegard 195

FRANKFURT

98 Der Vorsteher an Hildegard 195

98R Hildegard an den Vorsteher 196

GANDERSHEIM

99 Hildegard an Äbtissin Adelheid 196

100 Äbtissin Adelheid an Hildegard 197

101(100R ?) Hildegard an Äbtissin Adelheid 198

Gembloux

102	Der Mönch Wibert an Hildegard	199
103	Der Mönch Wibert an Hildegard	203
103R	Hildegard an den Mönch Wibert	205
104	Der Mönch Wibert an Hildegard	211
105	Der Mönch Wibert an Hildegard	220
106	Der Mönch Wibert an Hildegard	228
106R	Hildegard an den Mönch Wibert	229
107	Wibert und die Mönche von Villers an Hildegard	231
108	Wibert und die Mönche von Villers an Hildegard	233
109	Der Mönch Wibert an Hildegard	234
109R	Hildegard an den Mönch Wibert und die Mönche von Villers	237

Gerbstädt

110	Die Äbtissin an Hildegard	238
110R	Hildegard an die Äbtissin	239

Gottesthal

111	Prior Friedrich an Hildegard	240
111R	Hildegard an Prior Friedrich	241

Haina (?)

112	Der Abt an Hildegard	242
112R(?)	Hildegard an den Abt	243
113	Die Mönche an Hildegard	243
113R	Hildegard an die Mönche	244

HAMELN

114   Der Vorsteher an Hildegard 249

HEILSBRONN

115   Abt Nikolaus an Hildegard 250

115R   Hildegard an Abt Nikolaus 250

116   Hildegard an Abt Nikolaus(?) 251

HERKENRODE<?>

117   Die Äbtissin an Hildegard 252

117R   Hildegard an die Äbtissin 253

HIMMEROD<?>

118   Hildegard an den Abt 253

HIRSAU

119   Hildegard an die Mönchsgemeinschaft 254

120   Die Mönchsgemeinschaft an Hildegard 255

120R   Hildegard an die Gemeinschaft der Mönche 256

121   Abt Manegold an Hildegard 257

122   Hildegard an Abt Manegold 257

123   Hildegard an Abt Manegold 258

124   Hildegard an Abt Manegold 258

125   Hildegard an Abt Manegold 259

126   Hildegard an Abt Manegold 260

127   Hildegard an Abt Manegold 260

128   Hildegard an Abt Manegold 261

129   Hildegard an Abt Manegold 261

130 Hildegard an Abt Manegold 262

131 Hildegard an Abt Manegold 262

132 Hildegard an Abt Manegold 263

133 Hildegard an Abt Manegold 264

134 Hildegard an Abt Manegold 264

135 Hildegard an Abt Manegold <?> 265

136 Hildegard an Abt Manegold<?> 265

Hördt

137 Hildegard an den Kanoniker Lemfrid 266

138 Der Vorsteher an Hildegard 266

Ilbenstadt

139 Der Abt an Hildegard 268

140 Die Vorsteherin an Hildegard 268

140R Hildegard an die Priorin 269

Indersdorf

141 Hildegard an den Vorsteher Richard 270

142 Ein Vorsteher an Hildegard 270

Justusberg

143 Hildegard an den Abt 271

Kaisheim

144 Abt Konrad an Hildegard 271

144R Hildegard an Abt Konrad 272

145 Hildegard an Abt Konrad 274

Kappenberg

146   Ein Prälat an Hildegard 274

146R   Hildegard an den Prälaten 275

Kaufungen

147   Die Äbtissin an Hildegard 276

147R   Hildegard an die Äbtissin 277

Kempten

148   Der Abt an Hildegard 278

148R   Hildegard an den Abt 279

Kirchheim-Bolanden

149   Werner an Hildegard 281

149R   Hildegard an Werner 282

Kitzingen

150   Äbtissin Sophia an Hildegard 285

150R   Hildegard an Äbtissin Sophia 286

151   Hildegard an Äbtissin Sophia 286

152   Hildegard an Schwester Rumunda 287

Knechsteden

153   Der Vorsteher an Hildegard 287

153R   Hildegard an den Vorsteher 288

Koblenz

154   Der Vorsteher an Hildegard 289

Köln (St. Martin)

155	Abt Adalard an Hildegard	290
155R	Hildegard an Abt Adalard	291
156	Die Äbtissin an Hildegard	294
156R	Hildegard an die Äbtissin	295

Köln (St. Ursula)

| 157 | Die Äbtissin an Hildegard | 296 |

Köln (St. Aposteln)

| 158 | Der Dekan an Hildegard | 297 |
| 158R | Hildegard an den Dekan | 298 |

Krauftal

159	Äbtissin Hazzecha an Hildegard	299
159R	Hildegard an Äbtissin Hazzecha	300
160	Äbtissin Hazzecha an Hildegard	300
160R	Hildegard an Äbtissin Hazzecha	301
161	Hildegard an Äbtissin Hazzecha	305
162	Hildegard an den Nonnenkonvent	305

Lubolzberg (?)

| 163 | Die Äbtissin an Hildegard | 308 |
| 163R | Hildegard an die Äbtissin | 308 |

Lutter

| 164 | Ein Priester an Hildegard | 309 |
| 164R | Hildegard an einen Priester | 310 |

Mainz (St. Viktor)

165   Der Vorsteher an Hildegard 312

Mainz (Altmünster)

166   Die Äbtissin an Hildegard 313

Mainz (St. Martin)

167   Der Dekan an Hildegard 314

167R   Hildegard an den Dekan 315

168   Der Vorsteher an Hildegard 316

Mainz (?)

169   Die Brüdergemeinschaft an Hildegard 317

169R   Hildegard über die Katharer (Mainz?) 318

170   Priester an Hildegard 321

170R   Hildegard an Priester 322

Maulbronn

171   Hildegard an Abt Diether 326

172   Der Abt an Hildegard 327

173   Der Mönch Heinrich an Hildegard 328

173R   Hildegard an den Mönch Heinrich 329

Metz (St. Glodesindis)

174   Die Äbtissin an Hildegard 331

174R   Hildegard an die Äbtissin 331

Metz

175   Hildegard an einen Priester 333

Neuenburg

176   Der Abt an Hildegard 334

176R   Hildegard an den Abt 335

Neuss (St. Quirin)

177   Die Äbtissin an Hildegard 336

177R (?)   Hildegard an die Äbtissin (Neuß, St. Quirin) 336

Otterberg

178   Ein Bruder an Hildegard (Otterberg) 337

178R   Hildegard an einen Bruder 338

Park

179   Hildegard an Abt Philipp 339

179R   Abt Philipp an Hildegard 340

180   Hildegard an Abt Philipp 341

181   Hildegard an Abt Philipp 342

Pfalzel (?)

182   Der Abt an Hildegard 343

Regensburg (St. Emmeram)

183   Der Verwalter an Hildegard 344

183R   Hildegard an den Abt 344

Regensburg (Niedermünster)

184   Hildegard an die Äbtissin 345

185   Die Äbtissin an Hildegard 346

Regensburg (Obermünster)

185R   Hildegard an die Äbtissin 347

186   Die Äbtissin an Hildegard 348

186R   Hildegard an die Äbtissin 348

Reutlingen

187   Der Priester Bertolf an Hildegard 350

187R   Hildegard an den Priester Bertolf 351

188   Die Priester Konrad und Bertolf an Hildegard 351

188R   Hildegard an die Priester Konrad und Bertolf 352

Reutlingen (?)

189   Hildegard an den Priester Konrad 353

Rom (St. Anastasius)

190   Abt Eberhard an Hildegard 354

190R   Hildegard an Abt Eberhard 355

Rothenkirchen (?)

191   Der Abt an Hildegard 356

191R   Hildegard an den Abt 357

Rupertsberg

192   Hildegard an den Nonnenkonvent 358

193   Hildegard an den Nonnenkonvent 365

194   Hildegard an den Nonnenkonvent 366

195   Propst Volmar an Hildegard 370

195R   Hildegard an den Nonnenkonvent 372

St. Georgen

196   Hildegard an Abt Withelo 373

St. Nabor

197   Hildegard an den Abt 374

St. Thomas an der Kyll (?)

198   Hildegard an Äbtissin Elisabeth 374

St. Walburga

199   Hildegard an Abt Dietmar 376

Salem

200   Abt Gero an Hildegard 376

200R   Hildegard an Abt Gero 377

Schönau

201   Die Nonne Elisabeth an Hildegard 378

201R   Hildegard an die Nonne Elisabeth 383

202   Elisabeth an Hildegard 385

203   Elisabeth an Hildegard 385

Selbod

204   Der Verwalter an Hildegard 386

Siegburg (St. Michael)

205   Hildegard an den Mönch Dietzelin 387

206   Der Mönchskonvent an Hildegard 388

206R   Hildegard an den Mönchskonvent 389

SPRINGIERSBACH

207   Abt Richard an Hildegard 390

THOLEY

208   Hildegard an ihren Bruder Hugo 391

TRIER (ST. EUCHARIUS)

209   Abt Bertulf an Hildegard 392

209R   Hildegard an Abt Bertulf 393

210   Hildegard an Abt Bertulf 394

211   Hildegard an den Mönch Gerwin 394

212   Hildegard an den Mönch Gerwin 395

213   Hildegard an Abt Gerwin 395

214   Hildegard an Abt Ludwig 396

215   Abt Ludwig an Hildegard 397

215R   Hildegard an Abt Ludwig 398

216   Hildegard an Abt Ludwig (?) 399

217   Hildegard an Abt Ludwig (?) 400

218   Hildegard an den Mönch Berthold 402

219   Hildegard an den Mönchskonvent 402

220   Die Mönchsgemeinschaft an Hildegard 403

220R   Hildegard an die Mönchsgemeinschaft 404

TRIER (ST. SIMEON)

221   Der Vorsteher an Hildegard 408

221R   Hildegard an den Vorsteher 409

222   Hildegard an die Nonne Luitburga 410

Trier (St. Peter)

223	Der Vorsteher und der Klerus an Hildegard	411
223R	Hildegard an den Klerus	412

Trier

224	Ein Priester an Hildegard	418

Utrecht

225	Hildegard an den Kanonikus Balduin	419
226	Hildegard an denselben(?) Priester	419
227	Magister Heinrich an Hildegard	420
227R	Hildegard an Magister Heinrich	421
228	Ein Kanoniker an Hildegard	422
228R	Hildegard an den Kanonikus	423

Vessra

229	Der Abt an Hildegard	423

Wadgassen

230	Ein Prälat an Hildegard	424

Wechterswinkel

231	Äbtissin Mechtild an Hildegard	425
232	Hildegard an die Nonne Gertrud	426
233	Hildegard an die Nonne Gertrud	427
234	Hildegard an die Laienschwester Jutta	427
235	Hildegard an den Konvent der Nonnen	428

WEILER

236   Hildegard an den Abt 429

WIDERSDORF

237   Die Äbtissin an Hildegard 429

237R Hildegard an die Äbtissin 430

WOFFENHEIM

238   Hildegard an die Priorin Christina 431

239   Hildegard an den Nonnenkonvent 431

ZWETTL (?)

240   Der Abt an Hildegard 431

240R Hildegard an den Abt 432

ZWIEFALTEN

241   Der Prior an Hildegard 434

241R Hildegard an den Mönchskonvent 434

242   Hildegard an Abt Berthold 436

243   Hildegard an Abt Berthold 436

244   Abt Berthold an Hildegard 437

244R Hildegard an Abt Berthold 438

245   Hildegard an Abt Berthold 438

246   Hildegard an den Mönch Berthold 439

247   Hildegard an den Mönchskonvent 439

248   Hildegard an die Mönchsgemeinschaft 440

249   Hildegard an eine Reklusin 440

250   Der Nonnenkonvent an Hildegard 441

250R   Hildegard an den Nonnenkonvent 441

251   Hildegard an Abt Odo 444

252   Hildegard an einen Abt 444

253   Hildegard an einen Abt 445

254   [Unbenannter Brief] 445

255   [Unbenannter Brief] 445

256   [Unbenannter Brief] 446

257   Über die diskrete Zurechtweisung der Untergebenen
       durch die Vorsteher 447

258   Über maßvolle Buße 447

259   [Unbenannter Brief] 448

260   Der Vorsteher soll – wenn nicht alle – so doch
       wenigstens die er kann, zurückrufen 449

261   [Unbenannter Brief] 450

262   Von den drei verschiedenen Witterungsverhältnissen
       und ihrer Anwendung auf die Vorsteher 450

263   Über den traurigen Zustand der Kirche 452

264   Eine Ermunterung zur Übernahme des Vorsteher-
       amtes 452

265   Ein Vorsteher an Hildegard 453

265R   Die Antwort Hildegards 454

266   Hildegard an eine Äbtissin 455

267   [Unbenannter Brief] 456

268   Der Heilige Geist belehrt über das Reden
       in Gleichnissen 457

269   Eine Äbtissin an Hildegard 459

269R   Die Antwort Hildegards 459

270   Ein Kleriker an Hildegard 460

270R   Hild<egard> an einen Mönch vom Berg [...] 460

271   Hildegard an den Mönch Zeizolf 461

272   [Unbenannter Brief] 462

273   [Unbenannter Brief] 462

274   Vom Gehorsam der Untergebenen 463

275   Ermunterung gegenüber den Einflüsterungen
            des Teufels 463

276   Der Prior der Brüder von Citeaux an Hildegard 464

276R   <Brief> Hildegards 464

277   [Unbenannter Brief] 468

278   Hildegard an eine Gemeinschaft 469

279   Hildegard an Meister Rad<ulf> 469

280   Ermahnung zur Buße 469

281   Ermahnung zum Lehren 471

282   Hildegard an den Priester Eberold 473

283   Hildegard an den Priester Eberold 473

284   Hildegard an einen Priester 474

285   [Unbenannter Brief] 474

286   Hildegard an den Priester Reginbert 475

287   Aus einem Schreiben der seligen Jungfrau Hildegard
            über die Gründe, aus denen sich die Menschen mit
            den betrügerischen Listen des Teufels einlassen 476

288   Desgleichen, wie zu verstehen ist: "Baut nicht der Herr
            das Haus...", und von der dreifachen Schlachtreihe der
            Hochmutsgeister 477

289	Das Vermächtnis der Gesetzgebung \<des alten Bundes\> an den \<Dienst im\> Geist	479
290	Über die Bedeutung einer Hütte	480
291	Über die diskrete Buße, die vom Priester aufzuerlegen ist	482
292	Die Vision über den Widder, und was sie bedeutet	483
293	Wie Trugbilder verscheucht werden sollen	486
294	Mahnung zur Buße, und daß es nicht zuträglich ist, die Todesstunde zu kennen	487
295	Der Mönch Baldewin an Hildegard	488
296	Ein Priester an Hildegard	488
296R	Hildegards Antwort	489
297	Ein Priester an Hildegard	491
297R	Hildegard über den Leib und das Blut Christi	492
298	[Unbenannter Brief]	494
299	[Unbenannter Brief]	494
300	[Unbenannter Brief]	495
301	[Unbenannter Brief]	496
302	[Unbenannter Brief]	496
303	An einen bestimmten Menschen	496
304	[Unbenannter Brief]	497
305	[Unbenannter Brief]	497
306	Über die drei verschiedenenartigen Unwetter, und was sie symbolisieren	498
307	Über die Tugenden und ihre Begleitumstände	499
308	[Unbenannter Brief]	501

309   Über die Läuterung einer Seele 501

310   Über die verschiedenen Arten des Feuers 502

Briefe an Kaiser, Könige und andere weltliche Personen

311   Kaiser Konrad an Hildegard 505

311R   Hildegard an Kaiser Konrad 505

312   Hildegard an den römischen König Friedrich 507

313   Hildegard ebenfalls an König Friedrich 508

314   Kaiser Friedrich an Hildegard 508

315   Hildegard an Kaiser Friedrich 509

316   Über das gerechte Urteil 509

317   Hildegard an den englischen König 511

318   Hildegard an die englische Königin 511

319   An die griechische Kaiserin, Königin Bertha 512

320   Hildegard an Herzog Matthäus von Lothringen 512

321   [Unbenannter Brief] 513

322   Hildegard an Herzogin Bertha 513

323   [Unbenannter Brief] 514

324   Graf Philipp von Flandern an Hildegard 514

324R   Hildegard an Graf Philipp von Flandern 515

325   An Graf Gerhard von Wertheim 516

326   [Unbenannter Brief] 517

327   Hildegard an Gräfin Luthgard von Nifum (?) 518

328   Hildegard an Gräfin A. in der Stadt Regensburg 518

329   An Gräfin Irmindrud von Widin 519

330 [Unbenannter Brief] 519

331 Über die Schönheit der Enthaltsamkeit

Andernach

332 Hildegard an den Laien Konrad 520

Bisurzun (?)

333 An eine ältere Frau 521

Bergen

334 Hildegard an den Laien Wezzelin 521

Fulda

335 Hildegard an Frau Bertha 522

Karlsburg

336 Hildegard an Luthgard 522

Cuntichum (?)

337 Hildegard an den Laien Hartmut 523

338 Hildegard an die Sibylle jenseits der Alpen 523

Lausanne

339 Hildegard an Sillibe <Sibylle> 524

340 Hildegard an Martin und Isabelle 524

Strassburg

341 Hildegard an Frau Cuneze 525

342 Hildegard an Frau Luitgard 525

Trier

343 Hildegard \<hilt\> an Odilia 525

344 Hildegard an Weltmenschen 526

345 [Unbenannter Brief] 533

346 Hildegard an eine ältere Frau 533

347 Hild\<egard\> an den Laien Friedrich 534

348 Hildegard an einen bestimmten Mann 534

349 [Unbenannter Brief] 534

350 [Unbenannter Brief] 535

351 [Unbenannter Brief] 535

352 Über die zweifache Reinigung der Seele und des
Leibes 536

353 [Unbenannter Brief] 538

354 Über den Abfall des Menschen von Gott 539

355 Der Kampf gegen fleischliche Genußsucht 540

356 Daß sie \<Hildegard\> das Ende der Menschen
nicht vorausgesagt hat 541

Briefe an unbenannte Personen

357 [Unbenannter Brief] 545

358 An einen bestimmten Mann 545

359 Hildegard an einen gewissen Menschen 545

360 Hildegard an einen bestimmten Menschen 546

361 An Heidenrich (?) 546

362 [Unbenannter Brief] 547

363   [Unbenannter Brief] 547

364   [Unbenannter Brief] 547

365   [Unbenannter Brief] 548

366   [Unbenannter Brief] 549

367   [Unbenannter Brief] 549

368   [Unbenannter Brief] 550

369   [Unbenannter Brief] 550

370   [Unbenannter Brief] 551

371   [Unbenannter Brief] 552

372   [Unbenannter Brief] 552

373   Über das himmlische Jerusalem und was es
bezeichnet 552

Briefe zu verschiedenen Themen

374   [Unbenannter Brief] 559

375   [Unbenannter Brief] 559

376   Über die verschiedenen Läuterungsqualen der Seele.. 561

377   Wie zu verstehen ist: „Es erheben sich die Berge,
und die Täler senken sich." 562

378   Über die Unterscheidung beim Jüngsten Gericht 563

379   Über die unterschiedliche Sehnsucht der Menschen
nach dem Leiden Christi 565

380   Über den Berg von Myrrhe und Weihrauch,
und was er bezeichnet 567

381   Über die verwerfliche Lehre der Irrgläubigen 568

382 Vom Fall des ersten Menschen und der Erlösung
durch den zweiten 572

383 Eine <erweiterte> Form des Vaterunsers 573

384 Über die drei Stände der Kirche 574

385 Über die Erschaffung der Welt und den Fall Adams . . . 576

386 Über die Eucharistie 578

387 Was das Wort Gottes gegen die Irrgläubigen besagt . . 579

388 [Unbenannter Brief] 580

389 [Unbenannter Brief] 581

390 [Unbenannter Brief] 593